한국익공건축양식론

한국익공건축양식론

2025년 1월 15일 초판 1쇄 발행
지은이   이달훈·이재규

펴낸이   권혁재

진 행   권순범
디자인   이정아

인 쇄   성광인쇄
펴낸곳   학연문화사
등 록   1988년 2월 26일 제2-501호
주 소   서울시 금천구 가산디지털1로 16 가산2차 SKV1AP타워 1415호

전 화   02-6223-2301
전 송   02-6223-2303
E-mail   hak7891@naver.com

ISBN   978-89-5508-701-7 (93910)

한국익공건축양식론

韓國翼工建築樣式論

| 이달훈 · 이재규 |

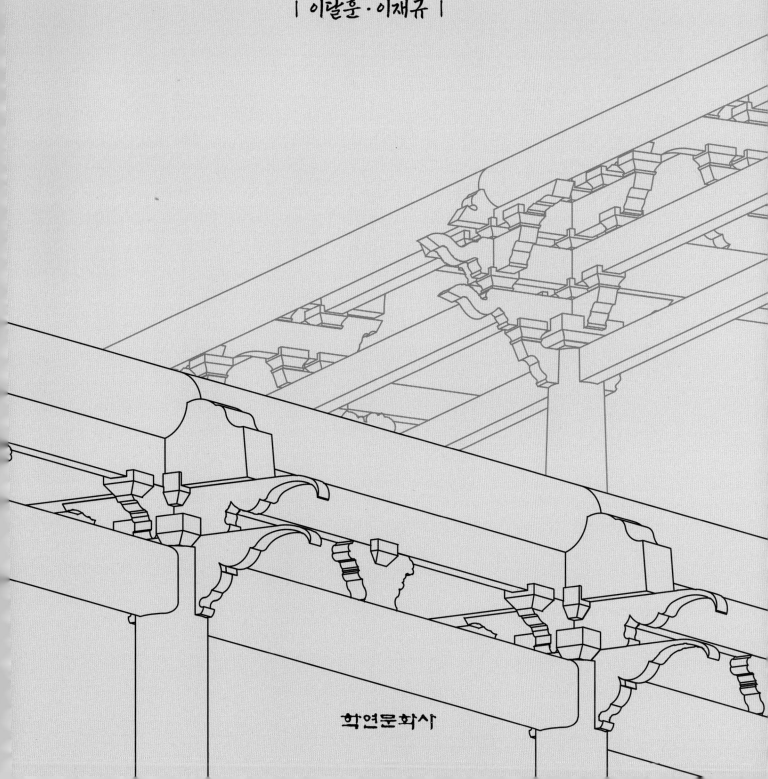

학연문화사

책을 내면서…

1975년에 충남대학교 공과대학 건축공학과를 졸업하면서 박만식 지도교수님의 추천으로 충남대학교 부속박물관 연구조교로 부임한 것을 계기로 충남대학교 박물관장을 역임하면서 고고학자로서 수많은 유적 발굴과 함께 학술원 회원 등으로 활동을 하신 윤무병 박사님을 통하여 한국 전통 목조건축이라는 새로운 학문에 접할 수 있는 계기가 되었다.

그 후 대청댐 수물지구 유적 발굴조사를 시작으로 하여 부여 정림사지 발굴조사와 백제 왕궁지 발굴조사, 보은 삼년산성 발굴조사, 청주 홍덕사지 발굴조사, 익산 왕궁리 유적 조사 등 수많은 발굴조사 참여와 함께 수시로 윤무병 관장님의 한국 건축사에 대한 개인지도를 통하여 한국 전통 목조건축 조사와 연구에 참여할 수 있는 좋은 기회를 얻을 수 있었다.

또한 석사학위 논문인 "조선시대 별당건축의 양식에 관한 연구"에 이어서 주심포 건축양식 및 다포 건축양식과 함께 우리나라 3대 목조건축 양식중 하나인 익공계 건축이 한국건축사에서 차지하는 학술적 비중이 큼에도 불구하고 익공양식의 발생시기나 발생과정, 그리고 그 변천과정에 대한 연구가 체계화 되어 있지 않다는 판단에 따라 1989년 4월에 "익공계 건축양식의 발생 연구" 논문을 대한건축학회 학술논문집에 게재한 후 8월에는 "익공계 공포의 발생과 변천과정 연구"라는 박사학위 논문을 발표하여 1991년 한국상고사학보 제5호에 게재揭載되었다.

특히 박사학위 논문은 건축양식상 주심포계의 건물 공포에 결구되어 있는 헛첨차가 과도기적 과정을 거쳐 익공부재로 변천되었으며, 익공양식의 발생시기는 안동 개목사 원통전이 우리나라에서 가장 오래된 무출목 초익공 양식의 건물로 볼 수 있어서 그 건립시기인 조선 세조 3년(1457)에 발생되었음을 밝힌 논문으로서, 이 논문심사에는 윤무병 위원장님과 김정기 부위원장님, 장경호 위원님, 그리고 충남대학교 총장을 역임한 이창갑 위원님과 박만식 지도교수님 등 5분이 담당해 주셨다. 또한 김동현 박사님은 심사과정 중에서 창덕궁 수리도감의궤 등의 자료를 직접 찾아 주시면서 익공의 명칭 등에 대한 도움을 주셨고, 조유전 박사님과 최병현 교수님, 이강승 교수님, 심정보 교수님 또한 학술적인 측면에서 자료 도움을 많이 해 주셨다.

그 후 1979년에는 국립 충주공업전문대학 건축학과 교수로 부임하게 되었으며, 1985년에는 대전대학교 공과대학 건축학과 교수로 옮겨 한국건축사를 중심으로 대학과 대학원에서 35년간의 강의를 마치고 정년퇴임을 한지 벌써 10여년이 되었지만 그동안 강의를 위해 모아 둔 자료와 추가로 조사된 자료 등을 토대로 미진했던 박사학위 논문을 보완하여 다시 한번 익공양식을 정리하여야 하겠다는 생각은 머릿속에서 늘 떠나지 않고 있었다.

그러나 충청남도 문화재위원과 대전광역시 문화재위원, 그리고 세종특별자치시 문화재위원등으로 활동하느라 미루워 오다가 마침 약 30여년 동안 활동해 오던 충청남도 문화재위원에서 벋어날 수 있었고, 또한 원고 작성과 수정, 그리고 도면 정리 등을 함께 협업을 할 수 있는 이재규 군이 홍익대학교 건축학과를 졸업하면서 한국전통문화대학교 문화유산전문대학원 문화재수리기술학과 건축·조경·도시전공 석사과정을 수료하는 것을 계기로 오랫동안 미루어 왔던 박사학위 논문을 문화재청에서 보물이나 사적 등으로 지정한 새로운 자료와 함께 현지를 직접 답사하여 수집한 자료 등을 토대로 "한국익공건축양식론"으로 묶어 편찬編纂하게 되었다.

약 4~5년여 동안 정신없이 원고정리를 마치고 뒤돌아 다시 살펴보니 만족할 만한 성과를 얻지 못한 것 같아 아쉬점이 많았으나 다행히 문화재청에서 우리나라 중요 목조건축 문화재를 체계적으로 관리하고 보존하고자 정밀실측 조사를 실시하고 이를 기초자료화 하여 보수 복원 뿐만 아니라 연구 및 학술자료로 널리 이용하기 위하여 제공한 보고서 등의 자료 도움이 너무 컸으며, 또한 선학先學들의 많은 연구결과를 활용하여 이 소小 책자를 완성할 수 있어서 감사를 드리고 싶다.

특히 이 소 책자를 발간하기 까지 김상겸 교수와, 이왕기 교수, 장헌덕 교수등의 자료 제공에 감사드리며, 원고작성이나 자료정리를 위해 수시로 일어나는 바람에 이른 새벽에 잠을 설치기도 여러번 하고, 90여동의 건물 사진자료 수집을 위하여 전국 각지를 답사하는 과정에서는 매번 함께 동행하면서 무거운 짐을 들어주기도 하고, 평면도를 작성할 때는 줄자도 잡아주기도 하고, 차로 이동할 때는 안전을 위해 옆에서 항상 기도를 많이 해 준 아내에게도 감사하고 싶다.

또한 40여년 전 젊은 시절부터 발굴현장이나 학술대회 등에서 알게 된 인연으로 "백제사의 이해"나 "당진 면천읍성" 등 많은 지표조사 보고서 등을 직접 출간하여 주셨을 뿐만 아니라 이번 "한국익공건축양식론"의 발간에도 저자와 대표 둘이서 평생 좋은 책 한번 만들어 보자는 조언助言으로 큰 힘을 주시고, 또 출판에 적극 도움을 주신 학연문화사 권혁재, 권순범 대표님께 깊은 감사를 드리면서 이 자료가 우리나라 전통 목조건축을 연구하는 분들이나 건축현장에서 작은 도움이라도 되기를 기대합니다.

대전대학교 명예교수 이달훈

목

차

책을 내면서 ·· 4

제1장. 전통 목조건축의 공포栱包 발생

제2장. 주심포柱心包 건축양식의 분류 및 검토

　2-1-1. 주심포 제1양식 - 평주 상부에 헛첨차가 결구되어 있지
　　　　않은 건물군建物群 ·· 32
　　　1) 안동 봉정사 극락전(국보 제15호) ·································· 32
　　　2) 영주 부석사 무량수전(국보 제18호) ······························ 44

　2-1-2. 주심포 제1양식의 정리整理 ··· 59

　2-2-1. 주심포 제2양식 - 평주 상부에 헛첨차가 결구되면서
　　　　헛첨차 외단부가 사절斜切되어 있는 건물군建物群 ················ 65
　　　1) 예산 수덕사 대웅전(국보 제49호) ································· 65
　　　2) 사리원 성불사 극락전(북한 소재) ································· 76
　　　3) 강릉 객사문(국보 제51호) ·· 80
　　　4) 영천 은해사 거조암 영산전(국보 제14호) ······················ 85
　　　5) 영주 부석사 조사당(국보 제19호) ································· 91
　　　6) 패엽사 한산보전(북한 소재) ·· 97
　　　7) 영암 도갑사 해탈문(국보 제50호) ······························· 100
　　　8) 강릉 문묘 대성전(보물 제214호) ·································· 104
　　　9) 강화 정수사 법당(보물 제161호) ·································· 108
　　　10) 안성객사 정청(보물 제2155호) ·································· 113
　　　13) 창녕 관룡사 약사전(보물 제146호) ······························ 120
　　　11) 담양 창평향교 대성전(보물 제2099호) ························· 124
　　　12) 담양 창평향교 명륜당(보물 제2100호) ························· 128
　　　14) 삼척 죽서루(보물 제213호) ······································· 131
　　　15) 나주향교 대성전(보물 제394호) ·································· 137
　　　16) 전주 풍패지관(전주객사) 정청(보물 제583호) ·················· 142
　　　17) 전주 풍패지관(전주객사) 서익헌(보물 제583호) ················ 146

2-2-2. 주심포 제2양식의 정리整理 ···············151

2-3-1. 주심포 제3양식 - 평주 상부에 헛첨차가 결구되면서
　　　헛첨차 외단부가 쇠서牛舌로 돌출되고 있는 건물군建物群 ········157
　　　1) 순천 송광사 국사전(국보 제56호) ············157
　　　2) 순천 송광사 하사당(보물 제263호) ············160
　　　3) 자혜사 대웅전(북한지역 소재) ············164
　　　4) 경주향교 대성전(보물 1727호) ············167
　　　5) 경주향교 명륜당(보물 2097호) ············171
　　　6) 안동 봉정사 화엄강당(보물 제448호) ············176
　　　7) 전주향교 대성전(사적 제379호) ············179
　　　8) 합천 해인사 동, 서 사간판전(사적 제504호) ············184
　　　9) 아산 아산맹씨 행단(사적109호) ············186
　　　10) 영주 소수서원 문성공묘(보물 제1402호) ············193
　　　11) 영주 소수서원 강학당(보물 제1403호) ············197

2-3-2. 주심포 제3양식의 정리整理 ···············201

제3장. 헛첨차 부재의 발생 및 변천

3-1. 헛첨차 부재의 정의 ···············211

3-2. 헛첨차 부재의 명칭 ···············216

3-3. 헛첨차 부재의 발생 ···············218

3-4. 헛첨차의 종류와 구조 ···············230
　　　1) 헛첨차의 종류 ···············230
　　　2) 공포(헛첨차)의 구조 ···············232

3-5. 헛첨차 부재의 변천 과정 ···············237

3-6. 주심포柱心包양식 건물의 변천 ···············241

제4장. 주심포柱心包양식에서 익공翼工양식의 발생

4-1. 주심포양식에서 익공양식의 발생 과정 ···············247

제5장. 익공翼工건축양식의 분류 및 검토

5-1. 문헌에 나타난 익공의 용례用例 ····················255

5-2. 익공翼工건축양식의 기원 ····················260

5-3. 익공翼工건축양식의 정의定義 ····················262

5-4. 익공翼工건축양식의 발생 ····················264

5-5. 익공翼工건축양식의 분류 및 명칭 ····················271

   1) 무출목無出目 익공양식 ····················272

   2) 출목出目 익공양식 ····················275

제6장. 익공翼工건축양식의 건물 검토

6-1. 무출목 익공양식의 건물 검토 ····················281

6-1-1. 무출목 초익공양식의 건물 ····················281

   1) 안동 개목사 원통전(보물 제242호) ····················281

   2) 합천 해인사 장경판전 수다라장전(국보 52호) ····················287

   3) 강릉 해운정(보물 제183호) ····················293

   4) 경주 양동 관가정(보물 제 442호) ····················298

   5) 경주 양동 향단(보물 제412호) ····················303

   6) 안동 소호헌(보물 제475호) ····················307

   7) 경주 독락당(보물 제413호) ····················313

   8) 경주 양동 무첨당(보물 제411호) ····················318

   9) 안동 예안이씨 충효당(쌍수당)(보물 제553호) ····················325

   10) 춘천 청평사 회전문(보물 제164호) ····················330

   11) 의성 만취당(보물 제1825호) ····················334

   12) 예천권씨 종가 별당(보물 제457호) ····················341

   13) 달성 태고정(보물 제554호) ····················346

   14) 정읍 피향정(보물 제289호) ····················351

   15) 안동 양진당(보물 제306호) ····················356

   16) 안동 임청각 군자정(보물 제182호) ····················361

   17) 옥천 이지당(보물 제2107호) ····················367

6-1-2. 무출목 초익공양식의 정리整理 ·· 372

6-1-3. 무출목 이익공양식의 건물 ·· 377

　1) 강릉 오죽헌 (보물 제165호) ·· 377

　2) 서울 문묘 명륜당 정당(보물 제141호) ··· 383

　3) 창덕궁 구 선원전(보물 제817호) ·· 389

　4) 창덕궁 주합루(보물 제1769호) ··· 392

　5) 수원 화성행궁 낙남헌(사적 제478호) ·· 397

　6) 창경궁 통명전(보물 제818호) ·· 401

　7) 경복궁 경회루(국보 제224호) ··· 407

　8) 경복궁 자경전(보물 제809호) ·· 412

　9) 창덕궁 희정당(보물 제815호) ·· 416

　10) 장성 필암서원 사우(우동사)(사적 제242호) ······························· 421

　11) 서산 개심사 명부전(충청남도 문화재자료 제194호) ··············· 426

　12) 공주 감영청 선화당(충청남도 유형문화재 제92호) ··············· 431

6-1-4. 무출목 이익공양식의 정리整理 ··· 434

6-1-5. 무출목 삼익공양식의 건물 ··· 438

　1) 경성읍성 남문(북한 소재) ··· 438

　2) 강릉 칠사당(보물 제2156호) ·· 441

6-1-6. 무출목 삼익공양식의 정리整理 ··· 446

6-2. 출목 익공양식의 검토 ··· 448

6-2-1. 1출목 초익공양식의 건물 ·· 450

　1) 평양 연광정(북한 소재) ·· 450

　2) 서울 사직단 정문(보물 제177호) ·· 454

　3) 영천향교 대성전(보물 제616호) ··· 456

　4) 수원 화성 동장대(사적 제3호) ··· 460

6-2-2. 1출목 초익공양식의 정리整理 ··· 464

6-2-3. 1출목 이익공양식의 건물 ·· 467

　1) 안동 개목사 원통전 배면(보물 제242호) ····································· 467

　2) 태안 홍주사 만세루(충청남도 유형문화재 제133호) ··············· 472

3) 서울 종묘 정전(국보 제227호) ···································· 476

4) 안동 봉정사 고금당(보물 제449호) ······························ 481

5) 경산 환성사 심검당(경상북도 유형문화재 제84호) ············· 485

6) 순천 송광사 응진당(전라남도 유형문화재 제254호) ············ 489

7) 달성 도동서원 사당(보물 제350호) ······························ 491

8) 달성 도동서원 중정당(보물 제350호) ··························· 497

9) 영천 숭렬당(보물 제521호) ··································· 504

10) 밀양향교 명륜당(보물 제2095) ······························· 510

11) 남원 광한루(보물 281호) ··································· 515

12) 수원 화서문(보물 제403호) ·································· 521

13) 밀양향교 대성전(보물 제2094호) ····························· 526

14) 제주 관덕정(보물 제322호) ·································· 531

15) 제천 청풍 한벽루(보물 제528호) ······························ 535

16) 전주향교 명륜당(사적 제379호) ······························ 540

17) 순천 송광사 우화각(전라남도 유형문화재 제59호) ············· 544

6-2-4. 1출목 이익공양식의 정리整理 ···································· 548

6-2-5. 1출목 삼익공양식의 건물 ······································· 554

1) 서산 개심사 심검당(충청남도 문화재자료 제358호) ············· 554

2) 통영 세병관(국보 제305호) ·································· 560

3) 부여 석성향교 대성전(충청남도 기념물 제126호) ··············· 567

4) 논산 돈암서원 응도당(보물 제1569호) ························· 573

5) 논산 노강서원 강당(보물 제1746호) ·························· 579

6) 밀양 영남루(보물 147호) ··································· 585

6-2-6. 1출목 삼익공양식의 정리整理 ···································· 593

6-2-7. 2출목 삼익공양식의 건물 ······································· 597

1) 강화 정수사 법당 전면 공포(보물 제161호) ···················· 597

2) 공주 마곡사 영산전(보물 제800호) ···························· 600

3) 장수향교 대성전(보물 제272호) ······························ 605

4) 전주 풍남문(보물 제308호) ·································· 610

6-2-8. 2출목 삼익공양식의 정리整理 ···································· 615

제7장. 익공翼工 건축양식의 발생 및 변천

7-1. 익공翼工 건축양식의 발생 ·······················621

7-1-1. 무출목 익공양식의 발생 ·····················621

7-1-2. 출목 익공양식의 발생 ·······················624

7-2. 익공翼工 건축 양식별 발생과 변천 ···············625

7-2-1 . 무출목 초익공양식의 발생과 변천 ···········625

7-2-2. 무출목 이익공양식의 발생과 변천 ···········628

7-2-3. 무출목 삼익공양식의 발생과 변천 ···········632

7-2-4. 1출목 초익공양식의 발생과 변천 ·············633

7-2-5. 1출목 이익공양식의 발생과 변천 ·············637

7-2-6. 1출목 삼익공양식의 발생과 변천 ·············641

7-2-7. 2출목 삼익공양식의 발생과 변천 ·············644

제8장. 한국익공건축양식론

8-1. 익공翼工 건축양식 ····························649

8-2. 익공翼工 양식 건물의 변천 ·····················651

8-3. 익공양식의 구조도 ····························653

8-3-1. 무출목無出目 익공양식의 구조도 ·············653

8-3-2. 출목出目 익공양식의 구조도 ·················654

참고문헌 ··655

찾아보기 ··660

01

전통 목조건축의
공포栱包 발생

동양건축 가운데에서도 건축문화의 계통상 중국계 건축에 속하고 있는 우리나라의 전통 목조 건축물들은 구조상 기단부基壇部와 축부軸部, 그리고 옥개부屋蓋部 등 3부분으로 크게 구성되어 있는데, 그중 중요 가구부 재는 모두 목조로 결구結構되는 지역적 특성을 가지고 있다.

이 목조가구는 그 결구結構 위치에 따라서 대체로 상부가구와 하부가구로 구분하여 분류할 수 있는데, 공 포栱包는 이 두 부분을 구성하는 과정에서 상,하 가구를 견고하게 결구하기 위한 중간 부재로 고안考案[1]되어 구조적 또는 장식적으로 발전시켜 나간 부분을 지칭하는 것으로 현재 두공斗栱이나 포작包作으로도 불리우 고 있다.

[그림 1] 중국 산서 대동시 운강석굴 제10굴 전실前室

[그림 2] 운강석굴 제10굴 전실 확대

이 공포栱包의 구성은 목재木材라는 건축재료와 함께 한국과 중국, 그리고 일본 등 동양 3국의 건축양식을 특징지우는 가장 독특한 결구 수법으로서 그 시원적인 형태는 이미 기원紀元을 전후하여 형성되어 중국 한 나라에 들어와서 그 형태를 제대로 갖추기 시작하였고[2] 수隨와 당대唐代에 이르러서는 공포형식이 어느정도 정형화 된 것으로 알려지고 있다.[3]

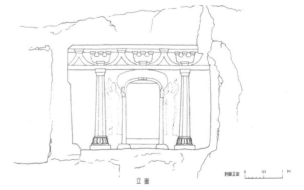

[그림 3] 산서성 태원시 천룡산 제16굴(劉敦楨, 中國古代建築史(第二版) p.98)

이와같이 정형화된 공포는 중국 3대 석굴 가운데 하나인 5세기 말경에 조성[4]된 중국 산서 대동시 운강석 굴 제10굴 전실 벽화에서 인자형人字形 대공 사이에 배치되어 있는 3승식 두공三升式斗栱과 연목, 그리고 용마루 양쪽에 치미를 얹고 있는 우진각지붕 등 목조건물의 형태를 충실히 표현하고 있는 것을 볼 수 있다. 또한 서기 560년인 6세기 중반경에 완성된 산서성 태원시 천룡산 제16굴의 정면 3칸으로 된 석굴 전실에도 복련판覆蓮瓣이 조각된 주초석 위에 팔각형으로 다듬은 기둥의 단면이 가늘고 긴 민흘림 기둥이 받쳐져 있고, 기둥 상부에는 주두가 결구되면서 역시 인자형人字形 대공 사이에는 1두 3승식一科三升式 공포가 배치되어 있어서 목조건물의 양식을 비교적 정교하게 표현하고 있음을 볼 수 있다.[5]

[그림 4] 쌍영총 벽화무덤(이기준, 북한의 문화재와 문화유적 II)

[그림 5] 쌍영총 후실벽화 투시도(정인국, 한국건축양식론)

이러한 건축양식은 중국의 석굴과 비슷한 시기인 5세기 말경에 조성된 고구려 벽화 고분인 쌍영총의 앞칸과 안칸 사이에 세워져 있는 2개의 독립 기둥에서도 볼 수 있는데, 주초석에는 복련판의 연꽃무늬가 그려져 있고, 기둥은 위로 올라가면서 가늘어 지는 민흘림식 8각형이며, 그 상부에는 팔각형의 굽이 있는 2중 주두가 결구되고 있다. 이와같이 주두의 형태는 비록 다르지만 8각형으로 다듬은 기둥몸과 인자형 대공 위에 소

[그림 6] 각저총(씨름무덤)의 공포
(조선일보사, 집안 고구려 고분벽화)

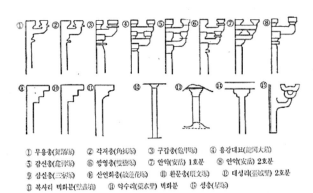

[그림 7] 고구려 벽화고분 모서리 주형도 (김정기, 한국목조건축)

① 무용총(舞踊塚)　② 각저총(角抵塚)　③ 구갑총(龜甲塚)　④ 용강대묘(龍岡大墓)
⑤ 감신총(龕神塚)　⑥ 쌍영총(雙楹塚)　⑦ 안악(安岳) 1호분　⑧ 안악(安岳) 2호분
⑨ 삼실총(三室塚)　⑩ 산연화총(散蓮花塚)　⑪ 환문총(環文塚)　⑫ 대성리(臺城里) 2호분
⑬ 복사리 벽화분(福舍里)　⑭ 약수리(藥水里) 벽화분　⑮ 성총(星塚)

로를 얹고 있는 점 등은 고구려의 석굴과 중국의 석굴에서 표현되고 있는 건축양식이 서로 유사한 것을 알 수 있다. 따라서 중국 길림성의 압록강 유역이나 대동강 유역인 평양지구, 그리고 황해도 연안지방에 널리 분포되어 있는 고구려 벽화고분의 모서리 주형도(그림 7)에 나타나고 있는 다양한 공포형태는 건축양식상 상호 연관성이 있지 않을까 생각되고 있다.

또한 당唐나라 시대에 들어와서는 불교 사원을 중심으로 건축과 조각, 소상塑像, 회화 등을 중심으로 크게 발전하였는데, 남북조 시대에는 이미 전당殿堂이나 회랑의 벽면 등에 벽화가 그려지기 시작하였고, 7세기에 이르러서는 정토종이 발전하고 불교가 더욱 세속화되면서 벽화가 더욱 성행하기 시작하였다.[6]

그중 서기 648년 7세기 중반경에는 당나라 태종의 아들인 고종이 어머니 문덕왕후를 추모하기 위하여 불교 사원인 자은사慈恩寺을 건립하였다. 이 자은사 뒤편에 서 있는 전탑 양식으로 된 7층의 대안탑 문미석門楣石에 제작된 당나라 시대의 불전도에는 실제 목조건물과 유사한 불화佛畵가 그려져 있어서 그당시 목조건축 양식을 이해할 수 있는 중요한 자료로 평가되고 있다.

[그림 8] 중국 서안 대자은사 전경

[그림 9] 대자은사 대안탑 문미석의 불전도(劉敦楨, 『中國古代建築史 (第二版)』, p.130)

이 불화에는 기단 위에 천룡산 제16굴의 기둥 아래에 있는 주초석과 같은 복련판覆蓮瓣으로 된 주초석을 놓고 원형기둥을 세워 정면 5칸의 평면으로 구획하고 있는데, 양협칸 보다 중앙 정칸의 주간柱間간격을 넓게 잡아 정면 중앙칸을 강조하고 있으며, 기단 앞에는 두 개의 계단을 설치하여 불전에 오르도록 하였다.

특히 이 불화의 건축양식은 기둥 상부에만 공포를 배치시키고 있는 주심포 건축양식으로서 1두 3승식으로 된 공포 사이 각간間에는 석굴 건축에서 볼 수 있는 인자형 대공이 배치되어 있으며, 뜬장혀 위에는 다시 동자주형 대공이 중앙칸 2개, 양협칸과 양단칸에는 1개씩을 각각 배치하여 비례 간격을 맞추고 있다.

또한 이 불전도에는 지붕틀 가구에서 부연浮椽을 건 겹처마로 되어 있는 처마의 처짐을 방지하기 위하여 대량大樑 방향으로 1두一斗 3승식三升式의 두공이 돌출되고 있어 주목되고 있다. 그리고 지붕 형태도 6세기에서 7세기에 걸쳐서 중건된 경주 황룡사 금당과 같은 우진각지붕[7]이며, 용마루 양쪽에 올려져 있는 치미鴟尾도 7세기 전반경에 건립된 백제시대 절터인 부소산사지에서 출토된 치미와 경주 황룡사지에서 출토된 치미[8]와 유사한 형태의 치미가 얹어져 있어서 공포의 구성이나 가구, 지붕형태 등이 오늘날 우리나라에서 볼 수

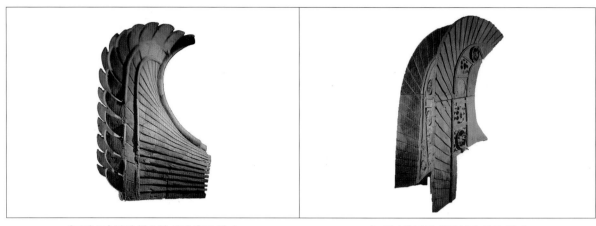

[그림 10] 부여 부소산 사지 출토 치미　　　　　　　　[그림 11] 경주 황룡사지 출토 치미

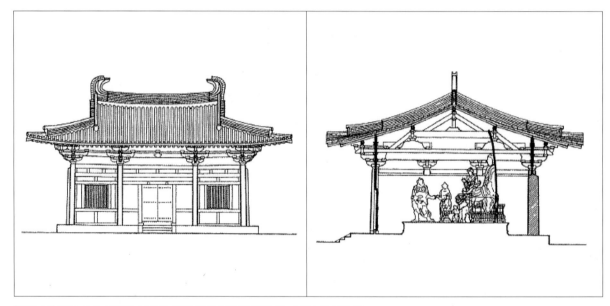

[그림 12] 중국 산서 오대산 남선사 대전 입면, 단면도(劉敦楨, 中國古代建築史)

있는 목조건물의 형태와 거의 유사한 모습임을 알 수 있다.

특히 중국에는 석굴건축이나 불전도 이외에도 고대에 건립된 전통 목조건축물이 지금까지도 몇 채 남아 있어서 불교건축의 형태와 함께 목조건축 양식을 살펴 볼 수 있다. 그중 오늘날까지 남아 있는 당나라 불교의 전당殿堂 중 비교적 완전한 것은 화엄종의 본산인 오대산에 건중 3년(782)에 건립된 남선사 대전大殿 건물과 9세기 중엽(857)에 건립된 불광사 정전 건물 두 곳 뿐[9]으로 알려지고 있다. 이 두 건물은 전통 목조건축 양식을 비교적 완전하게 유지하고 있어서 당대唐代 목조건축 양식의 특성을 상세히 알 수 있으며, 또한 통일 신라 시대의 건축양식에도 일부 영향[10]을 미친 것으로 볼 수 있다.

그러나 우리나라에는 고대에 건립된 목조건물이 현재 남아 있지 않은 관계로 전통 목조건축 양식을 특징 지우는 공포의 구조법을 자세히 알 수는 없으나 고구려 고분 벽화에 표현되어 있는 주형도柱形圖[11](그림 7)에 의하면 그 시원始源을 적어도 삼국시대까지 소급遡及시킬 수 있을 것으로 생각되고 있으며, 벽화에 그려져 있는 것과 같이 공포의 형식이나 그 형상 또한 매우 다양함[12]을 알 수 있다.

[그림 13] 장천 1호분 역사ヵ±벽화(방상훈, 『집안 고구려 고분 벽화』, 조선일보사, 1993)

[그림 14] 각저총 공포 벽화 - 두 팔을 치켜든 역사ヵ±형상의 공포(집안 고구려 고분 벽화, 조선일보사)

특히 5세기 중엽에 길림성 집안현의 압록강이 내려다 보이는 구릉지대에 건설된 두칸무덤인 장천 1호 벽화고분에는 전형적인 고임식 천장 구조에서 고임돌의 모서리마다 고임돌을 받쳐든 힘장수들을 층층히 그려 놓았는데, 두발로 힘껏 버티면서 머리와 치켜 든 양손으로 무거운 보를 받쳐주고 있는 역사ヵ±의 형상(그림 13)이 마치 공포 구성에서 주두와 함께 첨차 양쪽편에 있는 소로가 보를 받치고 있는 구조 원리(그림 14)와 유사하여 흥미롭다.

[그림 15] 신라와 가야시대의 집모양(家形) 토기(김정기, 한국미술전집 14, 건축)

그뿐만이 아니라 우리나라에도 신라나 가야시대 고분에서 출토된 몇점의 집모양家形토기와 통일신라말에서 고려초기에 제작된 간송미술관에 소장되어 있는 금동삼존불감(그림 16)과 울산 중산리에서 출토된 통일신라 시대의 용문전(그림 17) 등의 단편적인 자료가 몇점 남아 있다.

이러한 자료는 중국의 현존하고 있는 목조건물과는 비교할 수 없지만 그 당시 가옥의 전체 모습이나 지붕의 형태, 기와나 초가 등의 건축재료와 함께 기둥을 세우고 있는 가구식 구조로 된 목조건축 양식의 일부는 볼 수 있으나 아쉽게도 공포의 구조나 가구 방식까지 파악할 수 있는 자료로는 부족한 면이 없지 않고 있다.

그러나 통도사성보박물관에 소장되어 있는 고려시대에 제조된 지름 21.2cm의 동조용수전각문경銅造龍水殿閣紋鏡(그림 18)에는 정면 3칸의 불전건축물이 비교적 상세하게 표현되어 있어서 고려시대 건축양식의 발전 과정을 밝힐 수 있는 중요한 자료로 평가[13]할 수 있다.

[그림 16] 금동삼존불감(간송 미술관)

[그림 17] 통일신라 시대의 용문전龍文塼(국립부여문화재연구소, 치미, 하늘의 소리를 듣다.)

[그림 18] 동조용수전각문경銅造龍水殿閣紋鏡
(통도사성보박물관 소장)

이 동경銅鏡의 전각殿閣부분를 보면 중앙 정칸에는 쌍여닫이 판문을 달고 좌측 협칸은 운무雲霧 표현으로 확실하지 않으나 우측 협칸에는 빗살문의 창호를 설치하고 있다. 건축양식은 창방으로 결구된 기둥 상부에 공포를 배치하고 있는 고려시대에 성행되었던 주심포양식이며, 포벽에 뜬장혀를 걸고 있는 고식의 수법을 볼 수 있다.

공포의 구성은 도리방향으로 짜여진 1두 3승식으로 굽받침 표현이 있으며, 지붕은 팔작지붕에 기와를 얹고 추녀마루에는 사찰건축 보다는 궁궐건축에서 많이 볼수 있는 잡상雜像이, 그리고 용마루에는 치미鴟尾 형상의 기와 장식이 올려져 있다.

[그림 19] 백제시대 금동소탑(국립부여박물관 소장)

특히 부여박물관에 소장되어 있는 많은 유물 중 다행히 다층多層으로 된 소탑 가운데 한 층의 탑신과 옥개석만이 남아 있는 청동으로 제작된 금동소탑[14](그림 19)이 1955년 금성산 서남쪽에 위치하고 있는 동남리 전傳 천왕사지 인접지에서 발견된 바 있다. 이 금동소탑은 3칸씩으로 구획된 4면의 탑신 중앙칸을 출입문을 달 수 있도록 비워두고 양협칸은 빗살문 형태의 창호로 표현하고 있는데, 탑신 위 지붕의 추녀마루에 건물을 안전하게 지키기 위한 주술적 의미가 담겨 있는 토우土偶로서 장식기와인 잡상이 배열되어 있고, 4면에 돌아가면서 2개씩의 난간동자가 받쳐주고 있는 난간 돌란대가 있는 소탑小塔이다.

이 청동소탑 처마 밑에는 하앙下昻처럼 보이는 부재가 결구되고 있어서 백제시대 목조건축의 공포에 이 하앙식 구조가 사용되었다는 것을 알 수 있는 유일한 자료로서 큰 주목을 받고 있으며, 백제시대 목조 건축

양식을 연구하는데 귀중한 자료로 활용되고 있다. 또한 이 하
앙下昻 부재는 백제시대에 제작된 청동 소탑편 뿐만이 아니라
백제 장인이 만들어 일본에 전한[15] 것으로 알려지고 있는 법륭
사에서 소장하고 있는 옥충주자玉虫廚子[16] 공포에도 결구되고
있다.

최근에는 이 청동소탑편과 옥충주자에 결구되어 있는 하앙
식 구조를 근거로 하여 백제건축을 복원하는 건축양식으로 활
용하고 있는데, 백제 사비기에 건립되었던 사지寺址 경내 강당
터에 고려시대에 이르러 정림사(사적 301호)을 다시 중수할
때 본존불로 세웠던 석불좌상(보물 제108호)의 보호각과 백제
왕궁의 건물 재현도 백제시대 건축양식인 이 하앙식으로 건립
되었다.

[그림 20] 옥충주자模造(小建築의 世界, 飛鳥資
料館圖錄弟12冊, 昭和59年(1984))

부여 정림사지 전경

정림사지 석불좌상(보물 제108호)

정림사지 석불좌상 보호각

석불 보호각 하앙식 공포

[그림 21] 부여 정림사지 및 석불좌상 보호각

성모전 전경

성모전 정면 하앙 공포   성모전 내부 하앙 공포

[그림 22] 중국 산서 태원시 성모전(1023~1032년 중건) 하앙식 공포

이와같은 하앙식 건축양식은 같은 중국계 건축인 중국과 일본의 고대에서 중세건축에 건립된 많은 건물에서 흔하게 볼 수 있는 수법이나 유독 우리나라에 남아 있는 전통 목조건축에서는 현재 이 하앙식下昻式 구조가 조선 선조 38년(1605)에 정면 3칸, 측면 3칸의 다포 양식으로 중건된 완주 화암사 극락전(그림 23)의 공포(그림 24)에서 유일하게 남아 있다.

[그림 23] 완주 화암사와 극락전 전경

공포의 구성은 내3출목, 외2출목으로 짜여졌는데, 기둥위에 짜여진 이 공포를 지점으로 하여 하앙의 내단을 중도리가 눌러 주면 그 외단은 길게 나간 무거운 처마를 들어 올려 주도록 한 마치 지렛대 원리로 고안된 구조로서, 전면으로 뻗고 있는 하앙의 머리는 용두형으로, 배면의 머리는 뽀족한 새의 부리처럼 깎아 다듬었다.

전면 하앙 공포 　　　　　　　　　　　　　　　　　배면 하앙 공포

[그림 24] 화암사 극락전 하앙 공포

　그밖에도 고구려 고분 벽화의 공포 형태나 익산의 미륵사지 발굴 조사중 남측 연못지에서 나온 난간 소로 목부재편(그림 25), 통일신라 시대의 전각문전殿閣文塼과 경주 안압지雁鴨池 발굴 조사 과정에서 출토된 주두柱頭와 소로小累, 그리고 첨차檐遮 등의 목부재(그림 26)는 단편적이기는 하나 우리나라 삼국시대나 통일신라 시대의 공포의 구조를 일부 밝힐 수 있는 매우 중요한 유물로 볼 수 있다.

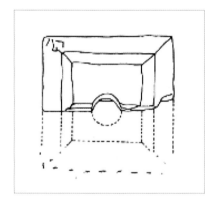
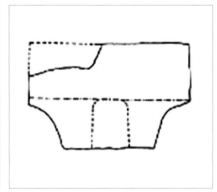
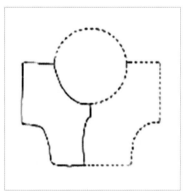

[그림 25] 익산 미륵사지 연못 출토 소로 목부재편(張慶浩, 『百濟寺刹建築』)

[그림 26] 경주 안압지에서 출토된 통일신라기의 목부재(난간소로, 첨차)

　그 반면 고려에서 조선시대에 걸쳐서 건립된 전통 목조건물들은 우리나라에도 비교적 많이 남아 있어서 이들을 바탕으로 하여 현재 우리나라의 목조건축 양식의 분류를 크게 주심포계柱心包系 건축양식과 다포계多包系 건축양식, 그리고 익공계翼栱系 건축양식으로 대별하고 있는 추세이다.

그중 주심포 계통과 다포 계통에 대한 건축양식 정립定立은 어느정도 체계화體系化[17]가 이루어진데 반하여 익공계 건축양식은 주심포계와 혼동[18]하고 있는 예가 적지 않을 뿐만 아니라 심지어는 민도리계와도 혼동하고 있는 사례가 발생하고 있어서 익공계 건축에 대한 심도深度있는 연구를 토대로 양식의 체계화가 시급한 과제[19]로 대두되고 있는 실정이다.

이를 근거로 하여 건축양식의 형태 특성상 고려시대에 건립된 건물에서는 볼 수 없었던 익공계 건축양식이 조선시대 초에 성행되었던 주심포계 양식의 영향으로 발생된 건축양식으로 가정하였고, 이에 주심포계와 익공계의 건축 양식적인 상호 관련성을 밝히는 전 단계 작업으로서 먼저 우리나라에 현재 남아 있는 주심포계 건물을 대상으로 하여

① 평주 상부에 헛첨차가 결구結構되어 있지 않은 건물군과
② 평주 상부에 헛첨차가 결구되면서 헛첨차 외단부가 사절되어 있는 건물군,
③ 평주 상부에 헛첨차가 결구되면서 헛첨차 외단부가 쇠서牛舌로 되어 있는 건물군 등

3개 양식군樣式群으로 크게 분류한 후 이들에 대한

① 건립시기와
② 배치 및 평면형식,
③ 공포형식, 그리고
④ 가구형식 등을 중심으로 고찰考察 분석하였다.

이와같이 현재 우리나라에 남아 있는 주심포계 건물들을 크게 3개군으로 분류한 후 각 건물들에 대해서 4가지의 건축양식학적 측면에서 고찰 분석한 결과를 토대로 아직까지 체계화가 이루어 지지 않고 있는 익공양식의 공포 발생에 주심포계 양식이 어떠한 영향을 주었는지를 밝히고자 하였다.

특히 익공양식이 언제 발생되었고 또 어떠한 과정을 거쳐서 발생되었는지를 규명하기 위해서 고려시대부터 조선시대에 걸쳐서 건립된 주심포계 건물 30여동과 조선초기 및 중기에 건립된 익공양식의 건물 가운데 보물이나 사적, 또는 일부 지방문화재로 지정된 건물 62동을 선별하여 연구를 진행하였다. 그러나 익공양식의 분류 및 그 변천과정을 밝혀 줄 수 있는 조선후기 익공양식의 건물과 북한에 소재하고 있는 건물도 일부 포함시켜 검토 종합하였고, 현지를 직접 답사하여 조사한 결과를 토대로 익공양식의 분류를 먼저 행한 후 익공양식의 변천과정을 밝혀 양식의 체계화를 이루고자 노력하였다.

미주

1 于倬雲,「斗栱的運用是我國古代建築技術的重要貢憲」, 李潤海,『中國建築史論文選集』第1册, 明文書局, 1984, pp. 60-65

2 尹張燮,『韓國建築研究』, 東明社, 1983, pp. 274~299,

3 주1) 李潤海 앞의 책, 祁英濤,「怎樣鑑定古建築」pp. 39-41

4 劉敦楨,『中國古代建築史』(第2版), 建築科學研究院 建築史編纂委員會, 1984, pp. 94~99

5 주4) 劉敦楨 앞의 책, p. 99

6 주4) 劉敦楨 앞의 책, p. 128~139

7 尹張燮,『韓國建築史』, 東明社, 1975, pp. 172~175

8 국립부여문화재연구소 외,『치미, 하늘의 소리를 듣다』, 2018, pp. 56~75

9 주4) 劉敦楨 앞의 책, p. 128

10 金東賢,「中國 最高의 木造建築 南禪寺 大殿考」『考古美術』, 129, 130호, 韓國美術史學會, 1976

11 金正基,『韓國木造建築』, 一志社, 1980, p. 69

12 金東賢,『三佛金元龍教授停年退任紀念論叢』,「高句麗 壁畵古墳의 栱包性格」, 논총간행위원회, 1987, pp. 369

13 修德寺槿域聖寶館,『수덕사! 천년의 아름다움』, 2008, pp. 252~253

14 부여군,『부여 문화재대관』, 2006

15 金正基,『韓國美術全集』,「建築」14, 同和出版公社, 1973, p. 6

16 奈良國立文化財研究所,『小建築의 世界』飛鳥資料館圖錄 第12册, 昭和59年(1984)

17 杉山信三,『高麗末朝鮮初의 木造建築에 關한 研究』, 1959

　　鄭寅國,『韓國建築樣式論』, 一志社, 1974

　　주7) 尹張燮 앞의 책

18 안동 개목사 원통전 건물의 건축양식을 주17)鄭寅國 앞의 책에서 주심포 후기양식으로 분류하고 있으며, 주7)尹張燮 앞
　　의 책에서 조선시대 주심포 초기양식으로 분류하고 있다.

　　그러나 李達勳, 朴萬植,「翼工系 建築樣式의 發生研究」, 대한건축학회 학술발표 논문집, 제19 권 1호, 1989, 4

　　李達勳,「翼工系 栱包의 發生과 變遷過程 研究」, 1989, 8, 충남대학교 박사학위 논문을 한국상고사학보, 제5호에 게재한
　　이후에는 대체로 안동 개목사 원통전의 건축양식을 익공양식으로 분류하고 있다.

19 國立文化財研究所, 韓國建築史研究資料 第20號,『韓國의 古建築』, 1998, p. 31 청평사 회전문에서 익공양식에 대해서는
　　다수의 논문이 발표되긴 했지만 좀 더 심도있는 연구가 진행되어 이 부분에 대한 양식사가 정리되기를 기대한다. 라고
　　하고 있다.

　　文化財廳,『강릉 해운정 실측조사보고서』, 1999, pp. 78~86, 해운정의 건축적 특성에서 익공계 건물에 대해서는 연구논
　　문이 발표되긴 했지만 아직까지 그 발생 배경에 대한 학계의 정의가 명백하지 않아 양식적인 고찰은 그 건물의 연혁과
　　함께 다른 익공계 건물과 비교 하면서 연대를 고증하고 있는 실정으로 이에 대한 향후 많은 연구논문이 발표되어 그 형
　　식이 정리되기를 기대해 본다. 라고 하고 있다.

02

주심포柱心包 건축양식의
분류 및 검토

우리나라를 비롯해서 중국과 일본 등 동양 3국의 전통 목조건축에서 기둥 상부 부분에 공통적으로 나타나고 있는 공포의 구성과 가구架構의 형태, 그리고 그 결구 방법 등을 비교 분석한 후 한국 목조건축 양식 중 주심포계 목조건물의 기존 편년[1](표.1)에 대한 타당성을 검증한 후, 우리나라 3대 전통 목조 건축양식 중 하나인 익공양식의 발생과 그 변천 과정을 규명하기 위한 전 단계 작업으로서 주심포 양식의 공포 구성에서 처음으로 볼 수 있는 헛첨차 부재의 결구 유, 무 및 그 형상을 중심으로 고려시대에서 조선시대에 걸쳐서 건립된 주심포 양식의 건물 30동을 우선 다음과 같이 3개 양식군으로 분류하여 검토하고자 한다.

① 주심포 제1양식 ; 평주 상부에 헛첨차가 결구結構되어 있지 않은 건물군建物群

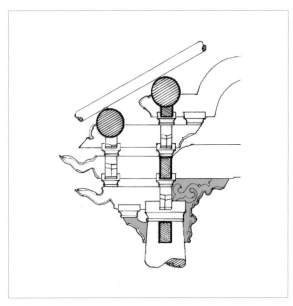

[그림 27] 안동 봉정사 극락전 공포

② 주심포 제2양식 ; 평주 상부에 헛첨차가 결구되면서 헛첨차 외단부外端部가 사절斜切되어 있는 건물군建物群

[그림 28] 예산 수덕사 대웅전 공포

③ 주심포 제3양식 ; 평주 상부에 헛첨차가 결구되면서 헛첨차 외단부外端部가 쇠서牛舌로 되어 있는 건물군建物群

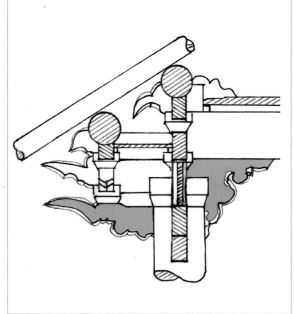

[그림 29] 순천 송광사 국사전 공포

이와같이 주심포계 건물에서 볼 수 있는 헛첨차의 결구 유, 무 및 그 형상을 중심으로 우선 크게 3개 양식 군으로 구분한 후 헛첨차의 결구 유,무 및 그 형상 특성이 한국 전통 목조건축의 양식을 특징지우는 하나의 중요한 요소가 될 수 있는지를 먼저 검토하고자 하였다.

특히 현재 우리나라에 남아 있는 주심포계 건물에서 볼 수 있는 헛첨차의 발생 및 그 변천과정을 집중 연구하여

① 주심포계의 공포양식이 익공계의 공포양식 발생에 어떠한 영향을 주었는가를 규명하고,
② 주심포계의 후기 건물과 초기 익공계 건물이 건축양식상 상호 연관이 어떻게 되어 있는지를 밝히며,
③ 익공 부재의 기원起源이 주심포계의 헛첨차와 관련이 있는지를 알아냄으로써
④ 익공양식의 발생 기원에 대한 의문점을 해결하고
⑤ 아직 체계화가 되어 있지 않은 익공양식의 변천 과정과 익공양식의 분류를 재 정리하여
⑥ 우리나라 전통 목조건축의 3대 양식중 하나인 익공양식의 체계화를 시도試圖하고자 한다.

〈표 1〉 한국 주심포계 목조건물의 기존 편년

『한국건축양식론』			『한국건축사』		
건축양식	건립시기	건물명	건축양식	건립시기	건물명
주심포 전기양식	1210년경	봉정사 극락전	고려시대 — 고려 주심포 제1형식	12c~13c 초	봉정사 극락전
	1270년경	부석사 무량수전		13c 경	부석사 무량수전
	1308년	수덕사 대웅전	고려 주심포 제2형식	1308년	수덕사 대웅전
	1320년대	성불사 극락전		1320년	강릉 객사문
	고려 말기	강릉 객사문		1320년경	성불사 극락전
	이조 초기	관룡사 약사전		14세기	정수사 법당
주심포 중기양식	1400년대	부석사 조사당	고려 주심포 제3형식	고려 말기경	은해사 거조암 영산전
	이조초기	은해사 거조암 영산전		1377년	부석사 조사당
	이조초기	무위사 극락전	조선시대 — 조선 초기 주심포 건축	1420년	패엽사 한산전
	1473년	도갑사 해탈문		1423년	정수사 법당
	1488년	해인사 장경판전		1473년	도갑사 해탈문
	1450년경	송광사 국사전		1476년	무위사 극락전
	이조초기	송광사 하사당		1359년	송광사 국사전
	1423년 중창	정수사 법당		1450년	송광사 하사당
주심포 후기양식	이조중기	봉정사 화엄강당		15세기	관룡사 약사전
	이조후기	봉정사 고금당		15세기	강릉문묘 대성전
	1608년 중수	송광사 응진전		1457년	개목사 원통전
	이조후기 개건	장곡사 상대웅전	조선 중기 주심포 건축	1603년	충무 세병관
	이조중기 이후	개목사 원통전		1604년	도동서원 강당·사당
	이조초기	고산사 대웅전		17세기 중수	봉정사 화엄강당
	이조 명종대	청평사 회전문		17세기 중건	봉정사 고금당
	이조초기	강릉문묘 대성전		1716년 재건	여수 진남관
	이조중기말	삼척 죽서루		17세기	나주향교 대성전
	이조중기	나주향교 대성전	조선 후기 주심포 건축	1788년	전주 풍남문
	1603년	통영 세병관		1844년	밀양 영남루
	1844년	밀양 영남루			

정인국, 『한국건축양식론』, 1974   윤장섭, 『한국건축사』, 1975

2-1-1. 주심포 제1양식
- 평주 상부에 헛첨차가 결구되어 있지 않은 건물군建物群

1) 안동 봉정사 극락전(국보 제15호)

(1) 건립시기

[그림 30] 안동 봉정사 극락전 전경

소백산 줄기인 천등산 남쪽 기슭에 위치하고 있는 봉정사는 우리나라에 현재 남아 있는 전통 목조건물 가운데 그 건립시기가 가장 오래된 건물로 알려진 극락전[2]이 있는 유서깊은 고찰古刹로서 봉정사 경내 좌측편에 있는 이 극락전은 원래는 대장전大藏殿이라 불렸으나 후에 극락전이라 그 이름을 바꾸었다.

극락전의 창건 시기에 대해서는 확실한 기록이 남아 있지 않으나 1972년 해체 수리시 종도리에서 발견된 묵서명墨書銘과 건축양식을 토대로 12~13세기 초경[3]으로 보는 설이 지배적이나 8세기경인 통일신라 시대[4]에 건립된 건물로 올려 보고 있는 의견도 있다.

또한 천계天啓 5년인 인조 3년(1625)에 중수가 있었으며, 양법당兩法堂 중수기에 의하면 순조 9년(1809)에도 다시 중수가 있었다. 그리고 2003년에 실시된 해체 수리시 천계天啓 5년인 1625년 이후 극락전의 해체 중수까지 347년이 걸린 목조건물의 수명 산출에 따라 중수 주기가 적어도 200년 이상되는 것을 근거로 하여 극락전의 건립시기를 12세기 이전으로 추정[5]하기도 하고 있다.

그리고 2018년에는 천등산 봉정사가 불교문화를 계승하면서 지켜 온 종합 승원으로서 봉황산 부석사와 영축산 통도사, 속리산 법주사, 두륜산 대흥사, 조계산 선암사, 태화산 마곡사 등과 함께 "산사, 한국의 산지승원"으로 세계문화유산에 등재되었다.

(2) 배치 및 평면

[그림 31] 봉정사 배치도(윤장섭, 한국건축사)

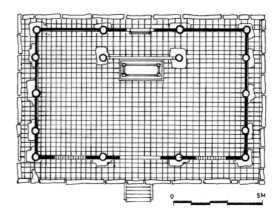

[그림 32] 극락전 평면도

송림松林이 욱어진 봉정사 경내 좌측편에 서남향하여 건립된 극락전은 통일신라시대에 건립된 불국사의 가람배치와 유사한 병렬식竝列式 배치형태로 대웅전 건물 옆에 나란히 자리잡고 있다.

극락전은 잘 다듬은 면석 위에 갑석을 올려놓은 가구식架構式 기단에 원형주좌가 있는 주초석과 배흘림과 귀솟음이 뚜렷한 원형기둥을 세워 정면 3칸, 측면 4칸의 일자형一字形 평면으로 건립되었다.

극락전 내부는 칸막이가 없는 통칸通間으로 만든 후 초창初創 당시에는 바닥에 모두 전돌(그림 33)을 깔았으나 지금은 전면 3칸에 우물마루를 깔고 중앙 정칸 배면에 2개의 고주高柱를 세워 후불탱화와 불단을 조성하여 서방 정토인 아미타 세계를 주재하는 아미타여래 좌상 불상을 정면인 서남향을 향하여 봉안하였다. 그리고 불단 상부에는 다포계 양식의 닫집을 지어 부처님의 화려하고 장엄한 극락세계를 조성하고 있다.

[그림 33] 창건대의 배면칸 전벽돌 바닥 모습

[그림 34] 극락전 내부 공간 구성

그리고 극락전의 주간柱間 간격은 정면 3칸 가운데 정칸은 4.30m, 양협칸은 3.70m로 분할하여 정칸을 양 협칸 보다 더 넓게 잡고 있으며, 4칸으로 구획된 측면은 중앙 2칸은 2.00m씩, 양퇴칸은 1.50m로 각각 잡고 있다.

(3) 입면

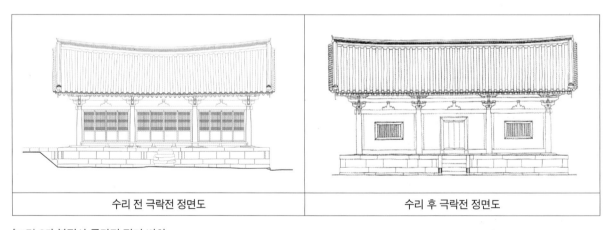

| 수리 전 극락전 정면도 | 수리 후 극락전 정면도 |

[그림 35] 봉정사 극락전 정면 변화

극락전의 정면 외관 모습이 1972년 해체 수리 이전에는 전면 3칸에 모두 툇마루가 설치되면서 궁창널을 댄 4분합 띠살 들어열개 문을 달아 연목에 걸려 있는 들쇠에 걸도록 되어 있어서 정면 외관이 지금과는 많은 차이가 있었다.

그러나 1972년에 실시된 해체 보수공사에서 변형이 되었던 4분합 문을 모두 떼어낸 후 중앙 정칸에는 쌍 여닫이 판장문을, 그 양협칸에는 장방형 모양의 살창을 달아 채광과 환기를 시키도록 복원이 되었다.

이와같이 복원이 된 안동 봉정사 극락전의 정면 외관 형태가 중국의 당(唐)나라 시대인 건중(建中) 3년(782)에 건립[6]된 중국에서도 가장 오래된 건물중 하나로 추정되고 있는 산서성 오대산에 있는 남선사(南禪寺) 대전(大殿)과 그 외관 형태(그림 37)가 유사함을 보이고 있어서 주목되고 있다.

그러나 지붕 형태가 중국 서안 대안탑 문미석의 불전지붕과 같이 팔작지붕으로 올리고 있어서 맞

[그림 36] 법당 살창을 통해서 본 중정 모습

[그림 37] 중국 남선사 대전(大殿) 원경과 전경

배지붕을 올리고 있는 봉정사 극락전과는 서로 다르나 기단과 축부, 그리고 옥개부 등 크게 세부분으로 구성되고 있는 우리나라 전통 목조건축에서 축부(軸部)에 나 있는 창호(窓戶) 형태를 비롯해서 공포의 구성이나 가구의 결구 수법 등 봉정사 극락전의 건축양식과 서로 유사한 점을 많이 볼 수 있어서 독특하다.

특히 훌륭했던 전통 목조건축물이 건축 재료의 지역적 특성으로 인하여 지금은 남아 있지 않지만 삼국시대 뿐만이 아니라 통일신라 시대에 건립된 수많은 절터에 남아 있는 잘 가공된 기단석이나 주초석, 그리고 지붕에 사용되었던 각종 와당(瓦當) 등으로 보아 목조건물이 수 없이 건립되었을 것으로 추측이 되고 있다.

그중 경상남도 울주군 중산리에 있는 통일신라시대 건물지에서 출토된 전돌로서 기단을 쌓을 때 사용되었던 것으로 보여지고 있는 길이 27cm, 폭 8cm, 높이 6.3cm 크기의 전돌 1점과 출토 미상의 길이 16cm, 높이 5cm의 방형(方形) 형상의 전돌 1점이 국립경주박물관에 소장되어 있다.

이 전돌의 정면에는 2동의 건물이 양각(陽刻)되어 있는데, 남선사 대전이나 봉정사 극락전과 같이 기단부와 축부, 그리고 옥개부로 구성되면서 정면 3칸 규모에 기둥 상부에 창방이 결구되면서 공포가 뚜렷하게 결구된 주심포 건축양식이며, 지붕형태는 분명하지는 않지만 좌측 건물의 지붕은 우

[그림 38] 통일신라시대의 전돌에 양각된 목조건물(국립 경주박물관 소장)

진각 지붕형태로, 우측 건물의 지붕은 팔작기와 지붕 형태로 보이고 있으며, 용마루 양쪽편에는 치미가 올려 져 있다.

[그림 39] 방형 전돌에 양각된 목조건물(국립경주박물관 소장)

또한 출토 미상의 방형의 전돌에도 정면과 측면에 건물의 하부면이 처음부터 양각되지 않은 것인지 혹은 파손된 것인지는 확실하지 않지만 현재는 공포부분과 지붕형태만이 선명하게 양각陽刻된 건물이 각각 1동씩 부조浮彫되어 있는데,

역시 건축양식은 창방이 결구된 기둥 상부에만 공포가 배치되는 주심포 양식이며, 지붕은 겹처마로 된 우진각 기와지붕으로서 용마루 양쪽편에 치미가 얹어져 있다.

그러나 안타깝게도 통일신라시대에 건립되었다는 확실한 근거를 가진 현존現存하고 있는 전통 목조건물이 남아있지 않아서 단편적인 자료를 토대로 그 당시 건축양식을 이해할 수 밖에 없었으나 다행이 중국 남선사 대전이나 통일신라시대의 전돌 등에서 볼 수 있는 외관 형태 뿐만이 아니라 남선사 대전과 봉정사 극락전의 공포 구성 수법과 건축양식상의 특징 등을 비교해 볼 때 봉정사 극락전이 우리나라에서 가장 오래된 통일신라시대에 건립된 건물이라는 근거로 활용할 가치는 충분히 있을 것으로 판단되고 있다.

(3) 공포

봉정사 극락전은 주심포 형식으로서, 평주 상부에 헛첨차가 결구되어 있지 않은 외2출목, 내2출목의 주심포 제1양식이다.

[그림 40] 극락전 공포

[그림 41] 극락전 공포 내부 보아지

공포의 구성은 주두의 운두雲頭부분에서 마구리가 직절直切 연화문형蓮花紋形으로 조각[7]된 소첨차와 도리 방향의 주심 첨차가 十자 방향으로 함께 맞물려 짜여 졌는데, 소첨차의 끝단에 1출목 소로를 놓아 공안栱眼을 만든 후 대첨차를 받쳐주고 있으며, 도리방향으로 주심부 양단에 소로를 놓고 직절直切 연화문형蓮花紋形으로 된 주심 첨차에도 공안을 만든 후 뜬장혀를 받쳐주고 있다.

그리고 뜬장혀와 十자 방향으로 직교直交하여 외부로 빠져 나온 대첨차는 그 끝단에 2출목 소로를 놓은 후 도리방향으로 행공첨차[8]를 생략하고 주로 고식古式의 건축에서만 볼 수 있는 단장혀短牛舌[9]만을 놓고 대량의 보머리와 결구되어 있는 굴도리로 된 외목도리를 받고 있다.

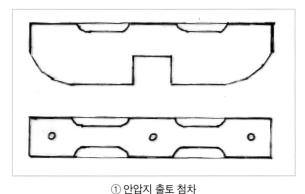 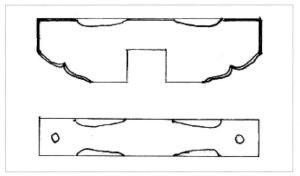

① 안압지 출토 첨차　　② 봉정사 극락전 첨차

[그림 42] 안압지 출토 첨차와 봉정사 극락전 첨차

또한 주두의 운두부분과 엇물려서 건물 내,외 방향으로 돌출된 소첨차와 그 위에 있는 대첨차의 외단 마구리를 아직까지 쇠서형상으로 만들지 않고 수직으로 직절시키고 있는 우리나라에 남아 있는 건물 가운데에서는 봉정사 극락전 첨차(그림 42-②, 43-①)가 유일有一하며, 그 하부면를 연화문형蓮花紋形 모양으로 조각하고 있다. 이와같이 첨차 외단外端에 쇠서형상을 만들지 않고 직절시키고 있는 예는 경주 안압지에서 출토된 통일신라시대의 건물에 사용되었던 첨차(그림 42-①)와 중국의 남선사 대전(782년)의 공포에 결구되어 있

① 안동 봉정사 극락전 공포　　② 중국 남선사 대전 공포

[그림 43] 봉정사 극락전 공포와 남선사 대전 공포

는 첨차 외단부도 직절된 형상(그림 43-②)으로 되고 있어서 건물의 입면이나 공포의 구성 수법 등 건축 양식상의 특징을 서로 비교할 수 있는 좋은 자료로 주목되고 있다.

또, 주두의 형상도 4세기 전반기에 남포시 강서구역 태성리에 건설된 태성리 1호 무덤은 전망좋은 구릉지대에 화강암 판석과 잘 다듬은 석재로 조성하였는데, 앞칸과 안칸 사이 연도羨道 가운데에 독립된 8각 돌기둥을 세운 후 그 기둥 상부에 운두 아래에 내반된 오목굽 형상의 주두를 결구하고 있으며, 굽에는 연꽃잎 모양이 그려져 있다.

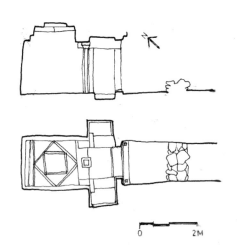

[그림 44] 고구려 태성리 1호 벽화무덤(이기준, 『북한의 문화재와 문화유적 Ⅰ』)

| 철감 선사탑 | 8각 탑신석의 주두와 창방 상부 소로 |

[그림 45] 쌍봉사 철감 선사탑 (국보 제57호)

주두의 이러한 형상은 고구려의 벽화무덤 뿐만이 아니라 신라 경문왕 8년(868)에 화순 쌍봉사를 창건한 도윤(798~868)의 팔각원당형 승탑(그림 45)으로서 8각의 탑신석 모서리에 세워진 원형의 배흘림 기둥 위에 있는 주두와 창방 상부에 놓여진 소로 모두 정교하게 조각된 굽받침이 없는 오목굽으로 되어 있다. 그리고 안압지 발굴조사에서 출토된 소로(그림 46)와 석조로 된 난간 소로의 형상(그림 47)도 이와 같을 뿐만 아니라 백제의 목탑형식과 신라의 전탑형식이 혼합되어 목전혼합木塼混合 형식으로 발전되어 통일신라 초기에 세워진 경북 의성 탑리 5층석탑(그림 48)의 네 기둥 위에 얹혀져 있는 주두 형상과 불국사 범영루 돌난간(그림 49)에서 돌란대를 받쳐주고 있는 기둥 위에 있는 주두도 굽받침이 없는 오목굽으로 되어 있는 것을 볼 수 있다.

이와 같은 자료에 의하면 우리나라의 삼국시대에서 통일신라시대에는 고구려의 벽화고분에 굽받침을 둔 주두도 일부 보이고 있지만 실제로는 봉정사 극락전의 건축양식 중 고식古式 수법으로 보이는 굽받침이 없는 오목굽의 주두와 소로가 주로 사용된 것으로 볼 수 있다.

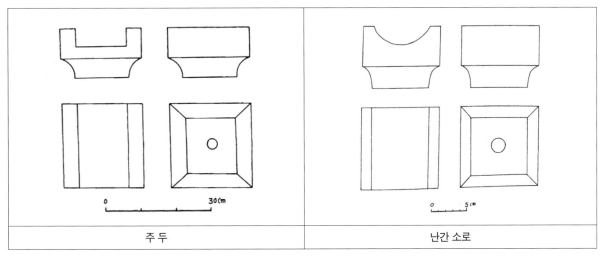

| 주 두 | 난간 소로 |

[그림 46] 안압지 출토 주두와 난간 소로

[그림 47] 안압지 출토 난간 돌란대 및 소로(문화재관리국, 『안압지 발굴조사보고서』)

[그림 48] 의성 탑리 5층석탑

[그림 49] 불국사 범영루 난간석

[그림 50] 극락전 창방 상부 복화반

그리고 창방과 주심도리 사이 포벽包壁에는 도리방향으로 뜬장혀와 함께 화염문 형상의 화반이 결구되어 있는데, 고려시대의 주심포양식 건물에서는 부석사 무량수전과 같이 뜬장혀 밑에 간결한 접시소로를 하나 두거나 또는 수덕사 대웅전이나 은해사 거조암 영산전과 부석사 조사당 등과 같이 포벽으로 비워두고 있는 예와는 다르게 마치 조선시대에 발생된 익공양식에서 주간柱間 사이에 배치시키고 있는 외소로형外小累形의 화반花盤처럼 가로방향으로 길게 펼쳐진 화염火焰문양으로 화려하게 초각草刻을 한 후 중앙 상부에 소로가 놓인 복화반覆花盤을 포벽 각간各間에 1구씩 배치하여 극락전의 정면을 더욱 아름답고 짜임새 있는 구조로 꾸며 주고 있다.

(4) 가 구

전,후 평주와 불단을 조성하기 위하여 배면에 세운 기둥 상부에 고식古式의 항아리 단면형으로 다듬은 대량을 걸은 후 그 상부에 동자주童子柱 대신에 불꽃 형상인 화염문으로 조각된 복화반과 계량繫樑을 결구하여 종량宗樑을 받치고 있는 2중량二重樑 9량가九樑架[10]의 지붕틀 가구이다.

특히 외목도리를 포함하여 9개의 도리 위에 장연과 단연으로 된 연목을 걸고 있는 9량가의 지붕틀 구조에서 7개의 도리를 모두 굴도리 형식으로 된 원형의 도리를

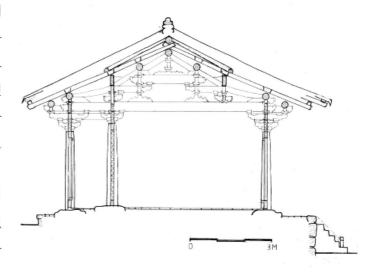

[그림 51] 극락전 지붕틀 가구

걸고 있는 반면에 주심도리와 중도리 사이인 지붕 중간 부분에 결구되어 있는 내목도리는 사각형 단면의 납도리로 걸고 있어 독특한데, 이러한 예는 예산의 수덕사 대웅전과 관룡사 약사전의 지붕틀 가구에서도 볼 수있다. 이 수법은 9개의 도리를 모두 원형 단면의 굴도리로 사용할 경우 도리가 아래로 밀리거나 구루는 것을 방지하기 위하여 끼우는 일종의 승두蠅頭 역할을 하기 위한 구조적 목적이 아닌가 생각되고 있다.

[그림 52] **극락전 측면 가구**

[그림 53] **극락전 내부 가구**

　　그리고 극락전 양쪽편에서 완만한 곡재로 된 3개씩의 솟을합장으로 된 부재가 각 도리를 서로 단단하게 이어주고 있는데, 그중 납도리 형태의 내목도리 밑에서 수평부재로 된 계량繫樑의 내단부를 받쳐주고 있는 대량 상부 양측에 있는 뜬장혀에 결구되어 있는 이 "ㄴ자형"의 받침대(그림 55)가 형상과 기능적인 측면에서 부석사 무량수전의 내고주 상부(그림 78)에서 볼 수 있는 헛첨차 부재 역할을 하고 있음을 볼 수 있다.

　　특히 대량 상부 양측에 걸쳐 있는 뜬장혀에 결구되어 있는 이 부재가 내단內端은 계량의 단부를 받쳐주고 있고, 외단外端은 자유단으로 되어 있는데, 이 부재의 형상과 기능이 주심포 건축양식 분류에서 가장 중요한 기준으로 볼 수 있는 헛첨차의 시원적인 부재로 볼 수 있어서 주목되고 있으며, 이러한 형상과 기능을 갖고 있는 또 다른 예로서 고려시대에 건립된 부석사 조사당의 기둥 상부 공포(그림 152)에 결구된 헛첨차와 같은 형상과 같은 기능을 갖고 있음을 알 수 있다.

[그림 54] 헛첨차 부재의 시원始原

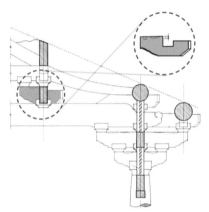

[그림 55] 극락전 대량 상부 계량 받침대

[그림 56] 극락전 정칸 불단 상부 닫집

그리고 대량 양쪽편에서 도리방향으로 마구리가 직절 연화문형으로 조각된 좌,우 2출목으로 된 주심첨차형 부재를 계량과 결구한 상부에 단장혀短長舌를 놓고 중도리를 받고 있는데, 극락전의 도리 밑에는 모두 고식 수법인 단장혀를 결구하고 있는 특징을 볼 수 있다.

종량 상부 중앙에도 대량 상부 양쪽편에 놓여진 복화반 보다 가로 방향으로 더 길게 펼쳐진 불꽃 화염문양의 복화반에 포대공包臺工을 설치하여 뜬창방과 종도리의 이중도리로 무거운 지붕하중을 받도록 하고 있다.

[그림 57] 극락전 종량 상부 가구

또한 굴도리로 된 종도리 아래 양 옆으로는 종도리가 좌,우로 움직이는 것을 방지해 주기 위하여 도리 양측면에 약 30° 방향으로 솟을합장[11]을 결구시켰는데, 일반적으로 포대공 양쪽편에만 세우는 솟을합장을 중도리와 내목도리 사이와 내목도리와 주심도리 사이에도 계속 연결(그림 58)시키고 있는 것을 볼 수 있다.

이와같이 연속되는 솟을합장의 결구 수법은 봉정사 극락전을 비롯해서 수덕사 대웅전의 일부 고식 건물에서도 볼 수 있는데, 봉정사 극락전의 솟을합장은 완만한 곡재 형태로 이어주고 있으나 수덕사 대웅전의 가구에서는 더욱 만곡된 소꼬리 모양의 우미량牛尾樑 형태로 이어지고 있어서 구조적 측면 이외에 단계적으로 올라가는 부처님을 향한 종교적인 목적도 함께 가지고 있는 것으로 볼 수 있다.

[그림 58] 극락전 내부 솟을합장

그리고 불전 내부의 천장은 주심포 양식의 건물에서 많이 볼 수 있는 목조 가구재가 모두 노출되는 연등천장으로 꾸몄다. 특히 지붕을 겹처마 맞배기와지붕으로 올렸는데, 지붕의 물매를 잡기 위하여 적심도리를 놓고 내목도리와 종도리 사이에 덧서까래를 올려 독특하며, 정면 정칸 처마 밑에 극락전極樂殿 현판이 걸려 있다.

천등산 남쪽 기슭에 위치하고 있는 봉정사 극락전은 간결하면서도 짜임새 있는 건물의 외관과 공포의 구성, 지붕틀의 결구, 특히 극락전의 세부적인 조각 수법 등은 봉정사 극락전에서만 볼 수 있는 독특한 건축수법이다. 따라서 봉정사 극락전은 고려시대의 전통 목조건축 양식 뿐만 아니라 더 나아가 통일신라시대 전통 건축양식의 특성까지 일부 살펴볼 수 있는 우리나라에 남아있는 목조건물 중 가장 오래된 최고의 고식古式 건축물로서, 한국건축사에 가장 중요하면서도 기념비적인 건물로 볼 수 있다.

2) 영주 부석사 무량수전(국보 제18호)

(1) 건립시기

[그림 59] 영주 부석사 무량수전 전경

[그림 60] 부석사 창건 설화가 깃든 부석(뜬돌)

　　영주 부석사 무량수전은 신라 문무왕 16년(676)에 의상대사가 당나라에 건너가서 8년간 지엄삼장으로 부터 가르침을 받은 후 신라로 돌아와서 화엄도량으로 부석사를 창건한 사찰로 잘 알려져 있다. 특히 의상대사가 부석사를 창건하기 위한 절터를 잡을 때 당나라의 선묘 아가씨가 부석으로 변하여 큰 도움을 주었다는 "浮石"(뜬돌)이라는 각자刻字가 새겨진 거대한 바위가 무량수전 뒷쪽 편에 남아 있으며, 이에 따라 사명寺名도 부석사浮石寺라 정하였다고 한다. 그리고 의상대사가 당나라에서 바다길로 귀국할 때는 석용으로 변하여 안전하게 신라에 도달할 수 있도록 도움을 주었다는 그 석용石龍이 지금도 무량수전 앞 마당에 묻혀 있다는 애틋한 창건 설화가 함께 전해지고 있다.

　　무량수전은 부석사의 본전本殿 건물로서, 1916년 해체 수리과정에서 서남쪽 모서리 추녀春舌와 사래蛇羅 사이에서 발견된 묵서명墨書銘에 고려 우왕 2년(1376)인 홍무洪武 9년에 다시 중창한 기록이 있으나 건축양식을 토대로 건립시기를 1270년경[12]인 13세기 이전에 건립된 고려 중기 건물로 추정하고 있다.

(2) 평 면

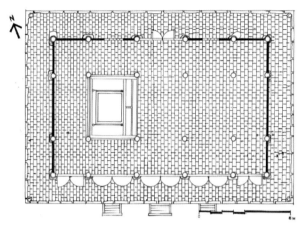

[그림 61] 무량수전 평면도

[그림 62] 명문名文 기단석

봉황산 중턱 경사진 대지를 9단의 크고 작은 석단石壇으로 조성한 경내 중 가장 높은 곳인 상단에 남향하여 건립되어 있다. 무량수전은 잘 다듬은 장대석으로 쌓은 가구식架構式 기단을 놓았는데, 전면 기단 우측편 면석에 "충원도적화면석수김애선忠原道赤花面石手金愛先"의 명문이 있어 특이하며, 정칸과 양협칸 기단 앞에 소맷돌을 갖춘 3개소의 석계단을 설치하여 오르도록 하였다. 기단 위에는 방전方塼을 깔은 후 원형 주좌柱座을 조출造出한 주초석과 배흘림 기둥을 세워 정면 5칸, 측면 3칸으로 평면을 구획하였는데, 불상 하부에서 전돌들의 흔적이 발견[13]되어 창건 당시에는 불전 내부에 전돌을 깔았으나 지금은 우물마루를 깔고 통간通間의 넓은 예불공간으로 만들었다.

[그림 63] 무량수전 내부 공간 구성

특히 불전건축에서 가장 중요하고 또한 정성을 많이 들여 조성하는 불단佛壇의 위치를 건물의 중앙 정칸 남쪽 마당에 세워져 있는 불탑을 향하도록 하는 일반적인 평면구성과는 다르게 서쪽에서 동쪽을 바라보게 배치하고 있다. 이러한 독특한 수법은 불단을 정면 5칸 가운데 서쪽 좌측 중앙 2칸에 조성하여 아미타 소조여래좌불塑造如來座佛을 안치하는 부처님 공간으로 만든 후 동쪽편인 우측 3칸에 법회를 위한 신자들의 예불禮佛공간으로 만들어서 아미타여래를 서방정토 세계를 관장하는 서쪽에 모시고 동쪽을 바라보게 하기 위한 수법이 아닌가 보여지고 있다.

창호는 정면 5칸 가운데 중앙 3칸에는 4분합문 중 가운데 2짝은 궁창판을 댄 쌍여닫이 정자살문을 달아 출입하도록 하고 양쪽 문짝은 궁판 대신에 머름대를 댄 정자살 들문으로 하여 연목에 달려 있는 들쇠에 걸도록 하였다. 그리고 양퇴칸은 머름대 위 가운데에 세운 문설주 사이에 외짝 들문으로 하여 역시 연목에 달려 있는 들쇠에 걸도록 하였다. 배면은 중앙 정칸에는 신방석과 신방목 위에 쌍여닫이 판장문을 달았고 그 양협칸에 살대를 세운 광창을 각각 내어 환기와 채광을 하고 있으며, 양측면에는 창호를 달지 않고 회벽으로 마감하였다.

그리고 무량수전의 주간柱間 간격은 정면 5칸중 중앙 3칸을 4.20m의 등간격으로 같게 잡은 후 양단칸도 3.00m로 같게 구획하였다. 또한 측면 3칸은 중앙칸을 5.50m로, 양협칸은 3.00m로 하여 중앙칸을 양협칸보다 넓게 잡아 회벽으로 마감하였다.

(3) 배 치

[그림 64] 9단으로 조성된 부석사 석단石壇

[그림 65] 부석사 대석단大石壇

부석사는 경내 대지를 크고 작은 대 석단石壇으로 9단 쌓아서 조성하고 있는데, 이는 정토신앙의 근본이 되는 무량수경無量壽經과 아미타경阿彌陀經, 그리고 관무량수경觀無量壽經 등의 경전經典에서 극락세계에 이르는 단계를 크게 3단계로 나누어 삼배생상三輩生想이라 하고, 이것을 다시 삼배수로 세분화하여 9단계로 나누어 구품왕생九品往生[14] 또는 삼배구품설三輩九品說[15]로 설명하고 있다.

따라서 경사진 부석사 경내를 9단의 대 석단으로 쌓아 하단下壇과 중단中壇, 그리고 상단上壇 등 3단으로 크게 나눈 후 가장 높은 상단에 부처님을 봉안하고 있는 무량수전을 배치하고 있는 것은 불전 내부의 공간 구성과 함께 불교의 교리와 이상향을 추구하는 서방정토西方淨土 사상을 상징적으로 나타내고 있는 것으로 볼 수 있다.

그리고 9단으로 조성된 경내에서 5섯번째의 중단中壇에는 조선 영조 22년(1746)에 소실된 후 다시 지었다는 중층의 범종루梵鐘樓가 건립되어 있다. 아래층으로는 본전인 무량수전에 국보 제45호인 아미타여래 본전 불이 모셔져 있는 부처님을 만나러 가는 불국佛國의 통로로 이용하고, 윗층은 불가佛家에서 귀하게 모시고 있는 북과 목어, 운판, 그리고 범종 등의 4물四物을 보관하는 장소로 사용하고 있는데, 부석사를 찾는 방문객이면 대부분 이 범종루 밑을 지나 무량수전으로 올라가고 있다.

[그림 66] 전면 지붕과 배면지붕 형태가 다른 범종루 전경

특히 불가佛家에서 가장 귀히 여기는 사물四物인 범종梵鐘과 법고法鼓, 목어木魚, 그리고 운판雲版 중 법고인 북과 운판, 목어을 모시고 있는 중층中層의 이 범종루梵鐘樓를 측면에서 보면 건물의 축軸을 90° 돌려 놓아 정면과 측면이 바뀌어 보일 뿐만 아니라 전,후 지붕 형태(그림 66)가 각각 다르게 올려져 있어서 앞과 뒤의 균형이 맞지 않는 처음부터 잘못 지어진 건물로도 보이고 있다.

그러나 이 범종루 건물이야 말로 부처님을 만나러 가는 길목 방향으로 건물의 장축長軸을 돌려 놓아 건축 계획학적인 측면에서 불가佛家의 통로通路로서의 역할을 충실하게 하고 있을 뿐만 아니라 지붕 모양도 앞에서 보면 정면성을 강조하고 있는 웅장하면서도 거대한 팔작지붕 형태을 보여 주고 있다.

그리고 뒤에서 범종루를 바라 보면 간결한 맞배지붕 형태의 건물로 보이고 있으나 꺽어짐이 없는 내림마루 지붕선이 부석사 경내 앞 오른쪽 저 멀리서 끝없이 펼쳐지고 있는 백두대간의 소백산 두 능선에 딱 맞춰 건축된 것을 알 수 있다.

따라서 이 범종루가 갖고 있는 앞, 뒤가 서로 다른 건축적 지붕 형태가 처음부터 계획되고 처음부터 의도 되었던 형태로서, 건립 당시 장인匠人들의 지혜와 정성, 그리고 종교적인 신념이 함께 담긴 우리나라 최고의 전통 목조건물로 평가 받을 수 있는 건물이 아닌가 생각되고 있다.

[그림 67] 건물 앞쪽에서 바라 본 범종루 전경

범종루의 정면성을 강조하기 위하여 건물 앞쪽을 팔작지붕으로 올린 이 건물이 얼마나 우람스러우면서도 장중한 모습인가？

[그림 68] 건물 배면쪽에서 바라 본 범종루 전경

그리고 저 멀리 범종루 앞 오른쪽 편으로 펼쳐지고 있는 2개의 백두대간 능선과 범종루 뒷면 맞배지붕의 내림마루 지붕선과의 절묘한 조화는 어떻게 보이고 있는가 ?

우연일까???

정말로 말과 글로는 형용할 수 없는 감탄과 찬사가 저절로 나오는 지붕 형태의 모습이 아닌가 생각되고 있으며, 조선시대 훌륭했던 장인들의 지혜와 안목이 모두 담긴 한국 건축문화의 정수精髓를 보는 것 같아 보고 또 보면서 오래동안 시선이 머물고 있다.

"무량수전 앞 안양문에 올라 앉아 먼 산을 바라보면 산 뒤에 또 산, 그 뒤에 또 산마루, 눈길이 가는데 까지 그림보다 더 곱게 펼쳐진 능선들이 모두 이 무량수전을 향해 마련된 듯 싶어진다"고 찬사를 아끼지 않으면서 "나는 무량수전 배흘림기둥에 기대 서서 사무치는 고마움으로 이 아름다움의 뜻을 몇 번이고 자문 자답했다"는 혜곡 최순우의 "무량수전 배흘림기둥에 기대서서"[16] 라는 주옥같은 수필집을 읽고 또 읽게 된다.

또한 이 범종루에 담겨져 있는 건축적 의미가 이 뿐이겠는가 ???

부석사의 첫 산문山門인 일주문을 들어서서 본전인 무량수전에 이르기 까지 만나는 여러 채棟의 산문 가운데 범종루와 지금은 그 터만 남아 있는 회전문과는 거의 직선축을 형성하고 있다. 이 직선축은 극락세계로 들어가는 문인 안양루로 올라가는 25단의 높은 돌계단 앞에서 갑자기 왼쪽으로 약 30° 가량 꺾여 축軸의 큰 변화를 보여주고 있다.

만일 가람伽藍의 중심축이 이와같은 변화를 보이지 않고 소위 일탑식 가람배치와 같은 일직선상으로 배치되었다면 범종루는 오히려 안양루 앞의 시야를 가로막는 건물이 되어 지금과 같은 범종루 대청마루에서 안양루을 올려다 보는 불국 정토의 아름다운 풍광(그림 70)은 볼 수 없었을 것이다.

또한 안양루에 올라 루樓 앞으로 끝없이 펼쳐지는 소백산 연봉의 장엄하면서도 아름다운 백두대간의 풍광도 볼 수 없었을 것이다.

그러나 범종루에 올라 불국佛國의 문門인 안양루와 부처님이 계시는 무량수전 건물을 멀리서 함께 보고 있노라면 두 건물의 처마곡선과 용마루 곡선이 이루어 내는 절묘한 조화가 마치 주심포 건축양식으로 무량수전을 건립한 고려시대의 장인匠人과 다포양식으로 안양루를 건립한 조선시대 장인匠人이 몇 백년의 시대를 초월한 협업協業으로 이루어 낸 결과가 아닌가 보여질 정도로 절묘한 조화(그림 71)를 이루어 내고 있다.

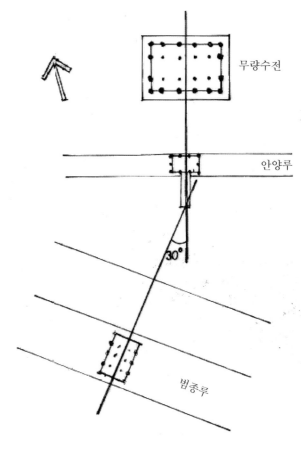

무량수전

안양루

30°

범종루

[그림 69] 범종루와 무량수전의 배치도

[그림 70] 범종루 대청마루에서 바라 본 불국佛國의 정문인 안양루와 무량수전

[그림 71] **안양루와 무량수전의 절묘한 지붕곡선**

그리고 만일 무량수전의 지붕형태가 팔작지붕이 아니고 고려시대 주심포 건축에서 성행되었던 봉정사 극
락전이나 수덕사 대웅전과 같은 맞배지붕 형태로 건립되었다면 이 두 건물은 또 어떤 모습이었을까?

옛 장인들의 뛰어난 안목과 혜안慧眼에 감탄과 찬사를 보내고 싶다.

[그림 72] **누하진입**樓下進入 **형식의 안양문(극락문)**

특히 아래층에는 "안양문"의 현판이, 윗층에는 "부석사" 현판이 걸려있는 중층 누각식으로 된 안양루安養樓
는 불국정토의 극락세계로 들어가는 안양문[17]으로서, 누하주樓下柱 형식의 이 문을 들어서면 극락세계인 무
량수전 앞마당에 이르게 되고, 이 앞마당에서 다시 뒤돌아 보면 끝없이 펼쳐지는 백두대간의 절경을 바라 볼
수 있는 안양루에 오르게 된다.

[그림 73] 안양루와 범종루, 그리고 백두대간의 능선

부석사의 무량수전과 함께 9품중 가장 높은 상단上壇의 앞자락에 걸쳐 정면 3칸, 측면 2칸 평면에 다포양
식의 팔작 기와지붕을 이루고 있는 안양루에는 사명당 유정의 안양루 중창기를 비롯해서 많은 묵객들이 남
긴 편액을 볼 수 있는데, 그중 방랑시인 김삿갓으로 더 잘 알려진 김립 김병연(1807~1863)이 이곳 부석사에
와서 남긴 시를 담은 편액을 볼 수 있다.

[그림 74] 방랑시인 김삿갓(김립)의 편액

"평생에 여가없어 이름난 곳 못왔더니 백수가 된 오늘에야 안양루에 올랐구나. 그림같은 강산 동남으로
벌려있고 천지는 부경같아 밤낮으로 떠 있구나. 지나간 모든 일이 말타고 달려 온 듯 우주간에 내 한몸이 오
리마냥 헤엄치네. 백년동안 몇 번이나 이런 경치 구경할까 세월은 무정하다 나는 벌써 늙어있네"

(4) 공 포

부석사 무량수전은 주심포형식으로서, 평주 상부에 헛첨차가 결구되어 있지 않은 외2출목 내2출목의 주심포 제1양식이다.

공포의 구성은 내반內反된 오목굽 밑에 굽받침이 있는 주두의 운두부분에서 마구리가 사절斜切 연화문형으로 된 소첨차와 도리방향의 주심 소첨차가 十자 방향으로 함께 짜여졌는데, 소첨차 끝단에 1출목 소로를 놓고 윗면을 활모양으로 깎아 공안을 만든 후 대첨차를 받고 있으며, 도리방향으로 양쪽 끝에 소로를 놓고 사절 연화문형으로 다듬은 주심 첨차에도 공안栱眼을 만든 후 주심 대첨차를 받쳐 주고 있다.

[그림 75] **무량수전 공포**

그리고 대첨의 끝단에도 2출목 소로를 놓고 윗면에 공안을 만든 후 도리방향으로 마구리가 사절 연화문형으로 된 행공첨차를 결구하여 고식古式의 건물에서 볼 수 있는 단장혀와 굴도리로 된 외목도리를 받고 있는 퇴량을 받고 있으며, 주심 대첨차 양단에도 소로를 배치하여 도리방향으로 결구된 뜬장혀를 받쳐 주고 있다.

특히 창방과 뜬장혀 사이 중앙에 화염문양을 조각한 외소로형 화반을 배치하고 있는 봉정사 극락전과는 다르게 뜬장혀 중앙 아래쪽에 접시소로를 각간各間에 1개씩만을 배치하여 포벽包壁을 빈 공간으로 간결하게 처리하고 있는 특징을 볼 수 있다.

주심포 제1양식	주심포 제1양식 - 과도기 양식
① 봉정사 극락전 공포	② 부석사 무량수전 공포

[그림 76] **공포의 외단부 쇠서의 발생**

그리고 주두의 운두부분과 결구되어 외부로 돌출되어 있는 소첨차와 대첨차의 외단 마구리를 쇠서牛舌형상으로 만들지 않고 사절斜切시킨 후 그 아래에 연화문형 모양으로 조각하였으나 퇴량 뺄목을 앙서仰舌형상의 쇠서(그림 76-②)로 돌출시키고 있어서 우리나라 전통 목조건축의 공포 형태에 부분적으로 처음 변화가 나타나기 시작하고 있음을 볼 수 있다.

이러한 변화는 같은 주심포 제1양식인 봉정사 극락전의 첨차 외단 형상(그림 76-①)이 직절直切 연화문형 조각에서 부석사 무량수전(그림 76-②)은 사절斜切 연화문형 조각으로 바뀌었고, 퇴량 외단부에는 봉정사 극락전에는 없었던 쇠서牛舌 형상이 처음으로 발생되었다. 그리고 외목도리 밑에도 봉정사 극락전에는 없었던 행공첨차가 결구되고 있는데, 이와같은 큰 변화는 14세기 전반기 경에 발생된 주심포 제2양식의 목조건물 공포에서 볼 수 있는 특징 중 하나로 볼 수 있다.

[그림 77] 무량수전 내고주 상부 헛첨차

[그림 78] 내고주 상부 헛첨차 부재

특히 부석사 무량수전의 공포가 평주 상부에 헛첨차가 결구되어 있지 않아서 주심포 제1양식으로 현재 분류는 하고 있으나 내고주 상부에서 퇴량의 단부를 받쳐주고 있는 부재인 헛첨차[18]가 결구(그림 77, 78)되고 있다. 따라서 부석사 무량수전의 공포에는 주심포 제2양식의 가장 큰 특징 중 하나인 헛첨차가 평주平柱 상부는 아니지만 내고주高柱 상부에 결구되고 있어서 건축양식상 주심포 제1양식에서 주심포 제2양식으로 변천되어 가는 과도기적인 건물로 해석할 수 있다.

그뿐만이 아니라 우리나라 주심포 제1양식의 대표적인 봉정사 극락전의 공포에서는 주두와 소로의 굽 모양이 굽받침이 없는 내반된 오목굽 형상으로 되고 있다. 이러한 주두의 굽 형상은 고구려 태성리 벽화고분의 주두(그림 44) 형태나 통일신라 건축양식을 일부 살펴볼 수 있는 안압지에서 출토된 주두, 그리고 중국 서안의 대안탑 문미석 이맛돌에 새겨진 불전도와 중국 오대산 남선사 대전, 그리고 일본 나라에 있는 당 초제사 금당에서도 굽받침이 없는 주두 형태로 결구되어 있다.

그러나 부석사 무량수전의 공포는 평주 상부에 헛첨차가 결구되어 있지 않은 주심포 제1양식인 데에도 불구하고 공포에 사용된 주두와 소로는 주심포 제2양식의 특징인 내반된 오목굽에 굽받침이 있어서 이 수법역시 내고주 상부에 헛첨차가 결구되는 수법과 함께 주심포 제1양식에서 주심포 제2양식으로 변천되어 가는 중요한 건물[19]로 볼 수 있다.

(5) 가구

무량수전의 가구架構는 전, 후 평주 사이에 양 내고주를 세워 퇴량과 대량을 걸고 다시 항아리 단면 형태로 깎은 고식의 대량 양측에 사다리꼴의 포대공을 설치한 후 수평재로 된 2중의 계량을 다시 결구하여 종량을 받고 있는 2중량重樑 11량가樑架의 지붕틀 가구로서, 우리나라 주심포양식을 갖고 있는 목조건축 가운데 예산 수덕사 대웅전과 함께 규모가 가장 큰 지붕틀 가구중 하나이다.

[그림 79] **무량수전 지붕틀 가구(윤장섭, 한국건축사)**

[그림 80] **무량수전 내부 가구(문화재청, 영주 부석사 무량수전(본문) 실측조사보고서)**

그리고 대량의 형태와 같은 항아리 모양으로 다듬은 종량 상부 중앙에는 간결한 사다리꼴형의 대공 위에 보아지와 뜬창방을 결구한 포대공 사이에 내반된 솟을합장을 설치하여 종도리와 함께 무거운 지붕하중을 받도록 하고 있다.

그러나 종도리가 좌,우로 움직이는 것을 방지하기 위하여 솟을합장을 종도리 아래 양쪽편에 결구시키는 일반적인 수법과는 다르게 종도리 하부에 있는 초공 밑 좌,우에 결구시키고 있는 특이한 수법을 볼 수 있다.

특히 퇴량 상부 중앙에는 사다리꼴 형태의 대공을 놓고 내목도리를 받치고 있는 수평재의 계량繫樑을 받고 있는데, 도리와 도리를 튼튼하게 붙잡아 주고 있는 이러한 수평부재가 계속 중첩되면서 종량까지 이어지다가 종량 상부 중앙에 있는 사다리꼴의 포대공 양옆에 세워져 있는 내반된 곡선의 솟을합장에서 마치 부처를 향해 합장合掌 배례拜禮하듯이 통합되어 짜여지고 있다.

이와같은 무량수전 불전의 평면과 단면 구성은 불단을 장축長軸 방향의 서쪽 끝부분에 놓고 양쪽편으로는 배흘림이 강한 내고주를 세워 도리방향으로 중첩되는 창방과 뜬장혀가 만드는 통로축이 장축長軸을 중요시 하는 종교건축에서 마치 신神을 만나러 가는 통로로서의 개념 의미와 일맥 상통하는 것으로 볼 수도 있다.

그리고 불전 내부 중앙 통로 양쪽편에 두줄로 세워져 있는 내고주 상부와 전면 평주 사이를 결구시키고 있는 퇴량 상부에서 수평부재인 계량을 받쳐주고 있는 "ㄴ자형"의 부재를 볼 수 있는데, 형상과 기능적인 측면에서 헛첨차의 시원적인 조형祖型으로 볼 수 있으며, 우리나라 최고의 목조건물로 알려지고 있는 안동 봉정사의 극락전 대량 상부 양측에서도 역시 계량의 외단에 'ㄴ자형"의 받침목(그림 54, 55)이 결구되고 있다.

주심포 제1양식	주심포 제1양식	주심포 제1양식	주심포 제2양식
① "ㄴ자형" 계량 받침대	② "ㄴ자형" 계량 받침대	③ 내고주 상부 헛첨차	④ 평주 상부 헛첨차
안동 봉정사 극락전	영주 부석사 무량수전	영주 부석사 무량수전	예산 수덕사 대웅전

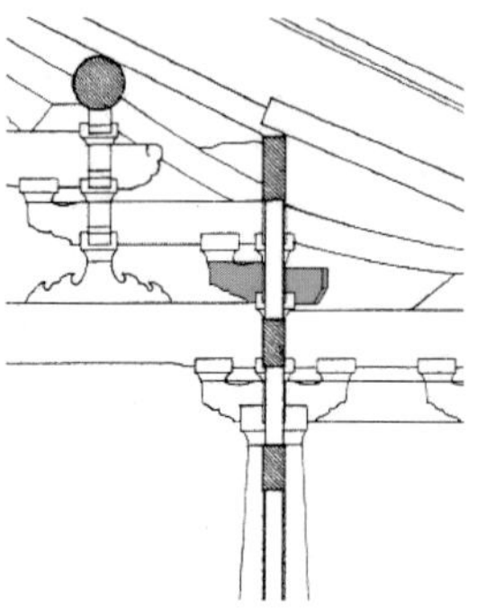

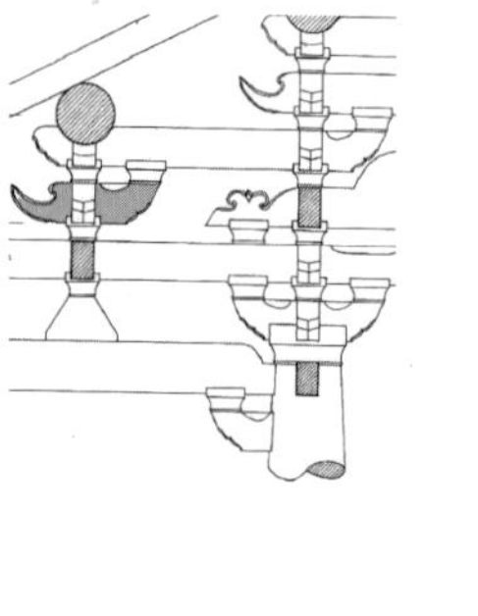

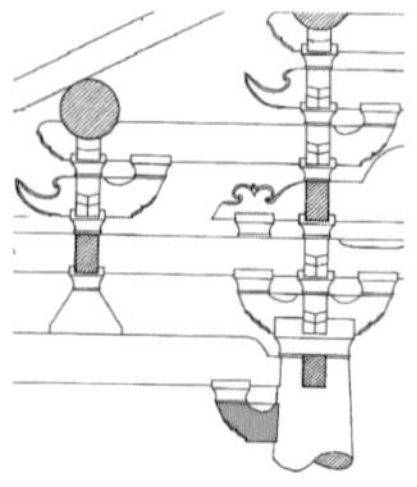

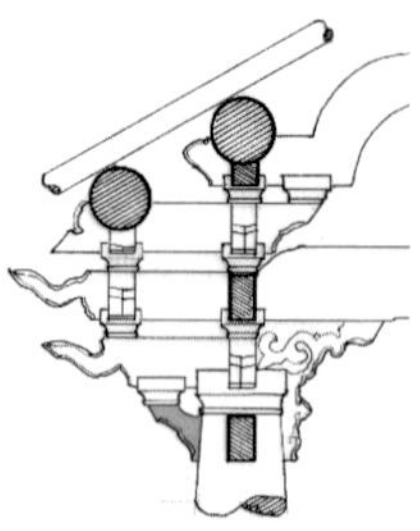

[그림 81] 형상과 기능에 따른 헛첨차의 위치 변천 과정

따라서 형상과 기능적인 측면에서 헛첨차의 발생과정을 보면 먼저 봉정사 극락전(그림 81-①)과 부석사 무량수전의 계량 받침목(그림 81-②)에서, 다시 부석사 무량수전 내고주內高柱 상단에서 퇴량의 내단부를 받쳐주는 헛첨차(그림 81-③) 부재로 변천되어 그 위치가 지붕틀 가구에서 기둥으로 옮겨 온 것을 볼 수 있다. 이와 같이 지붕에서 기둥으로 옮겨진 헛첨차는 그 후 주심포 제2양식인 수덕사 대웅전 공포(그림 81-④)에서 부터는 헛첨차가 모두 평주平柱 상부에 일반적으로 결구되기 시작하고 있다.

　그리고 불전 내부 천장은 가구재가 모두 노출되는 연등천장으로 꾸몄으며, 지붕은 주심포양식의 건물에서 보기 드물게 겹처마 팔작 기와지붕[20]으로 올렸는데, 처마곡선미와 함께 좌,우로 힘차게 휘어 올라가는 추녀마루에 맞춰 배흘림 기둥의 안쏠림과 귀솟음은 무량수전 건물을 한층 더 아름답게 꾸며 주고 있다.

[그림 82] 무량수전 내부 연등천장의 가구 구성

[그림 83] 부석사 "무량수전無量壽殿" 현판

무량수전 네 모서리 지붕 밑에는 길게 뻗은 추녀를 지지하기 위하여 기단 위에 팔각으로 다듬은 주초석을 놓고 활주를 세우고 있으며, 중앙 정칸 처마 밑에 고려 공민왕恭愍王이 직접 써서 하사했다는 "무량수전無量壽殿"의 현판이 걸려 있다.

이와같이 소백산 기슭 중턱에 1300여년 전 의상대사와 선묘아가씨의 애뜻한 창건 설화가 깃들어 있는 경내를 구품왕생, 또는 삼배구품설에 따라 크고 작은 9단의 대 석단石壇으로 절터를 조성한 후 일주문과 천왕문, 그리고 회전문 등의 산문山門이 이어지고 이를 지나면 부석사 경내 앞으로 끝없이 펼쳐지는 백두대간의 소백산 능선과 절묘한 조화를 이루고 있는 범종루를 만나 볼 수 있다.

[그림 84] **무량수전 활주**活柱

그리고 범종루를 지나 극락세계로 들어가는 불국佛國의 문인 안양문을 지나 안양루에 오르면 가장 높은 상단上壇에 서방정토 세계를 관장한다는 아미타여래 부처님을 모시는 무량수전을 고려시대 장인들의 독특하면서도 창의적인 가구 구성과 결구수법, 그리고 정교하게 다듬은 조각 수법으로 정성을 들여서 건립하고 있다.

따라서 영주 부석사 무량수전無量壽殿은 우리나라의 대표적인 전통 목조건축물 가운데 고려시대 장인匠人과 조선시대 장인匠人들의 시공時空을 초월한 협업協業으로 이루어 낸 최고最古의 걸작품으로 평가할 수 있으며, 우리 후손들에게 영원히 남겨 주어야 할 자랑스럽고 소중한 건축 문화유산 중 하나이다.

2-1-2. 주심포 제1양식의 정리整理

공포의 구성에서 평주平柱 상부에 헛첨차가 결구되어 있지 않은 주심포 제1양식에 속한 건물들로서 건축양식의 특성을 검토한 결과 다음과 같은 특징을 얻을 수 있었다

① 통일신라시대의 건축형식을 바탕으로 건립된 것으로 추정되고 있는 건물들로서, 공포구성에서 평주平柱 상부에 헛첨차 부재가 결구되고 있지 않은 주심포 제1양식이다.

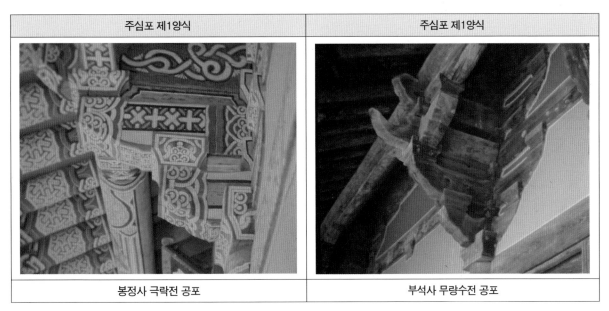

주심포 제1양식	주심포 제1양식
봉정사 극락전 공포	부석사 무량수전 공포

[그림 85] 평주 상부에 헛첨차가 결구되고 있지 않은 주심포 제1양식 건물군

② 헛첨차의 내단면이 절단切斷 되어 있는 부석사 조사당(그림 86-①)의 평주에 결구되어 있는 헛첨차의 형상과 기능적인 측면에서 보면 봉정사 극락전(그림 86-②)의 내고주內高柱 대량 상부와 부석사 무량수전(그림 86-③)의 퇴량 상부에서 수평재를 받쳐주고 있는 계량繫樑받침대를 헛첨차의 조형祖形으로 볼 수 있다.

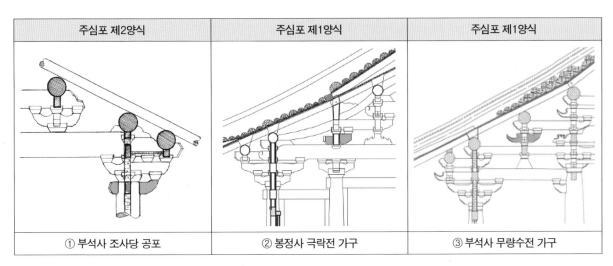

주심포 제2양식	주심포 제1양식	주심포 제1양식
① 부석사 조사당 공포	② 봉정사 극락전 가구	③ 부석사 무량수전 가구

[그림 86] 형상과 기능적인 측면에서의 헛첨차 조형祖形

③ 주심포 제1양식 중 안동 봉정사 극락전(그림 87-①)과 영주 부석사 무량수전(그림 87-②)은 평주 상부에 헛첨차가 결구되고 있지 않으나 부석사 무량수전의 고주 상부에서 퇴량의 단부를 받쳐주고 있는 "ㄴ자형"의 부재(그림 87-②)를 현재 헛첨차[21]라 부르고 있다. 이러한 헛첨차 부재가 평주 상부에 결구되어 있는 건물로는 고려 충렬왕 23년(1308)에 건립된 주심포 제2양식인 수덕사 대웅전(그림 87-③) 공포에서 처음 볼 수 있다.

따라서 형상과 기능적인 측면에서 볼 때 헛첨차의 위치는 봉정사 극락전의 계량 받침목(그림 87-①)에서 부석사 무량수전 내고주 상부에서 퇴량의 내단부를 받쳐주고 있는 헛첨차(그림 87-②) 부재로 변천되어 그 위치가 지붕틀 가구에서 기둥으로 옮겨 오고 있다. 이와 같이 지붕에서 기둥으로 옮겨 진 헛첨차는 주심포 제2양식인 수덕사 대웅전 공포(그림 87-③) 이후 부터는 헛첨차가 모두 평주平柱 상부에 결구되고 있는 특징을 볼 수 있다.

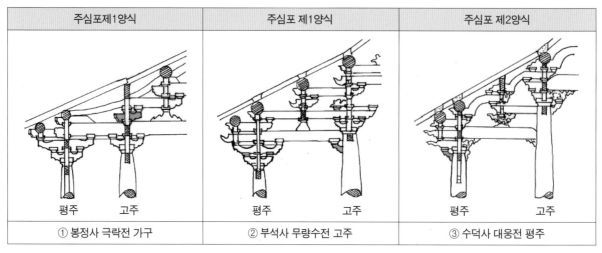

주심포제1양식	주심포 제1양식	주심포 제2양식
평주　　고주	평주　　고주	평주　　고주
① 봉정사 극락전 가구	② 부석사 무량수전 고주	③ 수덕사 대웅전 평주

[그림 87] 헛첨차 부재의 위치 변천 과정

④ 봉정사 극락전의 첨차 양단 마구리 단면 형상(그림 88-②)이 현재 우리나라에 남아 있는 목조건물 중에는 유일하게 경주 안압지에서 출토된 통일신라시대의 첨차 형상(그림 88-①)과 같이 직절直切되어 있는 반면 부석사 무량수전의 첨차 양단 마구리는 사절斜切 형상(그림 88-③)으로 변화되어 있다. 그러나 안압지에서 출토된 첨차 하부면 조각은 3~4단의 절선형折線形으로 깎여져 있으나 봉정사 극락전과 부석사 무량수전의 하부면은 전형적인 연화문형의 곡선 조각으로 변화되고 있다.

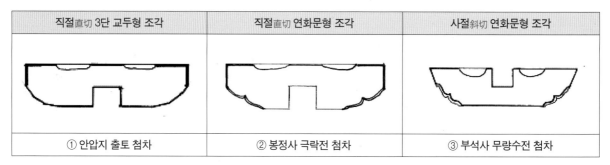

직절直切 3단 교두형 조각	직절直切 연화문형 조각	사절斜切 연화문형 조각
① 안압지 출토 첨차	② 봉정사 극락전 첨차	③ 부석사 무량수전 첨차

[그림 88] 첨차 양단부의 마구리 단면 및 조각 변화

⑤ 전통 목조건물에서 주심포 양식인지 익공 양식인지를 구분하는 중요한 기준이 되고 있는 공안栱眼의 유, 무는 안압지에서 출토된 첨차의 상부면에서도 이 공안栱眼을 볼 수 있다. 이러한 공안은 주심포 제1양식인 봉정사 극락전과 부석사 무량수전 뿐만이 아니라 우리나라 주심포 제2양식과 제3양식의 건물에서 모두 주두와 출목소로 사이 윗면에 수평(그림 89-①) 또는 활모양으로 둥글게 깎은 공안栱眼(그림 89-②③)을 조각하고 있는 공통점을 가지고 있다.

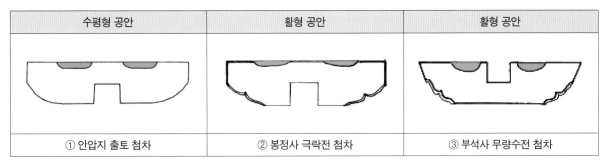

수평형 공안	활형 공안	활형 공안
① 안압지 출토 첨차	② 봉정사 극락전 첨차	③ 부석사 무량수전 첨차

[그림 89] 첨차 상부의 공안栱眼 형상

⑥ 전통 목조건축물을 구성하고 있는 많은 건축 부재 중 헛첨차나 살미, 행공첨차 등의 단부端部 하부면 조각의 문양을 쌍S자형이나 중괄호형, 쌍을乙자형, 연화두형, 그리고 파련문형 등 다양한 명칭으로 현재 혼용하여 부르고 있다.

그 중 쌍S자형은 S자형 곡선을 2개 결합한 중괄호 형상을 경사지게 만든 모양으로 연꽃잎 형상에서 착상着想된 장식으로서, 이 모양은 불국사의 연화교와 칠보교의 돌계단에서 볼 수 있는 얕게 조각된 장식과 흡사하다고 생각된다.[22] 라 하고 있다.

필자도 이 문양이 신라 법흥왕 27년(536)에 창건된 후 경덕왕 10년(751)에 다시 중창된 불국佛國의 서방정토 세계를 상징하는 극락전을 이어주는 국보 제22호인 연화교와 칠보교 중 10단으로 오르는 연화교의 디딤돌 바닥 바닥마다 신라시대의 뛰어난 장인이었던 석공石工들이 정성들여 연꽃

[그림 90] 불국사 연화교 디딤돌에 새겨진 문양

잎을 형상화시켜 새겨 놓은 아름답고 부드러운 곡선을 이루고 있는 이 문양(그림 90)에서 유래由來되었을 것으로 보여지고 있다.

그러나 안타깝게도 신라시대 불국사 경내에 건립되었던 많은 목조건물들이 임진왜란 때 모두 소실되어 확인할 길은 없으나 대웅전이나 극락전을 비롯한 많은 목조건물의 건립 당시에 뛰어난 석조기술[23]을 가진 석공들과 협업協業을 하였던 목공木工들이 이 문양을 목조건축물 부재에도 적용한 것이 아닌가 보여지고 있어 그 명칭도 불국佛國과 연관이 깊은 연화문형蓮花紋形으로 부르는 것이 합당할 것으로 판단된다.

⑦ 주심포 제1양식인 봉정사 극락전의 공포에서 첨차와 대량의 외단면이 쇠서牛舌가 없는 직절直切형상(그림
91-①)이었으나 주심포 제1양식과 주심포 제2양식의 과도기적 양식을 갖고 있는 부석사 무량수전의 퇴량
외단면에 앙서형仰舌形의 쇠서(그림 91-②)가 처음으로 돌출되기 시작하였다. 이후 이 쇠서는 부석사 조
사당을 제외하고는 수덕사 대웅전을 비롯하여 헛첨차를 결구하고 있는 모든 주심포양식의 건물에서 공
포 외부에 수서형垂舌形 또는 앙서형仰舌形의 쇠서가 돌출되고 있는 공통적인 특징을 볼 수 있다.

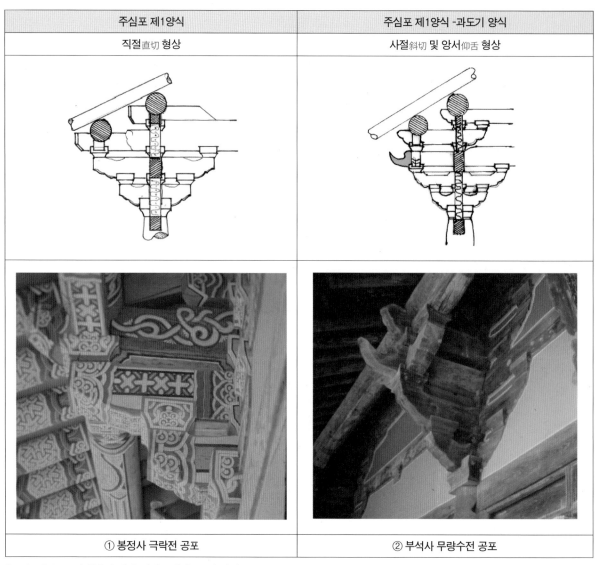

주심포 제1양식	주심포 제1양식 -과도기 양식
직절直切 형상	사절斜切 및 앙서仰舌 형상
① 봉정사 극락전 공포	② 부석사 무량수전 공포

[그림 91] 공포 외단부의 형상 변화 - 쇠서牛舌의 발생

미주

1 鄭寅國, 『韓國建築樣式論』 一志社, 1974

　尹張燮, 『韓國建築史』 東明社, 1975

2 우리나라에 남아 있는 극락전 가운데 가장 오래된 건물로서, 원래 서방 극락정토를 주관하는 아미타불을 본전으로 모시는 법당이나 극락전(極樂殿)의 극(極)은 숫자를 셀 때 10의 8승인 억(億)이나 10의 12승인 조(兆), 10의 16승인 경(京) ""--—10의 4승씩 커져 극(極)은 10의 48승으로 이는 부처의 지혜나 가르침은 불가사의하여 수(數)로는 셀수 없는 큰 뜻에서 붙여진 것으로 보여지고 있는데, 특히 부석사 무량수전의 무량(無量)은 10의 64승인 불가사의 보다 큰 수인 10의 68승이라고 한다.

3 주1) 鄭寅國 앞의 책과 주1) 尹張燮 앞의 책에서는 1972년 해체조사시 발견된 "至正二十三年癸 卯三月 日 改屋重修" 상량문에 의해서 至正 23년인 고려 공민왕 12년(1363)에 1차 중창을 한 건물로 밝혀졌으나 그 초창은 부석사 무량수전과 수덕사 대웅전의 건축양식상의 상호 비교에 의하여 12세기 말이나 13세기 초경으로 보고 있다.

4 金東賢, 「中國 最高의 木造建築 南禪寺 大殿考」, 『考古美術』129, 130호 pp. 147~154 상기 논문에서는 중국 남선사 대전과의 건축 양식을 상호 비교하여 봉정사 극락전을 8세기경의 건축양식으로 올려 보고 있다.

5 문화재청, 『봉정사 극락전 수리·실측 보고서』 2003, p.102

6 羅哲文 외, 『中國古代建築』 上海古籍出版社, 1990, pp.556~561에서는 남선사 대전이 건중(建中) 3년에 중건(重建)된 건물로, 류돈정, 『중국고대건축사』(제2판), p.134에서는 건중(建中) 3년에 건립된 건물로 보고 있다.

7 연화문형(蓮花紋形)에 대한 조각 연원(淵源) 설명은 2-1-2. 주심포 제1양식의 정리 ⑥에 자세히 언급되어 있다.

8 일반적으로 길게 나간 처마의 처짐을 방지하기 위해서 도리방향으로 행공첨차를 놓고 외목도리를 받쳐주고 있다.

9 도리의 강성(强性)을 높여주기 위해 도리 밑에 통장혀로 덧대주고 있으나 봉정사 극락전과 부석사 무량수전 및 조사당, 수덕사 대웅전, 은해사 거조암 영산전 등 일부 고식의 건물에서는 공포 상부에만 짧게 단장혀(短長舌)로 받쳐주고 있다.

10 현재 전통 목조건물의 도리(道理)수의 산정에서 외목도리를 포함하기도 하고 제외하기도 하고 있다. 그러나 공포가 길게 돌출되는 처마 하중을 받도록 하기 위해 발생되었고, 외목도리도 상부에서 내려오는 지붕하중을 일정 부분 담당하고 있기 때문에 『한국익공건축양식론』에서는 외목도리도 도리수에 포함하여 산정하기로 하였다. (pp. 448~449 출목 익공양식의 검토 참조)

　張起仁, 『韓國建築大系 V 木造』 普成文化社, 1991, p.72 지붕가구에서 내, 외출목도리가 있을 때는 이를 합쳐 계산하기도 하고 내부 출목중도리만을 계산할 때도 있다. 하고 있다.

　주남철, 『한국건축사』 고려대학교출판부, 2014, pp.365~368에서 개심사 대웅전과 봉정사 대웅전의 가구를 외출목도리를 포함하여 산정하고 있다.

11 張憲德, 「木造建築物의 人字形臺工 發生과 변천에 관하여」, 『昌山 金正基博士 華甲記念論叢』 1990, pp.109~121 에서 쌍협총이나 천왕지신총과 같은 고구려 벽화고분에서 볼 수 있는 대량 상부에 인자형(人字形) 부재를 45° 방향으로 결구하고 있거나 일본 법륭사 금당 난간을 받쳐주고 있는 인자형 부재와 같이 상부의 하중을 수직방향으로 직접 받는 구조재를 인자대공으로 볼 수 있으며, 봉정사 극락전이나 부석사 무량수전, 그리고 수덕사 대웅전과 같이 인자대공 부재 사이에 포대공이 첨가되어 솟을합장의 위치가 종도리 좌,우 측면으로 옮겨져 종도리의 측면을 보강해 주는 보조적 기능을 갖는 경우에 솟을합장으로 보고 있다.

12 주1) 鄭寅國 앞의 책, pp.27~32

13 문화재청,『부석사 무량수전 실측조사 보고서(본문)』, 2002, p. 121

14 주1) 尹張燮 앞의 책, pp. 305~306

15 안영배,『흐름과 더함의 공간』, 다른세상, p. 110

16 최순우,『무량수전 배흘림기둥에 기대서서』, 學考齊, 1994, p. 14~16

17 불가(佛家)에서는 안양(安養)과 극락(極樂)의 뜻을 마음을 편안하게 지니고 몸을 쉬게 한다는 같은 의미로 사용하고 있
   으며, 안양루 정칸 계자난간 밑에 극락문인 "안양문(安養門)" 현판이 걸려 있다.

18 주1) 鄭寅國 앞의 책, p. 233
   주1) 尹張燮의 앞의 책, p. 284
   대한건축학회,『한국건축사』건축학전서 2, p. 396에서 고주가 높아지면서 퇴량이 고주머리에 결구되므로 이를 받치는
   부재가 수덕사 대웅전에서 보이는 헛첨차 형태로 보아지가 구성되며, 이것이 후에는 평주에서 헛첨차가 응용되는 앞선
   과정으로 추측할 수 있다. 라고 설명하고 있다.

19 주1) 尹張燮 앞의 책 p. 282에서도 부석사 무량수전의 건축양식을 공포 외단부의 쇠서의 발생과 주두의 굽받침 유,무, 그
   리고 주심포 제1형식에서 없었던 헛첨차가 내고주 상부에 결구되어 있는 점 등을 근거로 주심포 제1형식과 주심포 제2
   형식의 중간적인 건축 형식으로 보고 있다.

20 일반적으로 전통 목조건물에서 주심포양식의 건물은 맞배 기와지붕을 올리고 있는 반면 다포양식의 건물은 팔작 기와
   지붕을 올리고 있는 예가 많다.

21 주1) 鄭寅國 앞의 책, p. 233
   주1) 尹張燮 앞의 책, p. 284
   주10) 주남철 앞의 책, p. 192

22 주1) 윤장섭 앞의 책, pp. 280~281

23 關野貞, 韓國建築調査報告, 東京大, 昭和37年, p. 67 石工의 發達에서 신라시대 석조기술의 뛰어남을 불국사 청운교와
   백운교, 불국사 무영탑(석가탑과 다보탑) 등의 예를 들어 극찬을 하고 있다.

2-2-1. 주심포 제2양식
- 평주 상부에 헛첨차가 결구되면서 헛첨차 외단부가 사절斜切되어 있는 건물군建物群

1) 예산 수덕사 대웅전(국보 제49호)

(1) 건립시기

[그림 92] 예산 수덕사 대웅전 전경

예산 수덕사 창건설에 대해 확실하지는 않지만 백제 법왕 원년(599)에 지명법사가 창건하였다고 전하고 있으나『속고승전』과『삼국유사』등에서 여러 설이 전해지고 있다. 특히 1937년부터 대웅전 수리공사 당시 부여지방에서 출토되는 연화문 와당瓦當과는 일부 문양 차이는 있으나 수덕사 경내에서 수습된 것으로 보이는 백제시대의 와당이 발견되어 백제시대 창건설에 무게 중심이 실리고 있다.[24]

[그림 93] 수덕사 경내에서 발견된 연화문 와당 (수덕사! 천년의 아름다움)

그러나 수덕사 창건에 관하여는 확실하지 않은 것에 반해 대웅전의 건립시기에 대해서는 1937년 해체 수리 과정에서 발견된 묵서명 기록에 의하면 중국 원나라의 지대至大 원년元年에 해당하는 고려 충렬왕 34년(1308)에 비로전毘盧殿으로 건립된 건물[25]임이 밝혀져 우리나라에서 그 건립연대를 정확히 알 수 있는 가장 오래된 목조건물로 잘 알려진 훌륭한 전통 목조건물이다.

(2) 배 치

수덕사의 주불전인 대웅전은 중정中庭에서 잘 다듬은 석재로 높게 쌓은 장대석 기단 양쪽편에 설치된 석조 계단을 통하여 올라갈 수 있는데, 1937년부터 1940년에 걸쳐 일인日人들에 의하여 실시된 대웅전의 해체수리 전의 발견된 자료에 의하면 지금과는 부분적으로 다른 많은 모습을 볼 수 있다.

특히 대웅전의 모습도 가경嘉慶 8년(1803)에 뒤쪽의 부연과 박공에 풍판을 설치하였다는 내용의 묵서명이 발견[26]되어 1800년대에는 지금의 모습과는 부분적으로 달랐음을 알 수 있다.

[그림 94] 대웅전 수리 전 전경(杉山信三, 수덕사 대웅전 등에 보이는 일형식에 대하여)

또한 대웅전의 해체 수리전의 사진을 보면 양측면 박공 부분에 풍판을 설치하고 있으며, 좌측편 전,후 주심도리 뺄목에 처짐을 방지하기 위하여 활주를 세워 받쳐주고 있다.

그리고 대웅전 중앙 정칸 앞 기단 위에는 석등 대신 대웅전 앞을 밝혔던 고풍스러운 나무 등잔과 함께 앞마당에는 1916년에 대웅전 앞마당 맞은편에 만공(1871~1946)스님이 조인정사를 지은 후 1931년에 앞 마당인 중정에 7층석탑(충청남도 문화재자료 제181호)을 건립하였다.

그러나 1916년에 대웅전 정면에 건립되었던 조인정사祖印精舍를 1993년에 해체하여 법고각法鼓閣 동쪽으로 이건移建한 후 1994년에는 대웅전 좌,우편에 있는 청련당과 백련당 전면 축대를 대웅전 전면 축대와 나란하게 상단과 하단으로 재 정비하였으며, 상단에 있었던 7층석탑은 황하정 앞으로 옮겨지고 석등만 그 자리에 남아 있었다.

1930년대

1990년대

2000년대

2020년대

[그림 95] 수덕사 대웅전 중정中庭 변화 과정

그 후 법장스님이 하단에 있었던 조인정사 터에 대한 유적 발굴을 실시하였는데, 원래 전탑塼塔이 있었다는 옛 문헌에서 나오는 탑지塔址[27]로 판명되어 그 자리에 1988년에 스리랑카에서 모셔 온 진신사리를 봉안하기 위하여 3층석탑인 금강보탑을 1999년에 건립하였다.

그러나 가람의 중심축선상인 대웅전 앞마당에 건립되어 수십년 동안 대웅전을 지켜 보았던 7층석탑은 최근에 들어와서 새로 건립된 황하정 옆으로 옮겨진 후 석등이 서 있었으나 지금은 대웅전 앞 상단에는 7층석탑이 있었던 자리에 조인정사 앞에 있었던 고려시대에 조성된 3층석탑(충청남도 유형문화재 제103호)을 옮겨 놓았고, 하단에 조성되었던 일명 여래천불천탑으로도 불리우는 3층 금강보탑도 성보박물관 옆으로 옮겨졌다.

대웅전 앞 마당의 넓은 공간 확보로 지금은 멀리 펼쳐지고 있는 산 능선을 바라볼 수 있는 풍광과 함께 불자佛子들의 휴식공간이나 사월 초파일과 석가탄신일에 거행되는 연등제 등 다양한 행사를 할 수 있는 장소로 활용되고 있다.

[그림 96] 대웅전에서 바라본 중정 마당

[그림 97] 대웅전 앞마당 전면에 펼쳐지고 있는 풍광

(2) 평 면

수덕사의 본전本殿 건물로서 잘 다듬은 장대석으로 8단 쌓은 높은 기단위에 원형주좌가 조출造出된 방형方形의 주초석과 덤벙주초석을 혼합하여 놓고 배흘림 기둥을 세워 정면 3칸, 측면 4칸의 평면으로 구획하였다.

그리고 대웅전 내부를 통칸通間으로 하여 우물마루를 깔은 후 내진內陣공간에 4개의 기둥을 세워 외진공간과 내진공간으로 구분한 후 불전의 중앙부인 내진공간 배면에 닫집을 조성하지 않고 후불벽과 불단인 수미단須彌壇을 남향하여 간결하게 조성하고 석가여래 삼존불을 봉안하고 있다.

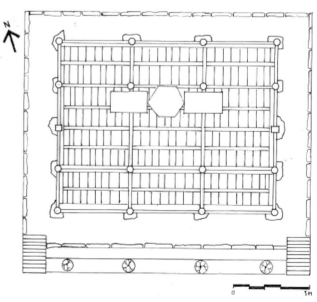

[그림 98] 대웅전 평면도

대웅전의 창호窓戶는 정면 3칸에는 모두 머름중방 위에 3분합 빗살 들어열개 문을 달아 연목에 달려 있는 들쇠에 걸도록 하였는데, 중앙 정칸에 있는 3분합 문중 가운데 문짝만을 머름대 대신 궁창판을 댄 빗살문으로 달아 출입할 수 있도록 하였으며, 대웅전 내부 내진공간 중앙에 남쪽으로 향하여 모셔져 있는 석가모니 부처님을 밖에서도 볼 수 있도록 문을 대부분 열어놓고 있다.

[그림 99] 대웅전 내부 공간 구성

[그림 100] 대웅전 전면 창호(수리 전)

[그림 101] 대웅전 전면 창호(수리 후)

그리고 대웅전 배면 정칸 벽에는 판문이 설치되어 있으나 양협칸에는 장방형의 문얼굴 중간에 문설주를 세운 벽면으로 되어 있으며, 양 측면 전면칸에 궁창판을 댄 외여닫이 빗살문을 달아 평소에 법당으로 출입하는 문으로 사용하고 있다.

그러나 1937년 부터 1940년 까지 일본인들에 의해 실시된 대웅전의 해체 수리[28]전에는 중앙 정칸의 창호는 현재의 모습과 유사하나 양협간에는 빗살문이 아닌 상부에 살창을 댄 창문을 달고 있어서 1800년 대에는 정면 3칸의 창호 형태가 지금과는 많이 달랐던 모습을 볼 수 있다.

주간柱間간격은 정면 3칸 가운데 중앙 정칸은

[그림 102] 대웅전 배면 창호

4.68m로, 양협칸은 4.73m로 분할하여 일반적으로 정칸을 강조하기 위하여 넓게 잡거나 또는 등간격으로 분할하는 것에 반하여 정칸을 양협칸 보다 오히려 적게 잡고 있는 특징을 볼 수 있으며, 측면 4칸 중 중앙 2 칸은 2.65m로 각각 잡고, 양퇴칸은 2.70m씩 구획하여 양퇴칸을 넓게 잡고 있다.

(4) 입 면

[그림 103] 예산 수덕사 대웅전 정면과 측면

정면 3칸, 측면 4칸에 단층 맞배 기와지붕을 올리고 있는 수덕사 대웅전의 외관을 처음 보는 사람들은 대웅전을 앞쪽에서 정면을 보는 것 보다는 옆에서 측면을 보는 것이 더욱 아름다움을 느낀다고 하고 있다. 이는 건물을 정면에서 보면 전체적으로 단순한 사각형 형태로 보이지만 측면에서 보면 대칭적 균형에서 오는 아름다움이나 황금비의 면 분할에서 오는 아름다움, 또는 기하학적 형태에서 느낄 수 있는 아름다움 등에 나무와 황토벽이 주는 질감이 더해져서 측면의 아름다움을 더욱 느낄 수 있는 것이 아닌가 보여지고 있다.

특히 대웅전 측면 주간柱間을 현재 4칸으로 구획(그림 104)하고 있는데, 이는 지붕 측면 중앙에 세운 사각형 단면의 샛기둥間柱이 구조적인 목적으로 세울 수도 있지만 지붕의 꼭지점을 중심으로 대량 하단부에 수직으로 세워 대칭의 아름다움을 주면서 벽면의 공간 구성에서 불규칙성으로 오는 단조로움에서 벗어나 입면 구성에서 보기 좋은 비례를 얻기 위한 조형 의장적인 목적이 더 큰 것으로 보여지고 있다.

만일 측면 중앙에 샛기둥을 세우지 않고 3칸으로 구획했다면 대웅전 측면 벽면이 과연 어떤 모습으로 보일까?

[그림 104] 대웅전 측면의 기하학적 벽면 구성

아마 주간柱間 수를 샛기둥이 없는 일반적인 3칸으로 구획하였다면 양협칸 보다 중앙 정칸의 폭이 너무 넓어져서 벽면의 면 분할도 불규칙하게 되어 지금 보이는 모습과는 전혀 다른 형태로 보일 것 같다. 따라서 700여년 전 이 건물을 설계했던 장인은 측면 중앙부 벽면에 대량 밑부분까지 닿도록 하는 방형方形의 고주高柱를 의도적으로 하나 더 세워 벽면을 4칸으로 구획한 것으로 생각되고 있다.

그 결과 대웅전 측면 벽면의 수평재인 창방 아래 위에 같은 크기와 같은 면적을 갖는 4개의 기하학적인 벽면으로 나눌 수 있고, 이 나누어진 4각형의 가로와 세로의 비는 가장 아름다운 비比를 갖고 있다는 3:5에 가까운 황금비를 이루고 있다.

또한 이 사각형의 크기는 지붕으로 올라갈수록 점점 작아져서 지붕 꼭지점에서 좌,우로 나누어져 대칭에 의한 정적靜的인 모습에 동적動的인 효과를 주고 있으며, 화려하게 초새김을 한 화반과 우미량으로 이어지는 가구의 구성미는 보는 사람들로 하여금 감탄을 불러 일으키고 있다.

이와같이 기둥과 기둥, 하방과 창방, 창방과 상방 그리고 퇴량과 대량, 화반과 우미량 등의 목부재가 만드는 기하학적인 면面 분할 수법과 가장 아름답다는 황금비黃金比[29], 그리고 훌륭한 비례에 의한 측면 가구 구성의 짜임새 있는 구조미는 대웅전 건물의 측면이 정면 보다 더욱 아름다운 외관을 가지고 있다는 찬사를 받고 있는 이유중 하나가 아닌가 보여지고 있어서 700년전 옛 장인들의 지혜와 안목이 측면 주간柱間 나누기에도 담겨져 있는 것만 같다.

(5) 공 포

수덕사 대웅전은 주심포형식으로서, 평주 상부에 헛첨차가 결구되어 있는 외2출목 주심포 제2양식이다.

공포의 구성은 그동안 주심포 제1양식에서 볼 수 있었던 창방과 직교直交하여 十자 방향으로 공포가 짜여

[그림 105] 대웅전 공포

[그림 106] 대웅전 공포 내부 보아지

지는 수법에서 주심포 제2양식의 공포는 건물의 전면 방향으로만 공포가 짜여지는 특징을 가지고 있다. 공포는 창방과 十자 방향으로 직교直交되게 기둥 상단부에서 빠져 나온 헛첨차의 윗면을 활모양으로 둥글게 아래로 깎아 공안栱眼을 만든 외부에 1출목 소로를 놓고 그 외단부를 쇠서로 만들지 않고 1출목 소로의 끝단에 맞춰 사절斜切시킨 후 그 하부면을 연화문형 곡선으로 정교하게 다듬고 있다.

그리고 내반된 오목굽 밑에 굽받침이 있는 주두의 운두雲頭 부분과 엇물려 외부로 빠져나온 제1살미첨차 외단부에는 2출목 소로를 놓고 도리방향으로 행공첨차가 결구되어 있는 퇴량과 그 위에 있는 고식古式의 부재인 단장혀와 굴도리로 된 외목도리를 지지하고 있다.

특히 제1살미첨차 외단부와 퇴량의 외단부에는 지금까지 보지 못한 수서형垂舌形의 쇠서牛舌가 처음으로 아래에서 위로 힘차게 휘어 오르면서 돌출되고 있는데, 수덕사 대웅전 이후에 건립된 주심포 건물에서는 공포의 구성 수법 뿐만이 아니라 외단부를 모두 수서형의 쇠서 형태로 다듬고 있다. 그리고 건물 내부로는 퇴량의 단부를 구조적으로 받쳐주면서 파련문의 초각草刻을 한 보아지로 처리하여 공포 내부를 화려하게 장식을 하고 있다.

그리고 배흘림이 뚜렸한 원형기둥 상부에 있는 주두와 첨차 위 소로의 형상이 내반된 곡면으로 된 오목굽 밑에 굽받침을 만들고 있어서 고려시대 주심포양식의 특징을 잘 보여 주고 있으며, 창방과 주심도리 사이 포벽에는 뜬장혀만을 결구하여 간결하면서도 단아端雅한 모습으로 대웅전 정면을 아름답게 꾸며 주고 있다.

[그림 107] 창방 상부 포벽과 뜬장혀

(6) 가 구

전, 후 평주 사이에 양 내고주를 세운 후 퇴량과 대량을 걸고 항아리 단면으로 깎은 고식의 대량 위 양측에 인동문이 투각된 화반위에 첨차형 부재와 우미량 상단부가 함께 짜여진 포대공을 설치하여 종량을 받고 있는 2중량重樑 11량가樑架의 지붕틀 가구이다. 수덕사 대웅전 가구는 부석사 무량수전의 가구와 함께 현재 남아 있는 우리나라 주심포양식의 목조건물 가운데 그 규모가 가장 크게 짜여져 있는 건물중 하나이다.

그리고 대량과 같이 항아리 단면 모양으로 잘 다듬은 종량 상부 중앙에는 소로가 끼워진 3단으로 된 화반형 포대공이 설치되어 종도리를 받고 있는데, 제일 아랫단은 인동문 줄기를 투각한 후 양쪽 상부에 활짝 핀 화려한 꽃으로 장식을 한 받침대이며, 그보다 좁게 초공형으로 된 중간단에는 도리방향으로 양단에 소로가 놓인 행공첨차형 부

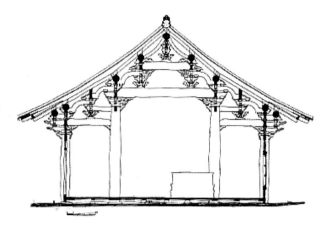

[그림 108] 대웅전 지붕틀 가구(정인국, 『한국건축양식론』 1974)

[그림 109] 대웅전 내부 지붕틀 가구

[그림 110] 대웅전 퇴량 상부 가구

[그림 111] 대웅전 중앙 정칸 상부 가구

[그림 112] 대웅전 측면 가구 구성

재가 결구되어 있고, 제일 윗단에는 초공형의 보아지와 뜬창방이 결구된 화반형 대공이 내반된 곡율을 가진 솟을합장과 함께 설치되어 종도리와 함께 무거운 지붕 하중을 받쳐주고 있다.

특히 수덕사 대웅전의 측면 지붕틀 가구 구성에서 부처님 세계의 놀라운 불교의 교리가 건축에 반영된 형태를 볼 수 있어서 이 건물의 가치를 더욱 높여 주고 있는데, 이는 주심도리와 내목도리 칸間 사이와 내목도리와 중도리 칸間 사이, 그리고 중도리와 종중도리 칸間 사이를 완만한 곡재나 수평부재로 된 계량繫樑으로 붙잡아 주고 있는 봉정사 극락전이나 부석사 무량수전의 가구 수법과는 크게 다르게 짜여지고 있다.

수덕사 대웅전 측면 지붕틀 가구에서는 우미량牛尾樑이라고 하는 마치 소 꼬리 모양처럼 특이하게 생긴 만곡彎曲된 부재로 도리와 도리를 이어주고 있어서 측면 가구架構 구성이 불교적 의미가 담겨져 있을 뿐만 아니라 더욱 아름다운 모습으로 보여지고 있다.

이와같이 주심도리와 내목도리, 내목도리와 중도리, 그리고 중도리와 종중도리를 단단하게 붙잡아 주고 있는 부재를 3단의 만곡彎曲된 우미량 형태로 다듬어 연결해 주고 있는 모습은 이 3단계로 이어지고 있는 소 꼬리 모양의 우미량 형태가 부처님 세계인 극락으로 올라가는 단계를 강하게 표현하고 있는 것으로 볼 수 있다, 그리고 이 어렵고 힘든 3단계(그림 113)를 오르고 나면 가장 높은 극락세계를 표현하고 있는 종량 위에서 화려한 꽃바구니 양 옆으로 서 있는 솟을합장 부재가 마치 부처님을 향하여 합장 배례를 하며 경배를 드리는 모습으로 서 있는 듯 보이고 있다.

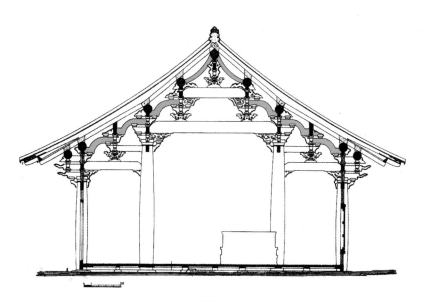

[그림 113] 3단계로 이어지는 우미량과 솟을합장

이러한 모습은 마치 불가佛家에서 관무량수경觀無量壽經에서 극락세계에 이르는 단계를 크게 3단계로 상징화하고 있듯이 극락세계에 도달할 수 있는 일련의 수행과정을 강하게 표현하고 있는 것으로 해석할 수 있으며, 또한 수덕사 대웅전 측면 가구에서 볼 수 있는 이러한 3단계로 이루어지고 있는 우미량牛尾樑의 형태는 불교의 교리教理를 불교건축인 수덕사 대웅전 측면 지붕틀 가구에 적극 반영하고 있다고 생각되고 있다.

그리고 대웅전 내부 천장은 정교하고 섬세하게 조각한 배흘림 기둥이나 항아리 모양으로 잘 다듬은 대량과 종량, 대공, 그리고 연목 등이 만드는 목구조의 뛰어난 구성미와 아름다운 가구재가 밖으로 모두 노출되는 연등천장으로 꾸며 부처님의 깊고 넓은 세계를 표현하고 있다.

[그림 114] 최근에 정비된 예산 수덕사 전경

　지붕은 주심포 양식에서 주로 사용되고 있는 겹처마 맞배 기와지붕으로 올렸으나 양측면 박공부분에 풍판을 달지 않아 아름다운 측면 가구 구성을 볼 수 있도록 복원하였고, 정면 정칸 처마 밑에 대웅전大雄殿 현판이 걸려 있다.

　이와같이 700여년 전 건립된 수덕사 대웅전은 평면계획이나 입면계획, 그리고 단면계획에서 불교의 교리를 건물 곳곳에 적극 반영하고 있을 뿐만 아니라 건축양식에서 가장 중요한 공포의 구성 수법이나 가구의 구성에서 깊은 공간감을 느낄 수 있는 아름다운 연등천장, 그리고 단아하면서도 구조미 넘치는 맞배 기와지붕 등으로 감탄과 찬사를 아낌없이 받고 있는 우리나라 최고의 목조건물이다. 특히 수덕사 대웅전 건물은 상량문의 발견으로 그 건립시기(1308년)를 확실히 알 수 있는 우리나라에서 가장 오래된 고려시대의 전통 목조건물로서도 그 의미와 가치가 가장 큰 소중한 문화유산이다.

2) 사리원 성불사 극락전(북한 소재)

(1) 건립시기

　황해북도 사리원시에 소재하고 있는 성불사의 중심건물인 극락전은 1934년 보수공사 때 발견된 지붕 기와 가운데 평기와 뒷면에 인각印刻문양의 지치至治(1321~1323) 연간年間이 새겨져 있는 기와가 발견되었다. 그러나 건축양식상의 특징 비교로 수덕사 대웅전과 거의 같은 시기인 1320년 대의 건물[30]로 보는 견해가 있었으나, 공민왕 23년(1374)에 건립한 후 중종 25년(1530)과 인조 22년(1644)에 다시 중건된 건물로서, 6.25 전란 중에 크게 피해를 입은 것을 1955년에 지금과 같은 모습으로 복구한 건물로 알려지고 있다.[31]

[그림 115] 사리원 성불사 극락전 전경(이기준,『북한의 문화재와 문화유적 IV』(고려편), 서울대학교출판부, 2000)

(2) 평면

조선 인조 11년(1633)에 개축改築한 산성으로 알려진 정방산 중턱에 축성된 정방산성 내에 남향하여 자리잡고 있는 성불사는 주불전인 극락전 앞마당에 있는 5층석탑을 중심으로 우측편에는 응진전이 위치하고 그 좌측편에는 운하당이, 그리고 입구쪽으로 청풍루가 전체적으로 튼ㅁ자형을 이루면서 배치되고 있다.

성불사 극락전은 자연석으로 쌓은 2단의 기단 위에 덤벙주초석을 놓은 후 측면 중앙 기둥은 방형方形기둥을, 나머지는 모두 원형圓形기둥을 세워 원래는 정면 3칸, 측면 2칸의 평면

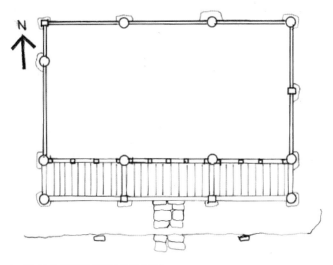

[그림 116] 극락전 평면도(수리 전)

으로 건립하였다. 그러나 조선시대에 다시 중수를 하면서 전면에 다포식으로 구성된 퇴칸을 덧붙여 측면이 3칸으로 바뀌었던 것을 1933년에 수리하면서 후대에 첨가된 전퇴칸을 철거하였으며, 정면은 배면의 형태를 기준으로 하여 지금은 정면 3칸, 측면 2칸의 평면으로 다시 복원[32]되었다.

극락전의 내부는 통칸通間으로 하여 장마루를 깐 후 중앙 정칸 배면에 불단을 조성하여 아미타 삼존불을 안치하였으며, 자연석으로 쌓은 기단 앞 양쪽편에 괘불대로 보이는 석재 2기가 세워져 있다.

주간柱間 간격은 정면 3칸 중 정칸이 넓고, 양협칸을 등간격으로 같게 분할하여 극락전 정면에 화려한 꽃살문을 달았는데, 정칸에는 2단의 궁창판을 댄 4분합 꽃살문을, 그리고 양협칸에는 2단의 궁창판을 댄 3분합 꽃살문을 달아 출입하도록 하였다.

77

제2장 주심포(柱心包) 건축양식의 분류 및 검토

(3) 공포

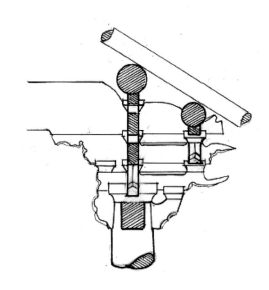

[그림 117] 극락전 공포(이기준, 『북한의 문화재와 문화유적 Ⅳ』(고려편), 서울대학교출판부, 2000)

성불사 극락전은 주심포 형식으로서, 헛첨차가 결구되어 있는 내1출목, 외2출목의 주심포 제2양식이다.

공포의 구성은 건물의 내,외 방향으로 포包가 짜여지고 있는데, 창방과 十자 방향으로 직교直交되게 기둥 상단부에서 빠져 나온 헛첨차의 윗면을 활모양으로 깎아 공안栱眼을 만든 끝단에 1출목 소로를 놓고 그 외단부를 쇠서로 만들지 않고 1출목 소로의 끝단에 맞춰 사절斜切시킨 후 그 밑부분을 연화문형으로 정교하게 다듬었다.

그리고 내반된 오목굽 밑에 굽받침이 있는 주두의 운두 부분과 엇물려 빠져 나온 제1살미 첨차 내단에는 내1출목 소로를, 외단부에는 2출목 소로를 놓고 그 끝을 아래에서 위로 휘어 오르는 앙서형仰舌形의 쇠서를 돌출시키고 있다.

특히 도리방향으로 행공첨차가 결구된 외목도리와 함께 대량을 받고 있는 제2살미 외단부에는 짧고 힘찬 수서형의 쇠서를 돌출시키고 있어서 제1살미 외단과 퇴량의 외단 모두를 강직한 수서형의 쇠서로 만든 수덕사 대웅전과는 서로 다르게 쇠서의 외단부를 짜고 있으며, 건물 내부로는 제1살미 첨차 위에 놓인 소로와 제2살미 첨차 내부에 초각을 한 보아지 형태로 다듬어 대량의 단부를 구조적으로 받쳐주고 있다.

그리고 배흘림을 둔 원형기둥 위에 있는 주두와 소로는 굽의 형상을 내반된 곡면의 오목굽으로 깎아 만든 후 굽받침으로 받치고 있어서 주심포 제2양식의 수법을 충실히 따르고 있다. 창방과 주심도리 사이인 포벽 중간에 고식의 건축에서 흔히 볼 수 있는 뜬장혀가 결구되었는데, 창방과 뜬장혀 사이에는 1구씩의 화반을, 그리고 뜬장혀와 주심도리 장혀 사이에는 5개씩의 소로를 각각 배치하여 건물 정면을 화려하게 장식하고 있다.

(4) 가구

전, 후 평주 사이에 대량과 종량을 걸고 있는 2 중량重樑 7량가樑架의 지붕틀 가구이다. 그러나 건물 앞쪽으로 다포계 양식의 공포로 짠 퇴주退柱와 퇴량退樑을 결구한 후 툇마루를 깔은 일부 변형이 있었던 건물이었으나 후에 퇴칸을 철거하여 원래의 모습대로 복원되었다.

그러나 극락전 배면 공포 구성에서는 수덕사 대웅전과 같은 고려시대 고식의 조각 수법을 비교적 많이 볼 수 있는데, 그중 항아리 단면형으로 다듬

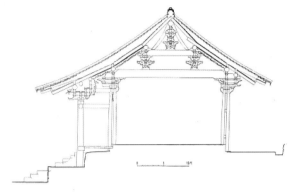

[그림 118] 극락전 지붕틀 가구(퇴칸 철거전, 정인국, 『한국건축양식론』, 1974)

은 대량 상부 양쪽편에 인동문 줄기를 투각한 화려한 화반형의 포대공을 설치하여 종량을 지지하고 있다.

[그림 119] 극락전 내부 가구(국립문화재연구소, 『北韓文化財解說集 Ⅱ 寺刹建築篇』, 1998)

또한 종량 역시 대량과 같은 항아리 단면형으로 되어 있으며, 종량 상부에는 고식古式의 수법인 솟을합장이 결구되어 있다. 이 솟을합장 사이에는 화려하게 인동문으로 초새김을 한 받침대와 도리방향으로 첨차형 부재를 결구하고 있는 3단으로 된 화반형의 포대공이 설치되어 종도리와 함께 무거운 지붕하중을 받도록 하고 있다.

그리고 극락전 내부는 대량과 종량, 도리, 연목 등 모든 가구재에 화려한 금단청으로 채색을 하고 있으며, 가구재가 모두 노출되면서 넓은 공간감을 느낄 수 있는 연등천장으로 꾸미고 있다.

지붕은 겹처마 맞배지붕으로 올려 양 측면의 아름다운 가구 구성을 볼 수 있도록 하였으나 1955년에 다시 복구하면서 양측면 박공면에 풍판을 달아 예전의 아름다웠던 가구 구성을 확인할 수 없게 되었다. 그리고 중앙 정칸 처마 밑에 극락전極樂殿 현판이 걸려 있다.

3) 강릉 객사문(국보 제51호)

(1) 건립시기

강릉 객사문은 고려 태조 19년(936)에 창건된 강릉부江陵府의 객사 정문으로 건립되었던 평삼문 형태의 건물이다. 고려 공민왕 15년(1366)에는 왕이 낙산사로 행차 도중 임영관臨瀛館이라는 현판을 친필로 써서 하사했는데, 객사건물인 임영관이 훼철될 때 현판을 떼어 내어 한때 객사문의 중앙 정칸 상부(그림 121)에 걸려 있었다. 그러나 2006년에 사적 제388호인 강릉대도호부관아가 복원되면서 소슬삼문형의 객사였던 임영관도 함께 복원하면서 지금은 원래 걸려 있었던 정청의 정칸 처마 밑으로 현판을 옮겨 걸었다.

이 객사문의 건립 시기에 대해서는 건축양식상 고려말 또는 조선초[33]로 보는 견해가 있다.

[그림 120] **강릉 객사문 전경**

강릉 객사문

강릉객사 정청

[그림 121] **강릉객사 복원 전 "임영관" 현판(좌), 강릉객사 복원 후 "임영관" 현판(우)**

(2) 평 면

강릉 객사 건물이었던 임영관의 정문에 남향하여 세워졌던 평삼문 형태의 문門 건축으로서, 3~4벌대로 쌓은 사고석四塊石 기단 위에 갑석을 놓은 후 덤벙주초석과 배흘림기둥을 세워 정면 3칸, 측면 2칸의 평면으로 구획하였으며, 중앙 정칸 기단 앞에 잘 다듬은 장대석으로 계단을 설치하였다.

특히 객사문의 기둥은 그 흘림이 우리나라 배흘림기둥[34] 가운데 가장

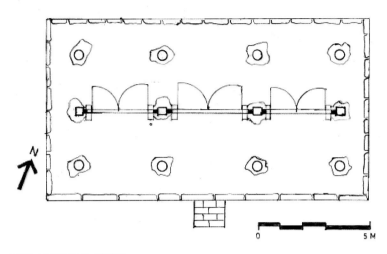

[그림 122] 객사문 평면도

큰 기둥으로 알려지고 있다. 그리고 내부 중앙 3칸에 세운 방형기둥 사이에는 문설주를 지탱해 주기 위하여 잘 다듬은 신방석 위에 신방목을 다시 대고 쌍여닫이 판장문을 각 간間에 달아 객사로 출입하는 삼문을 만들었는데, 문 상부에 궁판을 댄 후 2중의 홍살을 세웠다.

주간 간격은 정면 3칸 가운데 정칸은 4.30m, 양협칸은 3.60m로 하여 정칸을 양협칸 보다 넓게 잡았고, 측면 2칸은 2.30m로 같게 잡았다.

[그림 123] 객사문 신방석과 신방목

[그림 124] 객사문 배흘림 기둥

(3) 공포

객사문은 주심포 형식으로서, 헛첨차가 결구되어 있는 내1출목, 외2출목의 주심포 제2양식이다.

공포의 구성은 건물의 내,외 방향으로 포가 짜여지고 있는데, 창방과 十자 방향으로 직교되게 기둥 상부에서 외부로 빠져나온 헛첨차의 윗면을 활모양으로 깎아 공안을 만든 끝단에 1출목 소로를 놓고 그 외단부를 쇠서로 만들지 않고 1출목 소로의 끝단에 맞춰 사절시킨 후 그 하부면을 연화문형으로 정교하게 다듬고 있다.

[그림 125] **객사문 공포**

객사문 내부로는 보방향인 전,후 기둥을 서로 붙잡아 주는 창방 부재의 뺄목이 헛첨차가 되는 문 건축의 특성을 볼 수 있는데, 이와같이 대량 방향으로 결구되는 창방 부재가 기둥 상부를 빠져나가 헛첨차 부재로 되는 수법은 강릉 객사문 같은 문 건축이나 단칸單間형식의 부석사 조사당과 관룡사 약사전등에서 볼 수 있는 하나의 특징으로 볼 수 있다.

그리고 내반된 오목굽 밑에 굽받침이 있는 주두의 운두 부분과 엇물려서 외부로 빠져나온 제1살미첨차 외단부에는 2출목 소로를 놓고 도리방향으로 행공첨차가 결구된 대량과 그 위에 있는 단장혀와 굴도리로 된 외목도리를 받쳐주고 있으며, 그 끝단을 쇠서로 만들지 않고 헛첨차 외단과 같은 사절 연화문형으로 다듬어 놓고 있다. 또한 건물의 내부로는 사절 연화문형 조각을 한 제1살미 내단에 1출목 소로를 놓고 대량의 단부를 받도록 하고 있다.

[그림 126] **객사문 퇴칸 가구**

특히 대량의 외단부에 도리방향으로 행공첨차를 결구한 후 보머리를 수서형의 짧고 강직한 쇠서로 만들고 그 위에 다시 도리 굴림을 방지하기 위해 승두蠅頭를 끼우고 있는데 이러한 수법은 부석사 무량수전이나 수덕사 대웅전의 공포 구성에서도 볼 수 있다.

그리고 우리나라의 전통 목조건물에 사용하고 있는 원형기둥 중에 배흘림이 가장 심한 기둥으로 잘 알려진 객사문 기둥 상부에 있는 주두와 첨차 위 소로의 형상이 내반된 오목굽 밑에 굽받침을 만들고 있어서 아직까지 주심포 제2양식의 특징을 잘 보여주고 있으며, 창방 상부에는 주심도리 사이에 상,하 2중의 뜬장혀가 결구되어 그 사이에 소로를 각각 배치하고 있다.

(4) 가구

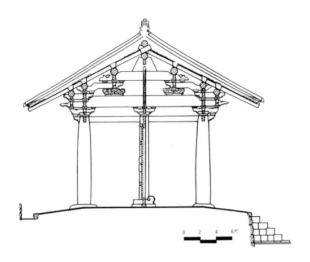

[그림 127] 객사문 지붕틀 가구(2000년 해체 공사 이전)
(강원대박물관, 강릉의 역사와 문화유적)

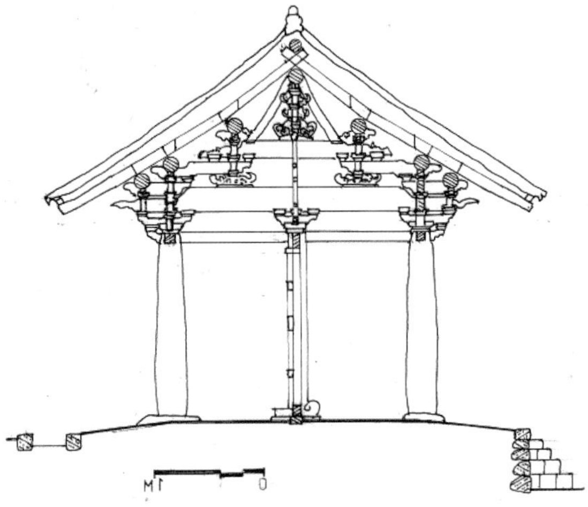

[그림 128] 객사문 지붕틀 가구(복원공사 후)

전, 후 평주 위에 항아리 단면형으로 다듬은 고식의 대량을 걸은 후 대량 상부 양쪽편에 화려하게 초새김을 한 포대공을 놓고 여기에 만곡彎曲된 우미량과 종량을 걸고 있는 2중량重樑 7량가樑架의 지붕틀 가구이다.

[그림 129] 객사문 내부 가구

대량의 중앙 하부에는 객사로 출입하기 위한 판문을 달기 위해 방형기둥을 세웠는데, 기둥 상부에는 창방이 결구되고 있다. 창방 위에는 내반된 오목굽 밑에 굽받침을 둔 주두을 놓았고, 이 주두에 보 방향으로 양쪽에 소로가 놓인 사절 연화문형으로 다듬은 첨차형 보아지가 대량을 받쳐 주고 있다.

[그림 130] 객사문 종량 상부 판대공(2000년 해체공사 이전)

그리고 대량 상부 양쪽편에 우미량이 결구되어 주심도리와 중도리를 연결해 주고 있으며, 종량 상부 중앙에는 사다리꼴 모양의 간결한 판대공(그림 127, 130)을 세워 종도리와 함께 무거운 지붕하중을 받도록 하고 있었다.

그러나 2000년에 실시된 해체 공사에서 고려시대 건물과의 비교와 분석을 통하여 초기 구조를 찾아내어 보수공사에 반영[35]하였는데, 이때 변형된 판대공을 철거시킨 후 지붕 구배를 높이고 화려하게 초각된 화반대공 양쪽에 솟을합장(그림 128, 131)을 설치하였다.

[그림 131] 강릉 객사문 측면 가구(복원공사 후)

지붕은 홑처마 맞배 기와지붕을 올렸으며, 가구재가 모두 노출되고 있는 연등천장으로 양측 박공면에 풍판을 달지 않고 있다.

강릉 객사문은 객사로 들어가는 정문으로서 공포의 구성이나 가구 구성이 정교하고, 소슬합장 사이에 설치된 화반형 대공 등의 화려한 조각 수법이 고려 충렬왕 23년(1308) 예산에 건립된 수덕사 대웅전 측면 가구 형태와 매우 유사한 모습을 볼 수 있으며, 특히 우리나라에서 도갑사 해탈문과 함께 가장 오래된 문(門) 건축으로서 주심포 제2양식의 건축적 특성을 잘 보여주고 있는 단아하면서도 아름다운 전통 목조건물이다.

4) 영천 은해사 거조암 영산전(국보 제14호)

(1) 건립시기

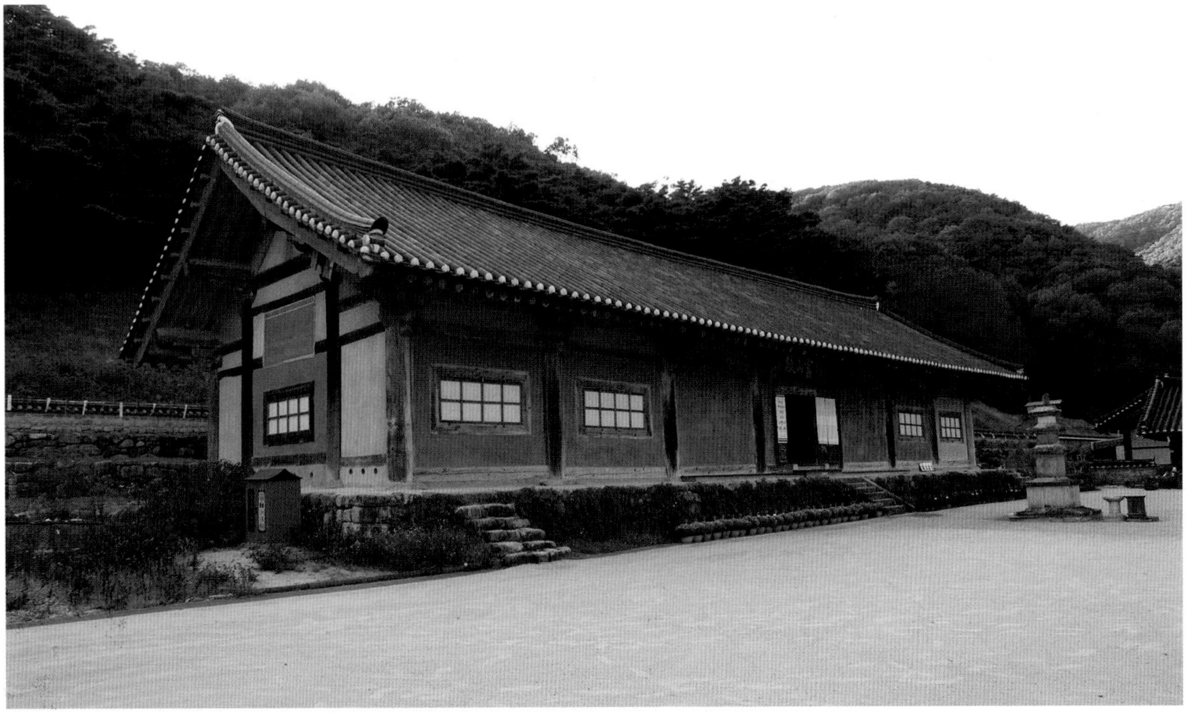

[그림 132] 은해사 거조암 영산전 전경

팔공산 동쪽 기슭에 위치하고 있는 은해사 거조암 영산전은 "아미타불이 항상 머문다"고 하여 원래 사명이 거조사居祖寺로 창건되었으나 1912년에 은해사의 말사末寺가 되면서 부터 오히려 거조암居祖庵이라 불려졌다고 전해지고 있다.

거조암의 건립시기에 대해서는 신라 효성왕 2년(738)의 창건설과 경덕왕(742~764)대의 창건설이 있으나 확인할 만한 고증이 미흡한 상태이다. 그러나 1970년 해체 보수공사 때 발견된 묵서명에 의하여 고려 우왕 원년(1375)에 건립된 건물[36]로 알려지고 있으나 건축양식상 고려말이나 조선초기로 해석하는 견해[37]도 있다.

(2) 평 면

낮은 야산을 배경으로 서남향하여 위치하고 있는 영산전은 앞 마당에 있는 삼층석탑을 중심으로 좌측에는 최근에 건립한 국사전이, 우측에는 요사채가, 그리고 경내 입구편에 중층의 누하진입樓下進入 형식의 영산루가 전체적으로 튼ㅁ자형으로 배치되고 있다.

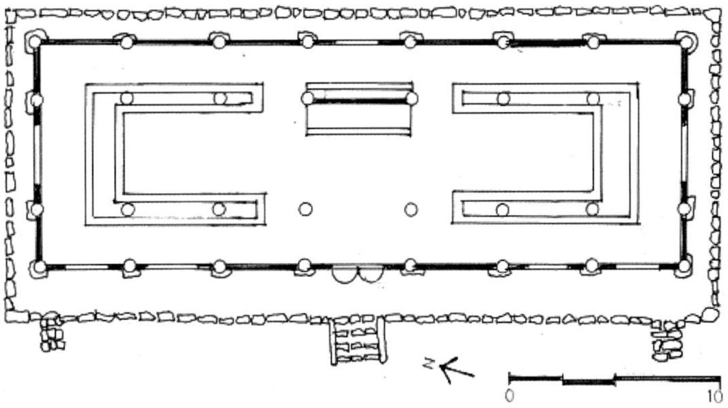

[그림 133] 영산전 평면도

동서 방향으로 장축을 이루고 있는 영산전은 자연석 허튼층으로 쌓은 기단 위에 덤벙주초석을 놓고 배흘림이 있는 원형기둥을 세워 정면 7칸, 측면 3칸으로 평면을 구획하고 있어서 측면 칸수에 비해 정면의 칸수를 크게 잡고 있는데, 이는 영산전 내부에 석가모니불과 함께 많은 석조 나한상을 모시기 위한 법당의 기능에 따른 평면 형태로 볼 수 있다.

[그림 134] 거조암 영산전 내부

영산전 내부에는 중앙 정칸 고주 사이에 후불벽을 만들어 영산회상도를 봉안한 후 4면으로 돌아가면서 ㄷ자형의 간결한 불단을 조성하여 석가여래를 주존主尊으로 하여 문수·보현 두 협시보살을 모시고 있으며, 그 좌,우편에 표정이 각기 다른 526분의 많은 석조 나한상을 안치하고 있다.

창호는 정면 중앙 정칸에는 궁창널을 댄 3분합 정자살 문을 달아 법당으로 출입하도록 하고, 정면 양협칸에는 창호를 내지 않고 회벽으로 마감하였으나 양퇴칸과 양단칸, 그리고 측면 중앙칸 상,하 2개소와 배면 중앙 정칸에 장방형의 살창을 달아 채광과 환기를 겸하고 있다.

주간 간격은 정면 7칸 가운데 중앙 정칸正間은 5.00m로 잡은 후 나머지 6칸은 모두 4.30m의 등간격으로 잡았으며, 측면 3칸은 중앙칸 5.00m, 양협칸 2.60m로 하여 양협칸 보다 중앙칸을 넓게 잡았다.

(3) 공 포

영산전은 주심포 형식으로서, 헛첨차가 결구되어 있는 외1출목 주심포 제2양식이다.

공포의 구성은 공포가 건물의 외부 방향으로만 짜여지고 있는데, 창방과 十자 방향으로 직교되게 기둥 상부에서 외부로 빠져나온 헛첨차의 윗면에 수평으로 공안栱眼을 만들고 있다. 특히 헛첨차의 끝단부를 고구

[그림 135] 영산전 공포

[그림 136] 영산전 공포 내부 보아지

려 벽화고분인 각저총이나 쌍영총의 모서리 주형도와 같이 소로를 놓을 자리를 약간 높인 후 1출목 소로를 놓고 있는데, 이 수법은 부석사 조사당 공포에서도 볼 수 있다.

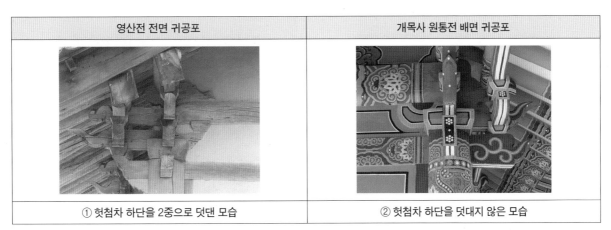

영산전 전면 귀공포	개목사 원통전 배면 귀공포
① 헛첨차 하단을 2중으로 덧댄 모습	② 헛첨차 하단을 덧대지 않은 모습

[그림 137] 거조암 영산전 귀공포와 개목사 원통전 귀공포

특히 영산전 공포에 결구되어 있는 헛첨차의 외단부에는 주심포 제2양식의 일반적 공포 구성(그림 138-①)과 다르게 쇠서牛舌를 만들지 않고 1출목 소로의 끝단에 맞춰 사절 연화문형으로 다듬은 밑부분에 다른 부재를 다시 덧대어 연화문형의 2중二重으로 조각(그림 135, 그림 138-②)하고 있는 큰 특징을 볼 수 있다.

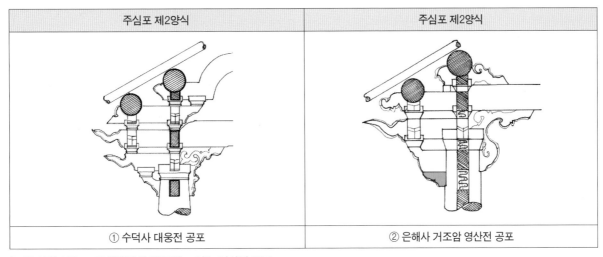

주심포 제2양식	주심포 제2양식
① 수덕사 대웅전 공포	② 은해사 거조암 영산전 공포

[그림 138] 2중二重의 헛첨차를 결구하고 있는 영산전 공포

다른 건물 공포 구성에서는 찾아 볼 수 없는 이와같은 수법은 다른 부재를 덧대지 않을 경우 외부로 뻗고 있는 헛첨차 하부면이 수평으로 너무 길게 돌출되어 생기는 구조적, 또는 시각적 불안 등의 요인을 보강하기 위한 결과가 아닌가 보여지고 있는데, 이러한 구조적 문제는 안동 개목사 원통전 배면 우주隅柱 귀공포에 결구되어 있는 헛첨차(그림 137-②)가 앞으로 처저[38] 있는 것을 볼 수 있다.

그리고 주두의 운두 부분과 엇물려 외부로 빠져나온 제1살미 외단에는 1출목 소로를 다시 중첩해 놓고 도리방향으로 양단부에 소로를 놓은 후 사절 연화문형으로 된 행공첨차가 결구되어 있는 제1살미 첨차가 고식古式의 건물에서 볼 수 있는 단장혀와 외목도리를 받도록 하여 길게 나온 처마를 받쳐 주도록 하고 있는데, 퇴량 위에 결구되어 있는 주심도리가 구르거나 밀리지 않도록 초각한 승두蠅頭로 받쳐주고 있다.

또한 제1살미 첨차 외단부에는 아래에서 위로 날카롭게 휘어 오르는 수서형의 쇠서가 외부로 돌출되었고, 건물 내부로는 헛첨차의 내단과 제1살미첨차 내단을 화려하게 초새김을 한 보아지(그림 136)로 만들어 퇴량의 단부를 받쳐주고 있어서 공포를 짜는 수법이 비교적 고려시대의 전통적인 주심포계 건축양식을 따르고 있음을 볼 수 있다.

그러나 공포의 구성 부재 중 주두와 소로의 형상이 그동안 주심포 제2양식 가운데 초기에 건립된 수덕사 대웅전(138-①)을 비롯해서 성불사 극락전과 강릉 객사문 등의 공포에 결구된 주두와 소로의 굽 모양과 같이 내반된 오목굽으로 조각되어 있지 않고 빗굽(그림 139)으로 변화되고 있다.

이러한 형태는 은해사 거조암 영산전 건물 이후에는 대체로 조선시대 다포양식에서 많이 사용되고 있는 사절斜切 모양의 빗굽으로 바뀌고 있어서 건축양식의 세부 수법에 일부 변화가 생기는 특징을 볼 수 있다.

또한 건물의 정면을 아름답게 꾸며주는 하나의 요소로서 창방과 주심도리 포벽 사이에 도리방향으로 고식의 건물에서 볼 수 있는 뜬장혀를 결구한 후 중간 상부에 소로를 하나씩 배치하고 있으며, 뜬장혀 아래쪽에는 포벽으로 비워두거나 또는 편액을 걸고 있다.

[그림 139] 기둥 상부 주두의 형상

[그림 140] 창방 상부 포벽 모습

(4) 가 구

대량을 걸고 있는 1량樑 7량가樑架의 지붕틀 가구로서, 내고주 상부에 대량과 종량의 2중량重樑으로 지붕틀을 짜는 일반적인 수법과 다르게 대량만을 거는 독특하고 창의적인 수법을 볼 수 있다. 이는 정면 7칸의 긴 장방형 평면에서 퇴량 높이에 맞춰 내진공간에 단면이 굵은 6개의 대량을 나란히 걸 경우 내진공간의 높이

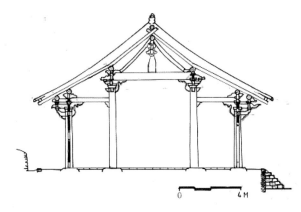

[그림 141] 영산전 지붕틀 가구

가 많이 낮아지고 중첩돼서 보이는 대량으로 인하여 시각적으로 공간의 협소함이 발생할 수 있을 것으로 보여지고 있다.

따라서 대량 상부에 직접 설치하고 있는 대공의 높이가 그만큼 높아지고 솟을합장의 하변 넓이가 종량 폭이 아닌 대량 폭만큼 넓어져서 구조적으로 섬약纖弱해 보이는 것을 대량 아래에 단면이 작은 창방 부재(그림 142)를 덧대어 일부 보강하고 있다. 이와같은 평면 구성과 지붕틀 가구는 외진공간인 퇴칸에 불단을 조성하여 526분의 많은 나한상을 돌아가면서 안치할 수 있고 또한 통로 역할을 하는 내진

[그림 142] 거조암 영산전 내부 가구(문화재청, 은해사 거조암 영산전 정밀실측조사보고서, 2004)

[그림 143] 거조암 "영산전" 현판과 3층석탑

공간에 시각적으로 넓은 공간을 확보하기 위한 독특한 가구 방식을 채택한 것으로 볼 수 있다.

그리고 평주와 내고주 사이인 외진공간에 불단을 조성하기 위하여 퇴량을 걸고 있으며, 양 내고주 상부에도 주두의 운두 부분과 엇물려 나온 사절 연화문형으로 조각을 한 헛첨차형 부재 위에 소로를 놓아 대량의 외단을 받쳤고, 내단에는 길게 초새김을 한 보아지로 처리하여 대량의 단부를 받고 있다.

또한 양 내고주 상부에는 보기 드물게 도리방향으로 창방과 그리고 뜬장혀가 이중으로 함께 결구되어 있으며, 항아리

단면형으로 다듬은 고식의 대량 상부 중앙에는 키가 높은 종대공 위에 부석사 무량수전과 유사한 초공형의 포를 짠 후 그 양옆으로 내반된 곡율을 가진 솟을합장을 세워 종도리와 함께 무거운 지붕하중을 받도록 하였다.

지붕은 홑처마 맞배 기와지붕을 올렸으며, 처마 밑 창방 상부에는 목판형의 편액들이 걸려 있으며, 정면 중앙 정칸正間 상부에 "영산전" 현판이 걸려 있다. 또한 영산전 건물 목부재에 단청을 하지 않은 백골집으로 마감되어 있어서 건물 외관이 담백 단아하며, 영산전 앞 넓은 앞마당의 가람 중심선상에 3층석탑이 세워져 있다.

[그림 144] 누하진입 형식의 거조암 영산루 전경

특히 은해사 거조암 영산전은 현재 우리나라에 몇동 남아있지 않은 고려시대에 건립된 건물 중 하나로서 전통 목조건축 양식인 주심포계의 특성을 비교적 잘 유지하고 있을 뿐만 아니라 단아하면서도 담백한 아름다운 모습을 간직하고 있는 영산전은 역사적, 문화재적 가치가 매우 큰 소중한 문화유산이다.

[그림 145] 영산루에서 바라 본 거조암 영산전

5) 영주 부석사 조사당(국보 제19호)

(1) 건립시기

[그림 146] **부석사 조사당 전경**

부석사 무량수전 동쪽편에 있는 3층석탑 옆으로 난 작은 오솔길을 따라 약 100m 정도 올라가 산 중턱 북동편에 자리잡고 있는 조사당은 신라시대에 부석사를 창건한 의상대사와 고승들의 진영眞影과 함께 창건 설화에 나오는 선묘의 초상화를 모시고 있는 건물이다.

조사당은 1916년에 실시된 수리공사 때 발견된 종도리 장혀 상단에 쓰여진 "선광7년정사5월초2일입주宣光七年丁巳五月初二日立柱"라는 묵서명에 의하여 선광宣光 7년인 고려 우왕 3년(1377)에 건립된 건물로 보는 설과 도리 하단의 "홍치3년경술弘治三年庚戌"이라는 묵서인 조선 성종 21년(1490)에 건립된 건물[39]이라는 두 견해가 있었다. 그러나 부석사의 연혁[40]에서 장혀 상단의 묵서에 선광 7년(1377)에 중건되었으며, 도리하단 묵서에 홍치 3년(1490)에 다시 중수된 후 홍치 6년(1493)에 조사당의 단청이 이루진 것으로 기록하고 있다.

(2) 평 면

봉황산 중턱 무량수전 뒤편에 서남향하여 건립된 조사당은 2~3단으로 잘 쌓은 면석에 갑석을 얹어 놓은 기단 위에 방전方塼을 깔은 후 자연석 주초석과 원형의 배흘림 기둥을 세워 정면 3칸, 측면 1칸의 평면으로 구획된 비교적 규모가 작은 불당 건물이다.

조사당은 중앙 정칸 기단 앞에 소맷돌을 갖춘 잘 다듬은 석계단을 설치하여 오로도록 하였다.

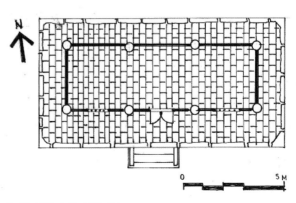

[그림 147] **조사당 평면도**

불전 내부를 전돌을 깔은 통칸으로 만든 후 배면과 측면에 간단한 불단과 보개형寶蓋形 닫집을 조성하여 많은 고승들의 벽화를 걸고 있는데, 그중 정칸 배면에는 불단을 조금 더 돌출시켜 의자형 불단을 만들어 부석사를 창건한 의상대사상을 봉안하고 있다.

의상대사 초상   선묘 초상

[그림 148] 조사당 내부에 걸려 있는 초상화

그리고 조사당 우측 벽에는 고려말에 그려진 사천왕과 제석천, 범천 등 6폭의 벽화가 걸려 있었으나 지금은 고승들의 벽화와 불화, 그리고 의상대사를 도와 부석사 창건에 도움을 주었다는 선묘의 벽화가 함께 걸려 있다. 창호는 중앙 정칸에 궁창판을 댄 쌍여닫이 띠살문과 양협칸에 내부로 골판문을 단 살창을 각각 달아 채광을 하고 있다.

특히 우협칸 앞 기단위에는 의상대사가 평소 가지고 다니던 지팡이가 꽂혀져 있는데, 지붕 처마로 인해 비 한방울 오지

[그림 149] 조사당 기단 위 선비화(골담초)

않는 기단 위에서 지금도 살아 자라고 있다는 전설의 선비화(골담초)가 보호철책 안에 있어 많은 사람들의 관심과 눈길을 끌고 있다.

주간柱間 간격은 정면 3칸 가운데 중앙 정칸을 3.30m, 양협칸을 3.00m로 잡아 중앙 정칸을 넓게 잡고 있으며, 측면 1칸은 4.00m로 비교적 넓게 잡았다.

(3) 공 포

[그림 150] 조사당 공포

[그림 151] 조사당 공포 내부 보아지

조사당은 주심포 형식으로서, 헛첨차가 결구되어 있는 내1출목, 외2출목 주심포 제2양식이다.

공포는 건물의 내,외 방향으로 포包가 짜여지고 있으며, 창방과 十자 방향으로 직교되게 구성되어 있다. 그리고 기둥 상부에서 빠져나온 헛첨차의 윗면을 깎아내어 공안을 만든 끝단에 1출목 소로를 놓고 그 외단 부를 쇠서로 만들지 않고 1출목 소로의 끝단에 맞춰 사절시키고 있다.

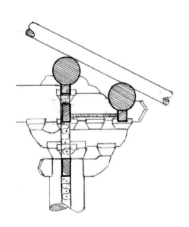

[그림 152] 조사당 공포

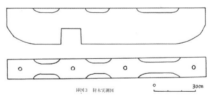

2호 건물지

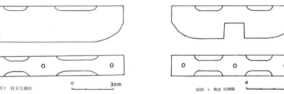

3호 건물지

[그림 153] 안압지 출토 첨차부재 실측도(문화재관리국, 안압지발굴조사보고서)

특히 헛첨차의 외단 하부면을 연화문형이 아닌 2단의 절선형折線形으로 다듬고 있어 특이한데, 중국 송나라 시대(1103년)에 편찬된 건축기법을 집대성한 영조법식에 나오는 권쇄卷殺 수법[41]을 볼 수 있다. 이러한 수법은 안압지에서 출토된 첨차부재의 마구리 하부면을 3~4단으로 접은 절선형과 유사한 형태로 다듬고 있는 데, 우리나라에 현재 남아 있는 목조건물에서는 유일하게 확인할 수 있다.

그리고 기둥 상부에 있는 주두의 운두 부분과 엇물려 빠져 나온 제1살미 첨차 내단에는 공안이 있는 1출목 소로를 놓아 대량을 받고 있으며, 외단부에는 2출목 소로를 놓고 헛첨차와 같은 절선 수법으로 다듬어져 있 다. 특히 제1살미 첨차 상부에는 주심소로와 2출목 소로사이에 또 하나의 중간 소로를 배치하고 있는데, 안압지 2호 건물지에서 출토된 첨차 상부에도 중간소로를 놓았던 자리와 촉구멍이 나 있어 독특하며, 안압지 발굴보고서[42]에도 이와 같은 예는 부석사 조사당 주두 위의 첨차에서 볼 수 있다고 언급하고 있다.

[그림 154] 대량 하부 보아지 비교

그리고 건물 내부의 공포는 도갑사 해탈문 보아지(154-①)처럼 제1살미 내단을 헛첨차와 한몸의 보아지로 만들어 대량의 단부를 받쳐주는 것이 일반적인 수법으로 볼 수 있다. 그러나 원래는 관룡사 약사전 가구도(그림 154-③)와 같이 창방의 뺄목이 빠져나가 헛첨차가 되고 제1살미 내단을 보아지로 만들어 소로를 놓고 대량의 단부를 받도록 하여야 하나 조사당은 헛첨차의 내단(그림 154-②)을 절단한 후 제1살미 내단에 관룡사 약사전의 제1살미 내단과 같이 내1출목 소로를 놓고 대량을 받쳐주고 있다.

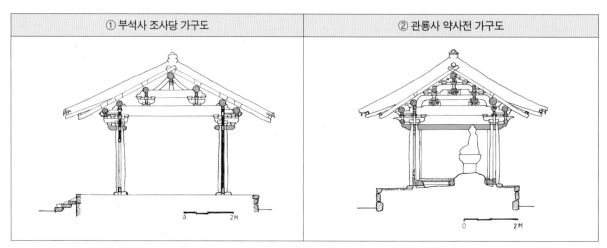

[그림 155] 부석사 조사당과 관룡사 약사전 공포 구성 비교

이와 같이 헛첨차 내단을 보아지로 만들지 않고 자유단으로 되어 있는 사례는 조사당 가구도(그림155-①)의 공포 구성에서 유일하게 볼 수 있는데, 관룡사 약사전(그림 155-②)과 같이 연결되었던 창방 부재가 창건 당시부터 짤려져 있었던 것인지 또는 후에 절단된 것인지는 확실하지는 않으나 공포의 구조적 측면과 실내 공간의 활용적 측면에서 보면 변형된 것이 아닌가 생각되고 있다.

그 이유로 구조적 측면에서 보면 자유단으로 되어 있는 헛첨자 내부 보아지를 제1살미첨자 내단부와 한

몸으로 짜거나 창방이 서로 연결되어 있는 것이 건물의 변형 방지에 유리한 구조로 볼 수 있으나 그 반면에 조사당 실내 공간의 이용 측면에서 보면 동선動線활용과 시각적 불편함(그림 155-②)을 추정할 수 있다.

즉, 조사당의 평면은 정면 3칸, 측면 1칸의 평면인 반면 관룡사 약사전은 정면 1칸, 측면 1칸으로 정면 칸 수는 서로 다르나 측면 칸수는 두 건물이 모두 1칸씩으로 같게 구획되어 있다. 관룡사 약사전과 같이 정면 1칸인 건물을 실내로 사용하는 경우 창방이 서로 연결되어 있어도 큰 불편이 없으나 정면이 3칸인 조사당의 경우 방 사이를 서로 이동移動할 때나 활용하는데 창방부재로 인하여 불편함이 예상되고 있다.

특히 조사당의 건물 성격상 의상대사를 비롯해서 고승들의 초상화와 고려말에 그려진 불화 앞에 불단과 그 상부에 남측면을 제외한 나머지 3면에 돌아가면서 창방 위치에 간단한 장식용 보개寶蓋(그림 156)를 설치하고 있는데, 창방을 설치하지 않을 경우 대량 하단까지 약 60cm 높이의 공간을 더 확보할 수 있어서 보개寶蓋 설치와 함께 시각적으로도 매우 유리한 구조로 볼 수 있다.

따라서 정면 3칸인 부석사 조사당의 경우 원래는 헛첨차 내단의 전,후면이 관룡사 약사전 가구도(그림 155-②)에서와 같이 서로 연결되어 있었던 것을 후에 창방 부재 중간 부분을 절단시킨 결과에서 온 것이 아닌가 판단되고 있다.

[그림 156] 조사당 실내 창방 앞에 설치된 보개형 닫집(문화재청, 부석사 조사당 수리·실측조사보고서)

또한 제1살미 첨차 외단부에는 도리방향으로 행공첨차가 결구되어 대량에 결구되어 있는 외목도리를 받는 수법이 일반적인데 행공첨차가 생략되고 있어 독특하다.

또, 창방 상부 포벽 중간에 고식 수법인 뜬장혀를 결구하였는데, 포벽은 수덕사 대웅전의 포벽과 같이 비워 두었으며, 외목도리 장혀와 뜬장혀 사이를 순각판으로 막음처리 하였다.

[그림 157] 조사당 창방 상부 포벽

이와 같이 조사당의 건축양식 가운데 주두와 소로의 굽이 사절되어 있고, 헛첨차의 외단 형상과 외목도리 하부에 행공첨차를 생략하고 있으며, 대량 외단부 뺄목도 삼분두三分頭 형상으로 다듬고 있어서 주심포 양식에 일부 다포 양식의 특징을 혼합 절충하여 건립되었음을 볼 수 있다.

그러나 제1살미 상부 벽심 소로와 2출목 소로 사이에도 중간 소로가 하나 더 배치되어 있는 것을 안압지에서 발견된 첨차 부재에서도 볼 수 있으나 현존하고 있는 우리나라 전통 목조건물과는 소로의 배치 수법이 다를 뿐만이 아니라 헛첨차나 창방, 뜬장혀 등의 상부에 놓일 소로小累 자리를 처음부터 약간 높여 올라가도록 치목을 하는 것은 고구려 벽화고분에 그려진 모서리 주형도柱形圖에서 일부 볼 수 있어서 조사당의 예외적인 건축양식학적 특성에 대한 연구가 더욱 필요한 것으로 보여진다.

(4) 가 구

전, 후 평주 사이에 고식古式의 항아리 단면형 보다는 하부면을 궁글린 구형矩形 단면으로 변형시켜 다듬은 대량 상부 양측에 빗굽으로 된 주두를 놓고 그 위에 十자형으로 견고하게 짠 포대공을 놓고 종량을 받고 있는 2중량 7량가의 지붕틀 가구이다.

또한 대량 상부 주심도리 밑에는 도리가 굴러 내려오거나 움직이는 것을 단단하게 붙잡아 주는 승두蠅頭를 끼워 보강하고 있으며, 보머리는 삼분두 형상으로 다듬고 있다.

그리고 종량 상부 중앙에는 부석사 무량수전의 종

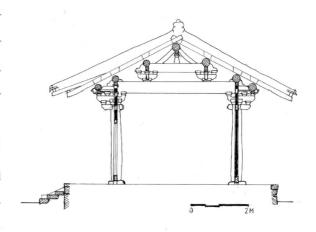

[그림 158] 조사당 지붕틀 가구

량위에 놓인 대공과 같은 형상이나 높이가 낮은 사다리꼴 형태에 소로와 초공을 결구시킨 제형대공을 내반된 솟을합장 사이에 세워 종도리와 함께 무거운 지붕하중을 받도록 하고 있다.

[그림 159] **조사당 내부 가구**

[그림 160] **"조사당" 현판**

천장은 대량과 종량, 그리고 연목 등의 목부재가 모두 노출되는 연등천장으로 되어 있으며, 지붕 전면은 연목에 부연을 덧댄 겹처마이며, 배면은 연목만 걸은 홑처마로 맞배 기와지붕을 올렸고, 중앙 정칸 처마 밑에 세로 방향으로 쓴 "조사당祖師堂" 현판이 걸려 있다.

고려말 조선초에 건립된 목조건물로 추정되고 있는 부석사 조사당은 공포의 구성에서 소로의 배치나 살미첨차 외단부의 가공수법 등이 독특하며, 고식의 항아리 단면형에서 구형단면에 하부면을 약간 궁글린 대량과 종량 위에 견고하게 짜여진 포대공과 솟을합장 등에서 굵고 강한 구조미를 볼 수 있는 간결하면서도 품위 있는 불전佛殿건축으로 평가할 수 있다

6) 패엽사 한산보전(북한 소재)

(1) 건립시기

우리나라 4대 명산 가운데 하나인 황해도 구월산에 있는 패엽사의 건립 시기에 대한 확실한 기록은 없으나 9세기 초初 구업대사에 의해 창건된 사찰이다. 원래는 사명寺名이 구업사具業寺이었으나 고대 인도에서 경전을 종이 대신에 다라多羅나무잎에 썼다고 하는데, 신라시대 한 승려가 서역에서 이 패엽경貝葉經을 가지고 귀국하여 신천의 구업사에 봉안한 뒤 부터 사명을 패엽사로 바꿔 부르게 되었다 한다.

[그림 161] 패엽사 한산보전 전경(국립중앙박물관)

또한 이 패엽사는 경종 원년(1721)에 세운 "패엽사사적비貝葉寺事蹟碑"에 의하면 고려 태조의 원당願堂이 되었으며, 조선초에 대화재로 소실된 것을 1875년에 다시 중건하여 이름을 한산사寒山寺로 고쳤다가 다시 패엽사로 부르게 되었다.

패엽사는 성불사와 함께 황해도 서부지역에 있는 말사末寺 24개의 사찰을 거느리는 대 본산이었으나 6.25 동란시 대부분 소실되고 현재는 부속건물인 칠성각과 청풍루만이 남아 있으며[43], 한산전의 건립시기를 영락永樂 18년인 1420년경으로 보는 견해[44]도 있다.

(2) 평 면

황해도 구월산에 건립된 패엽사 한산보전은 잘 다듬은 장대석 기단 위에 정면 3칸, 측면 3칸의 평면으로 구획되어 있으며, 중앙 정칸에는 궁창판 댄 4분합 꽃살문을, 양협간은 궁창판 댄 4분합 빗살문을 각각 달았다. 그리고 불전 내부를 통간으로 한 중앙 정칸 배면에 두 개의 기둥을 세워 불단을 조성하여 삼존불을 봉안하였는데, 불단 상부에 화려하게 장식을 한 다포식 계통의 닫집을 설치하였다.

주간 간격은 정면 3칸을 등간격으로 나누어 분할하고, 측면 3칸은 중앙 정칸을 양협간 보다 넓게 잡았다.

(3) 공 포

한산보전의 공포는 기둥 상부 뿐만이 아니라 주간에도 배치되어 있어 다포계 건물로 볼 수 있지만 다포식에 결구되고 있어야 할 평방부재가 생략[45]되어 있고 주심포식에서 볼 수 있는 헛첨차가 구성되어 있어 양식이 복합적이다. 이 건물의 양식이 복합적이나 초기 주심포 건축으로 보는 견해[46]도 있으며, 필자도 이를 근거로 주심포양식으로 포함시켰다.

공포는 주심포양식으로서, 헛첨차가 결구되어 있는 주심포 제2양식이다.

공포의 구성은 외부 전면으로 짜여졌고 내부로는 보아지로 처리하여 퇴량의 단부를 받고 있는데, 도리방향으로 주두와 엇물려 그 마구리가 사절 연화문형으로 조각된 주심첨차를 결구하여 뜬장혀를 받고 있다.

헛첨차는 빗굽으로 된 주두 하단면에서 창방과 직교하여 외부로 빠져 나왔는데, 상부 윗면을 활모양으로 깎아 공안을 만든 후 그 외단부를 1출목 소로의 끝단에 맞춰 사절하여 그 밑부분을 전형적인 연화문형으로 다듬었다.

[그림 162] 한산보전 공포(국립중앙박물관)

그리고 주두 상부에서 빠져 나온 제1살미 외단에는 도리방향으로 행공첨차가 결구된 끝단에 2출목 소로를 놓고 그 끝을 수서형의 쇠서로 돌출시켰으며, 주심柱心에는 주심 대첨차가 결구되어 있다.

또한 보통 제2살미 첨차까지만 공포를 짜는 일반적인 수법과는 다르게 제3살미까지 중첩시켜 포를 짠 후 그 외단부에는 도리방향으로 행공첨차를 다시 2중으로 결구하고 있으며, 제2살미 외단과 제3살미 첨차 외단 모두 수서형의 쇠서로 깎아 돌출시키고 있다.

이와 같이 기둥 상부에 놓이는 공포를 제3살미 첨차까지 중첩하여 짜고 있을 뿐만 아니라 2중의 주심첨차와 행공첨차, 그리고 주심포 건축에서는 보기드문 주간포의 배치 수법 등은 한산보전의 정면성을 강조하기 위한 규모성과 장식성을 위한 수법으로도 볼 수 있다.

(4) 가 구

전, 후 평주 사이에 내고주를 세워 대량과 퇴량을 걸은 후 종중량과 종량을 걸고 있는 3중량 11량가의 규모가 큰 지붕틀 가구이다.

대량 상부에 포대공을 설치하고 내고주 상부의 공포와 함께 종중량을 지지하고 있다. 종중량 상부에도 내고주 상부의 공포와 같이 짜여진 동자주를 놓고 종량을 지지하였는데, 종량 상부 중앙에 화려하게 초각된 파련대공을 설치하여 종도리와 함께 지붕하중을 받도록 하였다.

[그림 163] 한산보전 내부 가구(국립중앙박물관)

특히 파련대공 양쪽편에는 솟을합장이 결구되어 고식 수법을 보여주고 있으며, 내부는 가구재가 모두 노출되는 연등천장으로 꾸몄다.

지붕은 겹처마 맞배 기와지붕을 올렸으며, 중앙 정칸 추녀밑에 "한산보전"의 현판이 걸려 있다.

7) 영암 도갑사 해탈문(국보 제50호)

(1) 건립시기

[그림 164] 도갑사 해탈문 전경

　월출산의 도갑봉 기슭에 위치하고 있는 도갑사 경내 입구에 있는 해탈문의 건립시기를 도선·수미 양 대 사비道詵·守眉 兩 大師碑에 의하면 조선 세조 3년(1457)에 당대의 고승이었던 수미守眉와 신미信眉 두 대사大師 가 조선 왕실의 도움을 받아 중창[47]되었으며, 해탈문을 천순원년天順元年인 1457년에 지어진 건물로[48] 보기도 하였다. 그러나 1960년에 실시된 해체 보수공사시 발견된 중앙 정칸 종도리 장혀 윗면에 묵서墨書로 되어 있 는 "成化九年" 이라는 상량문의 기록으로 조선 성종 4년(1473)에 건립[49]된 것으로 밝혀진 건물이다.

(2) 평 면

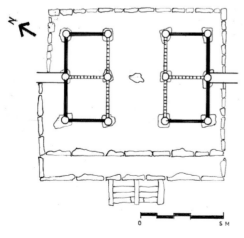

[그림 165] 해탈문 평면도

[그림 166] 해탈문 금강역사상

도갑사 경내로 들어가는 정문으로, 장대석으로 된 두벌대의 하층기단과 그 상부에 외벌대의 상층기단으로 구성된 2단의 중층기단으로 조성되어 있다. 그리고 하층기단 중앙에 5단으로 오르는 계단을 설치하였는데, 정면 2칸으로 짜여진 계단에는 잘 다듬은 계단석과 그 좌우편에 태극형을 음각陰刻한 3본의 소맷돌이 세워져 있어서 해탈문의 외관에 한층 고풍스러움을 더 해 주고 있다.

[그림 167] 해탈문 계단석

가공이 잘된 장대석으로 쌓은 중층기단 위에 덤벙주초석과 원형기둥을 세워 정면 3칸, 측면 2칸으로 구획한 후 중앙 정칸에 쌍여닫이 판장문을 달아 경내로 통행하는 문으로 사용되고 있다. 그러나 이 판문이 철거되어 문설주와 문지방, 그리고 둔테목만이 남아 있다.

홍살을 세운 좌,우 협칸에는 내부에 사천왕상이 봉안되어 있었으나 후에 문수보살과 보현보살이 각각 안치되어 있다가 지금은 아금강역사상과 홍금강역사상이 안치되어 있다.

주간柱間 간격은 정면 3칸 가운데 정칸은 3.46m, 양협칸은 2.50m로 구획하여 중앙 정칸을 넓게 잡았으며, 측면 2칸은 2.65m의 등간격으로 분할하였다.

(3) 공 포

[그림 168] 해탈문 공포

[그림 169] 해탈문 공포 내부 보아지

해탈문의 공포는 주심포형식으로, 헛첨차가 결구되어 있는 외2출목 주심포 제2양식이다.

공포의 구성은 건물의 외부 방향으로만 포가 짜여졌는데, 창방과 十자 방향으로 직교되게 기둥 상단면에서 빠져나온 헛첨차의 옆면을 활모양으로 둥글게 음각陰刻하여 공안이 만들어져 있으며, 끝단에 1출목 소로를 놓고 외단부를 쇠서로 만들지 않고 1출목 소로의 외단부에 맞춰 사절시킨 후 그 하부면을 연화문형으로 정교하게 다듬었다.

[그림 170] 창방 상부 포벽

그리고 주두의 운두 부분과 엇물려서 빠져나온 제1살미 외단에는 2출목 소로가 놓여 대량에 결구되어 있는 굴도리로 된 외목도리와 장혀를 받고 있으며, 그 끝단을 짧고 강직한 수서형의 쇠서로 만든 후 그 하부면도 전형적인 연화문형의 조각으로 다듬었다.

또, 굽받침이 없이 사절된 빗굽으로 된 주두와 엇물려 그 마구리가 직절 원호곡선으로 된 주심첨차를 도리방향으로 결구하여 주심도리 장혀를 받쳐 주고 있으며, 건물 내부로는 헛첨차와 제1살미 내단을 한몸의 화려한 초새김을 한 보아지로 처리하여 대량의 단부를 받쳐주고 있다.

특히 제1살미 첨차 외단에 도리방향으로 결구되어 외목도리를 받고 있는 행공첨차가 생략되어 있어 독특하며, 이러한 예는 봉정사 극락전이나 부석사 조사당의 공포에서도 볼 수 있다. 그리고 창방 상부 포벽에 고식 수법인 뜬장혀를 결구하고 있는데, 창방과 뜬장혀 사이에는 포벽包壁으로 비워두고 뜬장혀와 주심도리 사이에는 뜬장혀 양쪽편에 소로를 1개씩 배치하고 있다.

(4) 가 구

전, 후 평주 사이에 대량을 걸고 그 상부 양측에 十자 방향으로 짠 포대공을 설치하여 종량을 받치고 있는 2중량 7량가의 지붕틀 가구이다.

특히 대량 상부의 양측에 놓여져 있는 포대공에 짜여진 첨차의 양단부가 직절 원호곡선 형태로 다듬어져 있어 조선시대 다포양식을 혼용하고 있는 특징을 볼 수 있고 주심도리와 중도리 간에는 수덕사 대웅전 측면 가구에서와 같은 우미량 모양의 만곡彎曲된 부재를 결구하여 도리 간 부재를 구조적으로 튼튼하게 긴결緊結하고 있다. 그리고 통로 중앙에 세워져 있는 기둥 상부에도 주

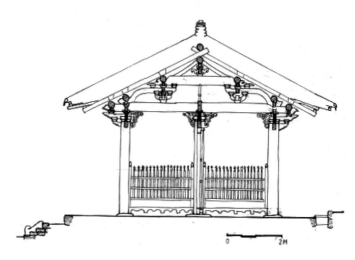

[그림 171] 해탈문 지붕틀 가구

두와 엇물려서 헛첨차 내단의 보아지와 똑같은 당초문양의 화려한 초새김을 한 부재를 결구하여 대량을 받도록 하고 있다.

[그림 172] 해탈문 내부 천장 가구

또한 종량 상부 중앙에는 주두 위에 뜬창방과 초공형의 부재를 끼운 화반형 포대공을 짜서 종도리를 받쳤
는데, 그 양옆으로 내반된 곡선을 이루고 있는 솟을합장을 세워 무거운 지붕하중을 함께 받도록 하였다.

[그림 173] 도갑사 정면 "解脫門" 현판

[그림 174] 도갑사 배면 "月出山道岬寺" 현판

지붕은 겹처마 맞배 기와지붕을 올렸으며, 건물 정면 정칸에는 "해탈문解脫門" 현판이, 그리고 배면에는
"월출산 도갑사月出山 道岬寺" 현판이 함께 걸려 있다.

8) 강릉 문묘 대성전(보물 제214호)

(1) 건립시기

[그림 175] 강릉 문묘 대성전 전경

    고려 충선왕 5년(1313)에 강릉 존무사存撫使 김승인에 의해 화부산 아래에 초창된 후 태종 11년(1411)에 화재로 소실된 것을 태종 13년(1413)에 강릉 대도호부 판관判官 이맹상이 재건하였으며, 성종 16년(1485)에 홍귀달과 부사 이인충의 건의에 따라 다시 중수되기 시작하여 4년 후인 성종 19년(1488)에 완공된 건물로 알려지고 있다. 그 후 인조 원년(1624)에 부사 유영순이 다시 중수하고 현종 10년(1669)과 경종 원년(1721)에도 중수한 기록이 있어 여러번에 걸쳐 중수된 건물[50]로 보여지고 있으나 대성전의 건축양식으로 볼 때 조선초기인 성종 연간[51]에 건립된 건물로 보고 있다.

(2) 배치 및 평면도

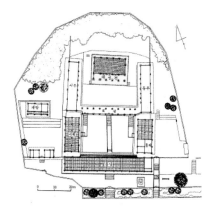

[그림 176] 강릉향교 배치도(윤장섭, 한국건축사)

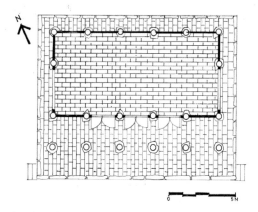

[그림 177] 문묘 대성전 평면도

[그림 178] 명륜당의 누하주 진입

화부산花浮山의 송림松林이 욱어진 낮은 야산 중턱에 경사진 대지를 2단으로 정지한 후에 하단에는 강학공간인 명륜당을, 경내 배면인 상단에는 제향공간인 대성전을 전학후묘前學後廟 형식으로 서남향하여 위계적으로 배치[52]하여 건립하였다.

특히 대성전 전면에 건립된 명륜당은 정면 11칸, 측면 2칸의 중층 구조로 된 우리나라 향교 가운데 그 규모가 가장 크며, 명륜당 중앙 정칸의 누하주를 통해 대성전으로 진입하도록 하고 있다. 대성전은 앞에 잘 다듬은 두 벌대의 큰 기단석 위에 문양이 없는 방형의 전돌을 깔은 넓은 월대月臺를 조성하여 석존제釋尊祭 등 참배 때 활용하도록 한 공간이다.

그리고 대성전은 전,후 지면차地面差로 전면에는 2단으로, 배면은 1단으로 조성된 월대 위에 다시 덤벙주초석을 놓은 후 원형기둥을 세워 정면 5칸, 측면 3칸의 비교적 규모가 큰 평면으로 구획하고 있는데, 계단을 전면에는 설치하지 않고 양쪽에만 설치하여 오르도록 하였다. 특히 대성전의 모든 기둥 뿌리 부분에 하얀색으로 방부재 칠을 해 놓고 있는데, 마치 경북 월성에 있는 도동서원 중정당의 전면 기둥머리 부분에 오현 중에 한원당 김굉필이 가장 으뜸이라는 의미로 흰 창호지를 발라놓은 모습과 같이 독특하다.

[그림 179] 문묘 대성전 내부

또한 대성전은 측면 3칸중 전면 1칸을 전퇴간의 참배공간으로 만드는 개방형 평면으로 만들었는데, 내부에는 화강석의 박석薄石을 깔고 중앙 배면에 공자의 영정과 위패를 봉안한 후 중국의 5성과 10철, 그리고 6현의 위패가 함께 안치되어 춘추로 석전제釋奠祭를 거행해 오고 있다.

그리고 창호는 정면 5칸 중 중앙 3칸에는 궁창판을 댄 쌍여닫이 빗살문을 달았으나 양단칸은 창호을 달지 않고 회벽으로 막음 처리하였고, 양측면 중앙 정칸에 정자살 교창을 달아 채광을 하고 있다.

주간柱間 간격은 정면 5칸을 2.50m의 등간격으로 잡았으나 측면 3칸은 중앙칸 3.70m, 양협칸 2.30m로 잡아 양협칸 보다 중앙칸을 넓게 잡고 있다.

(3) 공 포

대성전의 공포는 주심포형식으로, 헛첨차가 결구되어 있는 외1출목 주심포 제2양식이다.

공포의 구성은 건물의 외부 방향으로만 포가 짜여지고 있는데, 창방과 十자 방향으로 직교되게 기둥 상부에서 빠져나온 헛첨차의 윗면을 수평으로 하여 공안으로 만들고 그 외단을 1출목 소로 끝단에 맞춰 사절한 후 그 하부를 연화문형으로 조각을 하였다.

그리고 굽받침이 없이 사절된 빗굽으로 된 주두의 운두 부분과 엇물려서 빠져나온 제1살미에는 수서형의

[그림 180] 대성전 공포

[그림 181] 대성전 공포 내부 보아지

쇠서이긴 하나 익공뿌리처럼 휘어짐이 약해진 외단에 행공첨차가 결구된 상부에 다시 1출목 소로를 놓고 퇴량에 결구된 외목도리와 장혀를 받고 있다. 또한 건물의 내부로는 헛첨차와 제1살미를 한몸의 파련초각을 한 보아지로 처리하여 내부를 장식적으로 꾸며 주면서 한편으로는 퇴량의 단부를 구조적으로 받쳐주고 있다.

특히 퇴량의 보머리를 부석사 조사당과 같은 삼분두三分頭 형상으로 다듬었으며, 도리의 미끄럼이나 변형을 방지하기 위하여 결구된 승두蠅頭는 그 끝을 꽃잎같이 초각하여 끼워 넣었으나 일부 승두는 사절 변형된 채 결구되어 있다.

그리고 강릉 향교 대성전은 석전제釋奠祭 같은 의례나 참배을 위한 공간인 전퇴칸을 두는 소위 개방형開放形 평면(그림 182-①)으로 구획하고 있는데, 기둥의 변형을 방지하기 위하여 주간에 구조적으로 결구하고 있는 창방과 주심도리 장혀 사이에 화반을 배치하지 않고 있어서 초기적인 수법을 보여 주고 있다.

이에 반하여 주심포 양식의 후기적 성격을 갖고 있는 담양 창평향교 대성전(그림 182-②)이나 나주향교 대성전(182-③)의 창방 상부에는 화반을 배치하고 있어 독특한데, 화반은 주심포양식 보다는 익공양식의 특징 중 하나로 볼 수 있다.

① 강릉향교 대성전	② 창평향교 대성전	③ 나주향교 대성전

[그림 182] 창방 상부 화반 배치

(4) 가구

대성전의 가구는 전, 후 평주 사이에 내고주를 세우고 퇴량과 대량을 결구한 후 대량 상부에 동자주를 세워 종량을 걸고 있는 2중량 7량가의 지붕틀 가구이다.

정면 5칸으로 비교적 규모가 큰 지붕틀을 구성하고 있는데, 내고주와 굵은 대량 상부에 세워져 있는 동자

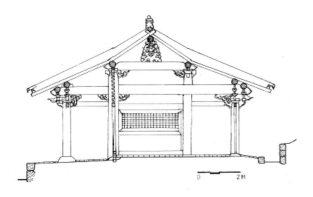

[그림 183] 대성전 지붕틀 가구

주 위에 주두를 놓고 초각을 한 보아지를 결구시켜 종량을 지지하고 있으며, 내고주에 결구되어 있는 대량과 퇴량 하단에도 초각을 한 보아지를 끼워 넣어 단부를 보강하여 주고 있다.

그리고 주심도리와 중도리 하부에 뜬장혀를 결구시켜 도리를 보강하여 주고 있으며, 주심도리와 뜬장혀 사이에는 2개씩의 소로가, 그리고 중도리와 뜬장혀 사이에는 1개씩의 소로를 각각 배치하였다. 종량 상부 중앙에는 도리방향으로 첨차형 부재가 끼워진 화려한 파련대공을 설치하여 종도리와 함께 무거운 지붕하중을 받도록 하였다.

[그림 184] 문묘 대성전 내부 가구

대성전 내부의 단청은 불교건축에서 볼 수 있는 화려함 보다는 담백하면서도 소박한 유교적인 특색을 볼 수 있는 단청을 하였고 천장은 목부재가 모두 노출되는 연등천장으로 꾸몄다.

지붕은 홑처마로 된 맞배 기와지붕을 올렸는데, 특히 지붕의 용마루 밑면에 궁궐건축에서 흔히 볼 수 있는 하얀색의 양성을 발라 놓아 독특하며, 대성전 정면 정칸 처마 밑에 "대성전" 현판이 걸려 있다.

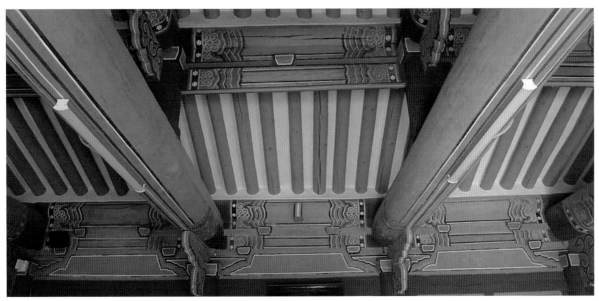

[그림 185] 문묘 대성전 정칸 상부 가구

9) 강화 정수사 법당(보물 제161호)

(1) 건립시기

[그림 186] 강화 정수사 법당 전경

정수사 법당의 건립시기에 대해서는 1957년 가을에 실시한 보수공사 당시 종도리에서 백지에 묵서墨書한 상량문이 발견된 바 있는데 이 상량문에 의하면

康熙二十八年己巳三月日 淨水寺法堂上樑入文

初一重創永樂二十一年(1423)癸卯改重創 …

二重創天順二年(1458)戊寅 …

三重創嘉靖三十一年(1552)壬子四月 …

五重創康熙六年(1667)丁未閏四月 …

六重創康熙二十八年(1689)己巳三月 …

라고 연대年代와 간지干支를 기록하고 있는데, 이 상량문은 康熙 28年(1689)에 여섯번째로 중창하였을 때의 것으로서, 정수사 법당은 영락永樂 21年인 조선 세종 5년(1423)에 중건된 이후 5회에 걸쳐서 크고 작은 수리공사가 이루어졌다.[53]

또한 정수사 법당이 중간에 와서 전면의 툇간과 내부의 우물천장을 덧붙인 시기에 관해서는 전혀 언급이 되어 있지 않지만 후세後世에 증축된 부분의 시공된 솜씨로 미루어 보아 임진壬辰 이후의 일로 5중창이나 6중창 때의 것으로 보여지며, 정확한 것은 해체 후 검토하여 판단하여야 한다고 언급[54]하고 있다.

그리고 창건 당시 사명寺名을 정수사精修寺로 썼으나 법당 옆 서쪽에서 맑은 물이 솟아나는 것을 보고 정수사淨水寺로 바꿔 쓰게 되었다고 한다.

(2) 평 면

강화도 마니산 동쪽 산기슭 중턱에 남향하여 위치하고 있는 정수사 법당은 잘 다듬은 장대석으로 3벌대로 쌓은 기단 위에 덤벙주초석과 원형 기둥을 세워 창건 당시에는 정면 3칸, 측면 3칸의 평면으로 구획된 법당이었으나 지금의 법당은 전퇴간이 증축되어 정면 3칸, 측면 4칸의 소위 개방형 평면형으로 변형되어 있다.

법당의 주불전主佛殿이 일반적으로 전퇴칸이 없는 소위 폐쇄형 평면을 주로 이루고 있는데 반하여 전퇴칸을 둔 이러한 평면의 변화는 중종 19년(1524)에 퇴량이 교체되는 중창공사를 하면서 툇칸을 추가시켜 지금과 같은 정면 3칸, 측면 4칸의 평면이 된 것으로 추정하고 있다.

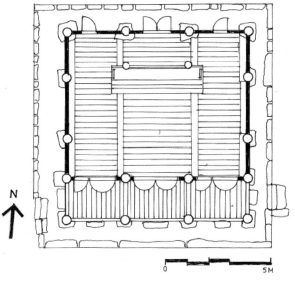

[그림 187] 법당 평면도

[그림 188] 법당 내부 불단(강화군, 문화재청, 강화 정수사 법당 수리보고서, 2004)

창건 당시의 정수사 법당 내부는 통칸通間으로 하여 우물마루를 깔고 중앙칸 배면에 2개의 기둥을 세워 그 사이에 후불벽을 만들고 불단을 조성하여 아미타불을 주불主佛로 봉안하고 있는데, 불단 상부에 화려한 다포양식의 닫집을 설치하였다.

창호는 법당과 툇칸 사이의 중앙칸에는 궁창판을 댄 4분합 꽃살 들어열개 문을 달아 연목에 달려있는 들쇠에 걸도록 하였다. 특히 4짝문 중 중앙 2짝은 활짝 핀 연꽃문양으로, 양쪽 1짝문에는 모란꽃을 화려하게 투각을 한 후 화병에 꽂아서 나온 줄기에 핀 매우 아름다운 꽃살문으로 정성을 들여서 만들고 있으며, 좌,우 협칸에는 궁창판을 댄 3분합 정자살 들어열개 문을 달아 통행하도록 하였다.

그리고 배면 중앙칸에는 쌍여닫이 정자살 문을 달았고 그 좌,우 협칸에는 외여닫이 판창을 달아 환기와 채광을 하고 있다.

주간 간격은 정면 3칸 가운데 중앙 정칸은 3.10m, 양협칸은 2.80m로 하여 정칸을 양협

[그림 189] 법당 중앙 정칸 꽃살문

칸보다 넓게 잡았으며, 측면은 정칸 2.80m, 전면 협칸 1.80m, 배면 협칸 2.10m로, 그리고 후에 달아낸 전퇴 칸은 1.85m로 구획하여 주간柱間를 각각 다르게 분할하였다.

(3) 공포

[그림 190] 법당 배면 공포

[그림 191] 법당 배면 공포 정면

정수사 법당의 공포는 전면과 배면이 다르게 구성되어 있는데, 우선 배면의 공포는 외 1출목 주심포 제2양식으로 짜여져 있으며, 외단부가 사절 연화문형으로 조각된 헛첨차가 결구되어 있어 건립당시의 건축양식을 잘 유지하고 있다. 그러나 전면 퇴칸의 공포는 2출목 삼익공 양식(그림 192)으로 구성되어 있어 후대에 증축한 것을 확인 할 수 있다.

배면의 공포 구성은 건물의 외부 방향으로만 포가 짜여지고 있는데, 창방과 十자 방향으로 직교되게 기둥 상부에서 빠져나온 헛첨차의 윗면에 수평으로 공안을 만든 끝단에 1출목 소로를 놓고 그 외단부를 쇠서로 만들지 않고 1출목 소로의 끝단에 맞춰 사절한 후 그 밑부분을 연화문형으로 조각을 하였으며, 그 형태가 길게 늘어져 있다.

그러나 헛첨차 외단면이 소로 끝단과 일치하여 사절되는 주심포 제2양식의 전형적인 수법과는 다르게 헛첨차 끝이 그 상부에 놓여져 있는 소로 끝보다 약간 앞으로 더 돌출되어 있는데, 이는 건물의 변형 때문인 것으로 보여지고 있다.

또한 주두의 운두 부분과 엇물려 빠져나온 제1살미첨차 외단부는 은해사 거조암 영산전이나 관룡사 약사

전의 공포에서와 같이 도리방향으로 행공첨차가 결구되어 이를 헛첨차가 받도록 하였다. 제1살미 외단은 아래에서 위로 휘어지는 수서형의 쇠서모양으로 처리하였는데, 그 상부면이 수평으로 되면서 그 밑면은 파련문으로 조각을 하고 있으며, 주심부에는 연화문형으로 조각된 주심 첨차를 결구하여 주심도리 장혀를 받쳐주고 있다.

건물 내부로는 헛첨차의 내단과 함께 제1살미 첨차의 내단에 당초문양의 초새김을 한 한몸의 보아지로 만들어 대량의 단부를 받쳐주고 있으며, 주두와 소로의 형상도 굽받침이 없는 빗굽으로 처리되었다

그러나 정면 3칸, 측면 3칸 평면이었던 법당 전면에 후대에 덧붙인 1칸의 퇴칸 기둥 상부에 결구되어 있는 공포는 원래의 주심포 제2양식과는 다르게 2출목 삼익공양식으로 짜여져 있다. 또한 공포의 구성도 빗굽의 사

[그림 192] 법당 전면 퇴칸 공포(2출목 삼익공양식)

절된 주두의 운두 부분과 엇물러서 창방과 ＋자 방향으로 직교하여 외부로 돌출된 초익공 상부에 1출목 소로를 놓고 도리방향으로 행공첨차가 결구되어 있는 이익공을 받고 있다. 그리고 이익공 상부에 다시 1출목 소로와 2출목 소로를 놓은 후 도리방향으로 행공첨차를 다시 결구하고 있으며, 익공뿌리는 모두 아래에서 위로 휘어지는 수서형으로 돌출되었고, 건물 내부로는 초익공과 이익공, 그리고 삼익공의 부재가 당초문의 초각을 한 양봉樑奉[55]으로 되어 퇴량의 단부를 받쳐주고 있다.

특히 행공첨차 양단에는 연줄기 위에 활짝 핀 연꽃을 조각하여 소로를 받쳐주고 있는데, 이러한 예는 1출목 삼익공양식의 논산 돈암서원 응도당 공포에서도 볼 수 있으며, 정칸 양측에 결구되어 있는 퇴량의 보머리에는 다양한 형상의 괴면鬼面 문양이 조각되어 있어서 독특하다.

(4) 가 구

전, 후 평주 사이에 원래는 대량을 걸은 후 그 상부 양측편에 중대공을 설치하여 종량을 받고 있는 2중량 7량가의 지붕틀로 짠 가구이다. 그러나 전면에 퇴간을 덧달아 내면서 8량가의 구조가 된 것으로 추정되고 있으며, 그 결과 전, 후면의 지붕이 비대칭을 이루고 있다.

또한 대량 상부 양측에는 화려하게 초각을 한 ＋자형의 중대공에 도리방향으로 양단에 소로가 놓인 연화문형의 첨차형 부재를 놓고

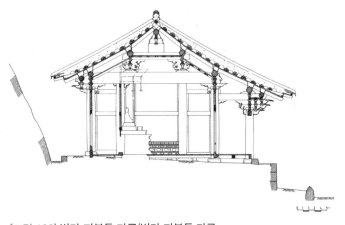

[그림 193] 법당 지붕틀 가구(법당 지붕틀 가구 (문화재연구소, 『한국의 고건축』 제6호))

종량을 받고 있는데, 이 중대공에 도리방향으로 결구되어 있는 뜬장혀와 중도리 장혀 사이에는 소로가 각각 배치되어 있다. 그리고 주심포 건축양식의 건물에서는 천장을 가설하지 않고 가구재가 모두 노출되는 연등

천장을 하는 것이 일반적이나 종량 중간에 걸쳐서 다포양식의 건물에서 많이 볼 수 있는 우물천장을 설치하고 있어 독특한데, 이는 후대에 덧붙인 것으로 보고 있다.

[그림 194] 법당 상부 우물천장과 빗천장(강화군, 문화재청, 강화 정수사 법당 수리보고서, 2004)

법당 중심부인 불단 상부 전면에는 종량 중단에 걸쳐서 소란반자틀로 된 평천장이 가설되어 있으나 법당 앞 3면으로는 중도리 장혀와 주심도리 사이에 활짝 핀 연꽃과 모란꽃을 초각한 화려한 빗천장이 불단을 감싸듯이 설치[56]되어 있는데, 4각의 반자틀 X교차점에는 아름다운 연화형의 달동자를 달아 장식을 하고 있다.

그리고 종량 상부 중앙에는 받침대 위에 3단의 판재로 화려하게 초각하여 투각한 파련대공을 설치하고 도리방향으로 첨차형 부재를 결구하여 종도리를 받쳐주고 있다. 이와같이 정성을 드려서 정교하게 장식을 하고 있는 파련대공은 우물천장이 설치되기 전 창건시기의 연등천장일 때 종량 상부에 설치되었던 대공으로 볼 수 있으며, 지금까지 주심포 건물에서 볼 수 있었던 솟을합장은 결구되지 않고 있다.

그러나 현재 종량 상부에는 솟을합장이 결구되어 있지 않지만 창건 당시에는 솟을합장이 결구되어 있었을 것으로 추정되는데, 이와같은 근거는 후대에 증축한 퇴칸에서 찾아볼 수 있다.

[그림 195] 종량 상부 파련대공(강화군, 문화재청, 강화 정수사 법당 수리보고서, 2004)

현재 퇴칸에 결구되어 있는 퇴량 4개 중 양측면에 있는 퇴량 2개의 상부 중앙 부분에 쐐기를 박았던 두 개의 작은 촉구멍과 보머리쪽에 경사진 맞춤자리가 나 있는데, 맞춤자리 밑면이 수평이 아니라 경사져 있는 것으로 보아 이 퇴량은 원래부터 퇴량으로 사용한 것이 아니고 당초에는 종량으로 사용된 부재일 가능성이 매우 높고, 종량으로 사용하였던 부재라면 종량 중앙에 있는 촉구멍에는 대공을 놓고 그 옆 경사진 맞춤자리에는 솟을합장을 결구하였을 가능성을 제기[57]하고 있다. 또한 정칸 양측에 결구되어 있는 2개의 퇴량 보머리에는 험상궂게 생긴 괴면鬼面을 조각하였으나 양측 퇴량 보머리는 운공형으로 다듬어져 있는 것도 당초에는 다른 용도로 사용되었던 부재였기 때문인 것으로 보여지고 있다.

[그림 196] 정수사 법당 측면 지붕

지붕은 겹처마 맞배 기와지붕을 올렸으며, 전면의 덧달아 낸 부분으로 인하여 지붕형태가 비대칭을 이루고 있으며, 법당 중앙 정칸에 ""대웅보전" 현판이 걸려 있다.

10) 안성객사 정청(보물 제2155호)

(1) 건립시기

안성 관아내에 건립된 전형적인 소슬삼문형의 객사건물로서, 고려 공민왕 10년(1361)에 홍건적이 침입하여 왕이 피난하는 혼란기에 안성현이 홍건적을 물리친 공로로 군郡으로 승격되면서 건립된 것으로 추정되고

[그림 197] 안성객사 전경

있지만 기록이 남아 있지 않아 확실하지 않다.

또한 안성이 고려후기부터 읍치로서 그 존재가 부각되었고 공민왕 12년(1363)에 동루東樓인 극적루克敵樓를 복원하였다는 극적루기克敵樓記와 이를 지은 양촌 권근의 글에서 조선초에 수령 정수홍이 이 누각을 지었다는 사실을 적은 권근의 기문[58]이 전해지고 있으며,『신증동국여지승람』누정조에 극적루를 소개하면서 객관 동쪽에 있다고 밝히고 있어 안성객사는 고려말에 이미 존재하고 있었을 가능성이 높다.

또한 1995년에 안성객사를 이건移建할 때 "瓦匠僧人妙案 崇禎後六十八年乙亥"라는 명문 암막새가 발견되어 승려僧侶인 묘안이 제작한 기와로 조선 숙종 21년(1695)에 다시 중수[59]된 건물로 알려지고 있다.

그러나 안성객사의 건축양식 가운데 후대에 변형된 부분이 있기는 하나 가구架構의 구성이나 굽받침이 있는 오목굽 주두와 초공 등의 형태가 고려말 또는 조선초의 건물에서 볼 수 있는 특징을 일부 가지고 있으며, 특히 안성객사의 중건重建을 위하여 해체공사 때 지붕속 적심목에서 함께 발견된 살미첨차와 화반대공 부재의 조각수법 등이 건립 당시에 사용되었던 목부재로 추정되고 있어서 건축양식상 안성객사의 창건 시기를 수덕사 대웅전과 같은 고려말 경에 건립된 객사건물로 판단되고 있다.

안성객사는 원래 안성 읍내에 있는 관아 내 동헌 서측에 건립되었으나 일제강점기인 1906년 부터 초등학교 교사로 사용되다가 1932년에 명륜여자중학교로 이건移建된 후 군 도서관으로 사용되었다. 그 후 1946년 부터는 여중 교사로 이용되어 오다가 1995년에 현재의 위치로 다시 옮겨 지었다.

(2) 배치 및 평면

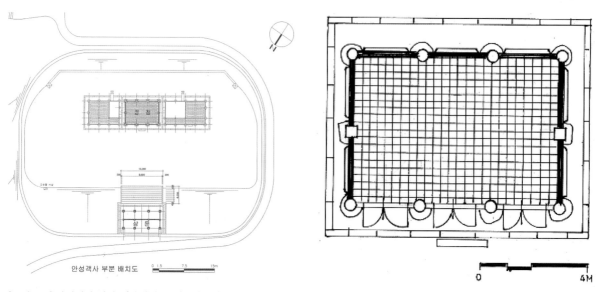

[그림 198] 안성객사 배치도(안성시, 안성객사해체, 중건공사보고서)   [그림 199] 정청 평면도

안성객사는 정면 입구에 정면 3칸, 측면 2칸에 단층 맞배 기와지붕을 올린 내삼문 주위로 한식 전통 담장을 넓게 두른 경내 중심에 북서향하여 건립되어 있다. 안성객사는 한 벌대의 장대석 기단위에 원형주좌가 조출造出된 원형초석을 놓고 정면 3칸, 측면 2칸 평면의 정청政廳을 중심으로 그 좌,우편에 대청과 온돌방을 들인 정면 4칸, 측면 3칸의 우익헌과 정면 3칸, 측면 2칸의 좌익헌을 각각 붙여 지은 소슬삼문형의 객사건물이다.

정청의 내부는 통칸으로 구획되어 있으며, 바닥은 방형의 전돌을 깔아 망궐례望闕禮를 하는 의례공간으로 사용되었다. 정청 전면과 배면에 세운 기둥들은 원형주이나 측면 중앙 기둥은 방형주로서 기둥 상부에 조각도 없이 마치 대량을 받치듯이 세워져 있고, 정청 측면과 배면 벽이 모두 화방벽으로 되어 있다.

또한 정청의 전면 3칸에는 모두 하방과 중방 사이에 쌍여닫이 살문과 살대를 달고 중방과 창방 사이에도 상단 중앙에 삼지창을 세운 2단의 홍살로 짜서 정청 내부가 모두 드려다 보이는 독특한 구조의 창호 형태로 구성되어 있다.

안성객사 정청의 주간 간격은 정면 3칸을 모두 2.63m의 등간격으로 구획한 후 측면 2칸도 2.70m로 같게 잡았다.

[그림 200] 안성객사 정청 전면

(3) 공 포

안성객사의 공포는 주심포형식으로, 헛첨차가 결구되어있는 외2출목 주심포 제2양식이다.

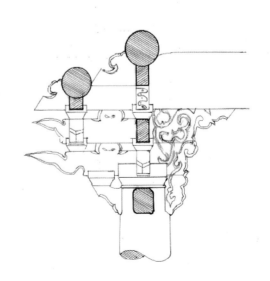

[그림 201] 정청 공포

[그림 202] 안성객사 당초 헛첨차 목부재(안성시, 안성객사 해체 중건공사보고서)

공포의 구성은 건물의 외부 방향으로 포가 짜여져 있는데, 창방과 十자 방향으로 직교되게 기둥 상단면에서 빠져 나온 헛첨차의 윗면을 수평으로 깎아 공안을 만든 후 그 끝단에 1출목 소로를 놓고 그 외단부를 쇠서로 돌출시키지 않고 소로의 끝단에 맞춰 사절시킨 후 그 밑부분을 연화문형으로 정교하게 조각하고 있다. 또한 당초 헛첨차 부재로 추정되고 있는 헛첨차(그림 202)의 외단도 사절 연화문형의 곡선 형태로 조각을 하고 내부 보아지 몸에도 당초문의 초새김을 하여 주심포 제2양식의 특성을 잘 보여주고 있다.

특히 내반된 오목굽 밑에 굽받침이 있는 주두의 운두부분과 엇물려서 외부로 빠져 나온 제1살미 외단 상부에는 2출목 소로를 놓고 그 끝을 뾰족하게 깎은 수서형의 쇠서로 돌출시키고 있다. 제1살미 상부에는 다

[그림 203] 정청 공포 내부 보아지

시 도리방향으로 양단에 소로를 놓고 마구리를 사절 연화문형으로 다듬은 행공첨차가 결구되어 있는 제2살미 첨차를 결구시키고 있는데, 그 끝단도 제1살미 외단보 다는 약간 짧은 수서형의 쇠서로 돌출시키고 있다.

그리고 정청 내부로는 헛첨차와 살미첨차가 모두 한 몸의 보아지로 되어 대량의 단부를 받쳐주고 있으며, 보아지의 양 몸에 화려한 당초문을 깊고 선명하게 초새 김을 하고 있다.

안성객사를 1995년에 이전 복원하기 위하여 해체공 사 도중 지붕 속에서 일반적인 적심목 외에 건물부재로 사용되었던 보뺄목, 보아지, 첨차, 주두, 부연, 판대공 등의 목부재가 발견되었는데, 부재의 크기나 다듬은 수

법도 일정하지 않아 여러 시대의 것이 섞여있는 것으로 추정[60]하고 있다.

그중 보뺄목이나 살미첨차, 화반대공에 사용되었던 것으로 보이는 목부재(그림 206)는 수덕사 대웅전의 목부재에 초새김되어 있는 수법(그림 205)과 매우 유사하여 안성객사가 창건될 당시에 사용되었던 살미첨 차 목부재로 추정되고 있다.

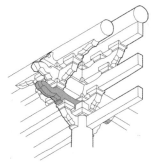

[그림 204] 제1살미첨차 위치

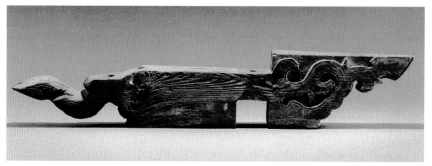

[그림 205] 수덕사 대웅전의 제1살미첨차(수덕사 근역성보관, 수덕사! 천년의 아름다움)

[그림 206] 안성객사 살미첨차 추정 목부재(안성시, 안성객사 해체 중건 공사보고서)

또한 외목도리를 받고 있는 대량의 외단 조각 모양을 수덕사 대웅전 공포 상부에서 주심도리와 외목도리를 붙잡아 주고 있는 초방草枋의 외단과 같은 형상으로 깎고 있다. 그리고 안성객사의 제1살미와 제2살미 상부 중간부분에 소로를 배치하고 있는데, 그 모양이 타원형에 두 눈을 조각한 형태(그림 201)로 다듬고 있어 특이하다. 이는 1377년인 고려말에 중건된

건물로 알려지고 있는 부석사 조사당 공포와 통일신라기의 안압지 3호 건물지에서 출토된 첨차 부재에서도 형태는 다르나 마치 주심 소로와 2출목 소로 사이에 중간 소로를 배치하고 있는 수법과 유사하여 독특하다.

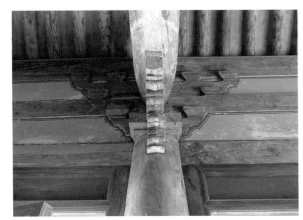

[그림 207] 수덕사 대웅전 주심첨차

[그림 208] 안성객사 정청 주심첨차

특히 창방과 주심도리 사이 포벽에는 고식의 건축에서 흔히 볼 수 있는 뜬장혀(그림 208)가 결구되어 있는데, 포벽에 소로나 장화반 등의 장식은 하지 않았으나 예산 수덕사 대웅전의 포벽과 같이 뜬장혀 사이에 양단면이 연화문형의 곡선으로 다듬은 2중의 주심첨차(그림 210)를 도리방향으로 배치하고 있어서 고식의 공포 구성 수법을 볼 수 있다.

[그림 209] 수덕사 대웅전 창방 상부 포벽

[그림 210] 안성객사 창방 상부 포벽

(4) 가 구

전,후 평주사이에 대량과 종량을 걸고 있는 2중량 7량가의 지붕틀 가구로서, 현재는 대량 상부 양쪽편에 조각이나 문양이 없이 간결한 동자기둥 만을 세워 종량을 지지하고 있다. 종량 상부 중앙에는 사다리꼴 모양의 판대공을 세워 종도리와 함께 지붕하중을 받고 있다.

그러나 해체공사 때 지붕속 여러 적심목과 함께 발견된 부재중에 화반대공에 사용되었던 것으로 보이는 대공 부재가 발견되었는데, 길이 418mm, 높이 240mm, 두께 128mm로 안성객사 정청이 처음에는 종량 상부에 판대공이 아니라 화반대공이 사용되었을 것으로 추정할 수 있는 자료중 하나[61]라고 하고 있다.

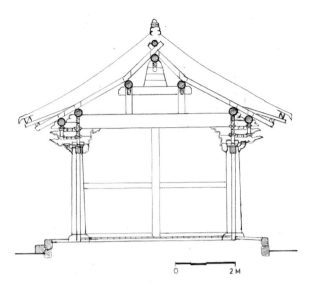

[그림 211] 정청 지붕틀 가구

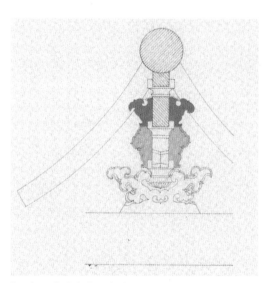

[그림 212] 화반대공의 위치

[그림 213] 수덕사 대웅전 화반대공(수덕사 근역성보관, 수덕사! 천년의 아름다움)

[그림 214] 안성객사 추정 화반대공 부재(안성시, 안성객사 해체 중건 공사보고서)

특히 수덕사 대웅전(그림 213)은 3단으로 구성된 화반형 대공과 그 양쪽편에 내반된 솟을합장을 세워 종도리와 함께 무거운 지붕하중을 받고 있는데, 종량 상부 중앙에 인동문을 화려하게 투각을 한 화반 받침대 위에 도리방향으로 양단에 소로를 놓고 뜬창방을 받쳐주는 첨차형 부재를 끼우고 있는 초공형 중간 부재 위에 다시 뜬창방을 결구하고 있다.

이를 근거로 안성객사 추정 화반대공 부재(그림 214)도 3단으로 구성되는 화반대공 가운데 중간단에 결구되었던

[그림 215] 정청 내부 가구

[그림 216] 안성객사 정청 정면 가구 및 현판

초공형 부재가 아닌가 판단되고 있다.

천장은 가구재가 모두 노출되고 있는 연등천장이며, 지붕은 조선시대 객사건물의 일반적인 지붕 형태인 소슬삼문식 지붕으로 올리고 있는데, 중앙 정청의 지붕은 맞배지붕으로, 양익헌은 팔작 기와지붕을 올렸으며, 정청 처마 밑에 안성지역의 옛 지명이었던 "백성관白城館" 현판이 걸려 있다.

특히 소슬삼문형으로 건립된 안성객사 중앙의 정청에 세워져 있는 평주 상부의 공포 구성 수법으로 보아 고려 충렬왕 34년(1308)에 건립된 수덕사 대웅전과 같은 고식수법으로 건립된 주심포 제2양식의 건물로 볼 수 있다. 그러나 안타깝게도 현재 우리나라에 몇동 남아 있지 않은 주심포 제2양식에 속하고 있는 것으로 추정되고 있는 안성객사 건물이 몇 번 옮겨 짓는 과정에서 가구 구성이나 조각수법 등에 적지 않은 변형[62]이 진행된 것으로 보여지고 있다.

그럼에도 불구하고 안성객사 정청의 건축양식에서 사절 연화문형으로 조각된 헛첨차가 결구되면서 주두의 내반된 오목굽 밑에 굽받침이 있을 뿐만 아니라 공포의 구성수법이나 살미첨차나 외목도리의 외단부 조각 수법, 뜬장혀의 결구 등 수덕사 대웅전과 성불사 극락전, 그리고 강릉 객사문 등 우리나라에 현재 몇동 남아 있지 않은 주심포 제2양식의 일부 특징을 가지고 있어서 그 건립시기도 상당히 소급遡及될 가능성이 있는 중요한 건물로 볼 수 있다.

13) 창녕 관룡사 약사전(보물 제146호)

(1) 건립시기

[그림 217] 관룡사 약사전 전경

관룡사는 창녕의 금강산이라고 불리우고 있는 관룡산 중턱에 크고 작은 자연석으로 마치 성벽을 쌓듯이 쌓은 돌담 사이에 긴 인방석을 걸쳐 놓은 상부에 작은 기와지붕을 올리고 있는 고풍스러운 석문石門과 대나무 숲이 욱어진 옛길을 지나 위치하고 있다. 관룡사의 대웅전 좌측편 앞에 위치하고 있는 약사전은 조선 초기 또는 중종 2년(1507)에 재창再創된 건물 등 여러 설[63]이 있으나 최후 중창기는 "도광원년道光元年" 으로 사각도리 옆구리에 중수기 수납홈이 있는 자리 옆 푸른 단청 아래에 희미하게 묵서로 되어 있는 이 도광道光이라는 중국 청나라 연호에 따라 조선 순조 21년(1821)에 네 번째로 다시 중수된 건물[64]로 보고 있다.

[그림 218] 관룡사 입구(석담과 대나무 숲길)

(2) 배치 및 평면

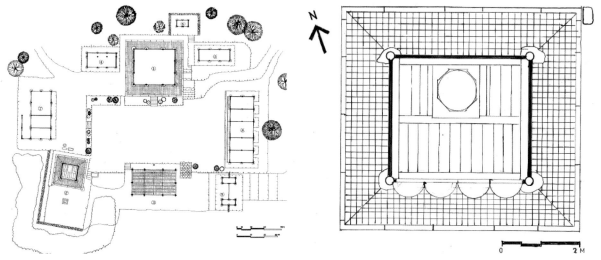

[그림 219] 관룡사 배치도(윤장섭, 한국건축사)　　　　[그림 220] 약사전 평면도

[그림 221] 약사전 내부

관룡사 대웅전 마당 좌측편 모서리에 서남향하여 건립된 약사전은 잘 다듬은 자연석을 3벌대로 쌓은 기단 위에 갑석을 놓고 덤벙주초석과 원형기둥을 세워 정면 1칸, 측면 1칸의 평면으로 구획한 작은 불전건물이다.

이와같이 정면과 측면이 각각 1칸씩으로 된 소규모의 약사전은 17세기 경에 다포양식으로 건립된 송광사 약사전(보물 제302

호)이 있는데, 불전 내부 후불벽에 아미타여래 불화 앞에 약사여래 부처님을 봉안하고 있으나 관룡사 약사전은 아름다운 매화나무가 그려진 후불벽 앞에 석조 약사여래좌상을 안치하고 있다.

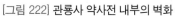

[그림 222] 관룡사 약사전 내부의 벽화

[그림 223] **약사전 배면 외부벽의 벽화**

특히 약사전 불전의 창호는 전면에 궁창판을 댄 4분합 정자살 문이 달려 있으나 나머지 내부 3면과 배면 외부면을 회벽으로 마감한 후 부처님의 일대기가 아닌 4폭의 아름다운 각종 매화도와 화조화花鳥畵가 그려져 있어 독특하다.

주간 간격은 정면 1칸은 3.60m로, 측면 1칸은 3.10m로 잡아 정면성을 강조하기 위하여 정면을 측면보다 약간 넓게 잡았다.

(3) 공 포

[그림 224] **약사전 공포**

약사전은 주심포형식으로 헛첨차가 결구되어 있는 내1출목, 외1출목의 주심포 제2양식이다.

공포의 구성은 건물의 내,외 방향으로 포가 짜여지고 있는데, 강릉 객사문과 부석사 조사당과 같이 대량 방향의 창방이 도리 방향의 창방과 직교되게 기둥 상부에서 빠져나와 헛첨차가 되고 있다.

이와같이 창방이 외부로 돌출된 헛첨차는 윗면을 활모양처럼 둥글게 깎아 내어 공안을 만들고 있으며, 그 외단부를 쇠서로 만들지 않고 1출목 소로 끝단에 맞춰 사절시킨 하부면을 전형적인 연화문형으로 다듬고 있다.

또한 주두의 운두부분과 엇물려 빠져 나온 수서형의 쇠서로 된 제1살미 외단에는 행공첨차를 결구시킨 상부에 다시 1출목 소로를 놓고 도리방향으로 외목도리 장혀를 받고 있으며, 내단에는 내1출목 소로를 놓아 대량의 단부를 받도록 하고 있다.

특히 헛첨차의 내단(그림 226)과 같이 창방의 뺄목이 헛첨차가 되므로 헛첨차의 전,후 부재가 서로 연결되고 있음을 볼 수 있는데, 이러한 형식은 문門건축인 강릉 객사문에서도 볼 수 있다.

그리고 제1살미 외단과 대량 및 종중량에 이어 붙인 홍예초방의 보머리를 모두 수서형의 쇠서 형태로 다듬었는데, 그 쇠서뿌리 밑을 헛첨차 하부와 같이 연화문형으로 다듬고 있어서 건축양식상 세부적인 부분에서 아직 고식의 수법을 유지하고 있다.

그러나 제1살미 내단의 소로 밑부분은 다포양식의 특징인 교두형으로 다듬고 있으며, 배흘림이 있는 원형기둥 위에 놓여 있는 주두와 그리고 소로의

[그림 225] **창방 뺄목이 헛첨차가 된 약사전의 귀공포**

굽 형상도 굽받침이 없는 빗굽으로 사절되고 있어서 부분적으로는 조선시대 다포계 양식의 일부 기법이 혼용混用되어 함께 사용되고 있다.

(4) 가 구

전, 후 평주 위에 대량을 걸은 후 그 양편에 초각을 한 판대공 형태의 화반을 놓아 종중량을 결구한 후 다시 종중량 상부 중앙에 방형의 판대공 화반을 놓고 종량을 걸은 3중량 7량가의 독특한 지붕틀 가구이다.

소규모 건물에 비해 가구의 짜임이 3중량으로 짜여져 있어 독특하며, 이 종중량과 종량의 양단부에 도리칸을 견고하게 붙잡아 주기 위하여 우미량 형태로 된 홍예초방을 중도리 하부의 종중량 단부에 연결해서 걸고 있다. 특히 7개의 도리 가운데 5개는 원형의 굴도리로 결구하고 있는 반면에 중도리를 방형方形의 납도리로 걸고 있는데, 이러한 예를 봉정사 극락전과 수덕사

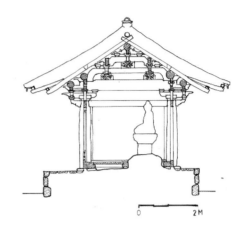

[그림 226] 약사전 지붕틀 가구

대웅전 가구의 내목도리에서도 볼 수 있다. 이러한 독특한 수법은 7개의 도리를 모두 원형의 굴도리로 걸 경우 발생될 수 있는 도리의 굴림이나 움직임을 방지하기 위한 일종의 승두蠅頭 역할을 하도록 하는 수법으로 생각되고 있으며, 종량 상부에는 3개의 소로위에 삼각형 형태의 파련대공을 설치한 후 종도리를 결구하여 지붕하중을 받도록 하고 있다.

[그림 227] 약사전 측면 가구

그리고 연등천장을 하고 있는 불전 내부 전,후면 포벽에는 주심도리 장혀 밑에 뜬장혀를 결구하여 그 사이에 소로를 배치하였고, 외부에서는 뜬장혀와 외목도리 장혀 사이에 순각판을 설치하여 포벽과 순각판 하부

[그림 228] 관룡사 "약사전" 현판

에 화려한 단청을 하고 있다.

지붕은 겹처마 맞배 기와지붕으로 올렸으며, 정면 처마 밑에 "약사전藥師殿" 현판이 걸려 있다

비록 전, 후면 한칸씩의 작은 규모의 불전건물이나 공포 및 가구의 구성에서 고식古式의 수법을 비교적 많이 가지고 있으며, 내,외 회벽면과 포벽 등에 아름다운 벽화를 그리는 등 많은 정성과 지혜가 담긴 아름다운 목조건물이다.

11) 담양 창평향교 대성전(보물 제2099호)

1) 건립시기

[그림 229] 담양 창평향교 대성전 전경

[그림 230] 창평향교 앞 은행나무

야산 중턱에 서향西向하여 전학후묘前學後廟 배치방법으로 건립된 창평향교는 조선 정종 원년(1399)에 창건되었다고 읍지에 기록되어 있으나 확실하지 않으며, 그 후 성종 10년(1479)에 현재의 위치로 이건移建한 후 숙종 15년(1689)에 다시 중수[65]된 것으로 알려지고 있다.

경내 주변으로 전통 한식 담장이 둘려져 있는데, 경사진 대지에 경내가 비교적 협소하여 대성전과 명륜당 사이에 동재와 서재가 튼ㅁ자형의 독특한 형태로 배치되어 있다. 대성전 앞 내삼문과 명륜당 사이에도 거의 공간이 없이 배치되어 있으며, 외부와 접해 있는 명륜당 앞 향교 입구에는 담양군 보호수로 지정된 약 500여년 된 은행나무 두 그루가 서 있다.

(2) 배치 및 평면

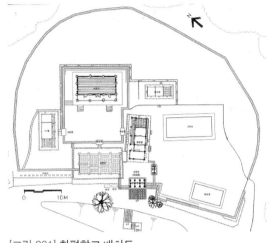

[그림 231] 창평향교 배치도

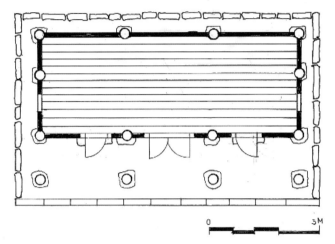

[그림 232] 대성전 평면도

대성전은 강돌로 쌓은 높은 기단위에 한 벌대의 장대석 기단석을 다시 놓고 강회다짐을 한 위에 덤벙주초석과 원형 기둥을 세워 정면 3칸, 측면 3칸으로 평면을 구획한 후에 전면 1칸을 퇴칸으로 만들어 참배나 의식을 거행하는 공간으로 만든 개방형開放形 평면을 이루고 있다.

그리고 내부를 통칸으로 하여 장마루를 깔은 후 중앙 정칸 배면에 문선왕文宣王 공자상과 위패를 중심으로 좌측편에 맹자와 증자의 위패를, 우측편에 안자와 자사의 위패를 모시고 있으며, 그 옆 좌단편에 다시 국내 성현들의 위패를 봉안하여 제향하고 있다.

창호는 전면 3칸 중 가운데인 정칸에는 나비장으로 장식을 한 쌍여닫이 판장문을 달고 양협칸에는 외여닫이 판장문을 각각 달아 출입하도록 하였으며, 건물의 양측면 중앙칸 창방 하부에 채광을 하기 위하여 작은 정자살창을 각각 달았다.

주간柱間 간격은 정면 3칸중 정칸은 4.00m로 잡고, 양협칸은 3.93m로 구획하여 정칸을 넓게 잡고 있으며, 건물의 측면 3칸도 중앙칸 3.90m, 양협칸 1.80m로 하여 역시 중앙칸을 넓게 잡고 있다.

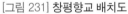

[그림 233] 창평향교 대성전 내부

(3) 공포

[그림 234] 창평향교 대성전 공포

[그림 235] 창평향교 대성전 공포(정면)

대성전은 주심포형식으로 헛첨차가 결구되고 있는 외1출목 주심포 제2양식이다.

공포의 구성은 건물 외부 전면으로만 포가 짜여졌고 내부로는 화려하게 초새김을 한 보아지로 처리하여 퇴량의 단부를 장식 및 구조적으로 받쳐주고 있는데, 도리방향으로 주두와 엇물려 그 마구리가 직절 교두형으로 된 주심첨차를 결구하여 주심도리 장혀을 받고 있다.

헛첨차는 빗굽의 주두 하부면에서 창방과 十자방향으로 직교하여 외부로 빠져 나왔으며, 헛첨차 끝단에 1출목 소로를 놓고 상부 윗면에 수평으로 공안을 만든 후 그 외단부를 소로의 끝단에 맞춰 직절直切하여 그 밑을 둥글게 교두형翹頭形으로 다듬고 있어 독특한데, 이 수법은 이제까지의 사절斜切 연화문형으로 다듬는 헛첨차의 하부 조각 수법에 큰 변화를 주고 있다.

그리고 주두의 운두 부분과 엇물려서 외부로 빠져나온 제1살미 외단에는 중앙부에 소로를 놓지 않고 도리방향으로 양단에 소로를 놓고 사절 파련문으로 다듬은 행공첨차(그림 235)가 퇴량의 보머리와 외목도리 장혀를 받고 있으며, 제1살미 외단 끝을 수서형의 쇠서로 처리한 후 그 밑부분도 파련문 형태로 다듬고 있다.

[그림 236] 빗굽 주두와 굽받침

[그림 237] 창방 상부 화반

특히 주두의 형태가 빗굽으로 다듬어져 있고 굽받침이 있는데, 이 굽받침은 여말선초麗末鮮初의 부석사 무량수전이나 수덕사 대웅전, 강릉 객사문의 주두 형태인 오목굽 밑에 굽받침을 둔 고식의 형태를 확인할 수 있어 독특하다.

그리고 창방 상부에는 활짝 핀 연꽃 양 옆으로 연봉오리가 화려하게 조각되어 있는 외소로형의 화반이 1구씩 배치되어 주심도리 장혀를 받으면서 대성전의 정면을 아름답게 꾸며주고 있는데, 이 화반은 배면 창방 상부에도 각간에 한구씩 배치되어 있다. 이와같이 주심포 양식의 창방 상부에 화반을 배치하고 있는 예는 전퇴칸을 두고 있는 개방형 평면의 강화 정수사 법당과 나주향교 대성전 등에서 볼 수 있다.

(4) 가 구

대성전의 가구는 전, 후 평주 사이에 내고 주를 세우고 대량과 퇴량을 걸고 있는 2중량 7량가의 지붕틀 가구로서, 내고주와 함께 대량 위에 포대공을 짜서 종량을 받도록 하고 있다. 그러나 내고주의 기둥 높이가 후평주 보다 너무 높아 건물의 균형이 맞지 않고 배면 쪽으로 약간 기울어져 있는 상태인데, 그 결과 내고주 상부에 결구되어 있는 중방 상부와 중도리 사이를 높은 포벽으로 처리하고 있다. 그에 반해 배면의 벽은 창방과 주심도리 사이

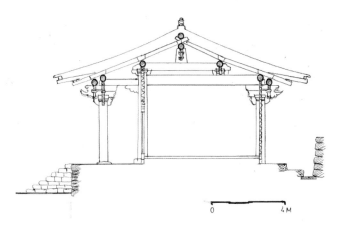

[그림 238] 대성전 지붕틀 가구

에 전면 벽과 같이 포벽을 틀지 않고 창방과 뜬장혀 사이에 화려하게 초각을 한 외소로형의 화반을 배치하고 있어 독특하며, 그리고 뜬장혀와 주심도리 장혀 사이에는 소로를 각각 배치하고 있다.

그리고 종량 상부 중앙에 도리방향으로 첨차형 부재가 결구된 파련대공을 설치하여 종도리와 함께 무거운 지붕하중을 받도록 하고 있으며, 내부 천장은 목부재가 모두 노출되는 연등천장으로 꾸몄는데, 대량과 장화반에만 화려한 금모로 단청을 하고 나머지 부재에는 모두 회색계통의 가칠단청으로 되어 있다.

지붕은 겹처마 맞배 기와지붕을 올렸는데 양측 박공면에 풍우風雨를 막기위해 풍판을 달았으며, 특히 대성전 배면과 양 측면 중앙칸에 변형을 방지하기 위하여 대각선 방향으로 X자 형태의 가새(그림 240)를 덧대고 있다.

창평향교 대성전은 조선초에 창건된 후 조선중기경에 다시 중수된 건물로써, 헛첨차가 결구되어 있고 공포의 구성에서 주두 굽밑에 굽받침이 남아 있으며, 내고주에 결구되어 있는 퇴량 하부에 끼워져 있는 보아지에 연꽃 줄기 위에 핀 연꽃 표현 등은 이 건물에 많은 정성을 드리고 있는 중요한 건물임을 알 수 있다.

[그림 239] 대성전 내부 가구

[그림 240] 대성전 회벽면의 가새

[그림 241] 전퇴칸 가구

12) 담양 창평향교 명륜당(보물 제2100호)

(1) 건립시기

[그림 242] 담양 창평향교 명륜당 전경

창평향교 명륜당은 경내 전면 한식 담장에 이어져 외부에 직접 면해 있고, 그 우측편에 향교로 진입하는 소슬삼문형의 작은 외삼문이 건립되어 있다. 자연석 석축으로 조성된 일곽의 대지에 서향하여 건립된 명륜당의 건립 시기는 조선 정종 원년(1399)에 창건된 후 성종 10년(1479)에 현재의 자리로 옮겨 지었다. 그 후 숙종 15년(1689)에 담양 현령이었던 박세웅이 중수[66]를 하였다. 그러나 명륜당 종량 상부 종도리 장혀 하단에 "檀君紀元四三三五年(2002)壬午5月21日庚午午時上樑"이라는 최근 수리 공사를 실시한 후에 쓴 상량문이 묵서墨書되어 있다.

(2) 배치 및 평면

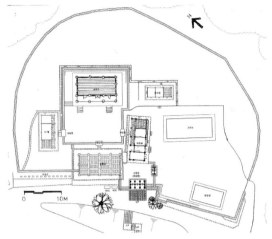

[그림 243] 창평향교 배치도

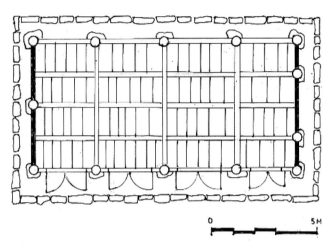

[그림 244] 명륜당 평면

야산 중턱 경사지를 정지整地하여 외부쪽으로 자연석 허튼층으로 쌓은 축대 위에 한 벌대의 자연석 기단을 놓고 덤벙주초석 위에 원형기둥을 세워 정면 4칸, 좌측면 2칸, 우측면 3칸으로 구획하고 있는 명륜당은 양측면 주칸수를 서로 다르게 잡고 있는 특징을 볼 수 있다.

특히 정면 주간을 4칸으로 잡는 경우 중앙 2칸에는 강학을 위한 대청으로 하고 좌,우 1칸에는 온돌방을 드리는 것이 일반적인 명륜당의 평면형태인데, 4칸 모두를 우물마루를 깐 대청공간으로 만들고 있으며, 또한 향교의 입구쪽인 전면 4칸에는 모두 쌍여닫이 판장문을 달았으나 대성전 앞마당 쪽으로는 문이나 벽으로 막지 않고 4칸 모두를 개방하여 마치 사찰건축의 강당건물과 같은 평면으로 만들고 있다.

명륜당의 주간柱間 간격은 정면 4칸중 중앙 2칸은 3.30m로 잡고, 좌우 협칸은 2.90m로 잡았으며, 측면의 우측 3칸은 중앙칸 2.80m, 좌, 우 협칸 1.50m로 잡았고, 좌측 2칸은 2.9m의 등간격으로 구획하였다.

(3) 공 포

[그림 245] 명륜당 공포

[그림 246] 명륜당 공포 내부 보아지

명륜당은 주심포형식으로, 헛첨차가 결구되어 있는 외1출목 주심포 제2양식이다.

공포의 구성은 전면 외부로만 포가 짜여졌고 내부로는 파련문을 초새김 한 보아지로 처리하여 대량의 단부를 받고 있는데, 도리방향으로 주두의 운두와 엇물려 그 마구리가 사절 파련문으로 된 주심첨차를 결구하여 뜬장혀를 받고 있으며, 주심도리 장혀 사이에는 소로가 끼워져 받쳐주고 있다.

헛첨차는 빗굽의 주두 하부면에서 창방과 十자 방향으로 직교하여 외부로 빠져 나왔는데, 상부 윗면을 수평으로 깎은 끝단에 1출목 소로가 놓일 곳에 첨차를 약간 올려 깎아 공안을 만든 후 그 외단부를 소로의 끝단에 맞춰 사절하여 그 밑을 파련문으로 다듬었다.

그리고 주두의 운두 부분과 엇물려서 빠져 나온 제1살미 외단부에는 도리방향으로 양단에 소로를 놓고 마구리를 사절 파련문으로 다듬은 행공첨차가 결구되어 외목도리를 지지하고 있고 또한 그 끝을 아래에서 위로 휘어 오르는 수서형의 쇠서로 돌출시킨 후 그 밑을 파련문으로 다듬어서 마치 익공뿌리와 같은 형상으로 다듬었다.

건물의 내부로는 헛첨차와 제1살미첨차가 한몸의 보아지로 처리하여 대량의 단부를 장식 및 구조적으로 받쳐주고 있다. 창방으로 결구되어 있는 주간에는 활짝 핀 화려한 연꽃이 조각되어 있는 외소로형의 화반을 배치하고 있는 대성전과 달리 전퇴칸 창방 상부에 화반을 배치하지 않고 있으며, 배면 창방 상부는 포벽으로 막음 처리하였다.

(4) 가구

전, 후 평주 위에 자연목으로 치목된 굵은 대량을 걸고 있는 2중량 7량가의 지붕틀 가구로서, 주심도리 밑에 주심첨차가 받고 있는 뜬장혀를 결구시킨 후 주심도리 장혀 사이에 2개씩의 소로를 끼워 받쳐주고 있다. 이와같은 뜬장혀는 대량 상부 양쪽편에 있는 중도리 밑에도 결구시키고 있으며, 동자주 상부에는 물익공 형태의 보아지가 끼워져 있는 주두를 놓고 종량을 지지하고 있다.

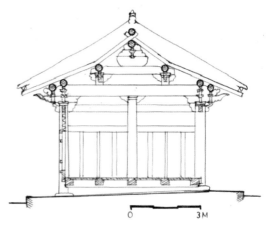

[그림 247] **명륜당 지붕틀 가구**

[그림 248] **명륜당 대청마루 상부 가구**

　그리고 종량 상부 중앙에는 뜬창방이 결구되어 있는 당초문 등이 정교하게 조각되어 있는 파련대공을 설치하여 종도리와 함께 이중도리로 무거운 지붕하중을 받도록 하고 있다.

　천장은 내부 가구재가 모두 노출되는 연등천장으로 꾸몄고, 단청을 하지 않은 백골집으로 "명륜당" 현판과 중수기, 그리고 많은 편액 등이 창방 부재에 걸려 있다. 또한 종도리 장혀 하단에 "檀君紀元四三三五년(2002)壬午五月二十一日庚午午時上樑"이라고 최근에 보수한 후 묵서墨書 한 것으로 보이는 상량문이 있으며, 지붕은 홑처마 맞배 기와지붕을 올렸다

[그림 249] **명륜당 정칸 상부 "상량문"**

14) 삼척 죽서루(보물 제213호)

(1) 건립시기

[그림 250] **삼척 죽서루 전경**

죽서루 서쪽편 앞쪽으로 태백산에서 부터 오십굽이를 굽이 치면서 유유히 흐른다는 오십천변에 깎아지른 듯한 높은 절벽 위에 자연암반을 기단 삼아서 건립한 강원지방의 대표적인 누정건축인 삼척 죽서루는 고려 명종(1171-1197) 때의 문인이었던 김극기의 죽서루에 대한 시가 남아 있어 고려 중엽 이전에 이미 초창된 누각건물로 추정된다. 그러나 그 후 훼손된 것을 조선 세종 3년(1403)에 부사 김효손이 그 옛터에 삼척객사 진주관에 딸린 누각으로 다시 중창한 이후 20여 차례에 걸쳐서 중,개수가 이루어진 누정 건물로 알려지고 있다.[67]

(2) 평 면

관동팔경 중 제1경으로 잘 알려진 죽서루는 一자형 평면으로 정면 7칸에 좌측 3칸, 우측 2칸으로 측면의 칸수가 서로 다른 것이 특징이다.

이와 같이, 좌, 우 칸수가 맞지 않고 있는 원인으로 죽서루가 불규칙한 자연 암반 위에 건립되었기 때문에 기둥 열을 맞추기가 어려웠을 것이라는 의견과 원래는 죽서루가 정면 5칸이었으나 후에 좌,우편에 1칸씩 증축되고, 지붕도 맞배지붕이었으나 팔작지붕으로 변형된 것으로 판단[68]하는 의견도 있으나 진경眞景 시대에 산수화를 완성시킨 겸재 정선(1676-1759)의 죽서루도에서도 누하주 위에 정면 7칸의 팔작지붕 형태로 그려져 있어서 그 이전에도 이미 지금과 같은 모습이었던 것으로 볼 수 있다. 또한 지금의 죽서루는 별도의 기단을 조성하지 않은 채 천연 암반 위에 기둥을 그랭이질 하여 세우거나 암반이 없는 곳에는 덤벙주초석을 놓았다. 그리고 주초석 위에 굵은 원형의 누하주를 세워 마치 중층건물 같은 외관을 만든 후 장귀틀과 동귀틀로 귀틀을 짜고 내부를 통칸의 넓은 우물마루로 깔아 상춘관람常春觀覽의 공간으로 만들었다.

죽서루의 누마루 출입은 후에 덧붙인 것으로 알려진 좌측면의 중앙 정칸을 이

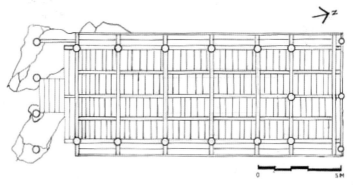

[그림 251] 죽서루 평면도

[그림 252] 겸재 정선의 삼척 죽서루도
(문화재청, 『삼척 죽서루 정밀실측조사보고서』)

[그림 253] 자연 암반 위에 세운 죽서루 누하주

용하고 있다.

그리고 누마루 전, 후면에는 기둥밖으로 난간하엽 위에 돌란대를 걸고 계자각 사이에 풍혈을 조각한 청판이 있는 계자난간을 돌려 한층 더 고풍스러운 누정건물의 분위기를 연출하고 있으며, 우측면 쪽에는 간단한 평난간을 세웠으나 좌측면에는 통행을 위하여 중앙 정칸에는 난간을 설치하지 않았다.

[그림 254] 죽서루 측면(남측) 진입로 입구

[그림 255] 대청마루에서 본 오십천

[그림 256] 죽서루 내부 대청마루

창호는 오십천변五十川邊을 따라 펼쳐지는 아름다운 풍광을 보면서 즐길 수 있도록 기둥 사이를 모두 개방하였는데, 이곳을 찾는 많은 관광객들의 휴식처로 이용하고 있다.

주간 간격은 정면 7칸중 중앙 3칸은 2.80m의 등간격으로 잡았으나 좌측 2칸은 2.50m씩, 우측 2칸은 2.00m와 3.00m로 다르게 잡았고, 측면 주간 간격은 좌측 3칸은 2.15m의 등간격으로, 우측 2칸은 3.22m씩 같게 구획하였다.

(3) 공 포

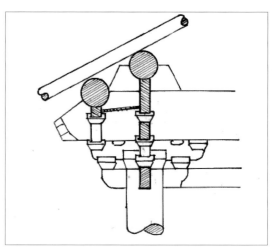

[그림 257] 죽서루 서측 공포(주심포식)

공포는 주심포형식으로, 외단부가 조선시대 다포양식의 특징인 교두형翹頭形으로 깎여져 있는 헛첨차가 결구되어 있는 내,외 2출목 주심포 제2양식이다.

공포의 구성은 건물 내,외 방향으로 포가 짜여지고 있는데, 외부로는 창방과 十자 방향으로 직교되게 기둥 상부에서 빠져나온 헛첨차의 상면에 1출목 소로를 놓아 공안을 만든 후 제1살미를 받쳐주고 있는데, 살미첨차 외단을 쇠서牛舌로 돌출시키지 않고 교두형(그림 257)으로 다듬고 있어서 독특하다. 그리고 사절 빗굽으로 된 주두의 운두부분과 엇물려서 돌출된 제1살미 외단에 2출목 소로를 놓아 도리방향으로 양단에 소로를 놓고 사절 교두형으로 된 외목도리를 받쳐주고 있는 행공첨차를 받고 있는데, 대량 외단부에 행공첨차 폭 만큼 따 내어 결구하고 있으며, 대량의 외단도 다포양식에서 볼 수 있는 삼분두 형상으로 깎여져 있는 것이 특징이다.

또한 도리방향으로 주두의 운두와 엇물려 있는 주심첨차는 양단에 소로를 놓고 사절 교두형으로 만들어 뜬장혀를 받고 있는데, 창방 위와 뜬장혀 밑에 소로를 배치하여 마치 공포를 十자형으로 짠 형태로 보이고 있으며, 건물 내부로도 일반적인 보아지 형태가 아니고 내2출목식으로 포를 짜 대량의 내단을 구조적으로

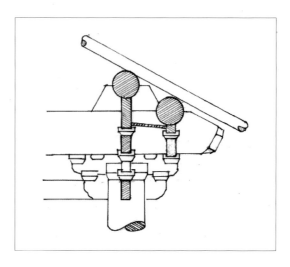

[그림 258] 죽서루 동측 공포(익공식)

받쳐주고 있다.

그러나 죽서루 동쪽인 전면쪽 공포 중 일부는 오십천쪽의 배면 공포와는 다르게 창방과 十자 방향으로 직교하여 건물의 내,외 방향으로 결구되어 있는 헛첨차형 부재가 주두의 운두 부분과 엇물려 빠져 나와 주두와 소로 사이에 있어야 할 공안이 없어 이 수법은 익공양식[69]의 공포(그림 258) 구성으로 볼 수 있다.

[그림 259] 좌단 배면 우주 공포

[그림 260] 좌단 정면 우주 공포

[그림 261] 우단 정면 우주 공포

[그림 262] 좌단 충량 공포

그리고 후대에 증축된 것으로 알려진 죽서루 우단(북측)과 좌단(남측)에 결구되어 있는 귀공포를 무출목 초익공 양식으로 볼 수 있으나 주두와 익공, 그리고 대량 등 세 부재가 함께 결구되는 일반적인 수법과는 다르게 춤이 아주 높은 장혀 부재로 주심도리를 받치도록 하고 있으며, 장혀 뺄목을 운공형 또는 청룡과 황룡 등의 장식으로 조각하고 있다.

또한 남측 3칸중 대청마루 진입로인 정칸 양측 기둥 상부(그림 262)에 결구되어 있는 충량衝樑의 보머리 형태를 초익공과 같은 수서 형태로 조각을 한 후 기둥 상부에 도리 방향으로 창방 대신 단창방短昌枋을 결구시키고 있는 등 마치 무출목 초익공 양식처럼 꾸미고 있다.

이와같이 한 건물에 여러 건축양식들이 혼용混用되어 있는 것은 중건된 이후 여러번에 걸쳐서 중수 또는 개수되는 과정에서 온 결과로 보여지고 있다.

(4) 가 구

죽서루의 정면 7칸 가운데 중앙 5칸은 전,후 평주 사이에 대량과 종량을 걸고 있는 2중량 7량가의 지붕틀 가구이다.

하부를 둥글게 다듬은 굵은 대량 위에 빗굽의 주두를 놓고 도리방향으로 뜬장혀를 걸은 후 그 상부에 十자 방향으로 2단의 포대공을 짠 후 종량을 걸었다. 종량 상부 중앙에는 화반형의 받침이 있는 파련대공을 설치하여 종도리와 함께 무거운 지붕하중을 받도록 하였는데, 특히 종량 상부 양쪽에 걸고 있는 중도리가 구르거나 움직이지 않도록 받쳐주는 승두 옆에 솟을합장을 세웠던 것으로 보이는 홈이 있어[70] 당초

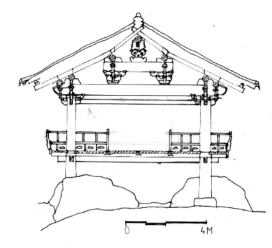

[그림 263] 죽서루 지붕틀 가구

에는 파련대공 양쪽편으로 솟을합장이 있었던 것으로 추정되고 있으며, 중도리 밑에 뜬장혀를 걸고 중도리 장혀 사이에 소로를 배치하고 있다.

[그림 264] 죽서루 내부 가구

[그림 265] 죽서루 우단칸 가구

그리고 후대에 증축된 북측 우단칸의 가구는 주간柱間에 창방昌枋을 결구하지 않은 채 대들보 위에 충량만을 걸쳐 댄 후 팔작지붕에서 생기는 합각밑 부분을 소란반자틀로 짠 눈섭천장을 가설架設하여 가구재를 은폐하고 있다.

[그림 266] 대청 누마루 입구 "죽서루竹西樓" 현판

지붕은 겹처마 팔작 기와지붕을 올리고 있으며, 건물 정면에 죽서루竹西樓와 관동제일루關東第一樓를 비롯하여 건물 내부에도 "해선유히지소", 중수기重修記 등의 많은 편액들이 함께 걸려 있어 죽서루 주변에 펼쳐지는 자연 풍광과 함께 고풍스러운 옛 정취를 한층 더 느끼도록 하고 있다.

15) 나주향교 대성전(보물 제394호)

(1) 건립시기

[그림 267] 나주향교 대성전 전경

나주향교는 나주시를 지키는 진산鎭山인 금성산의 한 자락인 장원봉 앞 넓은 평지에 전묘후학前廟後學의 배치형식으로 건립되었다. 고려 성종 6년(987)에 전국을 12개 목牧으로 나눈 후 각 목牧에 향교를 설치할 때 창건되었으며, 대성전은 조선 태조 7년(1398)에 다시 중건된 것으로 알려지고 있으나 그후 여러번의 중건과 중수를 거쳐 현재에 이르고 있다. 그러나 건축양식상으로는 조선 중기경[71]에 다시 개건改建된 건물로 추정하고 있다.

특히 임진년 병화兵火로 소실된 서울 문묘를 다시 중건할 때 나주향교 건물 배치를 참고하여 건립하였다고 전해지고 있으며, 나주향교 대성전 벽에 사용된 흙도 공자의 고향인 중국에서 직접 가져 온 것이라 하고 있다.

(2) 배치 및 평면

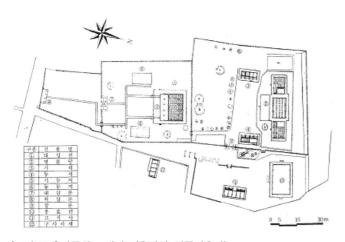

[그림 268] 나주향교 배치도(윤장섭, 한국건축사)

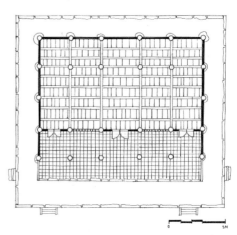

[그림 269] 대성전 평면도

넓은 평지에 건설된 나주향교는 서울 문묘와 같이 대성전이 전면에 놓이는 전묘후학前廟後學 배치형식[72]으로 동남향하여 건립되었는데, 입구에 소슬삼문형의 외삼문과 평삼문형의 내삼문 등 2개의 문을 거쳐 대성전에 이르도록 되어 있는 비교적 규모가 큰 조선시대 대표적인 교육기관이다.

또한 대성전 배면에 한식 전통 담장을 두른 일곽 내에 유생들의 강학講學공간이었던 소슬삼문형의 명륜당이 배치되어 있는데, 정면 3칸, 측면 3칸의 정당 좌,우편에 정면 3칸, 측면 2칸씩의 동,서 익사를 붙여 지었으며, 그 전면 좌,우편으로 동,서양재를 대칭적으로 배치하고 있어서 나주향교의 전체적인 배치는 서울 성균관의 문묘 배치 수법과 같은 형식을 따르고 있다.

특히 제향공간祭享空間의 중심을 이루고 있는 대성전 전면에는 참배공간을 만들기 위하여 잘 다듬은 기단석을 3벌대로 쌓은 후 넓은 월대月臺를

[그림 270] 대성전 전면 월대

조성한 후 월대 양쪽편으로 소맷돌에 용신龍身을 조각한 5단의 계단을 설치하여 월대에 오르도록 하였다.

용신龍身계단 정면

용신龍身계단 측면 소맷돌

[그림 271] 월대 앞 계단석

[그림 272] 복연판 주초석

이 월대에 오르면 월대 내부쪽으로 다시 한 벌대의 장대석 기단석을 놓고 방형의 전돌을 깔은 기단 위에 주좌柱座 연변緣邊으로 돌아가면서 복연판이 조각된 연화문 초석을 혼용하여 놓여져 있다. 이러한 초석 상부에 원형기둥을 세워 정면 5칸, 측면 4칸의 평면으로 구획한 후 정면 1칸통을 전퇴칸으로 만든 개방형 평면으로 만들었다.

그리고 대성전의 내부는 우물마루를 깔은 넓은 통칸으로 한 후 중앙 정칸 배면에 문선왕文宣王의 공자상를 중심으로 그 앞쪽으로 안자, 증자, 자사, 그리고 맹자 등의 四聖과 송조宋朝 4賢, 우리나라 18賢의 위패를 안치하여 제향하고 있다.

창호는 중앙 정칸과 양단칸에 쌍여닫이 판장문을 달아 출입하도록 하였으나 양협칸에는 벽 상부에 채광을 위한 살창을 각각 달고 있다.

[그림 273] 대성전 내부 공자상

주간 간격은 정면 5칸중 중앙 정칸을 3.50m, 양협칸과 양퇴칸을 2.85m로 구획하였고, 측면 4칸은 중앙 2칸은 2.80m, 양퇴칸은 2.50m로 같게 잡았다.

(3) 공 포

[그림 274] 대성전 공포

[그림 275] 대성전 공포 내부 보아지

공포는 주심포형식으로, 헛첨차가 결구되고 있는 외1출목 주심포 제2양식이다.

공포의 구성은 건물의 외부 방향으로만 포가 짜여졌고, 창방과 직교되게 기둥 상단에서 빠져나온 헛첨차의 윗면을 수평으로 깎아 공안을 만든 끝단에 1출목 소로를 놓고 그 외단부를 쇠서로 돌출시키지 않고 사절시킨 후 그 밑부분을 파련문형으로 다듬고 있다.

이와같이 헛첨차 외단부를 사절 연화문형(그림 276-①)으로 다듬지 않고 사절 파련문형(그림 276-②)으로 다듬는 수법은 지금까지 주심포 양식의 헛첨차 조각彫刻 형상에서 볼 수 없었던 큰 변화로서, 주심포 제2양식에서 주심포 제3양식으로 변천해 가는 하나의 과도기적 현상으로 볼 수 있다.

주심포 제2양식	주심포 제2양식
사절 연화문형 조각	사절 파련문형 조각 - 과도기양식
① 수덕사 대웅전 공포	② 나주향교 대성전 공포

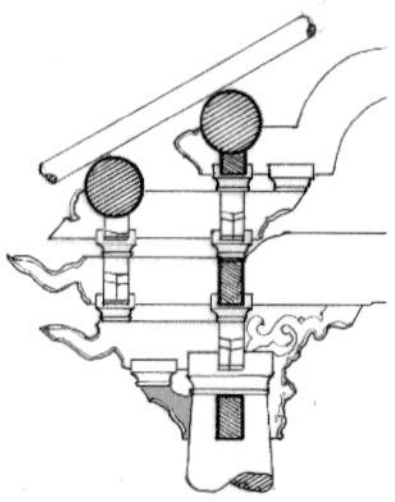

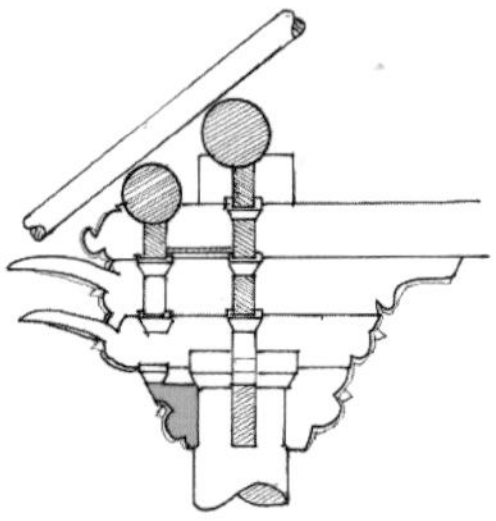

[그림 276] 헛첨차 하부면 형상 및 조각 변화

또한 주두 상부와 엇물려 외부로 빠져나온 제1살미 외단에 1출목 소로를 놓고 그 끝은 수서형의 쇠서로 만들었으며, 제2살미 첨차 외단도 제1살미 외단과 같은 형태인 수서형의 쇠서로 돌출되고 있는데, 수덕사 대웅전의 공포에 결구된 쇠서뿌리처럼 짧고 강건한 형태에서 변화되어 아래에서 위로 길게 휘어지면서 돌출되고 있는 익공뿌리처럼 변해가고 있다.

그리고 주두의 운두부분과 엇물려서 빠져나온 제1살미 내부로는 초새김을 한 보아지로 처리하여 퇴량의 단부를 받고 있으며, 도리방향으로 주두와 엇물려 그 마구리가 사절 교두형으로 된 주심첨차를 결구하여 주심도리 장혀를 받쳐주고 있다. 보통 주심포양식의 공포 구성에서 헛첨차 위에 제1살미 첨차만을 결구하고 있는 것 과는 다르게 나주향교 대성전은 제1살미 첨차 위에 제2살미도 함께 결구하고 있는데, 그 외단에는 도리방향으로 양단에 소로를 놓고 사절 파련문형으로 된 행공첨차가 결구되어 굴도리로 된 외목도리를 받고 있다. 또 내부로는 제1살미 내단과 초각을 한 한 몸의 보아지로 처리하여 퇴량의 단부를 받쳐 주고 있으며, 주두와 소로의 형상은 굽받침이 없이 빗굽으로 처리되었다.

[그림 277] 창방 상부 외소로형 화반

대성전 전퇴칸 기둥에 결구되어 있는 창방 위에는 외소로형의 화반花盤을 각 주간에 1구씩 배치하여 주심도리 장혀를 받쳐주고 있는데, 이는 구조적 측면 이외에도 건물 정면을 아름답게 꾸며주는 장식적인 수법으로서, 헛첨차의 파련문형 초각과 쇠서 뿌리 형상 등과 함께 익공화로 변화하고 있는 과정으로도 일부 볼 수 있다.

(4) 가 구

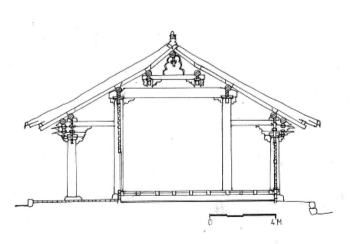

[그림 278] 대성전 지붕틀 가구

전, 후 평주 사이에 양 내고주를 세운 후 퇴량과 대량을 걸은 후 그 위에 종량을 다시 걸고 있는 2중량 9량가의 지붕틀 가구로서 그 규모가 비교적 큰 구조이다.

대성전 양 내고주 상부에 주두를 놓고 보아지를 결구시킨 대량 상부 양쪽편에 낮은 동자주를 세워 종량을 지지하고 있으며, 종량 중앙에 뜬창방이 결구되어 있는 파련대공을 설치하여 뜬창방과 종도리로 무거운 지붕하중을 받도록 하고 있다.

[그림 279] 대성전 내부 가구

모든 도리 밑에는 소로가 배치되어 있는 뜬장혀가 결구되어 있고, 천장은 내부 가구재가 모두 노출되는 연등천장으로 마감되어 있다. 지붕은 일반적으로 맞배지붕을 올리고 있는 주심포계에서 보기 드문 겹처마 팔작 기와지붕을 올리고 있어 독특하며, 건물 정칸 처마 밑에 "대성전大成殿" 현판이 걸려 있다.

[그림 280] 나주향교 "대성전" 현판

16) 전주 풍패지관(전주객사) 정청(보물 제583호)

(1) 건립시기

[그림 281] 전주 풍패지관(전주객사) 정청 전경

풍패지관豐沛之館은 조정에서 지방인 전주에 온 관리나 사신이 머물던 소슬삼문형으로 건립된 전주 객사의 중앙 정청 건물로서, 국왕을 상징하는 전패殿牌을 안치하고 매달 초하루와 보름에 대궐을 향해 예를 올리던 곳이다.

전주객사의 원래 명칭인 "풍패"란 중국 한나라를 건국했던 고조가 태어난 고향에서 유래된 지명으로 건국자의 본향本鄕을 일컫는 것인데, 전주가 조선을 건국한 태조 이성계의 본향이므로 풍패지향이라 했으며, 따라서 전주객사를 풍패지관이라 부르고 있다.

전주 풍패지관의 건립시기는 확실하지 않으나 조선 성종 4년(1473)에 전주 사고史庫를 짓고 난 후에 남은 재목으로 서익헌을 고쳐 지었다는 기록이 있어 조선 초에 창건되었을 것으로 추정된다. 그러나 현재의 건물은 1597년 정유재란으로 소실된 후 객사의 편액을 걸었던 선조 40년(1607) 경에 다시 중건된 건물[73]로 알려지고 있다.

(2) 평 면

전주객사의 정청 건물은 외벌대로 쌓은 낮은 장대석 기단 위에 원형주좌가 조출造出된 덤벙주초석을 놓고 원형기둥을 세워 정면 3칸, 측면 4칸으로 평면을 비교적 넓게 구획하였다. 정청 앞에 1칸의 툇마루를 구성한 개방형 평면형이며, 그 내부는 통간으로 하여 우물마루를 깔고 정칸 배면에 전패殿牌을 안치하여 국왕에 대한 예를 행하는 공간으로 만들었다.

창호는 전면 3칸에 궁창판을 댄 4분합 띠살문을 설치하고 그 상부 중앙에 삼지창이 있는 홍살을 각각 달았다. 그리고 양 측면의 배면 협칸에 외여닫이 판장문을 설치하였다.

주간 간격은 정면 3칸 가운데 중앙 정칸은 6.20m, 좌협칸은 5.65m, 우협칸은 5.50m로 주칸을 넓게 잡았으며, 측면 4칸은 3.10m의 등간격으로 분할하였다.

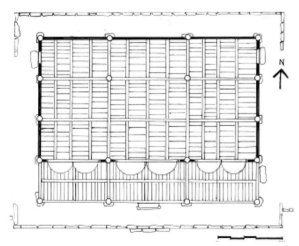

[그림 282] 정청 평면도

[그림 283] 정청 정칸 상부 창호

(3) 공 포

공포는 주심포형식으로, 헛첨차가 결구되어 있는 외1출목 주심포 제2양식이다.

공포의 구성은 건물의 외부 전면으로만 포가 짜여졌고, 창방과 직교하여 기둥상부에서 빠져 나온 헛첨차의 윗면을 활모양으로 깎아 공안을 만든 끝단에 1출목 소로를 놓고 그 외단부를 쇠서로 만들지 않고 서익헌

[그림 284] 정청 공포

[그림 285] 정청 공포 내부 보아지

의 공포와 같이 1출목 소로의 끝단에 맞춰 둥글게 다듬은 후 그 밑을 파련문형으로 조각하는 큰 변화를 보이고 있다.

　또한 빗굽으로 사절된 주두의 운두 부분과 엇물려 빠져나온 제1살미 외단에는 수서형으로 길게 휘어 오른 쇠서로 된 외단에 2출목 소로를 다시 놓고 행공첨차가 결구되어 있는 제2살미 첨차를 받고 있다. 이는 일반적으로 주심포 건축의 경우 제2살미 첨차까지만 걸고 포를 짜는 수법과는 다르게 행공첨차를 2중으로 구성한 특징을 가지고 있으며, 행공소첨 위에 행공대첨이 결구되어 있는 제3살미가 외목도리를 받쳐주고 있다. 이와같이 3개의 살미를 중첩해서 결구하고 있는 수법은 객사 정청의 건물 높이를 위계상 동, 서 익헌 보다 높이기 위한 것으로 볼 수 있으며, 제2살미와 제3살미 첨차 외단부도 제1살미 외단과 같이 수서형의 쇠서형으로 깎아 다듬고 있기는 하나 마치 익공뿌리 형상처럼 변해 있다.

주심포 제2양식	주심포 제2양식
사절 연화문형 조각	둥근 파련문형 조각 - 과도기양식
① 수덕사 대웅전 공포	② 풍패지관 정청 공포

[그림 286] 헛첨차 외단부의 조각 변화

이와같이 풍패지관의 정청에 결구되어 있는 공포의 구성이 지금까지 주심포 제2양식의 공포에서 볼 수 있었던 수법에 많은 변화를 보여주고 있다. 그 예로 수덕사 대웅전 공포(286-①)의 경우 1출목 소로의 끝단에 맞춰 헛첨차의 외단을 사절 연화문형으로 다듬고 있으나 풍패지관 정청政廳의 공포(286-②)에 결구되어 있는 헛첨차의 외단은 마치 외부로 빠져 나가려는 듯 둥글게 굴려 놓았고 그 밑부분의 조각도 복잡한 파련문형으로 변해 있다. 이는 헛첨차 외단이 쇠서로 돌출되면서 그 하부면도 파련문형으로 초각되어 있는 주심포 제3양식의 특징이 일부 나타나기 시작하고 있음을 볼 수 있다.

그리고 주심부에는 도리방향으로 주두의 운두부분과 엇물려 그 마구리가 연화문형으로 된 하단의 주심첨차를 결구하여 그 위 제2살미에 결구된 상단의 주심첨차를 다시 2중으로 받쳐주고 있으며, 건물 내부로는 화려하게 초새김을 한 보아지로 처리하여 퇴량의 단부를 받고 있다.

그리고 정청 정면의 창방에는 익공계 건물에서 흔히 볼 수 있는 파련초각 된 3단의 외소로형의 화반을 1구씩 배치한 후 그 위에 다시 뜬장혀를 결구시켜 주심도리 장혀와의 사이에 소로를 배치하여 정청 건물의 외관을 좌,우편에 있는 동,서익헌 보다 높고 장엄하게 꾸며주고 있다.

[그림 287] 정청 창방 상부 화반

(4) 가구

전, 후 평주 사이에 전면에 퇴칸을 만들기 위하여 내고주를 세운 후 퇴량과 대량을 걸고 다시 종중량과 종량을 걸고 있는 3중량 11량가의 지붕틀 구조로서, 그 규모가 우리나라에서 가장 큰 건물중 하나이다.

전면 내고주 상부와 대량 상부 우측편에 주두 위에 뜬장혀가 결구된 포대공을 놓고 종중량을 지지하고 있다. 그리고 내목도리를 걸기 위해 내고주 상부와 대량 상부 우측에 있는 포대공에서 우미량이 좌,우로 돌출되어 있으며, 종중량 상부 양쪽편에 뜬장혀와 초각된 보아지가 十자형으로 짜여진 포대공을 설치하여 종량을 지지하고 있다.

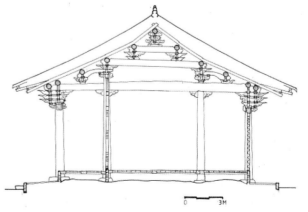

[그림 288] 전주 풍패지관(전주 객사)지붕틀 가구

[그림 289] 정청 종량 상부 파련대공

그리고 종량 상부 중앙에는 뜬창방을 결구시키고 그 좌,우로 화려하게 초각장식을 한 높은 파련대공을 설치하여 종도리와 함께 지붕하중을 받도록 하였으며, 천장은 가구재가 모두 노출되는 연등천장으로 꾸몄다.

지붕은 겹처마 맞배 기와지붕을 이루고 있으며, 정칸 처마 밑에 조선 왕조의 발원지라는 뜻이 담긴 규모가 거대한 "풍패지관豊沛之館" 현판이 걸려 있다.

[그림 290] 정청 정칸 상부 "풍패지관" 현판

이 현판은 선조 39년(1606)에 명나라 사신으로 조선에 왔던 주지번朱之蕃이 그의 스승인 송영구가 살고 있는 전주에 왔다가 선조 40년(1607)에 써 준 편액[74]이라고 한다.

17) 전주 풍패지관(전주객사) 서익헌(보물 제583호)

(1) 건립시기

소슬삼문형의 객사 건물중 서쪽편에 붙여 지어 건립된 서익헌은 조정朝廷에서 내려 온 관리들의 숙소로 사용하던 건물인데, 전주 사고史庫를 건립하고 남은 재목으로 동익헌과 같은 규모로 성종 4년(1473)에 전주 부윤 조근이 증축[75]했다는 기록이 있다. 그러나 서익헌도 객사 정청을 다시 중건한 선조 40년(1607) 경에 함께 건립된 것으로 볼 수 있으며, 동익헌은 1914년 북문에서 남문에 이르는 도로 확장공사로 인하여 철거되었다가 1999년에 다시 복원되었다.

[그림 291] 전주 풍패지관 서익헌 전경

(2) 평 면

서익헌은 외벌대로 쌓은 낮은 장대석 기단 위에 덤벙주초석을 놓고 정청 전면의 주열柱列에 맞춰 원형기둥을 세운 후 정면 5칸, 측면 3칸의 평면으로 구획하였다.

정면 5칸중 정청쪽 우측편 2칸에 전면이 틔인 마루방과 온돌방을 각각 들어 숙식을 하도록 하였으며, 온돌방 옆으로는 2칸 통칸의 넓은 우물마루의 대청공간을 만들고 전면과 측면으로 돌아가면서 한단 낮춰서 툇마루를 들었다.

창호는 온돌방 전,후면과 우측에 구성되어 있는 마루방 배면에 머름중방 위에 궁창판을 댄 쌍여닫이 띠살문을 달았다. 그리고 대청과 온돌방 사이, 온돌방과 마루방 사이에는 4분합 불발기 정자살문을 각각 달아 출입하도록 하였다.

주간 간격은 정면 5칸 중 좌단 1칸만 2.70m로 하고 나머지 4칸은 4.00m의 등간격으로 분할하였으며, 측면은 정칸 3.60m, 양협칸 2.80m로 하여 정칸을 더 넓게 잡았다.

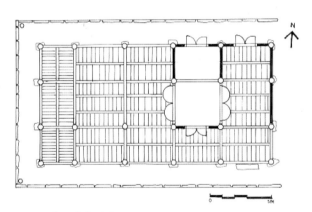

[그림 292] 서익헌 평면도

[그림 293] 서익헌 대청마루

(3) 공 포

[그림 294] 서익헌 공포

[그림 295] 서익헌 공포 내부 보아지

공포는 주심포형식으로, 헛첨차가 결구되어 있는 외1출목 주심포 제2양식이다.

공포의 구성은 건물의 외부 전면으로만 포가 짜여졌고, 헛첨차는 창방과 十자 방향으로 직교直交하여 기둥 상부에서 빠져 나와 윗면을 약간 둥글게 파내어 공안을 만든 끝단에 1출목 소로를 놓고 그 외단부를 둥글게 굴린 후 그 밑부분을 복잡한 파련문형으로 다듬고 있다.

이러한 헛첨차의 외단 형태의 변화는 지금까지 1출목 소로의 끝단에 맞추어 사절 연화문형으로 깎던 수법과는 다르게 조각됨을 알 수 있는데, 이는 전형적인 주심포 제2양식의 특징인 사절 연화문형 조각(그림 296-①)에서 사절 파련문형 조각(그림 296-②)으로, 그리고 마치 외부로 돌출하려는 듯 둥글게 앞으로 빠져 나간 후 파련문형(그림 296-③)으로 변천되고 있는 과정을 볼 수 있다.

주심포 제2양식	주심포 제2양식	주심포 제2양식
사절 연화문형 조각	사절 파련문형 조각 - 과도기양식	둥근 파련문형 조각 - 과도기양식
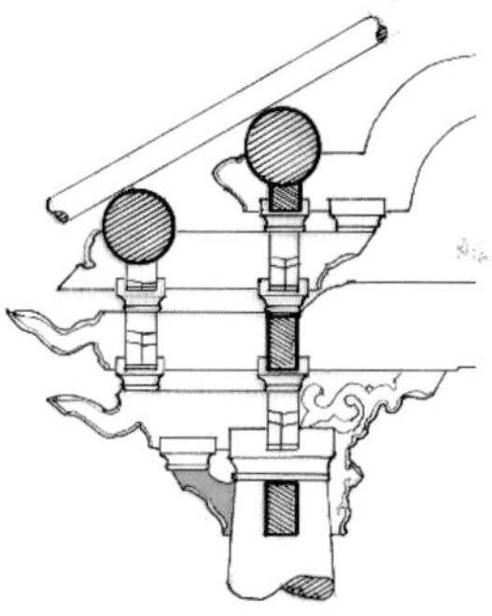 	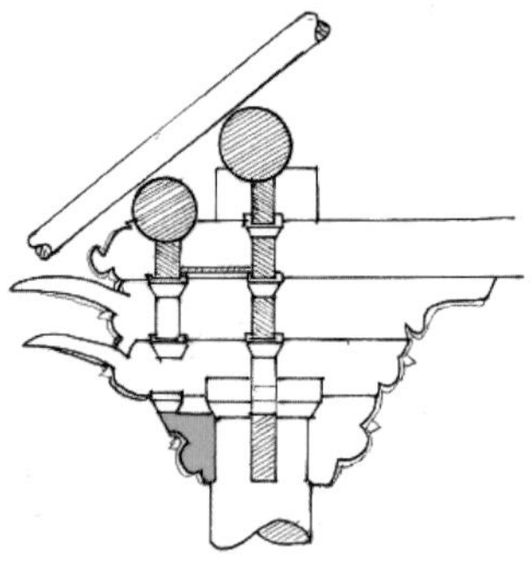	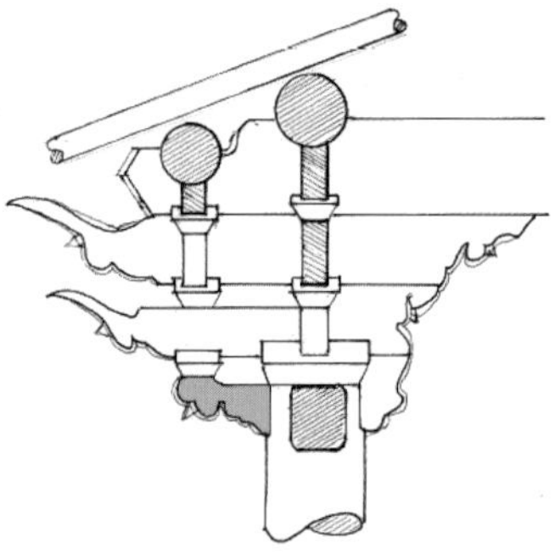
① 수덕사 대웅전 공포	② 나주향교 대성전 공포	③ 풍패지관 서익헌 공포

[그림 296] 헛첨차 외단부 조각 변천 과정

특히 풍패지관 서익헌의 헛첨차 외단면이 소로 끝단보다 둥근 파련문형(그림 297-②)의 조각형태로 더 돌출되고 있어 독특한데, 이 변화는 주심포 제2양식의 사절 연화문형(그림 297-①)에서 쇠서 형태로 빠져 나가는 주심포 제3양식으로 변천되어 가는 중요한 과도기적 과정을 보여주고 있다고 생각된다.

주심포 제2양식	주심포 제2양식
사절 연화문형 조각	둥근 파련문형 조각 -과도기양식
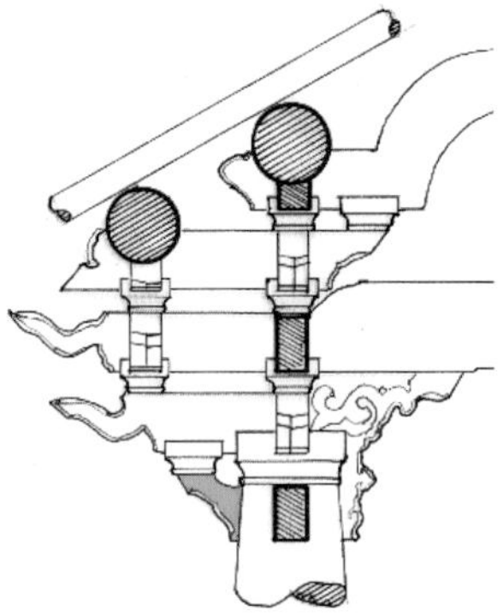 	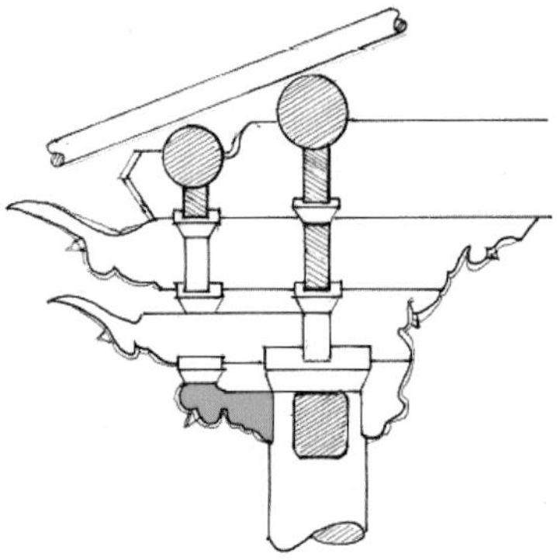
① 수덕사 대웅전 공포	② 풍패지관 서익헌 공포

[그림 297] 헛첨차 외단부 형상 변천 과정

그리고 공포에 굽받침이 없이 빗굽의 사절된 주두의 운두부분과 엇물려 외부로 빠져나온 제1살미 외단에 1출목 소로를 놓고 그 끝단을 수서형의 쇠서로 만들었고, 제2살미 외단도 제1살미 외단과 같은 모양의 쇠서로 다듬었다. 그러나 주심포 초기나 중기양식에서는 간결하면서도 강건剛健한 형태의 비교적 짧은 쇠서뿌리(그림

[그림 298] 서익헌 창방 상부 외소로형 화반

297-①)가 돌출되었으나 나주향교나 전주 풍패지관(그림 297-②)과 같은 후기양식으로 갈수록 아래에서 위로 휘어 오르는 듯이 길게 돌출되고 있는 익공뿌리와 같이 변화하고 있으며, 건물 내부로는 파련문의 초새김을 한 보아지로 처리하여 퇴량의 단부를 받고 있다.

그리고 서익헌의 창방 상부에는 주심포양식임에도 불구하고 익공계 건물에서 흔히 볼 수 있는 파련초각된 외소로형 화반을 1구씩 배치한 후 그 위에 다시 뜬장혀를 결구시킨 후 주심도리 장혀와의 사이에 소로를 배치하여 정청 건물의 외관보다는 한단 낮게 외관(그림 298)을 꾸며주고 있다.

(4) 가 구

전, 후 평주 사이에 내고주를 세우고 대량과 퇴량을 맞보형식으로 걸고 있는 2중량 7량가의 지붕틀 구조이다.

내고주 상부와 대량 상부에서 종량을 받고 있는 동자주 위에는 도리방향으로 결구되어 있는 뜬장혀와 함께 전형적인 무출목 이익공계 형식의 공포가 결구되어 종량을 받고 있으며, 종량 상부 중앙에 화려하게 초새김을 한 파련대공을 설치하여 종도리와 함께 무거운 지붕 하중을 받도록 하고 있다.

그리고 팔작지붕에서 생기는 합각지붕 밑을 은폐하기 위한 목적으로 만곡彎曲된 충량 머리를 내고주

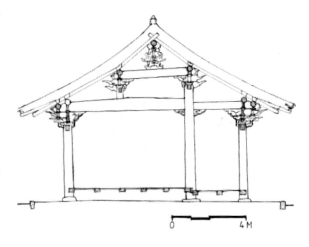

[그림 299] **서익헌 지붕틀 가구**

와 대량에 걸쳐 놓았는데, 원래는 동익헌과 같이 눈썹천장을 설치하여 가구재를 은폐시키는 것이 일반적 수법이나 서익헌의 충량 하부에는 외기반자를 하지 않고 노출시키고 있다. 그리고 길게 나간 추녀의 처짐을 방지하기 위하여 귀마루 추녀밑에 활주를 세웠으며, 지붕은 겹처마 팔작지붕이나 정청 쪽에는 맞배 기와지붕으로 처리하고 있다.

[그림 300] **서익헌 대청 상부 가구**

2-2-2. 주심포 제2양식의 정리整理

위에서 살펴 본 건물들은 평주 상부에 헛첨차가 모두 결구되면서 헛첨차 외단부가 사절斜切되어 있는 주심포 제2양식에 속하고 있는 건물들로서 다음과 같은 특징을 갖고 있다.

① 평주 상부에 헛첨차가 결구되지 않고 있는 주심포 제1양식(그림 301-①)에서 평주 상부에 헛첨차가 결구되면서 헛첨차 외단부가 사절되고 있는 주심포 제2양식(그림 301-②)의 특징을 갖고 있는 건물들이다.

주심포 제1양식	주심포 제2양식
헛첨차가 결구되지 않음	헛첨차가 결구되고 있음
① 봉정사 극락전 공포	② 수덕사 대웅전 공포

[그림 301] 평주 상부 헛첨차의 발생

② 기둥 상부에서 창방과 십자十字 방향으로 직교直交하여 외부로 빠져 나온 헛첨차는 보아지로 된 내단을 대량이 내려 누르면 창방과 주두를 지점支點으로 하여 지렛대와 같은 구조적 원리로 길게 뻗어 나온 처마를 들어 올리는 구조적인 역할을 담당하고 있는 중요한 부재로 볼 수 있다.

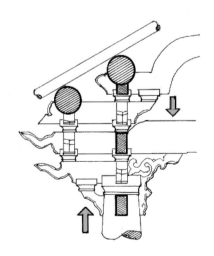

[그림 302] 헛첨차 부재의 구조적 역할

③ 창방 뺄목이 헛첨차 부재로 되고 있는 강릉 객사문과 부석사 조사당, 그리고 단칸單間 평면의 관룡사 약사전을 제외하고는 헛첨차 내단內端이 모두 제1살미 또는 제2살미 첨차와 한 몸의 보아지로 만들어 대량을 받쳐주고 있는데, 이 보아지는 대량 밑을 장식하는 중요한 역할과 함께 대량 또는 퇴량의 단부端部에서 발생하는 전단력을 지지支持하는 구조적인 역할을 함께 담당하고 있다.

[그림 303] 보아지의 역할役割

④ 주심포 제2양식인 부석사 조사당 공포에서 헛첨차와 제1살미첨차 외단外端의 경우 현재 남아 있는 목조건물 가운데에서는 유일하게 사절 2단 절선형으로 조각되면서 제1살미 첨차 상부면에 4개의 소로가 배치되어 대량과 외목도리를 받도록 하고 첨차 하부 헛첨차에는 1개의 소로를 놓아 제1살미첨차의 외단부를 받쳐주고 있다.

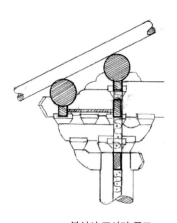

부석사 조사당 공포

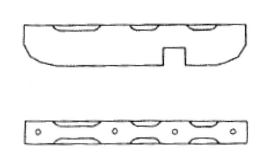

안압지 제2호 건물지 출토 첨차

[그림 304] 부석사 조사당의 첨차와 안압지 출토 첨차의 비교

그중 제1살미첨차 외단 형상은 1993년 경주 안압지 제2호 건물지에서 출토된 통일신라시대의 목조건물에 사용되었던 첨차의 양단 외단부를 직절시킨 후 그 밑면을 3단 면접기로 깎고 있으며, 또한 이 첨차 상부에는 소로가 움직이지 못하도록 촉을 꽂았던 4개의 구멍이 뚫려져 있는 것으로 보아 부석사 조사당과 같이 4개의 소로가 각각 배치되었던 것으로 보여지고 있다. 그리고 소로가 놓

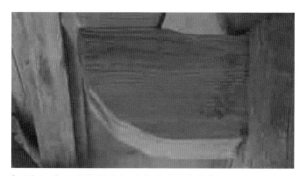

[그림 305] 조사당 헛첨차 외단 사절 2단접기

였던 자리 사이에는 공안을 각각 두었고 첨차 하부에는 1개의 소로가 있었던 것으로 보이는 엎을장 첨차로 밝히고 있어서[76] 건축 양식상 부석사 조사당과의 연관성이 서로 있는 것으로 보여지고 있다.

⑤ 주심포 제2양식의 건물에서 도갑사 해탈문이나 나주향교 대성전의 공포와 같이 헛첨차의 외단부가 1출목 소로의 끝과 일치하여 사절(그림 306-①)시키고 있는 것 과는 다르게 전주 풍패지관 서익헌 및 정청正廳에 결구되어 있는 헛첨차의 외단면이 그 상부에 놓여 있는 소로 끝보다 앞으로 둥근 모양으로 더 돌출(그림 306-②)되고 있다.

이는 소로의 끝과 일치하여 사절斜切시키던 기존의 주심포 제2양식에서 헛첨차 외단면이 쇠서모양으로 되어 외부로 길게 뻗고 있는 주심포 제3양식의 특징이 처음 나타난 것으로서, 이 형식은 15세기에서 16세기경에 주심포 제2양식에서 주심포 제3양식으로 변천되어 가는 중요한 과도기 현상으로 해석할 수 있다.

주심포 제2양식	주심포 제2양식
사절 연화문형 조각	둥근 파련문형 조각 - 과도기 양식
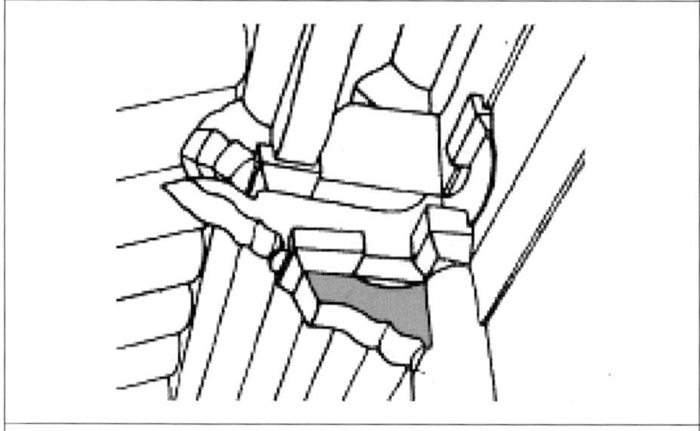	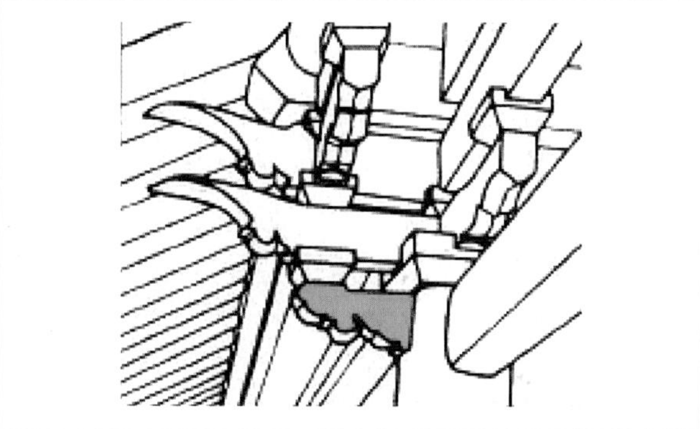
① 도갑사 해탈문 공포	② 전주 풍패지관 서익헌 공포

[그림 306] 헛첨차 외단의 형상 변천

⑥ 헛첨차 외단 하부면의 조각 변천은 주심포 제2양식인 도갑사 해탈문의 전형적인 사절斜切 연화문형 조각(그림 307-①)에서 나주향교 대성전의 사절斜切 파련문 조각(그림 307-②)을 거쳐 전주 풍패지관 서익헌 및 정청正廳의 공포에서와 같은 파련문 형상(그림 307-③)으로 조각되고 있다.

이것은 주심포 제2양식에서 공통적으로 보이는 연화문형의 조각 기법에서 복잡한 파련문 조각을 하고 있는 주심포 제3양식으로 변천되어 가는 일련의 과도기적 과정으로 볼 수 있다.

주심포 제2양식	주심포 제2양식	주심포 제2양식
사절 연화문형 조각	사절 파련문형 조각 - 과도기 양식	둥근 파련문형 조각 - 과도기 양식
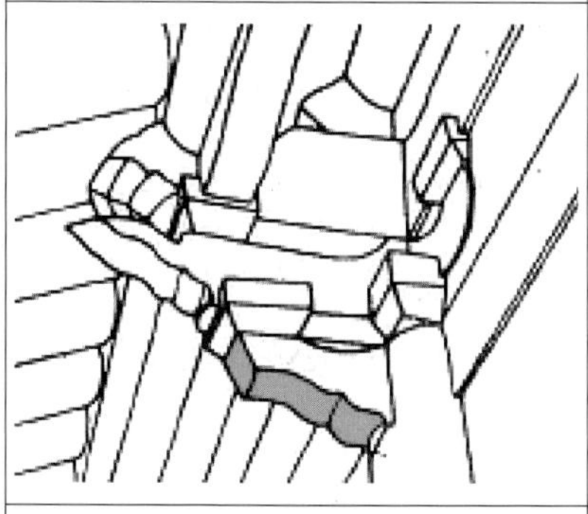	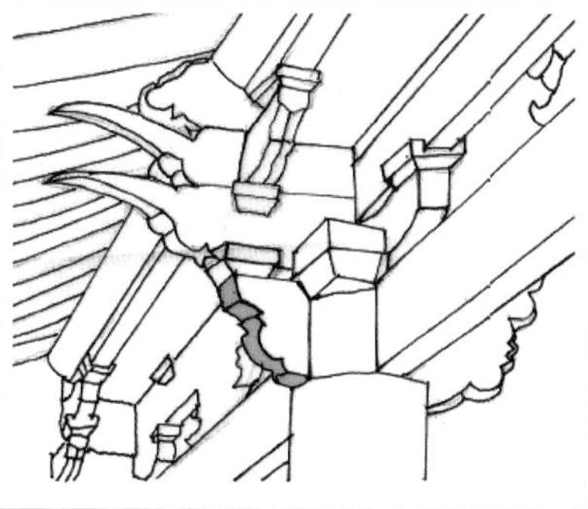	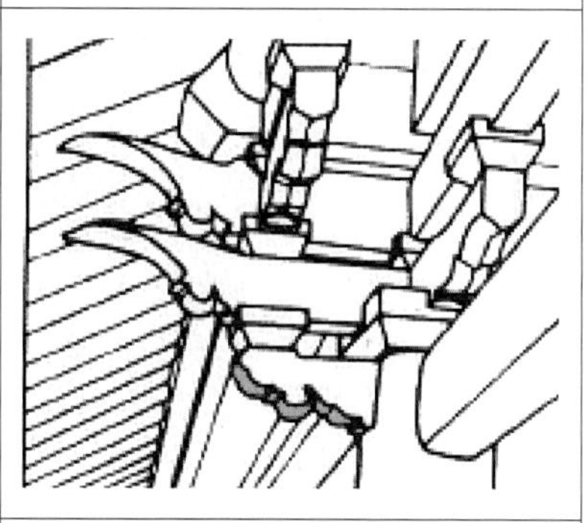
① 도갑사 해탈문 공포	② 나주향교 대성전 공포	③ 풍패지관 서익헌 공포

[그림 307] 헛첨차 외단 하부면의 조각변화

미주

24 修德寺槿域聖寶館,『수덕사! 천년의 아름다움』, 2008, p12

25 주24) 修德寺槿域聖寶館 앞의 책, p.13
    1937년~1940년에 실시한 중수 공사시 화반과 장혀 하단부 등에 "至大元年戊申四月十三日" 이라고 묵서된 상량문의 발견으로 元나라의 지대(支大) 원년에 해당하는 고려 충렬왕 34년(1308)에 건립되었음이 밝혀져 현재 우리나라에 남아있는 목조건축 중 건립연대를 알 수 있는 최고의 건물로서, 상량문이 남아 있지 않은 건물의 건립시기를 추정하는 중요한 건축 양식적 기준이 되고 있다.

26 韓國文化財保存技術振興協會,『韓國文化財保存考』, 日政期資料集成 Ⅰ, pp. 122~130

27 德崇叢林,『修德寺, 修德寺重修記』, 2002, p.188~191

28 杉山信三,「修德寺 大雄殿 등에 보이는 一形式에 대하여」,『韓國文化財保存攷』(日政期資料集成 1), 韓國文化財保存技術振興協會, 1992.12, pp. 122~130

29 황금비는 선(線)을 긴 부분과 짧은 부분으로 나눌 때 긴 부분과 짧은 부분의 비(比)가 긴 부분과 전체의 비와 같도록 하는 비(比)로서, 보통 가로와 세로의 비가 1 : 1.618을 이룰 때 가장 아름 답다는 비(比)로서, 옛부터 건축이나 조각, 회화, 공예 분야 등에서 널리 활용되고 있는 비례이다.

30 鄭寅國,『韓國建築樣式論』, 1974, p.237
    尹張燮,『韓國建築史』東明社, 1975, p286

31 국립문화재연구소,『北韓文化財解說集 Ⅱ 寺刹建築篇』, 1998, pp.35~43

32 주31) 국립문화재연구소 앞의 책, pp.36~43
    이기준,『북한의 문화재와 문화유적 Ⅳ』고려편, 서울대학교 출판부, 2000, pp. 34~35

33 건립시기에 대해서 關野 貞은 조선초로 보았으나 주30) 鄭寅國 앞의 책과 문화재관리국,『문화재대관』국보편에서는 고려말로 보고 있다.

34 전통 목조건축에서 기둥 굵기가 아래 위가 같을 경우 중간 부분이 가늘게 보이는 시각 착각을 교정하기 위한 수단으로 고식(古式)으로 갈수록 기둥 중간을 아래 위보다 굵게 하는 흘림을 두고 있는데, 기둥뿌리부터 기둥머리까지 곡(曲)을 주지 않고 직선적으로 가늘게 하는 민흘림 기둥과 곡(曲)을 주는 배흘림 기둥으로 크게 나누고 있다. 또한 배흘림 기둥에는 부석사 무량수전 배면의 기둥과 같이 중간이 굵고 기둥뿌리와 머리부분이 가늘게 하는 수법인 배흘림기둥과 강릉 객사문과 같이 기둥뿌리부터 기둥머리로 갈수록 곡(曲)을 주면서 가늘게 하는 방식인 중배흘림 기둥으로 나눌 수 있으나 일반적으로는 이 두 형식 모두 배흘림 기둥으로 보고 있다.

35 문화재청,『강릉객사문 실측수리보고서』, 2004. 에 의하면 2000년~2004년에 실시된 해체공사에서 객사문의 분야별 분석과 연구를 통한 목가구의 원형을 찾아 창방의 단면 폭을 키워 기둥에 사개맞춤을 하고 중도리와 종도리의 하부구조를 2중 장혀로 바꾸어 단연과 장연을 걸었으며, 화반대공과 솟을합장을 설치하였다고 한다.

36 주30) 鄭寅國 앞의 책에서는 조선초로, 주30) 尹張燮 앞의 책에서는 고려말로 보았으나『韓國의 古建築』第5號에 의하면 1970년 해체 보수시 나온 상량문에 의거하여 고려 우왕 원년(1375)에 건립된 건물로 보고 있다.

37 문화재청,『은해사 거조암 영산전 정밀실측조사보고서』, 2004, pp. 59~60

38 문화재청,『개목사 원통전 정밀실측조사보고서』, 2007, p. 117에서 시각적으로도 배면 귀기둥이 상당히 처져 있음을 확인할 수 있다. 하고 있다.

39 일제 강점기에 실시된 수리공사에서 발견된 장혀 상단 묵서명을 근거로 주30) 尹張燮 앞의 책 p.293에서 고려 우왕 3년 (1377)에 건축된 건물로 보고 있으나 주30) 鄭寅國 앞의 책 pp.248~251에서는 이 건물이 갖고 있는 건축양식상의 특성과 도리 하단부의 중수기 묵서 등의 근거를 종합하여 성종 21년(1490)에 중건된 건물로 판단하고 있다.

40 문화재청, 『부석사 조사당 수리·실측조사보고서』, 2005, p.63

41 주30) 尹張燮의 앞의 책, p.295

42 문화공보부 문화재관리국, 『안압지발굴조사보고서』, 1978, p.250

43 주31) 국립문화재연구소 앞의 책, 1998, pp.75~76

44 杉山信三, 「高麗末朝鮮初의 木造建築에 관한 硏究」, 『考古美術 第3輯』 考古美術同人會, 1963, p.272

45 창방 위에 평방 없이 주간에 공포를 배치하고 있는 예를 청양 장곡사 상대웅전에서도 볼 수 있으며, 그 반면에 홍성 고산사 대웅전은 주심포양식이면서 다포양식의 특징인 창방위에 평방을 덧대고 있는 건물로서, 이 평방 때문에 헛첨차를 결구할 수 없는 구조로 공포가 짜여져 있다.

46 주30) 尹張燮 앞의 책, p.393

47 문화재청, 『도갑사 해탈문 실측조사보고서』, 2005, p.59

48 주44) 杉山信三 앞의 책, p.272

49 尹武炳, 「道岬寺 解脫門 上樑文」 韓國美術史學會, 『考古美術 上卷』, 1979, pp. 6~7
1960년 해탈문 수리시 마루도리의 중앙부에 있는 도리받침 장혀 상부에 있 는 묵서(墨書)에 "成化九年癸巳五月初七日 立柱上樑"의 기록이 발견된 바 있다.

50 문화재청, 『강릉문묘 대성전 실측조사보고서』, 2000, pp. 79~83

51 문화재관리국, 『문화재대관』, 보물편, 1968, p.138

52 조원섭, 이달훈, 「지형에 따른 향교건축의 배치 위계 연구」, 한국교육시설학회, 제10권제5호(통권40호), 2003, 9에서 전학후묘(前學後廟) 배치는 경사진 대지에 지형적으로 낮은 곳에서부터 높은 곳으로 명륜당과 대성전을 배치하여 위계를 형성하는 형식으로, 수직적인 유교의 높고 낮음을 나타내는 고상저하(高上底下)에 의한 위계를 나타내는 배치로 보고 있다.

53 윤무병, 「정수사법당 상량문」, 『고고미술 제1호~제100호 합집』 상권, 한국미술사학회 1979, pp.112~113

54 강화군, 문화재청 『강화 정수사 법당수리보고서』, 2004, pp.76에서 2003년도에 정수사 법당을 해체하면서 조사한 연륜연대에 의하면 상량문에서 기록한 2중창(1458년)과 3중창(1553 년) 사이인 조선 중종 19년(1524)에 중창공사를 하면서 정면 퇴칸을 달아내고 퇴량이 교체되는 중창공사가 있었음에 주목하면서 정칸 양측의 퇴량 2개는 1524년 중건시 교체된 부재이나 동, 서 측면의 퇴량 2개는 연대가 측정되지 않았고 종량으로 사용되었던 구(舊)부재를 재 사용한 것으로 보고 있다.

55 대량이나 퇴량의 내단에서 발생하는 전단력을 보강하여 주는 구조적, 또는 장식적 목적으로 받쳐주고 있는 부재를 주심포계 건축에서는 일반적으로 보아지라 부르고 있다. 그러나 『화성성역의궤』 도설(圖說)에는 보아지라고 부르는 이 부재를 대공이나 행공, 안초공, 운공, 두공 등의 건축 부재 그림과 함께 양봉(樑奉이)이라 기록하고 있어서 익공양식에서는 양봉으로 표기하기로 하였다.

56 주54) 강화군, 문화재청 앞의 보고서, p.76에서 1524년에 중창공사를 하면서 정면 퇴칸을 달아내고 빗반자는 1585년의 4중창 때 가설된 것으로 추정하고 있다.

57 주54) 강화군, 문화재청 앞의 보고서, pp. 169~172

58 안성시, 『안성객사 해체 중건 공사보고서』, 2000, p.46

59 안성향교지편찬위원회, 『안성향교지』, 2007, pp. 1239~1245, 극적루기는 『경기문화재총람』 p.1264에서 양촌 권근이 지은 것으로 그의 문집인 『陽村先生文集』之 十三, 記類에 들어 있다. 하고 있다.

60 주58) 안성시 앞의 보고서, pp.153~158

61 주58) 안성시 앞의 보고서, p.156

62 안성객사 정청은 헛첨차가 결구되어 있는 주심포양식으로 공포 구성에서 주두의 오목굽 밑에 굽받침이 있고, 헛첨차의 하부면과 주심소첨차와 대첨차의 양단 하부면을 사절 연화문형의 곡선으로 정교하게 다듬고 있는 등 고식의 수법을 가지고 있다. 그러나 대량 상부 구조를 보면 장식이 없는 단순한 동자주를 세워 종량을 받치고 있으며, 종량 상부에도 판대공을 설치하여 종도리를 받고 있는 등의 가구형식을 볼 때 몇 번 옮기는 과정에서 일부 변형이 있는 것으로 볼 수 있다.

63 건립시기에 대해서는 건축양식 분류상 주44) 杉山信三 앞의 책 p.260에서는 疎組三形式의 三類에, 주30) 윤장섭 앞의 책에서는 조선초기로 분류한 반면, 주30) 정인국 앞의 책에서 는 주심포 전기양식으로 분류하고 있다.
문화재관리국,『한국의 고건축』, 제6호, 1984, p.110 에서는 건축양식상 1507년으로 추정하고 있다.

64 문화재청,『관룡사 약사전 실측조사보고서』, 2001, p.48

65 潭陽郡,『潭陽郡誌』(下), 2002, pp.1161~1162

66 潭陽郡 앞의 책, pp.1161~1162

67 문화재청,『삼척 죽서루 정밀실측조사보고서』, 1999, p.78

68 주67) 문화재청 앞의 보고서, p.81

69 주67) 문화재청 앞의 보고서 p.102 공포(栱包)에서도 죽서루에는 주심포와 익공의 두 가지 양식의 공포가 사용되어져 있다. 주심포는 우주를 제외한 정면(동측)과 배면(서측)의 외진주 상부에 짜여져 있고, 익공은 우주를 포함한 양측 측면 외진주 상부에 짜여져 있다. 그러므로 주심포는 정면과 배면에 각기 6틀씩 모두 12틀이 짜여져 있고, 익공은 남측면에 4틀, 북측면에 3틀, 모두 7틀이 짜여져 있는데 익공 중 4틀은 귀공포가 된다. 라고 설명하고 있다.

70 주67) 문화재청, 앞의 보고서, p.134

71 문화재청,『나주향교 대성전 수리보고서』, 2008, pp.48~52

72 주52) 조원섭, 이달훈 앞의 논문에서 평지에 대성전을 전면에 배치하고 명륜당을 배면에 일축선상으로 배치한 후 양무나 양재를 그 좌,우에 대칭되게 배치하고 있는 전묘후학(前廟後學)의 배치형식은 건축적인 위계를 나타내는 전상후하(前上後下)의 위계와 유교사상에서 앞과 먼저 것이 상위라는 유교적 질서에 의한 배치 개념으로 보고 있다.

73 문화재청,『전주객사 수리정밀실측보고서』, 2004, p.105

74 주73) 문화재청 앞의 보고서, p.105

75 주73) 문화재청 앞의 보고서, p.122

76 문화재청,『안압지 발굴조사보고서』, 1978, pp.249~258

2-3-1. 주심포 제3양식
- 평주 상부에 헛첨차가 결구되면서 헛첨차 외단부가 쇠서牛舌로 돌출되고 있는 건물군建物群

1) 순천 송광사 국사전(국보 제56호)

(1) 건립시기

[그림 308] 송광사 국사전 전경

　우리나라의 삼보三寶사찰 가운데 하나인 송광사는 많은 고승들을 배출한 승보僧寶사찰로서 부처님의 진신사리眞身舍利를 모시고 있는 불보佛寶사찰인 통도사와 팔만대장경을 소장하고 있는 법보法寶사찰인 해인사와 함께 우리나라 삼보三寶사찰로 잘 알려진 유서깊은 사찰이다.

　송광사 경내의 많은 건물들 가운데 고려시대 16국사國師 진영을 봉안하고 있는 국사전에 대한 건립시기는 정확한 기록이 없어 알 수 없으나 건축 양식상의 특징으로 보아 조선초기로 보는 견해[77]와 이보다는 약간 뒤지는 1450년 전, 후에 건립된 건물로 추정하는 설[78]이 있었다.

　1971년 해체 보수과정에서 발견된 상량문에 "皇明弘治十四年辛酉五月十三日… 改"이라는 기록으로 조선 연산군 7년(1501)에 개창하고 "皇明嘉靖三十七年戊午…重創"이라는 기록으로 명종 13년(1558)에 중창[79]한 건물로 알려지고 있다.

(2) 배치 및 평면

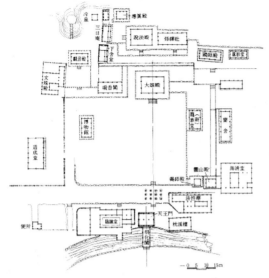

[그림 309] 송광사 배치도(윤장섭, 한국건축사)

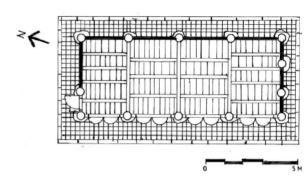

[그림 310] 국사전 평면도

국사전은 2단으로 쌓은 축대위에 다시 한 벌대의 장대석 기단을 놓은 후 그 위에 방전方塼을 깔고 덤벙주초석과 원형기둥을 세웠다. 정면은 4칸으로 구획되어 있으며, 우측 3칸, 좌측 2칸으로 측면의 칸수는 좌,우측을 각각 다르게 구성하고 있다.

그러나 창건대에는 정면이 3칸 건물이었으나 1428년에 입적한 고봉화상을 봉안하기 위해 1칸을 더 증축하는 과정에서 생긴 결과라고 알려지고 있다.

내부는 우물마루를 깔은 통칸으로 하여 우측 두번째 칸 배면에 조성한 작은 불단과 벽면을 따라 만든 간단한 보개형寶蓋形 형태의 장식을 한 벽면에 고승들의 초상화를 걸고 있다.

그리고 창호는 정면 4칸에 모두 4분합 띠살문을 달았으며, 좌측 전면칸에 외여닫이 띠살문을 달아 평소에 출입하도록 하였다. 주간 간격은 정면 4칸 가운데 우측 3칸은 2.80m의 등간격으로 잡았으나 좌단 1칸만은 2.50m로 다른 칸보다 좁게 잡았다.

또한 좌측 우측칸은 1.30m로 구획하여 정칸을 넓게 분할하였으며, 우측칸은 전면칸 1.30m, 후협칸 2.88m로 구획하였다.

[그림 311] 국사전 내부 16국사의 진영眞影
(문화재청, 송광사 실측정밀보고서(중), 2007)

(3) 공 포

국사전의 공포는 주심포형식으로, 헛첨차의 외단부가 쇠서牛舌로 돌출되고 있는 외1출목 주심포 제3양식이다.

공포의 구성은 건물 외부 전면으로만 짜여졌고, 창방과 十자 방향으로 직교되게 기둥상단에서 빠져나온

[그림 312] 국사전 공포

헛첨차의 끝단에 1출목 소로를 놓고 공안을 만든 후 그 외단부를 아래에서 위로 날카롭게 휘어 오르는 수서형의 쇠서로 돌출시키고 그 하부면을 복잡한 파련문으로 조각을 하고 있다.

공포의 이러한 외형의 변화는 그동안 주심포 제2양식의 모든 건물들이 헛첨차의 외단부를 사절시킨 후 연화문형으로 조각을 하던 종전從前의 주심포 기법(그림 313-①)에서 변화되어 쇠서형상으로 깎아 외부로 돌출시키는 새로운 양식(그림 313-②)이 발생하고 있음을 볼 수 있다. 이와같이 헛첨차

외단 형상이 길게 뻗은 쇠서모양으로 변했고 그 하부면 조각도 연화문형에서 한층 복잡하면서도 다양한 당초문의 파련문波蓮紋 형상으로 변하고 있는데, 이러한 주심포양식의 후기적 특성은 익공양식의 공포 발생에도 큰 영향을 미치고 있는 것으로 판단되고 있다.

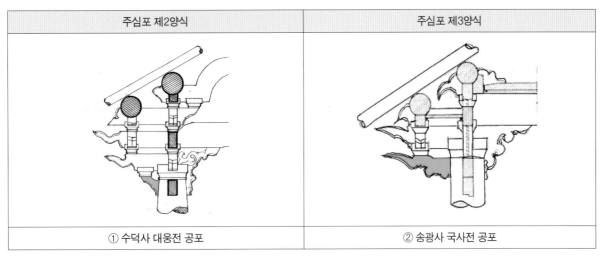

주심포 제2양식	주심포 제3양식
① 수덕사 대웅전 공포	② 송광사 국사전 공포

[그림 313] 헛첨차 외단부 형상 변천 과정

그리고 빗굽의 사절된 주두의 운두부분과 엇물려서 빠져나온 제1살미 첨차 외단에는 도리방향으로 행공첨차가 결구되어 있는데, 행공첨차 상부에 놓인 소로와 소로사이에 둥근 공안을 만든 후 양단에 사절 연화문형 곡선 조각이 남아 있고, 제1살미 첨차 외단에도 다시 1출목 소로를 놓고 헛첨차 외단과 같은 수서형태의 쇠서로 돌출시키면서 하부면의 조각을 연화문형으로 조각하여 일부 고식 수법이 남아 있는 특징이 있다.

또한 주심부에 도리방향으로 주두의 운두와 엇물려 양단에 소로가 놓이면서 그 마구리가 직절 교두형으로 된 주심첨차를 결구하여 순각판 때문에 보이지 않으나 뜬장혀를 받쳐주고 있는데, 순각판 밑면에 단청을 하고 있어 독특하다. 건물 내부로는 헛첨차와 제1살미 내단부를 복잡한 파련문으로 초각한 한몸의 보아지로 처리하여 대량의 단부를 받쳐 주고 있다.

특히 대량의 보머리와 주심도리가 밀리거나 또는 구르는 것을 방지하기 위하여 덧대는 승두蠅頭의 뺄목 형상이 고개를 숙인듯한 수서형의 특이한 형태를 이루고 있으며, 포벽에 뜬장혀를 결구하고 있는데, 뜬장혀와 외목도리 사이에 순각판으로 막음 처리하였다.

(4) 가 구

전,후 평주 사이에 장방형 단면 아래 양쪽으로 면접기를 한 대량을 걸고 있는 2중량 7량가의 지붕틀 가구로서, 대량 상부 양쪽에 간결한 포가 짜여진 동자주를 세워 종량을 지지하고 있는데, 동자주 상부 보아지와 종량 보머리 사이가 떠 있어 특이하다.

종량 상부 중앙에는 솟을합장이 없이 파련대공과 판대공 두 종류를 혼용混用하고 있는데, 종량 5개중 중앙과 양단 상부에 결구된 종량은 파련대공으로, 그 사이에 있는 2개의 종량은 판대공으로 설치하여 종도리와 함께 무거운 지붕하중을 받도록 하였다.

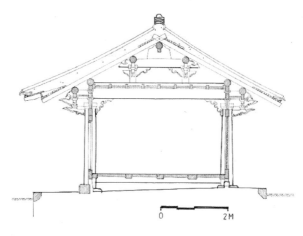

[그림 314] 국사전 지붕틀 가구

그러나 3개의 파련대공도 크기나 형상이 다르며, 2개의 판대공도 1개는 부재면에 파련문이 있으나 다른 1개에는 파련문이 없다.[80]

그리고 천장은 대량 상단부에 걸쳐서 다포계의 수법인 우물천장으로 가설하였는데, 연꽃잎을 형상화한 고식古式의 소란반자로 천장을 마감하였다.

지붕은 전면은 겹처마, 배면은 홑처마로 된 맞배 기와지붕을 올렸으며, 양쪽 박공면에 풍판을 달았고 정면 우측 두번째칸 처마 밑에 "국사전國師殿" 현판이 걸려 있다.

2) 순천 송광사 하사당(보물 제263호)

(1) 건립시기

[그림 315] 송광사 하사당 전경

송광사 경내의 승방僧房건물로 지어진 하사당의 건립시기는 그동안 국사전의 건축양식과 유사한 점이 많아 그 시기를 역시 조선초기로 추정[81]하고 있었다. 그러나 1999년 하사당 보수공사 과정에서 발견된 상량문으로 세조 7년(1461)에 건립되었으며, 또한 전면 정칸 중도리 장혀 전면에서 묵서가 확인되었는데, 조선 현종 10년(1669)에 다시 중수[82]된 이후 수차례 보수공사가 이루어진 건물이다.

특히 1968년 보수공사 때에는 하사당 건물에서 가장 특색이 있는 모습이었던 부엌 상부에 가설되었던 환기용 덧지붕을 철거하였으나 1982년에 다시 보수공사를 하면서 원래의 모습으로 복원하였다.

(2) 배치 및 평면

[그림 316] 송광사 배치도(윤장섭, 한국건축사)

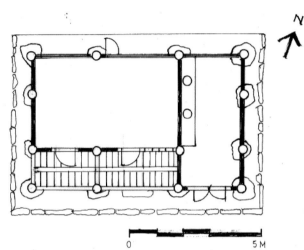
[그림 317] 하사당 평면도

대웅보전 배면에 남서향하여 건립된 하사당은 외벌대로 쌓은 자연석 기단위에 덤벙주초석과 원형기둥을 세워 정면 3칸, 측면 3칸으로 구획한 후 좌측 2칸에 반칸의 툇마루가 달린 온돌방을 만들었다.

그리고 온돌방 옆 1칸 통간에는 재래식 부엌을 들였는데, 부엌 상부 용마루의 지붕을 뚫고 그 위에 맞배기와지붕 형태의 작은 환기구를 설치하여 독특한 건물의 외관을 보여주고 있다.

창호는 온돌방과 툇마루 사이와 온돌방 배면 정칸에 외여닫이 띠살문을 각각 달았고, 부엌 입구에는 쌍여닫이 판장문을 달았으며, 정면 정칸 우측면 아래에 환기를 하기 위한 살창을 달았다.

주간 간격은 정면 3칸 가운데 정칸을 3.15m, 양협칸 2.40m로 구획하여 정칸이 넓고, 측면은 정칸 2.05m, 양협간 1.40m로 각각 분할하였다.

(3) 공 포

하사당의 공포는 주심포형식으로, 헛첨차 외단부가 쇠서로 돌출되고 있는 외1출목 주심포 제3양식이다.

공포의 구성은 건물 외부 전면으로만 포가 짜여졌는데, 창방과 직교되게 기둥 상단부에서 수평으로 길게 빠져나온 헛첨차의 윗면에 소로가 놓이는 곳을 약간 올려 공안을 만든 후 그 외단부를 아래에서 위로 휘어오르는 짧은 수서형의 쇠서로 돌출시키고 그 하부면을 복잡한 파련문으로 다듬었다.

그리고 빗굽의 사절된 주두의 운두부분과 엇물려서 빠져나온 제1살미 외단에는 양단에 소로가 놓인 끝단

[그림 318] 하사당 공포

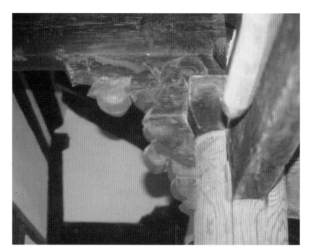

[그림 319] 하사당 공포 내부 보아지

에 맞춰 사절 연화문형으로 조각한 행공첨차가 도리방향으로 결구되어 퇴량과 함께 짜여진 외목도리를 받고 있는데, 그 끝단에 1출목 소로를 다시 놓고 헛첨차 외단과 같은 형태인 수서형의 짧은 쇠서로 돌출시키고 있다.

또한 주심부에 도리방향으로 주두와 엇물려 그 마구리가 연화문형으로 된 주심첨차를 결구하여 뜬장혀를 받쳐주고 있으며, 건물 내부로는 헛첨차와 제1살미 내단부를 파련문의 조각을 한 한몸의 보아지로 처리하여 퇴량의 단부를 받쳐주고 있다.

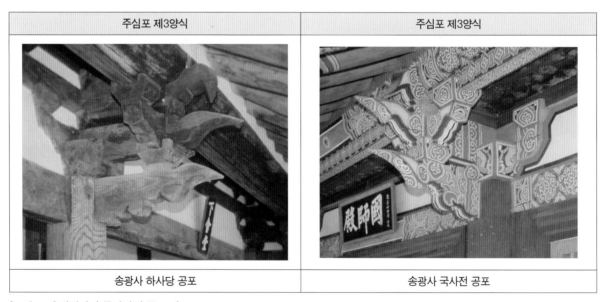

주심포 제3양식	주심포 제3양식
송광사 하사당 공포	송광사 국사전 공포

[그림 320] 하사당과 국사전의 공포 비교

이와같이 하사당의 공포구성에서 헛첨차와 제1살미 외단부가 수서형의 쇠서 밑부분에 복잡한 파련문을 하고 있어서 전체적으로는 같은 경내에 있는 국사전의 공포 구성 수법과 유사하나 하사당의 쇠서뿌리가 수평으로 길게 빠져 나가는 국사전의 쇠서뿌리 보다 짧고 강직하며, 주심첨차와 행공첨차의 양단 마구리면도 전형적인 고식古式의 연화문형의 곡선을 이루고 있다. 또 하사당의 우주隅柱 상부에 있는 귀공포 가구에서 퇴량을 받고 있는 제1살미 내단을 연화문형으로 조각한 상부에 1출목 소로(그림 321-①)를 놓고 고식의 수법을 따르고 있으나 국사전의 귀공포에는 제1살미 내단을 교두형(그림 321-②)으로 조각한 상부에 소로를 놓고 제1살미와 대량 사이가 서로 맞닿아 있다.

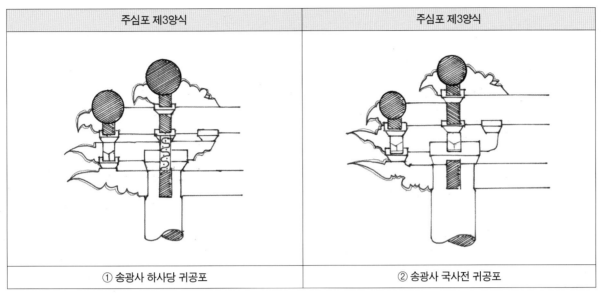

주심포 제3양식	주심포 제3양식
① 송광사 하사당 귀공포	② 송광사 국사전 귀공포

[그림 321] 하사당과 국사전의 귀공포 비교

　특히 주심도리 밑에는 고식 건물에서 주로 사용하고 있는 굴도리로 된 도리가 밀리거나 구르는 것을 방지하기 위한 승두를 사용하고 있을 뿐만 아니라 양단 내고주 상부 종량에 놓인 복화반형 대공 형상 또한 우리나라에서 가장 오래된 건물인 봉정사 극락전의 창방 상부에 있는 화반형과 유사한 수법을 볼 수 있다.

　따라서 이러한 건축 양식상의 특성으로 보아 하사당의 건립시기가 국사전의 건립 시기보다 오히려 선행[83]하여 건립된 건물로 볼 수 있지 않을까 생각되고 있다.

(4) 가 구

　전, 후 평주 사이에 내고주를 세워 대량과 퇴량을 걸고 있는 2중량 7량가의 지붕틀 가구이다. 대량 위 한쪽편에 동자주을 세워 내고주와 함께 종량을 지지하고 있으며, 종량 상부에는 고식의 복화반형 대공을 설치하여 종도리와 함께 지붕하중을 받도록 하고 있다. 이 복화반형의 상부에 솟을합장 대신에 종도리 밑에 결구시켜 좌,우로 구르는 것을 방지하기 위한 초공이 끼워져 있는데, 마치 부석사 무량수전의 대공 상부나 은해사 거조암 영산전, 그리고 도갑사 해탈문의 대공에서 볼 수 있는 유사한 형태로서 정성을 많이 들인 건물로 볼 수 있다.

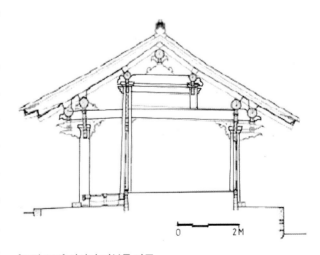

[그림 322] 하사당 지붕틀 가구

　지붕의 전면은 겹처마, 배면은 홑처마로 된 맞배 기와지붕을 올리고 있으며, 도리가 구르는 것을 방지하기 위한 승두 역시 전면에만 배치하고 있다. 특히 부엌 상부 용마루에 걸쳐서 낸 환기구 위에 만든 맞배 기와

지붕 형태의 덧지붕은 우리나라 전통 목조건축 가운데 아주 독특한 건물 외관을 보여주고 있는데, 송광사 경내에 있는 승방건물인 임경당 지붕과 대중 요사채인 해청당 지붕에서도 같은 형태의 덧지붕을 볼 수 있으며, 중앙 정칸에 세로로 쓴 "하사당下舍堂" 현판이 걸려 있다.

3) 자혜사 대웅전(북한지역 소재)

(1) 건립시기

[그림 323] 자혜사 대웅전 전경(문화재청, 『북한의 전통건축』, 황해남도 2, 2007)

자혜사는 황해남도 신천군 서원리에 위치하고 있는데, 낮은 산줄기가 병풍처럼 둘러쌓인 절골 뒷산을 배경으로 남향하여 건립되었다.

자혜사의 주불전主佛殿인 대웅전의 창건시기에 대해서는 확실한 자료가 남아 있지 않으나 경내에 있는 석등과 석탑양식이 고려초기에 건립된 것으로 보여져 고려시대부터 사찰이 존재했을 것으로 추정된다. 조선초기에는 효령대군의 원찰願刹이었으며, 숙종 42년(1716)에 쓴 자혜사 중수기에 의해 1592년(선조 25년)의 것으로 추정[84]하고 있다.

그러나 1716년에 쓴 자혜사 중수기도 이 절의 처음 지은 연대는 알 수 없다고 하며, 건립연대를 1572년에 재건[85]하였다고 기록하고 있다.

(2) 평면

경내 앞쪽으로 석등과 5층석탑이 남북 중심축선상에 배치되고 그 중심축으로부터 서쪽으로 약간 치우쳐 배치되고 있는 대웅전은 불규칙하게 다듬은 장대석과 자연석으로 쌓은 2~3벌대의 기단위에 전면에서는 방형 초석위에 원형주좌가 있는 초석이 놓여져 있으며, 나머지는 대부분 원형의 운두가 높은 초석을 놓고 있다.

대웅전의 평면은 전퇴칸이 달려 있는 정면 3칸, 측면 4칸의 평면으로 구획하였는데, 사찰의 주불 전인 대웅전의 경우 대부분 전면에 퇴칸이 없는 폐쇄형 평면이나 이와 같은 평면의 예는 강화 정 수사 법당과 안동 개목사 원통전이 있다.

그러나 정수사 법당의 경우에는 창건대의 정면 3칸, 측면 3칸의 평면을 후대에 들어와서 앞쪽에 퇴칸을 1칸 덧달아 낸 것으로 추정[86]하고 있으나 개목사 원통전은 정면 3칸, 측면 2칸의 창건대의 평면으로서, 자혜사 주불전主佛殿의 평면 유형을 독특한 형식으로 건립하고 있다.

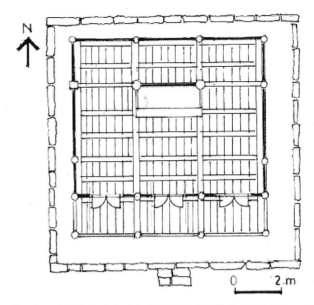

[그림 324] 대웅전 평면도(이기준, 『북한의 문화재와 문화유적』 조선시대, 사찰편, 2002, 서울대학교 출판부)

현재 자혜사 대웅전의 내부는 통칸으로 하여 예불공간으로 조성하였는데, 측면을 기준으로 배면의 바닥 1 칸은 흙다짐을 하고 전면 2칸에는 우물마루를 깔은 특징이 있다. 정칸 배면열에 2개의 기둥을 세워 그 사이 에 후불벽을 만들고 불단을 조성하여 석가모니불을 주존으로 하여 그 좌,우에 협시보살로 문수보살과 보현 보살 등 삼존불을[87] 모셨다. 그리고 불단 상부에는 다포형식의 화려한 닫집을 올리고 있는데, 전면에 기둥을 세우지 않고 후불벽에 덧대어 닫집을 설치하고 있다.

창호는 예불공간과 퇴칸 사이 3칸에 모두 궁창판을 단 쌍여닫이 띠살문을 각각 달았으며, 배면과 측면은 회벽으로 막음 처리하였다.

주간 간격은 정면 3칸 중 정칸은 3.14m로, 좌,우 협칸은 3.08m로 같게 잡았고 측면은 전퇴칸이 1.83m이 며, 예불공간의 정칸은 3.60m, 전면 협칸은 1.62m, 배면 협칸은 2.18m로 각각 다르게 잡았다.

(3) 공포

대웅전의 공포는 주심포형식으로, 헛첨차의 외단부가 쇠서로 돌출되고 있는 외1출목 주심포 제3양식[88]이다.

공포의 구성은 건물의 전면으로만 짜여지고 있는데, 창방과 직교되게 기둥 상단에서 빠져나온 헛 첨차의 상부에 1출목 소로를 놓고 공안(그림 326- ②)을 만든 후 그 외단부를 약간 위에서 아래로 휘 어 내리는 수서형의 쇠서로 돌출시키고 그 밑부분 은 복잡한 파련문으로 조각을 하고 있다.

[그림 325] 자혜사 대웅전 공포(문화재청, 『북한의 전통건축』, 황해남도 2, 2007)

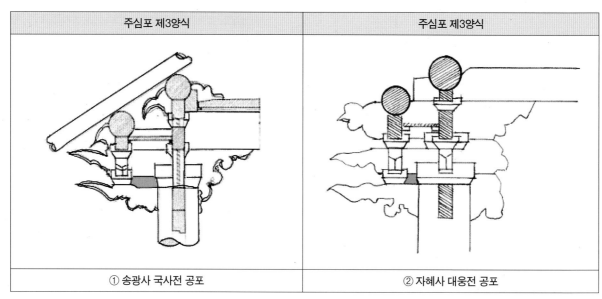

주심포 제3양식	주심포 제3양식
① 송광사 국사전 공포	② 자혜사 대웅전 공포

[그림 326] 송광사 국사전과 자혜사 대웅전 공포 비교

그리고 빗굽으로 사절된 주두의 운두부분과 엇물려서 돌출된 제1살미첨차는 그 외단부를 짧은 수서형의 쇠서 형태로 돌출시키고 있는데, 그 상부에는 1출목 소로를 다시 놓고 도리방향으로 양단에 소로와 그 마구리 하부면을 사절 연화문형으로 조각한 행공첨차를 결구시켜 제2살미첨차를 받고 있다. 또, 주두 상부에도 행공첨차와 같은 형태의 주심첨차가 도리방향으로 제1살미에 결구되어 되어 있는데, 여기에 마치 무출목 이익공양식에서 볼 수 있는 재주두가 놓여져 뜬장혀를 받고 있으며, 뜬장혀와 외목도리 장혀 사이에는 순각판으로 막음처리하고 있다.

특히 외목도리를 송광사 국사전의 공포(그림 326-①)와 같이 퇴량이나 대량의 외단부에 결구시켜 길게 나간 처마를 구조적으로 받쳐주도록 하는 일반적인 수법과는 다르게 자혜사 대웅전 공포(그림 326-②)는 외목도리를 제2살미 외단부에 결구시키고 그 끝단도 제1살미 외단 형태인 수서형태로 하지 않고 마치 익공양식에서 볼 수 있는 퇴량 외단에 부착하고 있는 봉두鳳頭 형태로 조각을 하고 있다.

그리고 창방으로 결구되어 있는 전퇴칸의 주간에는 익공양식의 건물에서 볼 수 있는 외소로형의 화반이 각간各間에 1구씩 배치되어 주심도리 장혀를 구조적으로 받쳐주면서 건물의 정면을 화려하게 꾸며주고 있는데, 배면에는 화반 대신에 포벽으로 간결하게 막음처리 하였다.

(4) 가 구

대웅전의 가구는 전면의 퇴칸 부분과 배면의 예불공간을 나누어서 지붕틀 가구를 구성한 것으로 추정되고 있는데, 배면의 예불공간은 전,후 평주위에 대량과 종량을 걸고 있는 2중량 5량가의 지붕틀 가구이며, 여기에 전퇴칸의 가구를 덧달아 내서 전체적으로는 2중량 7량가를 이루고 있는 것으로 보여지고 있다.

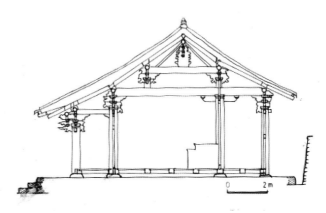

[그림 327] 대웅전 지붕틀 가구(이기준,『북한의 문화재와 문화유적』조선시대, 사찰편, 2002, 서울대학교 출판부)

[그림 328] 대량 상부 중대공(문화재청,『북한의 전통건축』, 황해남도 2, 2007)

[그림 329] 종량 상부 파련대공과 솟을합장

예불공간인 배면에는 전·후 평주 위에 도리 방향으로 양단에 소로가 배치된 주심첨차를 결구시켜 뜬장혀를 받도록 하고 있는 주두와 2단씩의 초가지를 늘어트린 듯한 파련문의 보아지를 결구시킨 포를 놓고 대량을 걸은 후 대량 상부 양쪽에 동자주를 세워 종량을 지지하고 있다.

또한 동자주 상부에도 평주 상부에 놓인 형태의 주두와 1단의 보아지를 결구한 포를 놓고 종량을 받도록 하였다. 종량 상부 중앙에는 3단의 판재를 겹쳐놓고 도리방향으로 첨차가 결구된 화려한 파련대공을 설치하여 종도리와 함께 무거운 지붕하중을 받도록 하였다. 특히 파련대공 양쪽편에 고려시대부터 일부 조선초기 건물에서 볼 수 있는 인자형의人字形의 솟을합장이 결구되어 종도리의 움직임을 방지하여 주고 있다.

그리고 전면 평주에 퇴량을 걸은 후 전퇴칸의 처마를 겹처마로 걸고 있는데, 이로 인해 장연과 중연, 그리고 단연의 3개 연목을 걸었고, 또한 외부로 길게 나간 처마를 구조적으로 받쳐주기 위하여 주심도리 밖으로 외목도리를 하나 더 걸고 있다.

지붕의 전면은 겹처마로, 배면은 홑처마를 올리고 있는 맞배 기와지붕을 이루고 있으나 전퇴칸으로 인하여 좌, 우 지붕이 비대칭을 이루고 있으며, 양측면 박공면에 풍판을 달았고 정칸 처마 밑에 "대웅전大雄殿" 현판이 걸려 있다.

4) 경주향교 대성전(보물 1727호)

(1) 건립시기

[그림 330] 경주향교 대성전 전경

소나무가 욱어진 나지막한 평지에 사우祀宇공간이 강학講學공간보다 앞에 위치하는 전묘후학前廟後學식으로 동남향하여 건립된 경주향교는 조선 성종 23년(1492)에 경주 부윤 최응현崔應賢이 건립한 이후 임진왜란 때 소실된 것을 선조 33년(1600)에 관찰사 이시발李時發에 의해 다시 중건

⁸⁹한 건물로 알려지고 있다.

(2) 평 면

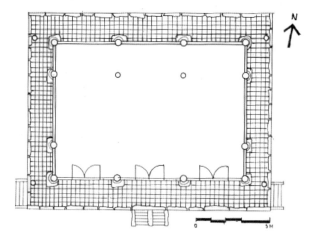

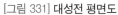

[그림 331] 대성전 평면도

[그림 332] 답도형踏道形의 계단과 기단

　대성전의 평면은 경내 중앙에 2칸으로 된 답도형의 계단을 설치한 2벌대의 장대석과 갑석부연甲石副緣이 있는 기단 위에 방전方塼을 깔았다. 기단 위에는 원형의 주좌를 조출한 초석과 원형기둥을 세워 정면 3칸, 측면 3칸으로 구획하였는데, 제향할 때 의례를 거행하는 공간인 전퇴칸을 만들지 않고 내부를 통칸으로 하는 폐쇄형 평면으로 건립하였다.

[그림 333] 대성전 내부(공자 영정)

내부는 원래 전돌을 깔았으나 현재는 장마루를 깔은 넓은 통칸으로 하여 정칸 배면에 2개의 내고주를 세운 후 상부에 소란반자틀로 짠 우물천장을 설치하여 공자의 초상과 위패를 안치하였고, 그 주위로 중국의 5성과 송조 2현, 국내 18현의 위패를 봉안하고 있다.

창호는 정면 3칸에 신방석과 신방목 위에 쌍여닫이 판장문을 달아 출입하도록 하였고, 배면과 양측면은 모두 회벽으로 구성하였다. 그러나 우측면 정칸벽은 통벽이나 좌측면 정칸 벽은 정면 정칸과 같이 문선과 같은 부재가 하방과 창방 사이에 세워져 3칸으로 구성되어 있어서 중앙칸에 문이 있었을 가능성이 있는 것으로 보여지고 있다.

[그림 334] 대성전 좌측면 정칸벽

[그림 335] 대성전 우측면 정칸벽

주간柱間 간격은 정면 3칸 모두 4.30m의 등간격으로 잡았으나 측면 3칸은 정칸은 4.60m, 양협칸은 2.15m로 잡아 중앙 정칸을 넓게 잡았다.

(3) 공 포

[그림 336] 대성전 공포

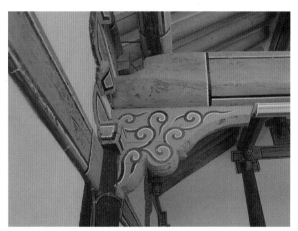

[그림 337] 대성전 공포 내부 보아지

대성전의 공포는 주심포형식으로, 헛첨차 외단부가 쇠서로 돌출되고 있는 외1출목 주심포 제3양식이다.

공포의 구성은 건물 외부 전면으로만 포가 짜여져 있는데, 창방과 十자 방향으로 직교되게 기둥 상단에서 빠져나온 헛첨차의 상부 윗면 끝에 1출목 소로를 놓아 수평으로 공안을 만들고 그 외단부를 아래에서 위로 휘어 오르는 수서형의 쇠서로 돌출시킨 후 그 하부면을 파련문으로 다듬었다.

그리고 빗굽으로 사절된 주두의 운두부분과 엇물려 빠져 나온 제1살미첨차 외단에는 도리방향으로 양단에 소로를 놓고 사절 교두형으로 다듬은 행공첨차가 결구되어 대량에 결구되어 있는 외목도리를 받고 있는데, 그 끝단에 1출목 소로를 다시 놓고 헛첨차 외단과 같은 형태인 짧은 수서형의 쇠서로 깎아 돌출시켰다.

또한 건물 내부로는 당초문의 초새김을 한 보아지로 처리하여 보머리를 운공형으로 다듬은 대량의 단부를 받고 있는데, 도리방향으로 주두와 엇물려 그 마구리가 교두형翹頭形으로 깎은 2중의 주심첨차를 결구하여 대량과 주심도리 장혀를 함께 받도록 하고 있는 특징을 볼 수 있다.

그 결과 대성전의 창방 상부의 포벽이 높아지게 되었는데, 주심포 양식의 경우 이 포벽에 뜬장혀를 결구시키거나 또는 부석사 무량수전과 같이 접시소로를 하나씩 받쳐 간결하게 처리하는 것이 일반적인 수법이나 경주향교 대성전의 경우에는 화염문양의 화반을 하나씩 배치하여 구조적으로 뜬장혀를 받쳐주면서 건물의 정면을 장식적으로 아름답게 꾸며주고 있다.

특히 이 수법은 지붕 상부에서 내려오는 하중을 잘 분포시키기 위한 구조적 목적과 함께 건물의 정면을 더욱 장중하게 꾸며 주려는 장식적 목적에서 주로 사용하고 있는 마치 다포양식의 주간포 배치와 같은 수법으로 볼 수 있다. 이러한 수법은 주심포양식에서는 그 예가 많지 않으나 익공양식 가운데는 출목식의 이익공양식에서 흔히 볼 수 있는 하나의 큰 특징으로 볼 수 있다.

[그림 338] 창방 상부 외소로형 화반

(4) 가 구

전, 후 평주사이에 내고주를 세워 대량과 퇴량을 걸은 후 다시 종중량과 종량을 걸고 있는 3중량 9 량가의 비교적 규모가 큰 지붕틀 구조로 만들었다.

공자상孔子像 공간을 만들기 위하여 세운 2개의 고주에 자연목으로 된 퇴량과 대량을 맞보형식으로 걸은 후 대량 위에 주두와 보아지를 결구한 키가 높은 동자주를 세워 내고주와 함께 종중량을 지지하도록 하였다. 종중량 상부에는 화반형 포대공을 양쪽편에 놓고 종량을 받도록 하였는데, 종량 중앙에 뜬창방이 결구된 파련대공을 설치하여 종도리와 함께 무거운 지붕하중을 받치도록 하였다.

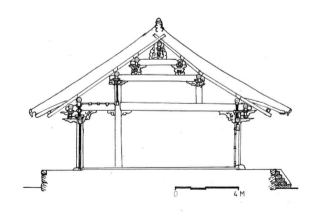

[그림 339] 대성전 지붕틀 가구

[그림 340] 대성전 내부 가구

[그림 341] "대성전" 현판

천장은 내부 가구재가 모두 노출되는 연등천장으로 꾸몄으나 공자의 초상화와 위패를 봉안하기 위한 중앙 정칸 배면 천장에는 소란반자틀로 짠 우물천장을 가설하여 위계를 더욱 높여주고 있다.

지붕은 겹처마 맞배 기와지붕을 올렸고 지붕 양측 박공부분에 풍판을 설치한 후 도리 뺄목 처짐을 방지하기 위하여 활주로 받치고 있으며, 정칸 처마 밑에 "대성전大成殿" 현판이 걸려 있다

5) 경주향교 명륜당(보물 2097호)

(1) 건립시기

경주향교 명륜당은 조선 성종 23년(1492)에 부윤 최응현崔應賢이 향교를 중수한 이후 임진왜란으로 소실된 것을 광해군 6년(1614)에 부윤 이안눌李安訥이 중건[90]한 뒤 18세기와 19세기 경에 중수를 거친 건물로 알려지고 있다.

[그림 342] 경주향교 명륜당 전경

(2) 평 면

전묘후학前廟後學 배치인 경주향교 내 강학
공간에 건립된 명륜당은 한 벌대의 낮은 장대
석 기단 위에 갑석부연甲石副緣을 놓고 방형方
形전돌을 깐은 후 다른 건물에서 일부 옮겨 온
듯한 원형주좌가 있는 초석과 탑재塔材 위에
원형기둥을 세워 정면 5칸, 측면 3칸으로 평
면을 구획하였다.

전면 5칸중 중앙 3칸 통칸에 우물마루를 깐
은 넓은 대청 공간으로 만들어 유생들의 강학

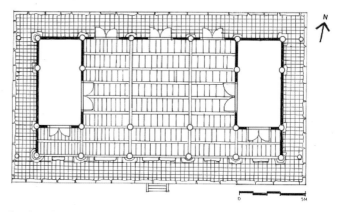

[그림 343] 명륜당 평면도

이나 모임의 공간으로 사용하였으며, 대청 좌,우 1칸씩에 전면에 반칸씩의 툇마루가 달린 온돌방을 대칭적
으로 들었다.

유생들의 강학공간인 대청마루 전면은 창호를 달지 않고 모두 개방시켰으나 대청 배면 3칸에는 쌍여닫이
판장문을 달았으며, 대청과 온돌방 사이에는 쌍여닫이 불발기문을, 온돌방 앞은 쌍여닫이 띠살문을 각각 달
아 출입하도록 하였다.

주간 간격은 전면 정칸은 4.50m로, 양협칸은 3.70m로, 양퇴칸은 3.40m로 하여 중앙 정칸을 가장 넓게 잡
고 있으며, 측면 3칸은 정칸 4.40m, 양협칸을 2.20m로 같게 잡고 있다.

[그림 344] 명륜당 대청마루 강학공간

(3) 공 포

[그림 345] 명륜당 공포

[그림 346] 명륜당 공포 정면

명륜당의 공포는 주심포형식으로, 헛첨차의 외단부가 쇠서로 돌출되고 있는 외1출목 주심포 제3양식이다.

공포의 구성은 건물의 외부방향으로만 포가 짜여졌는데 창방과 十자 방향으로 직교直交되게 기둥 상단에서 빠져나온 헛첨차의 윗면 중간에 1출목 소로를 놓고 공안을 만든 후 수평으로 나가다가 그 외단부를 아래에서 위로 짧게 휘어 오르게 한 수서형의 쇠서로 돌출시키고 그 밑부분을 파련문으로 다듬었다.

그리고 빗굽의 사절된 주두의 운두부분과 엇물려서 빠져나온 제1살미 외단에는 도리방향으로 양단에 소로가 놓이면서 직절 교두형으로 된 행공첨차(그림 346)가 퇴량에 결구되어 있는 외목도리를 받고 있는데,

그 끝단에 1출목 소로를 다시 놓고 헛첨차 외단과 같은 형태인 수서형의 쇠서로 짧게 돌출시키고 있다. 건물 내부로는 헛첨차와 제1살미 내단이 한 몸의 판재형에 파련초각을 한 보아지로 되어 보머리를 운공형으로 다듬은 퇴량의 단부를 구조적으로 받쳐주고 있다.

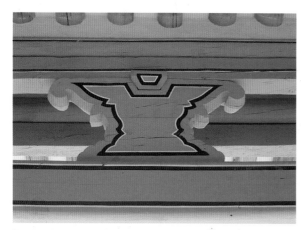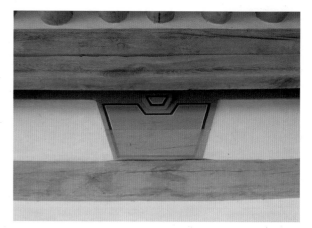

[그림 347] 명륜당 창방 상부 화반

또한 창방으로 결구되어 있는 전면 5칸의 주간과 배면 정칸에는 대성전 보다 높이는 낮으나 더욱 정교하게 파련문의 초각을 한 외소로형 화반을 1구씩 배치하고 있으나 배면 양협칸과 양 퇴칸에는 역 사다리꼴 형태인 빗사면형의 간결한 외소로 화반을 포벽에 1구씩 배치하여 주심도리 장혀를 받쳐주면서 명륜당 정면을 꾸며주고 있다.

(4) 가 구

일반적인 가구 구성은 대청과 퇴칸 사이에 내고주를 세워 대량과 퇴량을 맞보로 구성한 후 보 상부에 동자주를 세우지만, 경주향교 명륜당의 가구는 내고주를 세우지 않고 내평주를 세워 한 부재로 긴 대량을 구성하였다. 그리고 대량 상부에 4단의 판재형 부재를 중첩하여 종량을 받는 특징을 가진 2중량 7량가의 지붕틀 가구이다.

특히 자연 곡재曲材를 그대로 사용한 대량과 종량에서 오는 건물의 높이 차이를 동자주 대신 판대공으로 조정하고 있는데, 그로 인해 퇴칸쪽의 판대

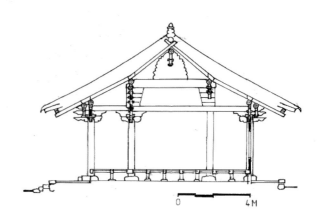

[그림 348] 명륜당 지붕틀 가구

공에는 도리방향으로 뜬장혀와 3개의 첨차형 부재가, 건물 내부쪽의 판대공에는 뜬장혀와 1개의 첨차형 부재가 결구되어 있다.

그리고 종량 상부 중앙에는 화려한 초새김을 한 대형의 파련대공을 설치하여 종도리와 함께 지붕하중을 받고 있는데, 종도리 밑에도 도리방향으로 첨차형 부재가 결구되어 있다. 대청마루의 천장은 가구재가 모두 노출되는 연등천장이며, 온돌방은 소란반자 틀로 짠 우물천장을 가설하였다.

[그림 349] **명륜당 대청마루 상부 가구**

또한 향교건물의 지붕형태는 일반적으로 대성전은 맞배지붕, 명륜당은 팔작지붕으로 구성되는 사례가 많다. 그러나 경주향교 명륜당의 지붕은 팔작지붕이 아닌 대성전의 일반적인 지붕형태인 겹처마 맞배지붕으로 올려져 있는 특징이 있다.

지붕 양측 박공부분에 풍판을 달았고 명륜당 4면에 길게 나간 도리 뺄목의 처짐을 방지하기 위하여 활주를 세웠으며, 대청 마루 배면벽 상부 가구에 "명륜당明倫堂" 현판이 걸려 있다.

[그림 350] **명륜당 퇴칸 가구**

6) 안동 봉정사 화엄강당(보물 제448호)

(1) 건립시기

[그림 351] 봉정사 화엄강당 전경

봉정사 화엄강당은 우리나라 최고最高의 목조건물인 봉정사 극락전과 대웅전 사이에 동향하여 건립되어 있다. 화엄강당의 건립시기는 기록이 없어 확실하지 않지만 건축양식상 조선 중기경[91]과 건축의 세부수법과 영조척 검토에서 나타난 용척을 근거로 극락전과 대웅전의 중수가 있었던 17세기 경에 다시 중건된 건물[92]로 추정하고 있다.

(2) 배치 및 평면

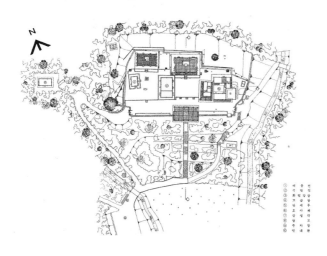

[그림 352] 봉정사 배치도

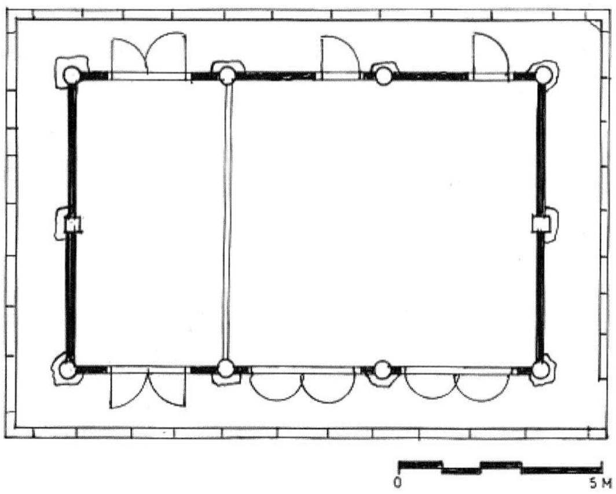

[그림 353] 화엄강당 평면도

[그림 354] 종무소로 사용하고 있는 화엄강당의 정칸과 우협칸 내부

[그림 355] 화엄강당 공포

[그림 356] 화엄강당 공포 내부 보아지

승려들의 공부방으로 이용되었던 화엄강당은 한 벌대의 낮은 장대석 기단 위에 덤벙주초석을 놓고 정면과 배면은 원형기둥을, 그리고 측면에는 방형기둥을 세워 정면 3칸, 측면 2칸의 평면으로 구획하였다.

정면 3칸 가운데 우측 2칸 통칸에 온돌방을 만들고, 좌측 1칸 통칸에는 부엌을 들인 선방 구조로 건립되었다. 현재 우측 2칸은 봉정사 종무소 사무실로 사용하고, 좌협칸 전면은 주방으로, 배면은 고방庫房으로 사용하고 있는데, 상부를 다락방으로 꾸몄다.

창호는 정칸과 우협칸에는 궁창널을 댄 4분합 띠살 들어열개 문을 달았으며, 좌협칸에는 중앙에 굵은 문설주를 댄 쌍여닫이 빗살문을 달았다. 그리고 배면 정칸과 좌협칸에는 궁창널을 댄 외여닫이 띠살문을, 우협칸에는 쌍여닫이 판장문을 달았으며, 양 측벽 대량 상부 중앙에 고창高窓으로 환기와 채광을 위한 작은 살창을 내고 있다.

특히 봉정사는 불국사 가람 배치처럼 대웅전 옆에 극락전이 나란히 배치되는 병렬식 배치 수법을 볼 수 있는데, 화엄강당은 대웅전 공간과 극락전 공간을 구획하는 경계선의 기능과 함께 아늑한 두 중정中庭공간을 형성하는 중요한 역할도 함께 하고 있다.

(3) 공 포

화엄강당의 공포는 주심포형식으로, 헛첨차 외단부가 쇠서牛舌로 돌출되고 있는 외1출목 주심포 제3양식이다.

공포의 구성은 건물 전면으로만 포가 짜여졌는데, 창방과 十자 방향으로 직교되게 기둥 상단부에서 빠져나온 헛첨차의 외단에 1출목 소로를 놓고 윗면을 활처럼 둥글게 공안을 만든 후 그 외단부를 마치 익공양식에서 볼 수 있는 익공뿌리처럼 뾰족하게 깎아 아래에서 위로 휘어 오르는 수서형의 쇠서로 돌출시키고 그 하

부면을 파련문으로 다듬었다.

그리고 빗굽의 사절된 주두의 운두부분과 엇물려서 빠져나온 제1살미 외단에는 도리방향으로 양단에 놓인 소로 끝단에 맞춰 사절 파련문의 행공첨차가 결구되어 대량과 함께 짜여진 외목도리를 받고 있는데, 그 끝단에 1출목 소로를 다시 놓고 헛첨차 외단과 같은 형태인 수서형의 쇠서로 돌출시키고 있다.

또한 기둥 상부의 주심부에는 도리방향으로 주두 상부 운두와 엇물려 양단에 소로가 놓인 끝단에 맞춰 사절 연화문형으로 된 주심첨차를 결구하여 주심도리 장혀를 받쳐주고 있다. 건물 내부로는 헛첨차 내단과 제1살미 내단을 한 몸으로 하여 마치 안초공 형태의 굴곡이 심한 파련문의 보아지로 길게 만들어 대량의 단부를 받쳐주고 있다.

그리고 창방과 주심도리 사이 포벽에는 도리방향으로 고식의 건물에서 볼 수 있는 뜬장혀가 결구되었는데, 뜬장혀 하부와 외목도리 장혀 사이에 순각판으로 막음처리 하였다.

(4) 가 구

전, 후 평주 사이에 대량과 종량을 걸고 있는 2중량 7량가의 지붕틀 가구이다. 대량 상부 양쪽편에는 당초문으로 초새김을 한 장방형의 베개목을 안쪽으로 내쌓기 하듯이 중대공을 3단으로 놓고 종량을 지지하고 있으며, 종량 상부 중앙에도 복잡한 문양으로 조각한 베개목을 4단으로 중첩한 파련대공형의 종대공을 만들어서 종도리를 받치고 있다.

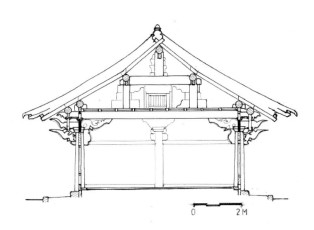

[그림 357] 화엄강당 지붕틀 가구

1969년 이전의 자료에는 종대공 양옆에 ㅅ자형의 솟을합장을 걸어 무거운 지붕하중을 함께 받도록 하고 있었다는 기록[93]과 일부 자료에는 소슬합장이 그려져 있는 지붕틀 가구 도면[94]도 있었으나, 현재 화엄강당에는 솟을합장이 결구되어 있지 않다.

[그림 358] 화엄강당 우측면 가구

종대공 조각 문양   중대공 조각 문양

[그림 359] 1969~1970년 봉정사 화엄강당 해체시의 종대공과 중대공의 모습(문화재관리국 문화재연구소, 『한국의 고건축』 제12호)

그리고 온돌방 상부에 있는 대량 상단에 연꽃문양이 그려진 소란반자 틀로 우물천정을 가설하여 천정 속의 가구재를 감추고 있는데, 특히 천장을 하고 있는 온돌방 상부 가구는 대량 상부 양쪽에 간결한 동자기둥을 세운 후 종량을 받고 있으며, 종량 상부에도 동자주 대공을 세워 종도리를 받도록 하고 있다.

지붕은 겹처마 맞배 기와지붕을 올렸는데, 정면 중앙 정칸 추녀밑에 "화엄강당華嚴講堂" 현판이 걸려 있다.

7) 전주향교 대성전(사적 제379호)

(1) 건립시기

[그림 360] 전주향교 대성전 전경

전주향교는 전묘후학前廟後學식으로 건립되어 있으며, 창건시에는 현재 경기전 근처에 건립되었으나, 조선 태종 10년(1410)에 화산 기슭 서쪽으로 옮겼다가 선조 35년(1602)에 지금의 위치로 옮겨 지었다.[95]

임진왜란으로 소실된 것을 1627년에 양몽렬이 기술한 "향교만화루기"에 의거 1604년에 향교를 중수하면서 대성전을 건립한 건물[96]로 알려지고 있다.

(2) 평 면

전주향교 대성전은 사우공간의 중심건물로서, 전면에 넓은 월대를 갖추고 있는 몇 안되는 건물중 하나로서 앞마당 중앙에 만든 답도형 계단을 중심으로 잘 다듬은 두벌대의 장대석 기단위에 갑석을 얹은 넓은 월대를 조성하여 석전제 등의 의례활동이나 참배공간으로 활용하도록 하였다. 이 월대 위에 다시 한 벌대의 장대석 기단을 놓고 방전方磚을 깔은 후 주좌柱座가 조출된 원형초석과 원형기둥을 세워 전퇴칸이 없는 정면 3칸, 측면 3칸의 폐쇄형 평면형으로 구획하였다.

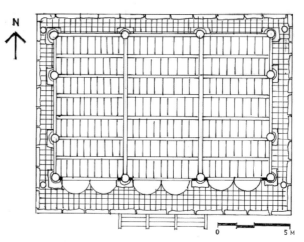

[그림 361] 대성전 평면도

[그림 362] 대성전 내부(공자 영정)

대성전의 내부는 통칸으로 하여 우물마루를 깔은 후 정칸 배면벽에 걸은 공자의 초상화와 향상香床 위에 놓인 위패를 주향으로 동,서쪽으로 맹자 등 네 성인, 공자의 제자 열 사람, 주자 등 중국 송나라 때 유학자 여섯 사람을 배향하고 봄과 가을에 석전대제를 지내고 있다.

창호는 정면 3칸에 모두 궁창널을 댄 4분합 소슬빗살꽃 들어열개 문으로 달아 연목에 달려 있는 들쇠에 걸도록 하여 석전제 등의 행사시 내,외 공간이 한 공간이 되도록 하였는데, 문 상부에는 소슬빗살꽃 문양의 붙박이 교창을 각각 달았으며, 배면과 양측벽은 회벽으로 모두 막음 처리하였다.

주간 간격은 정면 3칸중 정간 4.20m, 양협칸 3.90m로 하여 중앙칸을 넓게 잡고 있으며, 측면칸 역시 중앙정간 3.40m, 양협칸 2.20m로 하여 정간을 넓게 구획하고 있다.

(3) 공포

대성전의 공포는 주심포형식으로, 헛첨차의 외단부가 쇠서牛舌로 돌출되고 있는 외1출목 주심포 제3양식이다.

공포의 구성은 건물의 외부방향으로만 포가 짜여졌는데, 창방과 十자 방향으로 직교하여 기둥 상단부에서 빠져나온 헛첨차의 윗면 끝에 1출목 소로를 놓고 공안을 만든 후 그 외단부를 아래에서 위로 둥글고 뾰족하게 굴린 수서형의 쇠서로 돌출시키고 그 밑부분을 복잡한 파련문으로 다듬었다.

[그림 363] 대성전 전면 공포

그리고 건물의 내부로는 헛첨차의 내단을 파련초각을 한 보아지로 만들어 대량의 단부를 받쳐주고 있으며, 헛첨차 양몸에도 당초문 등의 화려한 초새김을 하고 있다.

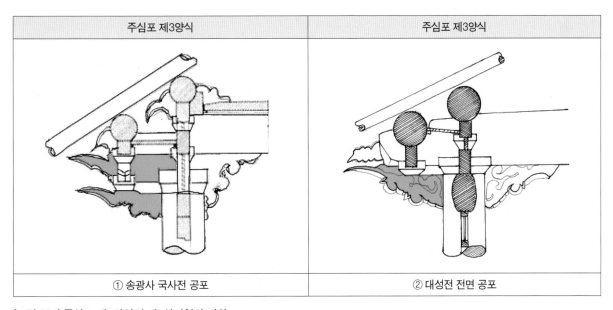

주심포 제3양식	주심포 제3양식
① 송광사 국사전 공포	② 대성전 전면 공포

[그림 364] 주심포 제3양식의 제1살미첨차 변화

공포의 구성에서 주심포계의 일반적 기법인 빗굽의 사절된 주두의 운두부분과 엇물려서 외부로 돌출되는 제1살미첨차가 결구되어 대량이나 퇴량을 받치고 있는 것(그림 364-①)과는 달리 전주향교 대성전의 전면공포에서는 제1살미첨차와 주심첨차를 생략(그림 364-②)하고 있다. 이 때문에 헛첨차 위에 놓인 1출목 소로가 외목도리가 결구되어 있는 대량의 외단을 직접 받치고 있으며, 또한 주심부에 도리방향으로 결구되는 주심첨차가 짜여지지 않고 뜬장혀가 결구되면서 이 뜬장혀와 주심도리 사이에 소로가 받쳐주고 있는 독특한 구조법을 보여주고 있다.

[그림 365] 대성전 전면 공포

[그림 366] 대성전 배면 공포(주심첨차와 화반 결구)

이로 인하여 건물의 높이가 낮아지면서 헛첨차 외단에 놓인 1출목 소로가 행공첨차 대신 대량에 결구되어 있는 외목도리 장혀를 받쳐주고 있는데, 이는 주심포계가 시대가 늦어질수록 구성부재가 간략화되는 현상에서 기인起因된 것으로도 볼 수 있다.

특히 대성전의 배면 공포(그림 366) 구성에서는 오히려 전면 공포에서 생략되었던 주심첨차가 결구되고 있을 뿐만 아니라 주심첨차의 양단 마구리가 사절 연화문형 곡선 형태의 고식 수법으로 잘 다듬어져 있어 주목되고 있는데, 이 결과로 대성전의 전, 후면의 공포 높이가 서로 다르게 짜여져 있다.

요약하자면, 대성전의 전면 공포에서는 창방 위에 뜬장혀를 놓고 주심도리 장혀와의 사이에 소로를 배치하고 있고, 배면에서는 포벽으로 처리한 벽면에 익공양식의 특징인 간결한 외소로형 화반을 각간에 1구씩 놓아 그 높이 차이를 조절하고 있다. 이와 같이 한 건물에 전면, 배면의 다른 공포 구성으로 높이가 다른데, 이에 따른 어떤 변화가 있었는지 추후 연구가 필요할 것으로 생각된다.

(4) 가구

대성전의 가구는 전,후 평주 사이에 대량과 종량을 걸고 있는 2중량 7량가의 지붕틀 가구이다.

자연목의 굵은 대량 상부 양쪽편에 간결한 물익공계의 공포가 짜여진 동자주를 세우고 종량을 지지하도록 하였는데, 동자주 상부에는 도리방향으로 소로가 배치된 뜬장혀가 결구되어 있다.

종량 상부 중앙에는 도리방향으로 뜬창방이 결구되어 파련대공을 설치하여 종도리와 함께 무거운 지붕하중을 받도록 하고 있다.

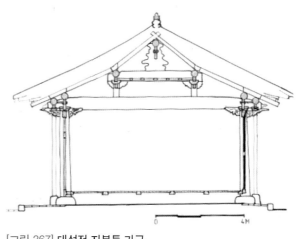

[그림 367] 대성전 지붕틀 가구

[그림 368] 대성전 가구(종량 상부 우물천장)

　종량 하단부에 걸쳐서 주심포양식에서 보기 드문 문양이 없는 소란반자틀로 우물 천장을 설치하여 파련 대공 등의 가구재를 은폐하고 있다. 그러나 측면 정칸 상부 천장을 제외하고는 가구재를 모두 노출하고 있는 연등천장이며, 가칠단청을 하여 내부 공간을 검소한 분위기를 연출하고 있다.

　지붕은 겹처마 맞배 기와지붕을 올렸고, 건물의 네 모서리에 활주를 세워 길게 나간 박공처마를 받치고 있으며, 정면 정칸 처마밑에 "대성전大成殿" 현판이 걸려 있다.

[그림 369] 전주향교 "대성전" 현판

8) 합천 해인사 동, 서 사간판전(사적 제504호)

(1) 건립시기

[그림 370] 해인사 장경판전 동 사간판전 전경

　우리나라 불佛,법法,승僧의 대표적인 삼보三寶사찰 중 팔만대장경을 보관하고 있는 법보사찰로 잘 알려진 수다라장과 법보전 사이 양쪽편에 끼워져 있듯이 건립되어 있는 동,서 사간판전은 건립 시기에 관한 기록은 없으나 공포 형태가 인접되어 있는 수다라장 동자주 상부의 공포 수법과 같아서 수다라장의 건립시기인 조선 성종 19년(1488) 전, 후로 추정되고 있다. 이후 광해군 14년(1622)에 수다라장을, 천계天啓 4년인 인조 2년(1624)에 법보전을 다시 중영重營[97]한 것으로 보아 동, 서 사간판전도 이때 다시 중건한 것으로 보여지고 있다.

(2) 배치 및 평면

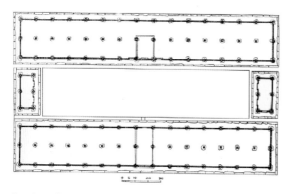

[그림 371] 장경판전 배치도

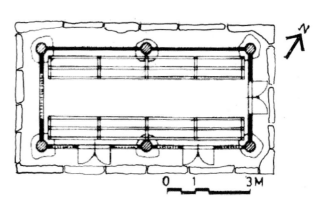

[그림 372] 동 사간판전 평면도

가야산 중턱 해인사 경내의 가장 높은 곳에 건립된 동, 서 사간판전은 한 벌대의 장대석 기단 위에 강회다짐을 한 후 덤벙주초석과 원형기둥을 세워 정면 2칸, 측면 1칸의 평면으로 구획된 소규모 건물이다.

경판을 수납하기 위하여 건립된 사간판전은 환기를 위하여 독특한 구조로 벽체를 설치하였는데, 전면 2칸에 판장문을 설치하고 문 양옆과 상부에 살창을 설치하였다. 그리고 배면 2칸에는 중방과 하방 사이 중앙부에만 살창을 설치하였고, 양 측면은 중앙에 판장문을 설치한 후 그 양옆에 판벽을 설치하였다.

주간 간격은 정면 2칸을 3.80m의 등간격으로 구획하였고, 측면 1칸은 3.45m로 잡았다.

(3) 공 포

사간판전의 공포는 헛첨차 외단부가 수서형의 쇠서로 돌출되고 있는 내1출목 주심포 제3양식이다.

공포의 구성은 건물의 외부 방향으로는 포가 짜여지지 않고 오히려 내부에 1출목으로 구성되어 있는 특징이 있다. 그리고 창방과 직교하여 기둥 상단부에서 빠져나온 헛첨차의 외단부를 짧고 힘찬 쇠서 형태로 돌출시키고 있으며, 외부로 빠져나온 헛첨차의 하부면을 고식古式의 연화문형으로 조각하고 있다.

[그림 373] **동 사간판전 공포**

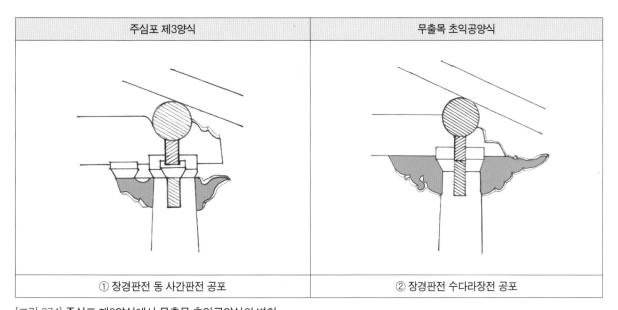

주심포 제3양식	무출목 초익공양식
① 장경판전 동 사간판전 공포	② 장경판전 수다라장전 공포

[그림 374] **주심포 제3양식에서 무출목 초익공양식의 변천**

그리고 건물의 내부로는 헛첨차 끝단에 소로를 놓고 활형의 공안을 만들어 대량의 단부를 받쳐주는 보아지로 처리하였는데, 이 보아지 하부면 역시 사절 연화문형으로 조각을 하고 있다.

그러나 외부로 돌출되고 있는 헛첨차 상부가 처음으로 대량과 맞닿아 있지 않고 출목 소로와 제1살미첨차가 생략되었고, 건물 내단에 1출목 소로를 두어 대량의 단부를 받도록 하고 있는 것(그림 374-①)은 동, 서 사간판전의 건물 성격상 규모가 작아 외목도리를 생략한 결과에서 오는 수법으로 생각되고 있는데, 이는 주심포 제3양식에서 무출목 초익공 양식으로 변천되어 가는 전 단계의 과정(그림 374-②)으로 판단되고 있다.

(4) 가 구

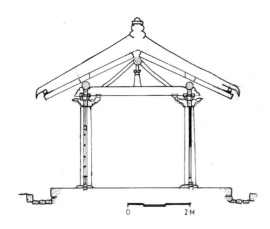

[그림 375] 사간판전 지붕틀 가구

[그림 376] 동 사간판전 내부 가구

    장경판전 동 사간판전의 가구는 전,후 평주 사이에 대량을 걸고 있는 1량 3량가의 간결한 지붕틀 가구이다. 대량 상부 중앙에는 은해사 거조암 영산전의 대공과 유사한 낮은 사다리꼴 형태의 종대공을 세워 종도리와 함께 지붕하중을 받도록 견실한 구조로 짜여지고 있다.

    특히 지붕틀 규모가 작은데에도 불구하고 종대공 양 옆에 약한 곡율을 가진 내반된 솟을합장을 걸고 있는 특징을 볼 수 있는데, 이는 무거운 옥개하중 보다는 굴도리로 된 종도리가 좌,우로 구르거나 대공의 넘어짐을 방지하기 위한 수법으로 볼 수 있고, 지붕은 홑처마 맞배 기와지붕으로 올리고 있다.

9) 아산 아산맹씨 행단(사적109호)

(1) 건립시기

[그림 377] 아산 맹씨행단 전경

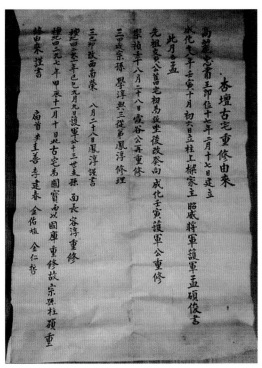

[그림 378] 행단고택중수유래(아산시, 아산 맹씨행단수리보고서, 2013)

[그림 379] 아산 맹씨행단 은행나무雙杏樹

아산 맹씨행단은 고려 충숙왕 17년(1334)에 최영(1316~1388)장군의 부친이 건축한 후 최영의 손자 사위였던 조선초 명정승인 고불 맹사성에게 거처하게 했던 우리나라에서 가장 오래된 최고의 별당別堂 건물[98]로 알려지고 있다.

그러나 1964년 보수공사 때 대청 상부 종도리 장혀에 "성화18년임인십월초육일 입주상량成化十八年壬寅十月初六日立柱上樑"이라는 묵서명의 발견으로 성종 13년(1482)에 1차 중건을 하였으며, 또한 단기 4297년(1964)년에 종손 주석柱碩이 작성한 행단고택중수유래杏壇古宅重修由來에 의하면 숭정 임오년인 인조 20년(1642)에 2차 중수를 거치고, 숭정 삼갑술인 영조 30년(1754)에 수리를 하는 등 몇차례 부분적인 보수가 있었던 건물로서, 그 후 단기 4262년(1929)에 호군공의 13세 후손인 면장面長 용순이 다시 중수하였다고 기록하고 있다.

경내에는 소슬삼문형의 대문 오른쪽 입구쪽에 충청남도 도道나무로 지정된 높이 4~50m 정도 되는 수령 600여년 된 은행나무雙杏樹 두그루가 서 있는데, 세종대왕 때 청백리로 유명한 고불 맹사성이 1380년 경에 심은 것이라 한다.

그리고 맹사성의 조부인 맹유와 부친 맹희도, 그리고 맹사성 등 3분의 위패를 모시고 있는 세덕사世德祠와 함께 황희와 권진, 맹사성 등 조선시대 명승으로 잘 알려져 있는 세 정승政承이 느티나무를 한구루씩 심은 후 정사를 논했다는 구괴정九槐亭이 자연석으로 낮게 둘러쳐진 고풍스러운 돌담과 함께 일곽을 이루고 있다.

(2) 평면

맹씨행단은 자연석 허튼층으로 쌓은 기단 위에 덤벙주초석을 놓고 방형기둥을 세워 정면 4칸, 측면 3칸의 H자형 평면으로 구획하였는데, 대청 전면 기둥 5개는 원형기둥으로 세웠다.

행단의 중앙 부분에 전면 2칸 통칸의 우물마루로 된 넓은 대청이 있고, 대청 전면에는 반칸의 툇마루가, 대청 좌, 우로는 작은 웃방이 붙은 넓은 온돌방이 대칭으로 들어졌다.

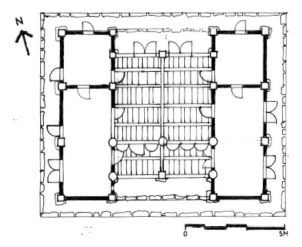

[그림 380] 맹씨행단 평면도

창호는 대청의 전면과 툇마루 사이 상, 하부에 머름대를 댄 3분합 정자살 들어열개문을 달아 연목에 달려 있는 들쇠에 걸도록 하였고, 특히 대청마루 좌측칸 중앙 문짝에는 머름대 대신 궁창판을 댄 정자살문을 달아 주로 이 문을 통해 출입을 하게 하였다. 이러한 형태의 문을 부석사 무량수전 중앙 3칸의 쌍여닫이 정자살문 이나 수덕사 대웅전 정칸의 3분합 빗살문 등 사찰건축 출입문에서도 볼 수 있다.

[그림 381] 대청마루 앞 좌측 출입문

[그림 382] 대청마루 앞 우측 출입문

그리고 대청마루 배면에는 큰 쌍여닫이 판장문을 달아 후원과 돌담이 자연스럽게 대청과 한 공간으로 연 결이 되도록 하였고, 대청과 온돌방 사이에는 정자살 외여닫이 문을, 외부와는 온돌방의 기능과 용도에 맞게 쌍여닫이 및 외여닫이 띠살문을 각각 달고 있다. 그중 대문쪽이 바라다 보이는 좌측 사랑방에서 밖에 누가 왔나를 살필 수 있는 작은 누꿉문을 달아 독특하다.

주간 간격은 정면 4칸을 2.54m의 등간격으로 구획하였으며, 측면 3칸은 정칸 2.75m, 양협칸 2.60m로 분 할하여 정칸을 넓게 잡고 있다.

[그림 383] 대청마루에서 본 후원 돌담

[그림 384] 좌측 사랑방 앞 쪽문(누꿉문)

(3) 공포

[그림 385] 맹씨행단 공포

[그림 386] 맹씨행단 공포 내부 보아지

맹씨행단의 공포는 헛첨차 외단부가 수서형의 쇠서로 돌출되고 있는 무출목 주심포 제3양식이다.

공포의 구성에서 헛첨차는 양단 마구리 면을 연화문형으로 조각한 단창방短昌枋과 十자 방향으로 직교하여 돌출되고 있는데, 외부로 빠져나온 외단부는 수서형의 쇠서로서, 그 하부를 파련문으로 다듬었으며, 헛첨차의 내단은 보아지로 처리하여 퇴량의 단부를 받쳐주고 있다.

특히 맹씨행단의 공포에서 외부로 빠져 나온 헛첨차의 상부가 대량 하부와 맞닿아 있지 않고[99] 분리되고 있으며, 출목 소로와 제1살미첨차가 생략되어 있어 공안栱眼이 없고 헛첨차 하부면의 조각도 파련문으로 변하고 있다.

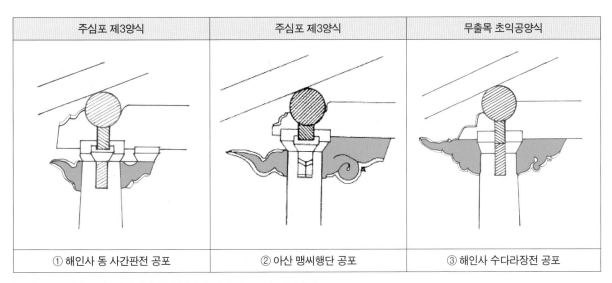

주심포 제3양식	주심포 제3양식	무출목 초익공양식
① 해인사 동 사간판전 공포	② 아산 맹씨행단 공포	③ 해인사 수다라장전 공포

[그림 387] 주심포 제3양식에서 무출목 초익공양식으로의 변천과정

이러한 수법은 주심포 후기양식인 주심포 제3양식으로 볼 수 있는 해인사 장경판전 동,서 사간판전의 공포(그림 387-①)양식과 역시 주심포 제3양식인 맹씨행단의 공포(387-②)를 거쳐 그동안 주심포양식에서 헛첨자로 불리어 왔던 부재가 주두의 운두부분과 엇물려 외부로 빠져 나와 대량의 하부와 맞닿아 있는 익공부

재가 되고, 그 내단도 보아지가 양봉樑棒으로 되어 대량의 단부를 받쳐주는 무출목 초익공(그림 387-③)양식
으로 변천되어 가는 일련의 과정을 설명할 수 있는 중요한 건물로 생각할 수 있다.

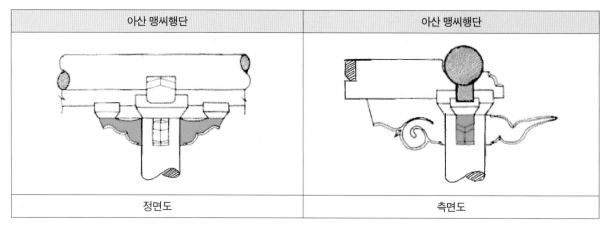

아산 맹씨행단	아산 맹씨행단
정면도	측면도

[그림 388] 아산 맹씨행단 단창방短昌枋

특히 맹씨행단의 공포 구성에서 창방 부재를 짧게 절단한 후 그 양단 마구리 위에 소로를 놓고 하부면을
연화문형으로 초각한 후 주심도리 장혀를 받쳐주고 있어서 독특한데(그림 388), 이 창방을 통부재로 연결하
지 않고 짧게 절단하여 지금까지 주심포 건축양식의 건물에서는 볼 수 없었던 공포의 주두 좌, 우편에만 소
로를 놓고 주심도리 장혀를 받고 있는 단창방短昌枋[100] 형태로 결구하고 있다.

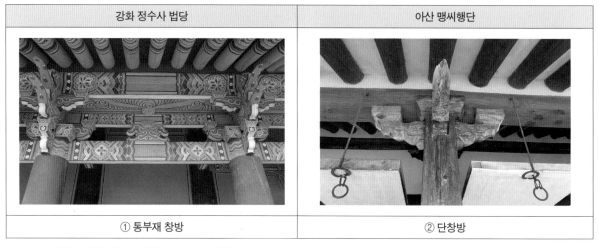

강화 정수사 법당	아산 맹씨행단
① 통부재 창방	② 단창방

[그림 389] 통부재 창방에서 단창방短昌枋으로 변화

그러나 보통 전통 목조건물의 경우에는 주간柱間에 창방을 단창방(그림 389-②)으로 하지 않고 통부재(그
림 389-①)를 가로 건너질러 연결하여 기둥이나 주심도리의 변형을 구조적으로 방지하면서 한편으로는 그
상부에 장식적 목적으로 소로나 화반 등을 받기 위한 창방 부재를 결구시키고 있다.

이와 같이 창방을 단창방短昌枋 형태로 결구시키고 있는 예(그림 390)를 주심포 제2양식인 강릉 죽서루 남
측에 있는 충량의 보머리에 결구되어 있는 공포(그림 262)에서도 볼 수 있다. 이는 무출목 초익공양식으로
후대에 증축한 것으로 보는 의견도 일부 있으나 주심포 제3양식 가운데 후기형식에 속하고 있는 소수서원
문성공묘 공포(그림 390-②) 구성에서도 볼 수 있는데, 이러한 수법을 익공양식에서 가장 빠른 시기인 조선

주심포 제3양식	주심포 제3양식	무출목 초익공양식	무출목 초익공양식
① 아산 맹씨행단	② 소수서원 문성공묘	③ 개목사 원통전	④ 강릉 죽서루 남측

[그림 390] 기둥 상부에 단창방短昌枋이 결구되어 있는 건물

세조 3년(1457)에 건립한 안동 개목사 원통전 공포(그림 390-③)에서도 볼 수 있어 주목注目되고 있다.

(4) 가 구

아산 맹씨행단의 가구는 전, 후 평주 사이에 내고주를 세워 퇴량과 대량을 맞보형식으로 걸은 후 그 위에 다시 종량을 걸고 있는 2중량 5량가의 지붕틀 가구이다.

대량 상부 우측편에 주두와 헛첨 차를 결구한 포대공을 짜고 같은 형식의 포대공으로 짠 내고주와 함께 종량을 지지하고 있다. 종량 상 부 중앙에 세운 동자주 대공 아래 에는 간략화 된 초공형의 부재를 양쪽으로 덧대었고, 상부에는 소로

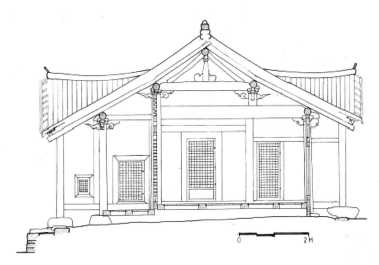

[그림 391] 맹씨행단 지붕틀 가구

를 얹어 종도리 장혀를 받도록 하여 종도리와 함께 무거운 지붕 하중을 받쳐주고 있다.

또, 주거건축에서는 보기 드문 내반된 솟을합장을 포대공 양쪽편에 세우고 있는 특징이 있다. 원래 소슬 합장은 쌍영총이나 천왕지신총 등의 고구려 벽화고분에서 볼 수 있는 ㅅ자형대공에서 시작되어 고려시대의 봉정사 극락전과 부석사 무량수전, 그리고 수덕사 대웅전 등의 주심포계를 거쳐 조선시대 초기건물인 개심 사 대웅전이나 봉정사 대웅전 등의 다포계 건물까지 널리 사용된 목조건축물의 가구 부재로 알려지고 있다.

이 ㅅ자형대공은 구조적인 문제와 의장적인 두가지 요소를 동시에 충족하면서 시대적인 변화에 따라 조 금씩 변하는데 고려후기 주심포계 건물에서는 종도리의 측면을 보강해주는 보조적인 역할을 하는 솟을합장 으로 변화하면서 종량 위로는 포대공이 발생하기 시작하고 그후 조선초기 주심포계 건물에서는 이 포대공 이 더욱 화려한 파련대공으로 발전[101]하고 있는데, 민가건축에서 볼 수 있는 예로는 안동의 소호헌의 별당건 물에서 볼 수 있다.

[그림 392] 대청마루 상부 가구

[그림 393] 중도리 하단면의 묵서墨書

특히 맹씨행단 고택의 중수에 관한 기록은 1964년 보수공사 때 대청 종도리 받침 장혀에 있는 묵서와 대청 후측 중도리 하부면에 있는 묵서명 2점이 발견되었다.

그중 대량 상부 배면쪽 동자주 상부에 결구되어 있는 중도리 아래면에 "此乃吾孟 先祖文貞公舊宅 初爲巽坐 後改癸向 成化壬寅護軍公重修 崇禎壬午 八月二十八日霞谷公重修 三甲戌宗孫學淳興三宗弟鳳淳修理 三己卯改西南榮 八月二十八日鳳淳謹書 扁首韓奉心洪乭伊金光弼等六人"의 묵서명[102]이 있으나 장혀 부재로 인하여 "편수한봉심홍돌이김광필등육인"의 묵서 일부(그림 393)만이 보이고 있다.

맹씨행단의 지붕은 H자 형태의 평면에 맞추어 홑처마 맞배지붕으로 간결하게 구성되어 있다.

아산의 맹씨행단은 공포의 구성과 포대공의 배치, 그리고 솟을합장이 결구되어 있는 수법 등에서 고려말 조선초의 건축양식을 비교적 잘 간직하고 있는 유서깊은 별당건축으로 볼 수 있으며, 우리나라 초기 주거건축 양식 연구 뿐만이 아니라 우리나라 건축양식의 변천과정을 추정할 수 있는 중요한 건물로 생각되고 있다.

10) 영주 소수서원 문성공묘(보물 제1402호)

(1) 건립시기

[그림 394] 소수서원 문성공묘 전경

조선 중종 36년(1541)에 풍기군수 주세붕이 안향을 배향하기 위해 1543년에 백운동白雲洞서원을 설립한 후[103] 명종 5년(1550)에 소수서원이라 사액賜額된 우리나라 최초의 서원으로 문성공묘는 제향공간의 중심건물로서, 고려 충렬왕 때 주자학을 중국으로부터 처음 도입하여 동방주자학의 시조가 되어 안자로 추앙받고 있는 문성공 안향을 주향으로 문정공 안축, 문경공 안보, 문민공 주세붕 등 4분의 위패를 함께 봉안하고 있는 유서 깊은 서원으로 매년 봄과 가을에 석전대제를 올리고 있다.

소나무 숲이 욱어진 이곳은 원래 통일신라시대의 사찰인 숙수사가 있었던 자리로서 안향이 젊은 시절 공부하던 사찰로서 지금도 서원의 입구에는 숙수사지 당간지주가 세워져 있다.

특히 소수서원의 "소수紹修"는 무너진 유학을 다시 이어서 닦게 하라는 뜻으로 창건초기에 3명의 원생을 시작으로 고종 25년(1888)까지 모두 4,000여명의 학자를 배출한 인재의 요람으로서, 현재 우리나라 사적 제55호로 지정되어 있을 뿐만 아니라 2019년에는 유네스코 세계유산목록에 한국의 서원이라는 이름으로 등재된 9개소의 서원 중 한곳으로 서원의 건축적 특성을 잘 보여주고 있다.

(2) 배치 및 평면

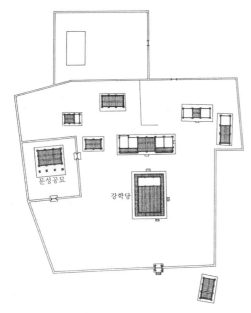

[그림 395] 소수서원 배치도

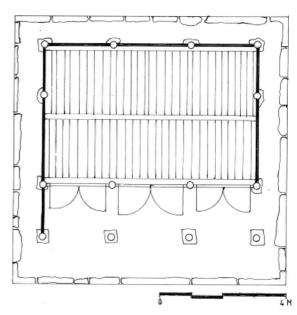

[그림 396] 문성공묘 평면도

송림이 욱어진 낮은 야산을 배경으로 동학서묘東學西廟의 독특한 배치 기준에 따라 소수서원의 경내 서쪽에 위치하고 있는 문성공묘는 장대석 기단 위에 정면에는 원형주좌가 조출된 방형초석을, 그리고 배면에는 덤벙주초석을 놓고 원형기둥을 세워 정면 3칸, 측면 3칸의 평면에 전면 1칸통을 개방하여 석전대제 등의 제례공간이나 참배공간으로 사용하기 위한 전퇴간을 두고 있는 개방형 평면으로 구획하고 있다.

문묘 내부는 우물마루를 깔은 통칸의 넓은 누마루로 만들어 중앙 배면벽에 향상香床을 설치하고 문성공의 위패를 봉안한 후 오른쪽에서 왼쪽으로 국내 유학자들의 신위를 모시도록 하였다.

[그림 397] 문성공묘 내부 "문성공" 위패

창호는 대청마루와 퇴칸 사이에 궁창널이 달린 쌍여닫이 띠살문을 3칸 모두 달았으며, 나머지 측면과 배면은 회벽으로 막음처리 하였다.

주간 간격은 전면 3칸중 중앙 정칸은 2.50m, 양협칸은 2.17m로 분할하여 중앙 정칸을 넓게 잡고 있으며, 측면 3칸도 중앙칸 2.80m, 양협칸 1.60m로 하여 중앙칸을 넓게 구획하였다.

(3) 공 포

[그림 398] 문성공묘 공포

[그림 399] 문성공묘 배면 공포

문성공묘의 공포는 헛첨차 외단부가 수서형의 쇠서로 길게 돌출되고 있는 무출목 주심포 제3양식이다.

공포의 구성에서 헛첨차는 양단에 소로를 놓고 마구리면을 파련문으로 다듬은 단창방短昌枋과 十자 방향으로 직교하여 외부로 돌출하고 있는데, 그 외단부는 수서형의 쇠서로 길게 돌출된 하부를 파련문으로 다듬었고, 내단은 보아지로 처리하여 퇴량의 보머리를 운공형으로 초각한 퇴량의 단부를 받쳐 주고 있다.

[그림 400] **문성공묘의 단창방**短昌枋

이와같이 기둥 상부에 창방을 짧게 한 단창방으로 결구하고 있는 예를 주심포 제3양식인 맹씨행단에서도 볼 수 있고, 특히 익공양식 중 가장 오래된 건물인 안동 개목사 원통전 공포에서도 결구되고 있다.

문성공묘의 배면 공포(그림 399)는 헛첨차의 외단부를 수서형의 쇠서로 돌출시키고 있는 전면의 주심포 양식과 다르게 운공 형태로 다듬은 물익공계의 초익공과 주두, 그리고 대량 등 세 부재가 기둥 상부에서 함께 엇물려서 결구되고 있는 무출목 초익공 양식으로 전, 후면의 공포가 서로 다르게 짜여져 있다.

그리고 창방 부재를 전면 공포에서는 단창방(그림 400) 형태로 처리하였으나 배면에서는 일반적인 목구조 기법대로 기둥 간間사이에 창방을 결구한 후 3개씩의 소로를 배치하여 주심도리 장혀를 받쳐주고 있다.

(4) 가 구

전, 후 평주 사이에 전면 내고주를 세워 퇴량과 대량을 맞보형식으로 결구시킨 후 종량을 걸고 있는 2중량 5량가의 지붕틀 가구이다.

대량 상부에 동자주 대신 뜬장혀와 보아지가 결구된 포대공을 설치하여 내고주와 함께 종량을 지지하고 있는데, 종량 상부 중앙에 사다리꼴 형태의 판대공을 세워 무거운 지붕하중을 받도록 하였다.

또한 전면 지붕은 겹처마로, 배면은 홑처마로 하여 맞배 기와지붕을 올리고 있으며, 양측면 박공부분에 풍판을 설치하였다.

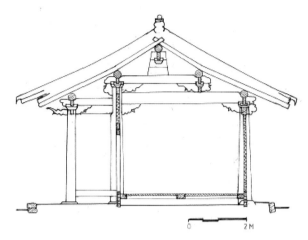

[그림 401] **문성공묘 지붕틀 가구**

[그림 402] **문성공묘 내부 가구**

[그림 403] **문성공묘 외관과 현판**

그리고 측면 가구에서 주심도리와 중도리, 그리고 종도리를 모두 뺄목으로 처리하고 있는데, 특히 배면의 주심도리 뺄목 장혀를 받쳐주고 있는 주심첨차 하단면에 고식 수법으로 보이는 연화문형의 조각으로 다듬어져 있는 특징이 있으며, 전면 정칸 처마 밑에 "문성공묘文成公廟" 현판이 걸려 있다.

11) 영주 소수서원 강학당(보물 제1403호)

(1) 건립시기

[그림 404] 소수서원 강학당 전경

우리나라 최초의 서원인 소수서원은 중종 37년(1542)에 풍기 군수였던 주세붕이 안향安珦을 제사하기 위하여 백운동白雲洞서원을 건립한 이후 명종 5년(1550)에 소수서원으로 사액賜額을 받으면서 사액서원의 시초가 되었는데, 강학당은 주세붕이 중종38년(1543)에 군학사郡學舍를 옮겨와 건립한 건물[104]로서 유생들이 학문을 연구하던 강학공간의 중심건물로서 매년 30여명의 원생을 뽑아 약 4,000여명의 선비를 배출시킨 성리학의 요람으로서 서원내의 동쪽에 위치하고 있다.

(2) 배치 및 평면

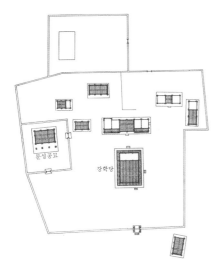

[그림 405] 소수서원 배치도

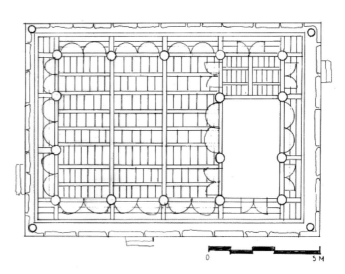

[그림 406] 강학당 평면도

소수서원은 서원의 일반적인 배치 형식인 전학후묘, 또는 전묘후학식이 아닌 동학서묘의 배치로 동쪽에는 강학공간을, 서쪽에는 제향공간을 두는 특별한 배치 방식을 따르고 있다.

[그림 407] 강학당 내부 대청마루

경내 동쪽에 잘 다듬은 2~3벌대의 장대석 기단 위에 덤벙주초석과 원형기둥을 세워 정면 4칸, 측면 3칸의 비교적 큰 규모로 건립되었다. 강학당은 전면 4칸중 좌측 3칸통칸에 우물마루를 깔아서 유생들이 모여 학문을 할 수 있는 넓은 대청마루로 만들고, 정면 4칸인 경우 대청을 중심으로 그 좌,우편에 온돌방을 대칭적으로 들이는 일반적인 수법과는 다르게 대청 우측 1칸에만 온돌방과 뒤편으로 마루방을 들인 후 강학당 4면으로 쪽마루를 돌려 설치하였다.

강학당의 창호는 대청 전, 후면과 측면 정칸에 궁창널을 댄 사분합 띠살 들어열개 문을 달아 연목에 달려 있는 들쇠에 걸도록 하였고, 측면의 양협칸은 궁창널을 댄 쌍여닫이 띠살문을 달아 대청 3면으로 돌아가며 한지로 마감한 문을 설치한 특징이 있으며, 대청과 온돌방 사이에는 2분합 맹장지 들어열개 문을 달아 필요할 때 들쇠에 걸도록 하여 넓은 강학당 공간을 만들 수 있도록 하였다.

주간 간격은 정면 4칸중 좌측 대청 3칸은 2.50m씩 등간격으로 잡은 후 우측 온돌방은 2.80m로 잡았고, 측면 3칸은 중앙칸 2.80m로, 양협칸은 1.85m로 구획하였다.

(3) 공 포

강학단의 공포는 헛첨차의 외단이 쇠서로 돌출되고 있는 무출목 주심포 제3양식이다.

공포의 구성에서 헛첨차는 기둥 상부에서 창방과 十자 방향으로 직교하여 외부로 빠져 나왔는데, 수서형으로 돌출된 쇠서의 뿌리가 아래에서 위로 솟아 오르듯이 힘차게 휘어 오르고 있으며, 그 아래면은 파련문으로 다듬고 있다.

특히 창방 위치에 짧은 단창방을 결구하고 있는 문성공묘와 다르게 창방을 결구하고 있지만 헛첨차가 빗

[그림 408] **강학당 공포**

[그림 409] **강학당 공포 내부 보아지**

굽의 사절된 주두의 운두와 엇물려 나오지 않고 기둥 상단면에서 빠져 나온 것은 경내에 있는 문성공묘와 같은 주심포 3양식의 공포구성 수법으로 볼 수 있으며, 건물 내부로는 파련문의 초각을 한 보아지로 만들어 대량의 단부를 받쳐주고 있다.

(4) 가 구

전,후 평주 위에 대량과 종량을 걸고 있는 2중량 5량가의 지붕틀 가구이며, 대량 상부 양측에 동자주를 세우고 그 상부에 포대공을 놓고 종량을 지지하고 있다. 종량 상부 중앙에 화려한 초새김으로 조각을 한 비교적 높은 파련대공을 설치하여 종도리와 함께 무거운 지붕하중을 받도록 하고 있다.

그리고 팔작지붕에서 생기는 합각밑 처리는 대청 측면 기둥에서 대량 상부에 걸쳐댄 만곡彎曲된 충량(그림 412) 상부에 눈섭천장을 가설하여 은폐시키고 있다.

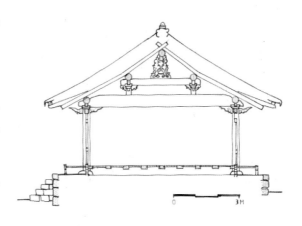

[그림 410] **강학당 지붕틀 가구**

[그림 411] **강학당 내부 가구**

[그림 412] **강학당 충량 상부 가구**

천장은 섬세하고 정성을 많이 들여 결구되어 있는 가구재가 모두 노출되는 연등천장이며, 지붕은 겹처마 팔작 기와지붕으로 올렸다. 또한 강학당 4면에는 길게 나간 처마의 처짐을 구조적으로 방지하기 위하여 활주가 세워졌다.

[그림 413] **강학당 "백운동" 현판**

그리고 명종대왕의 친필 편액이라는 "소수서원紹修書院" 현판은 대청과 온돌방 사이 포벽 상부에, "백운동白雲洞" 현판은 우측면 정칸 처마 밑에 걸려 있다.

2-3-2. 주심포 제3양식의 정리整理

위에서 검토한 건물들은 평주 상부에 헛첨차가 결구되면서 그 외단부가 쇠서로 돌출되지 않고 사절斜切되는 주심포 제2양식에서, 헛첨차 외단부가 쇠서牛舌로 돌출되고 있는 주심포 제3양식으로 변천된 건물들로서 다음과 같은 건축 양식적 특성을 살펴볼 수 있다.

① 주심포양식의 후기적 특성

주심포 제3양식 중 헛첨차 외단부의 쇠서牛舌 모양과 헛첨차 외단 하부면의 파련문형의 조각수법, 그리고 건물의 소형화 및 부재의 간략화 등이 한국 주심포 양식의 후기적 건물의 특징으로 생각되고 있다.

② 헛첨차 외단부의 쇠서 발생

헛첨차의 외단부 형상 변천은 도갑사 해탈문(그림 414-①)과 같은 전형적인 사절斜切 형상의 주심포 제2양식에서 헛첨차의 외단부가 출목出目 소로 끝단보다 둥근형태로 더 빠져 나오기 시작한 전주 풍패지관 정청 및 서익헌 공포(그림 414-②)의 과도기 양식을 거쳐서 16세기 중반경에 중창重創된 건물인 송광사 국사전의 공포(그림 414-③) 구성에서 헛첨차가 처음으로 주심포 제3양식의 특징인 쇠서牛舌 형태로 돌출되고 있다.

주심포 제2양식	주심포 제2양식	주심포 제3양식
사절형상	둥근형상 - 과도기양식	쇠서형상
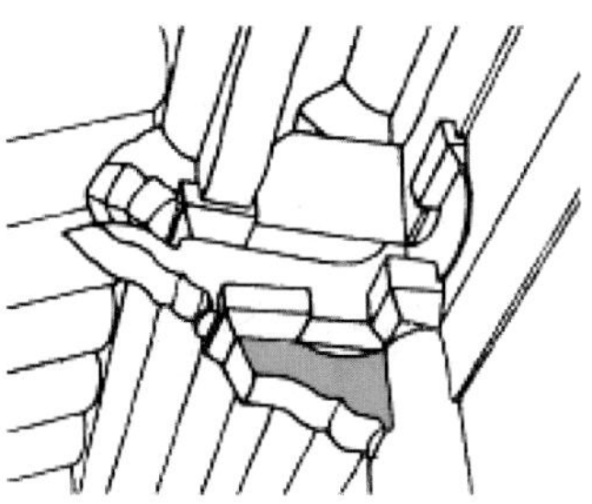	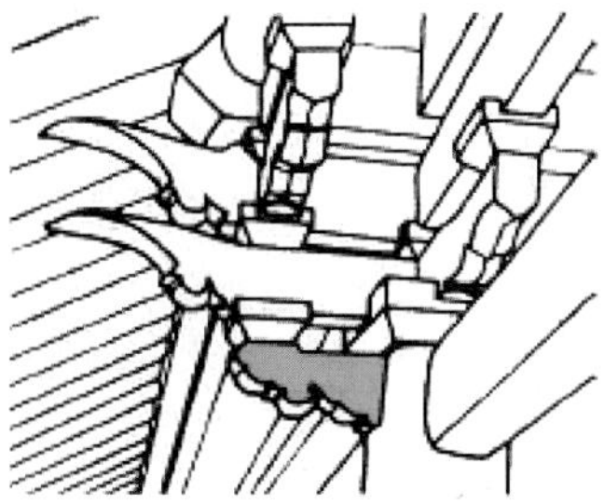	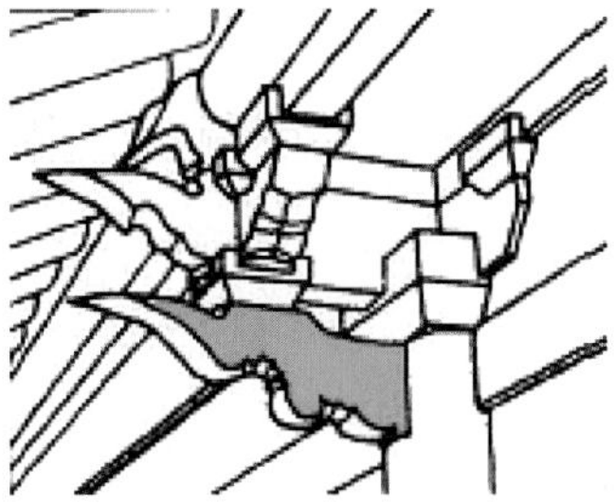
① 도갑사 해탈문 공포	② 풍패지관 서익헌 공포	③ 송광사 국사전 공포

[그림 414] 헛첨차 외단부의 쇠서 발생 과정

③ 헛첨차 외단 하부면의 조각 변천

헛첨차 하부면의 조각 변천은 도갑사 해탈문과 같은 주심포 제2양식의 사절斜切 연화문형(그림 415-①) 조각에서 나주향교 대성전의 사절 파련문형(그림 415-②)으로, 그리고 전주 풍패지관 정청 및 서익헌과 같이 둥글게 빠져 나오려는 파련문형(그림 415-③) 형상의 과도기를 거쳐서 16세기 중반 이후의 건물, 특히 송광사 국사전(그림 415-④)이나 하사당을 비롯한 주심포 제3양식의 건물에서 더욱 복잡한 파련문 형상으로 조각도 변천되는 것을 확인할 수 있다.

주심포 제2양식	주심포 제2양식	주심포 제2양식	주심포 제3양식
사절 연화문형	사절 파련문형	둥근 파련문형	쇠서 파련문형
① 도갑사 해탈문 공포	② 나주향교 대성전 공포	③ 풍패지관 서익헌 공포	④ 송광사 국사전 공포

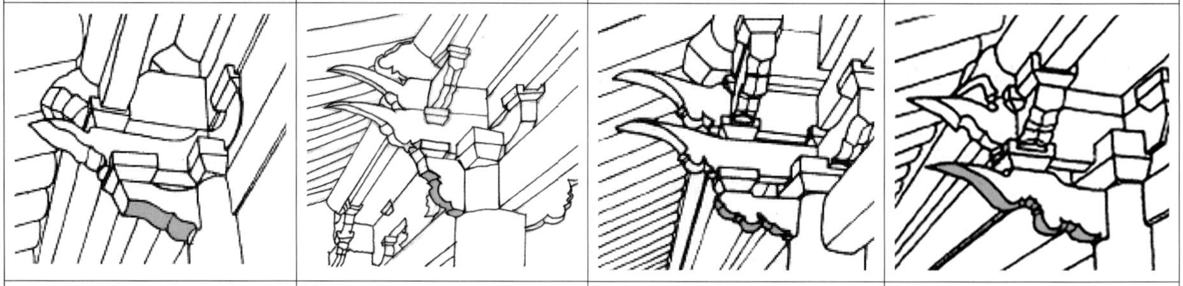

[그림 415] 헛첨차 외단 하부면의 조각 변천

④ 헛첨차의 쇠서뿌리 형상 변화

헛첨차의 외단 형상 변화는 주심포 제2양식의 수덕사 대웅전과 같이 헛첨차의 외단이 모두 사절斜切되어 짧고 간결한 형상(그림 416-①)을 이루고 있었으나 주심포 제3양식의 초기단계에서는 송광사 국사전과 같이 외단부의 쇠서 형상이 점점 수평화를 이루면서 뾰족하게 깎아 휘어 오르는 듯한 수서형상(그림 416-②)을 이루다가 후기경에는 봉정사 화엄강당의 헛첨차 외단부와 같이 아래에서 위로 심하게 휘어 오르는 듯한 익공뿌리 형상(그림 416-③)모양으로 점점 변해가고 있다.

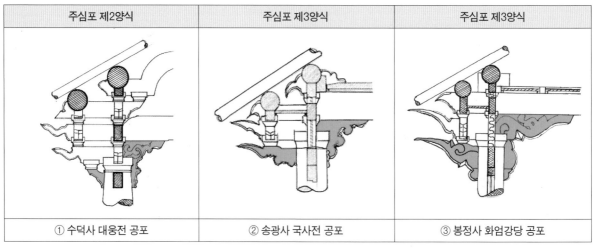

주심포 제2양식	주심포 제3양식	주심포 제3양식
① 수덕사 대웅전 공포	② 송광사 국사전 공포	③ 봉정사 화엄강당 공포

[그림 416] 헛첨차의 외단부 형상 변화

⑤ 주심포양식의 공안 변화

주심포양식과 익공양식을 구분하는 근거가 되고 있는 공안栱眼은 송광사 국사전과 같이 주두 상단면에서 빠져나온 헛첨차 상부에 1출목 소로를 놓고 제1살미첨차 사이에 공안을 만들던 수법(그림 417-①)에서 주심포 제3양식 가운데 제1살미첨차가 생략되어 헛첨차 위에 소로를 놓고 대량과 결구된 외목도리를 직접 받쳐주고 있는 전주향교 대성전의 과도기적 공포(그림 417-②)를 거치면서 변화가 시작되고 있다.

이러한 공안의 변화는 해인사 수다라장 사간판전(그림 417-③)에서는 건물의 소형화로 외목도리가 결구되지 않자 제1살미 첨차와 출목소로까지 생략되고 있으며, 따라서 공안도 없어지게 되었다. 그러나 창방과 十자 방향으로 직교하여 아직도 기둥 상부에서 돌출되고 있는 헛첨차는 대량의 보머리와 떨어져 외부로 돌출되고 있어서 주심포양식의 헛첨차 형태를 그대로 유지하고 있는 것으로 볼 수 있다.

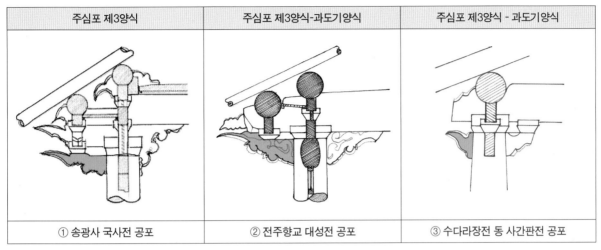

주심포 제3양식	주심포 제3양식-과도기양식	주심포 제3양식 - 과도기양식
① 송광사 국사전 공포	② 전주향교 대성전 공포	③ 수다라장전 동 사간판전 공포

[그림 417] **주심포양식의 공안**拱眼 **변화**

⑥ 무출목 익공양식의 발생

주심포 제3양식 중 후기형식에 속하고 있는 건물들 가운데 내1출목에 외목도리를 생략하고 있는 해인사 동 사간판전(그림 418-①)에서 내출목까지 생략되면서 보아지가 대량의 하단부와 맞닿아 있는 아산 맹씨행단과 소수서원 문성공묘, 그리고 강학당(그림 418-②) 등의 과도기양식이 무출목 익공양식(그림 418-③) 발생에 영향을 미친 것으로 볼 수 있다.

주심포 제3양식 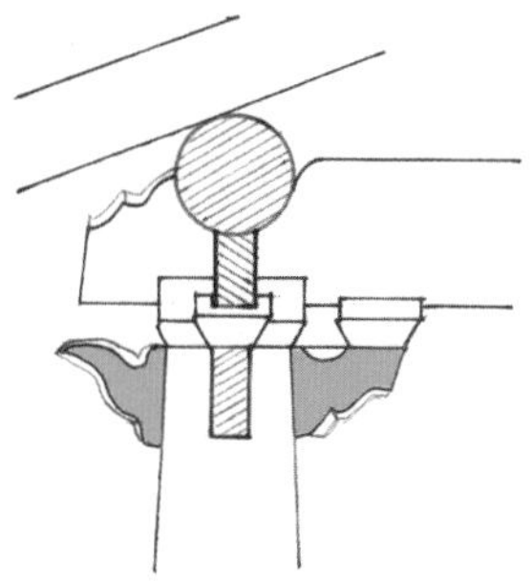	주심포 제3양식 - 과도기양식 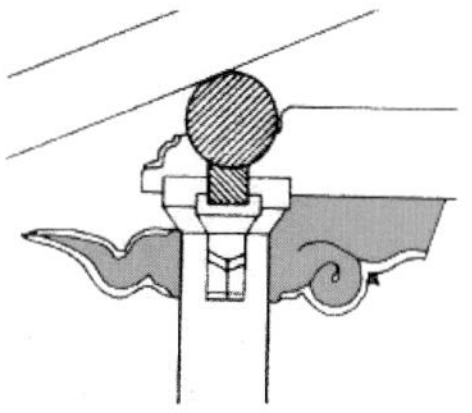	무출목 초익공양식 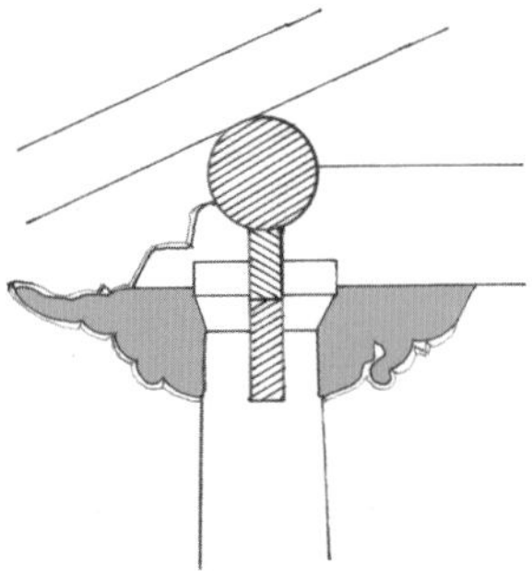
	② 아산 맹씨행단 공포 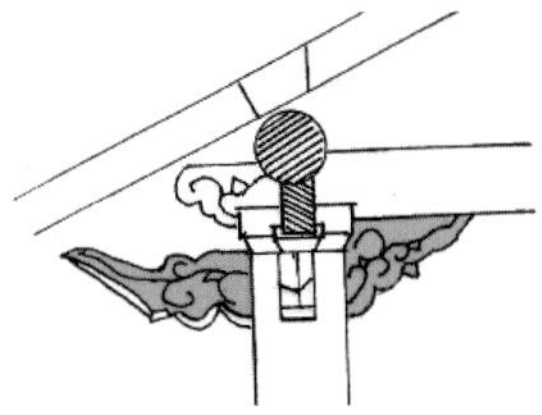	
	② 소수서원 문성공묘 공포 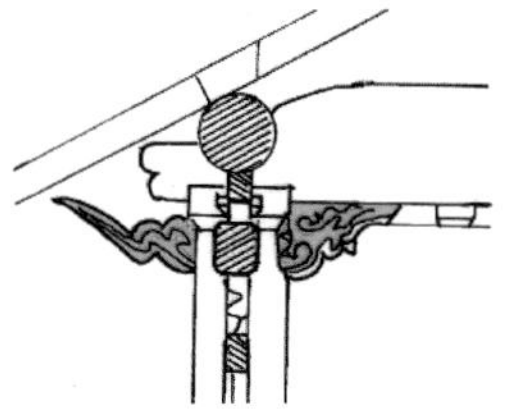	
① 해인사 수다라장전 동 사간판전 공포	② 소수서원 강학당 공포	③ 해인사 수다라장전 공포

[그림 418] **무출목 익공양식의 발생 과정**

⑦ 출목 익공양식의 발생

주심포 양식에 속하고 있는 건물들 가운데 송광사 국사전(그림 419-①)의 공안이 있는 헛첨차 외단부의 수평적인 쇠서형상에서 봉정사 화엄강당(그림 419-②)과 같이 공안의 폭이 점점 좁아지면서 쇠서도 아래에서 위로 심하게 휘어 올라 가는 익공양식의 특성으로 변화하고 있다. 이 변화는 헛첨차가 주두의 운두부분과 엇물려 돌출하기 때문에 공안栱眼이 없어지면서 익공부재로 되고 있는 봉정사 고금당(그림 419-③)과 같은 출목 익공양식의 발생에 일부 영향을 미친 것으로 볼 수 있다.

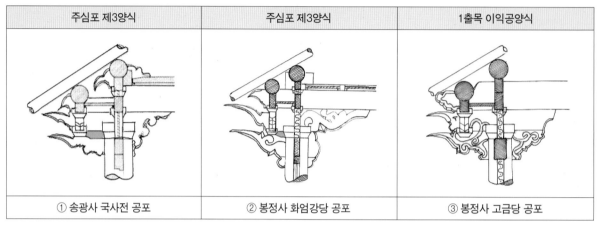

주심포 제3양식	주심포 제3양식	1출목 이익공양식
① 송광사 국사전 공포	② 봉정사 화엄강당 공포	③ 봉정사 고금당 공포

[그림 419] 출목 익공양식의 발생 과정

⑧ 주심포양식과 익공양식의 구분

주심포 양식 가운데 헛첨차가 결구되어 있지 않은 주심포 제1양식(그림 420-①)에서 헛첨차의 결구 유,무와 공안의 유, 무(그림 420-②), 그리고 헛첨차 상부면이 살미첨차 하단부(그림 420-③)나 대량 하단부(그림 420-④)와 떨어져 외부로 돌출되고 있을 때 주심포양식(그림 420-①②③④)으로 볼 수 있다.

그러나 주두의 운두 부분과 엇물려 대량 하단부와 맞닿아서 외부로 돌출(그림 420-⑤)되고 있을 때는 주심포양식의 헛첨차 부재가 아니라 익공양식의 익공부재로 보는 것이 옳다고 판단된다.

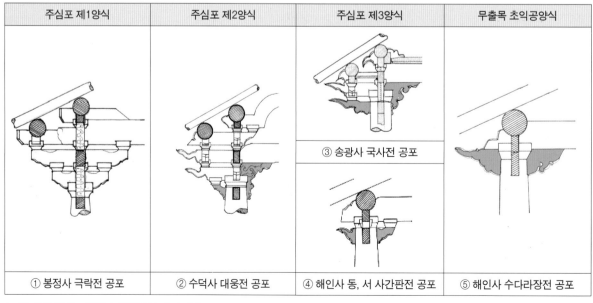

주심포 제1양식	주심포 제2양식	주심포 제3양식	무출목 초익공양식
		③ 송광사 국사전 공포	
		④ 해인사 동, 서 사간판전 공포	
① 봉정사 극락전 공포	② 수덕사 대웅전 공포		⑤ 해인사 수다라장전 공포

[그림 420] 주심포양식과 익공양식의 차이점

⑨ 창방 상부 화반의 배치

주심포양식에서 창방昌枋으로 결구되고 있는 주간柱間을 포벽包壁으로 마감하거나 또는 포벽에 뜬장혀와 소로를 결구시켜 간결하게 처리하던 수법에서 일부 주심포 제3양식의 창방 상부에도 익공양식의 특징인 다양한 형태와 초각을 하고 있는 화반花盤을 배치하여 건물의 입면에 구조적 또는 장식적으로 큰 변화를 보이고 있다.

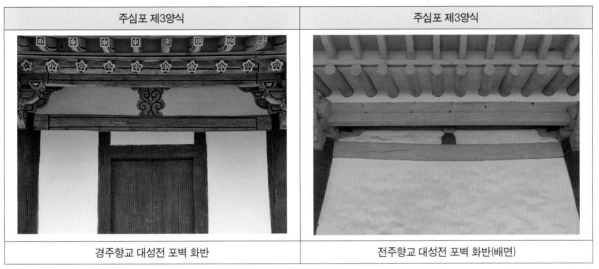

주심포 제3양식	주심포 제3양식
경주향교 대성전 포벽 화반	전주향교 대성전 포벽 화반(배면)

[그림 421] 전퇴칸이 없는 폐쇄형 평면의 창방 상부에 화반을 배치하고 있는 건물

이러한 변화는 경주향교 대성전이나 전주향교 대성전과 같이 전퇴칸이 없는 폐쇄형 평면에서도 일부 볼 수 있으며, 특히 석가탄신일이나 석전제釋奠祭에서 의례공간이 필요했던 건물의 기능적인 측면에서 전퇴칸을 두고 있는 정수사 법당이나 창평향교 대성전, 나주향교 대성전 등의 개방형 평면 건물에서 더욱 많이 볼 수 있다.

특히 조선시대 궁궐건축에서 건물의 위계나 권위를 나타내기 위한 수단으로 장식적인 측면을 더욱 강조했던 다포양식과 같이 궁궐건축의 침전이나 전각 등의 건립에 주로 사용되었던 익공양식에서 화반을 더욱 많이 사용하고 있는데, 화반의 형태나 배치 수법도 주심포 후기양식이 익공양식에 미친 영향가운데 하나로 볼 수 있다.

주심포 제2양식	주심포 제2양식
정수사 법당 화반	창평향교 대성전 화반

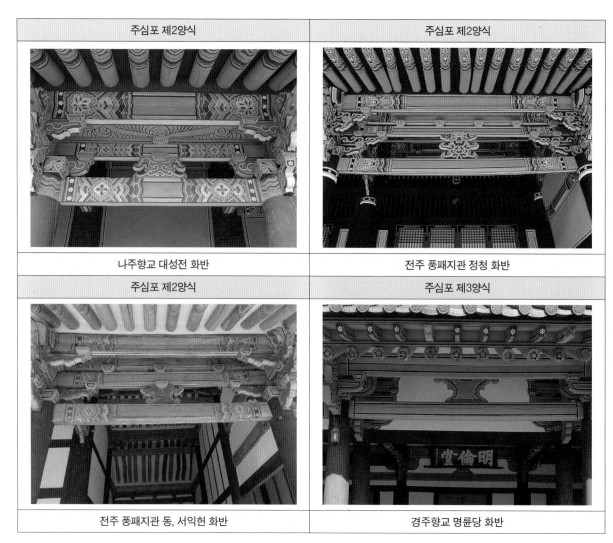

주심포 제2양식	주심포 제2양식
나주향교 대성전 화반	전주 풍패지관 정청 화반
주심포 제2양식	주심포 제3양식
전주 풍패지관 동, 서익헌 화반	경주향교 명륜당 화반

[그림 422] 전퇴칸이 있는 개방형 평면의 창방 상부에 화반을 배치하고 있는 건물

⑩ 창방昌枋의 변화

주심포 제3양식의 후기적인 특성을 가지고 있는 아산 맹씨행단과 소수서원의 문성공묘에서 볼 수 있는 단창방短昌枋 형태를 익공양식 중 시원적始原的인 형태로 볼 수 있는 개목사 원통전 공포에도 단창방이 결구되고 있어서 이 수법 역시 후기 주심포 제3양식이 초기 익공양식에 영향을 미친 것으로 볼 수 있다.

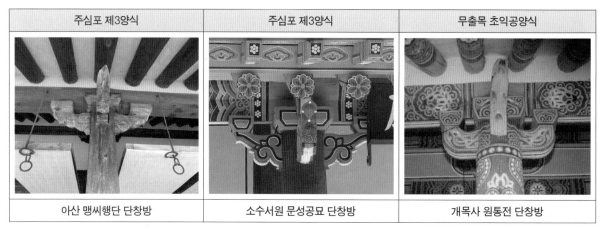

주심포 제3양식	주심포 제3양식	무출목 초익공양식
아산 맹씨행단 단창방	소수서원 문성공묘 단창방	개목사 원통전 단창방

[그림 423] 단창방短昌枋의 변화

미주

77 문화재관리국,『문화재대관』국보편, 1968, p.70

  문화재관리국,『한국의 고건축』제2호, 1975, p. 122

78 鄭寅國, 韓國建築樣式論, 一志社, 1974, p.52

79 문화재청,『송광사 중요목조건축물 실측정밀보고서(상)』, 2007, pp.59~60

80 문화재청,『송광사 중요목조건축물 실측정밀보고서(중)』, 2007, pp. 58~59

81 문화재관리국,『문화재대관』보물편, 1968, p.146

  주79) 문화재청 앞의 보고서, pp.58~59

82 주79) 문화재청 앞의 보고서, p.58

83 주79) 문화재청 앞의 보고서, p.128 에서도 공포의 구성을 볼 때 살미첨차와 상부의 툇보가 소로의 사용없이 일체화 된
  것으로 보아 국사전이 하사당 보다 조금 늦은 시기의 건물로 추정된다. 라고 하고 있다.

84 國立文化財硏究所,『北韓文化財解說集 Ⅱ』寺刹建築篇, 1998, pp.57~60

85 이기준,『북한의 문화재와 문화유적 Ⅱ』조선시대(사찰편), 서울대출판부, 2002. pp.88~93

86 강화군청, 문화재청,『강화정수사 법당 수리조사보고서』, 2004, p.76

87 문화재청,『북한의 전통건축, 황해남도 2』, 2007, pp.13~14

88 건축양식에 있어서 주84) 국립문화재연구소, 앞의 책, p.57에서는 1출목 이익공형식으로, 주85) 이기준 앞의 책 p.88에
  서는 외도리 2익공으로, 주87) 문화재청 앞의 책, p.25에서는 일반적으로 출목익공으로 볼 수 있으며, 이러한 공포는 주
  심포계의 형식으로 분류되기도 한다. 라고 설명하고 있는데, 전자의 자혜사 대웅전 단면도에는 공포에 공안이 없는 도
  면으로, 후자는 공포에 공안이 있는 도면을 토대로 설명하고 있는 차이점을 볼 수 있다.

89 문화재청,『경주향교 대성전 정밀실측조사보고서』, 2014, p.41

90 주89) 문화재청 앞의 보고서, p.42

91 주78) 정인국 앞의 책, p.264

  주81)『문화재대관』보물편 앞의 책, p.30

92 문화재청,『화엄강당 정밀실측조사보고서(상)』, p.109

  문화재관리국 문화재연구소,『한국의 고건축』제12호, p.80

93 주92) 문화재관리국 문화재연구소 앞의 책, pp.81~82

94 주78) 정인국 앞의 책, p.265

95 문화재관리국,『문화유적총람 하권』, 1977, p.5

96 문화재청,『전주향교 정밀실측보고서』, 2014, p. 61

97 문화재관리국,『한국의 고건축』제1호, 1973, pp.118 ~ 120

  해인사, 문화재청,『해인사 장경판전 실측조사보고서』, 1997, p.93

98 맹온재,『고불 맹사성 전기』, 한국학력개발사, 1977

  이달훈,「조선시대 별당건축의 양식에 관한 연구」, 충남대학교 석사학위 논문, 1979

  이달훈,「맹씨행단 고찰」, 충주공전 학술논문집, 제13집1호, 1980

한국익공건축양식론

99 문화재청, 『아산 맹씨행단 정밀실측조사보고서』, 2012, pp. 162~163

맹씨행단의 공포 구성에서 조선중기 이후의 건물에서는 흔하지 않은 형태로서 후대의 익공구조가 익공의 보머리 아래까지 맞닿으면서 수서형 형태를 취하는 것과는 달리 맹씨행단의 공포는 보머리와 분리된 형식으로서 두공의 변천사 연구에 중요한 위치를 차지한다고 기술하고 있다.

100 기둥 위에 가로 건너질러 연결하여 평방 또는 화반이나 소로 등을 받는 부재인 창방(昌枋)을 짧게 절단하여 공포 양편에만 결구시키고 있는 형태를 맹씨행단에서 처음 볼 수 있다. 그러나 이 부재 명칭을 건축사전에서도 찾아 볼 수 없고, 주 99) 문화재청 아산 맹씨행단 정밀실측조사 보고서에서는 행공(첨차)으로, 주 103)소수서원 문성공묘 실측조사 보고서에서는 두공으로, 한국의 고건축 제6호와 문화재청 개목사 원통전 보고서에서는 첨차로 부재 명칭을 각각 설명하고 있다. 따라서 이 부재를 단창방(短昌枋)으로 명칭을 붙인 것은 도리 밑에 평행으로 받쳐주는 부재를 장혀라 하고 공포 상부에만 짧게 받쳐 댄 장혀를 단장혀(短長舌)라고 하듯이 창방도 기둥 사이를 건너지르지 않고 공포 부분에만 짧게 받쳐대었기 때문에 부재 명칭을 단창방(短昌枋)이라 하였다.

101 장헌덕, 「목조건물의 인자형대공 발생과 변천에 관하여」, 『창산 김정기박사 회갑기념논총』, 1990, pp. 109~121

102 주99) 문화재청 앞의 보고서, pp. 98~99

103 영주시, 『소수서원 강학당 및 문성공묘 실측조사보고서』, 2003, p. 80

104 주103) 영주시 앞의 보고서, p. 93

03

헛첨차 부재의
발생 및 변천

3-1. 헛첨차 부재의 정의

헛첨차의 용어는 한국건축사전[1]에서 "기둥머리를 뚫고 내밀어 소로를 얹은 위에 초제공初提栱을 받는 주심 포계의 공포재"라 하여 건축 양식학적 측면에서의 용어보다는 공포를 구성하고 있는 하나의 부재를 의미하 는 용어로 설명하고 있다.

건축 양식학적 측면으로 헛첨차를 보게 된다면, 헛첨차의 결구 유,무와 헛첨차 외단外端의 형상, 그리고 헛 첨차 외단의 조각 형태 등은 우리나라 전통목조 건축물 가운데 주심포계의 양식 분류에 중요한 기준이 될 수 있을 뿐만 아니라 그러한 특징의 변천이 익공계 양식의 공포 발생에도 큰 영향을 미치고 있음을 알 수 있다. 특히 헛첨차의 결구 유, 무有無는 공포형식의 구분에 중요한 단서가 되며, 헛첨차와 주두의 짜임에서 헛첨차 가 주두와 함께 짜일 경우 헛첨차로 볼 수 없고 익공으로 보는 것이 옳다[2]는 견해도 밝히고 있다.

헛첨차는 주심포 제2양식인 수덕사 대웅전 공포(그림 424-②)에서와 같이 기둥 상단면에서 보 방향으로 창방과 ┤자 형태로 짜여져 건물의 외부 방향으로만 돌출되어 그 끝단에 1출목 소로를 놓고 제1살미첨차를 받고 있는 부재를 헛첨차로 지칭[3]하고 있다.

주심포 제1양식	주심포 제2양식
① 안동 봉정사 극락전 공포	② 예산 수덕사 대웅전 공포

[그림 424] 헛첨차 부재의 정의

헛첨차는 중국의 복건福建 지방에서 비롯된 남송의 건축양식이 우리나라에는 고려중기에 도입되어 형성 된 양식으로 전해지고 있는데,[4] 이 헛첨차 부재의 결구 유,무를 주두의 굽받침 특징과 함께 목조건축의 형식 분류를 할 때 하나의 기본으로 이용한 학설[5]도 있었다.

다른 나라에서 보여지는 헛첨차 부재는 중국의 수나라시대 가옥모형인 채색도방彩色陶房이나 하남성 박물 관에 소장되어 있는 수나라 집모양 도자기의 건물(그림 425)에서도 기둥 상부는 아니나 처마밑에 중첩하여 돌출되고 있는 형태의 헛첨차형 부재를 볼 수 있어서 발생 과정이나 형태는 우리나라와는 일부 다르나 길게 돌출되는 처마를 받치기 위한 기능적인 측면에서는 우리나라의 헛첨차와 유사한 것을 알 수 있다.

傳, 허난성 뤼양시, 彩色陶房
(국립부여문화재연구소 외, 치미,하늘의 소리를 듣다)

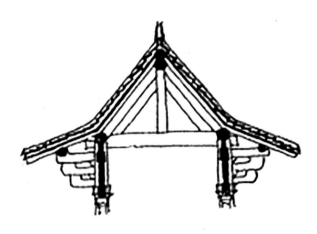

수나라도기가옥모형隋陶屋模型屋家投想
(중국 건축고고학논문집, p.278)

[그림 425] 중국건축에서의 헛첨차형 부재

또한 우리나라와 함께 중국계 목조건축에 속하고 있는 일본의 경우에도 창방과 十자 방향으로 결구되어 외부로 빠져나오는 우리나라의 헛첨차와는 다르게 그 형태가 중국의 헛첨차형 부재와 유사한 형태로서, 일본 전통건축에서는 주목肘木[6]이라 하여 기둥 상부에서 첨차 부재가 마치 팔꿈치로 물건을 받쳐주고 있는 모양으로 빠져나와 길게 뻗어나온 처마를 받쳐주고 있는 소위 중국 남부의 건축양식을 따온 대불양식大佛樣式 또는 천축양식天竺樣式[7]의 헛첨차형 부재를 볼 수 있다.

[그림 426] 일본 법륭사 금당(일본건축학회편, 『일본건축사도집』, 신정판, 1999)

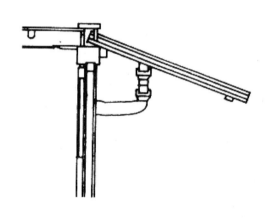

[그림 427] 일본 법륭사 금당 차양칸 공포

이러한 형태의 헛첨차형 부재를 일본 백봉시대白鳳時代(7세기 말~8세기 초경)에 건립된 것으로 알려지고 있는 법륭사 금당의 하층에 덧달아 낸 차양칸 기둥 상부에서도 헛첨차형 부재[8]를 볼 수 있다.

특히 이와 같은 유구를 1942년 일본인에 의한 1차 발굴조사에 이어서 1979년과 1980년에 걸쳐 다시 정밀발굴조사를 실시한 백제시대의 대표적인 절터였던 정림사지 금당이 이중기단으로 조성한 것이 밝혀졌는데, 상층 기단은 이미 파괴된 상태였으나 지대가 낮은 하층기단에서는 차양칸의 기둥을 받치기 위해 만든 초석의 적심이 발견[9]되었다. 이러한 이중기단 구조는 우리나라에서 일본으로 전하여진 것으로 보여져서[10] 정림사지 금당의 하층기단에 세웠던 차양칸도 일본의 법륭사 금당에 덧달아 냈던 차양구조 형태와 같은 헛첨차형 부재가 결구되어 있는 형식이 아니었을까 생각되고 있다.

그리고 일본의 겸창시대鎌倉時代(1185~1336)인 정치원년正治元年(1199)에 중건된 동대사東大寺 남대문南大門은 중국 송나라 사람이었던 진화경陳和卿이 천축양식天竺樣式으로 재건[11]하였다.

우리나라 헛첨차의 형태나 개념과는 일부 다르나 건물의 높이를 올리기 위한 방법으로 창방을 여러 단으로 중첩하여 결구한 후 기둥 상부에서 직접 빠져나온 첨차와 소로를 중첩하여 외부로 짜 맞춘 후 앞으로 길게 내밀어 돌출되는 처마의 하중을 받쳐주는 구조로서, 일본 동대사 대불전 및 남대문(그림 431)과 정토사 정토당(1192)등의 건물(그림 432)에서도 이러한 천축양식의 헛첨차형 부재가 결구되어 있다.

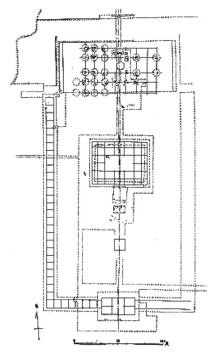

[그림 428] 부여 정림사지 배치도(윤무병,『정림사지 발굴조사보고서』)

[그림 429] 부여 정림사지 발굴 조사

[그림 430] 금당 하층기단 적심석

대불전 전경

남대문 전경

남대문의 공포

[그림 431] 일본 동대사 대불전 및 남대문 전경 (1185-1336)

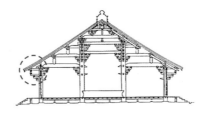
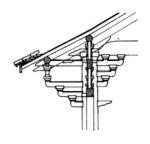

정토당 전경 　　　　　　　 정토당 지붕틀 가구 　　　　　　　 정토당 공포

[그림 432] 일본 정토사 정토당(日本建築史圖集, p.37)

　　그리고 원흥사 극락방 선실[12]의 공포(그림 433, 434) 구성은 네 모서리의 우주 상부 귀포에 거는 창방의 뺄목이 기둥머리에서 헛첨차 형태로 빠져 나와 윗면에 수평으로 공안을 만든 후 외1출목 오목굽 형태의 소로 끝단에 맞춰서 그 밑을 원호곡선으로 다듬어 납도리로 된 외목도리와 단장혀를 받쳐주고 있는 특징이 있다.

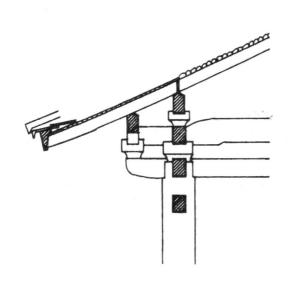

[그림 433] 元興寺 極樂坊 선실

[그림 434] 원흥사 극락방 선실 공포(奈良國立文化財硏究所, 伝統の ディテール, pp.48~49)

　　그리고 동대사 법화당 예당의 공포(그림 435) 구성[13]은 마치 우리나라 주심포 제2양식과 같이 평주 상부에서 창방과 十자 방향으로 직교하여 결구된 헛첨차의 윗면에 1출목 소로를 놓아 공안을 만든 후 1출목 소로를 놓고 그 외단부를 직절 교두형으로 다듬고 있다. 또한 내반된 오목굽으로 된 주두의 운두 부분과 엇물려서 수평으로 빠져나온 대량의 보뺄목 외단은 우리나라 주심포 건축에서 흔히 볼 수 있는 아래에서 위로 휘어지는 쇠서 형태는 아니나 그 끝단을 수직으로 짜른 후 그 하부면을 독특한 모양의 파련문으로 다듬고 있으며, 대량의 뺄목 상부에도 1출목 소로를 다시 놓고 도리방향으로 주심첨차와 함께 행공첨차를 결구하여 종량의 뺄목을 받고 있다. 건물 내부로는 보아지 형태가 아닌 부석사 조사당이나 해인사 수다라장전 동,서 사간판전에서와 같은 내1출목 형태로 짜서 대량의 내단부를 구조적으로 받쳐주고 있어서 우리나라의 헛첨차 구조와 일부 흡사한 형태로 결구되어 있으나 주두에 제1살미첨차가 결구되지 않고 대량이 결구되어 보뺄목 형태로 빠져 나오는 헛첨차 상부구조는 우리나라 목구조 구성과는 많은 차이가 있는 것을 볼 수 있다.

예당 내부 지붕틀 가구

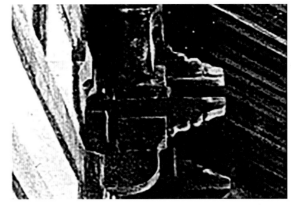

예당 공포

[그림 435] 동대사 법화당 예당 내부가구 및 공포(日本建築史圖集, p.39, p.106)

이외에도 홋까이도 지방에서 볼 수 있는 공포(그림 436)도 우리나라의 공포 결구 수법과는 다르게 기둥 상단부에서 직절 원호곡선으로 다듬어져 빠져나온 헛첨차 외단 상부에 1출목 소로를 놓고 외목도리가 아닌 대량의 외단을 직접 받쳐주고 있으며, 내반된 오목굽으로 된 주두와 소로 사이에는 활형의 공안을 만들고 대량의 외단 상부에는 초각을 하였고, 창방으로 결구된 주간에는 3개씩의 소로를 배치하여 주심도리 장혀를 받쳐주고 있다.

이와같이 일본 전통 목조건축의 경우 일반적으로 가마꾸라鎌倉시대의 대표적인 건축양식인 대불양식으로 건립된 동대사 남대문 공포나 정토사 정토당의 공포와 같이 규모가 큰 건물에서 건물의 높이를 높이기 위한 하나의 수단으로서 기둥 상부에서 직접 빠져 나오는 첨차의 부재수를 중첩시키는 형태가 주로 많이 사용되고 있으나 원흥

[그림 436] 홋까이도 지방의 헛첨차

사 극락방 선실이나 동대사 법화당 예당 등의 공포 구성에서는 우리나라 목조건축에서 볼 수 있는 헛첨차와 비슷한 형태의 헛첨차형 부재도 일부 볼 수 있다.

따라서 그 형태는 일부 다르나 길게 나간 처마를 받쳐주기 위하여 고안된 공포 구성에서 구조적으로 중요한 역할을 담당하고 있는 헛첨차 부재를 우리나라 뿐만이 아니라 전통적인 목조건축을 기본으로 하는 중국과 일본 등 동양 삼국의 일부 목조 건물에서 공통적으로 찾아 볼 수 있는 부재임을 알 수 있다.

3-2. 헛첨차 부재의 명칭

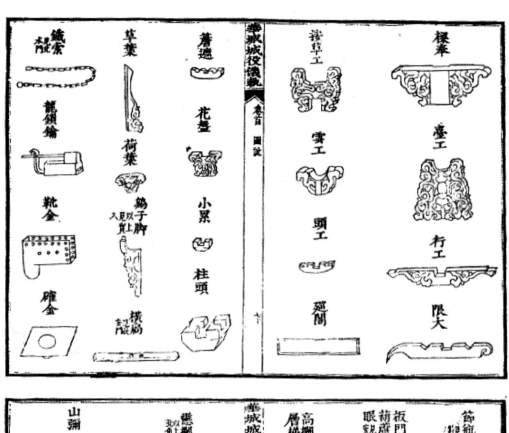

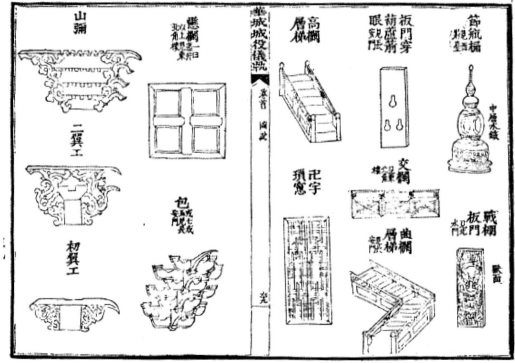

[그림 437] 화성성역의궤 도설(경기문화재단, 『화성성역의궤』, pp.40~41)

우리나라 전통 목조건축의 양식이나 부재 명칭을 알 수 있는 자료로는 조선시대 궁궐건축의 중요 공사 기록인 의궤儀軌에서 일부 확인할 수 있는데, 그중 조선 정조 18년에 시작하여 20년(1796)에 완성된 수원성곽의 공사기록인 『화성성역의궤華城城役儀軌』 도설(그림 437)에서 처음으로 살미山彌나 포, 그리고 이익공과 초익공과 같은 건축양식에 대한 그림과 함께 그 명칭이 함께 실려 있는 것을 볼 수 있다. 그러나 첨차와 화반, 소로, 주두, 그리고 양봉이나 대공, 행공, 한대, 안초공, 운공, 두공, 순각, 초엽, 하엽, 계자각 등과 같은 목조건축의 주요 구성 부재에 대한 그림과 명칭이 함께 기록되고 있으나 아쉽게도 헛첨차에 대한 그림이나 그 명칭은 찾아 볼 수가 없다.

따라서 헛첨차의 명칭에 관한 유래나 그 기원에 대해서 현재로서는 확실히 알 수 없으나 지붕에서 내려 오는 무거운 하중을 공포의 구성 부재인 살미첨차를 통해서 주두→기둥→주초석→기단→지반으로 전달되는 과정에서 구조적인 역할을 하지 않고 있는 부재라는 의미에서 "헛"이 들어가는 헛첨차라는 명칭이 사용된 것이 아닌가 짐작되고 있다.

그러나 헛첨차의 역할을 "기둥머리를 뚫고 내밀어 소로를 얹은 위에 초제공을 받는 주심포계의 공포재"[14]로 설명하고 있듯이 헛첨차가 결구되어 있는 기둥 상부의 결합부에 대한 거동擧動을 살펴보면 살미첨차와 헛첨차는 일종의 합성재로서 상부 하중에 대한 전단력을 받아 기둥에 전달하고 있는 역할을 하고 있음을 알 수 있다. 또한 헛첨차는 기둥 상단면에서 창방과 十자 방향으로 건물 내,외 방향으로 결구되면서 강도

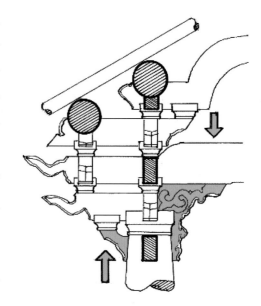

[그림 438] 헛첨차의 구조적 역할

뿐만이 아니라 결합 부분의 강성을 더욱 크게 해 주면서 변위變位의 줄임과 안정성을 더해 주고 있음을 생각할 수 있다.

한편 상부에서 전달되는 하중을 제1살미 첨차와 헛첨차가 동시에 지지支持하여 주고 있기 때문에 헛첨차가 단부에서 발생되는 응력應力에 의하여 변형이 생기게 되면 이들 응력은 살미첨차 쪽으로 이동하게 되어 살미첨차와 헛첨차가 상호 보완하면서 상부에서 전달되는 하중에 대하여 저항하게 되는 결과를 가져 오므로 헛첨차가 받는 구조역학적인 역할도 상당할 것으로 판단되고 있다.

따라서 헛첨차 내단이 자유단으로 된 부석사 조사당이나 창방의 뺄목이 헛첨차로 되어 있는 강릉 객사문이나 단칸單間 평면의 관룡사 약사전과 같은 예외적인 건물도 있지만, 일반적으로는 기둥 상부의 창방을 지점으로 하여 보아지甫兒只로 된 내단을 대량이나 퇴량이 내리 누르도록 하면 헛첨차는 그 외단을 외부로 돌출시켜서 길게 나간 처마를 외목도리에서 들어 올리는 역할을 하게 된다. 즉 헛첨차는 상부에서 내려오는 하중을 퇴량에 결구되어 있는 행공첨차와 제1살미 첨차를 통하여 헛첨차로 전달되는 응력을 받치게 하는 일종의 지렛대와 같은 작용을 갖게 만든 구조적 원리로 볼 수 있어서 이 경우 지금까지 "헛"첨차로 부르고 있는 명칭도 재고再考되어야 할 것으로 판단된다.

3-3. 헛첨차 부재의 발생

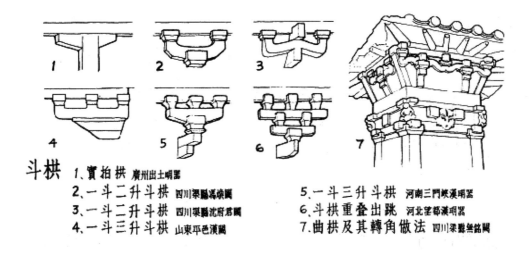

[그림 439] 중국 한대漢代의 공포 (『중국고대건축사』 p.75)

기원紀元 전, 후 경에 형성되기 시작하여 중국 한나라 시대에 체계화 된 것으로 알려지고 있는 공포는 그 발생 과정에 있어서 도리 방향으로만 결구되는 초기적인 형상(그림 439-1, 2, 3, 4)에서 다시 처마의 돌출과 함께 건물 내, 외의 대량大樑 방향으로 전개되는 과정(그림 439-5, 6)으로 발전됨을 확인할 수 있다. 첨차형 부재가 2중二重으로 중첩(그림 439-6, 7)되어 돌출되기도 하고, 또 한나라 묘에서 출토된 명기明器로 된 망루의 중간부분에서 빠져 나오고 있는 예[15](그림 440)도 있을 뿐만 아니라 특히 하북망도명기河北望都明器인 방형 쌍주方形雙柱(그림 441)와 같이 귀기둥 상부에서 돌출되어 처마를 받쳐주고 있는 공포[16]도 있어 이 시기에 이미 헛첨차 부재의 결구 가능성을 시사하고 있다.

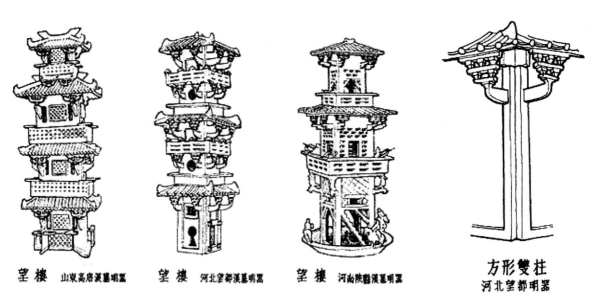

[그림 440] 한나라 명기 망루 (중국고대건축사, pp.74-77)

[그림 441] 방형 쌍주
(중국고대건축사, p.77)

중국에서 건물 본채에 반침이나 가림막, 또는 빗물받이 등의 여러 용도를 위하여 본채에 덧달아 내서 처마를 받쳐주었던 기둥이 점점 짧아지면서 그 기둥이 상부 쪽으로 올라가 덧달아 낸 처마부분을 결구(그림 442)하는 단순 구조로 발전되면서 중국에서 삽공插栱이 발생[17]된 으로 볼 수 있는데, 이 삽공의 형태가 우리나라의 헛첨차[18]와 유사한 구조로 보여지고 있다.

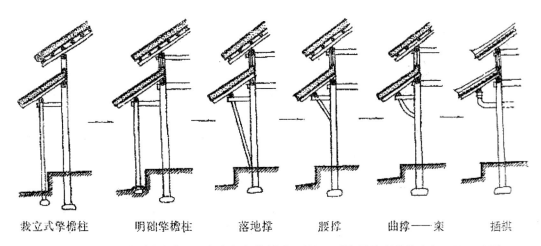

[그림 442] 중국의 추녀기둥에서 삽공(헛첨차)으로의 변천 과정(양홍훈, 건축고고학논문집, 문물출판사, 1987, p. 259)

이와 같은 삽공 형태는 직선적인 지붕틀 구조에서 들보를 사용한 오목하게 꺾여지는 지붕틀로 변화하는 과정에서 처마를 받쳐주기 위해 덧대주던 직선적인 부재가 곡재曲材 형태의 헛첨차형 부재로 볼 수 있는 삽공 형태로 변화하는 과정[19](그림 444)에서도 볼 수 있다.

특히 중국 한 대漢代의 묘에서 방형 누각식으로 만든 여러개의 망루望樓 명기明器가 발굴되었는데[20], 그중 영보 동한묘에서 출토된 3층으로 된 도자기 망루(그림 443)의 1층 지붕을 받치고 있는 1두斗 2승식升式 공포를 곡재의 삽공插栱 형태로 된 부재가 받치고 있을 뿐만 아니라 2층과 3층 지붕도 곡재로 된 삽공이 받쳐주고 있다. 그중 1층의 삽공은 주두 상단부에서 외부로 돌출되고 있어서 우리나라의 헛첨차 결구 수법과 유사한 수법을 보이고 있으며, 2층과 3층의 지붕 처마를 받쳐주고 있는 부재들도 모두 중옥重屋에서 반우反宇로 변천(그림 444)되는 것과 같이 반우의 평주 상부에서 처마를 받쳐주고 있는 형태의 곡재로 된 헛첨차형 부재들이 받쳐주고 있다.

[그림 443] 중국 동한묘
출토 3층 망루

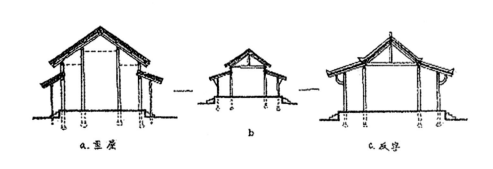

[그림 444] "중옥(겹집)"에서 "반우(반자)"로 변천 과정(양홍훈, 건축고고학논문집, 문물출판사, 1987, p.275)

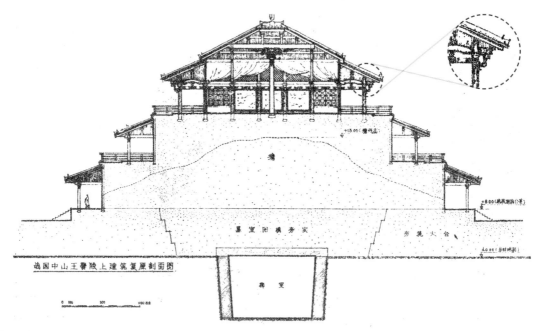

[그림 445] 향당단면복원도(양홍훈『건축고고학논문집 』「전국중산왕릉과 조역도연구」, pp.120~142)

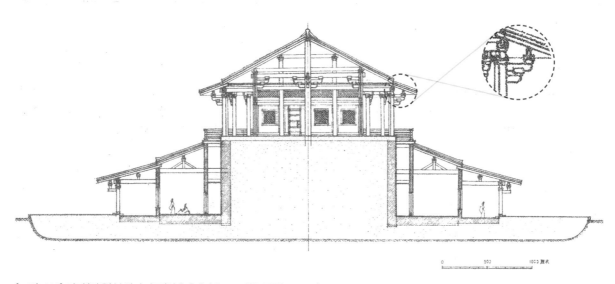

[그림 446] 명당(벽옹)복원단면도(양홍훈『건축고고학논문집』 p.182)

    이러한 삽공의 형태를 명기明器 망루에서도 볼 수 있지만 하북성 평산현에 있는 기원전 3세기 초엽 중산왕릉 묘 봉토 위에 건립되었던 향당享堂건물에서 한나라의 명기나 망루 등을 근거로 하여 삽공 형태로 처마부분의 복원도(그림 445)[21]을 작성하고 있다.

    또한 주周왕조 시대의 정전이었던 명당明堂은 한나라 장안의 명당을 그 당시 고급건물로 많이 사용된 절면 반우反宇 형식인 복층형 중옥重屋으로 추정하여 한나라 장안의 명당明堂 복원을 수나라도기가옥모형隋陶屋模型屋家投想(그림 425)의 삽공형식에 소로까지 배치하고 있는 외2출목 형식의 헛첨차 형태로 복원도(그림 446)[22]를 작성하기도 하였다.

    특히 곡재曲材로 된 이러한 삽공揷栱 형태를 중국 사례와는 시대적으로는 차이가 있으나 조선 중기의 학자였던 사계 김장생에 의하여 정리된 가례집람도설家禮輯覽圖說 가운데 하옥전도[23](그림 447)에서도 볼 수 있는데, 이는 논산 돈암서원의 강당건물인 응도당을 건립할 때 맞배지붕의 좌,우 풍판 밑에 측벽면이나 창호 등을 우로雨露로 부터 보호하기 위하여 동영東榮과 서영西英을 설치한 후 이 영(눈섭지붕, 가적지붕)를 받치고 있는 기둥 상부를 까치발(삽공)로 받쳐주고 있는 것을 볼 수 있다.

[그림 447] "가례집람도설" 하옥전도

그러나 우리나라에서의 헛첨차 발생 시기에 관해서도 확실한 고증이나 고대에 건립된 목조 유구가 없어서 단언할 수는 없으나 고구려시대 고분벽화에 그려져 있는 공포형식을 비롯해서 궁륭평행삼각구조방식으로 고분을 축조하는 방식 등 여러 건축수법을 보여주는 자료 등이 비교적 많이 남아 있어서 이를 근거로 그 당시 건축 세부 공법을 살펴볼 수 있는 중요한 자료로 활용할 수 있음은 다행한 일로 평가할 수 있다.

특히 김정기는 고구려 시대에 그려져 있는 주형도柱形圖(그림 7)를 묶어 발표[24]한 바 있는데, 많은 연구자들이 이를 근거로 우리나라 전통 목조건축의 공포 결구 방식이나 공포의 형식 분류 등에 활용하고 있다.

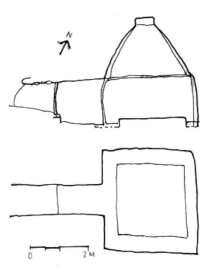

[그림 448] 환문총 실측도

그밖에도 길림성 집안현의 압록강변에 4세기 말에서 5세기 초에 건설된 환문총[25]은 안길과 안칸으로 이루어진 외칸무덤 형식으로서 안칸에 기둥과 두공, 도리를 그려 집안처럼 꾸몄고, 벽면 전체에 복과 경사慶事스러움을 상징하는 둥근무늬와 구름무늬를 가득 그

[그림 449] 고구려 고분 환문총 벽화(池內宏, 梅原末治 共著, 『通溝』下卷 日滿文化協會) 昭和十五年(1940)

[그림 450] 환문총 안칸 벽면 둥근 무늬 문양

려 놓았다. 특히 주형부에 그려진 이 상,하 문채(그림 449)가 각각 별도의 문채文彩로 그려져 있어 두공이 아니고 초공이 꽂여있는 헛첨차의 표현으로 보는 견해[26]도 발표된 바 있어 주목되고 있다.

그리고 김동현도 고구려 벽화고분의 공포 성격[27]에서 공포의 유형을 주두식, 이두식, 삼두식, 중복이두식, 무두익공식 등 크게 다섯 종류로 나누고 있다. 그중 무두익공식無斗翼工式은 계단식, 작채식, 주형첨차식 또는 역계단식이라고도 불리며, 이 형식은 기둥머리 위나 또는 기둥머리 부분을 관통해 익공같은 나무를 끼운 것처럼 보이는 기둥의 상부구조 형식이며, 중국에서는 기둥머리에 첨차형 부재를 관통시켜 끼웠을 때 이를 작채雀替라 하고, 일본의 경우에는 기둥머리 위에 첨차형 부재를 올려 놓은 것을 주형주목식舟形肘木式이라

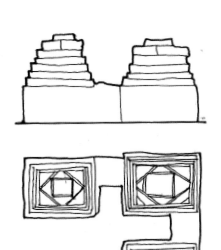

[그림 451] 삼실총 실측도

한다고 하며, 삼실총, 약수리 고분, 환문총, 태성리 2호분과 산연화총 등을 그 예로 들고 있다.

그 중 4세기 말 ~ 5세기 초에 국내성의 동북쪽이며, 여산의 남쪽 구릉지대인 길림성 집안현에 건설된 삼실총[28]은 안길과 안칸으로 이루어진 외칸무덤 3개가 서로 연결된 독특한 형식의 벽화 무덤이다.

벽화는 회벽 위에 그렸는데, 첫째칸의 안칸 오른쪽 벽에는 기둥 위에 3단의 역계단식으로 두공을 그렸으며, 둘째칸의 왼쪽벽 사이길에는 쇠갑옷에 큰 칼을 차고 있는 문지기인 힘장수와 함께 기둥과 2단의 두공이 그려져 있는데 기둥 상부에 그려진 2단의 두공 문채색이 기둥에 칠해져 있는 색과 달라서 마치 환문총과 같이 기둥에 초공이 꽂여 있는 것처럼 보이고 있는 특징이 있다.

그리고 셋째칸 앞쪽벽에는 고임돌을 받치고 있는 힘장수를 그렸는데, 기둥 위에는 첫째칸과 같이 3단의 역계단식 두공(그림 452)을 그리고 있다.

첫째 안칸 두공 벽화

둘째 안칸 두공 벽화

셋째 안칸 두공 벽화

[그림 452] 고구려 벽화고분 삼실총 두공(방상훈, 『집안集安 고구려 고분벽화』, 조선일보사, 1993)

그 외에도 약수리 벽화무덤은 4세기 말부터 5세기 초기 경에 남포시 강서구역 약수리에 있는 태성 저수지 서북단의 구릉위에 건설되었는데, 무덤칸은 언덕을 깎아내고 석재로 반지하에 궁륭삼각고임식 천장 구조로

축조하였다.

안길과 앞칸, 사이길, 안칸으로 구성되어 있는 약수리 벽화고분은 무덤칸 벽면에 모두 회미장을 먼저 한 후 회벽에 마구간과 우사牛舍를 비롯해서 역계단식의 두공 형태를 안칸 동남쪽 모서리와 안칸 남벽, 동벽, 서벽 등에 검은색과 노란색, 그리고 자주색등으로 채색된 것을 볼 수 있다. 특히 앞칸 북벽에는 중층의 문루건물과 함께 방형方形 형태의 성곽도가 사실적으로 그려져 있다.

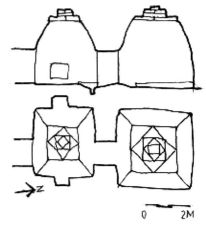

[그림 453] 약수리 벽화고분 실측도

그중 안칸 북벽(그림 454)과 동벽, 그리고 서벽의 넓은 벽면을 대들보大樑로 위 아래로 나눈 후 동벽 윗부분에는 청룡과 해를, 서벽에는 백호와 달을 그렸으나 북벽 윗부분에는 피장자인 주인공 부부가 앉아 있는 그림과 함께 현무와 북두칠성의 별자리를, 그리고 대들보 아래편에는 중앙과 양단부에 기둥 상부에 역계단식 두공을 결구시키고 있다,

[그림 454] 약수리 벽화 무덤 안칸 북쪽벽 벽화(이기준, 『북한의 문화재와 문화유적』고구려편 I, 서울대학교, 2000))

특히 약수리 벽화무덤 안칸의 동벽과 서벽에 그려져 있는 두공과 북벽 중앙에 있는 2단의 역계단식 두공과의 채색 상태를 비교할 때 변색의 가능성으로도 볼 수 있으나 현 상태에서는 기둥 머리에서 대들보를 받쳐주고 있는 부재部材색과 기둥색이 서로 다르게 보여지고 있어서 마치 기둥에 다른 부재가 끼워져 결구되어 있는 것처럼 보이고 있다.

또한 5세기 중엽에 남포시 와우도구역 신령리 야산에 남향하여 외칸무덤의 궁륭평행삼각고임 천장구조로서 건설된 성총(별무덤)[29]은 안길과 안칸으로 구성된 무덤칸 내벽 모서리에 회를 바르고 그 위에 벽화를 그리고 있는데, 무덤칸 네벽 모서리에 기둥과 두공을 그려 집안처럼 꾸민 다음 북벽에는 현무와 인물, 남벽에는 주작과 연꽃 및 인동무늬, 서벽에는 백호와 연꽃무늬, 동벽에는 청룡과 연꽃무늬, 그리고 천장에는 별, 연꽃무늬, 넝쿨무늬 등의 그림이 있어서 성총(별무덤)이라 부르고 있다.

[그림 455] 성총(별무덤) 투시도(이기준,『북한의 문화재와 문화유적 II (고구려편)』, 서울대학교출판부, 2000)

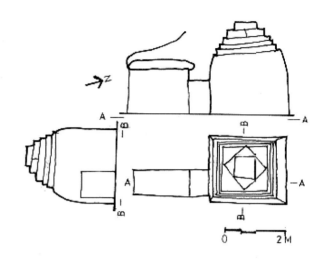

[그림 456] 성총묘실 평면 및 단면 실측도

특히 안칸에서 안길로 나가는 남벽면 좌측 출입구 상부면에 그려진 벽화의 일부 부분이 훼손되어 있어서 기둥과 두공의 벽화 상태가 분명하지는 않지만 벽면쪽에서 길게 돌출되어 있는 첨차 끝단 위로 다시 2중의 두공이 짜여지고 있는 모습을 볼 수 있다.

특히 주남철은 고구려 벽화고분 공포도(그림 457)를 근거로 하여 특수한 공포 구성의 예로 성총星塚을 들면서 이의 공포는 기둥 상부에서 고려시대 무량수전의 헛첨차와 같은 것이 돌출되어, 이 위에 이소로二小累 첨차의 공포가 놓여 있는 모습으로 이미 헛첨차가 고구려의 목조건축에 나타나 계승된 것 이라고 추정할 수도 있다[30] 라고 하여 헛첨차의 기원을 성총(별무덤)의 두공으로 추정하고 있다.

그러나 기존의 자료[31]에 나와 있는 성총 주형도(그림 7, 그림 457)에는 마치 두공이 기둥 상부에서 돌출되고 있는 것 처럼 그려지고 있으나 성총 묘실 실측도(그림 456)중 성총 묘실 평면도와 단면도 B-B, 그리고 성총 무덤칸 투시도(그림 455)를 보면 일부 훼손된 부분이 있어서 분명하지는 않지만 빠져나오고 있는 두공이 기둥에서 돌출되고 있는 것이 아니라 기둥처럼 표현되고 있는 것은 안길 출구 옆 벽면으로 보여지고 있다.

따라서 이 두공이 기둥 중간에서 돌출되고 있는지 또는 이 부재를 헛첨차로 판단할 수 있는지에 대해서는 연구가 필요할 것으로 판단되고 있다.

그리고 6세기 후반경에 축조된 남포시에 있는 돌방무덤인 우산리 1호분 석실 네귀 주형도(458-①)에서는 주두 아래에서 마치 초새김을 한 헛첨차와 제1살미 첨차를 놓은 외단부에 소로를 놓고 있는 듯한 벽화 그림이 있으며, 5세기 초에 평남 남포시 강서구역 태성리 마을 뒤쪽 구릉 위에 축조된 천장막음 돌에 연꽃무늬가 그려져 있는 연화총 벽화 무덤 주형도(그림 458-②)에도 마치 일본 법륭사 금당 차양칸(그림 427) 부분의 공포 구성처럼 주두까지 표현된 기둥 하부면에서 첨차형 부재가 빠져 나와 그 외단에 소로가 놓여져 있는 듯한 그림도 있다.

이와같이 헛첨차의 결구 위치나 형상이 어느정도 헛첨차 부재와 유사한 것으로 보이는 두 벽화고분 중 우

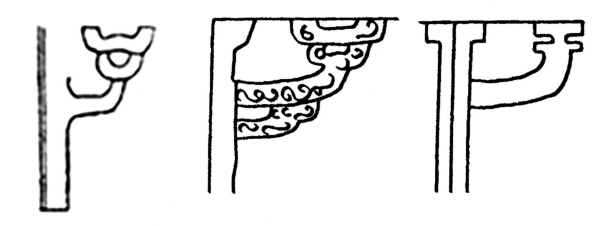

[그림 457] 성총 주형도   ① 우산리 1호분   ② 연화총

[그림 458] 고구려 벽화 고분 공포[32](김도경, 『지혜로 지은 집』, 한국건축)

산리 1호분은 자료를 확보할 수 없어 확인할 수 없었으나 연화총[33]은 이미 오래전에 부분적인 파괴와 전쟁으로 인한 벽화의 훼손이 심하여 판독이 어려운 상태이다.

그러나 삼국시대에 실제로 건립된 목조건축이 남아 있지 않은 현 상태에서 고구려 벽화무덤에 그려져 있는 다양한 공포 형식은 삼국시대 건축양식을 연구하는데 큰 자료가 되고 있으며, 또한 단편적이기는 하지만 공포의 세부 기법이나 형식 분류 등에 대한 연구도 활발히 진행되어 우리나라 삼국시대의 공포형식을 어느 정도 파악할 수 있는 단계에 이른 것으로 볼 수 있다.

특히 우리나라와 같이 삼국시대부터 통일신라시대를 거쳐 고려초기에 건립된 전통 목조건물이 한 채도 남아 있지 않은 현 상황에서 그동안 공포에 결구되는 부재중 하나인 헛첨차의 발생 과정을 벽화 고분의 회벽면 위에 그려진 공포의 형상을 근거로 추정하는 것도 하나의 방법으로 볼 수는 있다. 그렇지만 출첨[34]의 가능성을 지적하듯이 벽화 고분의 축조방식에서 형상이나 기능적인 측면에서 헛첨차의 발생과 그 변천과정을 찾고자 하는 시도試圖에는 소홀하지 않았나 생각되고 있다.

그중 5세기 중엽 평안남도 순천시 북창리의 대동강 강변에서 멀지 않은 북창벌 야산에 건설된 천왕지신총[35]은 무덤칸 천장에 그려져 있는 신선神仙들 가운데에 "天王"과 "地神"이라는 설명을 단 것이 있어서 천왕지신총이라 부르고 있다. 이 무덤은 무덤칸의 짜임새와 천장 구조가 독특한 구조로 잘 알려져 있으며, 다른 무덤과는 다르게 공포의 구성을 벽화뿐만이 아니라 무덤 구조를 실질적으로 볼 수 있어 이 무덤에서 헛첨차의 시원적인 근거를 찾을 수 있지 않을까 필자는 생각하고 있다.

고구려 시대에 건설된 천왕지신총은 인물풍속 및 사신도 등의 벽화가 그려져 있는 두칸 무덤으로서 앞칸 남벽 중앙에 달린 안길과 앞칸, 그리고 사이길과 안칸으로 구성되어 있다. 앞칸은 장방형으로 기둥과 천장들에 의해 세 부분으로 나누어져 있고 서쪽과 동쪽을 가르는 부분에 2개의 기둥과 두공이 결구되어 있으며, 그중 서쪽 바닥은 한단 높여져 있었다.

그리고 세 부분의 천장형식은 서쪽은 평행고임 천장이고 동쪽은 삼각고임 천장으로 되어 있으며, 무덤방인 안칸도 장방형 평면 위에 천장구조를 8각고임과 4각고임의 이중二重으로 된 독특한 천장형식으로 구성되었다.

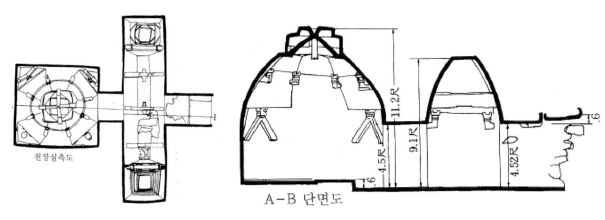

[그림 459] 천왕지신총 평면도　　　　　[그림 460] 천왕지신총 단면도

　　이러한 독특한 천장을 건설하기 위하여 정방형에 가까운 안칸의 네모서리 상부에 마치 목조건축의 고삽[36]과 같은 형태의 삼각고임 판석을 내쌓은 후 ㅅ자형 대공[37] 위에 소로를 얹어 받쳐주도록 하여 사각형을 팔각형의 평면으로 만든 후 그 위에 둥근 8개의 곡면을 만들고 곡면 모서리에 8개의 "ㄴ자형" 고임돌을 박아 8각 고임의 천장 위에 다시 4각 고임의 이중二重천장을 받쳐주고 있다.

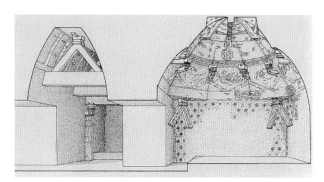

[그림 461] 천왕지신총 무덤칸 투시도(윤장섭,『한국건축사』, 동명사, 1975)

　　그리고 사이길 상부에 걸쳐있는 대량 상부(그림 461)에는 굽받침이 있는 소로가 얹어져 있는 ㅅ자형 대공이 천장을 받쳐주고 있는데, 부재 사이에 소로를 끼우고 결구하는 수법은 전통 목조건축 수법과 유사하며, 천장의 지지력支持力을 증가시키기 위해서 도리방향으로 각형 부재를 끼우고 있다.

　　또한 이 벽화 고분의 무덤칸 앞쪽 동,서 전실을 잇는 사이길(그림 462)을 보면 벽 사이에 사각형 단면의 굵은 대량을 걸고 그 오른쪽 내단부에 "ㄴ자형"의 고임돌과 같은 형태의 부재가 벽에서 빠져 나와 대량의 단부를 구조적으로 받쳐주고 있는 것을 볼 수 있다.

　　이와 같은 "ㄴ자형" 부재는 천왕지신총 앞칸 동쪽벽에만 결구되고 있는 것이 아니라 서쪽벽(그림 463) 사이에도 대량을 걸은 후 "ㄴ자형"의 고임돌 부재 위에 다시 소로를 놓고 대량의 단부를 받쳐주고 있으며, 대량 상부에는 굽받침이 있는 소로를 2개 배치하여 평행고임 천장을 받쳐주고 있

[그림 462] 동쪽 사이길 대량 밑 "ㄴ자형" 부재)

다. 이와 같이 천왕지신총의 현실인 안칸 앞에 있는 동쪽과 서쪽의 사이길에 "ㄴ자형"의 고임돌 부재가 천장

[그림 463] 천왕지신총 앞칸 서쪽 대량 밑 "ㄴ자형" 부재(이기준,『북한의 문화재와 문화유적 Ⅱ』, 서울대학교 출판부, 2000)

에 걸쳐 댄 대량의 단부를 구조적으로 받쳐주고 있는 것은 천왕지신총 벽화 고분이 목조건물은 아니지만 부재의 결구방식이 여러 형태의 부재를 결합하여 세우고 건너 질러서 짜 맞추는 목조건축과 유사類似한 공법工法구조[38]로서, 우리나라 전통 목조건축에서 볼 수 있는 헛첨차와 같은 기능과 같은 형태를 갖고 있다.

[그림 464] 천왕지신총 앞칸 서쪽벽 "ㄴ자형" 고임돌 부재

[그림 465] 부석사 무량수전 내고주 상부 "ㄴ자형" 헛첨차

특히 대량의 단부를 구조적으로 받쳐주고 있는 이 부재(그림 464)가 마치 목조건축에서 헛첨차의 시원始原으로 보고 있는 영주 부석사 무량수전에서 내고주 상부에 "ㄴ자형"의 헛첨차 부재 위에 소로를 놓고 퇴량

의 단부端部를 받쳐주고 있는 부재(그림 465)와 똑같은 형상과 똑같은 기능을 하고 있는 것을 볼 수 있다.

따라서 천왕지신총의 앞칸 동,서 사이길 천장에 걸쳐져 있는 대량 내단부에 전단력剪斷力을 보강하기 위하여 결구시키고 있는 이 "ㄴ자형"의 고임돌 부재를 우리나라 헛첨차의 시원적인 근거로 볼 수 있는 중요한 단서端緒로 판단되고 있다.

그리고 이러한 형태의 "ㄴ자형" 부재를 목조건물에서도 찾아 볼 수 있는데, 12~13세기 초경인 고려시대에 건립되어 우리나라에서 가장 오래된 건물로 알려지고 있는 안동 봉정사 극락전의 지붕틀 가구에서 내고주 상단 대량 위에서 내목도리와 중도리를 붙잡아 주는 수평재인 계량繫樑의 받침목(그림 466)과 역시 같은 고려시대인 1270년 경인 13세기 이전에 건립된 건물로 추정하고 있는 영주 부석사 무량수전의 내목도리와 중도리를 연결해 주는 계량繫樑의 받침목(그림 467) 부재에도 헛첨차와 같은 "ㄴ자형"의 형상과 기능을 갖고 있는 부재를 볼 수 있다.

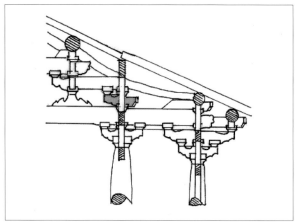
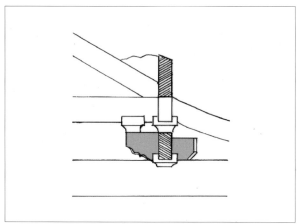

[그림 466] 봉정사 극락전 계량 받침대

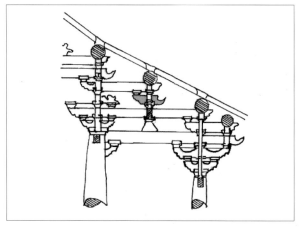
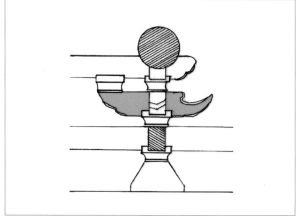

[그림 467] 부석사 무량수전 계량 받침대

또한 우리나라의 전통 목조건축에서 영주 부석사 무량수전의 내고주 상단에서 퇴량의 단부를 받쳐주고 있는 이 "ㄴ자형"의 부재를 현재 가장 빠른 시기의 헛첨차로 보고 있는데, 이와 같은 헛첨차 부재는 중국 송나라 영조법식의 전당殿堂이나 청당廳堂의 가구도(그림 468)에서도 똑같은 형상의 헛첨차 부재가 퇴량 상부 내고주에 결구되고 있다.

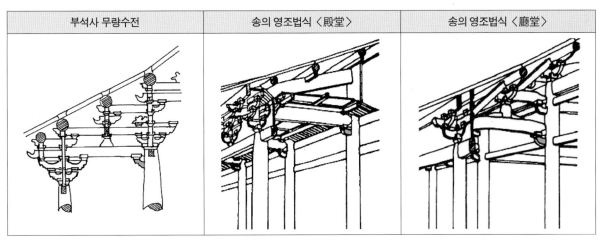

| 부석사 무량수전 | 송의 영조법식 〈殿堂〉 | 송의 영조법식 〈廳堂〉 |

[그림 468] 내고주 상부에 결구된 헛첨차

　그러나 결국 헛첨차의 발생은 5세기 중엽에 우리나라 대동강 강변에서 멀지 않은 평안남도 순천시 북창리에 건설된 천왕지신총의 안칸과 앞칸 사이길 천장에 걸쳐 댄 대량의 단부에 결구되고 있는 "ㄴ자형"의 고임돌 부재와 같은 석조건축의 구조적 결구 수법이 건축양식상 여러가지 형태의 부재를 서로 결합하여 짜 맞추는 목조건축에서 헛첨차 부재의 결구 수법으로 발전되고 있는 것을 볼 수 있어서 이를 근거로 익공양식의 발생에 가장 큰 영향을 미친 헛첨차 부재의 발생시기도 삼국시대까지 소급할 수 있을 것으로 판단되고 있다.

　또한 이 헛첨차 부재는 고구려시대에 건설된 벽화 고분이나 고려시대에 성행되었던 주심포양식의 목조건물 뿐만이 아니라 조선시대에 들어와서 다포양식으로 건립된 서산 개심사 대웅전(그림 469)이나 부산 범어사 대웅전(그림 470)의 측면 내고주 상부에서도 공안栱眼이 있는 헛첨차형의 목부재를 결구시켜 풍판風板까지 길게 돌출되고 있는 중도리 뺄목을 받쳐주고 있어서 결국 이 헛첨차는 전통 목조건물의 단부端部에서

[그림 469] 서산 개심사 내고주 상부 헛첨차형 부재(문화재연구소, 한국의 고건축 제2호)

[그림 470] 범어사 대웅전 내고주 상부 헛첨차형 부재(문화재연구소, 한국의 고건축 제16호)

발생되는 전단력剪斷力을 보강하기 위한 구조적인 목적에서 발생된 목부재로 볼 수 있다.

3-4. 헛첨차의 종류와 구조

1) 헛첨차의 종류

우리나라의 목조건축의 공포 구성에서 볼 수 있는 헛첨차의 종류는 중국 북송시대인 1103년에 출간된 영조법식營造法式의 전당殿堂이나 청당廳堂의 가구도에서 볼 수 있는 평주와 내고주 사이에 걸고 있는 퇴량의 내단을 구조적으로 받쳐주고 있는 "ㄴ자형"의 부재와 그 형태가 같은 영주 부석사 무량수전의 내고주 상단에서 퇴량의 내단부를 받고 있는 부재를 그 시원적인 헛첨차 부재로 보고 있다.[39]

그러나 우리나라의 목조건물에서 볼 수 있는 헛첨차의 형상이나 기능적인 측면에서의 종류는 크게 중앙 칸의 평주 상부 공포에 결구되는 헛첨차와 네 모서리 우주隅柱 상부 공포에 결구되는 헛첨차, 또는 문門건물이나 단칸單間 평면의 건물 공포에 결구되는 헛첨차 등 크게 두 종류로 나눌 수 있다.

[그림 471] 평주 상부에 결구되고 있는 헛첨차의 예
- 예산 수덕사 대웅전

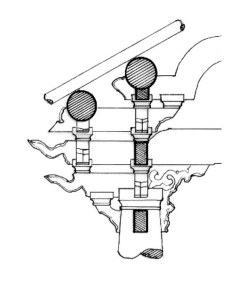

그중 하나는 예산 수덕사 대웅전의 공포에 결구되어 있는 헛첨차와 같이 평주 상단부에 건물 내, 외 방향으로 결구되어 있는 헛첨차를 단일부재로 하여 기둥 상부에서 창방과 十자 방향으로 직교하여 결구시킨 후 그 외단부에 소로를 놓아 제1살미 첨차를 받도록 하여 창방을 지점으로 하는 마치 지렛대 역할처럼 대량이나 퇴량의 단부에서 크게 부하負荷되는 전단력剪斷力을 보강하는 구조이다.

이는 제1살미 첨차의 처짐 등을 방지해 주고 있는 구조적인 역할을 할 뿐만이 아니라 건물 내부에서도 헛첨차 내단을 보아지로 처리하여 대량이나 퇴량의 단부를 받쳐주면서 특히 보아지의 양몸에 화려한 당초문唐草紋이나 인동문忍冬紋 등의 파련문 조각을 하여 장식적인 목적도 함께 이루고 있는데, 이 형태를 일반적인 헛첨차(그림 471)로 볼 수 있다.

수덕사 대웅전 - 귀포	강릉 객사문 - 문門 건축

[그림 472] 창방 뺄목이 헛첨차로 되고 있는 예

그러나 평주 상부에 결구되는 단일 형상의 헛첨차와는 다르게 또 다른 하나의 헛첨차 형식은 건물 네 모서리의 우주隅柱 상부 귀포에 거는 형태이다. 이는 창방의 뺄목이 기둥머리를 빠져나와 헛첨차가 되는 형식으로서 건물 4귀의 우주隅柱상부나 또는 강릉 객사문과 도갑사 해탈문과 같은 문門 건축과 정면과 측면의 평면 구성이 1칸인 관룡사 약사전에서 볼 수 있는데, 창방 뺄목이 빠져나와 마치 새의 머리형상인 조익鳥翼모양으로 장식을 하고 있는 헛첨차(그림 472) 형태이다.

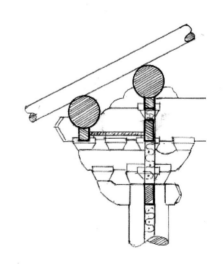

[그림 473] 부석사 조사당 공포의 헛첨차

또한 이 두 형식 이외에도 예외적인 형태로서 헛첨차의 내단을 후에 보아지가 아닌 자유단으로 변형시킨 것으로 추정[40]되고 있는 부석사 조사당의 공포에 결구되어 있는 헛첨차를 볼 수 있는데, 특히 헛첨차 외단을 영조법식의 권쇄卷殺기법으로 조각을 한 밑면에 안압지에서 출토된 첨차 부재의 외단 밑면과 같은 2단의 절선형과 유사한 형태로 다듬어져 있어 특이하다.

2) 공포(헛첨차)의 구조 (수덕사근역성보관, 수덕사 천년의 아름다움, 2008)

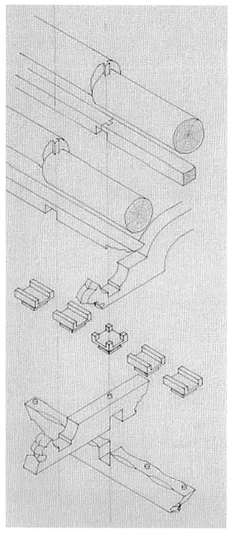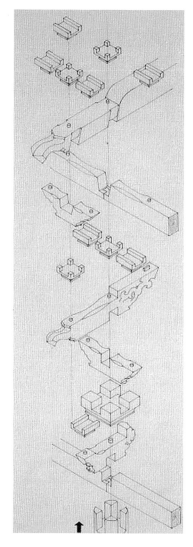

[그림 474] 수덕사 대웅전 공포 구조 분해도

① 헛첨차와 창방의 결구

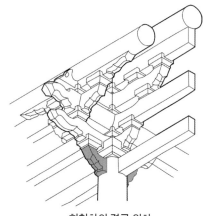

헛첨차의 결구 위치

[그림 475] 헛첨차와 창방의 결구

사절 연화문형의 헛첨차 부재

헛첨차와 기둥 상단면에서 十자 방향으로 결구되는 창방은 평주 기둥머리에서 기둥이 움직이거나 변형이 생기지 않도록 서로 단단하게 붙잡아 주는 역할을 하는 장방형 형태의 부재로서, 일반적으로 헛첨차가 결구되지 않고 있는 봉정사 극락전과 같은 경우에는 기둥 머리에 양갈을 낸 후 창방을 통장부 이음으로 하지만 주상부에 헛첨차가 결구되는 수덕사 대웅전과 같은 경우에는 기둥 상부에 낸 사개통속에서 창방이 빠지지 않도록 반턱 주먹장 이음을 하고 있다.

[그림 476] 창방의 통장부 이음

[그림 477] 창방의 사개통속 반턱주먹장 이음

창방과 헛첨차와의 결구는 헛첨차의 외단을 먼저 사절 연화문형으로 조각을 하고 그 내단은 퇴량의 내단부를 받는 보아지의 하단부로 만들어 파련문 등의 화려한 초각을 하고 있으며, 헛첨차 하부에는 창방에 업힐장을 할 수 있도록 창방 폭 만큼 따 내고 헛첨차 상부에는 주두의 굽 폭만큼 따낸 후 주두와 소로를 놓을 자리에 촉 구멍을 내어 사개 통속에서 보방향으로 헛첨차를 창방과 반턱맞춤으로 짜여지도록 하고 있다.

특히 헛첨차 외단이 사절 연화문형의 초기적인 형태로 조각이 되어 있으나 후기로 갈수록 헛첨차 외단이 사절斜切에서 수서垂舌형태로, 그리고 연화문형 문양도 파련문으로 변하고 있다.

② 주두 위에 제1살미 첨차와 주심첨차와의 결구

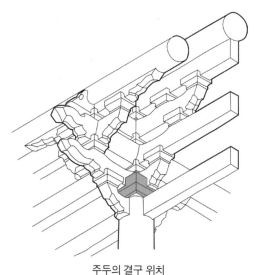

주두의 결구 위치

굽받침이 있는 사갈주두

[그림 478] 주두와 제1살미첨차 및 주심소첨차와의 결구

기둥 머리에 얹어져 지붕에서 내려오는 하중을 대량이나 첨차 등을 통해 기둥에 전달하는 역할을 하고 있는 주두는 헛첨차 상부에 나 있는 촉구멍에 맞춰 평사갈주두나 외옆갈 사갈주두 등을 놓고 주심소첨차와 제1살미첨차를 십자맞춤으로 결구시킨 후 일반적으로 사갈주두의 운두 밑에 오목굽이나 오목굽 밑에 굽받침을 두기도 하는데, 주심포 제1양식 중 봉정사 극락전의 주두는 굽받침이 없는 오목굽 사갈주두로, 부석사 무량수전의 주두는 굽받침이 있는 오목굽 사갈주두를 놓고 있다.

그러나 건립시기가 고려말 또는 조선시대로 들어오면 기둥머리에 오목굽의 사갈주두 뿐만이 아니라 굽받침도 없어지고 대부분 빗굽 형태의 사갈주두를 놓고 첨차를 결구시키고 있는 건물이 점점 많아지고 있다.

③ 소로와 제1살미 첨차의 결구

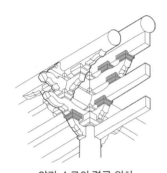

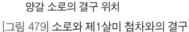
| 양갈 소로의 결구 위치 | 양갈소로 | 굽받침이 있는 양갈소로 |

[그림 479] 소로와 제1살미 첨차와의 결구

굽받침이 있는 주두를 소형화 시킨 형태의 소로는 이갈소로와 사갈소로, 외옆갈따기 사갈소로, 외통갈따기 사갈소로 등 그 종류도 다양하지만 첨차나 도리 밑을 안정감 있도록 받쳐주는 중요한 역할을 하고 있을 뿐만 아니라 건축양식상 내,외 출목수를 정하는 중요한 역할도 하고 있는 부재이다. 헛첨차 외단 상부와 주심첨차 양단 상부에 낸 촉 구멍에 맞춰 평이갈소로를 놓고 제1살미첨차와 뜬장혀를 얹어 결구시키고 있는데, 불국사 금당원의 회랑 하층 기단석을 다듬지 않은 자연석 잡석기단 위에 범영루를 세웠듯이 부재와 부재 사이에 소로를 끼워 건물의 충격등에 일부 변형을 방지하도록 하고 있는 역할도 함께 하고 있는 것으로 보여지고 있다.

④ 주두와 주심 소첨차의 결구

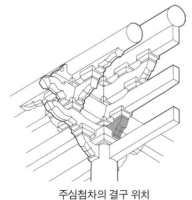

주심첨차의 결구 위치   사절 연화문형의 주심첨차

[그림 480] 주두와 주심 소첨차의 결구

기둥 상부 주심부에 도리방향으로 결구되는 주심 소첨차는 양단을 고식의 사절 연화문형으로 조각한 상부에 소로에 끼울 촉구멍을 내고 중앙 상부에는 제1살미와 십자맞춤으로 받을장을 하기 위하여 제1살미첨차의 폭만큼 따 낸 후 업힐장으로 결구하게 되는데, 주심 대첨차와 함께 상부에서 전달되는 하중을 기둥에 전달하면서 도리방향의 구조적 안정감을 주는 역할을 하고 있다.

⑤ 주두와 제1살미 첨차의 결구

제1살미첨차의 결구 위치

제1살미첨차

[그림 481] **주두와 제1살미첨차의 결구**

보 방향으로 주심 소첨차에 업힐장을 결구되는 제1살미첨차는 그 외단을 수서형으로 조각한 후 그 상부에 도리방향으로 사갈소로를 놓기 위한 촉구멍을 파고 여기에 맞춰 행공첨차와 뜬장허를 결구하기 위한 외옆갈 사갈소로를 놓고 제1살미 내단에는 퇴량의 단부를 지지하기 위한 보아지 상부로 만들고 화려한 당초문과 함께 외단에 파련문 초새김을 한다.

특히 외부로 돌출되고 있는 수서형의 쇠서는 그 위에 있는 덧퇴보에서 돌출되는 쇠서와 함께 아래에서 위로 힘차게 휘어 오르는 듯한 강직한 형태로 우리나라 목조건축 가운데 가장 이른 시기의 쇠서 형태로 잘 알려져 있다.

⑥ 소로와 퇴량과 주심 대첨차의 결구

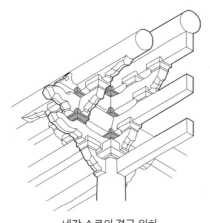

네갈 소로의 결구 위치

굽받침 네갈소로

[그림 482] **소로와 주심 대첨차의 결구**

제1살미첨차 외단에 평네갈 소로를 놓고 도리방향으로 행공첨차가 결구된 퇴량을 십자맞춤을 하고 제1살미 주심부에도 평네갈 소로를 놓고 뜬장혀를 반턱 주먹장 이음을 한 후 그 위에 퇴량을 얹어 결구시키고 있다. 퇴량의 외단은 제1살미첨차 높이로 따 낸 후 그 외단부를 제1살미첨차와 같은 형태인 수서형의 쇠서로 다듬어 돌출시키고 있다.

⑦ 화반 받침대의 결구

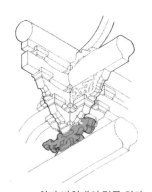

화반 받침대의 결구 위치

[그림 483] 포동자주 화반받침 결구

화반 받침대

목조건축에서 화반은 일반적으로 주간柱間에 건너 지르는 창방과 주심도리 장혀 사이에 구조적 또는 장식적 목적으로 1구~3구씩을 배치하는 부재를 의미하고 있다. 그러나 고식의 건물에서 화반을 놓고 포를 짜는 포동자주 뿐만 아니라 퇴량이나 대량, 특히 종량 상부에서 무거운 지붕하중을 받쳐주기 위하여 세우는 대공 밑에 인동문이나 당초문 등으로 초새김을 한 화반花盤形 받침대를 놓고 그 위에 초공형의 대공을 세워 연등천 장의 지붕틀 가구로 이루어지는 부처의 깊고 넓은 공간에 화려함과 아름다움을 더해 주고 있는 부재이다.

⑧ 보아지甫兒只, 裸阿支의 결구

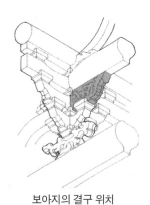

보아지의 결구 위치

[그림 484] 종량 하부면의 보아지 결구

보아지

평주나 고주, 그리고 포동자주 등에 결구되고 있는 공포의 구성 부재인 헛첨차나 살미첨차의 내단부를 파 련문형으로 초각을 한 보아지로 짜서 대량이나 종량, 그리고 퇴량의 단부端部에서 발생하는 전단력剪斷力을 지지支持하거나 또는 건물 내부를 장식하기 위한 목적으로 기둥머리나 주두에 끼워 넣는 부재로서, 익공건 축 양식에서는 양봉樑奉으로 부르고 있다.

3-5. 헛첨차 부재의 변천 과정

　우리나라 전통 목조건축의 공포 구성에서 헛첨차 부재 사용은 고구려 시대에 건설된 천왕지신총 앞칸 동쪽과 서쪽 사이길 대량 단부端部에 결구되어 있는 "ㄴ자형"의 헛첨차형 부재를 근거로 이미 삼국시대 건물에서도 사용되었을 가능성이 있었을 것으로 생각되고 있다. 그러나 현재 남아 있는 12~13세기 경에 건립된 건물로 추정되고 있는 봉정사 극락전이나 13세기 경의 부석사 무량수전 공포에서는 통일신라시대의 건축양식을 바탕으로 구성 목부재에 장식이나 조각을 많이 하지 않으면서 구조에 충실한 채 평주平柱 상부에 헛첨차가 결구되지 않고 있는 공포 양식이 먼저 사용되고 있다.

　그러다가 14세기 초안 고려 충렬왕 23년(1308)에 건립된 수덕사 대웅전에서는 건축부재에 곡선적이면서도 화려한 조각을 비교적 많이 하면서 평주 상부에 헛첨차를 결구하는 수법이 처음으로 사용되고 있다.

　또, 이 시기 이후에 건립된 목조건물 중 전남 강진의 무위사 극락전을 제외하고는 모든 주심포양식의 건물에서는 평주 상부에 헛첨차를 결구하고 있는 것을 그 특징으로 볼 수 있다.

　이러한 과정을 거친 헛첨차는 그후 형상적인 측면에서도 적지 않은 변화를 거듭하고 있는데, 이 헛첨차의 결구 유,무와 그 형상은 한국 목조건축 양식의 변천 과정을 연구하는데 중요한 단서가 되고 있다. 따라서 우리나라에 현재 남아 있는 주심포계의 건물들을 우선 헛첨차가 결구되지 않고 있는 주심포 제1양식군과 헛첨차가 결구되면서 헛첨차 외단이 사절斜切되고 있는 주심포 제2양식군, 그리고 헛첨차 외단이 쇠서牛舌로 돌출되고 있는 주심포 제3양식군으로 구분하여 ① 건립시기 ② 배치 및 평면 ③ 공포 ④ 가구 순으로 앞 장에서 고찰 분석한 바 있다.

　이 연구 결과를 근거로 고려시대에서 조선시대에 걸쳐서 건립되어 현재 우리나라에 남아 있는 주심포계의 건물들, 특히 헛첨차를 중심으로 주심포 양식의 변천과정과 익공양식의 발생과정을 정리하면 다음과 같다.

① 고려초기에는 통일신라시대의 건축형식을 바탕으로 형성된 목조건축 양식으로서, 주심포 제1양식인 봉정사 극락전과 부석사 무량수전 공포(그림 ①)와 같이 평주 상부에 헛첨차가 없이 주두의 운두부분과 엇물려서 공포부재를 ╋자 방향으로 중첩하여 짜는 기법이 처음으로 사용되었다.

(①-①)〈과도기 양식〉평주 상부에 헛첨차 부재가 결구되어 있지 않은 주심포 제1양식의 봉정사 극락전과 부석사 무량수전의 공포에서 평주 상부에 헛첨차가 결구되는 주심포 제2양식으로 변천되어 가는 과도기 양식으로서, 부석사 무량수전의 내고주 상단(그림 ①-①)에 "ㄴ자형"의 헛첨차 부재가 처음으로 결구되고 있다.

그림 ① 봉정사 극락전

↓

그림 ① 부석사 무량수전

그림 ①-①
부석사 무량수전 내고주 상단
(과도기양식)

그림 ② 수덕사 대웅전

그림 ②-① 나주향교 대성전
(과도기양식)

그림 ②-② 전주 풍패지관 서익헌
(과도기양식)

그림 ③ 송광사 국사전

그림 ④ 봉정사 화엄강당

그림 ⑤ 해인사 동, 서 사간판전

② 고려중기 이후에는 고려초기 건축양식을 바탕으로 하는 주심포 제2양식인 수덕사 대웅전 공포(그림 ②)와 같이 헛첨차가 평주 상부에 결구되면서 공포가 "十자형" 짜임에서 "ㅓ자형" 짜임 형태로 변천되면서 외부 전면으로만 짜여지는 기법이 사용되었는데, 헛첨차 외단을 소로 끝에 맞춰 사절斜切시키고 그 하부에는 연화문형 곡선의 초각草刻을 하였다.

(②-①)〈과도기 양식〉 평주 상부에 헛첨차가 결구되면서 그 외단부를 사절시킨 후 연화문형 초각을 하던 주심포 제2양식에서 나주향교 대성전의 공포(그림 ②-①)와 같이 헛첨차 외단부의 사절형상은 그대로 유지하면서 그 하부면을 연화문형에서 복잡하면서도 다양한 파련문으로 초각을 하고 있다.

(②-②)〈과도기 양식〉 평주 상부에 헛첨차가 결구되면서 그 외단부가 사절 연화문형 초각을 하고 있는 주심포 제2양식에서, 헛첨차 외단부가 쇠서로 돌출되는 주심포 제3형식으로 변천되어 가는 과정의 과도기 양식인 전주 풍패지관 서익헌 공포(그림②-②)는 헛첨차 외단부가 1출목 소로 끝단보다 둥근모양으로 더 돌출되면서 그 하부면 초각도 연화문형에서 파련문의 초각으로 바뀌고 있다.

③ 조선초기인 15세기 초, 중반경에는 헛첨차 외단이 송광사 국사전 공포(그림 ③)와 같이 쇠서牛舌형상으로 변해서 외부로 돌출되었고, 그 아래면의 초각도 복잡한 파련문을 하고 있는 주심포 제3양식으로 변천되었다.

④ 주심포 양식의 변천 과정에서 주심포 후기 양식의 가장 큰 특징으로는 헛첨차 외단부가 쇠서로 돌출되면서 건물의 소형화와 공포 부재의 간략화 현상을 들 수 있다. 특히 이 시기의 헛첨차 형태는 봉정사 화엄강당의 공포(그림 ④)와 같이 수서형의 쇠서牛舌가 아래에서 위로 휘어 오르는 익공부재 형태로 일부 변화하고 있다.

⑤ 해인사 수다라장전 동 사간판전의 공포(그림 ⑤)에서는 외목도리의 생략으로 헛첨차 상부에 출목소로와 제1살미첨차를 생략하여 공안이 없어지고 있다. 그러나 헛첨차는 아직까지 평주 상단면에서 빠져 나오는 주심포 수법을 그대로 유지하면서 대량의 하부면과 분리되어 떨어져 돌출되고 있으며, 오히려 공포 내단 보아지에 1출목 소로를 두어 활형의 공안을 만들고 있다.

그림 ⑥ 아산 맹씨행단

그림 ⑦ 개목사 원통전

그림 ⑧ 장경판전 수다라장전

그림 ⑨ 강릉 해운정

⑥ 아산 맹씨행단 공포(그림 ⑥) 구성도 외목도리 생략으로 헛첨차 상부에 출목소로와 제1살미첨차가 생략되어 공안이 없다. 그러나 헛첨차는 평주 상부에서 빠져 나오면서 헛첨차가 퇴량의 하부면과 분리되어 빠져 나오고 있으며, 특히 건물 내부로는 보아지가 변화되어 퇴량의 단부를 직접 받쳐 주고 있는 익공양식의 특징인 양봉 형태로 변천하고 있다.

⑦ 15세기 중반경에는 헛첨차가 변천되어 지금까지 볼 수 없었던 새로운 건축양식이 발생되고 있다. 이는 그동안 주심포양식에 결구되었던 헛첨차가 평주 상단면에서 창방과 十자 방향으로 결구되어 외부로 빠져 나왔으나 주두의 운두 부분과 엇물려서 빠져 나오는 새로운 부재가 발생되고 있는데, 이 헛첨차가 익공부재로 변천된 것이다. 이와 같이 변천된 초기적인 익공건축 양식을 조선 세조 3년(1457)에 건립된 안동 개목사 원통전 전면 공포(그림 ⑦)에서 처음으로 볼 수 있다.

⑧ 따라서 조선 세조 3년(1457)에 발생된 익공양식은 초기적인 양식의 특성을 가지고 있는 안동 개목사 원통전 전면 공포에서 15세기 후반경의 해인사 장경판전 수다라장전(그림 ⑧)과 16세기 중반경의 강릉 해운정(그림 ⑨) 등에서 전형적인 무출목 초익공양식으로 정착되고 있다.

그림 ⑥ 아산 맹씨행단

그림 ⑦ 개목사 원통전

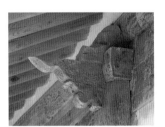

그림 ⑧ 장경판전 수다라장전

그림 ⑨ 강릉 해운정

⑥ 아산 맹씨행단 공포(그림 ⑥) 구성도 외목도리 생략으로 헛첨차 상부에 출목소로와 제1살미첨차가 생략되어 공안이 없다. 그러나 헛첨차는 평주 상부에서 빠져 나오면서 헛첨차가 퇴량의 하부면과 분리되어 빠져 나오고 있으며, 특히 건물 내부로는 보아지가 변화되어 퇴량의 단부를 직접 받쳐 주고 있는 익공양식의 특징인 양봉 형태로 변천하고 있다.

⑦ 15세기 중반경에는 헛첨차가 변천되어 지금까지 볼 수 없었던 새로운 건축양식이 발생되고 있다. 이는 그동안 주심포양식에 결구되었던 헛첨차가 평주 상단면에서 창방과 十자 방향으로 결구되어 외부로 빠져 나왔으나 주두의 운두 부분과 엇물려서 빠져 나오는 새로운 부재가 발생되고 있는데, 이 헛첨차가 익공부재로 변천된 것이다. 이와 같이 변천된 초기적인 익공건축 양식을 조선 세조 3년(1457)에 건립된 안동 개목사 원통전 전면 공포(그림 ⑦)에서 처음으로 볼 수 있다.

⑧ 따라서 조선 세조 3년(1457)에 발생된 익공양식은 초기적인 양식의 특성을 가지고 있는 안동 개목사 원통전 전면 공포에서 15세기 후반경의 해인사 장경판전 수다라장전(그림 ⑧)과 16세기 중반경의 강릉 해운정(그림 ⑨) 등에서 전형적인 무출목 초익공양식으로 정착되고 있다.

3-6. 주심포柱心包양식 건물의 변천

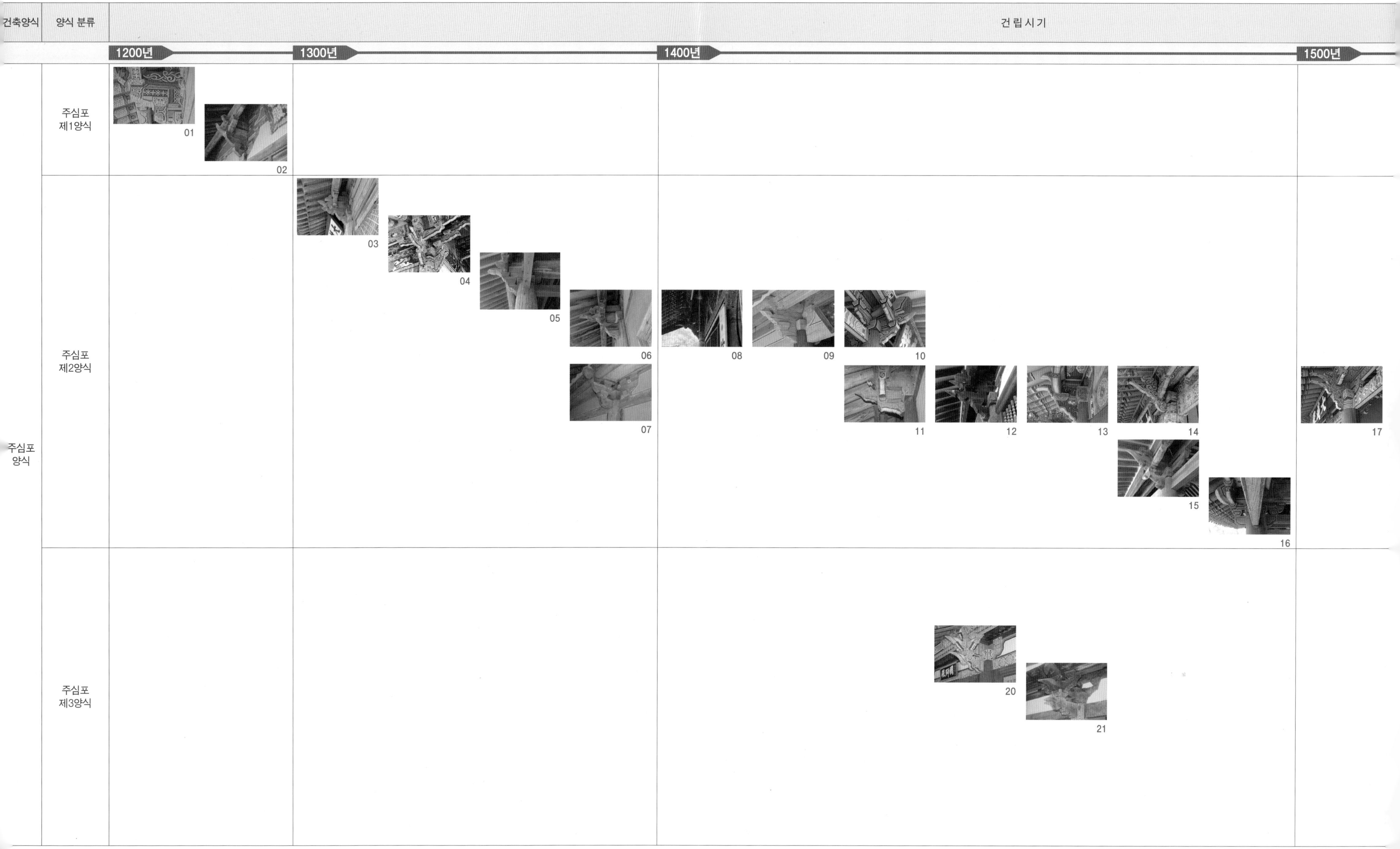

건축양식	양식 분류	건립 시기

1200년 　　　 1300년 　　　 1400년 　　　 1500년

주심포
양식

주심포
제1양식

01
02

주심포
제2양식

03
04
05
06
07
08
09
10
11
12
13
14
15
16
17

주심포
제3양식

20
21

1600년 ▸ **1700년**

건물명

1 안동 봉정사 극락전

2 영주 부석사 무량수전

3 예산 수덕사 대웅전

4 사리원 성불사 극락전

5 강릉 객사문

6 은해사 거조암 영산전

7 영주 부석사 조사당

8 패엽사 한산전

9 영암 도갑사 해탈문

10 강릉 문묘 대성전

11 강화 정수사 법당

12 안성객사 정청

13 창녕 관룡사 약사전

14 담양 창평향교 대성전

15 담양 창평향교 명륜당

16 삼척 죽서루

17 나주향교 대성전

18 전주 풍패지관 정청

19 전주 풍패지관 서익헌

20 순천 송광사 국사전

21 순천 송광사 하사당

22 자혜사 대웅전

23 경주향교 대성전

24 경주향교 명륜당

25 안동 봉정사 화엄강당

26 전주향교 대성전

27 해인사 사간판전

28 아산 맹씨행단

29 영주 소수서원 문성공묘

30 영주 소수서원 강학당

18

19

22

23

24

25

26

27

28

29

30

미주

1 張起仁,『韓國建築辭典-韓國建築大系 Ⅳ』, 普成閣, 1995, p120

2 田鳳熙,「조선시대 목조건축 공포형식의 변천에 관한 연구」, 윤장섭 편저,『한국건축사론』, 기문당, 1990. p.284

3 鄭寅國,『韓國建築樣式論』, 一志社, 1974, p.236

  尹張燮,『韓國建築史』, 東明社, 1975, p.285

4 주3) 윤장섭 앞의 책, pp. 284~286

5 杉山信三,『高麗末朝鮮初의 木造建築에 관한 研究』,『木造建築에 關한 研究』 고고미술동인회, 1963

6 奈良國立文化財研究所,『日本建築의 詳細와 技術의 變遷』 傳統의 ディテール, 彰國社 , 昭和 47년(1972) , p.58

7 久野健 外 共著, 秦弘燮 譯,『日本美術史』悅話堂, 1978, p.60

8 日本建築學會編,『日本建築史圖集』新訂版, 彰國社刊, 1999, p.11

9 尹武炳,『定林寺址發掘調査報告書』, 1981, 圖書出版 民族文化, pp.6~8

  朴萬植, 李達勳,「百濟 伽藍址의 研究」定林寺址 發掘調査를 中心으로-, 崔夢龍, 沈正輔 編著,『百濟史의 理解』學硏文化社, 1991, pp. 360~383

10 張慶浩,『百濟寺刹建築』, 藝耕産業社, p.70

11 주7) 久野建 외 共著, 秦弘燮 譯, 앞의 책, pp.59-69

12 일본건축의 상세한 내용과 기술의 변천,『전통의 디테일』, 영국사, 소화 47년, p. 49

  일본건축학회,『일본건축사도집(신정판)』, 영국사, 1980. p. 114에서 원흥사(元興寺) 극락방(極樂坊) 본당 및 선실을 해체 수리하면서 원래 사용되었던 고재(古材)와 지하유적지에 나라시대(奈良時代) 건립 당시 승방의 형태로 13세기 중기경 복원 가능성이 있다. 고 기술하고 있다.

13 주8) 일본건축학회편 앞의 책, p.106

14 주1) 張起仁 앞의 책, p.120

15 劉敦楨,『中國古代建築史』(第2版)建築科學研究員 建築史編纂委員會, 1984, p.74

16 주15) 劉敦楨 앞의 책 p.77

17 楊鴻勛,「斗栱起源考察」,『建築考古學論文集』文物出版社, 1987, p.259에서 재립식경담주, 명초경담주, 낙지탱, 요탱, 곡탱- 란을 거쳐 헛첨차형 부재인 삽공(插栱)으로 변화되는 과정을 보여주고 있다.

18 주3) 尹張燮, 앞의 책, p.285에서 헛첨차의 명칭을 중국에서는 삽공(插拱)이라 하고 있다.

19 주17) 楊鴻勛 앞의 책「中國古典建築凹曲屋面發生의 發展問題初探」, p.268~284

20 주17) 楊鴻勛의 앞의 책, p.263

21 주17) 楊鴻勛의 앞의 책,「全國中山王陵及兆域圖研究」, pp.120~142

22 주17) 楊鴻勛의 앞의 책,「從遺址看西漢長安明堂(辟雍)形制」, p.182

23 金長生,『家禮輯覽圖說』, 廈屋全圖

24 金正基,『韓國木造建築』一志社, 1980, p.69

25 池內宏, 梅原末治 共著,『通溝』卷下, 日滿文化協會, 昭和 五年, p.101

26 주24) 金正基 앞의 책, p.70

27 김동현,「고구려 벽화고분의 공포 성격」, 정재훈, 조유전 외,『북한의 문화유적Ⅱ』, 고려원, 1990, pp. 388~401

28 방상훈, 『집안(集安) 고구려 고분벽화』, 삼실총, 조선일보사, 1993, pp. 159~187

29 이기준, 『북한의 문화재와 문화유적Ⅱ(고구려편)』, 서울대학교출판부, 2000, pp. 26~31

30 주남철, 『한국건축사』, 고려대학교출판부, 2014, p. 116

31 주24) 김정기 앞의 책, p. 69

   주3) 윤장섭 앞의 책, p. 99

   주30) 주남철 앞의 책, p. 115

32 김도경, 『지혜로 지은 집, 한국건축』, 현암사, 2012, p. 202

33 이기준, 『북한의 문화재와 문화유적Ⅰ(고구려편)』, 서울대학교 출판부, 2000, pp. 116~119

34 주27) 김동현 앞의 책, p. 400에서 특히 고구려 벽화 고분에서 꼭 있어야 공포 부재로서 중국에서는 출조, 일본에서는 삽주목이라 하고 있는 출첨(出檐)인데 후한대부터 사용되었던 이 출첨은 벽면으로부터 직각방향으로 첨차를 내밀어 외목도리를 받도록 한 것으로서 고구려 벽화에는 그려지지 않고 있다. 다만 고구려 벽화무덤의 천왕지신총에서 벽체에 세워진 ㅅ자형 대공 최상부에서 돔 중심부로 돌출되어 돔 중간띠재를 받고 있는 부재가 공포재는 아니지만 그당시 출첨의 실존 가능성을 암시해 준다고 할 수 있다. 라고 설명하고 있다.

35 주29) 이기준 앞의 책, pp. 32~43

36 주1) 장기인 앞의 책 p. 120에서 고삽을 ①회첨처마의 구석 서까래 끝머리에 대는 삼각판, ②포집의 귀평방 위에 얹어 귀의 공포(한대)를 받치는 짧은 재. 이방(耳枋), ③ㄱ자로 꺽이어 돌아가는 툇마루의 구석에 댄 삼각형의 마루널로 설명하고 있다.

37 북한의 벽화고분 자료에는 실물 ㅅ자형 대공과 회벽 위에 그려진 ㅅ자형 대공을 모두 활개로 설명하고 있다.

38 주3) 윤장섭 앞의 책 pp. 114~115에서 천왕지신총의 대량 상부나 모서리 부분에 인자대공을 만들어 천장개석을 받쳐주고 있는 수법 등은 그 당시 목조건물의 세부를 모방하였을 것으로 추측되며, 당시의 건축기술이 매우 뛰어 났음을 잘 설명하고 있다. 라 하고 있다.

39 주3) 윤장섭 앞의 책, p. 284

   주3) 정인국 앞의 책, p. 233

   김동욱, 『한국건축의 역사』, 技文堂, 2007, p. 163

40 공포에 결구되어 있는 헛첨차의 내부를 보아지로 만들어 대량의 단부를 구조적으로 받쳐주는 것이 일반적인 수법이다. 그러나 부석사 조사당의 공포 내단이 절단(그림 155-①)되어 있는데 이는 관룡사 약사전의 공포 내단과 같이 원래는 창방부재로 연결되어 있었던 부재(그림 155-②)를 후대에 변형시킨 것이 아닌가 추정되고 있다.

04

주심포柱心包양식에서

익공翼工양식의 발생

4-1. 주심포양식에서 익공양식의 발생 과정

동양 삼국의 목조건물 중 우리나라 전통 목조건축물에서 유일하게 볼 수 있는 특유한 형태인 헛첨차의 시원始原은 연구 결과 우리나라와 지리적으로 인접되어 있는 중국이나 일본의 영향 보다는 삼국시대인 5세기 중엽에 평안남도 순천시 북창리의 대동강변에 건설된 고구려 천왕지신총 벽화고분에서 그 흔적痕迹을 찾아 볼 수 있다. 북창벌 야산에 두칸 무덤으로 건설된 이 벽화고분은 고구려의 높은 건축기술을 살펴볼 수 있는 귀중한 역사 자료로서 그 가치가 매우 크나 그중 삼각고임 천장으로 된 동쪽 앞칸과 평행고임 천장으로 된 서쪽 앞칸을 서로 연결해 주는 사이길 지붕틀 가구에서 대량의 단부端部에서 발생되고 있는 전단력剪斷力을 구조적으로 받쳐주고 있는 "ㄴ자형"의 고임돌 부재(그림 486-①)를 헛첨차의 시원으로 볼 수 있다.

이 부재는 벽에서 빠져나온 "ㄴ자형"의 고임돌 위에 소로小累를 놓고 대량을 받쳐주고 있는데, 구조적인 측면에서 전통 목조건물인 봉정사 극락전과 부석사 무량수전 등의 고식古式건물 가구에서 내목도리와 중도리 또는 중도리와 종중도리를 붙잡아 주는 수평부재인 계량繫樑의 받침대(그림 486-②)와 기능적으로 같은 역할을 하고 있으며, 특히 부석사 무량수전의 내고주 상부에 결구되어 있는 "ㄴ자형"의 헛첨차(그림 486-③) 부재가 그 기능 뿐만 아니라 형태도 똑같음을 알 수 있다.

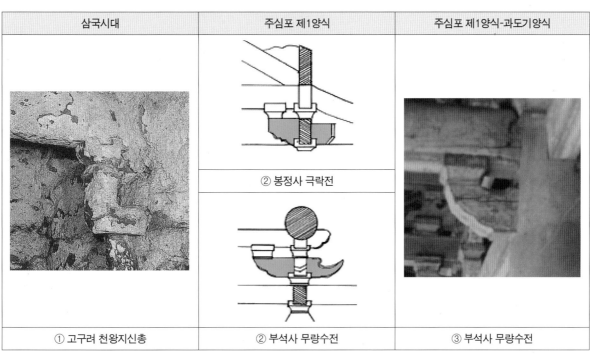

삼국시대	주심포 제1양식	주심포 제1양식-과도기양식
① 고구려 천왕지신총	② 봉정사 극락전 ② 부석사 무량수전	③ 부석사 무량수전

[그림 486] **헛첨차 부재의 시원**始原

이와 같이 지붕틀 가구架構에 구조적으로 결구되어 있던 "ㄴ자형"의 부재는 삼국시대를 거쳐 고려시대에 들어와서 그 결구 위치가 지붕틀 가구에서 기둥으로 옮겨져 내려오는 것을 볼 수 있는데, 우리나라에서 가장 오래된 목조건물인 주심포 제1양식의 봉정사 극락전의 계량 받침대(그림 487-①)에서 부석사 무량수전의 내고주 상부에 결구되고 있는 헛첨차의 과도기(그림 487-②)를 거쳐 고려 충렬왕 34년(1308)에 건립된 주심포 제2양식인 수덕사 대웅전(그림 487-③)의 평주平柱 상부에서 처음으로 창방과 十자 방향으로 직교直交하여 외부로 뻗고 있는 사절斜切 연화문형을 이루고 있는 전형적인 헛첨차로 변천되는 것을 볼 수 있다.

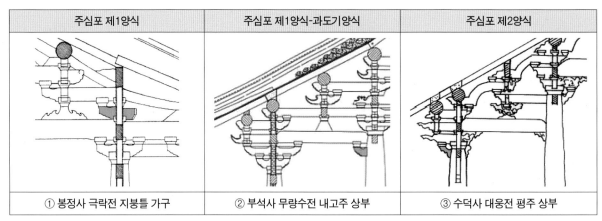

주심포 제1양식	주심포 제1양식-과도기양식	주심포 제2양식
① 봉정사 극락전 지붕틀 가구	② 부석사 무량수전 내고주 상부	③ 수덕사 대웅전 평주 상부

[그림 487] 헛첨차의 결구 위치 변화

이와 같이 평주平柱 상부에서 처음으로 사절 연화문형의 형태를 이루면서 결구되고 있는 수덕사 대웅전의 헛첨차(그림 488-①)는 그 후 주심포 제2양식의 후기 건물인 전주 풍패지관(전주객사)의 정청正廳과 동, 서 익헌翼軒의 공포에서 헛첨차의 외단부가 앞으로 둥글게 빠져 나오려고 하는 과도기적 공포형식(그림 488-②)을 거치면서 송광사 국사전(그림 488-③)에서 처음으로 헛첨차의 외단부가 외부로 길게 돌출되는 주심포 제3양식 형태의 헛첨차로 큰 변화가 일어나고 있음을 볼 수 있다.

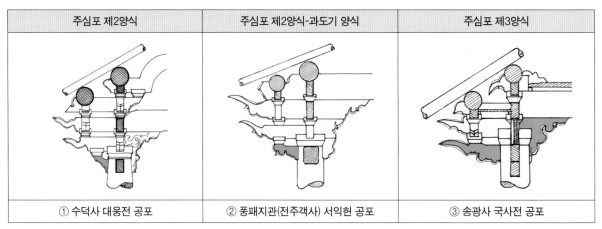

주심포 제2양식	주심포 제2양식-과도기 양식	주심포 제3양식
① 수덕사 대웅전 공포	② 풍패지관(전주객사) 서익헌 공포	③ 송광사 국사전 공포

[그림 488] 주심포 제2양식에서 주심포 제3양식으로 변천 과정

따라서 이 헛첨차의 변천과정은 평주 상부에 헛첨차가 결구되고 있지 않은 주심포 제1양식(그림 489-①)에서 평주 상부에서 헛첨차가 결구되면서 헛첨차 외단이 1출목 소로 끝단과 일치하여 사절된 주심포 제2양식(그림 489-②)으로, 그리고 헛첨차가 결구되면서 헛첨차 외단이 쇠서牛舌로 길게 돌출되고 있는 주심포 제3양식(그림 489-③)으로 변천하고 있는데, 이는 건물의 건립시기와 거의 일치하고 있으며, 또한 한국 전통 목조건물의 변천과정에서 가장 중요한 요소要素로 볼 수 있을 것으로 판단되고 있다.

주심포 제1양식	주심포 제2양식	주심포 제3양식
헛첨차가 결구되지 않음	헛첨차가 외단부 사절형상	헛첨차가 외단부 쇠서형상
① 봉정사 극락전 공포	② 수덕사 대웅전 공포	③ 송광사 국사전 공포

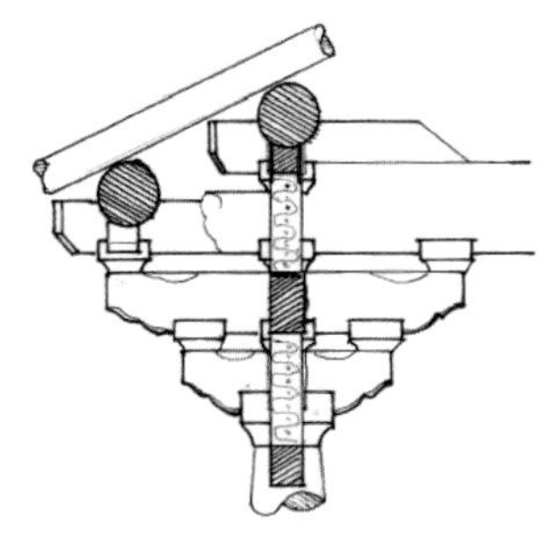

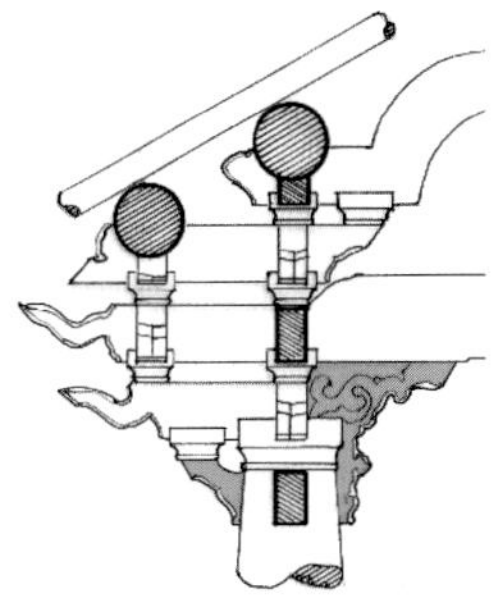

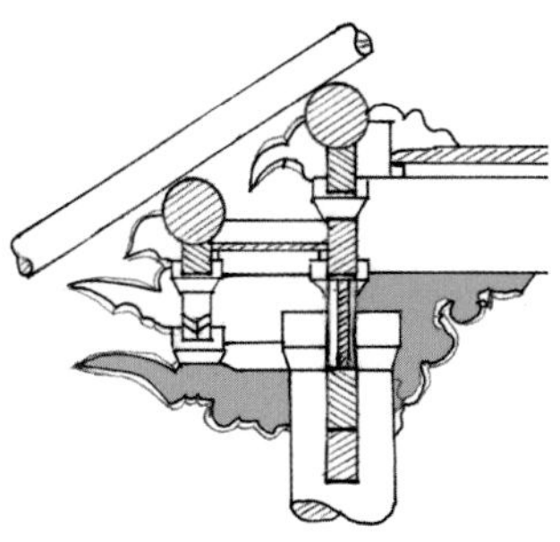

[그림 489] 한국 전통 목조건축 양식의 변천 과정

또한 그동안 헛첨차 상부 외단부에 1출목 소로를 놓아 활형 모양의 공안栱眼이라는 독특한 형태로 된 공포의 눈을 만들고 있었으나 조선시대에 들어와서 건물의 기능상 소형화小形化 및 간략화簡略化 현상으로 인하여 길게 나간 처마를 받쳐주기 위하여 결구되었던 외목도리가 생략되자 헛첨차의 형태에 다시 한번 큰 변화가 발생되고 있음을 알 수 있다.

그 중 주심포 제3양식 가운데 중기형식에 속하는 해인사 수다라장전 동,서 사간판전(그림 490-①)과 같이 건물의 규모가 점점 작아지면서 외목도리가 생략되자 헛첨차 상부에 출목소로와 제1살미 첨차를 생략하여 공안이 없어지게 되었다. 그러나 헛첨차는 아직까지 주심포 제3양식과 같이 기둥 상단면에서 외부로 빠져 나오는 수법을 그대로 유지하면서 대량의 하부와 분리되어 떨어져 돌출되고 있는 변화를 거치고 있으나 오히려 건물 내부에 1출목 소로를 놓아 활형의 공안이 발생하고 있다. 이 변화된 헛첨차는 아산 맹씨행단의 내단(그림 490-②)에서 건물 내부에 만들어졌던 공안마저 없어지고 대량 하부면과 맞닿으면서 익공양식의 양봉樑奉 형태로 변하고 있다. 그 후 해인사 수다라장전 공포(그림 490-③)에서는 그동안 헛첨자로 불리어 왔던 부재가 시공 용이성容易性과 구조적 측면에서 대량의 내, 외 하부면과 맞닿으면서 주두의 운두부분과 엇물려서 돌출되고 있는 익공부재로 되어 전형적인 익공양식으로 변천되고 있는 것을 볼 수 있다.

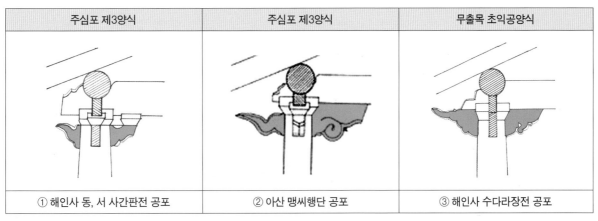

주심포 제3양식	주심포 제3양식	무출목 초익공양식
① 해인사 동, 서 사간판전 공포	② 아산 맹씨행단 공포	③ 해인사 수다라장전 공포

[그림 490] 주심포 제3양식의 헛첨차가 익공부재로 변천 과정

또한 이와 같은 헛첨차의 결구 위치 및 형상 변천과 함께 헛첨차의 하부면의 조각도 크게 변화하는 것을 볼수 있는데, 먼저 헛첨차가 결구되지 않고 있는 주심포 제1양식의 봉정사 극락전의 살미첨차 외단부의 직절直切 연화문형의 조각(그림 491-①)에서 부석사 무량수전의 사절斜切 연화문형의 조각(그림 491-②)으로 변화하고 있는 것을 볼 수 있다. 이 조각 형상은 불국사 극락전을 오르 내리는 연화교와 칠보교 중 연화교의 돌계단 디딤돌 바닥에 연꽃잎을 형상화시켜 새겨 놓은 조각(그림 90)에서 연유緣由된 아름다고 부드러운 곡선을이루고 있는 문양으로 보여지고 있으며, 이 연화문蓮花紋은 헛첨차가 결구되고 있는 주심포 제2양식의 가장큰 특징 가운데 하나로 되고 있다.

이렇게 변화된 헛첨차 하부면의 조각은 주심포 제2양식 가운데 가장 빠른 수덕사 대웅전의 공포(그림 491-③)에서 처음으로 평주 상부에 헛첨차가 결구되면서 그 외단부가 사절 연화문형으로 정착되고 있는데, 대체로 초기단계에서 중기경 까지 주심포양식의 목조건축물에서는 이 조각의 흐름이 유지되고 있다.

그러나 이 연화문형蓮花紋形을 이루고 있던 조각도 주심포 제2양식의 후기단계에 들어서면서 점점 변화가발생하기 시작하는데, 나주향교 대성전(그림 491-④)과 같이 헛첨차의 외단부는 1출목 소로의 끝단에 맞춰사절斜切형상은 유지하면서도 그 하부면은 복잡한 파련문형波蓮紋形으로 변화을 하고 있으며, 풍패지관(전주객사)의 정청正廳과 서익헌西翼軒(그림 491-⑤)에서는 사절 형상이던 외단부까지 쇠서牛舌로 돌출하려는 듯 둥근 형태로 빠져 나오면서 그 하부면을 더욱 복잡한 파련문형으로 조각을 하고 있다.

특히 헛첨차의 외단부를 쇠서牛舌 형태로 돌출시키고 있는 주심포 후기양식에 속하고 있는 주심포 제3양식

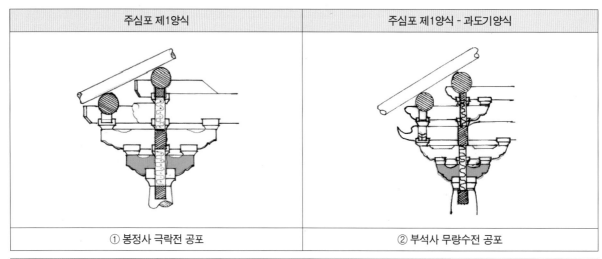

[그림 491] 헛첨차 하부면 조각 변천 과정

인 송광사 국사전(그림 491-⑥) 이후의 건물에서는 대체로 파련문형으로 조각이 변천되고 있으며, 이 수법은 익공양식에 까지 그 영향을 크게 미쳐 익공부재 하부면에 다양하고 복잡한 파련문형의 초각을 하고 있는 것을 볼 수 있다.

이와 같이 삼국시대부터 고려, 조선시대를 거쳐 오면서 주심포양식의 헛첨차 부재가 오랜기간 동안 평주 상단부에서 창방과 十자 방향으로 직교直交하여 외부로 빠져 나왔으나(그림 492-①) 주두와 출목소로 사이의 폭이 점점 좁아지면서 공안이 줄어들고 쇠서의 형상도 아래에서 위로 휘어 올라가 익공뿌리처럼 뻗고 있는 봉정사 화엄강당(그림 492-②)의 공포를 거치면서 다시 헛첨차가 주두의 운두부분과 엇물려서 외부로 빠져 나오기 시작하면서 익공양식이라는 새로운 건축양식이 조선 세조 3년(1457)에 건립된 안동 개목사(그림 492-③)에서 처음으로 발생되고 있다.

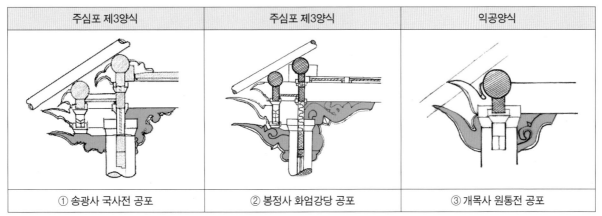

주심포 제3양식	주심포 제3양식	익공양식
① 송광사 국사전 공포	② 봉정사 화엄강당 공포	③ 개목사 원통전 공포

[그림 492] **익공양식의 발생**

15세기 중반경에 주심포양식이 변천되는 과정에서 발생된 초기적인 이러한 익공양식(그림 493-①)은 전형적인 해인사 수다라장전(그림 493-②)의 공포를 거치면서 주主 가구재架構材가 목조로 이루어 지는 동양 3국의 건축양식 가운데 우리나라 고유의 독특하면서도 새로운 건축양식으로서, 익공양식이 주심포양식과 다포양식과 함께 궁궐이나 사찰, 관아, 향교나 서원, 고주택 등 다양한 분야에서 적용되고 있는 건축양식으로 자리잡고 있는 것을 볼 수 있다.

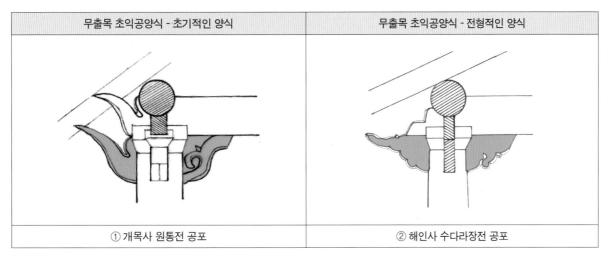

무출목 초익공양식 - 초기적인 양식	무출목 초익공양식 - 전형적인 양식
① 개목사 원통전 공포	② 해인사 수다라장전 공포

[그림 493] **초기적인 익공양식에서 전형적인 익공양식의 정착**

이와 같이 우리나라 3대 중요 건축양식 중 하나로 자리잡고 있는 익공건축 양식의 발생과 그 변천과정을 주심포양식의 헛첨자 부재 발생과 변천, 그리고 익공양식의 익공부재 발생을 중심으로 요약하여 정리하면 다음과 같다.

① 삼국시대	② 주심포 제1양식	③ 주심포 제1양식 (과도기 양식)	④ 주심포 제2양식	⑤ 주심포 제2양식 (과도기 양식)
천왕지신총	봉정사 극락전 부석사 무량수전	부석사 무량수전	수덕사 대웅전 공포	전주 풍패지관 공포
⑥ 주심포 제3양식	⑦ 주심포 제3양식 (과도기 양식)	⑧ 주심포 제3양식 (과도기 양식)	⑨ 무출목 초익공 양식 (초기적인 양식)	⑩ 무출목 초익공 양식 (전형적인 양식)
송광사 국사전 공포	해인사 사간판전 공포	아산 맹씨행단 공포	개목사 원통전 공포	해인사 수다라장전 공포

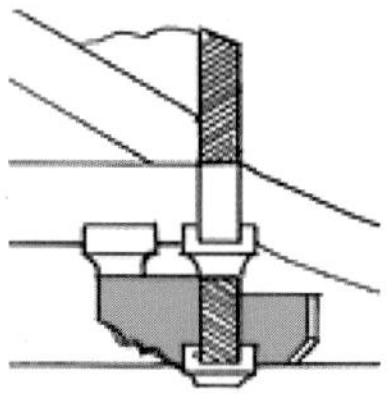

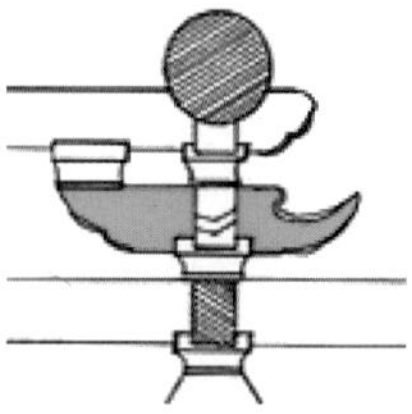

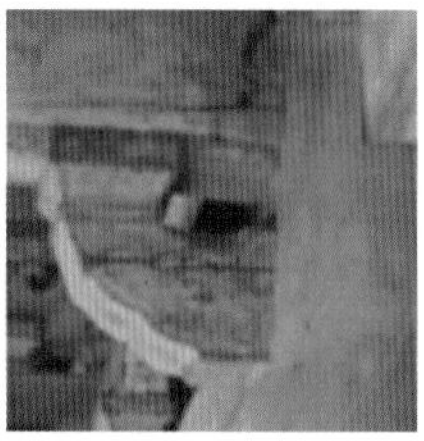

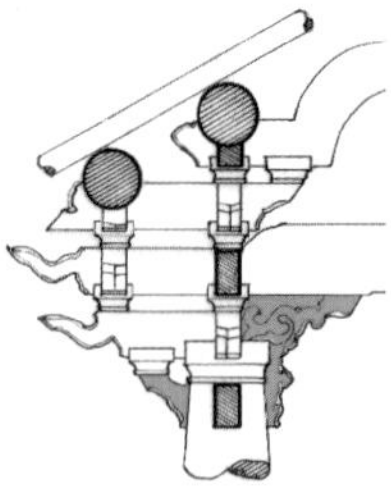

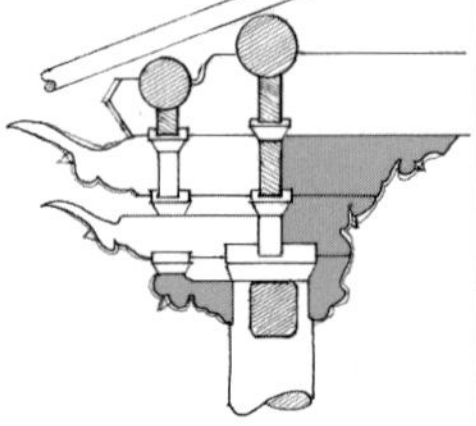

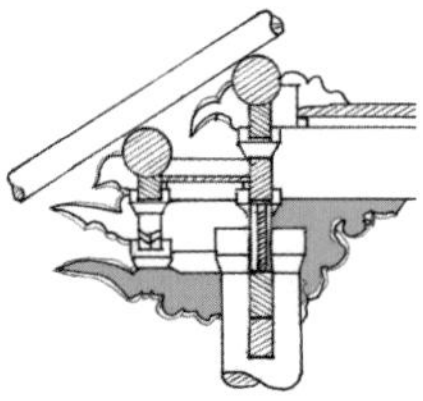

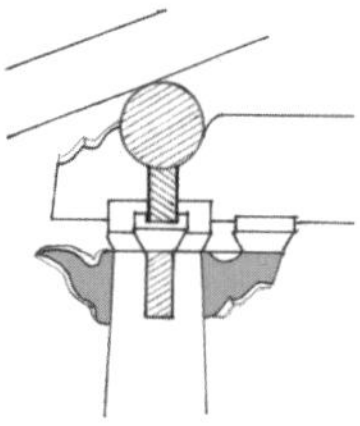

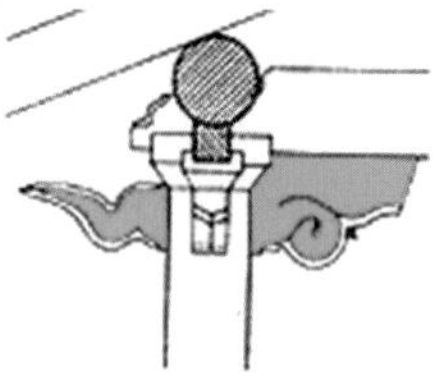

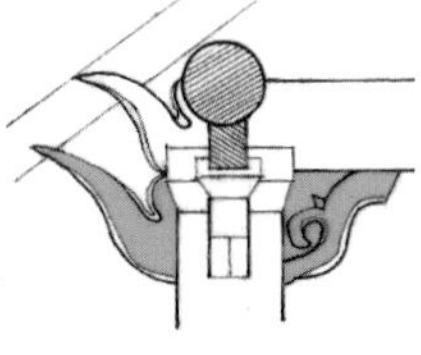

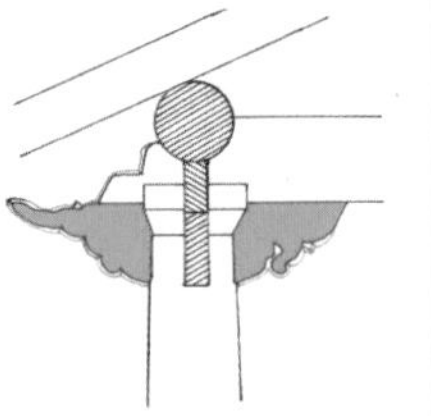

[그림 494] 주심포양식에서 익공양식의 발생 과정

05

익공翼工 건축양식의
분류 및 검토

해방 후 국내 학자들의 연구업적 가운데 한국 전통 목조건축에 대한 양식체계 정립은 큰 성과 중의 하나라고 할 수 있다. 그러나 이러한 일련의 연구는 국내에 현재 남아 있는 목조건물에 대한 건립연대나 건축양식적 특성을 바탕으로 해서 주심포 계통과 다포계통의 체계 정립이 그 주류主流를 이루어 온 반면에 특히 익공계 건축양식의 발생이나 그 시대적 배경, 그리고 익공양식의 변천 과정에 대해서는 크게 연구가 진행되지 않은 실정이다.

따라서 "한국익공건축양식론"에서는 문헌에 나타나고 있는 익공의 용례用例와 정의를 먼저 검토한 후 현재 국보나 보물, 또는 사적등으로 지정되어 있는 익공계 목조건물과 특히 익공계 양식의 변천과정을 밝힐 수 있는 건물들을 대상으로 현지 조사 및 기존 자료를 분석 고찰하여

① 익공건축 양식의 공포 발생과 그 기원에 대한 의문점을 먼저 밝히고
② 현재 남아 있는 전통 목조건물 가운데서 익공계 건축양식으로 건립된 건물에 대한 상한上限 연대를 밝히며,
③ 또 익공양식 계통의 형식 분류를 행한 후에 익공 양식별 변천과정과 함께 그 특성을 함께 밝혀 그동안 이룩하지 못했던 익공양식의 체계화體系化를 시도하고자 한다.

5-1. 문헌에 나타난 익공의 용례用例

최근에 이르러 우리나라 전통목조 건축 양식 가운데 익공양식에 대한 관심이 부각浮刻됨에 따라 고구려 고분 벽화나 문헌, 그리고 현재 남아 있는 건물을 대상으로 그 명칭이나 형식 규명을 위한 논의와 연구가 활발히 시도되고 있다.

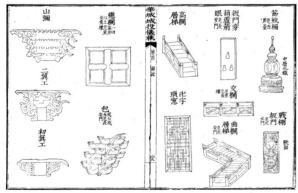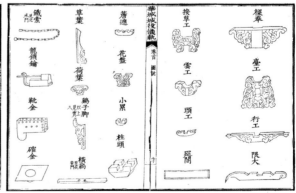

[그림 495] 『화성성역의궤』 도설 (1) (2)

익공이라는 용어用語에 대해서는 조선 정조正祖 18년(1794)에 수원에 있는 화성성곽 축성과 관련된 공사 내용과 함께 주요 성곽 시설물에 대한 건물의 입면과 주요 부분에 대한 명칭 등이 그림과 함께 자세히 기록된『화성성역의궤』[1]에서 처음으로 확인되며, 17~18세기 경인 조선 숙종때 편찬되어 헌종憲宗 때 5권 5책으로 다시 증보 및 수정된『궁궐지』[2]에서도 무익공 또는 초익공이라는 용어를 확인 할 수 있다.

특히 조선 인조仁祖 25년(1648)에 간행된『창덕궁수리도감의궤』[3]에서는 익공이라는 용어는 없지만 각 전각 수리조에 행공이나 화반花盤, 소로小累, 그리고 풍판風板 등과 함께 입공立工이나 엽공葉工이라는 용어가 쓰여져 있고, 그밖에도 무리공無里工의 용어가 자주 보이고 있는데, 그 내용의 일부를 소개하면 다음과 같다.

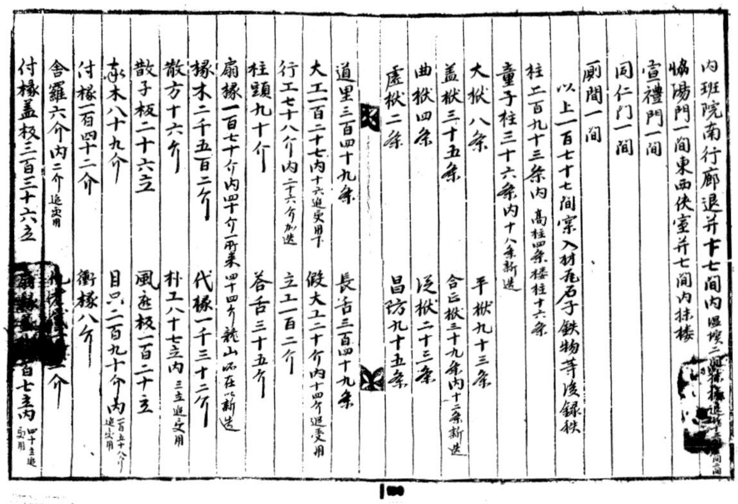
内班院南行廊退并十七間内
協陽門一間東西伏室并七間内抹樓
宣禮門一間
同仁門一間
廁間一間
以上一百七十七間容入材瓦石子鉄物等後録秩
柱二百九十三條内 高柱四條 樓柱十六條
童子柱三十六條内十八條新造
大栿八條 平栿九十三條
蓋栿三十五條 合丘栿三十九條内十二條新造
曲栿四條 退栿二十三條
慮栿二條 昌防九十五條
道里三百四十九條 長舌三百四十九條
大工一百二十七内十六退吏用 假大工二十介内十四介退吏用
行工七十八介内二十六介加造 立工一百二介
柱頭九十介 檐舌三十五介
扇椽一百七十介内四十介一所来 四十四介…新造
椽木二千五百二介 代椽一千三十二介
散方十六介 朴工八十七立内三立退吏用
散子板二十六立 風遮板一百二十立
赤木八十九介 目只二百九十介内一百五十八介退吏用
付椽一百四十二介 衝椽八介
舍羅六介内二介退吏用
付椽蓋板三百三十六立

[그림 496]『창덕궁수리도감』의궤 (부분 발췌)

"大造殿 四十五間内"
初立工 二立工 併 三百五十五
"仁慶宮殿閣毁撤秩
立工一百二介
"仁慶宮撤毁 材瓦石子等及雜物秩"
無葉工二十八介
"仁慶宮留置秩"
葉工十介
二葉工十四介

이 자료(그림 496)에서 볼 수 있는 입공立工을 비롯해서 초입공初立工, 이입공二立工, 무엽공無葉工, 엽공葉工, 이엽공二葉工, 그리고 무리공無里工 등이『화성성역의궤』에서 지칭指稱하고 있는 초익공이나 이익공 부재를 의미하고 있는지 현재로서는 확실하지 않지만 그 시기에는 초입공과 입공, 엽공은 초익공을, 이입공과 이엽공은 이익공을, 그리고 무엽공과 무리공은 무익공[4] 또는 물익공을 지칭하고 있는 용어로 추정[5]된다.

또한 조선 정조 18년(1794)에 수원부의 명칭을 화성으로 바꾸고 유수부로 승격시킨 후 축성한 화성 성곽 동쪽편 구릉에 건립된 군사 지휘소로서 전시戰時에는 장수가 군사들을 지휘하던 장소로 사용하다가 평소에는 신병들의 무예를 연마하는 군사 훈련장인 연무대로 사용되기도 했던 화성 동장대東將臺를 건립할 때 소요된 기단석이나 목부재 등에 대해서 용도에 따른 각각의 목부재 그림은 그려져 있지 않지만 부재들의 명칭과 수량이 자세하게 수록되어 있다.

이 자료(그림 497)에 의하면 고주高柱 8개, 평주平柱 18개, 대량大樑 4개, 동자주童子柱 8개, 종량宗樑 4개, 퇴량退樑 14개, 창방昌防 5개, 협칸창방夾間昌防 22개, 주두柱頭 34개, 양봉樑奉 10개, 소로小累 220개, 화반花盤 15개, 도리道里 2개, 협칸도리夾間道里 51개, 장혀長舌 2개, 협칸장혀夾間長舌 51개, 익공翼工 14개, 추녀春舌 4개, 사래蛇羅 4개, 산방散防 16개, 한대限大 4개, 첨차檐遮 22개, 장연長椽 78개, 선자연扇子椽 104개, 선자개판扇子蓋板 96입, 단연短椽 118개, 평교대平交臺 28개, 부연浮椽 182개, 박공朴工 4개 외에도 많은 목부재 명칭과 그 수량이 자세하게 기록되어 있다.

257

제5장 익공(翼工)건축양식의 분류 및 검토

錢八分○浮械匠工價錢十八兩九錢○雕刻匠工價錢
二十兩一錢六分○木鞋匠工價錢五十一兩八錢二分
○大引鉅匠工價錢九兩○小引鉅匠工價錢十六兩八
錢○旻鉅匠工價錢十八兩六錢○歧鉅匠工價錢二十
五兩八錢○船匠工價錢十四兩七錢○擔運雇價錢四百六十兩
八兩四錢○朴排匠工價錢五兩四分○鞍子匠工價錢四百六十兩
千九百五十三兩二錢二分○貿沙取土價錢二百七十八兩九錢
○車運雇價錢四百九十四兩一錢七分○駄運雇價錢一
二百十六兩二錢○募軍雇價錢
○合價錢七千九百十兩七錢五分

華城城役儀軌 卷五 財用上
中方柱石二十六塊大步石三十八塊中步石十四塊小
步石十二塊庫莫石一百六十三塊大階石四百十一塊
中階石一百三十四塊小階石八十八塊大長臺石七十
二塊中長臺石四十三塊小長臺石四十九塊毛老臺石
二塊大磚石二十六塊中磚石十六塊行閣小隅石四塊
石二塊小隅石二塊中旗竹三門大礎石八塊小礎石二
階石十五塊信防石二十五塊小階石二塊
塊中磚石八塊中階石二塊
十塊小遠山石三塊左右夾門信防石四塊
以上浮出價錢一千九百八十五兩三錢○炭一百三
千七百四斤價錢三百七十八兩五錢六分○溫埃石
十五石十四斗五升價錢四十三兩四錢四分
十二張得請○墻石八千五百六塊雜石六千七百七十五

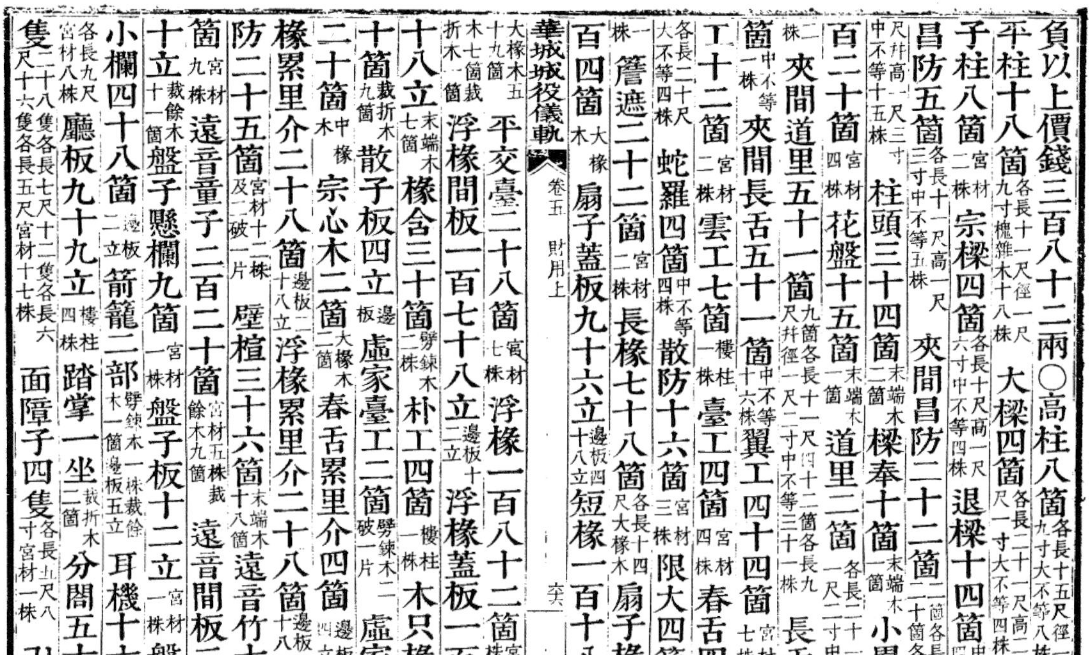

負以上價錢三百八十二兩○高柱八
平柱十八箇 宮材各長十一尺徑一尺
子防五箇 宮材各長十一尺高一尺
昌防五箇 夾間昌防二十一箇
百二十箇 宮材柱頭三十四箇
箇 宮材花盤十五箇
夾間道里五十一箇 夾間長舌五十一箇
株大不等四株 蛇羅四箇 雲工七箇
詹遮二十二箇 長椽七十八箇
百四箇 扇子蓋板九十六立 短椽一百十八箇
平交臺二十八箇 浮椽一百八十二箇
十八立 浮椽間板一百七十八立 浮椽蓋板一百七
折木七箇 散子板四十箇 虛家臺工二箇
二十箇 宗心木二箇 春舌累工二箇
椽累里介二十八箇 浮椽累里介二十八箇
防二十五箇 壁楹三十六箇 遠音間板十八
十立 盤子懸欄九箇 盤子板十二立
小欄四十八箇 箭籠二部 耳機十六箇
隻 廳板九十九立 踏掌一坐 卍字五十六

[그림 497] 『화성성역의궤』도설에 기록된 동장대 건립 소요 목부재

특히 이 자료를 근거로 화성 동장대를 건립할 때 실제로 사용되었던 목부재 수와 『화성성역의궤』에 기록된 목부재 수를 비교하기 위하여 현지를 조사한 결과 고주나 평주, 대량과 종량, 동자주와 주두 등 주요 부재들의 수량이 대부분 일치하고 있었으나 그중 퇴량 14개는 충량 2개를 합친 수량이었고 창방 5개와 협칸 창방 22개는 뜬창방을 포함한 수량이었다. 그리고 주두 34개는 기둥 상부에 결구된 26개와 동자주 상부에 얹어진 8개를 합친 수량이었고, 익공 14개는 우주 상부를 제외한 평주 상부에만 결구되어 있는 수량이며, 첨차

22개는 행공첨차를 의미하는 명칭이었다.

　이와 같은 결과를 보면 현재도 건축공사 착공 전에 평면도나 단면도, 입면도 등의 설계도서를 사전에 작성한 후 물량을 산출하여 공사를 진행하고 있듯이 동장대 건립 당시에도 정확한 설계도서를 작성하여 소요 목재를 산출한 후 공사를 했던 것으로 볼 수 있다.

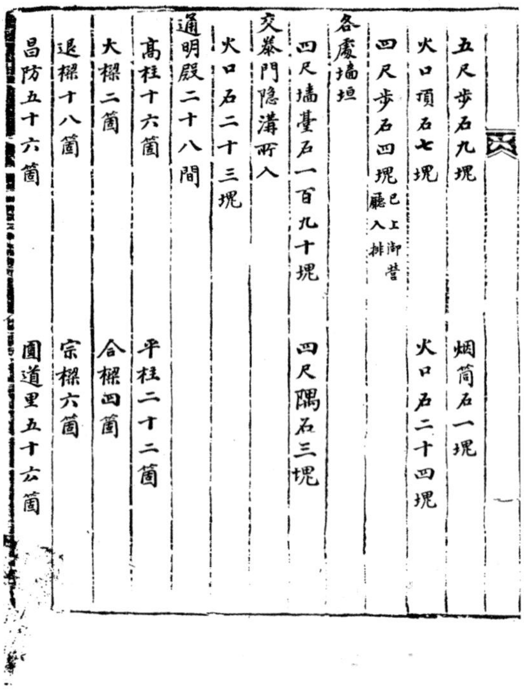

五尺步石九塊 煙筒石一塊

火口頂石七塊 火口石二十四塊

四尺步石四塊 已上御營廳入排

各處墻垣

四尺墻臺石一百九十塊 四尺隅石三塊

交泰門隱溝所入

火口石二十三塊

通明殿二十八間

高柱十六箇 平柱二十二箇

大樑二箇 合樑四箇

退樑十八箇 宗樑六箇

昌防五十六箇 圓道里五十六箇

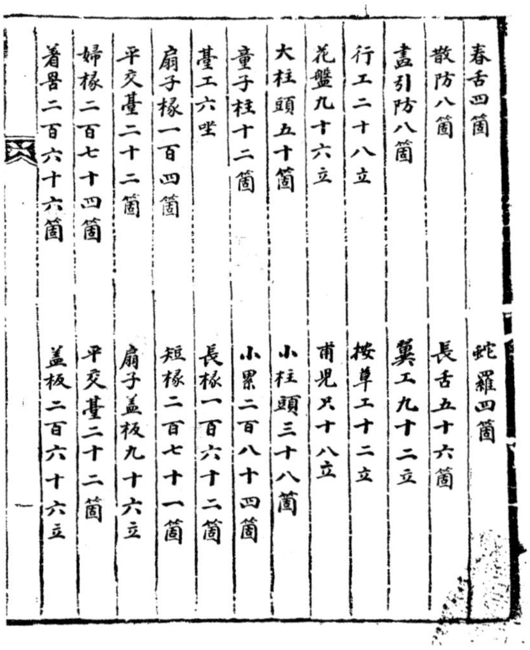

春舌四箇 蛇羅四箇

散防八箇 長舌五十六箇

畫引防八箇 翼工九十二立

行工二十八立 按草工十二立

花盤九十六立 甫兒只十八立

大柱頭五十箇 小柱頭三十八箇

童子柱十二箇 小累二百八十四箇

臺工六坐 長椽一百六十二箇

扇子椽一百四箇 短椽二百七十一箇

平交臺二十二箇 扇子蓋板九十六箇

婦椽二百七十四箇 平交臺 二十二箇

着릉 二百六十六箇 蓋板二百六十六箇

[그림 498] 『창경궁영건도감』의궤

　또한 조선 순조純祖 5년(1805)에 제작된 『창경궁영건도감』의궤6(그림 498)에서도 창경궁 내에 함께 있는 경춘전과 환경전을 비롯해서 통명전 28칸을 영건營建하는데 소요되는 고주 16개, 평주 22개, 대량 2개 등과 익공 92입, 행공 28입, 화반 96입 등 32 종류의 부재명과 수량이 자세하게 기록되어 있다.

특히 고주나 대량 등의 수를 세는 단위를 낱개를 의미하는 개箇로 사용하고 있는 반면에 익공과 행공, 그리고 화반 등은 판재를 세는 단위인 입立으로 구분하여 사용하고 있어 그 기능이나 형태가 다름을 보여주고 있다.

그러나 목부재 수량을 세는 단위를 정조 19년(1795)에 간행된『화성성역의궤』에서는 익공이나 기둥, 대량, 주두 등을 개箇로 세고, 선자개판이나 부연개판, 그리고 산자판 등의 판재는 입立 으로, 판문은 쌍雙으로 세고 있으나 그후 조선 순조 5년(1805)에 제작된『창경궁영건도감』의궤에서는 익공과 행공, 안초공, 화반, 보아지 등을 입立으로 세고 있으며, 개의 한문 표기도 조선 인조 25년(1648)에 간행된『창덕궁수리도감』의궤에서는 개亇로 다르게 표기되어 있어서 의궤의 간행 시기에 따라 부재의 단위나 한문 표기가 서로 다르게 기록되어 있는 것을 볼 수 있어 특이하다.

다행히 18세기 후반 이후 건축계에 나타나는 변화 중 하나로 건축용어 사용의 정비 현상을 들 수 있다. 종래 여러 명칭으로 사용되던 건물 부재를 지칭하는 용어들이 몇 가지로 단순화되고 또 이두식 표현의 명칭도 대부분 한자어로 표기되어 지금 우리가 한국 건축에 대해 사용하는 용어와 거의 유사한 것으로 바뀌고 있다.[7]

그리고 익공이라는 용어가 처음으로 보이는『화성성역의궤』도설에서 볼 수 있는 목부재의 그림과 명칭 이외에도 현재 우리가 사용하고 있는 전통 목조건축물의 기단부와 축부, 그리고 옥개부 등에 사용하고 있는 부재 명칭들이 대부분 기록과 일치하고 있어서 조선후기에 간행된 많은 의궤儀軌를 토대로 건축용어의 재 정리가 가능할 것으로 판단되고 있다.

또한『화성성역의궤』를 포함한 조선시대의 여러 의궤 자료에서 우리나라 3대 목조건축양식인 주심포양식이나 다포양식, 그리고 익공양식에 대한 구체적인 설명이나 기록이 남아있지 않아 최근에 들어와서 익공翼工의 용어에 대한 설명을 창방과 직교直交하여 보를 받치며, 쇠서牛舌 모양을 내고 초각한 공포재[8]로서 외부에 내민 것은 쇠서牛舌, 내부에서 보를 받는 것은 보아지甫兒只 또는 양봉樑奉이라고 하고 있는데[9], 익공은 새 날개처럼 뾰족하게 생긴 보 방향의 살미부재[10]로 설명하고 있다.

특히 익공이라는 용어가 처음으로 보이는『화성성역의궤』의 발행 시기 이전에도 이미 익공양식으로 건립된 건물들이 여러 동棟 남아 있는데, 예를 들어 해인사 장경판고 수다라장(1488년)과 강릉의 오죽헌(1536년경), 해운정(1530년경), 서울 동묘 정전(1601년), 서울문묘 명륜당(1606년 중건) 등과 그 외에도 많은 건물들이 지금도 남아 있기 때문에 이 시기 이후에는 익공양식이 이미 다포양식과 함께 궁궐건축이나 성곽건축, 그리고 주거건축 등에서 주로 많이 사용된 건축양식으로 볼 수 있다.

따라서 현재로서는 익공이라는 용어는『화성성역의궤』에서 처음으로 볼 수 있어서 그보다 앞선 시기에 익공양식으로 건립된 건물이나 그 부재에 대하여 어떤 명칭들이 사용되었는지 문헌사적 측면에서 규명되어야 할 과제로 생각된다.

5-2. 익공翼工건축양식의 기원

익공계 건축양식이 언제부터 목조건축에 적용되기 시작했는지는 확실하지는 않지만 한국건축양식론[11]에서는 주심포식과 다포식을 중심으로 양식 체계화를 시도하고 있는 반면에 익공계 양식에 대한 발생 시기나 익공양식의 변천 과정 등에 대해서는 거의 언급을 하지 않고 있다.

그러나 "익공식 건축은 발전의 연원淵源이 고려시대로 소급된다고 추측되나, 건축수법과 그 형상이 조선왕조 초기에 체계화된 것으로 생각된다"고 하여 조선초기로 보는 견해와 함께 익공식을 익공의 수에 따라 초익공과 이익공으로 나누고 특히 중기 이후에 와서 익공뿌리가 없이 둥그스름한 모양의 각刻을 한 무익공도 사용되었다[12].하고 있으며, "익공양식은 언제 어떻게 우리나라에 도입되었는지 또는 창출創出되었는지 자세히 알 수 없으나 조선왕조 초기부터 그 유구가 남아 있어 고려시대에 존재하였을 가능이 있다"하여 고려시대에 발생했을 가능성을 시사하는 견해[13]도 있다.

또한 주심포계와 다포계 이외에도 익공계라는 또하나의 공포 유형이 있는데, 조선조 초기에 개발되고 임진왜란 이후 서서히 발전하기 시작하여 조선조 말기에 크게 유행하였으며, 가묘家廟나 사랑채의 공포로 사용한 예가 많다고 하여 조선초기 발생[14]을 주장하기도 하고 있다.

특히 익공계의 형식을 주심포에서 출발하여 변형된 것인지 또는 후세에 전혀 다른 꾸밈새로 등장된 것인지 각기 다른 견해를 보이고 있지만 공학적인 견지에서 격식이 낮고 공법은 간단하여 다작多作이 요구되는 새 시대의 산물로서, 주심포의 간략화와 다포의 형식을 감안하여 혼합 정리된 형식으로서 익공계의 공포양식을 ① 제공수에 따른 분류와 ② 외출목에 따른 분류, ③ 형태에 따른 분류와 그리고 ④ 특수형 등으로 세분하여 분류[15]하고 있으며, 익공식을 초익공, 이익공, 삼익공, 물익공 등 4가지로 분류하면서 아산 맹씨행단의 익공은 신라의 화두아花斗牙에서 발달된 것으로 추측하면서 익공의 시원始原양식이라고 판단[16]하기도 하고 있다.

또한 익공계 양식은 원元나라의 영향으로 시작되어 우리나라에서 독자적으로 발전한 양식으로 조선시대에 비약적인 발전을 보게 되었다 하면서 양식의 발생은 주심포양식에서 그 기원을 찾을 수 있으며, 다포계 양식의 의장성이 발전을 급속도로 가속화 시킨 것으로 보는 견해[17]도 함께 있다.

그리고 16세기에서 17세기 전반기를 지나는 사이에 조선朝鮮 고유한 시대 양식을 만들었는데, 다포양식은 본래의 구조개념을 지키면서 살미의 짜임에 변화가 생기고 장식이 가미되기 시작했으며, 주심포형식은 서서히 그 존립 기반을 상실해 가면서 퇴화되었고 절충적인 방식으로 명맥을 이어 갔으며, 여기에 주심포를 대신해서 시대가 요구하는 새로운 구조 방식으로 익공형식이 나타났는데 익공형식은 비록 간략하고 구조적으로 큰 역할을 하는 것은 아니었지만 중국 일본에도 없는 독창적인 기법이었다고 하고 있다[18].

또한 삼국사기 권 제33 잡지 제2에는 신라의 골품제骨品制의 하나로 진골과 육두품에서 4두품에 해당하는 사람에 대한 색복, 차기, 용기, 옥사에 대한 규제 내용이 자세하게 기록되어 있는데, 그중 가옥에 대한 규제인 "옥사屋舍"[19]조에서 오두품의 내용 중 일부인 "불시비첨중복화두아현어不施飛簷重栿花斗牙懸魚"의 해석에서 화두아花斗牙를 초공 또는 익공으로 보는 견해[20]도 있는 반면에 현재로서 익공의 용례는 조선조 초기의 강릉 오죽헌이 그 상한선임을 전제로 화두아는 익공이 아니고 "화려하게 초새김 한 공포"로 해석하는 견해[21]도 있다.

특히 최근에는 4세기 말에서 5세기 초경에 조성된 벽화고분으로서, 무덤칸 벽면에 상서祥瑞로움을 상징하는 둥근무늬와 구름무늬를 가득 그려 놓은 환문총環文塚 등 고구려 고분 벽화에 그려져 있는 공포 가운데 기둥머리 위에 있거나 기둥머리 부분을 관통해서 익공같은 나무를 끼운 것처럼 보이는 기둥의 상부구조 형식을 "무두익공식"이라 부르는 견해[22]가 발표되어 주목되고 있다.

결국 익공계 양식의 발생은 중국 등 외국에서 직접 영향을 받아 형성되었거나 도입된 양식이 아니고 우리나라에서 발생되어 발전시킨 양식으로 보는 견해로 집약集約되고 있는데, 삼국시대의 원시적인 공포형식인 무공아계[23]가 발전되어서 변천된 것으로 보는 주장도 일부 있지만 대체로 주심포계가 변화된 현상[24]으로 보는 견해가 지배적인 것 같다.

특히 고려시대와 조선시대를 거치면서 주심포양식으로 건립되어 현재 우리나라에 남아 있는 건물들을 헛첨차의 결구 유,무나 형상, 그리고 조각 특성을 중심으로 주심포 제1양식과 제2양식, 그리고 제3양식으로 분류하여 그 변천과정을 앞서 분석한 결과 주심포 후기양식의 가장 큰 특징으로 볼 수 있는 헛첨차의 외단부가 쇠서牛舌로 길게 돌출되면서 그 하부면을 복잡하고 다양한 파련문으로 조각하고 있는 것을 들 수 있었다. 이와 같이 주심포 후기의 특징을 많이 가지고 있는 주심포 제3양식의 헛첨차 외단부外端部 모두 수서형垂舌形 또는 앙서형仰舌形의 쇠서牛舌 형태로 돌출되고 그 형상도 아래에서 위로 휘어 오르는 형태로 변형되면서 익공부재로 진행된 것으로 보여진다.

따라서 익공양식은 주심포 제1양식에서 제2양식으로, 그리고 제3양식으로 변천되는 과정에서 헛첨차 부재가 익공부재로 변천되어 발생된 건축양식으로 보는 것이 타당한 것으로 판단[25]되고 있다.

5-3. 익공翼工건축양식의 정의定義

익공양식에 관해서는 익공이라는 용어가 처음으로 보이고 있는 『화성성역의궤』에서 초익공과 이익공, 그리고 양봉, 행공, 두공, 주두, 소로, 화반 등 익공계 공포의 구성부재에 대한 명칭과 그 형상만이 기재되고 있을 뿐 익공양식에 대한 정확한 구조 분해도가 없어서 그동안 여러 학자들이나 연구자들에 의해 다양한 언급이 이루어져 왔다.

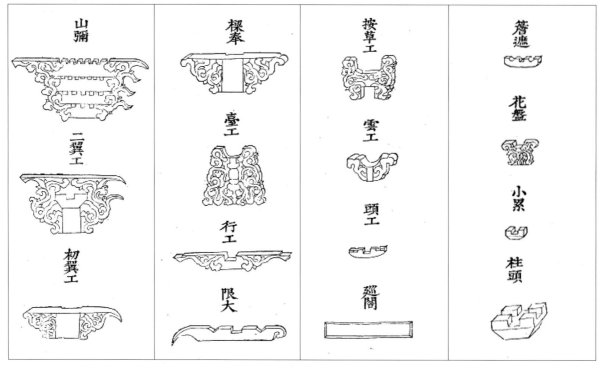

[그림 499] "화성성역의궤"에서의 익공부재 명칭

그중 익공양식을 주심포계 건축양식의 공포에서 살미첨차를 빼고 대량을 주두 위에 얹어 직접 헛첨차가 대량을 받고 있는 형식으로서, 주심포계의 간략화 현상으로 보고 있는 견해[26]와 익공양식은 기둥 위나 주간柱間에 두공을 짜 올리는 것이 아니고 대개의 경우 기둥머리에 끼워진 창방의 뺄목을 조익형鳥翼形으로 조각한 건축기법으로 보는 견해[27]가 있었다. 또한 원나라의 영향으로 시작되어 우리나라에서 독자적으로 발전한 양식으로 조선시대에 비약적인 발전을 본 양식으로 기둥 윗부분에서만 형성되는 새의 날개모양의 조각이 창방 또는 보의 뺄목위치에서 장식화되었다[28]라는 주장과 또는 익공식은 창방과 직교하여 보 방향으로 새 날개 모양의 익공이라는 부재가 결구되어 만들어진 공포 유형을 말하며, 출목이 없다는 등의 여러 견해가 병존並存하고 있다.

또한 익공양식의 분류에 있어서도 초익공과 이익공 두 형식이 대표적이며, 대규모의 건축에는 1출목을 두는 경우도 있다. 라는 분류 방법[29]과 익공계를 ①제공수에 따라 초익공과 이익공으로 ②외출목에 따른 분류로 무출목 익공과 일출목 익공, 이출목 익공으로, ③형태에 따른 분류로 쇠서익공, 초각익공, 물익공으로, 4)

특수형으로 삼익공 또는 중이익공과 다포절충익공으로 세분하면서 삼익공을 전주 풍남문과 밀양 영남루를 예로 들어 설명하고 있다.[30]

그리고 익공식은 익공의 단수만큼 건물의 높이를 높이기 위한 수직적 목적으로 사용된 양식으로서 수평적 확장 기능인 출목은 없다고 하여 출목식을 수원 화성의 동장대를 예로 하여 외1출목의 주심포식으로 표기하고 무출목 익공식은 사용된 단수에 따라 익공이 한 단만 사용한 초익공식, 두 단 사용한 이익공식, 세 단 사용한 삼익공식으로 구분[31]하고 있다.

이외에도 익공형식과 출목형식[32], 무출목 익공식과 출목 익공식,[33] 순수익공식과 갖은 삼포계열(출목을 가진 익공식)[34]으로 분류하기도 하고, 또한 출목식을 주삼포작[35]으로 부르기도 하고 있다.

그리고 『궁궐지』 등에서 볼 수 있는 물익공 또는 무익공, 모익공 등을 익공 끝이 쇠서 모양으로 삐죽하지 않고 두리뭉실하게 초각된 익공의 꾸밈새로 설명[36]을 하고 있는 반면에 최근에는 익공식을 초익공, 이익공, 삼익공, 몰익공 등 4가지로 분류하여 몰익공을 익공식의 한 양식으로 분류하고 있는 견해[37]도 있다.

이와같이 익공양식의 분류에도 그 형식이 다양할 뿐만 아니라 특히 출목형식을 익공양식으로 보는 견해와 주심포 양식으로 보는 견해가 공존하고 있어서 같은 건물을 보면서도 학자들에 따라 확실한 양식 구분이 되지 않고 있는 실정[38]이다.

따라서 상기와 같은 익공양식의 기원이나 정의, 그리고 양식의 구분을 확실히 규명하고 또한 익공양식이 어떠한 과정을 거쳐서 발생되었는지를 밝히며, 특히 주심포계 건축이 익공양식 발생에 영향을 주었는지, 또는 영향이 미쳤다면 어떠한 과정을 거쳐서 익공양식으로 변천되었는지를 검토하고자 한다.

5-4. 익공翼工건축양식의 발생

익공양식의 발생 시기와 발생 과정에 관해서는 현재 여러 가지 견해가 병존竝存하고 있다. 우선 발생 시기에 대해서는 고구려 고분벽화에 그려진 주형도柱形圖가운데 환문총이나 성총, 연화총 등의 공포 형상을 근거로 삼국시대부터 있었다는 견해와 함께 조선왕조 초기부터 그 유구가 남아 있어서 고려시대에 발생했을 가능성과 조선시대에 들어와서 발생한 건축양식으로 보는 견해도 있다.

그리고 익공양식이 중국의 영향을 일부 받아 형성되었다는 주장과 우리나라 독자적인 발생설로 보는 견해도 있고, 신라의 화두아花斗牙에서 발달된 것으로 추측하면서 화두아가 익공의 시원으로 보기도 하고, 익공양식의 발생은 주심포 양식에서 그 기원을 찾을 수 있다는 등 여러 설이 함께 병존竝存하고 있다.

이러한 가정假定을 근거로 익공양식의 발생에 가장 중요한 헛첨차 부재의 발생 및 변천과정을 제3장 헛첨차 부재의 발생 및 변천에서 검토 종합한 결과 헛첨차의 발생은 5세기 중엽에 평안남도 순천시 북창리 대동강 강변에서 멀지 않은 북창벌에 건설된 천왕지신총天王地神塚의 무덤칸 앞에 삼각고임 천장으로 건설된 동쪽 앞칸과 평행고임 천장으로 된 서쪽 앞칸을 연결해 주는 사이길 천장에 걸쳐 댄 대량의 단부를 벽에서 빠져나와 구조적으로 받쳐주고 있는 "ㄴ자형"의 고임돌 부재(그림 500)에서 찾을 수 있었다. 이 고임돌 부재는 그 결구방식이 목조 건축과 비슷한 구조로서, 부석사 무량수전의 내고주 상부에 결구되어 있는 헛첨차(그림 501)에서도 볼 수 있는데, 이는 형태뿐만 아니라 그 기능도 똑같아 헛첨차의 시원적인 근거로 볼 수 있으며, 헛첨차의 발생시기도 삼국시대까지 소급할 수 있을 것으로 판단된다.

[그림 500] 천왕지신총 앞칸 서쪽 대량 밑 "ㄴ자형" 고임돌 부재

[그림 501] 부석사 무량수전 내고주 상부 "ㄴ자형"의 헛첨차 부재

이러한 과정을 거쳐서 발생된 헛첨차는 그 후 주심포양식의 평주에 결구되고 있는 헛첨차로 발전하였고 또한 이 헛첨차는 익공 부재로 까지 변화하여[39] 우리나라 고유固有의 익공양식 발생에 영향을 미쳤을 것이라는 판단[40]에 따라 제2장 주심포 건축양식의 분류 및 검토에서는 헛첨차의 변천과정을 집중 분석分析 및 고찰考察하였다.

그 결과 우리나라 고유의 건축양식인 익공양식의 발생 요인은 두 가지로 집약될 수 있는데, 첫 번째는 공포에 결구되어 있는 헛첨차의 변천과정과 두 번째는 지붕틀 가구의 변화에서 확인할 수 있었다.

먼저 헛첨차가 평주 상부에 결구되어 있지 않은 주심포 제1양식(그림 502-①)에서 평주 상부에 헛첨자가 결구되면서 그 외단부가 사절科切되어 있는 주심포 제2양식(그림 502-②)으로, 그리고 평주 상부에 헛첨차가 결구되면서 그 외단부가 쇠서牛舌로 되어 있는 주심포 제3양식(그림 502-③)으로 변천되는 과정에서 헛첨차의 결구 유,무와 헛첨차의 형상 변화가 주심포 양식의 건립 시기와 거의 일치하고 있다.

주심포 제1양식	주심포 제2양식	주심포 제3양식
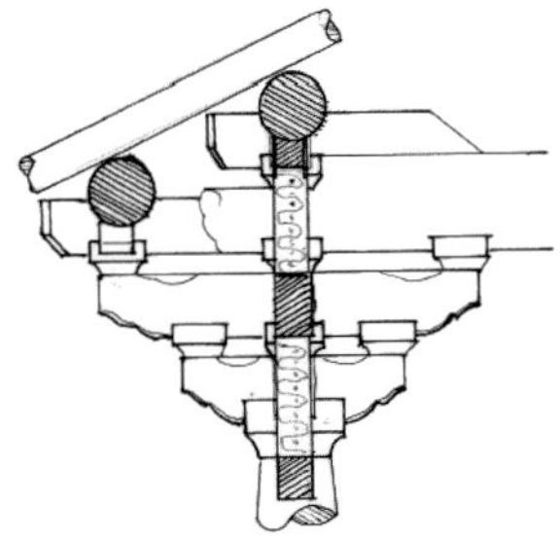	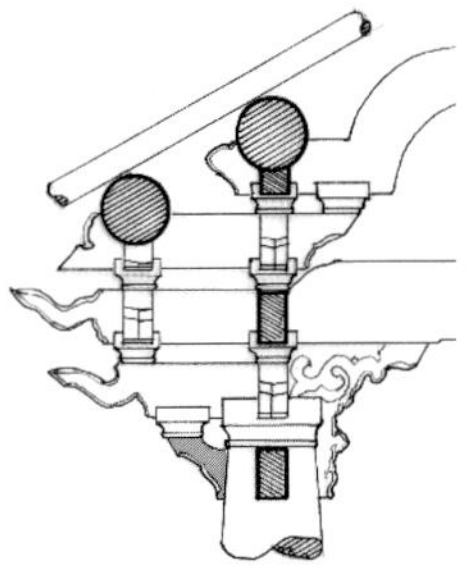	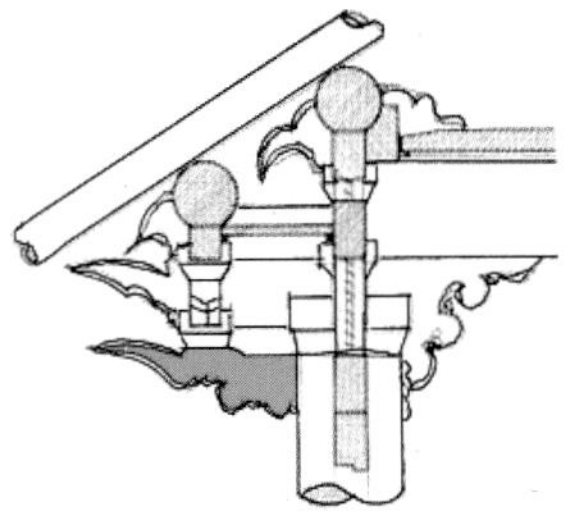
① 봉정사 극락전 공포	② 수덕사 대웅전 공포	③ 송광사 국사전 공포

[그림 502] 주심포양식의 헛첨차 변천과정

특히 주심포계의 후기 양식으로 볼 수 있는 주심포 제3양식의 가장 큰 특징 중 하나는 평주 상부에 헛첨차가 결구되면서 헛첨차의 외단부外端部가 쇠서牛舌형태로 돌출(그림 503-①)되면서 그 하부면을 복잡하고 다양한 파련문으로 조각을 하고 있다. 또, 쇠서의 뿌리가 짧으면서도 강건强健한 형태로 돌출되고 있는 주심포 초기 양식의 특성에서 점점 수평화를 이루다가 후에는 아래에서 위로 휘어 오르는 후기적 수법으로 변화된 형태가 익공부재로 진행된 것으로 보여지고 있다.

주심포 제3양식	주심포 제3양식	주심포 제3양식	무출목 초익공양식
	과도기 양식	과도기 양식	
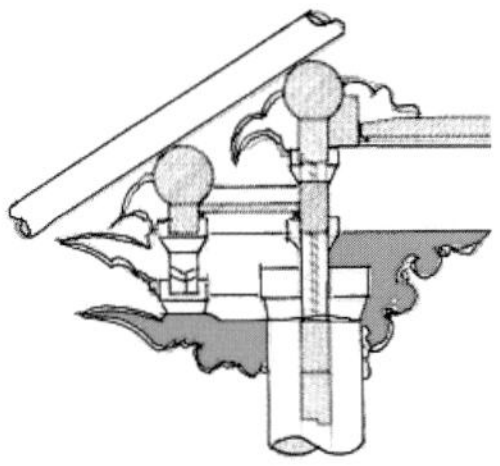	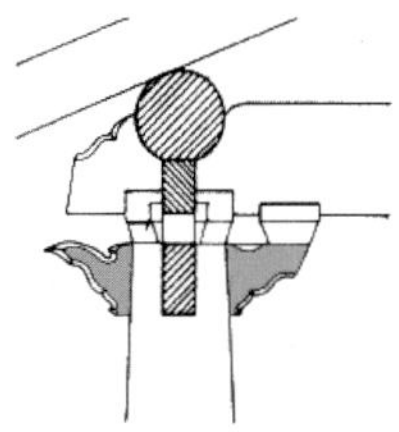	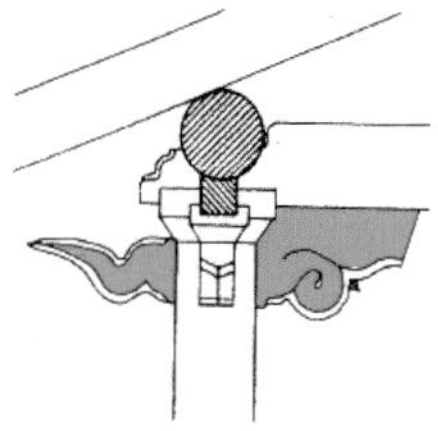	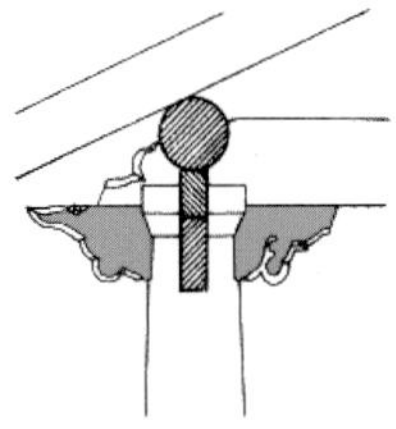
① 송광사 국사전 공포	② 해인사 사간판전 공포	③ 아산 맹씨행단 공포	④ 해인사 수다라장전 공포

[그림 503] 헛첨차의 형상 및 결구 변화과정에서 익공양식의 발생 과정

특히 주심포양식에서 주두와 출목소로 사이에 만들어지던 공안栱眼이 외목도리의 생략(그림 503-②)으로 이 공안이 만들어 지지 못하면서 헛첨차 상부가 대량의 하부와 분리(그림 503-②)된 채 유지되어 오다가 헛첨차 내단內端 상부가 대량의 하단과 맞닿으면서(그림 503-③) 익공양식의 특징인 양봉樑奉으로 바뀌면서 익

공부재(그림 503-④)로 변천된 것으로 볼 수 있다.

그리고 또 하나의 익공양식 발생 요인은 규모가 큰 전통 목조건축물의 경우 앞으로 길게 빠져 나가는 처마를 받쳐주기 위해서는 구조적으로 주심도리 밖에 외목도리를 하나 더 걸어야 하는 7량가七樑架의 지붕틀(그림 504-①)로 가구架構를 짜야 한다. 그러나 조선 중기경에 이르러 향교나 서원의 부차적인 건물이나 상류주택의 사랑채나 별당 등의 규모가 비교적 작은 건물에서 5량가五樑架(그림 504-②)의 지붕틀 가구를 구성하는 예가 많아지기 시작하고 있다. 그 과정에서 처마하중이 점점 줄어들게 되자 그동안 외목도리를 결구하기 위해서 발생되었던 헛첨차의 기능이 점점 간략화 및 퇴화되는 과정에서 결국 익공계 건축양식(그림 504-③)이 발생된 것으로 볼 수 있다.

주심포 제3양식	주심포 제3양식	무출목 초익공양식
7량가 지붕틀 가구	5량가 지붕틀 가구 -과도기	5량가 지붕틀 가구
① 송광사 국사전 가구	② 소수서원 강학당 가구	③ 강릉 해운정 가구

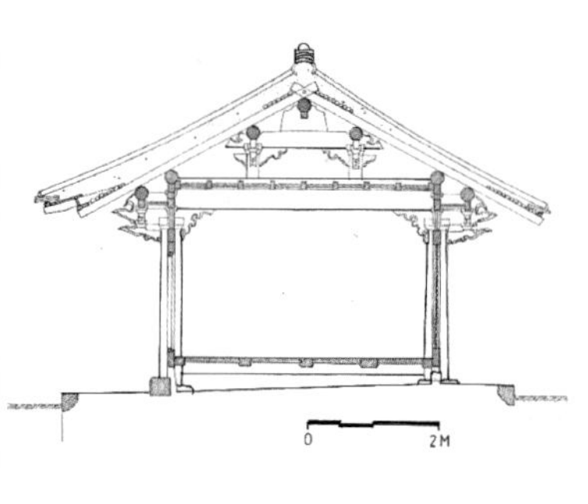

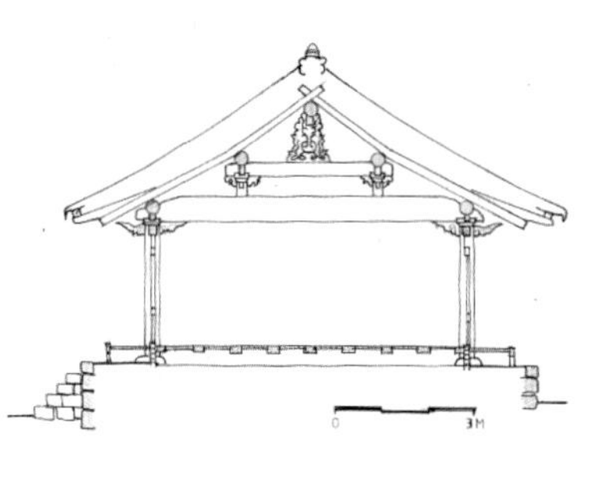

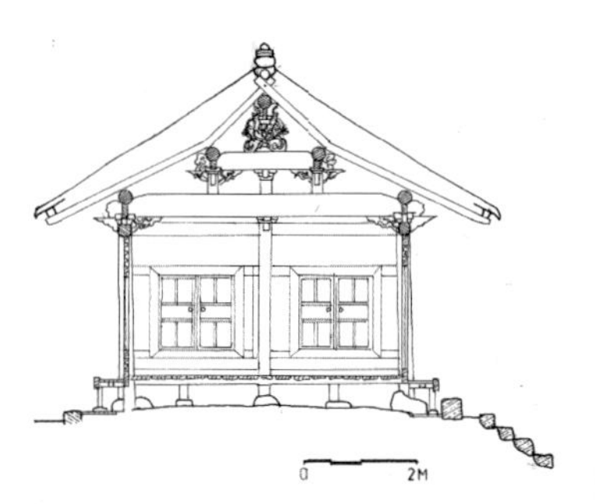

[그림 504] 지붕틀 가구 변화과정에서 익공양식의 발생 과정

따라서 익공양식의 발생은 첫째로 주심포양식에 결구되어 있는 헛첨차가 후기양식으로 변천되는 과정에서 그 형상 및 결구 수법의 변화 요인과 두 번째로는 외목도리가 결구되는 주심포양식의 7량가 지붕틀 가구에서 외목도리가 생략되는 5량가의 주심포 제3양식의 후기적 지붕틀 가구로 변천되는 과정에서 익공양식이 발생된 중요한 요인要因이 된 것으로 볼 수 있다.

결국 조선시대에 들어와서 사찰건축이나 궁궐건축의 부차적副次的인 건물과 지방 관아나 향교, 서원, 누정, 그리고 상류주택 별당 등의 조영造營에 적지않게 적용되어 건립되었던 익공건축 양식은 주심포양식의

주심포 제1양식	주심포 제2양식	주심포 제3양식			익공양식
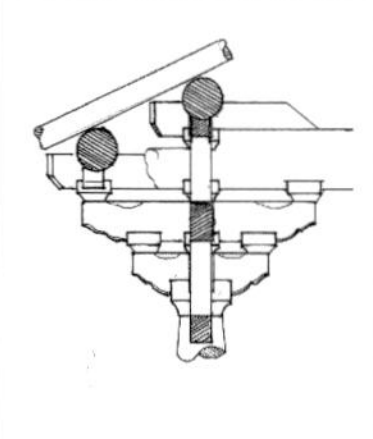 봉정사 극락전 공포	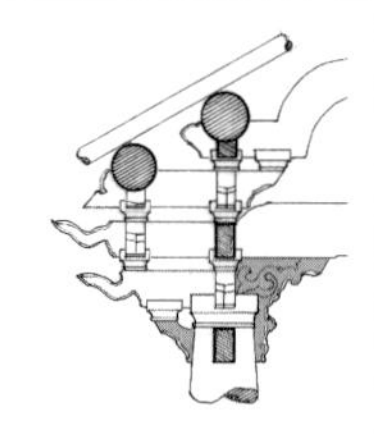 수덕사 대웅전 공포	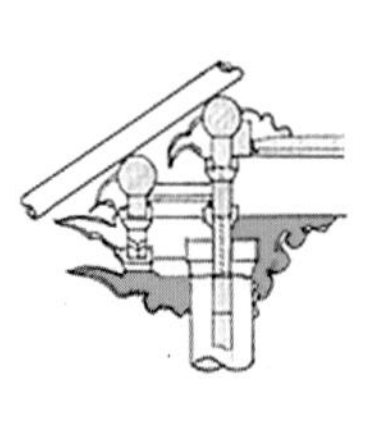 송광사 국사전 공포	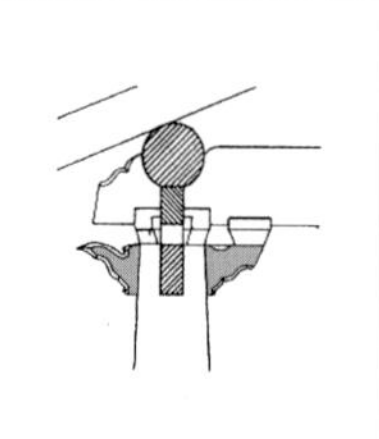 해인사 사간판전 공포	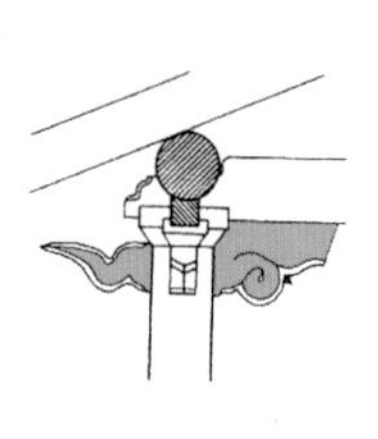 아산 맹씨행단 공포	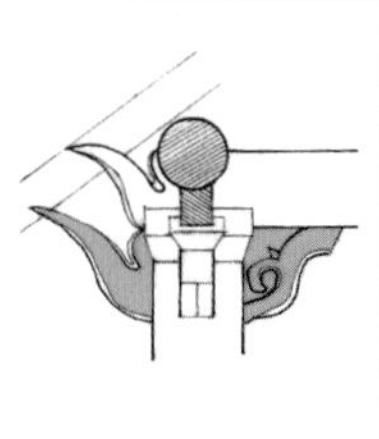 개목사 원통전 공포

[그림 505] 헛첨차의 결구 유,무 및 형상 변화에 따른 익공양식의 발생 과정

평주 상부에 결구되어 있는 공포 부재의 하나인 헛첨차의 결구 유, 무 및 형상 변천 과정에서 익공부재로 변화되어 발생된 건축양식으로 볼 수 있다.

　따라서 이를 근거로 하여 주심포 건축양식과 익공양식과의 정의나 구분을 확실히 규명하기 위하여 우선 헛첨차를 중심으로 주심포 건축양식의 특성을 종합하면 다음과 같다.

① 현재 우리나라에 남아 있는 약 30여동의 주심포양식 건물 가운데 주심포 제1양식인 봉정사 극락전과 부석사 무량수전, 그리고 조선초에 건립된 무위사 극락전을 제외하고는 평주 상부에 모두 헛첨차가 결구되어 있는 특징을 볼 수 있다.
　(일부 주심포양식으로 분류되고 있는 홍성 고산사 대웅전은 다포양식의 특징인 평방이, 그리고 청양 장곡사 상대웅전은 후대에 변형된 것으로 보이나 현재 창방 상부에 주간포가 배치되고 있어서 일단 주심포양식에서 보류하기로 하였다.)

② 헛첨차가 기둥 상부면과 주두 하단면 사이에서 창방과 十자 방향으로 직교直交하여 외부로 돌출(그림 506-①)되고 있다. 그러나 일부 중,후기양식의 경우 외목도리의 생략으로 헛첨차가 평주 상부면에서 대량 하단면과 분리(그림 506-②)되어 외부로 돌출되고 있다.

주심포양식	주심포양식
① 송광사 하사당 공포	② 해인사 사간판전 공포

[그림 506] 외목도리가 생략된 지붕틀 가구의 헛첨차

③ 헛첨차 상부 윗면에 활형 또는 수평모양으로 깎거나 어깨의 옆면을 조금 따내서 공안栱眼[41]이 있을 때 주심포 양식으로 볼 수 있다. 그러나 ②항과 같이 중·후기 양식에서 외목도리가 생략되어 공안이 없이 대량과 분리되어 외부로 돌출되는 경우(그림 506-②)에도 주심포 제3양식으로 볼 수 있다.

④ 헛첨차가 결구되어 있지 않은 주심포 제1양식(그림 507-①)에서 평주 상부에 헛첨차가 결구되고 있는 주심포 제2양식은 사절斜切(그림 507-②)되며, 주심포 제3양식은 쇠서牛舌(그림 507-③) 형태로 돌출되는 순서로 변천되고 있는데, 헛첨차 외단면이 쇠서牛舌 형태일 경우 처음에는 비교적 그 형상이 짧고 간결하였

으나 후기로 갈수록 아래에서 위로 휘어 오르는 익공뿌리처럼 변해가고 있다.

주심포 제1양식	주심포 제2양식	주심포 제3양식
헛첨차가 결구되어 있지 않음	사절斜切 형상	쇠서牛舌 형상
① 봉정사 극락전 공포	② 수덕사 대웅전 공포	③ 송광사 국사전 공포

[그림 507] 헛첨차 유, 무 및 외단부 형상 변천 과정

⑤ 주심포양식의 헛첨차 하부면 조각은 대체로 연화문 또는 파련문 형상의 조각을 하고 있다.

그 반면에 익공양식의 특징은

① 주심포양식(그림 508-①)에서 기둥 상부면과 주두 하단면 사이에서 창방과 十자 방향으로 직교直交하여 외부로 빠져 나왔던 헛첨차가 익공양식(그림 508-②)에서는 헛첨차가 주두의 운두 부분과 엇물러서 창방昌枋과 十자 방향으로 직교直交하여 외부로 돌출되고 있는 익공翼工부재로 변화되고 있다.

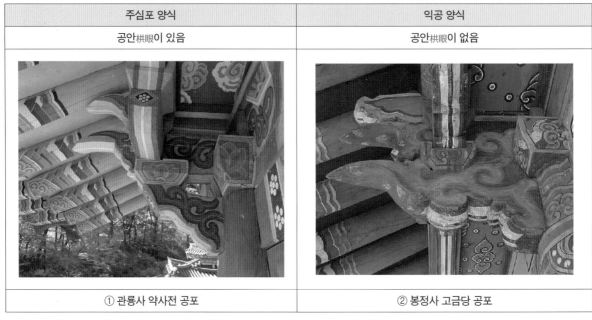

주심포 양식	익공 양식
공안栱眼이 있음	공안栱眼이 없음
① 관룡사 약사전 공포	② 봉정사 고금당 공포

[그림 508] 주심포양식과 익공양식의 공포 구성 비교

② 주심포양식(그림 508-①)에서는 기둥 상부면과 출목소로 사이에 공안이 있지만 익공양식(그림 508-②)에서는 초익공 부재가 주두의 운두 부분과 엇물려서 외부로 빠져 나오고 있기 때문에 공안栱眼이 없다.

③ 주심포양식의 헛첨차 하부면 조각은 연화문(그림 508-①) 또는 파련문 형상의 조각을 하고 있으나 익공양식의 익공 하부면은 모두 파련문(그림 508-②)으로 조각되어 있다.

④ 또한 익공양식에서 익공뿌리 윗면이 대부분 아래에서 위로 휘어 오르듯 수서형垂舌形(그림 509-①)을 이루고 있으나 부분적으로 그 반대의 앙서형仰舌形(그림 509-②) 또는 물익공勿翼工 형태를 이루면서 연꽃이나 연봉 등의 장식화 경향을 보이고 있다.

익공양식(1출목 이익공)	

① 환성사 심검당 공포	② 전주향교 명륜당 공포

[그림 509] 익공뿌리 형상 변화

⑤ 익공부재가 판상板床 형태로 되어 익공몸에 당초문이나 인동문 등의 화려한 초새김을 하고 있다.

위와 같은 상기 특징에 의거하여 익공 부재와 익공양식에 대한 정의定義를 내리면

익공 부재 ; 익공 부재는 주심포 양식의 공포에서 헛첨차의 쇠서牛舌가 익공뿌리 형상으로 변화되어 주두의 운두 부분과 엇물려서 외부로 돌출되고 있는 판상板床으로 간략화 된 부재이다.

익공양식 ; 익공양식은 ① 무출목 익공양식과 ② 출목 익공양식으로 구분하여 분류할 수 있다.

무출목 익공양식	
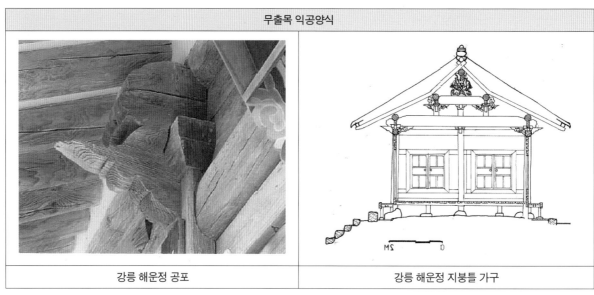	
강릉 해운정 공포	강릉 해운정 지붕틀 가구

[그림 510] **무출목 익공양식 공포와 지붕틀 가구**

① 무출목 익공양식은 초익공과 주두, 그리고 대량 등 3개 부재가 기둥 상부에서 함께 엇물려 있으면서 익공 뿌리가 외부로 돌출되고 있는 양식을 무출목 익공양식으로 한다.

② 출목 익공양식은 창방과 ＋자 방향으로 직교直交된 익공이 주두의 운두 부분과 엇물려서 외부로 돌출된 초익공 상부에 출목 소로를 놓고 도리방향으로 행공첨차를 걸어 외목도리를 받고 있는 양식을 출목 익공양식으로 한다.

출목 익공양식	
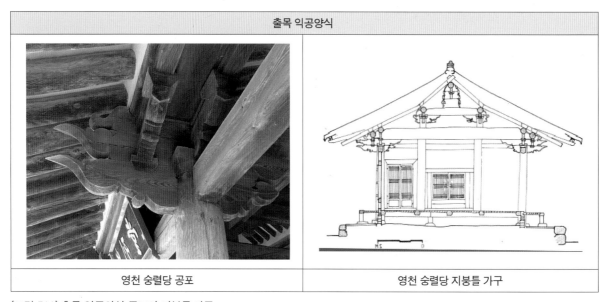	
영천 숭렬당 공포	영천 숭렬당 지붕틀 가구

[그림 511] **출목 익공양식 공포와 지붕틀 가구**

5-5. 익공翼工건축양식의 분류 및 명칭

우리나라에서 현재까지 알려진 익공양식에 대한 명칭이나 부재에 대한 기본적인 자료는 익공양식의 정의에서 언급했듯이『화성성역의궤』로 볼 수 있다.

그러나 이 문헌에는 익공양식 가운데 무출목 양식인 초익공과 이익공에 대해서는 그림과 함께 그 명칭만 기록되어 있을 뿐 공포의 구성이나 결구방법 등에 대한 자세한 언급이 없고 특히 외목도리를 둘 경우에 공포를 구성하여야 하는 출목식 익공양식에 대해서는 언급이 전혀 되어 있지 않고 있다.

따라서 한때는 이를 근거로 익공양식의 범위를 출목이 없는 초익공과 이익공 등 소위 무출목 양식을 중심으로 조사 및 연구가 진행되어 왔으나 건물의 규모가 그 기능에 따라서 외목도리를 걸어야 하는 건물로 확대됨에 따라 최근에 이르러서는 출목양식도 익공양식에 포함시키고 있는 추세로 볼 수 있다.

이에 따라 본 "한국익공건축양식론"에서는 조선시대 상류주택이나 별당건물, 또는 누정건물 등 비교적 규모가 작아 외목도리를 걸고 있지 않은 3량가三樑架나 5량가五樑架의 무출목 양식의 가구와 사찰이나 궁궐의 전각, 또는 향교나 서원 등 건물의 규모가 커서 구조적으로 지붕 처마 양쪽편에 외목도리를 하나씩 더 걸어주어야 하는 7량가七樑架 이상의 출목양식 계통의 가구를 모두 포함하여 익공양식으로 분류하기로 하였다.

그리고 익공양식의 명칭은 두 양식을 구별하기 위하여 앞에 무출목無出目과 출목出目을 붙이되 초익공과 이익공 양식은『화성성역의궤』에 나와 있는 명칭인 초익공과 이익공을 그대로 사용하도록 한 후 익공의 단수段數에 따라서 삼익공 양식을 추가하였으며, 출목 익공식 양식에서는 출목수에 따라서 앞에 1출목과 2출목을 더 붙여 분류하기로 하였다.

〈표 2〉 익공양식의 분류 및 명칭

익공양식	1) 무출목 익공양식	(1) 무출목 초익공양식
		(2) 무출목 이익공양식
		(3) 무출목 삼익공양식
	2) 출　목 익공양식	(1) 1출목 초익공양식
		(2) 1출목 이익공양식
		(3) 1출목 삼익공양식
		(4) 2출목 삼익공양식

1) 무출목無出目 익공양식

(1) 무출목 초익공양식

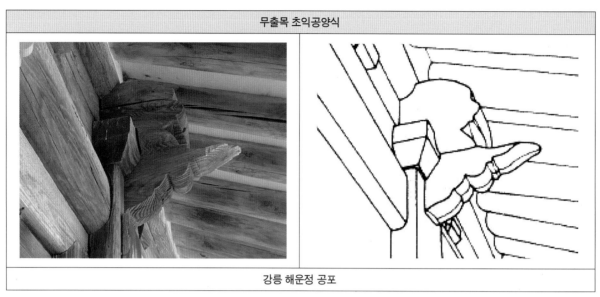

[그림 512] **무출목 초익공양식의 공포**

초익공初翼工과 주두柱頭, 그리고 대량大樑 등 세 부재가 기둥 상부에서 함께 맞물려 결구되어 있는 형식을 무출목 초익공 양식으로 한다.

(2) 무출목 이익공양식

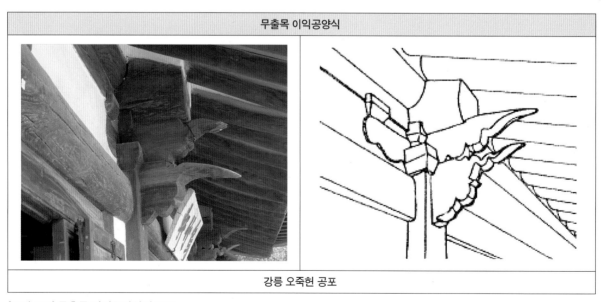

[그림 513] **무출목 이익공양식의 공포**

무출목 초익공 위에 다시 이익공 부재를 주두와 十자 방향으로 맞물려 짠 후 주심부에 도리방향으로 있는 두공頭工[42]과 재주두再柱頭를 결구시킨 후 그 위에 대량을 받쳐주고 있는 형식을 무출목 이익공양식으로 한다. 그러나 지방에 건립되는 일부 건물에서 지역과 건축주에 따라 재주두를 생략시키거나 또는 건물의 특성상 재주두 대신 소로를 놓고 대량이나 퇴량을 결구하고 있는 과도기적 건물도 모두 무출목 이익공양식에 포함하여 함께 분류하였다.

(3) 무출목 삼익공양식

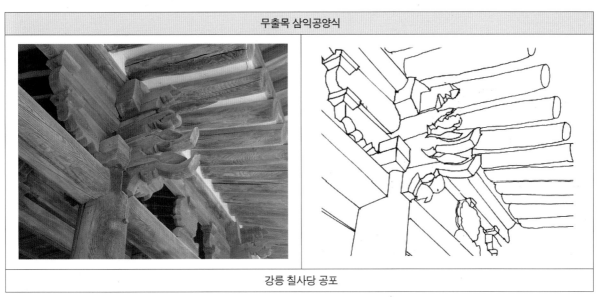

무출목 삼익공양식
강릉 칠사당 공포

[그림 514] **무출목 삼익공양식의 공포**

무출목 이익공양식에서 이익공 위에 삼익공을 하나 더 올려 놓고 주심부에 2중二重의 두공頭工을 결구시키거나 또는 두공과 뜬장혀 위에 재주두를 놓고 대량이나 퇴량을 받쳐주고 있는 형식(경성읍성 남문)도 무출목 삼익공양식으로 한다.

그러나 익공양식 가운데 익공이라는 용어를 처음으로 언급하고 있는『화성성역의궤』에서는 볼 수 없지만『창덕궁수리도감의궤』에서 볼 수 있는 무엽공無葉工과 무리공無里工, 그리고『궁궐지』의 무익공無翼工에 대해서는 아직 익공양식으로서 분류 및 용어 정리가 되지 않은 상태이다. 따라서 건축양식으로서의 명칭보다는 익공뿌리 모양을 대량의 외단부에 맞춰 직절直切 또는 사절斜切시키거나 또는 대량의 외단부 보다 짧거나 조금 더 길게 돌출시켜 둥글게 굴려 다듬는 등의 여러 모양으로 초각草刻을 시키고 있는 형태를 지칭(그림 515)하고 있는 용어[43]로 보여져서 이들을 무출목 초익공양식, 또는 1출목 초익공양식에 포함시켜서 분류하였다.

무출목 초익공양식	

안동 소호헌 공포	예천권씨 종가별당 공포

안동 양진당 공포	안동 임청각 군자정 공포
1출목 초익공양식	

영천향교 대성전 공포	수원 화성 동장대 공포

[그림 515] 무출목 초익공양식과 1출목 초익공양식 중 물익공 형태의 공포

2) 출목出目 익공양식

(1) 1출목 초익공양식

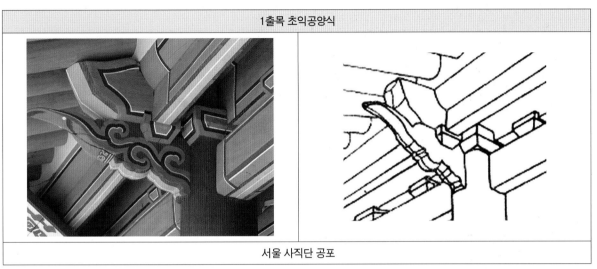

1출목 초익공양식

서울 사직단 공포

[그림 516] 1출목 초익공양식의 공포

초익공과 주두, 그리고 대량 등 세 부재가 기둥 상부에 함께 맞물려 있으면서 초익공 상부에 1출목 소로를 다시 놓고 대량 또는 퇴량 위에 외목도리를 결구하고 있는 형식을 1출목 초익공양식으로 한다.

(2) 1출목 이익공양식

1출목 초익공양식에 도리방향으로 행공첨차와 주심 두공이 결구된 이익공 부재를 하나씩 더 중첩시킨 후 주심부에 재주두를 놓고 대량 또는 퇴량 위에 외목도리를 받고 있는 형식을 1출목 이익공양식으로 한다.

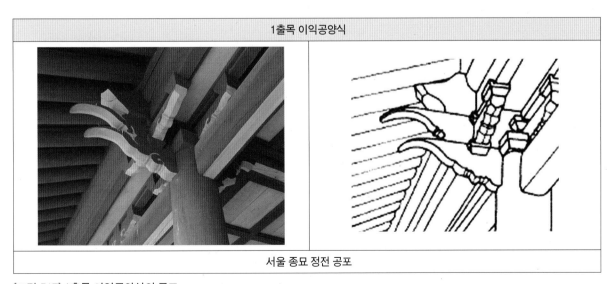

1출목 이익공양식

서울 종묘 정전 공포

[그림 517] 1출목 이익공양식의 공포

(3) 1출목 삼익공양식

1출목 이익공양식에 도리방향으로 2중二重의 행공첨차(행공소첨과 행공대첨)와 2중二重의 주심 두공頭工 (하두공과 상두공)이 결구된 삼익공 부재를 하나씩 더 중첩시킨 후 주심부에 재주두를 놓고 대량 또는 퇴량 위에 외목도리를 받고 있는 형식을 1출목 삼익공양식으로 한다.

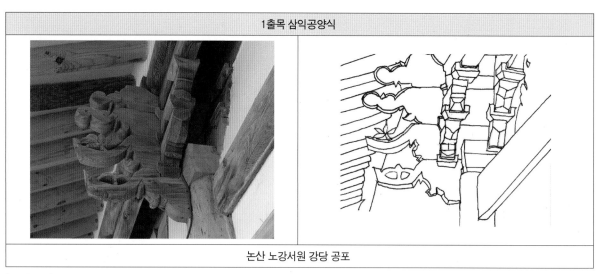

1출목 삼익공양식

논산 노강서원 강당 공포

[그림 518] 1출목 삼익공양식의 공포

(4) 2출목 삼익공양식

1출목 삼익공양식에 도리방향으로 행공첨차가 결구된 출목 소로를 앞으로 하나 더 놓아 2출목으로 한 후 2중二重의 행공첨차(행공소첨과 행공대첨)와 2중의 주심 두공頭工(하두공과 상두공)을 중첩시켜 대량 또는 퇴량 위에 외목도리를 받고 있는 양식를 2출목 삼익공양식으로 한다.

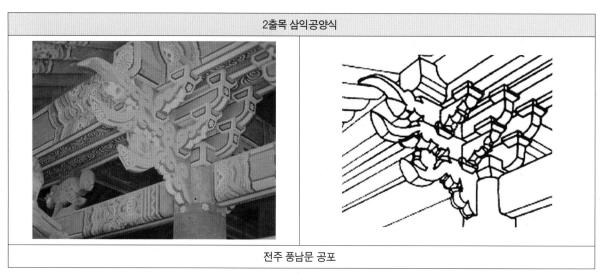

2출목 삼익공양식

전주 풍남문 공포

[그림 519] 2출목 삼익공양식의 공포

미주

1 수원시문화재보존회, 『華城城役儀軌』, 1965

2 조선시대 5대 궁궐의 창건 연혁 및 전각별 건물의 명칭이나 위치, 용도 등을 밝히고 있는 5권 5책으로 된 『궁궐지』는 제1권은 경복궁에 대해서, 제2권은 창덕궁, 제3권은 창경궁, 제4권은 경희궁, 제5권은 도성지에 대한 전반적인 사항을 정리한 자료로서, 조선시대 궁궐을 연구하는데 기본적인 사료(史料)로 알려지고 있다.

3 『昌德宮修理圖鑑儀軌』순치 四年, 仁祖 二十五年(1648)에 발간된 자료로서 현재 문화재관리국 문화재연구소에 소장되어 있다.

4 장기인, 『한국건축사전』, 한국건축대계 IV, 보성각, 1995, p.118에서 무익공은 끝이 쇠서모양으로 삐죽하지 않고 두리뭉실하게 초각된 익공의 꾸밈새로서 무(無)나 모(母)는 차음일 뿐 익공이 없다는 뜻이 아니다. 라고 설명하고 있다.

5 이달훈, 「익공계 공포의 발생과 변천과정 연구」, 충남대학교 박사학위 논문, 1989. p.156

6 한국전통문화대학교 문화재수리기술학과 역, 조선시대 『宮闕營建圖鑑儀軌』(상), (하), 2017

7 金東旭, 「韓國建築工匠史研究」, 技文堂, 1993, p.222

8 박기석, 정영호 감수, 그림과 명칭으로 보는 『한국의 문화유산(1)』, (주)시공테크, 1999, p.153

9 주4) 장기인 앞의 책, p.120

10 김왕직, 『알기쉬운 한국건축용어사전』, 동녘, p.124

11 鄭寅國, 『韓國建築樣式論』, 一志社, 1974,

12 윤장섭, 『한국건축사』, 동명사, 2008, pp.394~396

13 金正基, 『韓國木造建築』, 韓國文化藝術大系 ⑨, 1980, p.43

14 申榮勳, 『한국의 살림집(상)』, 悅話堂, 1983, pp.304~305

15 張起仁, 『木造』韓國建築大系 V, 普成文化社, 1991, pp.198~215

16 주남철, 개정판 『한국건축사』, 고려대학교 출판부, 2014, pp.210~215

17 박언곤, 『한국건축사 강론』, 문운당, 1998, pp.123~124

18 김동욱, 개정 『한국건축의 역사』, 技文堂, 2013, pp.243~51

19 김부식, 이병도 역, 『삼국사기』(하), 을유문화사, pp.177~178

20 김정기, 「삼국사기 옥사조의 신연구」, 신라문화재학술발표회 논문 제2집, 1981

21 주남철, 「삼국사기 옥사조의 신연구」, 『삼불김원룡교수퇴임기념논총II』, 1987

22 정재훈, 조유전, 외 『북한의 문화유산II』, 김동현, 「건축」, p.394

23 신영훈, 「무공아계 건물의 일 예」, 『고고미술』, 제9권 제8호, 미술사학회, 1968

24 金東賢, 『寺院建築』, 中央日報社, 1983, p.189

25 이달훈, 「익공계 공포의 발생과 변천과정 연구」, 『한국상고사학보』제5호, 1991, pp.199~200

26 김동현, 『한국의 고건축』제1호, 문화재관리국, 1973, p.112

27 주13) 김정기 앞의 책, p.118

28 주17) 박언곤 앞의 책, p.123

29 주12), 윤장섭 앞의 책, pp.394~396

30 주15) 장기인 앞의 책, pp.198~215

31 김도경,『지혜로 지은집, 한국건축』, 현암사, 2012, pp. 215~220

32 金東賢,「韓國木造建築技法에 관한 硏究」, 홍익대학교 대학원 석사학위논문, 1982, pp.123~125

33 金瑛德,「韓國木造建築의 翼工樣式에 관한 연구」, 홍익대학교 대학원, 석사학위눈문, 1983

34 田鳳熙,「朝鮮時代 木造建築 栱包形式의 變遷에 관한 硏究」, 서울대학교 대학원, 석사학위논문, 1987, p. 262~264에서 공포형식을 주량작과 익공작, 포작으로 구분한 후 연구 범위를 익공작 중 갖은 삼포계열(출목을 가진 익공식)과 포작의 주심포식으로 정한 후 출목을 가진 약 80여동의 건물 사례를 조사 분석하고 있다. 그 결과 공포형식의 유형별 분류를 근거로 공포 유형을 1)헛첨차를 갖지않는 주심포 계열과 2)헛첨차를 가진 주심포 계열, 3)갖은 삼포계열로 구분하고 있다.

35 조승원, 조영무,『韓國木造建築 計劃原論』, 1881, p.72

36 주4) 장기인 앞의 책, p.118

37 주16) 주남철 앞의 책, p.497

38 예를들어 서산 개심사 심검당의 건축양식을 정인국은 주11)의 앞의 책 p.70에서 주심포 후기양식으로,『고고미술』상권, 331에서 임천은 이익공의 외주목삼포양식으로, 김동현의 주24), 앞의 책 p.76에서 주심포식과 익공식의 절충된 양식으로, 박언곤의 주17) 앞의 책 p.123 사진에서는 익공식으로 각각 분류하고 있다.

39 주34) 전봉희의 앞의 책 p.294에서 갖은 삼포 계열은 헛첨차가 익공으로 변하여 주두와 함께 짜이며, 외부로 출목을 가진 형식으로 내부는 양봉으로 된 것이 일반적이나 출목을 가지는 경우도 있다. 라고 설명하고 있다.

40 주25) 이달훈 앞의 책, p.199

41 전봉희「조선시대 목조건축 공포형식의 변천에 관한 연구」, 윤장섭 편저,『한국건축사론』, 기문당, 1990, p. 290에서 "조선중기의 경계로 공안의 사용 예가 희박해지는데 공안의 사용 유무는 익공계와 주심포계의 구분의 한 단서가 된다" 라고 하고 있다.

42 주4) 장기인 앞의 책 p.119에서 두공(頭工)은 익공계의 공포에서 도리와 평행하게 주두(柱頭, 柱枓) 위에 얹은 초새김한 첨차, 또는 행공 비슷한 공포재로서, 이중(二重)일 경우 상두공과 하두공, 또는 대두공과 소두공으로 설명하고 있다.

43 주4) 장기인 앞의 책, p. 118에서도 무익공(無翼工), 물익공(勿翼工), 모익공(母翼工)에 대하여 익공뿌리 모양을 두루뭉술하게 초각된 익공의 꾸밈새로서 익공이 없다는 뜻이 아니라고 설명하고 있다.

06

익공翼工 건축양식의
건물 검토

6-1. 무출목 익공양식의 건물 검토

6-1-1. 무출목 초익공양식의 건물

1) 안동 개목사 원통전(보물 제242호)

(1) 건립시기

[그림 520] 안동 개목사 원통전 전경

현재 우리나라에 남아있는 가장 오래된 목조건물로 알려지고 있는 안동 봉정사 극락전이 있는 천등산 자락에 함께 위치하고 있는 개목사는 원래는 사명이 흥국사興國寺였으나 이곳 안동지방에 맹인이 더 이상 생기지 않도록 개목사開目寺로 이름을 바꿔 불렀다고 전하고 있다.

중생의 번뇌煩惱을 씻어주는 관세음보살을 주불主佛로 하는 원통전圓通殿은 개목사의 본전 건물로서 조선 초기[1] 또는 조선중기 이후에 건립되었다는 주장[2]이 있었으나 1969년 해체 복원 공사때 발견된 상량문에 천순원년天順元年이라는 기록이 있어 조선 세조世祖 3년(1457)에 건립된 건물[3]로 밝혀졌다.

(2) 배치 및 평면

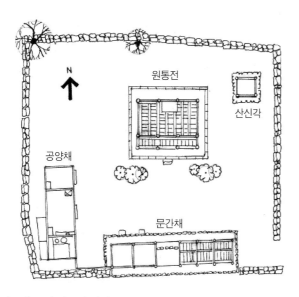

[그림 521] 개목사 배치도

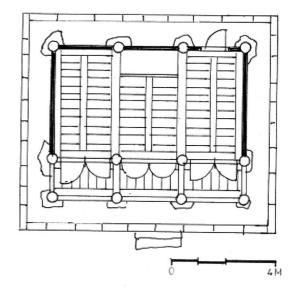

[그림 522] 원통전 평면도

　원통전은 천등산 동남쪽 평탄한 대지에 ㄴ자형의 문간채와 공양채, 그리고 산신각과 함께 남향하여 배치되어 있다. 고풍스러운 돌담으로 둘려 쌓여진 원통전은 자연석 위에 잘 다듬은 외벌대의 장대석으로 기단을 쌓은 후 덤벙주초석 위에 원형기둥을 세워 정면 3칸, 측면 2칸의 평면으로 구획하였는데, 불전 건물의 평면을 일반적으로 전면에 퇴칸를 두지 않는 폐쇄형의 평면으로 건립하는 것에 반하여 전면에 1칸의 툇마루를 들인 개방형 평면형식으로 구성하고 있는 특징이 있다.

[그림 523] 원통전 내부 가구

불전 내부는 통칸通間으로 하여 우물마루를 깔은 중앙 정칸正間 배면에 3개의 연봉오리 사이에 화려한 풍련風蓮으로 장식한 후 머름청판에 풍혈風穴을 새겨넣은 운궁형 닫집을 설치한 후 불단을 조성하여 목조 관음보살 좌상을 주불主佛로 봉안하고 있다.

그리고 창호는 불전 정면 정칸에는 궁창판을 댄 4분합 정자살 들어열개문을 달아 들쇠에 걸도록 하고 양협칸에는 궁창판을 댄 쌍여닫이 정자살문을 각각 달아 출입하도록 하고 있으며, 배면 좌측칸에 외여닫이 정자살문을 달고 있다.

주간柱間 간격은 정면 3칸을 모두 2.45m의 등간격으로 잡았고, 측면 2칸중 툇칸인 앞칸은 1.40m, 배면칸은 4.15m로 넓게 구획하였다.

(3) 공 포

[그림 524] 원통전 전면 공포

[그림 525] 원통전 배면 공포

개목사 원통전의 공포는 전, 후면 지붕 높이가 다른 이형적異形的인 지붕틀 가구로 인하여 생기는 지붕 높이 차이 때문에 전면 퇴칸 기둥 상부에는 무출목 초익공 양식으로, 배면기둥 상부에는 1출목 이익공 양식으로 공포를 서로 다르게 구성하고 있다.

전면 공포는 초익공과 주두, 그리고 대량 등 세 부재가 기둥 상부에 함께 엇물려서 결구되어 있는 무출목 초익공 양식이다.

공포의 구성은 초익공 부재가 단창방短昌枋[4]과 十자 방향으로 직교하여 굽 단면이 사절되어 있는 주두의 운두 부분과 엇물려서 외부로 돌출되어 주심도리가 결구되어 있는 퇴량의 보머리를 받고 있다. 외부로 돌출된 초익공의 뿌리는 주심포 제3양식인 봉정사 화엄강당의 헛첨차 외단 형상과 같이 아래에서 위로 솟아오르면서 휘어지도록 조각하였고, 건물 내부

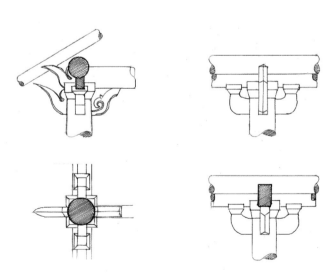

[그림 526] 정면 퇴칸 상부 단창방短昌枋의 결구

로는 양봉樑捧[5]으로 되어 퇴량의 단부를 구조적으로 받쳐주고 있다.

특히 원통전의 전면 공포는 출목소로와 제1살미첨차를 생략하여 공안은 없지만 헛첨차가 기둥 상단면에서 빠져 나오는 주심포양식의 쇠서형상을 유지하고 있는 주심포 제3양식(그림 527-①)에서 주두의 운두 부분과 엇물려서 외부로 돌출되고 있는 익공뿌리가 아래에서 위로 휘어 올라가는 익공양식의 과도기적 특성(그림 527-②)을 거쳐서 익공뿌리가 대량과 맞닿아 외부로 돌출되는 전형적인 익공양식(그림 527-③)으로 변천되는 과도기적 양식으로서 원통전의 공포가 중요한 것으로 볼 수 있다.

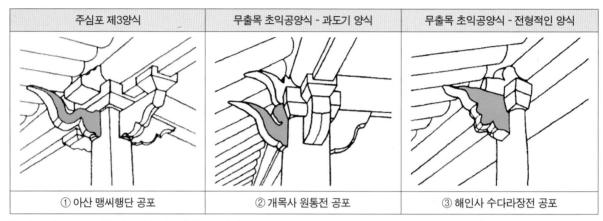

주심포 제3양식	무출목 초익공양식 - 과도기 양식	무출목 초익공양식 - 전형적인 양식
① 아산 맹씨행단 공포	② 개목사 원통전 공포	③ 해인사 수다라장전 공포

[그림 527] 주심포 건축양식에서 익공양식으로 변천 과정

그리고 원통전의 배면 공포는 창방과 十자 방향으로 직교하여 주두와 엇물려 외부로 돌출된 초익공 상부에 1출목 소로를 놓고 도리방향으로 행공첨차가 결구되어 있는 이익공이 외목도리와 함께 보머리를 짧게 숙이면서 꺾어 다듬은 대량을 받쳐주고 있는 1출목 이익공양식으로 구성되어 있다.

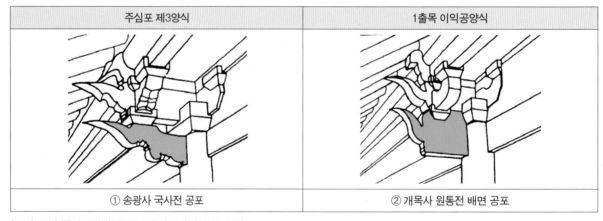

주심포 제3양식	1출목 이익공양식
① 송광사 국사전 공포	② 개목사 원통전 배면 공포

[그림 528] 주심포양식의 공포와 익공양식의 공포 비교

또한 원통전의 배면 공포 구성에서도 주심포 양식이 익공양식으로 변천되는 과정을 볼 수 있는데, 주심포 제3양식인 송광사 국사전(그림 528-①)은 빗굽의 사절된 주두 하단면과 일치하여 기둥 상단면에서 창방과 十자 방향으로 직교하여 헛첨차 부재가 외부로 빠져 나오는 것을 볼 수 있다. 그러나 원통전의 배면 기둥 상부에 결구되어 있는 공포(그림 528-②)를 보면 전면 퇴칸 기둥 상부와 같이 주심포 제3양식의 공포 구성과는 다르게 그동안 헛첨차로 부르던 부재가 빗굽의 사절된 주두의 운두부분에 엇물려서 외부로 돌출되고 있다.

이와 같이 주심포양식의 헛첨차 부재가 주두 하단면과 일치하여 기둥 상단면에서 빠져 나오는지 아니면 익공양식처럼 주두의 운두 부분과 엇물려서 외부로 빠져 나오는지가 전통 목조건축에서 주심포 양식인지 익공 양식인지를 구분할 수 있는 중요한 기준[6]이 될 수 있을 것으로 판단된다.

따라서 개목사 원통전 공포를 주심포 양식으로 분류하고 있는 종전從前의 견해[7]에서 원통전의 전면 공포는 익공양식 가운데 무출목 초익공 양식으로, 배면의 공포는 1출목 이익공 양식으로 재 분류되어야 할 것으로 생각된다. 이 경우 개목사 원통전의 공포는 우리나라에 남아 있는 익공양식중 가장 오래된 건물이며, 익공양식의 공포 발생 시기도 개목사 원통전의 건립시기인 조선 세조 3년인 1457년, 즉 15세기 중반으로 볼 수 있다.[8]

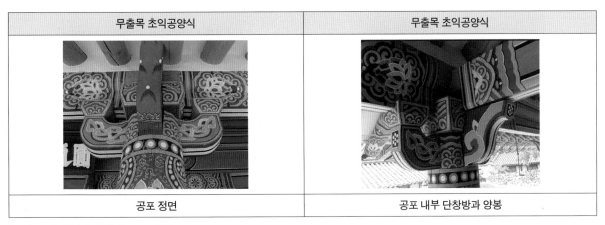

무출목 초익공양식	무출목 초익공양식
공포 정면	공포 내부 단창방과 양봉

[그림 529] **원통전 단창방**短昌防 **형상**

또한 주심포계의 건물에서는 대부분 기둥과 기둥 간間 사이에 통부재로 된 창방을 가로 건너질러 구조적으로 기둥을 서로 붙잡아 주면서 화반 등을 받고 있으나 개목사 원통전의 경우에는 창방이 결구되는 위치에 양단 마구리를 원호곡선으로 다듬은 단창방短昌防의 부재를 도리방향으로 결구시켜 주심도리 장혀를 받쳐 주고 있다. 이러한 수법도 주심포계 중 후기양식인 아산 맹씨행단이나 영주 소수서원의 문성공묘 공포에도 결구되고 있어서 이 기법 역시 주심포 후기양식이 익공양식으로 변화되는 한 과정으로 볼 수 있다.

(4) 가구

원통전의 가구는 전, 후 평주 전면에 퇴주를 세워 퇴량과 대량을 결구 한 후 종량을 걸고 있는 2중량 7량가의 지붕틀 가구이다. 그리고 잘 다듬어진 네모진 단면형에 아래면을 둥글게 굴린 대량 상부 양측에 동자주 대신에 파련초각을 한 규모가 큰 판대공형 판재에 도리방향으로 포대공을 설치하여 종량을 받치고 있다. 종량 상부 중앙에도 도리방향으로 첨차형 부재를 결구하고 있는 화려한 당초문양의 파련대공을 세워 종도리와 함께 무거운 지붕하중을 받쳐주고 있다.

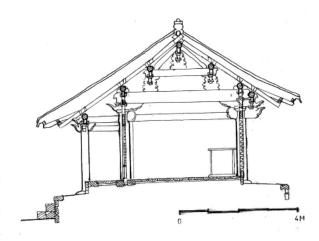

[그림 530] **원통전 지붕틀 가구**

특히 파련대공 양쪽편에는 려말선초麗末鮮初에 건립된 초기 전통 목조건물에서 일부 볼 수 있는 내반된 솟을합장이 매우 강건하게 짜여져 종도리가 움직이지 않토록 붙잡아 주고 있어서 주목되고 있다.

[그림 531] 원통전 내부 가구

그리고 대량 상부 양측에 걸려 있는 굴도리로 된 주심도리가 구르거나 밀리는 것을 방지하기 위하여 승두繩頭를 끼워 고정시키고 있으며, 천장은 가구재가 모두 노출되는 연등천장으로 마감하였다.

[그림 532] 원통전 측면 지붕

그러나 전면에 퇴칸을 둘 경우 지붕하중을 양쪽으로 균등하게 분포시키기 위하여 용마루를 중심으로 지붕을 1고주 7량가로 가구를 짜서 올리는 것이 일반적인 가구 구성 수법으로 볼 수 있다. 그러나 개목사 원통전의 지붕틀 가구는 내고주 위치에 평주를 세워 여기에 퇴량을 결구한 후 뒷마루를 조성하여 전, 후 지붕이 비대칭을 이루고 있는 특징을 볼 수 있다.

이와 같이 전, 후면 지붕형태가 다른 예는 주심포 제2양식인 강화 정수사 법당의 지붕틀 가구에서도 볼 수 있는데, 이 경우 퇴칸 부분을 후대에 덧붙인 결과로 볼 수 있으나 개목사 원통전의 가구는 창건 당시의 형태로 보여져서 주불전主佛殿 전면에 퇴칸을 들이고 있는 평면 구성과 함께 예외적인 지붕틀 가구 수법으로 보여지고 있다.

지붕은 겹처마 맞배 기와지붕을 올린 후 양측벽 박공면에 풍우風雨를 막을 수 있는 풍판을 설치하였으며, 전면 퇴칸 상부 정칸 처마 밑에 "원통전圓通殿" 현판이 걸려 있다.

[그림 533] 원통전 퇴칸 상부 가구와 "원통전" 현판

특히 개목사 원통전은 우리나라 3대 건축양식 중 하나인 익공양식으로 건립된 건물 중 가장 이른 시기에 건립된 전통 목조건물로서, 건축양식학적인 측면에서 그 가치가 매우 크며, 전면의 공포는 무출목 초익공양식으로, 배면의 공포는 1출목 이익공양식으로 결구되어 있어서 중요성이 가장 큰 것으로 판단된다.

2) 합천 해인사 장경판전 수다라장전(국보 52호)

(1) 건립시기

[그림 534] 장경판전 수다라장전 전경

불佛, 법法, 승僧의 삼보三寶사찰 가운데 법보사찰로 불리우고 있는 해인사는 가야산 자락에 자리잡고 있는데, 경내 제일 뒤편 높은 곳에 위치하고 있는 장경판전은 수다라장전과 법보전, 동사간판전, 그리고 서사간판전 등 4동의 건물이 일곽을 이루고 있다.

국보 제32로로 지정되어 있는 팔만대장경판을 보관하기 위한 수장고收藏庫로 건립된 수다라장의 건립시기는 평기와에 "홍치원년弘治元年"의 각명刻銘이 있어 초창 시기는 조선 성종 19년(1488)에 건립된 건물로 추정[9]하고 있으나, 상량문에 의해 광해군 14년(1622)에 다시 중건된 건물이며, 법보전은 인조 2년(1624)에 중수된 건물임이 밝혀졌다.[10]

또한 장경판전 건물에 보관되어 있는 국보32호인 고려대장경판 81,258판과 동, 서 사간판전에 소장되어 있는 고려각판 2,725판(국보 제206호)과, 고려각판 110판(보물 제734호)이 1995년 12월에 유네스코 세계문화유산으로 등록되어 있다.

(2) 배치 및 평면

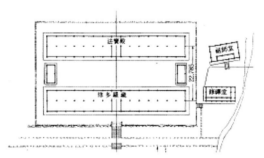

[그림 535] 장경판전 배치도

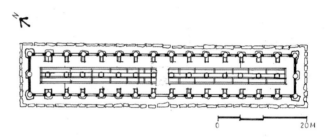

[그림 536] 수다라장전 평면도

해인사에서 가장 높은 지형을 이루고 있는 경내 뒤쪽편 햇빛 잘 드는 곳에 팔만대장경八萬大藏經 현판이 걸려있는 사주문四柱門 안에 남향하여 자리잡고 있는 장경판전은 정면 15칸, 측면 2칸의 수다라장과 북쪽편에 있는 정면 15칸, 측면 2칸의 법보전 건물이 나란히 건립되어 있는 양단 끝 사이에 정면 2칸, 측면 1칸씩의 동사간판전과 서 사간판전이 끼워 있듯이 서로 마주보며 건립되어 4동의 건물이 전체적으로 중정을 중심으로

[그림 537] 수다라장전 중앙 정칸 판문

[그림 538] 판문을 통해 본 법보전

장방형의 긴 튼ㅁ자형으로 배치되어 있다.

특히 수다라장전으로 들어가는 정문 입구에 있는 판문의 울거미는 톡특한 형태의 터널형 곡선을 이루고 있다. 마치 달모양 같다고 해서 월문月門으로, 또는 춘분과 추분 오후 3시쯤에 이 판문으로 들어오는 햇살 문양이 마치 연꽃문양과 같다 하여 대장경 연화문蓮花門으로 불리고 있다.

또한 대장경판을 보관하는 건물의 기능에 따라 바닥은 숯과 소금, 모래 등으로 단단히 다져 우기雨期에는 습기를 빨아들이고, 건기乾期에는 흙에 있던 습기를 내 보내 경판에 알맞은 온, 습도를 유지하도록 하였다. 그리고 창문은 적당한 통풍을 위하여 전, 후면 살창의 크기와 모양을 각각 다르게 하여 바람의 원리를 최대한 이용하여 판고版庫 내의 공기를 잘 순환시키도록 과학적으로 설계된 건물로 알려지고 있다.

주간柱間간격은 정면 15칸을 모두 4.00m의 등간격으로 잡았으며, 측면 2칸도 4.50m로 같게 구획하였다.

수다라장전 정면 창호

수다라장전 배면 창호

[그림 539] 장경판전 수다라장전의 창호

법보전 정면 창호

법보전 배면 창호

[그림 540] 장경판전 법보전의 창호

한국의건축중앙사문

(3) 공 포

[그림 541] 장경판전 수다라장전 공포(문화재청, 장경판전 실측 조사보고서)

[그림 542] 장경판전 법보전 공포(문화재청, 장경판전 실측조사 보고서)

　수다라장전의 공포는 초익공과 주두, 그리고 대량 등 세 부재가 기둥 상부에 함께 엇물려 결구되어 있는 전형적인 무출목 초익공 양식이다.

　공포의 구성은 초익공 부재가 창방과 ＋자 방향으로 직교하여 굽 단면이 사절되어 있는 주두의 운두 부분과 엇물려서 외부로 돌출되어 대량의 뺄목을 받고 있다. 초익공은 외단부가 외부로 빠져 나가 익공뿌리가 되고 그 아래 부분은 파련각으로 다듬었으며, 내단부는 파련문의 양봉으로 되어 대량의 단부를 구조적으로 받쳐 주고 있다.

　또한 같은 경내에서 수다라장전과 나란히 건립되어 있는 법보전의 공포도 초익공과 주두, 그리고 대량 세 부재가 기둥 상부에서 서로 엇물려 결구되어 있는 무출목 초익공 양식이다. 그러나 익공뿌리가 수다라장전의 공포와 같이 뿌리로 돌출되지 않고 끝단을 둥글게 굴린 하부면을 파련문으로 조각되어 있는 특징이 있다.

주심포 제3양식	주심포 제3양식	무출목 초익공양식
① 동 사간판전 평주 공포	② 수다라장전 대량 상부 포동자주 공포	③ 수다라장전 평주 공포

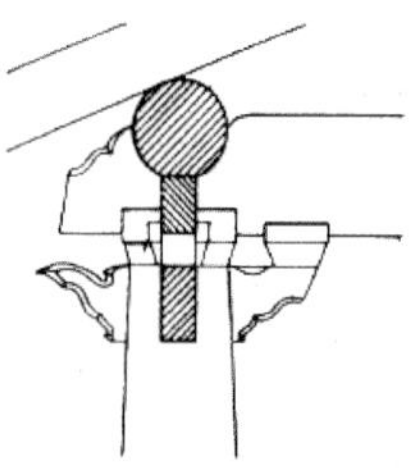

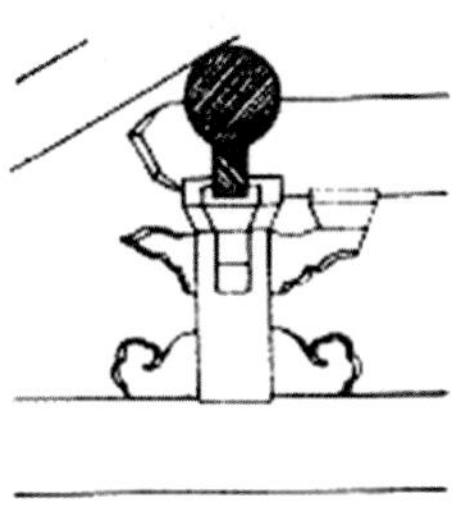

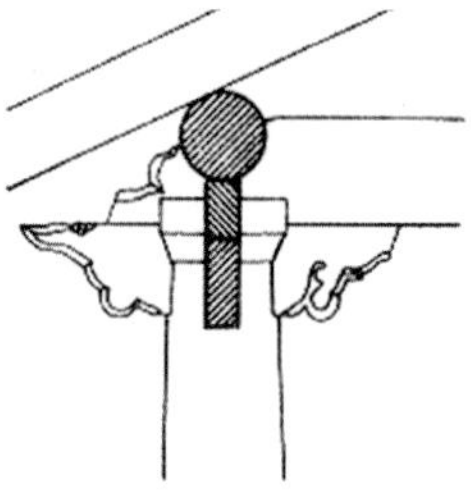

[그림 543] 동 사간판전 공포와 장경판전 수다라장전 공포

특히 수다라장전의 대량 상부 양측에서 종량을 지지하고 있는 동자주 상부 포대공에는 헛첨차 부재가 초 공草工 위에 건물 내, 외 방향으로 결구되어 종량을 받고 있는 수다라장전과 법보전 양단 사이에 건립되어 있는 동, 서 사간판전에서 볼 수 있는 주심포 제3양식(그림 543-①)으로 공포를 짠 반면 수다라장전의 평주 상부에는 무출목 초익공양식(그림 543-③)으로 공포를 짜고 있어서 동자주 상부와 평주상부의 공포를 각각 다르게 짜는 독특한 수법을 볼 수 있다.

이와 같은 공포의 구성는 수다라장전의 건물 규모와 동, 서 사간판전의 건물 규모를 비교해 볼 때 헛첨차 상부가 대량의 보머리와 분리되어 떨어져 있는 수다라장전 동, 서 사간판전의 주심포 제3양식(그림 543-①) 보다는 익공부재 상부가 대량과 맞닿아 있는 수다라장전의 무출목 초익공양식(그림 543-③)이 시공 용이성 容易性과 상부에서 내려오는 하중에 대해서 더 큰 힘을 받을 수 있기 때문에 수다라장전 공포를 무출목 초익 공양식의 공포로 채택한 중요한 이유 중 하나로 볼 수 있다.

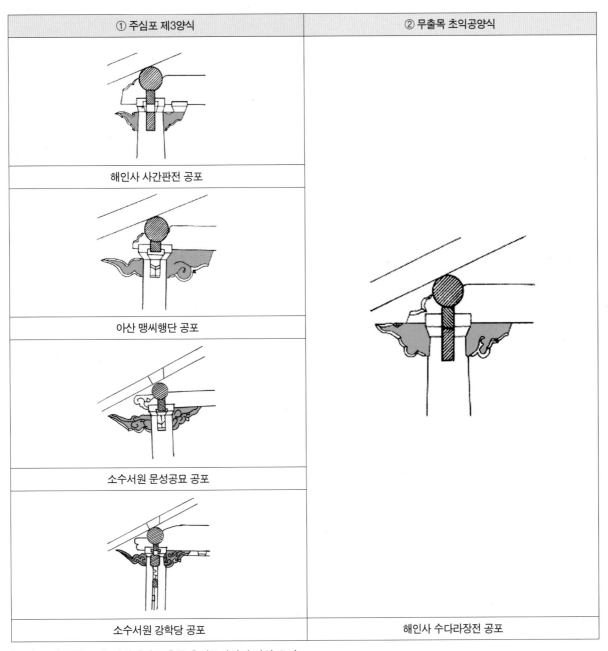

① 주심포 제3양식	② 무출목 초익공양식
해인사 사간판전 공포	해인사 수다라장전 공포
아산 맹씨행단 공포	
소수서원 문성공묘 공포	
소수서원 강학당 공포	

[그림 544] 주심포 제3양식에서 무출목 초익공양식의 변천 요인

따라서 주심포 제3양식 가운데 헛첨차가 대량 하부면과 분리되어 외부로 돌출되고 있는 수다라장전 동, 서 사간판전이나 아산 맹씨행단, 그리고 소수서원의 문성공묘와 강학당 같은 주심포 후기건물의 과도기적 공포의 특성(그림 544-①)이 무출목 초익공 양식(그림 544-②)의 발생에 일부 영향을 미친 요인要因으로 생각된다.

(4) 가 구

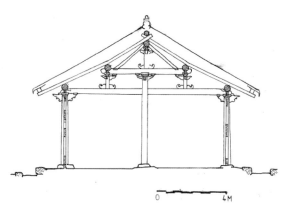

[그림 545] 수다라장전 지붕틀 가구

[그림 546] 장경판전 수다라장전 가구
(문화재청, 장경판전 실측조사보고서)

팔만대장경판을 보관하기 위한 수장고의 특성에 따라 건물 중앙부에 목판을 꽂을 수 있는 서가書架를 만들기 위해 내진 고주를 세운 후 그 양쪽 벽면에 크기와 형태를 달리하는 살창을 달아 바람길을 만들기 위하여 전, 후 평주 사이에 대량과 종량을 걸고 있는 2중량 5량가의 지붕틀 가구이다

[그림 547] 수다라장전 내부 경판

수다라장전 내부 중앙에 위치하고 있는 내진 고주 상부에 연화문형의 조각이 있는 첨차형 부재를 결구하여 종량을 지지하고 있으며, 그 양편 대량 상부에도 헛첨차가 결구된 동자주형의 포대공을 세워 종량을 받쳐주고 있다.

또한 종량 상부 중앙에도 동자주 대공을 세운 후 상부에 주두를 놓고 동자주 상,하부 양쪽편에 초공형草工形의 포대공을 세워 종도리와 함께 지붕하중을 받도록 하였다. 또한 동자주 대공 양편에 려말선초麗末鮮初 건축에서 많이 볼 수 있는 솟을합장을 세워 종도리의 변형을 방지하고 있으며, 천장은 연등천장, 지붕은 홑처마 우진각 기와지붕을 올리고 있다.

특히 국보 32호인 고려대장경판을 보관하고 있는 수다라장전과 법보전은 내, 외 공간의 온도 차이로 발생하는 습기 제거를 위한 바닥공사와 실내의 온,습도를 조절하기 위한 창호의 형태 등 과학적 사고思考와 기술技術이 집약된 목조건물이며, 주심포식에서 초익공 양식으로 변천되어 가는 과정을 나타내는 건물[11]로서 건축사적으로 중요한 건물로 평가할 수 있다.

3) 강릉 해운정(보물 제183호)

(1) 건립시기

[그림 548] 강릉 해운정 전경

　관동팔경關東八景 중의 한 곳으로서 "물이 거울처럼 맑다"고 하여 붙여진 경포호 앞으로 내려다 보이는 전망 좋은 곳에 남향하여 조선 중종 25년(1530)에 강원도 관찰사를 지낸 어촌漁村 심언광이 별당別堂건물로 건립한 것으로 알려져 있다.[12]

　특히 동해 바다가 보이는 경포호 주변으로는 경관이 매우 수려하여 해운정을 비롯해서 오죽헌과 선교장, 경포대 등과 같은 많은 정자가 조선시대에 건립되어 있는 유서由緒 깊은 마을로도 잘 알려져 있다.

(2) 배치 및 평면

　송림松林이 욱어진 낮은 야산을 배경으로 소슬삼문의 대문과 전통 한식담장으로 둘러쳐진 대지 앞에 2단의 자연석 화계花階를 조성한 마당 위에 잘 다듬은 두벌대의 화강석 기단을 쌓고 정면 3칸, 측면 2칸 규모의 전형적인 별당 평면으로 구획하였으며, 4면에 쪽마루를 설치하였다.

　해운정은 우측 2칸을 넓은 우물마루의 대청으로, 좌측 1칸에는 온돌방으로 구성하였고 이와 같은 평면형식은 대전大田지방의 동춘당과 쌍청당, 제월당, 그리고 송애당 등에서도 볼 수 있어 조선중기경의 별당건축 평면의 한 표본으로도 볼 수 있다.

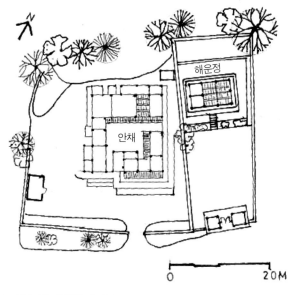

[그림 549] 해운정 배치도

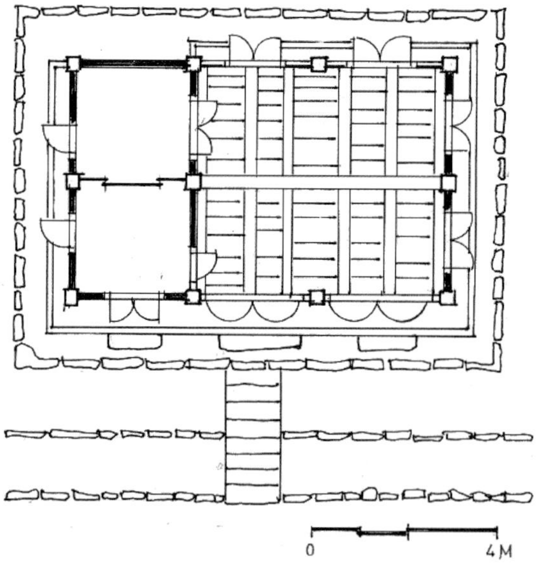

[그림 550] 해운정 평면도

[그림 551] 해운정 내부 대청마루

　창호는 대청 앞 2칸에 궁창판을 댄 사분합 띠살 들어열개 문을 달아 필요시에는 열어서 연목에 달려 있는 들쇠에 걸도록 하여 내, 외부 공간을 하나의 공간으로 만들어 별당 앞으로 펼쳐지는 아름다운 경포호의 자연 경관을 즐길 수 있도록 하였고, 배면과 측면에는 쌍여닫이 판장문을 각각 달았다.

　그리고 대청과 온돌방 사이에는 일반적으로 분합문을 달아 필요할 때 대청과 온돌방을 한 공간으로 사용하는 예[13]가 많으나 해운정은 궁창판을 댄 외여닫이 띠살문과 쌍여닫이 띠살문을 각각 달아 독특하며, 온돌방 전면에는 쌍여닫이 띠살문을 달고 측면은 외여닫이 띠살문을 달았다.

　특히 별당 정면에 낸 사분합문 상부와 창방 사이에 머름형태의 장식용 교창을 만들어 달았는데, 5개의 머름동자 사이에 끼워져 있는 청판에는 가로 방향으로 펼쳐진 十자형 조각을 한 풍혈 청판을 끼워 넣어 해운정의 모습을 한층 더 고풍스럽게 꾸며 주고 있을 뿐만 아니라 대청 공간내에 더욱 은은한 분위기를 연출하고 있다.

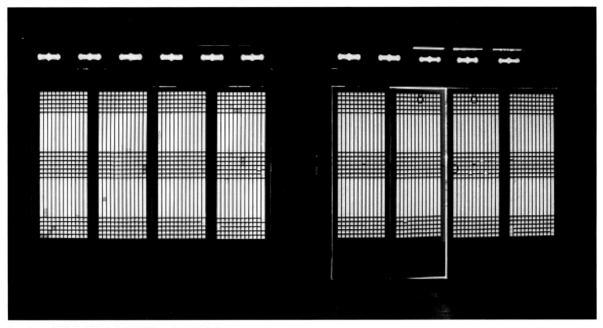

[그림 552] 대청마루에서 본 분합문과 풍혈청판

(3) 공 포

[그림 553] 해운정 공포

[그림 554] 해운정 공포 내부 양봉

해운정의 공포는 초익공과 주두, 그리고 대량 세 부재가 기둥 상부에 함께 엇물려서 결구되어 있는 전형적 인 무출목 초익공 양식이다.

공포의 구성은 초익공 부재가 창방과 十자 방향으로 직교하여 굽 단면이 사절되어 있는 주두의 운두 부분 과 엇물려서 외부로 돌출되어 대량의 뺄목을 받고 있는데, 그 외단부가 수평으로 빠져 나가 짧은 익공뿌리로 돌출되었다. 건물 내부로는 복잡한 파련문 조각이 된 양봉으로 만들어 대량의 단부를 받고 있으나 양봉의 길이가 다른 건물에 비해서 보다 길게 뻗고 있다.

그리고 4면을 모가 둥글게 다듬은 창방으로 결구되어 있는 주간에는 굴도리로 된 주심도리 장혀 사이에 3개씩의 소로를 배치한 후 그 사이를 판벽으로 막음처리 하였으며, 창방 아래에는 정교하게 조각한 풍혈 청판을 끼운 머름 형태의 채광창을 달았다.

(4) 가구

전, 후 평주 사이에 굵은 단면으로 된 대량과 종량을 걸고 있는 2중량 5량가의 지붕틀 가구이다.

대량 상부 양측에는 동자주 상부에 초각을 한 초익공 형태의 보아지와 도리방향으로 주심첨차가 결구되어 있는 동자주를 세워 종량과 중도리를 함께 받도록 하였다. 그리고 종량 상부 중앙에 5개의 판재를 겹쳐 놓은 후 연꽃과 당초문 등을 화려하게 초새김을 한 파련대공을 설치하여 종도리와 함께 무거운 지붕하중을 받도록 하였다

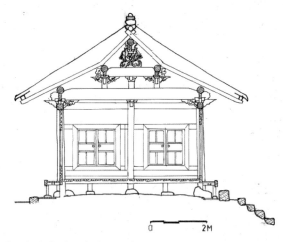

[그림 555] 해운정 지붕틀 가구

[그림 556] 해운정 내부 가구

또한 온돌방 천장은 고미반자로 마감되어 있으나 팔작지붕에서 생기는 합각밑 처리는 대청 중간 기둥에서 대량에 걸쳐대는 만곡된 충량 상부에 소란반자틀로 짠 눈섭천장을 가설하여 은폐하였다. 그리고 대량 상부 양쪽에 양단에 소로를 놓은 첨차형 부재를 놓고 외기반자틀을 받쳐주고 있다. 또한 충량 상부에 설치된 외기반자 양쪽 귀 하부에는 철제로 만든 연꽃 줄기에 일곱잎의 연꽃이 정교하게 새겨진 달동자를 장식적으로 달아 아름다운 연등천장을 고풍스럽게 꾸며주고 있다.

[그림 557] 해운정 합각 밑 눈섭천장

[그림 558] 아름다운 풍혈 장식의 교창과 "해운정" 현판

　대청 상부 대량이나 충량, 포벽 등에는 명나라 사신이었던 정사正使 공용경이 쓴 경호어촌鏡湖漁村과 부사 오희맹이 쓴 해운소정海雲小亭을 비롯해서 많은 문인들이 지은 시 40수가 담긴 편액들이 함께 걸려 있다.

　지붕은 홑처마 팔작 기와지붕을 올렸으며, 중앙 정칸 처마 밑에 우암 송시열이 쓴 "해운정海雲亭" 현판이 걸려 있다.

4) 경주 양동 관가정(보물 제 442호)

(1) 건립시기

[그림 559] 경주 양동 관가정 전경

"농사 짓는 모습을 바라본다" 라는 뜻을 가진 "관가觀稼"의 관가정은 양동마을 입구의 물봉동산 낮은 중턱에 동남향으로 배치되어 있는데, 조선중기 때의 명신이자 청백리로 잘 알려진 우재 손중돈(1463~1529)이 조선 중종 9년(1514)에 건립한 건물[14]로 알려지고 있다.

(2) 배치 및 평면

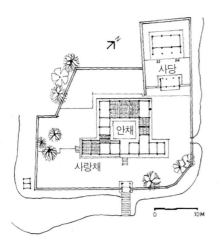

[그림 560] 관가정 배치도

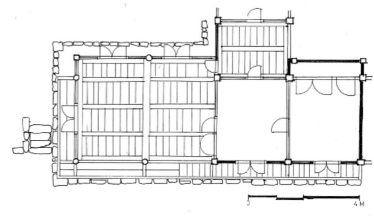

[그림 561] 관가정 평면도

국가민속문화재 제189호로 지정되어 있으며, 2010년에는 세계문화유산으로 등재된 경주 양동마을은 조선시대 전통문화와 자연 경관을 잘 간직하고 있는 전통마을이다. 양동마을 앞으로는 안강평야가 넓게 펼쳐져 있으며, 설창산 산줄기에 자리잡고 있는 이 마을에는 와가瓦家와 초가草家로 건립된 상류 및 중류주택 150여 채의 옛집들이 자리를 잡고 있다.

그중 관가정은 마을 길에서 난 16단의 자연석을 다듬은 돌로 만든 一자형 계단 끝에 세운 사주문四柱門 안에 ㄷ자형의 안채와 一자형의 사랑채 양 옆으로 2칸씩 더 달아낸 사랑채가 안마당을 중심으로 ㅁ자형의 평면을 이루고 있으며, 안채보다 한단 높은 대지에 정면 3칸, 측면 2칸의 사당채를 배치하고 있다.

사주문四柱門으로 된 대문을 들어서면 정면 9칸, 측면 1칸의 一자형으로 된 긴 사랑채가 대문과 마주한 채 인접해서 위

[그림 562] **관가정 앞 마을길 입구**

치하고 있다. 이 사랑채에 낸 중문을 중심으로 좌측편에는 정면 4칸, 측면 1칸에 자연석 기단 위에 덤벙주초석을 놓고 방형기둥을 세운 후 잘 짜여진 계자난간을 설치하여 관가정의 사랑채 역할을 하도록 하였다. 그리고 중문 오른쪽으로는 정면 4칸, 측면 1칸의 문간방과 부엌들을 배치하여 행랑채의 역할을 하도록 나누어 배치하고 있다.

[그림 563] **관가정 내부 대청마루**

사랑채의 좌단부 쪽에 마련된 관가정은 정면 4칸 중 우측 2칸에는 사랑 아랫방과 사랑 웃방을 각각 만들고, 그 옆 2칸에는 기단 높이를 낮춰서 원형기둥의 누하주樓下柱를 세운 후 풍혈 청판을 끼우고 있는 아름다운 계자각 난간을 돌려 세워 중층의 누각 형태로 건립하였다. 그러나 보통 우물마루를 깔고 있는 넓은 사랑 대청의 경우 그 크기를 2칸 통칸 크기로 잡는 것이 일반적이나 관가정의 경우에는 정면 2칸, 깊이 1칸의 비교적 작은 크기 때문에 대청 배면에 툇마루를 반칸 덧달아 내어 좁은 사랑 대청 공간을 확장하고 있다.

또한 사랑방 앞쪽에는 머름중방 위에 쌍여닫이 띠살문을 각각 달았으나 사랑 아랫방과 사랑 웃방, 그리고 사랑 웃방과 사랑 대청간에는 양쪽에 맹장지와 가운데 문짝에 궁창널을 댄 띠살의 삼분합 들어열개문으로 달아 필요할 때 사랑방과 대청 전체가 한공간이 될 수 있도록 하고 있다. 그리고 덧달아 낸 툇마루 우측벽에 작은 지겟문[15]을 달아 사랑 대청마루에서 안채와 직접 연결할 수 있도록 하였다.

[그림 564] 대청 누마루에서 바라 본 안강평야의 풍광

특히 관가정 내에서 가장家長의 생활 중심공간인 사랑 대청에는 북측에 겨울철 추위를 대비하기 위한 외여닫이 및 쌍여닫이 판장문을, 서측인 사랑 대청 측면에는 햇빛을 막을 수 있도록 머름중방 위에 4분합 판장문 들어열개 문을 달았다. 그리고 동남측인 대청 정면에는 창호를 달지 않고 앞에 펼쳐지는 안강평야의 자연경관을 즐길 수 있도록 기둥 사이를 모두 개방시키고 있다.

주간柱間 간격은 정면 4칸중 사랑 아랫방은 2.60m, 사랑 웃방은 2.75m로 잡고, 대청 2칸은 2.50m로 같게 구획하였으며, 측면 1칸은 3.05m로 하였으나 대청 배면쪽으로 0.78m 확장하였다.

(3) 공포

[그림 565] 관가정 전면 공포

[그림 566] 관가정 배면 공포

관가정의 공포는 초익공과 주두, 그리고 대량 세부재가 기둥 상부에 함께 엇물려서 짜여 있는 무출목 초익공 양식이다.

공포의 구성은 초익공 부재가 창방과 十자 방향으로 직교하여 빗굽으로 사절된 주두의 운두 부분과 엇물려서 외부로 돌출되었는데, 익공 몸에 화려한 당초문을 정교하게 음각陰刻하였고 두갈래로 짧게 뻗은 익공뿌리는 힘있게 수서형으로 휘어져 뻗고 있다.

특히 같은 대청 공간에 있는 우주隅柱 상부의 공포 형상이 전면 평주 상부에 있는 두갈래로 뻗고 있는

[그림 567] 창방 상부 소로 받침

수서형의 익공뿌리 보다 더 짧은 물익공계의 익공뿌리로 되어 있어서 기둥의 위치에 따라 조각 문양이나 형태가 다양하게 표현되어 있는 특징이 있다. 건물 내부로도 파련문의 조각을 한 양봉樑奉으로 처리하여 대량의 내단부를 구조 및 장식적으로 받쳐주고 있다.

그리고 창방으로 결구되어 있는 주간에는 소로 2개씩을 끼워서 주심도리 장혀를 받쳐주고 있다.

(4) 가구

안채와 행랑채의 기둥이 방형기둥인데 반하여 사랑채와 조상의 위패를 모시고 있는 사당채의 기둥은 민흘림이 있는 원형기둥을 세우고 있어 가장家長의 생활 중심 공간인 사랑채의 위상과 함께 가구 구성에 정성을 많이 들이고 있는 것을 볼 수 있다.

특히 사랑채 대청 누마루가 놓이는 지면을 한단 낮춘 후 누하주를 세워 마치 중층의 정자건물처럼 꾸민 관가

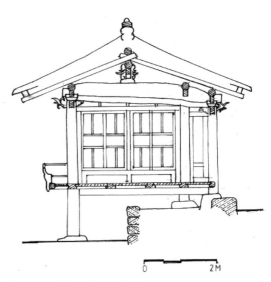

[그림 568] 관가정 지붕틀 가구

정은 기본적으로 전, 후 평주위에 대량을 걸고 있는 1량 3량가의 지붕틀가구이다. 그러나 대청마루 중앙 가구는 대량 상부에 걸쳐 덧달아 낸 툇마루 부분에 굴도리를 하나 더 걸어 1량 4량가의 지붕틀로 짜고 있어 독특하다.

[그림 569] 관가정 내부 가구

[그림 570] 대량 상부 파련대공 및 나비 문양

특히 심하게 솟아 오른 듯한 자연목의 만곡된 대량 상부 중앙에는 당초문을 화려하게 초새김을 음각한 파련대공에 도리방향으로 보아지를 결구하여 종도리와 함께 무거운 지붕하중을 받도록 하고 있다. 또한 대청 상부 대량 위에 있는 파련대공 보아지 아래 대공받침에 양 날개를 활짝 펴고 있는 나비 문양을 섬세하게 음각陰刻하고 있다.

사랑방 천장은 소란반자틀로 짠 우물반자로 하고 대청은 연등천장으로 하였는데, 대청 대량 상부에 송첨구려松簷舊廬와 배면 포벽 상부에 관가정觀稼亭의 편액이 함께 걸려 있다.

[그림 571] 관가정 사랑채 전경

지붕은 홑처마 맞배 기와지붕을 올리고 있으며, 박공에 풍우風雨를 대비하기 위하여 풍판으로 막음 처리하였고, 대청 앞 처마 밑에 "관가정觀稼亭"의 큰 현판이 걸려 있다.

5) 경주 양동 향단(보물 제412호)

(1) 건립시기

[그림 572] 경주 양동마을 향단 전경

조선시대 전통문화와 자연환경을 잘 보존하고 있는 마을로서 세계문화유산(2010)으로 선정된 경주 양동마을에 위치하고 있는 향단은 조선 성리학의 거두로서 동방사현東方四賢 중 한사람이었던 회재 이언적(1491~1553)이 경상도 관찰사로 부임赴任할 때인 중종 9년(1514)에 왕이 하사한 재목으로 그 동생인 이언괄(1494~1553)에게 노모를 모시기 위해 지어준 고택이다. 당호堂號를 이언괄의 손자인 이의주(1567~1637)의 호를 따서 "향단香壇"으로 정하였다는 설과 가옥이 경사지에 자리한 관계로 대지가 여러 단으로 조성되어 향단이라 부르게 되었다는 설이 함께 있다.[16]

(2) 배치 및 평면

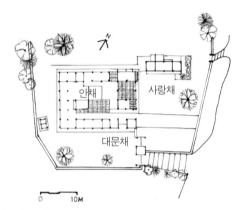

[그림 573] 향단 배치도

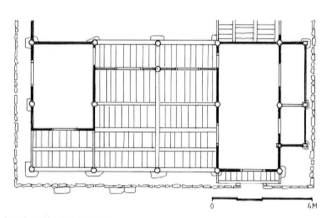

[그림 574] 향단 평면도

안산案山인 성주산을 마주 보면서 낮은 야산의 구릉에 동남향하여 배치되고 있는 향단은 지붕을 높게 올린 대문채 우측편에 1칸씩의 온돌방과 사랑채로 출입하는 문을 달고 있다. 대문채 안에는 정면 9칸, 측면 1칸의 중문이 달린 일자형의 사랑채가 안채와 나란히 배치되어 있으며, 그 옆에 안채와 사랑채가 풍수에 따라 길상문자吉相文字인 "日"자형으로 배치를 하고 있다.

향단은 자연석 기단 위에 덤벙주초석을 놓고 원형기둥을 세워 정면 4칸, 측면 2칸으로 평면을 구획하고 있는데, 정면을 4칸으로 구획한 것은 이 집을 지은 회재 이언적이 건축하여 은거隱居하던 옥산서원 독락당과 같은 규모의 평면임을 알 수 있다. 또한 기둥이 조선시대 주거건축에서는 보기 드물게 원형기둥을 사용하고 있는데, 이는 향단이 평면형식과 기둥형태까지 독락당의 건축양식과 일부 같음을 볼 수 있다.

[그림 575] 향단 대문채 진입로

[그림 576] 향단 사랑채 협문 진입로

본채로 출입하는 쌍여닫이 판장문이 달린 높은 사주문四柱門 형태의 대문채와는 다르게 가장家長인 남성들이 주로 이용하는 사랑채로 출입하는 문은 작은 협문夾門을 통하여 향단의 사랑채의 앞 마당에 이르도록 되어 있다.

향단의 내부는 정면 4칸 중 중앙 2칸에 우물마루를 깔은 넓은 대청을 들이고 있는데, 대청의 전면쪽으로 멀리 보이는 성주산의 자연 풍광을 사랑채까지 끌어 올수 있도록 대청 앞을 모두 개방하였다. 그리고 대청 배면의 툇마루와 대청마루 사이에는 여성들의 주 살림공간인 폐쇄적인 안채와의 시선 차단을 하기 위해 머름중방 위에 쌍여닫이 판장문이 달린 판벽으로 막음처리 하였다.

[그림 577] 향단 사랑채 전경

또한 대청마루 좌, 우 편에는 1칸씩의 온돌방을 구성하였는데, 우측에는 반침이 달린 2칸 깊이의 큰사랑방을, 좌측에는 앞에 반칸의 툇마루가 달린 작은 건넌사랑방을 만들었고, 대청 배면칸 중앙에 기둥을 하나 더 세워 안채와 연결되는 툇마루를 깔았다.

창호는 큰사랑방과 대청사이에는 중앙에 궁창널을 댄 띠살문을 두고 그 좌, 우편에 정자살문을 댄 3분합들어 열개문을 달았으며, 큰사랑방과 건넌사랑방 앞에는 쌍여닫이 띠살문을, 그리고 대청마루 배면에는 쌍여닫이 골판문을 각각 달았다.

주간 간격은 정면 4칸 모두를 2.50m의 등간격으로 구획하였고, 측면 2칸도 2.50m로 같게 잡았다.

(3) 공 포

향단의 공포는 초익공과 주두, 그리고 대량 세 부재가 기둥 상부에 함께 엇물려 결구되어 있는 무출목 초익공 양식이다.

공포의 구성은 초익공 부재가 창방과 十자 방향으로 직교直交하여 빗굽으로 사절된 주두의 운두부분과 엇물려서 외부로 돌출되고 있으며, 그 외단부가 파련문으로 조각된 수서형의 익공뿌리로 길게 돌출되고 있다. 건물 내부로는 복잡하면서도 독특한 형상의 파련문을 한 양봉으로 만들어 대량의 단부를 장식 및 구조적으로 받쳐주고 있다.

[그림 578] 향단 공포

(4) 가 구

전, 후 평주 사이에 대량과 종량을 걸고 있는 2중량 5량가의 지붕틀 가구이다.

일반적인 지붕틀 가구일 경우 대량 양쪽편에 동자주를 놓고 그 위에 있는 종량을 지지하도록 하는 것이 일반적인 수법인데, 향단의 가구는 배면 평주 상부에 다시 공포를 올려 놓아 마치 내고주처럼 만든 후 다른 한쪽편에 포대공을 놓아 종량을 지지하도록 가구를 짜서 독특한 지붕틀로 구성되어 있다.

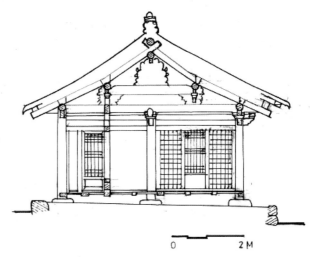

[그림 579] 향단 지붕틀 가구

[그림 580] 향단 내부 가구(문화재청, 『향단 실측조사보고서』, 1999)

[그림 581] 종량 상부 파련대공

또한 종량 상부 중앙에는 판재 2장을 포개어 설치한 대공 양쪽편에 연봉 형태의 조각을 하고 양 몸에는 화려한 당초문양으로 초새김을 한 대형大形의 파련대공을 설치하고 있는데, 그 상부에 도리방향으로 첨차형 부재를 결구시켜 상단에 소로를 놓고 종도리와 함께 무거운 지붕하중을 받도록 하였다. 그리고 온돌방의 천장은 종이반자로, 대청은 가구재가 모두 외부로 노출되는 연등천장으로 꾸몄다.

[그림 582] 향단 내 맞배지붕 건물의 용마루 모습

특히 향단에서 가장 큰 건축적 특징은 지붕형태로 볼 수 있는데, 일반적으로 안채나 사랑채의 경우 보통 팔작 기와지붕을 많이 올리고 있으나 향단 경내에 있는 안채와 향단을 비롯해서 솟을대문과 협문, 대문채, 행랑채, 별채 등을 모두 맞배지붕으로 올리고 있다. 그중 향단의 사랑채 지붕은 맞배지붕의 내림마루 안쪽 편으로 다시 맞배지붕을 올려 향단 정면 양쪽편에 풍판을 댄 맞배지붕의 측면과 같은 2개의 박공면이 대칭적으로 보이는 독특한 외관을 형성하고 있다.

6) 안동 소호헌(보물 제475호)

(1) 건립시기

고려말에 시랑侍郎 벼슬을 지낸 소씨가 살았다는 데서 소호리라는 지명에 따라 당호堂號를 정하였다는 소호헌은 원래 안동 임청각을 건립한 이명이 그의 다섯째 아들이었던 이고李股가 분가할 때 지어준 집이었는데, 이고의 앞 못 보는 외동딸의 사위에게 장인이었던 이고가 선물로 준 집이었다고 한다.

그러나 그의 사위인 서해徐嶰가 학문의 높은 경지境地에 올랐지만 23세의 젊은 나이에 병으로 세상을 떠나고 말자 서해의 아내는 어린 아들인 서성(1558-1631)을 데리고 한양으로 떠나 술과 약과를 만들어 팔며 아들을 공부시켰는데, 서성은 그후 1586년에 과거시험에 장원급제하였다.

소호헌의 왼쪽에 있는 건물은 율곡 이이의 제자였던 서성의 태실胎室이며, 소호헌은 조선 중종 때의 학자였던 함제涵齋 서해徐嶰(1537~1559)에게 서재로 지어주어 주자학을 강학講學하던 유서깊은 건물로서, 1520년경의 조선중기 별당別堂건물[17]로 추정하고 있다.

[그림 583] 안동 소호헌 전경

(2) 배치 및 평면

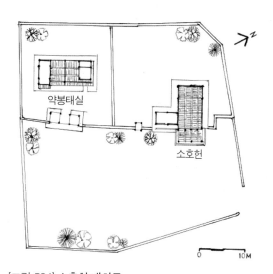

[그림 584] 소호헌 배치도

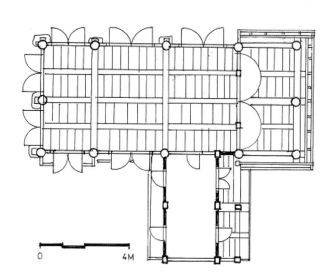

[그림 585] 소호헌 평면도

낮은 야산을 배경으로 앞으로는 아름다운 미천眉川이 흐르는 전형적인 배산임수背山臨水 명당 터 좌측편에는 소슬삼문형의 문간채 안에 정면 4칸, 측면 2칸에 一자형 평면으로 된 약봉태실이 배치되어 있다. 그 우측편에 동남향하여 "丁"자형의 평면으로 건립된 소호헌은 외벌대의 자연석 기단 위에 덤벙주초석을 놓고 주거건축에서 보기 드문 귀틀 위에 원형기둥을 세워 정면 4칸, 측면 2칸 평면의 별당채 앞에 정면 2칸, 측면 2칸의 사랑채로 구성되어 있다.

별당채인 소호헌은 정면 4칸 가운데 좌측 3칸은 우물마루를 깔은 넓은 대청을 들여 강학講學을 하기 위한 공간으로 사용하였고, 우측편 1칸은 앞으로 흐르는 미천을 바라 보면서 휴식을 취할 수 있도록 전망 좋은 방 향으로 누하주樓下柱 3개를 전면에 세운 후 중층의 누각형식의 구조로 꾸몄는데, 누마루 끝에 계자난간을 돌 려 별당別堂건축의 분위기를 한층 돋보이게 하고 있다.

| 좌단 주초석 상부 귀틀 | 우단 주초석 상부 귀틀 |

[그림 586] 소호헌 덤벙 주초석 상부 귀틀

[그림 587] 소호헌 본채 정면과 사랑채 배면

별당 본채 전면에 붙여 지은 정면 2칸, 측면 2칸의 사랑채에는 전면에 툇마루를, 배면에는 쪽마루가 달린 온돌방으로 들여 이곳에서 쉬면서 취침을 할 수 있도록 하였다.

[그림 588] 중층 누각형식의 대청마루

특히 우단右端 누마루 전면에는 앞에 펼쳐지는 미천眉川의 자연 풍광을 조망을 하기 위하여 문을 달지 않고 3면을 모두 개방하였으나 별당 대청과 누마루 사이에는 궁창널을 댄 사분합 띠살 들어 열개문을 달아 필요할 때 연목에 달려 있는 들쇠에 문을 올려 놓아 별당 대청과 누마루가 하나의 공간으로 사용할 수 있도록 하였다. 그리고 별당 대청과 배면 사랑채와는 쌍여닫이 정자살문을, 그리고 대청마루 3면에는 모두 머름중방 위에 쌍여닫이 판장문을 각각 달았다.

주간柱間 간격은 별당 정면 4칸중 누마루가 있는 좌단칸부터 2.6m, 3.3m, 3.1m, 2.4m로 각각 다르게 잡고 있으며, 측면 2칸은 2.4m로 같게 잡고 있다.

(3) 공 포

[그림 589] 소호헌 공포

[그림 590] 소호헌 공포 내부 양봉

소호헌의 공포는 초익공과 주두, 그리고 대량 등 세 부재가 기둥 상부에 함께 엇물려 결구되고 있는 무출목 초익공 양식이다.

그중 누마루 중간 기둥 상부에 결구되어 있는 공포(그림 589)의 구성을 보면 초익공 부재가 창방과 十자 방향으로 직교하여 외부로 돌출하기는 하였으나 충량의 외단부에 맞춰 물익공 형상으로 짧게 다듬어 돌출시키고 있으며, 그 하부면을 파련문으로 다듬고 있다. 그리고 내부로는 파련문으로 조각한 양봉으로 처리하여 수평으로 된 충량의 단부를 받쳐주고 있다.

[그림 591] 소호헌 창방 상부 소로

또한 별당 본채 기둥 상부에 결구되어 있는 공포도 누마루 상부와 같은 형태로 구성되어 있으며, 창방으로 결구되어 있는 주간에는 각간에 3개씩의 소로를 배치하여 굴도리로 된 주심도리와 장혀를 함께 받쳐 주면서 별당의 정면을 장식적으로 아름답게 꾸며 주고 있다.

(4) 가 구

본채 4칸 가운데 강학을 위한 좌측 3칸의 대청부분과 휴식을 위한 1칸의 우측 누마루 부분의 지반 높이를 서로 다르게 잡아 그 단壇 차이를 자연석 허튼층 쌓기 방법으로 축조한 후 대청부분에는 초석을 놓아 기둥을 세우지 않고 덤벙주초석 위에 다시 귀틀을 짜서 그 위에 원형기둥을 세우고, 누마루 하부에 누하주를 세워 중층 구조의 누마루를 짜는 독특한 가구 수법을 보여 주고 있다.

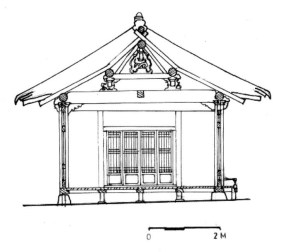

0   2 M

[그림 592] 소호헌 지붕틀 가구

[그림 593] 소호헌 대청 상부 가구(문화재청, 『안동 소호헌 실측조사보고서』, 2004)

[그림 594] 종량 상부 파련대공과 소슬합장

별당 본채의 가구는 전, 후 평주 사이에 대량과 종량을 걸고 있는 2중량 5량가의 지붕틀 가구로서, 대량 상부 양측에 뜬장혀가 결구된 당초문이 초각된 중대공을 놓고 종량을 지지하고 있다. 종량 상부 중앙에는 뜬창방이 결구된 파련대공을 설치하여 종도리를 받고 있는데, 종도리 좌, 우 편에 주거住居건축에서는 보기 드문 내반된 솟을합장을 결구시켜 종도리의 변형을 방지하고 있다.

[그림 595] 누마루 충량 상부 소란반자

[그림 596] 합각 지붕 밑 소란반자와 달동자

특히 팔작지붕에서 생기는 합각부분이 우단 누마루 외기 천장 위에 걸치고 있는데, 그 밑부분을 누마루의 중간기둥과 대량 상부에 수평을 이루고 있는 충량衝樑을 걸쳐대고 그 위에 정성을 들여서 소란반자틀로 짠 눈섭천장을 가설하여 가구재를 은폐시키고 있으며, 외기반자에 매단 달동자 등이 조화를 이루면서 누마루 공간을 한층 고풍스러운 분위기로 연출시키고 있다

[그림 597] 소호헌 우단右端 지붕

[그림 598] 소호헌 좌단左端 지붕

특히 팔작지붕을 이루고 있는 별당 본채 우단부
의 합각 아래에 누하주를 세우고 계자난간을 돌려
중층의 누각형식(그림 597)으로 만들어서 본채의
우측면을 마치 별당건물의 정면과 같이 만든 창의
성은 소호헌 건물에서 볼 수 있는 가장 독특한 가
구 수법이다.

본채 대청마루 상부에는 약봉선녀藥峯先廬의 현
판과 소호헌기, 함재선생진학도 등의 편액이 걸려
있고, 누마루에 있는 문 상부에 "소호헌蘇湖軒"의 현판이 걸려 있다.

[그림 599] 소호헌 현판

7) 경주 독락당(보물 제413호)

(1) 건립시기

[그림 600] 독락당 전경

자계천 계곡물이 독락당 옆으로 흐르는 풍광 수려한 이곳에 조선 중종 28년(1533)에 성리학의 거두였던 회재 이언적(1491~1553)이 낙향하여 안채 옆에 별당채로 건립[18]한 후 홀로 은거하면서 자연과 함께 즐기며 학문을 닦던 유서 깊은 곳으로 알려지고 있다.

[그림 601] 자계천 계곡과 계정溪亭 전경

(2) 배치 및 평면

[그림 602] 독락당 배치도

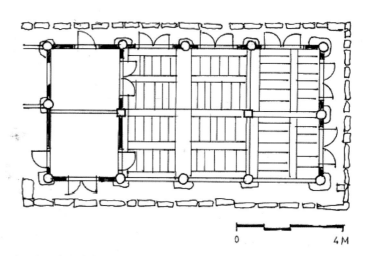

[그림 603] 독락당 평면도

옥산서원에서 자계천 계곡을 따라 서북쪽으로 약 700m쯤 떨어져 있는 독락당은 외삼문을 들어서면 一자형의 행랑채 안에 다시 종택의 내당인 ㅁ자형 평면으로 된 안채와 회재 이언적의 유품을 보관하는 정면 3칸, 측면 1칸의 어서각이 배치되어 있다. 안채 우측편 일곽의 담장 안에 독락당이 건립되고 그 앞에는 정면 4칸, 측면 1칸의 공수각이, 뒤편 계곡으로 면해서는 ㄱ자형의 정자건물인 계정溪亭과 사당이 남향하여 건립되고 있다.

자계천 맑은 물이 흐르는 계곡 옆으로 와편 담장 안에 한벌대의 자연석 기단을 쌓은 후 덤벙주초석을 놓고

[그림 604] 독락당 내부 대청마루

주거건축에서는 보기 드문 원형기둥을 모두 세워 정면 4칸, 측면 2칸의 一자형 평면으로 구획하였다.

독락당 내부는 정면 4칸중 우측 1칸에는 온돌방을 구획하고 나머지 3칸 통간에는 우물마루가 깔린 넓은 대청으로 꾸미고 있다. 원래는 우측 1칸에도 온돌방을 들여 중앙 2칸 통칸에 대청이 있고 그 양쪽에 1칸씩의 온돌방이 대칭적으로 있었던 평면[19]이었으나 후에 지금과 같이 변형 된 것으로 추정[20]된다.

넓은 대청마루 앞 3칸은 문을 달지 않고 개방되었으며, 대청과 온돌 방 사이 전면칸에는 궁창판이 달린 외여닫이 띠살문을, 배면칸은 쌍여닫이 띠살문을 달았는데 중간에 문설주를 세우고 있다. 그리고 온돌방 앞은 쌍여닫이 띠살문을 달고 배면과 측면에도 띠살문을 각 칸에 달았다.

[그림 605] 자계천 옆 전통 와편 담장

[그림 606] 와편瓦片 담장에 낸 살창

특히 주변 자연경관과 잘 어울리도록 계획된 독락당은 자계천 계곡물이 흐르는 쪽으로 향하여 쌍여닫이 띠살문으로 달고 있다. 대청마루에 앉아 이 문만 열면 와편 담장을 뚫고 낸 살창을 통해 계곡물의 시원한 바람길이 열리면서 살창을 경계로 인간과 자연이 만나는 매개공간으로 만들고 있다.

주간 간격은 정면 4칸중 중앙 2칸은 2.45m로, 양단칸은 2.80m로 잡았으며, 측면 2칸은 2.45m의 등간격으로 구획하였다.

(3) 공 포

[그림 607] 독락당 공포

[그림 608] 독락당 공포 내부 양봉

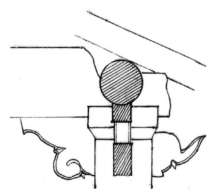

[그림 609] 독락당 공포

독락당의 공포는 초익공과 주두, 그리고 대량 세 부재가 기둥 상부에 함께 결구되어 있는 무출목 초익공 양식이다.

공포의 구성은 초익공 부재가 창방과 十자 방향으로 직교하여 굽의 단면이 사절된 주두의 운두부분과 일부 엇물려서 그 외단부가 아래에서 위로 휘어 오르는 앙서仰舌형상의 짧은 익공뿌리로 돌출되고 있는데, 특히 그 밑면에 보기 드문 화두자華頭子의 새김질이 되어 있으며, 건물 내부로는 파련문으로 조각한 양봉으로 만들어 대량의 단부를 직접 받치고 있다.

그러나 익공의 상부면이 대량의 하단면과 맞닿아 있지 않고 일부 분리되어 돌출되고 있는데, 주심포 3양식인 해인사 장경판고 동, 서 사간고나 아산 맹씨행단과 소수서원의 문성공묘와 강학당의 헛첨차와 같이 기둥 상단면과 주두 하단면 사이에서 익공부재가 빠져 나오지 않고 주두의 굽 하부면에 일부 엇물려서 돌출되고 있어서 본 "한국익공건축양식론"에서는 주심포 제3양식 보다는 무출목 초익공 양식[21]에 포함시켜 논의하기로 하였다.

(4) 가구

독락당은 전, 후 평주사이에 대량과 종량을 걸고 있는 2중량 5량가의 지붕틀 가구이다.

대량 상부 양측에 동자주 대신 초새김을 한 화각반花刻盤을 놓고 종량을 지지하고 있으며, 종량 상부 중앙에는 동자주 대공을 세워 종도리를 받치고 있다. 동자주 대공 아래 양 옆으로 화반형 부재를 덧대고 있고, 대공 상부 양쪽편에도 초공형의 부재를 결구한 포대공을 세워 종도리와 함께 지붕하중을 받도록 하여 가구 구성에 많은 정성을 드리고 있다.

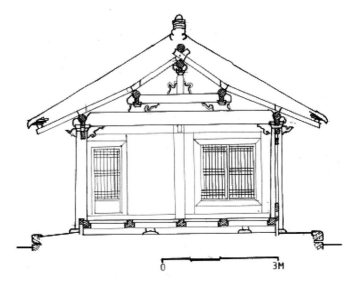

[그림 610] **독락당 지붕틀 가구**

[그림 611] **독락당 내부 가구**

특히 지붕 형태를 외부 방향인 자계천 쪽에는 팔작 기와지붕으로 올린 반면 안채쪽에는 맞배 기와지붕을 올려 서로 다르게 하고 있어 독특하다. 이러한 형태의 지붕을 부석사 경내에 있는 범종루과 송광사 경내 입구에 있는 우화루, 그리고 달성 태고정 등의 일부 건물에서 볼 수 있다. 이 수법은 입구쪽인 정면에 팔작지붕을 올려 외관을 더욱 장중한 모습으로 보이기 위한 수법으로 사용되기도 하나 독락당은 내부쪽에 안채의 지

[그림 612] 옥산정사와 독락당 현판

봉과 맞물려 있어서 외부는 팔작지붕으로, 안쪽은 맞배지붕 형태로 올린 것으로 보여지고 있다.

그리고 독락당 정면 처마 밑에는 "옥산정사玉山精舍" 현판이 걸려 있고, 연등천장으로 된 대청 상부에 "독락당獨樂堂" 현판이 걸려 있으며, 독락당 우측 팔작 기와지붕의 추녀 밑에는 처마의 처짐을 방지하기 위하여 활주活柱가 세워져 있다.

8) 경주 양동 무첨당(보물 제411호)

(1) 건립시기

[그림 613] 경주 양동 무첨당 전경

여강이씨 무첨당파의 종가宗家인 당호堂號가 "더럽힘이 없는 집"이라는 의미를 담고 있는 무첨당은 양동마을 중앙부인 물봉골 낮은 야산 중턱에 남향하여 자리잡고 있는데, 조선중기 문신이자 성리학자인 회재 이언적(1491~1553)이 경상감사 재임 시기인 1540년 경에 여강이씨 대종가의 별당 사랑채로 건립된 건물[22]로 알려지고 있다.

(2) 배치 및 평면

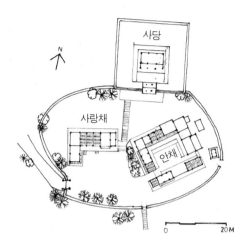

[그림 614] 무첨당 배치도

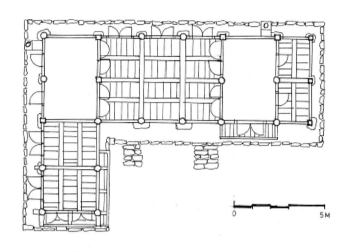

[그림 615] 무첨당 평면도

물勿자 형국의 지형을 이루고 있는 양동마을 중앙부 물봉골에 자리잡고 있는 무첨당은 ㄷ자형의 안채와 一자형의 아랫채가 튼ㅁ자형으로 배치되어 있는 살림채 좌측편에 남향하여 ㄱ자형의 별당 사랑채인 무첨당이 건립되었고, 안채와 사랑채 사이로 난 계단을 따라 오르면 가장 높은 대지에 조상의 위패를 모시며 제사하는 정면 3칸, 측면 2칸의 사당채로 구성되어 있다.

[그림 616] 사랑채 앞 사주문四柱門

[그림 617] 안채 앞 협문

무첨당은 물봉골 골짜기를 따라 올라간 소로小路 끝에 세워진 사주문四柱門을 들어서면 외부와 가까운 위치에서 접객이나 교우를 위한 장소로서 가장의 생활 중심공간이며, 개방적인 별당 앞 사랑마당에 이르도록 되어 있다. 그러나 주로 여성들의 생활공간으로서 폐쇄성이 짙은 살림채인 안채는 중문이 있는 아래채와 가까운 경사지에 계단을 설치한 후 외부 및 텃밭 등과 연결된 작은 협문을 거쳐 집안으로 들어가도록 되어 있는데, 이는 조선시대 가부장적인 신분 사회에서 볼 수 있는 고택의 공간구성에서 볼 수 있는 한 특징으로 볼 수 있다.

전체적으로 ㄱ자형의 평면을 이루고 있는 별당 사랑채인 무첨당은 자연석 기단을 쌓고 본채 전면에만 원형주좌가 조출된 초석을 놓은 후 원형기둥을 세워 정면 5칸, 측면 2칸의 一자형으로 된 본채 우단右端에 건너 사랑방에서 주로 사용하는 1칸의 마루방을 덧달아 내었다. 본채 좌단에 꺽이어 작은 대청마루가 있는 날개 채에는 덤벙주초석 위에 원형기둥을, 그리고 나머지 부분에는 모두 덤벙주초석을 놓고 방형기둥을 세운 후 정면 1칸, 측면 2칸의 날개채를 달아 내었다.

[그림 618] **무첨당 사랑채 큰마루 대청**

그중 사랑 본채는 정면 5칸 중 3칸 통칸의 우물마루를 깐 큰마루 대청을 중심으로 좌, 우측에 1칸씩의 사랑 안방과 사랑 건넌방이 있고, 사랑안방 앞으로 꺽이어서 다시 2칸의 작은마루 대청을 들이고 있다.

특히 무첨당은 작은마루 대청 아래에 누하주를 세워 중층의 누각형식으로 조성하였는데, 연꽃문양의 난간하엽 위에 돌란대를 대고 머름청판에는 고풍스럽게 조각을 한 +자형의 풍혈을 끼운 계자난간을 설치하여 한층 더 섬세하면서도 아름다운 별당 분위기를 연출하고 있다.

[그림 619] **중층누각 형식의 작은마루 대청**

창호는 큰마루 대청 앞 3칸은 개방하여 바로 사랑마당과 연결되어 있고 배면으로는 쌍여닫이 판장문을 달았다. 그리고 본채 대청마루와 사랑안방 사이에는 2칸 모두 맹장지와 궁창널을 댄 띠살문의 쌍여닫이 들어열개 문을 달았는데, 대청과 사랑 건넌방 사이에도 똑같은 문을 대청되게 달아 문중의 큰 행사 때[23] 이 문들을 열어 연목에 달려 있는 들쇠에 걸면 사랑 안방과 대청, 사랑 건넌방이 모두 하나의 공간으로 모두 연결되어 좁은 공간을 효율적으로 넓게 이용할 수 있도록 하고 있다.

[그림 620] **개방된 큰마루 대청과 사랑마당**

특히 사랑 안방과 작은마루 사이에도 양쪽에 맹장지와 가운데 문짝에 궁창널을 댄 띠살의 삼분합 들어열 개 문을 달고 있어서 이 문까지 열어 들쇠에 걸면 "ㄱ"자형의 사랑채 전체가 한 공간이 되도록 창호를 구성하고 있는 무첨당만의 큰 특징을 볼 수 있다.

그리고 작은마루 대청 정면은 쌍여닫이 골판문을, 좌측은 쌍여닫이 판장문을 각각 달았으나 사랑마당 쪽으로는 큰마루 대청 앞과 같이 문을 달지 않고 개방시켜서 내, 외부을 하나의 공간으로 융합시켜 인간계와 자연계가 만나는 장소로 만들고 있다.

주간柱間 간격은 정면 5칸중 대청 3칸은 2.30m의 등간격으로 잡았고, 대청 좌, 우측 온돌방 2칸도 3.05m 씩 같게 구획하였으나, 측면은 4칸중 온돌방 2칸은 2.23m와 2.12m로, 작은마루 2칸도 2.60m와 2.40m로 각각 다르게 기둥 간격을 잡고 있다.

(3) 공포

[그림 621] 무첨당 큰마루 대청 공포

[그림 622] 무첨당 작은마루 대청 공포

무첨당의 공포는 초익공과 주두, 그리고 대량 등 세 부재가 기둥 상부에 함께 엇물려서 결구되고 있는 무출목 초익공 양식이다.

공포의 구성은 초익공 부재가 창방과 十자 방향으로 직교直交하여 빗굽으로 사절되어 있는 주두의 운두 부분과 짜여져 외부로 돌출되고 있다. 특히 수서형의 익공뿌리가 두갈래로 아래에서 위로 휘어지듯이 뻗고 있는 유일한 형태로서 독특하며, 익공 양몸에도 경주 관가정 공포에서 처럼 당초문 등의 문양으로 정교하게 음각陰刻을 하여 초새김 장식을 한 후 위쪽에 눈을 만들고 있다. 그리고 대청 내부도 파련문 조각이 있는 양봉으로 만들어 대량의 단부를 받쳐주는 구조적 및 장식적 역할을 함께 하도록 하고 있다.

[그림 623] 작은마루 대청 창방 상부 소로 받침

그리고 창방으로 결구되어 있는 주간에는 모두 3개씩의 소로를 배치하였으나 작은마루 대청 전면에는 1개의 소로를 배치하여 굴도리로 된 주심도리를 받으면서 선자연과 함께 작은 마루 대청 천장을 고풍스럽고 짜임새 있게 꾸며 주고 있다.

특히 우주隅柱 상부 추녀밑에 주두와 결구되어 있는 장방형의 장혀 뺄목과 굴도리로 된 주심도리(그림 630)는 직절시키고 있으나 창방 뺄목을 마치 익공뿌리처럼 아래에서 위로 휘어지는 두갈래의 수서형상으로 다듬었으며, 익공몸에도 간결한 당초문양을 음각하여 건물의 세부에도 정성을 많이 드리고 있다.

(4) 가구

무첨당의 본채 큰마루 대청의 가구는 전, 후 평주 위에 대량과 종량을 걸은 2중량 5량가의 지붕틀 가구이다.

둥근 자연목으로 된 긴 대량 상부 양측편에 동자주 대신 내단에 초새김을 한 낮은 보아지와 중도리 방향으로 함께 짜여진 첨차형 부재를 놓아 종량을 지지하고 있다.

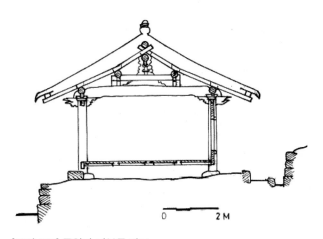

[그림 624] 무첨당 지붕틀 가구

[그림 625] 무첨당 큰마루 대청 내부 가구

    종량 상부 중앙에는 익공 몸에 음각되어 있는 화려한 당초문과 같이 3단으로 구성된 파련대공 양 몸에도 화려한 당초문을 음각하여 초새김을 하고 있는데, 그 수법이 매우 정교하면서도 정성을 많이 드리고 있으며, 높은 파련대공 아래에 도리 방향으로 주두을 놓고 양단에 소로를 놓은 첨차형 부재를 결구하여 종도리를 받쳐주고 있다.

    그러나 본채에 ㄱ자로 꺾여 있는 날개채에 있는 작은마루 대청은 누마루가 놓이는 지면地面을 인근에 있는 관가정과 같이 한단 낮춘 후 누하주樓下柱를 세우고 정면을 마치 중층의 정자건물처럼 꾸미고 있다.

    작은마루 대청의 가구는 전, 후 평주 위에 자연스럽게 위로 휘어진 만곡된 대량을 걸은 후 대량 상부 중앙에 파련대공을 설치하여 종도리를 받고 있는 1량 3량가의 지붕틀 가구(그림 627)로 꾸몄다.

[그림 626] 큰마루 대청 파련대공

[그림 627] 무첨당 작은마루 대청 내부 가구

[그림 628] 작은마루 대청 파련대공

[그림 629] 작은마루 대청 충량 상부 가구

대량 상부 중앙에 낮게 설치된 파련대공은 종도리를 감싸듯이 독특한 형태로 조각한 후 종도리 장혀와 결구되어 있는데, 파련대공 몸에 초새김을 하지 않았으나 상부에 종도리를 감싸듯이 초공형의 부재로 조각을 하고 있다.

그리고 팔작지붕에서 생기는 합각 밑 처리는 작은 마루대청 중간기둥과 대량을 따낸 후 만곡된 충량을 걸었는데, 눈썹천장을 가설하지 않고 주두형의 각재를 놓아 종도리 뺄목과 추녀뿌리를 걸어 은폐하고 있다.

본채의 사랑안방과 사랑건넌방은 모두 고미반자로 천장을 마감하고, 대청은 가구재가 모두 노출되는 연등천장으로 꾸몄는데, 정칸 배면 포벽 상부에 무첨당無忝堂 현판이 걸려 있다. 그리고 큰마루 대청 상부 오른쪽 대량에는 흥선 대원군의 친필이라는 좌해금서左海琴書가 걸려 있고 좌측편 대량 중간에는 물애서옥勿厓書屋 현판이 걸려 있다. 또한 작은마루 대청에는 오채서실五棣書室과 청옥루青玉樓, 세일헌世一軒 등의 현판이 함께 걸려 있다.

[그림 630] 우주 상부 가구 구성

본채의 지붕은 홑처마 팔작 기와지붕으로 올렸으나 본채 오른쪽 덧달아 낸 마루방의 지붕은 박공지붕 아래에 1칸의 내림지붕으로 달아 내었고, 날개채의 지붕은 안채 좌측편에 ㄱ자형으로 붙여 홑처마 팔작 기와지붕을 올렸다.

특히 우주 상부의 창방 뺄목을 독특한 문양으로 조각을 한 두갈래로 된 익공뿌리처럼 깎아 놓아 작은 부분까지 비교적 정성을 많이 드리고 있다.

9) 안동 예안이씨 충효당(쌍수당)(보물 제553호)

(1) 건립시기

[그림 631] 안동 예안이씨 쌍수당 전경

충효당은 예안이씨의 종택으로서 임진왜란 당시 의병장으로 활약한 충신 이홍인이 명종 6년(1551)에 건립[24]한 건물로 알려지고 있다.

그러나 충효당의 별당 사랑채인 쌍수당은 이홍인이 임진왜란 때 순국한 공로로 순조 11년(1811)에 충신 정려를, 그의 후손인 이한오가 순조 12년(1812)에 효자 정려를 받으면서 이홍인의 충忠과 이한오의 효孝를 기리기 위해 당호를 충효당忠孝堂이라 정하고, 충과 효가 한 쌍으로 수신修身하였으므로 당호를 쌍수당이라 하였으며, 충과 효는 백행지원百行之源이라 하여 백원당百源堂이라는 당호도 함께 붙여졌는데, 쌍수당雙修堂의 건립은 이한오가 효자 정려를 받은 후에 건립된 것으로 보고 있다.[25]

(2) 배치 및 평면

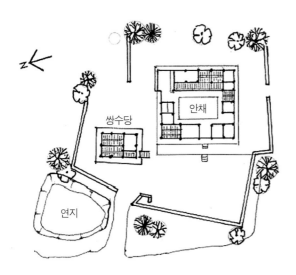

[그림 632] 예안이씨 충효당 배치도

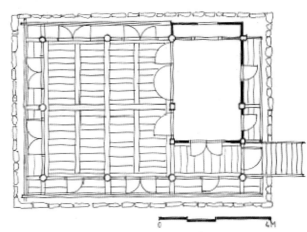

[그림 633] 쌍수당 평면도

유서깊은 풍산 평야가 내려다 보이는 배산임수背山臨水의 우렁골에 위치하고 있는 충효당은 안채와 사랑채가 ㅁ자형을 이루고 있는 본채 좌측편에 一자형의 별당채인 쌍수당이 서향하여 배치되고 있다. 쌍수당 담장 앞에는 연지蓮池가 있고, 입구 우측편에 작은 옛 화장실이 전통 담장으로 둘려져 있다.

충효당의 별당別堂건물인 쌍수당은 정면 3칸, 측면 2칸의 평면으로 구획되었는데, 3벌대로 쌓은 자연석 기단 위에 경사진 대지를 누하주樓下柱로 수평을 맞춘 후 중층 누각식으로 건립하였다. 또한 누마루의 4면으로 난간하엽 위에 돌란대를 대고 타원형 풍혈을 투각한 머름청판을 끼운 계자난간을 설치하여 중층 누각식 별당건축의 외관을 고풍스럽게 꾸며주고 있다.

[그림 634] 쌍수당 내부 대청마루

쌍수당은 정면 3칸중 좌측 2칸 통칸에 넓은 우물마루를 깔은 대청으로 만들고, 우측 1칸에는 배면으로 반침을 둔 온돌방을 들였는데, 온돌방 앞으로 반칸의 툇마루를 만들어 우측편에 만든 계단을 통하여 누마루로 오르는 통로로 이용하도록 한 후 그 밑에 온돌 아궁이를 설치하였다.

[그림 635] 쌍수당 좌측면 창호

쌍수당의 창호는 대청마루 전면 3칸 중 중앙 정칸에는 하부면 3분의 2는 판문으로, 상부면 3분의 1은 정자살로 짠 특이한 쌍여닫이 문을 달고, 양협칸에도 같은 형태이나 상부면을 띠살문으로 한 외여닫이 문을 달고 있다. 대청 좌측면 2칸에는 쌍여닫이 판장문(그림 635)을 달았는데 중간에 문설주를 세우고 있으며, 배면에는 궁창널을 댄 외여닫이 띠살문과 쌍여닫이 판장문을 각각 달고 있다. 또한 대청과 온돌방 사이에는 정자살에 창호지를 바른 2분합 맹장지 들어열개문을 달아 필요할 때 대청과 온돌방을 한 공간으로 함께 이용할 수 있도록 하였으며, 옆칸에 평소에 드나들 수 있는 작은 지겟문을 달았다.

그리고 쌍수당 우측에 누마루로 오르는 계단 위에 있는 툇마루 사이에 2중의 궁창널을 댄 외여닫이 띠살문을 달아 마치 현관문처럼 사용하고 있으며, 그 옆에 있는 온돌방 외부에도 궁창널을 댄 외여닫이 띠살문을 달고 있다.

주간柱間 간격은 정면 3칸 가운데 좌측 대청 2칸은 2.25m로 같게 잡고, 우측 온돌방 1칸은 2.60m로 구획하였으며, 측면 2칸은 2.40m로 같게 잡고 있다.

(3) 공 포

쌍수당의 공포는 초익공과 주두, 그리고 대량 등 세 부재가 기둥상부에 함께 엇물려 결구되어 있는 무출목 초익공 양식이다.

공포의 구성 수법은 초익공 부재가 창방과 十자 방향으로 직교하여 빗굽의 사절된 주두의 운두부분과 엇물려서 외부로 돌출되었다. 초익공의 외단 익공뿌리가 위에서 아래로 휘듯이 날카롭게 뻗은 수서형이며, 익

[그림 636] 쌍수당 공포

[그림 637] 쌍수당 공포 내부 양봉

공 아래면은 둥근형태의 파련문으로 다듬었다. 대량의 외단을 운공형으로 다듬었으며, 건물 내부로는 파련문으로 다듬은 양봉으로 처리하여 대량의 단부를 받쳐주고 있다.

그러나 쌍수당의 정면과 양측면에 결구되어 있는 공포는 익공뿌리로 처리한 반면 배면 공포에 결구되어 있는 초익공은 그 뿌리가 대량의 뺄목보다 약간 안쪽으로 들어서 수직으로 절단시켜 물익공계 양식의 특징을 보여주고 있는데, 최근에 실시한 보수공사에서 주두와 창방, 연목 등 일부 목부재가 교체되어 있다.

그리고 창방으로 결구되어 있는 주간에는 소로를 각간에 3개씩 배치하여 굴도리로 된 주심도리와 장혀를 받쳐주고 있는 비교적 간결하면서도 소박한 외관을 보여주고 있다.

[그림 638] 쌍수당 배면 공포

[그림 639] 쌍수당 창방 상부 소로

(4) 가 구

쌍수당의 가구는 전, 후 평주 위에 대량과 종량을 걸고 있는 2중량 5량가의 지붕틀 가구이다. 구부러짐이 심한 굴곡된 자연목의 대량 상부 양측에 보아지도 끼우지 않은 간결한 동자주를 양쪽에 세워 종량을 지지하고 있다.

그리고 종량도 심하게 구부러진 자연목을 그대로 걸고 있는데, 중앙에 3개의 판재를 중첩하여 만든 사다리꼴형의 판대공을 설치하여 장혀 밑에 소로를 놓고 종도리와 함께 지붕하중을 받고 있다.

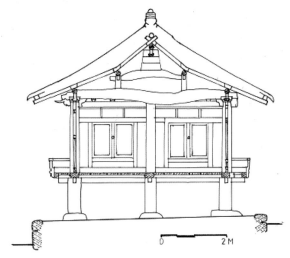

[그림 640] 종가 별당(쌍수당) 지붕틀 가구

[그림 641] 쌍수당 내부 자연목 가구

[그림 642] 쌍수당 합각 밑 충량 가구

팔작지붕에서 생기는 합각 밑부분은 대청의 중간기둥과 대량 위에 걸처대는 만곡된 충량 위에 소란반자틀로 짠 눈썹천장을 가설하여 가구재를 감추고 있으며, 외기반자틀 모서리에 매달은 달동자는 아름다운 연꽃 봉우리로 다듬어 장식을 하고 있다.

온돌방은 고미반자로 천장을 마감하고 대청마루는 가구재가 모두 노출되는 연등천장으로 마감하였다.

[그림 643] 쌍수당 외기 소란반자 및 달동자

[그림 644] 우주隅柱 상부 가구 구성

　지붕은 홑처마 팔작 기와지붕을 올렸으며, 우주隅柱 상부 추녀 밑에 결구되어 있는 굴도리로 된 주심도리 뺄목은 직절되었으나 장혀 뺄목은 운공형으로, 창방 뺄목은 익공뿌리로 빠져나와 그 하부면을 파련문으로 다듬어서 귀기둥 상부의 창의적인 결구 구성미를 보여주고 있다.

　최근에 쌍수당의 일부 부후腐朽된 목부재를 교체하여 보수 정비하였으며, 정면 정칸 처마 밑에는 "쌍수당雙修堂"현판이, 우측 앞칸 처마 밑에는 백원당百源堂 현판이 함께 걸려 있으며, 안사랑채에는 충효당忠孝堂 현판이 걸려 있다.

10) 춘천 청평사 회전문(보물 제164호)

(1) 건립시기

[그림 645] 청평사 회전문 전경

청평사는 명나라의 가정嘉靖 36년(1557)에 보우普雨 스님이 은퇴해서 머물 처소로 경운산慶雲山 봉우리 앞에 건립한 유서깊은 사찰이다. 경내에 건립되었던 많은 건물 가운데 회전문은 청평사 경내 앞에 세워졌던 두 번째의 불문佛門인 천왕문의 기능을 담당하던 문으로 좌, 우 협칸에 마루를 깐 작은 규모로 보아서 천왕의 형상으로 만들어 세운 것이 아니라 벽화를 그려 놓았을 것으로 추정[26]되고 있다.

불가佛家의 윤회사상에 따라 이름 붙여진 회전문의 건립연대도 6.25 동란시 소실된 극락전의 건축 시기와 같은 조선 명종 12년(1557)에 승僧 보우가 능인전과 구광전 등 여러 전각들을 중건할 때 함께 건립하였던 건물로 추정[27]하고 있다.

(2) 평 면

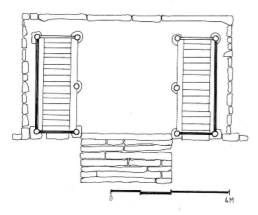

[그림 646] 회전문 평면도

[그림 647] 회전문 협칸 마루바닥(杉山信三, 회전문 현상변경 이유서)

극락전 앞에 건립된 회전문은 8단의 계단석으로 오르는 축대 위에 자연석 기단을 놓고 원형과 방형으로 다듬은 초석에 원형기둥을 세워 정면 3칸, 측면 1칸의 평면으로 간결하게 구성하였다. 중앙칸은 경내로 들어가는 통로로 이용하고 양 협칸은 우물마루를 깔은 후 천왕상 등 사천왕을 안치하는 좁은 공간으로 만들었다. 그러나 일제 강점기에 실시된 수리공사에서 협칸 마루가 2줄로 깔은 우물마루[28]였던 것을 철거한 후 조사한 결과 기둥하부에서 장부구멍은 있었으나 기둥 하방 중간에 귀틀을 꽂았던 장부구멍이 없어 현재와 같은 한줄의 우물마루로 다시 복원되었다.

그리고 회전문은 양협칸에 비해 중앙 정칸의 주간 간격을 넓게 잡고 있는 특징을 볼 수 있으며, 중앙칸 중간기둥 주두 밑에 창방을 걸고 5개의 머름동자 사이에 궁판을

[그림 648] 회전문 정칸 상부 가구

댄 후 그 위에 2단의 홍살을 세웠다. 이와같이 문 상부에 홍살을 달고 있는 예는 강릉 객사문이나 도갑사 해탈문 등에서도 볼 수 있으며, 2002년에는 회전문의 좌, 우편에 정면 3칸, 측면 1칸의 별동으로 된 행각을 각각 건립하여 소슬삼문식의 회전문 형태로 되어 있다.

주간柱間 간격은 정면 3칸 중 통로로 사용하는 정칸을 3.40m로 넓게 잡았으나 양협간은 1.30m로 아주 좁게 잡고 있으며, 측면 1칸은 3.10m로 구획하였다.

(3) 공 포

회전문의 공포는 초익공과 주두, 그리고 대량 등 세 부재가 기둥 상부에서 함께 엇물려 결구되어 있는 무출목 초익공 양식이다.

공포의 구성 수법은 초익공 부재가 창방과 十자 방향으로 직교하여 빗굽으로 사절된 주두의 운두雲頭 부분과 엇물려서 외단부가 수서형의 익공뿌리로 돌출되었는데, 익공 아래면은 파련문으로 다듬었고 내부는 파련문의 양봉梁棒으로 처리하여 대량의 단부를 직접 받고 있으며, 익공의 양 몸에 당초 문양으로 화려하게 초각을 하였다.

[그림 649] 청평사 회전문 공포
(문화재연구소, 『한국의 고건축』 제20호)

무출목 초익공 양식	무출목 초익공 양식 - 과도기 양식
① 해인사 장경판전 수다라장전 공포	② 청평사 회전문 공포

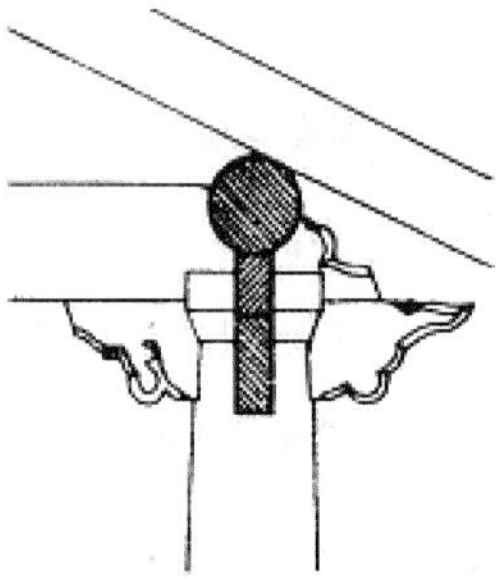

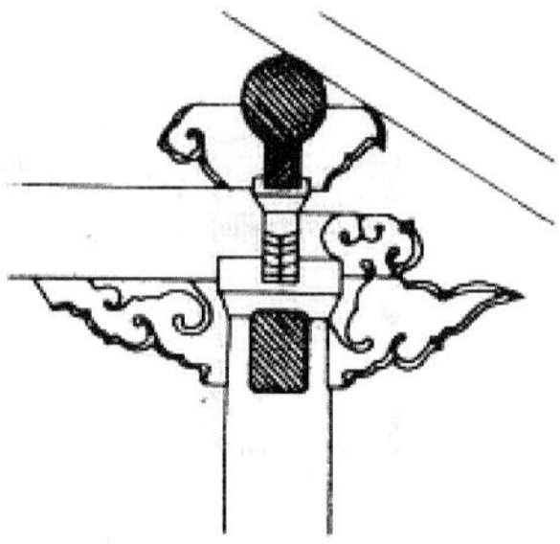

[그림 650] 창방 상부 주심두공의 변천

그러나 일반적으로 주심도리가 주두 위에서 대량과 함께 결구(그림 650-①)되어야 하는데 반해서 회전문 공포에서는 주심도리가 짜여져야 할 위치에 무출목 이익공 양식에서 볼 수 있는 도리방향으로 양단 마구리에 소로를 놓은 주심두공(그림 650-②)을 대량에 결구시키고 있다. 그리고 대량 상부에는 마치 재주두와 비슷한 작은 소로를 다시 놓고 굴도리로 된 주심도리를 결구시키고 있다. 이와같이 주심두공이 결구되어 있는 공포 구성은 의성 만취당 공포에서도 볼 수 있는 수법으로서, 무출목 이익공양식으로 변천되는 과도기적 형식으로 보여지고 있다.

또한 대량의 보머리는 삼분두三分頭 또는 직절直切시킨 후 모접기를 하거나 봉두鳳頭 등을 부착하여 장식하는 것이 일반적인 수법인데, 회전문의 보머리는 운공형으로 초각한 부재를 대량 하부 외단부에 끼워 마감하였으며, 대량 상부에는 둥근 모양의 굴도리로 된 주심도리가 구르거나 움직이는 것을 방지하기 위하여 주심도리 밑에 승두蠅頭를 끼워 넣고 있다.

특히 창방으로 결구되어 있는 주간 사이에도 무출목 초익공양식의 경우에는 소로를 배치하여 주심도리 장혀를 받쳐주고 있으나 청평사 회전문의 창방 상부에는 파련문으로 조각을 한 외소로형의 화반을 배치하고 있다.

[그림 651] 창방 상부 외소로형 화반

따라서 주심두공의 결구로 인하여 창방과 주심도리 장혀 사이가 높아져 구조적으로 주심도리 장혀를 지지하면서 한편으로 건물의 정면을 장식적으로 꾸며 주기 위하여 화반을 배치하고 있는데, 이 수법 역시 무출목 초익공양식에서는 볼 수 없는 전형적인 무출목 이익공양식의 건물에서 볼 수 있는 한 특징이기도 하다.

따라서 일부 자료에서 청평사 회전문의 건축양식을 주심포 후기형식으로 분류[29]하기도 하나 무출목 초익공양식에서 볼 수 없었던 청평사 회전문의 이러한 주심두공이 함께 짜여지는 공포 구성 수법과 창방 상부에 화반을 배치하고 있는 형식은 무출목 초익공양식에서 무출목 이익공양식으로 변천되어 가는 중요한 과도기적 수법[30]으로 볼 수 있다.

(4) 가 구

전, 후 평주 사이에 사각형 단면으로 다듬은 대량만을 걸고 있는 1량 3량가의 전형적인 문간채의 간결한 지붕틀 가구이다.

그러나 대량 상부 중앙에는 연꽃과 당초문 등으로 화려하게 초새김을 한 파련대공 상부에 다시 도리방향으로 양단에 소로를 놓고 그 하부를 파련문으로 다듬은 첨차를 결구시켜 주심도리 장혀를 받도록 하였다. 그리고 이 파련대공 상단에는 굴도리로 된 종도리가 움직이지 않도록 초공형의 승두를 결구시킨후 지붕하중을 받도록 하고 있는데, 이 수법은 부석사 무량수전 솟을합장에서도 볼 수 있는 고식의 수법이다.

또한 중앙 정칸에 문을 달기 위해 중간 양쪽에 방형기둥을 일반적으로 세우고 있으나 원형기둥을 세워 독특하다. 기둥 상부에 주두를 놓고 보아지를 결구시킨 후 창방을 걸고 홍살을 세웠다. 내부는 연등천장으로 꾸미고 지붕은 홑처마 맞배 기와지붕을 올리고 있다

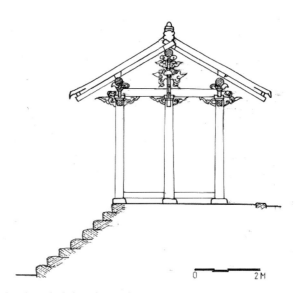

[그림 652] 회전문 지붕틀 가구

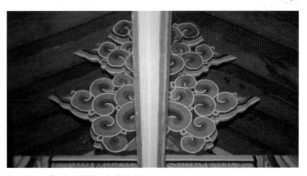

[그림 653] 대량상부 파련대공

11) 의성 만취당(보물 제1825호)

(1) 건립시기

[그림 654] 의성 만취당 전경

[그림 655] "만년송" 향나무

만취당은 고택 주변 대부분이 과수원이나 전답田畓 등으로 경작하는 평지로 되어 있는 사촌마을 중심에 퇴계 이황의 제자였던 만취당 김사원(1539-1601)이 후학을 양성하기 위하여 안동김씨 도평의공파 종택인 ㅁ자형의 안채 좌측편에 선조 17년(1584)에 一자형 평면형으로 건립한 별당건축이다. 만취 "晩翠"는 김사원이 증조부가 사랑하던 만년송萬年松과 만년송정시를 흠모하여 만취라 하였고, 당호堂號는 그의 호를 따라 만취당이라 하였다. 원래는 一자형 평면이었으나 영조 3년(1727)에 동쪽으로 2칸을 증축하고, 영조 40년(1764)에 다시 서쪽으로 1칸의 온돌방을 더 증축하여 지금과 같은 정丁자형 평면[31]으로 되었다 한다.

그리고 만취당 옆 입구 도로변에는 경상북도 기념물 제107호로 지정되어 있는 수령 약 500여년 된 "의성 사촌리 향나무"가 있는데 조선 연산군 (1494-1506) 때 송은 김광수가 심은 것으로 만년동안 푸르게 살라는 의미로 만년송萬年松이라 불렀다고 전하고 있다.

(2) 배치 및 평면

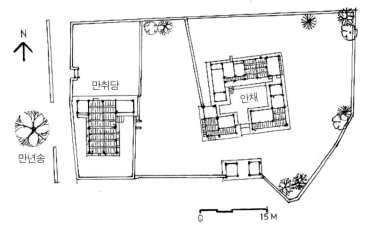

[그림 656] 만취당 배치도

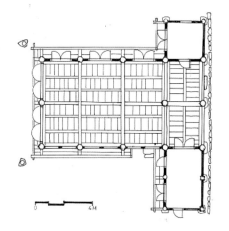

[그림 657] 만취당 평면도

[그림 658] 대청마루 누하주樓下柱

안채는 배산임수背山臨水의 집터와는 다르게 대부분 전,답을 이루는 평지에 평삼문으로 된 문간채 안에 남향하여 튼ㅁ자형으로 배치되고 있다. 안채 좌측편에 작은 텃밭을 사이에 두고 전통한식담장을 두른 고택 입구편으로 면하여 건립된 만취당은 정면 4칸, 측면 2칸의 몸채 밑에 낮은 누하주를 세워 대청마루를 들인 후 몸채 북쪽 양쪽편에 온돌방을 들인 익사翼舍와 함께 정丁자형 평면을 이루고 있다.

[그림 659] 만취당 배면 증축된 익사翼舍 모습

그러나 만취당의 창건 당시에는 정면 4칸, 측면 2칸의 一자형 누정건물이었으나 후에 우측 누마루 앞쪽으로는 2칸을, 그리고 배면으로는 1칸을 덧달아 내어 온돌방을 들여서 지금과 같은 丁자형 평면이 되었다고 하나 지붕의 좌, 우 형태나 합각의 외기外機의 결구 수법, 좌, 우측 충량 부재와 평주 상부의 공포 등을 비교해 볼 때 원래는 정면 3칸, 측면 2칸의 별당건물을 후대에 우단쪽에 전체적으로 1칸을 덧달아 낸 것[32]이 아닌가 보여지고 있다.

[그림 660] 만취당 좌단칸 충량   [그림 661] 만취당 우단칸 충량

그리고 만취당의 평면 구성은 크게 대청 공간과 온돌방이 있는 익사翼舍공간으로 구분할 수 있는데, 특히 정면 4칸, 측면 2칸의 대청 부분의 건물 하부에 기단을 조성하지 않고 지면 위에 덤벙주초석을 놓고 약 1.0m 높이의 원형으로 된 누하주를 세워 대청마루를 설치한 고상식 구조로 건립한 것은 대지 조건상 평지의 습기에 대비하기 위한 것으로 판단되며, 만취당 4면으로 난간대신 귀틀 위에 쪽마루를 설치하여 마치 중층의 누각 건물처럼 건립하였다.

또한 후대에 덧달아 낸 익사翼舍공간에는 전면과 배면에 외벌대의 자연석 기단을 조성한 후 덤벙주초석 위에 원형과 방형기둥을 혼합하여 세운 후 대청마루 양쪽편으로 2칸의 사랑방과 1칸의 건넌 사랑방을 들이고

[그림 662] 만취당 내부 대청마루

있는데, 대체로 독립된 별당채인 경우 정면 3칸, 측면 2칸으로 되어 내부를 2칸의 대청과 1칸의 온돌방으로 구획하는 一자형 평면이 표준형[33]으로 되고 있는 충청지방이나 대전 근교의 동춘당(보물 209호)과 쌍청당, 그리고 강릉의 오죽헌이나 해운정과 같은 별당건물과는 또 다른 형식으로 독특하다.

또한 창호는 만취당 대청마루 정면 3칸과 우측 2칸에는 창호를 설치하지 않고 개방하였으나 안채 방향인 정면 쪽 주간柱間에는 마치 중간 문설주가 세워져 있어 독특하다. 그러나 외부 도로쪽 3칸에는 머름중방 위에 쌍여닫이 판장문을 달았고, 입구편인 좌측 2칸에는 4분합 띠살 들어열개 문을 달아 연목에 달려 있는 들쇠에 걸도록 하였다. 그리고 대청과 우측 큰 사랑방 사이에는 궁창널을 댄 쌍여닫이 띠살문을, 건넌 사랑방과는 궁창널을 댄 외여닫이 띠살문을 각각 달았다.

주간 간격은 정면 4칸 중 중앙 2칸은 3.00m로 잡고, 양협칸은 2.70m로 잡았으며, 측면 2칸은 3.00m로 같게 구획하였다.

(3) 공포

[그림 663] 만취당 공포

[그림 664] 만취당 공포 내부 양봉

만취당의 공포는 초익공과 주두, 그리고 대량 등 세 부재가 기둥 상부에서 함께 엇물려 결구되어 있는 무출목 초익공 양식이다.

무출목 초익공양식	무출목 초익공양식 - 과도기 양식
① 강릉 해운정 공포	② 의성 만취당 공포

[그림 665] 강릉 해운정 공포와 의성 만취당 공포

공포의 구성은 초익공 부재가 창방과 十자 방향으로 직교하여 빗굽으로 사절된 주두의 운두부분과 엇물려서 수서형으로 돌출되었는데, 익공의 몸이 두껍고 파련문의 조각을 하고 있으나 뿌리가 짧고 강직하게 처리하고 있는 특징을 보이고 있으며, 건물 내부로는 파련문의 양봉으로 되어 대량의 단부를 받쳐주고 있다.

그러나 무출목 초익공양식의 경우 강릉 해운정의 공포(그림 665-①)와 같이 주심도리가 주두 위에서 대량과 함께 결구되어야 하나 만취당의 공포에는 주두의 운두 상부에 도리방향으로 양단에 소로가 놓인 주심두공(그림 665-②)이 결구되고 있다. 따라서 이 수법은 무출목 초익공양식에서 무출목 이익공양식으로 변천되는 과도기적 수법으로 볼 수 있어서 주목되고 있다.

무출목 초익공양식	무출목 초익공양식 - 과도기 양식
① 강릉 해운정 창방 상부 소로	② 의성 만취당 창방 상부 화반

[그림 666] 창방 상부 포벽의 변화

또한 만취당의 경우 주심 두공이 결구되고 있는 공포 때문에 창방으로 결구되어 있는 주간에도 무출목 초익공 양식임에도 불구하고 대청마루 정면에는 창방 상부 중앙에 파련문의 외소로형 화반을, 배면과 좌측면의 창방 위에는 조각이 없는 방형 판재로 된 화반과 각재로 받친 2중의 화반을 혼용하여 배치하고 있다. 이 수법 역시 강릉 해운정(그림 666-①)과 같이 무출목 초익공양식의 경우 창방 상부에 소로를 놓고 주심도리 장혀를 받쳐주고 있으나 만취당(그림 666-②)은 같은 무출목 초익공양식임에도 불구하고 창방 상부에 화반을 배치하고 있다.

그 이유는 만취당 공포에 도리방향으로 주심두공이 결구되고 있어서 창방과 주심도리 장혀 사이의 포벽이 높아지기 때문에 화반을 배치하고 있는 것으로, 이 수법도 주심 두공과 함께 이익공양식으로 변천되는 과도기적 특성으로 볼 수 있다.

그리고 배면쪽에 좌, 우로 덧붙인 익사 부분에는 익공뿌리를 대량의 외단부에 맞춰 수직으로 절단시킨 물익공계의 양식으로 공포를 결구시켰으며, 창방 위에는 화반 대신 소로를 배치하여 주심도리 장혀를 받쳐주고 있다.

[그림 667] 만취당 배면 익사翼舍

(4) 가 구

만취당은 전, 후 평주 위에 대량과 종량을 걸고 있는 2중량 5량가의 지붕틀 가구이다.

별당건축인 건물 외관을 누하주를 세운 후 4면에 난간 대신에 쪽마루를 설치하여 중층 누각식으로 구성하고 있다. 가구架構는 장방형 단면에 모접기를 한 대량 상부 양측에 옆으로 넓게 펼쳐진 화반위에 도리방향으로 양단에 소로를 놓고 중도리 장혀를 받쳐주고 있는 첨차형 부재를 결구시킨 포대공을 설치한 후 종량을 지지하도록 하고 있다.

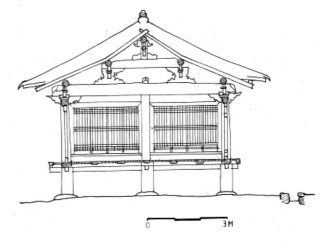

[그림 668] 만취당 지붕틀 가구

[그림 669] 만취당 대청 상부 가구

종량 상부 중앙에는 먼저 동자주 대공을 세운 후 대공 밑 양쪽에 낮은 장식 받침대를 덧댄 후 대공 상부에 도리방향으로 양단에 소로를 놓은 주심첨차형 부재와 승두를 겸한 초공형 부재를 결구하여 종도리와 함께 무거운 지붕하중을 받도록 하고 있는 고식 수법을 볼 수 있다.

특히 팔작지붕 아래에 생기는 합각부분의 가구재를 대청의 중간기둥에서 대량에 걸쳐대는 만곡된 충량 상부에 소란반자틀로 정성스럽게 짠 눈썹천장을 설치하여 가구재를 은폐시키고 있다.

만취당의 충량(그림 670)은 만곡된 휨 정도가 우리나라 민가 목조건축에서 볼 수 있는 충량 가운데에서 가장 큰 것으로 보여지고 있으며, 충량 상부에 우물천장으로 설치된 외기반자에 칠해진 단청색과 달동자 장식은 한층 한옥의 고풍스럽고 멋스러움을 보여주고 있다.

[그림 670] 만취당 충량 상부 눈섭천장

[그림 671] 만취당 소란반자와 달동자

그리고 만취당의 대청마루 천장은 가구재가 모두 노출되는 연등천장으로 되어 있으나 좌, 우편에 덧달아 낸 익사에 들인 온돌방은 고미반자를 설치하였다.

전면 지붕은 겹처마 팔작 기와지붕에 길게 나간 추녀를 받쳐주기 위해 활주를 세우고 있다. 그러나 배면은 맞배 기와 지붕의 합각 부분 아래에 덧달아 낸 익사의 용마루에 맞춰 一자형의 맞배지붕을 다시 올려 전체적으로 丁자형의 독특한 지붕 형태를 이루고 있다. 이는 창건대의 전형적인 팔작 기와지붕의 만취당 지붕과 후대에 덧붙인 익사翼舍 지붕과의 결합으로 인한 결과로 보여지고 있다.

[그림 672] 만취당 배면 지붕

그리고 대청마루 우측 중앙 기둥 상부에 "만취당晚翠堂" 현판이 걸려 있으며, 만취당 중수기晚翠堂 重修記와 복제復齊, 만년송지萬年松識 등의 편액과 퇴계 이황선생이 만취당 김사원에게 직접 써 주었다는 "만취당 관선시 시판"등이 화반 안쪽편에 걸려 있다.

[그림 673] "만취당" 현판

12) 예천권씨 종가 별당(보물 제457호)

(1) 건립시기

[그림 674] 예천권씨 종가 별당 전경

[그림 675] 예천권씨 종가 입구 향나무(경북 기념물 제110호)

백마산과 아미산이 반달처럼 둥글게 감싸안고 있는 낮은 야산을 배경으로 동향하여 아늑하게 배치되어 있는 종가 입구쪽에 권오상이 무오사화로 인하여 전남 해남으로 귀양갔다가 돌아오면서 울릉도 향나무를 가져다 심었다는 약 300여년 된 예천 죽림리 향나무가 진입로 쪽을 향하여 서 있는데, 예천권씨 종가 별당건물은 조선 선조 때 문인인 권문해(1534~1591)의 조부 권오상이 선조 22년(1589)에 지은 16세기 말경[34]의 건물로 알려지고 있다.

(2) 배치 및 평면

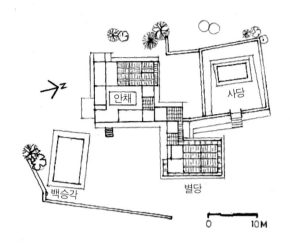

[그림 676] 예천권씨 종가 별당 배치도

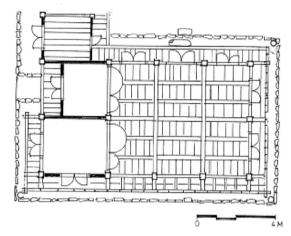

[그림 677] 종가 별당 평면도

[그림 678] 종가 별당 앞 방지方池

예천권씨 종가는 ㅁ자형의 안채 앞 마당을 중심으로 좌측편에는 문중에서 내려오는 대동운부군옥책판 大東韻府群玉冊板 667매의 목판을 보관하고 있는 백승각 百承閣 건물이 있고, 오른쪽 종가 입구쪽에는 사랑채인 一자형의 별당채가 있으며, 그 뒤편 높은 대지에 조상들의 신위를 모시는 사당이 배치되고 있다.

그리고 종가로 들어오는 진입로 입구에는 금방이라도 좌측편으로 넘어질 것 같은 약 300여년 넘은 경북 기념물 제110호로 지정되어 있는 향나무와 함께 오른편에 자연석으로 쌓은 작은 방지方池를 조성하고 있다.

그중 가장家長의 주 생활공간으로서 외부에서 접근이 가장 쉬운 종가의 입구쪽에 지어진 사랑채인 별당채는 자연석 기단위에 덤벙주초석을 놓고 방형기둥을 세워 정면 4칸, 측면 2칸의 一자형 평면으로 구획하였다. 정면 4칸 중 우측 3칸 통간에는 우물마루를 깔은 넓은 대청마루로 만들고 좌측 1칸 전, 후면에는 사랑방을 들였는데, 전면 사랑방 밑에 아궁이를 만들고 배면의 사랑웃방 앞에 반칸의 툇마루를 설치하고 있다.

대청마루와 사랑방 앞, 그리고 대청 우측편에는 계자각에 직접 돌란대를 대고 풍혈 조각이 없는 머름 청판을 끼운 계자난간을 돌려 외관을 누각식 별당으로 꾸미고 있으나, 좌측 사랑방 앞에는 완자형 난간으로, 그리고 대청 배면에는 난간을 설치하지 않고 간결한 쪽마루만을 설치하였다.

그리고 별당의 대청 전면 3칸은 창호를 달지 않고 모두 개방하여 별당 앞으로 펼쳐지는 넓은 들녘 풍광을 바라다 볼 수 있는 아늑하면서도 전망이 좋은 공간으로 만들고 있다. 그러나 대청 배면의 중앙 정칸에는 안채로 통행하기 위하여 2단의 궁창널을 댄 쌍여닫이 띠살문을 달았으나 좌, 우 협칸과 우측면에는 중방을 걸고 그 아래에 머름 중방 위에 낮은 쌍여닫이 판장문을 모두 달았다.

그리고 대청과 사랑방 사이에도 2중의 궁창널을 댄 3분합 띠살 들어열개문을 달아 연목에 달려 있는 들쇠에 걸어 놓아 문중에서 필요할 때는 대청과 사랑방을 한 공간으로 함께 사용할 수 있는 공간의 융통성을 부

[그림 679] 종가宗家 별당 대청마루

여하고 있으며, 사랑방 전면과 좌측면에는 쌍여닫이 띠살문과 미닫이 완자문으로 된 2중문을 달고 있다.

주간 간격은 정면 4칸 가운데 대청 3칸은 2.40m씩 같게 잡고, 온돌방은 3.40m로, 그리고 측면 2칸은 2.80m로 등분할 하였다.

(3) 공 포

[그림 680] 종가 별당 공포

[그림 681] 종가 별당 공포 내부 양봉

종가댁 별당의 공포는 초익공과 주두, 그리고 대량 등 세 부재가 기둥 상부에서 함께 엇물려서 결구되고 있는 무출목 초익공 양식이다.

공포의 구성 수법은 초익공 부재가 창방과 十자 방향으로 직교하여 빗굽의 사절된 주두의 운두부분과 엇물려서 외부로 빠져 나왔는데, 익공의 외단을 뿌리로 만들지 않고 상부는 직절하고 하부는 사절 형태로 다듬어 대량의 뺄목보다 오히려 짧게 돌출시키고 있다. 이와같이 익공뿌리가 대량의 보머리보다 짧게 빠져 나오고 있는 예는 우리나라 전통 목조건물의 공포에 결구되어 있는 익공뿌리 가운데 가장 짧은 형태로 보이고 있다. 그러나 건물 내부로는 오히려 양몸에 당초문을 화려하게 초새김 한 파련문의 양봉이 외단의 익공뿌리에 비해 상당히 길게 빠져 나와 대량의 단부를 구조적으로 받쳐주고 있어 독특하다.

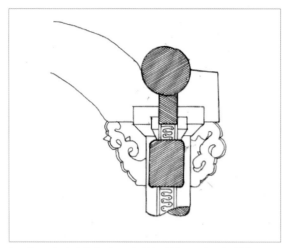

[그림 682] 별당 우측면 중앙기둥 상부 공포(충량 하부)

그러나 별당의 전, 후면 기둥 상부에 결구되어 있는 익공 보다도 오히려 별당 우측편에 있는 중간 기둥에 결구되어 있는 공포의 익공 조각이 더욱 정교한 것을 볼 수 있다. 이 기둥상부에는 충량뿌리가 결구되어 있는데, 익공의 외단은 대량의 직절된 외단에 맞춰 당초문을 음각한 파련문의 물익공 계통으로, 내단은 충량의 하단에 맞춰 역시 당초문의 파련문으로 조각한 양봉으로 처리하여 결구시키고 있다.

그리고 창방으로 결구되어 있는 주간에 굴도리로 된 주심도리 장혀와 창방 사이에 소로를 3개씩 배치하여 주심도리 장혀를 받쳐주면서 별당 정면을 고풍스럽게 꾸며 주고 있다.

[그림 683] 별당 창방 상부 소로

(4) 가 구

종가 별당의 가구는 전, 후 평주 위에 대량과 종량을 걸고 있는 2중량 5량가의 지붕틀 가구이다. 대량 상부 양측에 도리방향으로 양단에 소로를 놓고 중도리 장혀를 받쳐주고 있는 첨차형 부재와 당초문으로 초새김을 한 보아지를 十자 방향으로 결구한 포대공을 놓고 종량을 지지하고 있다.

특히 종량 상부 중앙에는 주거건축에서 보기 드문 특이한 형태의 화반형 대공 위에 대접받침을 놓고 초공형의 화반과 첨차형 부재를 직교하여 종도

[그림 684] 종가 별당 지붕틀 가구

리를 받도록 하고 있는데, 2중의 화반형 대공의 세부 조각수법이 섬세할 뿐만 아니라 반원형태의 화반 정상
에 다시 대접받침을 놓고 초공형의 화반을 올려놓고 있어서 매우 정교하고 기묘하다.

[그림 685] 종가 별당 내부 가구

[그림 686] 대량 사이에 걸쳐 댄 선반과 첨차형 부재

또한 종가 별당 가구에서는 단면이 굵고 긴 자연목의 대량 사이에 각재를 걸쳐 놓은 선반을 설치하고 있으
며, 대량 상부에는 도리방향으로 양단에 소로를 놓고 그 하부면을 파련문으로 다듬은 첨차형 부재를 놓고 중
도리 장혀를 받고 있다.

[그림 687] 종가 별당 충량 가구

[그림 688] 만취당 충량 가구

그리고 별당 측면 중앙 기둥 상부에서 대량 상부 중앙부에 걸쳐 대는 충량 부재는 기둥 상부와 대량과의 높이 차이로 인하여 의성 만취당(그림 688)의 충량 부재와 같이 구부러짐이 심한 만곡된 부재를 걸쳐되는 것이 일반적인 수법으로 볼 수 있다. 그러나 종가 별당의 충량은 마치 안동의 소호헌의 충량(그림 595)과 같

[그림 689] 종가 별당 "大疎齊" 현판

이 충량 뿌리 부분에서 곡曲을 잡은 후 수평재(그림 687)를 사용하고 있어 독특하다.

또한 대량에 걸쳐진 충량 상부에는 팔작지붕에서 생기는 합각 부분의 밑을 감추기 위하여 소란반자틀로 짠 눈섭천장을 가설하여 가구재를 감추고 있는데, 외기반자 틀에 달동자는 생략하였고 대량 상부의 양쪽편에 소로가 놓인 첨차형 부재를 놓아 소란반자틀을 받쳐주고 있다.

별당 대청은 연등천장으로 하여 대량과 종량, 대공, 연목 등 정성을 드려서 다듬은 목부재가 모두 노출되어 아름다운 구조미를 보여주고 있으며, 사랑방은 종이반자로 마감하였다.

지붕은 겹처마 팔작 기와지붕을 올렸는데, 길게 나간 처마를 받쳐주기 위해 추녀 밑에 활주를 세우고 있고, 대청마루 중앙 정칸 처마 밑에 "대소제大疎齊"현판이 걸려 있다.

13) 달성 태고정(보물 제554호)

(1) 건립시기

일명 "일시루一是樓"라고도 불렸다는 태고정은 사육신의 위패를 봉안하고 있는 육신사六臣祠 사당 옆에 조선 성종 10년(1479)에 사육신중의 한 분이었던 박팽년(1417~1456)의 손자인 박일산이 99칸 종택 내의 별당別堂건물로 건립하였으나 임진왜란 때 소실된 이후 조선중기[35] 또는 광해군 6년(1614)에 다시 중건[36]된 건물로 알려지고 있다.

[그림 690] 달성 태고정 전경

(2) 배치 및 평면

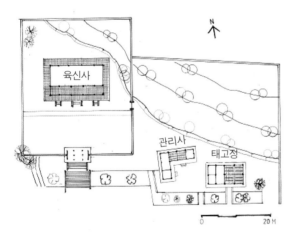

[그림 691] 태고정 배치도

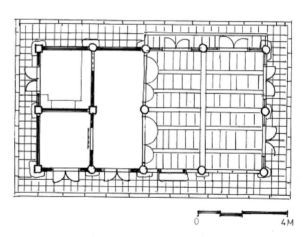

[그림 692] 태고정 평면도

　태고정은 대나무 숲이 욱어진 묘골마을 뒤 야산을 배경으로 중턱에 석축으로 축대를 쌓고 조성한 대지 위에 건립한 육신사 우측편에 ㄱ자형의 태고정 관리사와 함께 배치되어 있다. 경내 우측편에 남향하여 잘 다듬은 화강석 기단을 놓고 방형方形 전돌을 깔은 후 덤벙주초석 위에 원형기둥과 방형기둥을 혼합하여 세워 정면 4칸, 측면 2칸의 一자형 평면으로 구획하였다.

[그림 693] 태고정 내부 대청마루

　별당別堂 내부는 정면 4칸 중 우측 2칸 통칸通間에는 우물마루를 깐 대청으로 만들고, 대청 좌측 2칸에는 2칸 모두 온돌방을 들였으나 좌단 1칸 전면에는 온돌방을, 배면에는 부엌을 들이고 있다. 그러나 태고정의 대청과 온돌방 3칸에는 모두 원형기둥을 사용한 반면 좌단 1칸의 온돌방과 부엌 부분에는 방형기둥을 세우고 있으며, 지붕 형태도 서로 다르게 올리고 있어서 원래는 정면이 3칸이었으나 후에 좌측편으로 1칸을 덧달아 내어 지금과 같은 4칸 건물로 변형된 것으로 보여지고 있다.

[그림 694] 태고정 대청마루 앞 풍광

　대청마루 앞 끝단에는 머름동자 사이에 머름 청판을 끼운 간결한 난간을 세우고 배면과 우측편에는 쌍여 닫이 판장문을 달은 판벽으로 막았으며, 온돌방 사이에는 궁창널을 댄 3분합 띠살 들어열개 문을 달아 넓은 공간이 필요할 때 연목에 달려 있는 들쇠에 걸도록 하여 온돌방과 대청을 한 공간으로 이용할 수 있도록 공간의 융통성을 부여하고 있다.

　주간柱間 간격은 정면 4칸중 오른쪽편 대청 2칸은 2.70m씩 잡고, 좌측편 온돌방 2칸은 2.40m씩 같게 잡았으며, 측면 2칸도 2.60m로 같게 구획하였다.

(3) 공 포

[그림 695] 태고정 공포

[그림 696] 태고정 공포 내부 양봉

　태고정의 공포는 초익공과 주두, 그리고 대량 등 세 부재가 기둥 상부에 함께 엇물려서 결구되어 있는 무출목 초익공 양식이다.

　공포의 구성은 초익공 부재가 창방과 十자 방향으로 직교하여 굽의 단면이 사절되어 있는 주두의 운두 부분과 엇물려서 외부로 돌출되었는데, 그 외단부가 수서형으로 빠져나가 익공뿌리가 되고, 익공 몸에 당초문을 음각陰刻한 후 그 하부면을 갈고리 모양의 독특한 파련문으로 다듬었다. 건물 내부에서 대량의 단부를 받쳐주고 있는 양봉의 양쪽 몸에도 아름다운 당초문을 정교하게 음각하고 있다.

　그리고 창방으로 결구되어 있는 주간에는 3개씩의 소로를 배치하여 주심도리 장혀를 받치면서 별당의 정면을 장식적으로 꾸며 주고 있다.

[그림 697] 태고정 창방 상부 소로

(4) 가구

전, 후 평주 사이에 대량과 종량을 걸고 있는 2중량 5량가의 지붕틀 가구이다. 자연목의 모서리를 궁글린 대량 상부 양측에 초익공 형태의 공포와 도리방향으로 양단에 소로를 놓은 첨차형 부재를 결구시켜 견고하게 짜여진 포대공을 놓고 종량을 지지하고 있다. 종량 상부 중앙에는 사다리꼴 형태의 판대공에 도리방향으로 동자주 상부에 결구된 첨차형의 부재를 결구시켜 종도리와 함께 지붕하중을 받도록 하였으며, 종량 상부를 회벽으로 막음처리하였다.

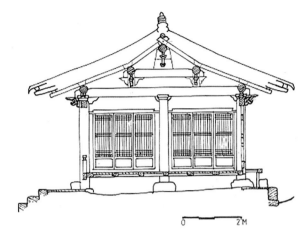

[그림 698] 태고정 지붕틀 가구

[그림 699] 태고정 내부 가구

천장은 가구재가 모두 노출되는 연등천장으로 꾸몄으며, 팔작지붕에서 생기는 합각 밑부분 처리는 대청 중간 기둥에서 대량 상부에 만곡된 충량을 걸쳐 된 상부에 소란반자틀로 짠 눈썹천장을 가설하여 가구재를 은폐시키고 있으며, 외기 반자틀에 달동자를 달았는데 가구의 결구나 공포의 조각 수법에 많은 정성을 드리고 있다.

특히 태고정의 지붕 형태가 대청 상부인 우측에서는 팔작지붕으로 올리고 있는 반면 온돌방 상부인 좌측에는 맞배지붕을 올려 좌, 우 지붕모양을 서로 다르게 올리고 있다. 이러한 지붕 형태는 영주 부석사 경내의 범종각이나, 송광사 입구에 있는 우화루, 그리고 옥산서원 독락당 건물에서도 볼 수 있는데, 부석사의 범종각 지붕은 주변 자연 환경과 조화를 맞추기 위한 지붕형태이며, 송광사의 우화루나 독락당 등은 맞배지붕을 올리고 있는 쪽에 다른 건물이 인접되어 있기 때문에 좌, 우편의 지붕형태가 다른 것으로 보여지고 있다.

[그림 700] 태고정 충량 상부 가구

그러나 태고정은 온돌방과 부엌 상부인 좌측 맞배지붕 밑에 우진각 형태의 눈섭(가적)지붕을 올리고 있는데, 원래 정면 3칸의 태고정을 4칸으로 확장하는 과정에서 변형된 것이 아닌가 보여지고 있다.

대청 전면 처마 밑에 "태고정太古亭"과 "일시루一是樓"현판이 나란히 함께 걸려 있으며, 대청마루 상부에도 태고정太古亭현판과 시나 서문, 기문 등이 적힌 편액들이 걸려 있다.

[그림 701] 태고정 좌단 지붕형태

14) 정읍 피향정(보물 제289호)

(1) 건립시기

호남지방의 유서깊은 정자건물인 피향정은 원래는 앞과 뒤로 연꽃을 키우던 상연지上蓮池와 하연지下蓮池가 있어서 이 두 연지에서 퍼져 나오는 연꽃 향 때문에 피향정披香亭이라 이름을 붙였다고 전하고 있다. 그러나 상연지는 일제강점기 때 모두 메워져 없어지고 현재는 피향정과 그 앞에 남아 있는 하연지와 하연지 안에 조성된 작은 동산에 세운 함벽루涵碧樓만이 남아 있다.

피향정의 초창연대는 확실하지 않으나 조선 숙종 41년(1715)에 현감 유근이 중건한 누각건물[37]로 알려지고 있으나 건축양식으로 볼 때 조선 중기인 1600년대 이전의 건물로 보여지고 있다.[38]

[그림 702] 정읍 피향정 전경

(2) 배치 및 평면

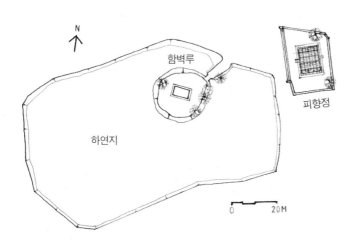

[그림 703] 피향정 배치도

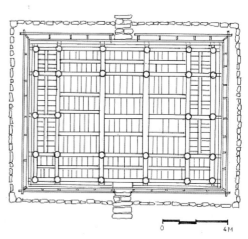

[그림 704] 피향정 평면도

　호남 제일의 피향정은 한 벌대로 쌓은 낮은 자연석 기단 위에 덤벙주초석을 놓고 그 위에 다시 높이 약
1.0m 내, 외의 굵은 돌기둥 28개로 누하주를 세운 후 정면 5칸, 측면 4칸의 평면으로 구획한 비교적 규모가
큰 一자형 평면으로 된 누정건물이다.

　그러나 전, 후면에 7단의 돌계단으로 오르도록 한 피향정의 내부 공간은 원형기둥을 세워 내진공간과 외
진공간으로 구획되어 있으나 두 공간 사이에는 창호 등의 칸막이가 없이 전체를 넓은 한 공간으로 만들어 장

[그림 705] 하연지下蓮池와 함벽루 원경

[그림 706] 피향정 누하주

귀틀과 동귀틀로 짠 우물마루를 깔은 후 중앙 정부에서 파견된 사신들을 위한 연회나 각종 행사 등을 할 수 있도록 하였다.

[그림 707] 피향정 대청마루 앞의 연지 전경

또한 누각 4면 누마루 끝에는 난간하엽 위에 돌란대를 대고 풍혈이 있는 머름청판을 끼우고 있는 계자난 간을 돌려 누각의 외관을 아름답게 꾸며주고 있으며, 누마루 4면에 창호를 달지 않고 모두 개방하여 상연지 와 하연지에서 핀 연꽃을 바라보면서 풍광을 즐길 수 있는 아름다운 공간으로 만들었다.

(3) 공 포

[그림 708] 피향정 공포

[그림 709] 피향정 공포 내부 양봉

피향정의 공포는 초익공과 주두, 그리고 대량 등 세 부재가 기둥 상부에서 함께 엇물려 결구되어 있는 전형적인 무출목 초익공 양식이다.

공포의 구성은 초익공 부재가 창방과 十자 방향으로 직교하여 빗굽으로 사절되어 있는 주두의 운두 부분과 엇물려서 익공뿌리가 마치 물결치듯이 수서형으로 길게 돌출되었는데, 익공 아래면은 파련문으로 다듬었다. 건물 내부로는 파련문으로 조각된 양봉으로 처리하여 보머리를 운공형으로 다듬은 퇴량의 단부를 구조적으로 받쳐주고 있다.

그리고 창방으로 결구되어 있는 주간에는 정면과 측면 모두 중앙칸에는 3개씩의 소로를, 그리고 양 단칸에는 2개씩의 소로를 각각 배치하여 주심도리 장혀를 받쳐주고 있다.

(4) 가 구

피향정의 가구는 전, 후 평주 사이에 양 내고주를 세운 후 퇴량과 대량, 그리고 종량을 결구하고 있는 2중량 7량가의 지붕틀 가구이다. 평주와 내고주 사이 외진공간에는 퇴량을 결구하고 있으며, 내진공간을 형성하고 있는 내고주 상부에는 초익공계의 공포와 주간에 3개씩의 소로가 받쳐져 있는 뜬장혀가 함께 결구되어 대량을 지지하고 있다.

그리고 대량 하단에 걸쳐서 내진공간 좌측 1칸에 연회나 행사를 거행할 때 상석上席으로서

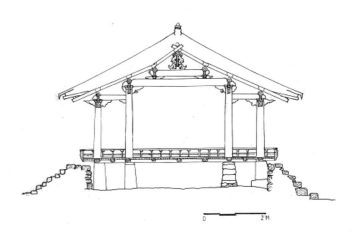

[그림 710] 피향정 지붕틀 가구

공간의 위계를 높이기 위하여 소란반자틀 안에 아름다운 꽃문양과 화려한 단청을 한 천장을 설치하고 있다.

양 내고주에 결구되어 있는 단면이 큰 대량 상부 양측에는 보아지와 도리방향으로 첨차형 부재가 결구되어 있는 간결하면서도 마치 고임목 같이 낮은 포대공을 설치하여 종량을 지지하고 있다. 종량 상부 중앙에는 2단의 판재로 짠 대공에 당초문을 초새김을 한 후 설치한 파련대공에 뜬창방을 결구시켜 종도리와 함께

[그림 711] 피향정 내부 상석上席의 천장가구

무거운 지붕하중을 받쳐 주도록 하고 있다. 또한 팔작지붕에서 생기는 합각 밑부분은 내진고주에서 대량에 걸친 만곡된 충량 위에 소란반자틀로 짠 아름다운 눈썹천장을 짜서 합각 하부의 복잡한 가구재를 은폐하고 있으며, 외기 반자틀에 달동자를 달고 있다.

[그림 712] 피향정 충량 상부 가구

[그림 713] "피향정" 현판

[그림 714] 피향정 "湖南第一亭" 현판

　내진공간의 대청마루 상부는 가구재가 모두 노출되는 연등천장으로 마감하였으며, 대량 상부에 "피향정披
香亭"의 현판과 시나 기문들을 담은 편액들이 걸려 있다.

　지붕은 겹처마 팔작 기와지붕을 올렸는데, 건물 전체에 화려한 모로 단청이 되어 있으며, 정면 중앙 정칸
처마 밑에 "호남제일정湖南第一亭" 현판이, 배면 처마 밑에는 내부에 걸린 피향정과 다른 "피향정披香亭"의 현
판이 각각 걸려 있다.

15) 안동 양진당(보물 제306호)

(1) 건립시기

[그림 715] 안동 양진당 전경

안동 하회마을에서 충효당과 함께 가장 유서 깊은 건물 중 하나인 양진당은 조선시대 대유학자이며 청백리로 잘 알려진 겸암 류운룡(1539~1601)이 살았던 풍산류씨 대종택의 사랑채로서 그의 부친인 류중영(1515~1573)의 호를 따서 입암고택이라 하였다. 풍산류씨 종가의 창건은 1450년 경이나 임진왜란 때 불이 난 것을 1600년을 전, 후하여 다시 중수를 시작하였고, 양진당은 1620년대 초반에 중건을 한 건물로 당호堂號는 풍산 류씨 족보를 최초로 완성한 류운용의 6대손 류영(1687~1761)의 호에서 따온 것으로 알려지고 있다.[39]

(2) 배치 및 평면

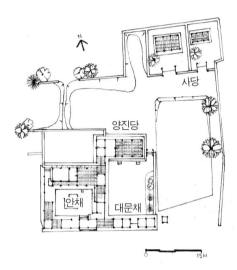

[그림 716] 양진당 배치도

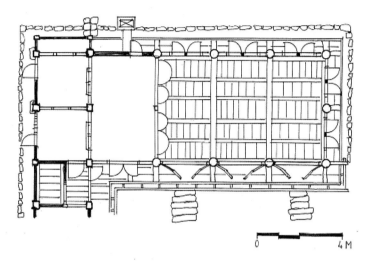

[그림 717] 양진당 평면도

안동의 하회마을을 휘어 감싸고 도는 화천강으로 둘러쌓여 있는 타원형의 마을 중앙에 안마당을 중심으로 안채와 행랑채가 ㅁ자형의 평면으로 배치되고 있는데, 안채 우측편에 남향하여 사랑채인 양진당이 건립되고, 그 뒤편 오른쪽 가장 높은 대지에 조상들의 위패을 모시는 사당을 건립하였다.

[그림 718] 사랑채 "양진당" 전경

그중 여성들의 주 생활공간으로서 폐쇄성이 큰 안채로 통하는 문이 행랑채에 달려 있는 평문을 이용하는 것과는 다르게 가장의 주 생활 공간으로서 사회적, 경제적, 문화적 활동의 중심이 되는 공간인 양진당은 고택 입구편에 솟을삼문형의 높은 대문채를 두어 조선시대 유교적인 위계를 보여주고 있다.

사랑채인 양진당은 정면 5칸, 측면 2칸의 一자형 평면으로서, 정면 5칸 중 우측 3칸통칸에 우물마루를 깔은 넓은 대청마루를 만들고 그 좌측편에 1칸의 사랑방과 그옆에 붙여서 1칸의 서재를 들이고 있다. 사랑채 앞으로는 난간 하엽 위에 돌란대를 대고 머름청판에 고풍스러운 타원형의 조각을 한 풍혈을 끼운 계자난간을 설치하였는데, 이 난간을 통하여 ㄱ자로 꺽이어 안채로 출입하고 있다.

[그림 719] 양진당 대청마루 및 창호

[그림 720] 대청마루에서 바라 본 양진당 후원 모습

창호는 대청 전면 3칸에는 궁창널을 댄 4분합 띠살문을 각각 달았고 우측면과 배면에는 쌍여닫이 판장문을 달았는데 중간에 문설주를 세우고 있다. 그리고 대청마루와 사랑방 사이에는 대형의 쌍여닫이 맹장지 들어 열개문으로 달아 필요할 때 대청과 온돌방을 한 공간으로 이용할 수 있도록 공간의 융통성을 부여하고 있다.

주간柱間 간격은 우측에 있는 대청마루 3칸은 2.65m씩 등간격으로 잡았고, 그 옆 사랑방 1칸은 3.15m, 서재 1칸은 2.50m로 각각 잡았으며, 측면 2칸은 2.50m씩 같게 구획하였다.

(3) 공포

양진당의 공포는 초익공과 주두, 그리고 대량 등 세 부재가 기둥 상부에 함께 엇물려 결구되어 있는 무출목 초익공 양식이다.

공포의 결구 수법은 초익공 부재가 창방과 十자 방향으로 직교하여 빗굽으로 사절된 주두의 운두부분과 엇물려서 외부로 돌출되었는데, 외단부가 익공뿌리로 뻗지 않고 보머리를 운공형으로 다듬은 대량의 외단에 맞춰 초새김을 한 파련문의 물익공 형상으로 짧게 뻗고 있다. 건물 내부로는 양봉으로 처리하여 대량의

[그림 721] 양진당 공포

[그림 722] 양진당 공포 내부 양봉

단부를 직접 받고 있으며, 또한 주심도리에는 도리가 구르지 않도록 붙잡아 주는 승두가 끼워져 있다. 특히 승두의 외단을 길게 빼서 대량과 익공의 외단에 맞춰 3개의 부재(723-②)를 한 몸으로 하여 운공형의 파련문으로 다듬고 있어 독특하다.

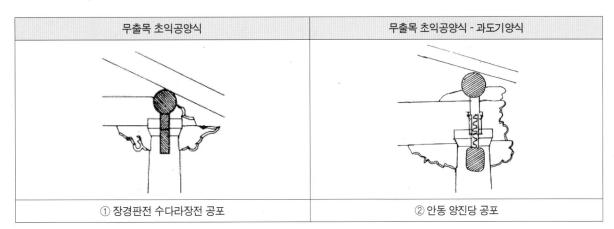

무출목 초익공양식	무출목 초익공양식 - 과도기양식
① 장경판전 수다라장전 공포	② 안동 양진당 공포

[그림 723] 창방 상부 주심두공의 변천

또한 주심도리가 무출목 초익공(그림 723-①)양식의 경우 주두 위에서 대량과 엇물려 짜여져야 하는데 반해서 양진당 공포(그림 723-②)에서는 주심도리 위치에 도리방향으로 양 마구리 위에 소로를 놓고 사절斜切 판재로 된 주심두공이 대량과 엇물려 결구되고 있다. 이러한 형식은 의성 만취당과 청평사 회전문 공포에서도 나타나고 있는데, 무출목 초익공양식에서 무출목 이익공양식으로 변천되는 과도기적 특성으로 볼 수 있다.

그리고 창방으로 결구되어 있는 주간에도 무출목 초익공양식일 경우 소로(그림 724-①)를 배치하여 주심도리 장혀를 받쳐주는 것이 일반적인 수법인데, 양진당 주간柱間에는 주심두공의 결구로 높아진 포벽에 의성 만취당과 같은 방형 판재로 된 중앙 상부에 소로가 놓여진 외소로형 화반(그림 724-②)을 하나씩 배치하여 주심도리 장혀를 받쳐주고 있어서 이 수법 역시 전형적인 무출목 이익공양식에서 볼 수 있는 수법으로 되어 있다.

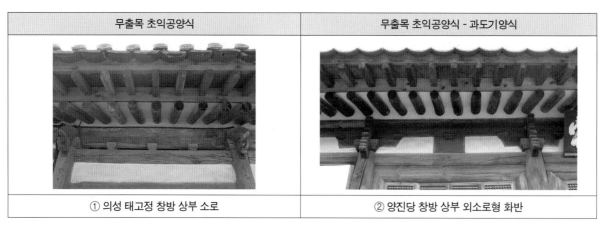

무출목 초익공양식	무출목 초익공양식 - 과도기양식
① 의성 태고정 창방 상부 소로	② 양진당 창방 상부 외소로형 화반

[그림 724] 무출목 초익공양식의 소로에서 무출목 이익공양식의 화반으로 변천되는 과도기양식

(4) 가구

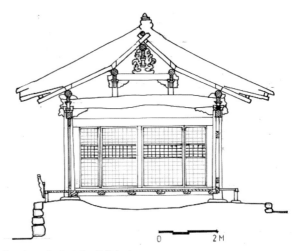

양진당의 가구는 전, 후 평주 위에 대량과 종량을 걸고 있는 2중량 5량가의 지붕틀 가구이다. 대량 아래를 둥근 모양으로 자연스럽게 다듬은 대량 상부 양측에 보어지가 결구된 포대공으로 짠 동자주를 세워 종량을 지지하도록 하였다. 종량 상부 중앙에는 당초문을 화려하게 초새김 한 파련대공 상부에 도리받침 첨차형 부재가 끼워진 대공을 설치하여 종도리와 함께 무거운 지붕하중을 받쳐주고 있다.

그리고 지붕 우측의 팔작지붕 밑 합각 처리는 대청의 중간 기둥에서 대량에 걸쳐댄 만곡된 충량 위

[그림 725] 양진당 지붕틀 가구

[그림 726] 양진당 대청 상부 가구

에 소란반자틀로 짠 눈섭천장을 가설하여 은폐시키고 있는데, 대량 상부에 낮은 동자주에 포를 결구하여 눈섭천장을 받쳐주고 추녀뿌리와 만나는 외기 반자틀 두 귀에 달동자를 달아 장식을 하고 있다.

그리고 사랑방 천장은 고미반자로 마감하고 대청은 연등천장으로 하여 정성드려 꾸민 대청의 천장 가구재가 모두 잘 보이도록 하였으며, 대청의 배면 중앙칸에 양진당養眞堂 현판과 함께 "하회16경河回16景"과 "구가중수기舊家重修記"등의 편액이 걸려 있다.

[그림 727] 양진당 대청 내부 정칸 가구

또한 양진당의 지붕은 대청 우측에는 겹처마 팔작 기와지붕을 올렸으나 좌측에는 겹처마 맞배 기와지붕으로 서로 다르게 올리고 있어 독특하다. 서재 지붕은 맞배지붕의 박공벽에서 달아낸 외쪽지붕인 눈섭지붕을 올리고 있고, 대청 앞 지붕 처마 밑에 석봉 한호의 글씨로 알려지고 있는 규모가 큰 "입암고택立巖古宅"의 현판이 걸려 있다.

16) 안동 임청각 군자정(보물 제182호)

(1) 건립시기

임청각은 고성이씨의 종택으로 이증의 셋째아들인 형조좌랑을 지낸 이명이 중종 14년(1519)에 건축하였으나 임진왜란 후인 1600년에 중수되었다가 1769년에 다시 중수된 고택[40]으로 알려지고 있으며, 독립운동의 토대를 만든 석주 이상룡의 본가로 11명의 많은 독립투사를 배출한 가문家門으로도 유명하다.

[그림 728] 안동 임청각 군자정 전경

(2) 배치 및 평면

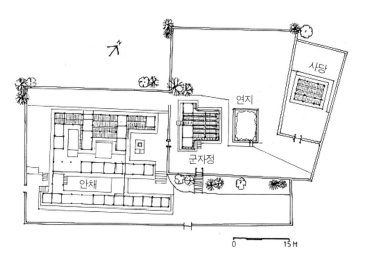

[그림 729] 임청각 군자정 배치도

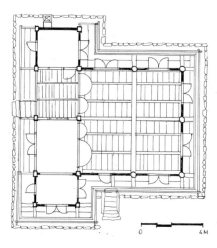

[그림 730] 군자정 평면도

[그림 731] 군자정 좌측편의 방지方池

임청각은 경사가 심한 대지를 지세에 따라 3단으로 정지한 후 그 첫단에는 폐쇄성이 큰 안채를 두고 둘째단에는 개방적인 정丁자형의 별당채를, 그리고 가장 높은 셋째단에는 조상의 신주神主를 봉안하는 일자형의 사당채를 배치하여 전체적으로 용用자형으로 일곽을 이루면서 동남향하여 전통 한식 담장 안에 나란히 배치되어 있다.

[그림 732] 군자정 누하주와 계자각 난간

그중 별당채인 군자정은 가장家長이 주로 생활하는 주 생활공간으로서 임청각 대문쪽에 가깝게 면하여 위치하고 있다. 경사진 대지를 자연석 기단으로 평탄하게 조성한 후 덤벙주초석과 장초석 위에 대청에는 원형기둥을, 온돌방에는 방형기둥을 세워 정면 3칸, 좌측면 4칸, 우측면 2칸의 정丁자형 평면으로 구획하였다.

군자정 좌측편 4칸에는 2칸의 사랑방과 1칸의 건넌사랑방 사이에 1칸의 마루방을 들여 안채에서 별당채로 출입을 할 수 있는 통로를 겸하도록 하고 있다. 그리고 우측편 2칸 통칸에는 경사진 땅에 누하주를 세워 수평으로 맞춘 후 장귀틀과 동귀틀로 짠 우물마루를 깔은 넓은 누각식 대청마루를 들여 앞에 펼쳐지는 낙동강변을 조망할 수 있는 공간으로 꾸몄다.

또한 군자정 주위와 사랑방 앞에는 쪽마루 앞으로 섬세한 조각을 한 난간하엽 위에 돌란대를 대고 一자형의 고풍스러운 풍혈이 있는 머름청판을 끼운 계자난간을 설치하였고, 사랑방 좌측편 마루방과 사랑건넌방 앞으로는 머름동자 사이에 머름청판을 끼우고 있는 머름궁창의 간단한 난간을 설치하고 있다.

대청마루 우측 옆에는 군자정과 어울리는 작은 연못을 만들어 휴식을 할 수 있는 정취있는 공간으로 조성하였다.

[그림 733] 군자정의 대청마루와 창호

군자정의 창호는 대청마루와 사랑방 사이에는 3분합 맹장지 정자살 들어열개를 달아서 필요할 때 대청과 사랑방을 한 공간으로 사용하도록 하였고, 사랑방에는 쌍여닫이 또는 외여닫이 띠살문으로, 그리고 대청과 외부와는 쌍여닫이 띠살문과 판장문을 함께 달았다.

주간 간격은 정면 3칸중 온돌방 1칸은 2.85m로 하고, 대청마루 2칸은 3.40m와 3.13m로 다르게 잡았으며, 측면 4칸은 중앙 2칸은 3.15m씩, 양단칸은 2.50m로 같게 잡았다.

(3) 공 포

[그림 734] 군자정 공포

[그림 735] 군자정 공포 내부 양봉

군자정의 공포는 초익공과 주두, 그리고 대량 등 세 부재가 기둥상부에서 함께 엇물려서 결구되고 있는 무출목 초익공양식이다.

공포의 결구 수법은 초익공이 빗굽으로 사절된 주두의 운두 부분과 엇물려서 창방과 十자 방향으로 돌출되었는데, 외단부가 익공뿌리로 뻗지 않고 파련문 형상의 짧은 물익공계로 다듬어져 있으며, 내부로도 파련문의 양봉으로 처리하여 대량의 단부를 받쳐주고 있다.

무출목 초익공양식	무출목 초익공양식 - 과도기양식
① 장경판전 수다라장전 공포	② 안동 임청각 군자정 공포

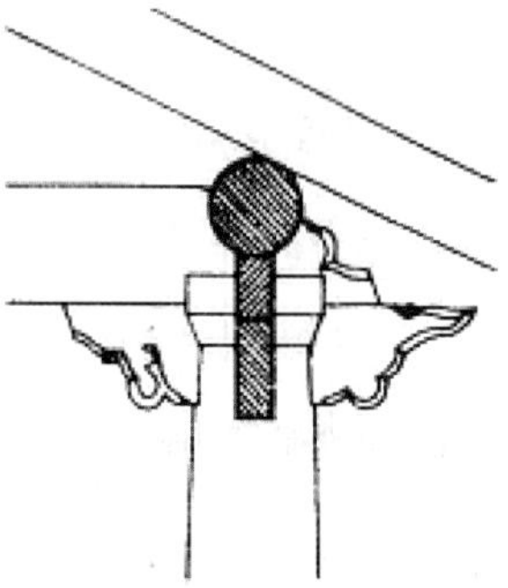

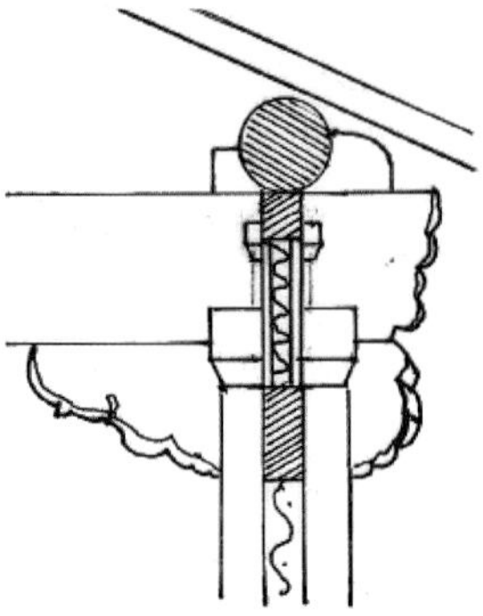

[그림 736] 창방 상부 주심두공 변천

[그림 737] 임청각 군자정 주심 두공

그러나 주심도리가 주두 위에서 대량과 엇물려 짜여져야 하는 무출목 초익공양식(그림 736-①)의 일반적인 수법과 다르게 군자정 공포에서는 이익공 양식과 같이 주두 위에 도리방향으로 양단에 소로를 놓고 사절 파련문으로 다듬은 주심두공(736-②)이 이익공이 아닌 대량과 엇물려 있다. 또한 이익공과 그 위에 있어야 할 재주두도 생략되어 있어서 이는 무출목초익공에서 무출목 이익공양식으로 변천되어 가는 과도기적 현상이라고 볼 수 있다.

특히 군자정의 공포를 전형적인 무출목 이익공이 아닌 과도기적 수법으로 짠 결과 익공부재가 상, 하 방향으로 찌그러지는 좌굴 현상(그림 737)이 발생하고 있는 것을 볼 수 있다.

또한 이러한 공포의 결구 방법과 함께 울퉁 불퉁하게 깎은 대량의 외단에 결구되어 있는 주심도리 밑에 도리가 좌, 우로 구르는 것을 방지하기 위하여 승두가 결구되어 있다.

무출목 초익공양식	무출목 초익공양식 - 과도기양식
① 소호헌 창방 상부 소로	② 군자정 창방 상부 화반

[그림 738] 무출목 초익공 창방 상부와 과도기양식의 창방 상부 비교

또한 창방으로 각간이 결구되어 있는 주간에는 무출목 초익공양식의 소호헌(그림 738-①)의 창방 상부에는 소로가 배치되어 있는 반면에 임청각 군자정(그림 738-②) 창방 위에는 주심두공의 결구로 인하여 높아진 포벽에 초각이 된 외소로 화반을 각간에 1구식 배치하여 주심도리 장혀를 구조적 및 장식적으로 받쳐주고 있는데, 이 수법 역시 무출목 이익공양식의 건물에서 볼 수 있는 특징이다.

(4) 가 구

군자정의 가구는 전, 후 평주 위에 대량과 종량을 걸고 있는 2중량 5량가의 지붕틀 가구이다. 자연 곡재의 아래면을 둥글게 다듬은 대량 상부 양측에 물익공 형태의 파련문으로 조각된 보아지와 도리방향으로 첨차 부재가 결구된 동자주를 세워 종량을 지지하고 있다.

종량도 대량과 같이 자연 곡재를 둥글게 다듬고 있는데, 종량 상부 중앙에는 당초문으로 채색된 높은 제형梯形의 판대공을 설치하여 종도리와 함께 지붕하중을 받도

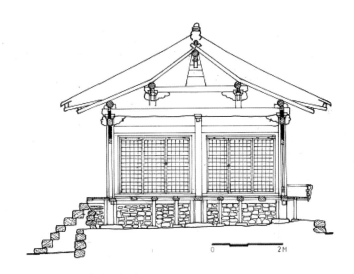

[그림 739] 군자정 지붕틀 가구

록 하였다. 그리고 판대공 상부에는 종도리 아래에 소로가 놓인 첨차형 부재를 도리방향으로 결구시키고 있어서 구조 및 가구 구성에 더욱 많은 정성을 드리고 있다.

[그림 740] 군자정 내부 가구

[그림 741] 충량 상부 소란반자틀의 우물천장

그리고 대청마루 상부는 연등천장으로 꾸몄으며, 팔작지붕의 합각 밑부분은 대청의 중간기둥에서 대량 위로 걸쳐지는 충량 위에 소란반자틀로 된 눈썹천장을 가설하여 가구재를 감추고 있는데, 충량 위에서 이 눈썹천장을 받쳐주고 있는 화반형 대공의 조각이 무척 섬세하며, 눈썹천장 네귀에는 연꽃문양이 그려진 팔각형으로 다듬은 아름다운 달동자를 장식적으로 달았다.

군자정의 대청 지붕은 겹처마 팔작 기와지붕으로, 사랑방은 홑처마 맞배 기와지붕을 올렸으며, 정면 중앙 처마 밑에 작은 "군자정君子亭" 현판이 걸려 있고, 대청의 종량 중앙에 걸려 있는 "임청각臨淸閣" 현판은 퇴계 선생의 친필로 알려지고 있다.

17) 옥천 이지당(보물 제2107호)

(1) 건립시기

[그림 742] 옥천 이지당 전경

　　조선중기 선조때 성리학자이자 의병장이었던 중봉 조헌(1544~1592)이 후학後學을 가르치던 서당건물이다. 1674년 경에 조헌의 학문적 업적을 기리고자 김만균이 건립한 누정건물로 알려지고 있는데, 처음에는 강 건너편에 있는 각신覺新마을의 이름을 따서 각신서당覺新書堂이라 했으나 후에 우암 송시열이 시전詩傳의 "高山仰止 景行行止"(산이 높으면 우러러 보지 않을 수 없고 큰 행실은 그칠 수 없다)의 문구에서 끝의 "止"자를 따서 당호를 이지당二止堂으로 정했다고 한다.[41] 그 후 퇴락된 이지당을 광무 5년(1901)에 금씨,이씨,조씨,안씨 등 네 문중이 합심하여 고쳐지어 오늘에 이르고 있다.

[그림 743] "이지당" 각자刻字바위

　　이지당 진입로 주변 좌측 야산과 서화천 강안에는 큰 바위들이 산재해 있는데, 그중 이지당 입구 좌측편 야산에 수백년 된 듯한 거목巨木의 느티나무 밑 자연암반 앞에 "이지당 중봉선생유상지소 우제선생서二止堂 重峰先生遊賞之所 尤劑先生書"라고 쓴 각자刻字바위가 있다.

(2) 평 면

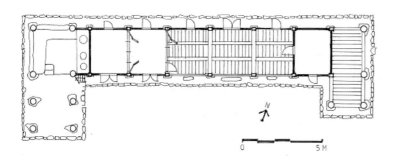

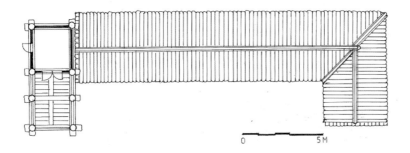

[그림 744] 이지당 1층, 2층 평면도

금강의 한 지류인 서화천의 높은 야산 비탈진 강변쪽에 외벌대로 쌓은 낮은 자연석 기단 위에 덤벙 주초석을 놓은 후 방형기둥을 세워 정면 6칸, 측면 1칸의 一자형 평면으로 건립된 각신서당 몸채 좌, 우편 앞으로 다시 ㄱ자로 꺾이어서 우측에는 정면 1칸, 측면 2칸의 단층 정자건물을, 좌측편에는 정면 1칸, 측면 3칸의 중층 정자건물을 익랑翼廊처럼 붙여지어 이지당의 전체적인 평면 형태는 ㄷ자형으로 구성되어 있다.

야산 강기슭 비탈면 좁은 공간에 건립된 각신서당覺新書堂은 3칸 통간의 넓은 대청에 우물마루를 깔아 강학공간으로 이용하고, 대청마루 좌측 2칸 통칸과 우측 1칸에는 온돌방을 각각 들였다.

[그림 745] 서화천과 이지당 배면 전경

[그림 746] **이지당 우측 단층 정자**

각신서당의 우측편에 붙여 단층으로 지은 1칸의 정자는 누하주를 세우지 않고 4면에 기둥 중간 부분에 중방中枋을 걸고 여기에 걸쳐서 누마루를 깔아 정자건물로 꾸몄다. 그러나 서당 몸채 좌측편에 붙여지은 익랑은 우측의 익랑을 단층單層으로 지은 것과는 다르게 누하주를 세우고 중층으로 높게 정자를 꾸민 후에 4면으로 간결한 난간을 돌려 세워 유생들이 휴식을 취할 수 있는 공간으로 만들었다.

그러나 서당의 좌측편에 붙여서 누하주를 세워 중층으로 지은 이지당 아래층은 측면 3칸 가운데 전면 2칸은 비워두고 배면 1칸에는 화방벽을 쌓아 서당 온돌방에 불을 때는 부엌으로 꾸몄다. 그리고 윗층 전면 2칸에는 우물마루를 깔고 전면과 양측 3면에 추락을 방지하기 위하여 간결한 난간을 둘러 세운 후 유생들이 풍류나 조망, 그리고 누정 앞 서화천으로 흐르는 시원한 강물을 보면서 휴식을 취할 수 있는 아늑한 공간으로 만들었다.

[그림 747] **이지당 좌측 중층의 누정**

[그림 748] 누마루에서 바라 본 서화천의 풍광

 특히 정자 앞으로 유유히 흘러 내려가는 서화천의 물줄기와 함께 펼쳐지는 자연 풍광을 바라볼 수 있도록 배려하기 위하여 강변쪽인 정면 방향으로 더 넓은 개방감을 주기 위하여 주간柱間에 결구시키고 있는 창방 부재까지 생략하고 있다.

 부엌 바로 위층인 2층 배면 1칸으로는 잠간 쉬면서 수면을 취할 수 있는 다락방을 들였고, 누마루와 다락 방 사이에는 쌍여닫이 띠살문을 달고 있다. 또한 중층으로 된 이지당에는 별도의 계단실을 두지 않고 강당 좌단 앞쪽에 이층 누마루로 올라 갈수 있는 간단한 나무계단을 만들어 이용하고 있다.

(3) 공 포

[그림 749] 이지당 공포

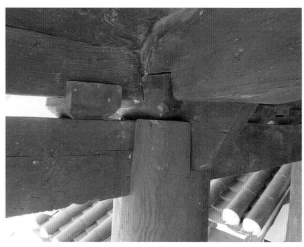

[그림 750] 이지당 공포 내부 양봉

이지당의 공포는 초익공과 주두, 그리고 대량 등 세 부재가 기둥 상부에 함께 엇물려 결구되어 있는 무출목 초익공 양식이다.

공포의 구성은 초익공 부재가 창방과 十자 방향으로 직교하여 빗굽으로 사절된 주두의 운두부분과 엇물려서 외부로 돌출되었는데, 그 외단부가 수서형상의 익공뿌리가 되기는 하였으나 익공 상,하부에 연꽃과 연봉등이 장식적으로 화려하게 조각되어 있다. 그리고 내단에는 간결하게 사절시킨 양봉으로 처리하여 대량의 단부를 받도록 하였는데, 대량의 뺄목에도 봉두장식이 부착되었다.

이와같이 공포의 구성에서 조선중기 경 지방에 건립되는 누정이나 사찰의 전각, 향교나 서원의 사우의 공포에서 주심포양식에서는 볼 수 없는 간결한 쇠서형태에서 익공뿌리에 화려한 연꽃이나 연봉, 봉두 등을 장식하는 새로운 경향이 나타나기 시작하는 큰 변화를 볼 수 있다.

(4) 가 구

굵은 자연목을 거칠게 다듬은 1층 기둥 위에 장귀틀과 동귀틀을 견고하게 짠 후 그 위에 깔은 우물마루에 2층 기둥을 세웠다. 기둥 상부에는 만곡된 자연목으로 된 대량을 걸고 연목을 결구한 후 그 위에 다시 덧서까래를 올려 지붕 구배를 잡고 있는 1량 3량가의 간결하면서도 낮은 지붕틀 가구이다.

[그림 751] 이지당 좌측 중층 누정 지붕틀 가구

대량 상부 중앙에는 종도리 방향으로 장방형의 짧은 받침목을 결구한 낮은 사다리꼴형의 대공을 설치하여 종도리와 함께 무거운 지붕하중을 받도록 하고 있으며, 지붕은 홑처마 팔작 기와지붕을 이루고 있다.

[그림 752] 옥천 이지당 내부 가구

6-1-2. 무출목 초익공양식의 정리整理

① 무출목 초익공양식의 발생 요인은 주심포양식에서 주두와 출목소로 사이에 만들어지던 공안栱眼(그림 753-①)이 외목도리의 생략으로 이 공안이 없어지면서 헛첨차 상부가 대량의 하부와 분리된 채 유지(그림 753-②)되어 오다가 헛첨차 상부가 대량의 하단과 맞닿으면서 익공부재(그림 753-③)로 변천된 것으로 볼 수 있다. 또한 외목도리가 결구된 9량가나 7량가(그림 753-④)의 건물이 5량가(그림 753-⑤)로 줄어드는 소형화 및 간략화 과정에서 익공양식(그림 753-⑥)이 발생되는 요인要因이 되고 있다 .

주심포 제3양식	주심포 제3양식 - 과도기양식	무출목 초익공양식
공포 형태		

① 송광사 국사전 공포	② 아산 맹씨행단 공포	③ 강릉 해운정 공포
가구 형태		
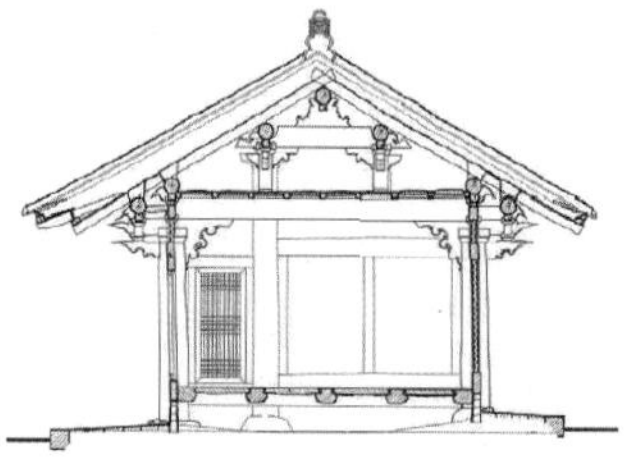	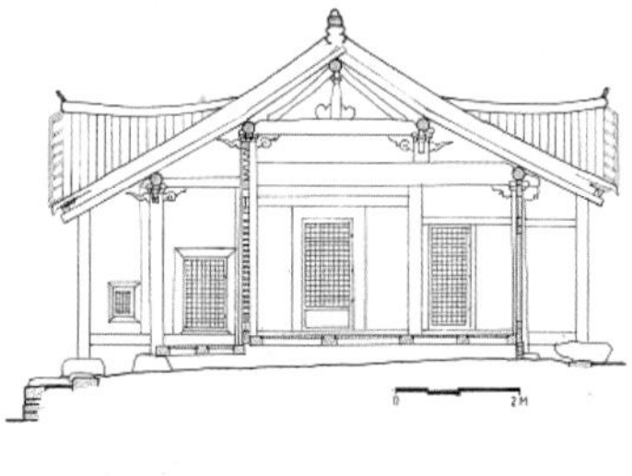	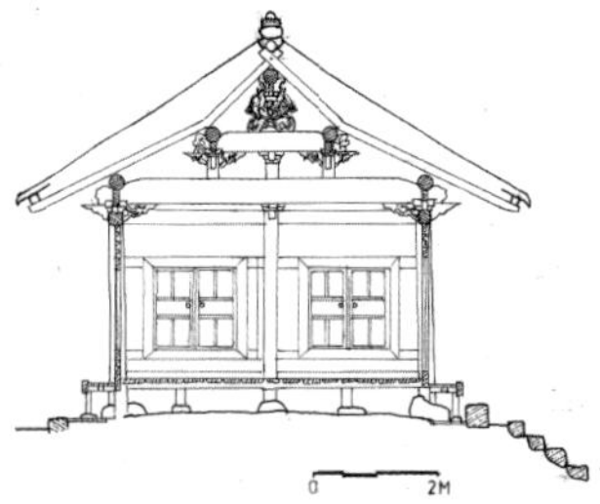
송광사 국사전 가구	아산 맹씨행단 가구	강릉 해운정 가구
④ 7량가 지붕틀 가구	⑤ 5량가 지붕틀 가구	⑥ 5량가 지붕틀 가구

[그림 753] 무출목 초익공양식의 발생 요인

② 익공양식의 발생 시기는 1969년 안동의 개목사 원통전의 해체 복원 공사 때 발견된 천순원년天順元年이라는 상량문[42]을 근거로 조선 세조 3년(1457)인 15세기 중반으로 볼 수 있으며, 우리나라 익공양식 가운데 안동 개목사 원통전이 가장 이른 시기에 건립된 건물[43]이다.

③ 익공양식이 발생되는 과정은 주심포 후기양식인 주심포 제3양식의 공포(그림 754-①, ②)에 결구되고 있는 헛첨차가 익공부재(그림 754-③)로 변천되는 과정에서 발생되고 있다.

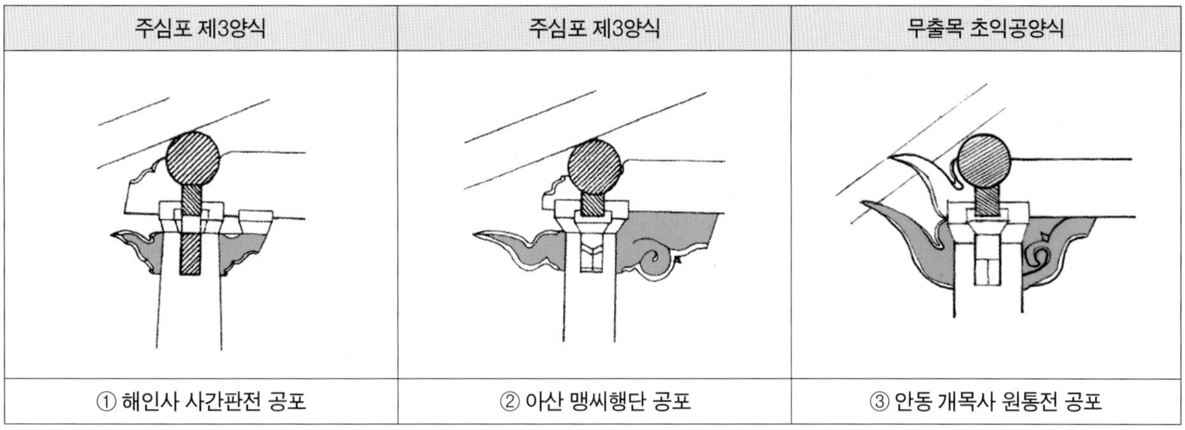

주심포 제3양식	주심포 제3양식	무출목 초익공양식
① 해인사 사간판전 공포	② 아산 맹씨행단 공포	③ 안동 개목사 원통전 공포

[그림 754] 무출목 초익공양식의 발생 과정

④ 무출목 초익공양식은 주심포 제3양식의 후기적 특성을 갖고 있는 건물인 아산 맹씨행단에서(그림 755-①)
처음으로 주두의 운두부분에서 빠져 나오는 안동 개목사 원통전의 과도기적 공포(그림 755-②) 과정을 거
쳐 해인사 장경판전 수다라장전의 공포(그림 755-③)에서 전형적인 무출목 초익공양식으로 정착되고 있다.

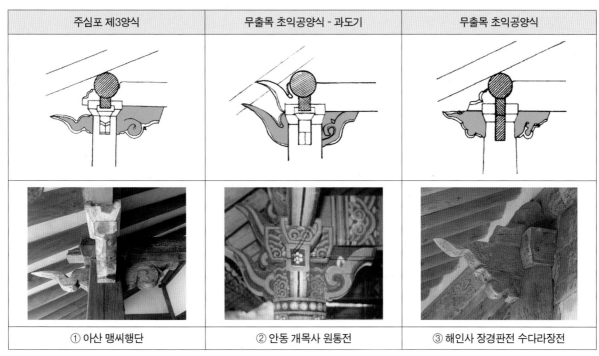

주심포 제3양식	무출목 초익공양식 - 과도기	무출목 초익공양식
① 아산 맹씨행단	② 안동 개목사 원통전	③ 해인사 장경판전 수다라장전

[그림 755] 무출목 초익공양식의 정착 과정

⑤ 무출목 초익공양식의 춘천 청평사 회전문과 의성 만취당, 안동 양진당 그리고 안동 임청각 군자정의 공포
구성에서 무출목 이익공양식의 특징인 주심 두공(그림 756)이 결구되고 있어서 무출목 초익공양식에서
무출목 이익공양식으로 변천되어 가는 과도기적 건물로 볼 수 있다.

⑥ 특히 무출목 초익공양식의 경우 창방 상부에 소로를 배치하여 주심도리 장혀를 받쳐 주는 것이 일반적인
수법으로 볼 수 있다. 그러나 춘천 청평사 회전문과 의성의 만취당, 안동의 양진당, 그리고 임청각 군자
정 등의 창방 상부에는 주심두공의 결구로 인하여 높아진 포벽에 무출목 이익공양식의 특징인 화반(그림

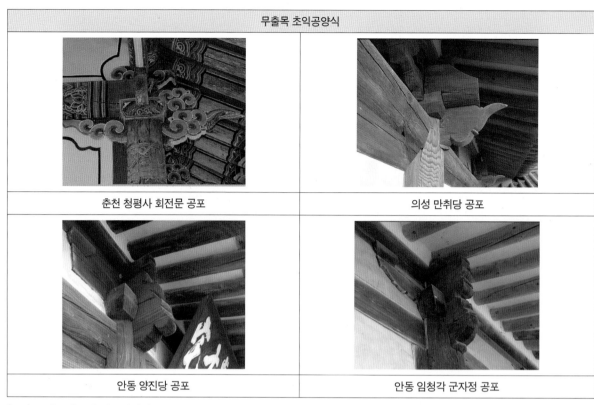

[그림 756] 무출목 초익공양식의 주심 두공 결구

757)을 배치하고 있는데, 이 수법도 무출목 초익공양식에서 무출목 이익공양식으로 변천되어 가는 과도 기적 건축양식의 한 특징으로 볼 수 있다.

[그림 757] 무출목 초익공양식의 창방 상부 화반 배치

미주

1 윤장섭,『한국건축사』, 동명사, 1975, p.432

2 鄭寅國,『韓國建築樣式論』, 一志社, 1974, p.64, p.271

3 문화재관리국,『한국의 고건축』, 제6호, 1984, p.75

4 목부재의 명칭이 없어서 일단 외목도리 밑을 통부재로 건너 지르지 않고 공포 상부에만 짧게 받쳐 댄 장혀를 단장혀(短 長舌)라고 하듯이 기둥 간(間)사이를 건너 지르지 않고 짧게 받쳐 댄 창방를 단창방 (短昌防)으로 표기하기로 하였다.

5 주심포양식에서는 보아지(甫兒只)로 표기하였으나 익공양식에서는『화성성역의궤』의 명칭에 따라 양봉(樑奉)으로 표기 하기로 하였다.

6 이달훈, 박만식,「익공계 건축양식의 발생 연구」, 대한건축학회 학술발표논문집, 제9권제1 호, 1989, pp. 172~175, 田鳳熙,「朝鮮時代 木造建築 栱包形式의 變遷에 관한 硏究」, 尹張燮 編著『韓國建築史論』, 技文堂, 1990, p. 284에서 헛첨 차와 주두의 짜임이 공포형식의 구분에 중요한 단서가 된다 하면서 헛첨차가 주두와 함께 짜일 경우에는 헛첨차로 볼수 없고 익공으로 보는 것 이 옳다. 하고 있다.

7 주1) 윤장섭 앞의 책 p.432에서 조선초기 건축으로, 주2) 정인국 앞의 책 pp. 64~67에서는 조선중기 이후에 건립된 주심 포 양식으로 분류하고 있으며, 주3),『한국의 고건축』제6호 p.112 에서도 주심포계로 설명하고 있다.

8 이달훈,「익공계 공포의 발생과 변천과정 연구」, 1989, 충남대학교 박사학위 논문,『한국상고사학보』제5호, 1991, pp. 111~206

9 주2), 정인국 앞의 책 p.47

10 문화재청,『장경판전 실측조사보고서』, 2002, P.53

11 주1) 윤장섭 앞의 책, p. 404에서 이 건물은 주심포식에서 초익공식으로 변천하는 과정을 나타내는 건물이다. 라 하고 있다.

12 文化財管理局,『文化財大觀』寶物篇 (上卷) p.118

13 이달훈,「조선시대 별당건축의 양식에 관한 연구」충남대학교 석사논문, 1980, 대전 근교에 있 는 보물 제209호인 동춘 당을 비롯해서 쌍청당, 제월당, 송애당 등의 별당건물에서는 대청과 온돌방 사이에 3~4분합문을 달아 문중의 큰 행사나 모임때 두 공간을 한 공간으로 사용할 수 있는 공간의 융통성을 보여주고 있다.

14 문화재청,『관가정 실측조사보고서』(본문), 2001, pp.61~62

15 張起仁,『韓國建築辭典』韓國建築大系 IV, 普成閣, p. 183에서 지겟문을 창호지를 바른 조그마하게 외짝으로 된 작은 문 으로 설명하고 있다.

16 문화재청,『향단 실측조사보고서』, 1999, pp. 47~48

17 문화재청,『안동 소호헌 실측조사보고서』, 2004, p. 73

18 문화재청,『경주 독락당 실측조사보고서』, 2002, p.112

19 전병일, 안준호, 이달훈,「재실건축에 관한 연구」대전,논산,부여지역을 중심으로- , 대한건축 학회 학술발표논문집 제21 권제2호, 2001, 대전지방의 별당건축의 경우 동춘당이나 쌍청 당, 제월당, 송애당, 옥류각 등 정면을 3칸으로 잡고 있는 예를 많이 볼 수 있다.
   그러나 독락당과 같이 정면을 4칸으로 구획하고 있는 예를 별당건축 보다는 모선재나 모원재, 염선재, 영모재, 신원재, 영사재 등 논산지방의 강당형 재실건축에서 많이 채택(採 擇)하고 있는데, 이는 2칸통칸의 넓은 대청을 제사공간으로 활용하기 위한 평면 유형(類型)으로 볼 수 있다.

20 주18) 문화재청 앞의 보고서 p.178 추정 복원도에도 중앙 2칸 통칸의 대청 좌, 우편에 1칸식의 온돌방을 드리고 있다.

21 주18) 문화재청 앞의 보고서 p.150에서 독락당의 공포양식을 익공양식으로 무출목의 초익공계 형식으로 보고 있다.

22 문화재청,『경주 무첨당 실측조사보고서』, 2000, p.65

23 주22) 문화재청 앞의 보고서, p.65에서 무첨당이 지금은 여강이씨 선조들의 제사를 모시는 봉사청(奉祀廳)으로 이용되고 있다. 고 한다.

24 문화재청,『예안이씨 충효당 실측조사보고서』, 2003, p.74

25 주24) 문화재청 앞의 보고서 p.74

26 문화재청,『춘천 청평사 회전문 실측수리보고서』, 2002, p.36

27 國立文化財硏究所,『韓國의 古建築』제20호, 1998, p.20

　주12) 文化財大觀 앞의 책, p.92

28 韓國文化財保存技術振興協會,『韓國文化財保存考』日政期資料集成 1. 1992, pp.103~106

29 장기인,『목조』, 한국건축사대계 V, 보성문화사, 1991, pp. 187~188

30 주2) 정인국 앞의 책, p.67에서 청평사 회전문을 주심포 후기양식으로 분류한 후 주심포에서 익공계로 변천한 모습으로 설명하고 있다.

　국립문화재연구소,『한국의 고건축』한국건축사자료 제20호, p.31에서도 회전문은 익공계 건물과의 변천과정과 연혁, 그리고 사역 내에서의 위계 등으로 미루어 볼 때 16세기 익공계 건물에서 빼놓을 수 없는 중요한 위치를 점유하고 있다. 하면서 심도 있는 연구가 진행되어 이 부분에 대한 양식사가 정리되기를 기대한다고 하고 있다.

31 문화재청,『의성 만취당 정밀실측조사보고서』, 2014, pp.64~66

32 주31) 문화재청 앞의 보고서 p.64~65에서는 정면 4칸, 측면 2칸에 우단칸 전, 후로 1727년과 1764년에 온돌방을 드리고 있는 (1)안과 정면 3칸, 측면 2칸에 우단칸 전체를 증축한 2 안 <만취당중수(1789)>이 혼재되어 왔었다 하면서 좀 더 논의가 필요하겠지만 영남지역의 누정건축과 온돌방의 구둘 설치가 용이한 (1)안이 합리적이라는 의견을 제시하고 있다.

33 주13) 이달훈 앞의 책 , 충남대학교 석사학위 논문, 1980

34 문화재청,『예천권씨 종가별당 실측조사보고서』, 2001, p.51

35 주2) 정인국 앞의 책 p.433

36 문화재청,『태고정 실측조사보고서』, 2001, pp. 51~52

37 朝鮮 肅宗 41년(1715)에 縣監 柳近의 피향정 重建記文에 의함

38 문화재청,『피향정 실측조사보고서』, 2001, p.87

39 문화재청,『안동 하회 양진당 실측조사보고서』, 2000, pp. 51~52

40 문화재청,『안동 임청각 정침 군자정 실측조사보고서(본문)』, 2001, pp. 49~55

41 옥찬군지편찬위원회,『옥천군지』, 1993

42 주3) 문화재관리국 앞의 책, p. 75

43 주8) 이달훈 앞의 책, pp. 199~200

6-1-3. 무출목 이익공양식의 건물

1) 강릉 오죽헌 (보물 제165호)

(1) 건립시기

[그림 758] 강릉 오죽헌 전경(문화재청, 강릉 오죽헌 실측조사 보고서)

오죽헌은 중종 32년(1537) 12월에 몽룡실에서 율곡 이이 선생이 탄생한 유서깊은 고택으로, 그동안 16세기 초에 최치운이 건립한 건물[1]로 알려져 왔다. 그러나 조선초기인 1452년에 등제하여 병조참판과 대사헌을 지낸 그의 아들 최응현(1428~1507)이 조산助山에서 살다가 북평촌으로 옮겨왔다는 기록으로 보아 오죽헌의

[그림 759] 오죽헌도烏竹軒圖, 金暻洙畵, 1902年(문화재청, 강릉 오죽헌 실측조사보고서)

창건은 그가 경제적 능력을 가질 수 있는 장년기로서 벼슬길에 있었던 1480~1490년인 15세기 후반경에 건립[2] 된 것으로 추정하고 있다.

(2) 배치 및 평면

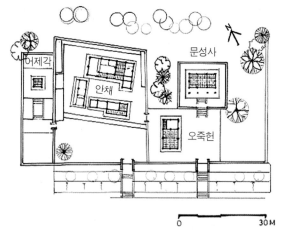

[그림 760] 오죽헌 배치도

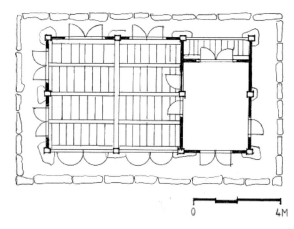

[그림 761] 오죽헌 평면도

오죽헌은 안마당을 중심으로 ㄱ자형의 안채 앞에 一자형의 사랑채와 아래채가 ㄴ자형을 이루고 있어서 전체적으로 튼ㅁ자형으로 배치되어 있다. 고택 우측편에 남동향하여 별당別堂 사랑채로 건립된 오죽헌은 외벌대의 장대석 기단 위에 자연석의 덤벙주초석과 방형기둥을 세워 정면 3칸, 측면 2칸의 평면으로 구획되었다.

정면 3칸중 좌측 2칸 통칸에는 우물마루를 깔은 넓은 대청을 만들고 우측 1칸에는 배면으로 반칸의 툇마루가 달린 작은 온돌방을 들였는데, 이 방에서 1536년 12월 26일 이이 선생이 탄생하신 방으로 어머니인 신사임당이 용꿈을 꾼 후 율곡 선생을 낳은 까닭에 "몽룡실夢龍室"이라 부르고 있다.

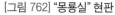

[그림 762] "몽룡실" 현판

[그림 763] 몽룡실 내부 "신사임당" 영정

특히 가장家長의 주 생활공간으로서 폐쇄적인 안채와는 다르게 외부와 가까운 위치에서 접객이나 교우 등을 위한 장소나 서제의 성격을 갖고 있는 오죽헌의 대청 정면의 창호는 상, 하부에 궁창널을 댄 독특한 사분합 띠살 들어열개 문을 달아 연목에 달려 있는 들쇠에 걸도록 하였다. 몽룡실 앞과 배면에는 쌍여닫이 띠살문을 달았으며, 대청의 배면과 측면에는 머름중방 위에 쌍여닫이 골판문을 달았다.

[그림 764] 오죽헌 내부 대청마루

특히 대청과 온돌방 사이에는 분합문을 달아 필요할 때 한 공간으로 사용하는 것이 별당건축에서 볼 수 있는 일반적인 수법이나 오죽헌에서는 온돌방의 독특한 기능 때문에 대청과 몽룡실, 그리고 작은 사랑방 사이에 분합문이 아닌 크기가 다른 외여닫이 띠살문을 각각 달고 있다.

주간柱間 간격은 정면 3칸을 3.10m의 등간격으로 분할하였고, 측면 2칸도 2.55m로 같게 잡았다.

(3) 공 포

[그림 765] 오죽헌 공포

[그림 766] 오죽헌 공포 내부 양봉

오죽헌의 공포는 초익공이 주두의 운두 부분과 엇물려서 창방과 十자 방향으로 직교直交하여 외부로 돌출되고 있다. 초익공 위에는 주심 두공頭工이 결구된 이익공에 다시 재주두를 놓고 대량을 받고 있는 전형적인 무출목 이익공양식이다.

공포의 구성은 외부로 돌출되고 있는 초익공과 이익공뿌리의 조각 형태가 기둥 위치에 따라 약간씩의 차이가 있는데, 중앙 정칸 좌측편 기둥 상부에 결구되어 있는 익공의 뿌리는 위에서 아래로 휘어 내리면서 짧게 뻗고 있는 수서형이며, 그 하부면을 파련문으로 다듬고 있다. 그러나 정칸 우측 기둥 상부에 있는 익공뿌리와 우주隅柱 상부에 있는 익공뿌리는 수평으로 파도치듯이 길게 뻗고 있는 파련문의 수서형이며, 그 상,하부면 조각도 더욱 복잡한 파련문으로 조각하고 있다.

[그림 767] 오죽헌 정칸 우측 공포

[그림 768] 오죽헌 우주隅柱 공포

[그림 769] 오죽헌 주심두공 형태

또한 주두 상부에서 도리방향으로 이익공과 함께 결구되어 있는 주심두공 형태도 좌측편의 두공은 직절한 하부면을 교두형으로 다듬고 있으나 우측편의 두공은 소로 밑에 마치 혹처럼 둥글게 조각되어 오죽헌에서만이 볼 수 있는 독특한 주심두공 형태를 이루고 있다.

이와 같이 기둥의 위치에 따라서 익공뿌리와 두공의 형태가 다르게 조각되어 있는 것은 여러번의 보수 과정에서 이루어진 결과인지 또는 처음부터 오죽헌에서만 볼 수 있는 의도적인 수법인지 확인할 필요가 있어 보이고 있다. 건물 내부로는 초익공과 이익공이 한몸이 되어 파련문으로 초새김 한 양봉으로 되어 대량의 단부를 구조적으로 받쳐주고 있다.

그리고 창방으로 결구되어 있는 주간에는 양단을 3단으로 둥글게 굴린 외소로형의 화반을 포벽에 1구씩 각간에 모두 배치하여 굴도리로 된 주심도리 장혀를 받쳐 주고 있다. 이와함께 하얀 포벽에 주심두공의 독특한 형태와 화반, 연목 좌우로 좌,우 대칭되게 배열되어 있는 추녀와 선자연 등의 대청 내부 모습은 자연목의 나무가 주는 질감이 회벽과의 조화를 통하여 오죽헌 내부를 더욱 고풍스럽고 아름답게 꾸며주고 있다.

[그림 770] 창방 상부 외소로형 화반과 천장가구

(4) 가 구

오죽헌의 가구는 전,후 평주 사이에 대량과 종량을 걸고 있는 2중량 5량가의 지붕틀 가구이다.

방형方形으로 된 하부 양단을 둥글게 모접기 한 대량 상부 양측에 주거건축에서는 보기 드물게 복잡한 파련문으로 초새김한 보아지가 과장될 정도로 길게 뻗고 있으며, 도리방향으로 첨차형 부재가 결구된 포대공을 설치하여 종량을 지지하고 있다.

대청 상부에 있는 종량 상부 중앙에는 첨차형 부재가 종도리 방향으로 결구되어 있는 파련대공을 설치하였으나 칸막이 벽 위의 종량 상부에는 사다리꼴 형태의 판재에 첨차형 부재를 결구

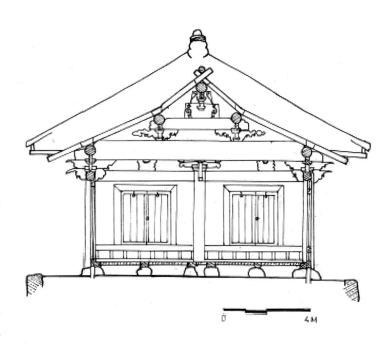

[그림 771] 오죽헌 지붕틀 가구

한 2단의 판대공을 놓고 지붕하중을 받쳐주고 있는데, 대공 좌,우면을 회벽으로 막음처리 하고 있다.

[그림 772] 오죽헌 대청 상부 가구

특히 넓은 대청마루와 몽룡실 칸막이 하얀벽에 결구되어 있는 목부재의 가구 구성은 건물 구조상 꼭 필요한 부재의 이음이나 맞춤 수법에서 온 결과라기 보다는 정연하면서도 절제된 옛 선비들의 단아한 모습을 담은 마치 한폭의 동양화를 연상할 수 있는 그러한 모습이 담겨져 있는 것이 아닌가 보여지고 있다.

[그림 773] 대청과 몽룡실 칸막이 벽의 가구 구성

[그림 774] 오죽헌 합각지붕 밑 눈썹천장

그리고 온돌방인 몽룡실 천장은 고미반자로 마감하였고, 대청은 가구재가 모두 노출되는 연등천장인데,

팔작지붕의 합각 밑부분 처리는 대청 중간기둥에서 대량에 걸처대는 충량 위에 소란반자틀로 짠 눈섭천장을 가설하여 가구재를 감추고 있으며, 중도리와 외기중도리, 그리고 추녀뿌리가 만나는 두 귀에 간결한 달동자를 장식적으로 달아 고정시켰다.

오죽헌의 지붕은 겹처마 팔작 기와지붕을 올렸으며, 대청 상부에는 중수기와 기문, 그리고 오죽헌 등의 현판이 가득 걸려 있으며, 오죽헌의 중앙 정칸 처마 밑에 "오죽헌烏竹軒" 현판과 온돌방 앞 처마 밑 화반 앞에 "몽룡실夢龍室"현판이 함께 걸려 있다.

[그림 775] 대청 상부의 "오죽헌" 현판

2) 서울 문묘 명륜당 정당(보물 제141호)

(1) 건립시기

조선왕조 건국과 함께 우리나라 최고의 국립 교육기관으로서 성균관 경내에 있었던 많은 건물들 중 유생들의 강학講學공간으로 이용되었던 명륜당은 조선 태조 7년(1398)에 창건되었으나 임진 병화로 소실된 것을 선조 39년(1606)에 다시 건립[3]한 것으로 알려지고 있으나 그후 여러번 고쳐 지었고 고종 6년(1869)에 크게 수리되어 현재에 이르고 있다.

[그림 776] 서울 문묘 명륜당 전경

(2) 배치 및 평면

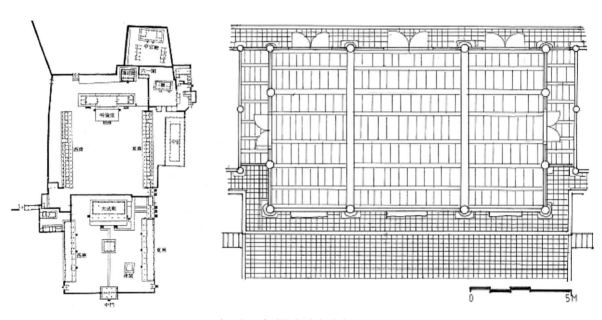

[그림 777] 서울 문묘 배치도
(윤장섭, 한국건축사)

[그림 778] 명륜당 정당 평면도

    평지에 건립된 서울 문묘는 조선시대 국가 통치 이념인 유교적 세계관과 관련된 곳으로, 공자를 비롯한 중국과 우리나라 성현들의 위패를 봉안하는 사당이다. 조선시대 다포양식으로 건립된 대성전이 앞에 배치되고 그 뒤편으로 유생들의 강학공간인 명륜당이 있는 전묘후학前廟後學의 배치형식으로 건립되었다.

    "명륜明倫"은 인간 사회의 윤리를 가르치고 실천한다는 뜻으로 주로 유생들이 학문을 익히고 연구하는 강학공간이며 때로는 과거시험의 장소로 사용되기도 하였다. 조선시대 최고의 학부였던 서울 문묘 명륜당은 방전方塼을 깔은 기단 위에 방형의 초반과 운두, 주좌를 한 몸의 석재에 가공한 주초석을 놓고 원형 기둥을 세워 특이하다. 중앙 대청마루 앞쪽으로는 동, 서 익사翼舍 기단보다 한단 더 높여 4벌대로 쌓은 넓은 월대를 조성하여 위계를 더욱 높였으며, 전면에 소맷돌을 갖춘 5단의 계단을 설치하였다.

[그림 779] 명륜당 주초석

소슬삼문형의 형식으로 건립된 명륜당은 중앙에 정면 3칸, 측면 3칸의 넓은 우물마루의 대청공간을 만들어 유생들이 강학이나 모임을 할 때 중심공간으로 이용하도록 하였고, 정당 좌, 우편에 정면 3칸, 측면 3칸씩의 동익사와 서익사를 붙여 지은 후 2칸씩의 대청마루 끝에 1칸의 온돌방을 들여 훈장訓長들이 거처할 수 있도록 하였다.

[그림 780] 명륜당 정당 대청마루

중앙 정당의 대청마루는 앞에 창호를 달지 않아 전면이 넓은 앞마당과 연결되어 있는데, 대성전 뒤편 사이에 있는 두 구루의 큰 은행나무는 중종 4년 (1519)에 성균관 대사성을 지낸 윤탁이 심은 것이라고 전해지고 있으며, 공자가 은행나무 밑에서 제자들을 가르쳤다는 고사古事를 따른 것이라 한다.

그리고 대청마루 배면 3칸에는 모두 상부에는 붙박이 궁창판이 있는 쌍여닫이 판장문을 달았고 대청과 동, 서 익사 사이에는 중앙 정칸에 쌍여닫

[그림 781] 명륜당 앞 은행나무

이 판장문을 달아 출입하도록 하였고 양협칸에는 판벽으로 막음처리 하였다.

주간柱間 간격은 정면 3칸중 중앙 정칸은 5.60m, 양협칸은 4.75m로 하여 중앙칸을 넓게 잡고 있으며, 측면 3칸도 중앙칸 3.45m, 양협칸 2.15m로 중앙칸을 넓게 구획하고 있다.

(3) 공 포

[그림 782] 명륜당 공포　　　　　　　　　　[그림 783] 명륜당 공포 내부 양봉

명륜당의 공포는 초익공이 주두의 운두 부분과 엇물려서 창방과 十자 방향으로 직교하여 외부로 돌출되고 있다. 초익공 위에는 다시 사절 연화문으로 다듬은 고식의 주심두공頭栱이 결구되어 있는 이익공 위에 재주두를 놓고 대량을 받고 있는 전형적인 무출목 이익공 양식이다.

공포에 결구되어 있는 초익공과 이익공뿌리는 상부가 수평으로 되어 외부로 길게 돌출되고 있는 도성都城의 궁궐건축이나 지방의 관아건축에서 흔히 볼 수 있는 전형적인 익공뿌리 형상이다. 익공의 하부면은 파련문 형태로 조각을 하였으며, 건물 내부로는 초익공과 이익공이 당초문으로 초새김을 한 한몸의 양봉으로 되어 대량의 단부를 받고 있으며, 대량의 보머리와 주심두공 등에도 당초문을 초각하여 화려하게 장식을 하고 있다.

[그림 784] 창방 상부 화반

그리고 창방으로 결구되어 있는 주간 포벽에는 중앙에도 당초문양이 초각된 외소로 화반을 중앙 정칸에는 5구, 양협칸에는 4구씩을 배치하여 주심도리 장혀를 받치면서 명륜당 정당의 정면을 장중하고 아름답게 장식을 하고 있다.

이 화반은 전면 창방 뺄목 위에도 한구씩 배치되고 있는데, 뺄목 아래에는 우주隅柱 상부에 덧대어 파련문이 조각된 까치발을 마치 낙양처럼 장식하고 있다.

대량의 보머리와 익공의 양몸, 그리고 주심두공 등에도 화려한 당초문양의 초엽무늬로 조각을 하여 건물의 외관을 화려하게 꾸며주고 있다.

[그림 785] 우주隅柱 상부 까치발

(4) 가구

명륜당 정당의 가구는 전,후 평주 위에 대량과 종량을 걸고 있는 2중량 5량가의 지붕틀 가구이다.

대량 상부 양측에 당초문을 초새김한 보아지가 결구된 포대공을 설치하여 종량을 지지하도록 하였고, 보아지에는 도리방향으로 중도리와 뜬장혀 사이에 소로가 배치되어 있는 2중二重도리를 걸고 있다.

그리고 파련대공에 도리방향으로 결구되어 있는 종도리와 뜬창방 사이에는 명륜당 정면 창방위에 배치되어 있는 외소로형 화반을 중앙칸 5구, 양협칸 4구씩 배치하여 연등천장으로 된 정당의 천장을 더욱 아름답게 꾸며 주면서 높게 세워진 지붕틀 가구를 구조적으로 받쳐주고 있다.

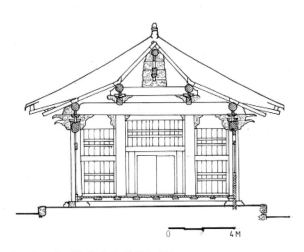

[그림 786] 명륜당 정당 지붕틀 가구

[그림 787] 명륜당 대청마루 상부 가구

[그림 788] 명륜당 중앙 정칸 상부 가구

그리고 종량 상부 중앙에는 소슬삼문 형태로 된 명륜당 특성상 동, 서 익사翼舍보다 높은 지붕틀 가구를 만들기 위하여 4단으로 된 높은 파련대공을 세워 단연短椽을 걸고 있다. 이 파련대공 양몸에는 화려한 당초문양의 초새김을 하여 도리방향으로 첨차형 부재 위에 뜬창방을 결구시켜 종도리와 함께 무거운 지붕하중을 받쳐 주도록 하고 있다.

[그림 789] 명륜당 정당 앞 월대

명륜당의 지붕은 겹처마 맞배 기와지붕을 올리고 있는데, 용마루와 내림마루 옆에 궁궐건축에서 볼 수 있는 양성바름이 되어 있으며, 내림마루 아래쪽에 건물의 안전을 수호하는 주술적인 의미의 용두와 대당사부, 손행자 등 5개의 잡상들을 배치하고 있다.

중앙 정칸 처마 밑에 대형의 "명륜당明倫堂" 현판이 걸려 있는데, 현판 글씨는 선조 39년(1606)에 명나라 사신 주지번朱之蕃이 우리나라에 왔을 때 쓴 것이라고 하며, 대청마루 상부에도 "정심正心, 성의誠意"가 새겨진 편액 등을 비롯해서 많은 현판들이 함께 걸려 있다.

3) 창덕궁 구 선원전(보물 제817호)

(1) 건립시기

[그림 790] 창덕궁 구舊 선원전 전경

[그림 791] 동궐도의 구 선원전
(동궐도, 국보 제249호, 고려대박물관 소장)

창덕궁 안에는 현재 2개의 선원전이 있는데, 그 중 하나는 창덕궁의 정전인 중층의 인정전 좌측편에 있는 구 선원전이고 또 다른 하나는 후원쪽에 위치하고 있는 신 선원전이다. 선원전은 역대 왕들의 초상화인 어진御眞을 봉안하고 제사하던 진전眞殿건물로서 궁궐 내에서 가장 신성한 공간으로 여겨졌는데, 구 선원전은 숙종 대부터 고종대에 걸쳐 운영되었으며, 조선 효종 7년(1656)에 경희궁의 경화당을 옮겨지어 춘휘전이라 하였다가 숙종 21

년(1695)에 어진을 모신 후 다시 선원전으로 사용되었다.

구 선원전은 조선시대 역대 왕들 가운데 숙종, 영조, 정조, 순조, 추존왕 문조(익종), 헌종의 어진御眞을 모시고 생일과 정초에 제사하던 건물이었다. 그러나 순종 때인 1921년 일제 강점기에 왕실의 권위를 말살하려는 의도에서 신新 선원전이 새로 지어져 기존의 선원전은 내부가 비워져 있는 상태로서 구 선원전이라 부르고 있으며, 지금은 궁중의 유물보관고로 이용되고 있다.

(2) 평면

구 선원전은 잘 다듬은 장대석을 퇴물림하여 쌓은 4벌대 앞으로 3개소의 계단을 설치하여 오를 수 있는 기단 위에 방전方塼을 깐 후 방형 주초석과 방형기둥을 세워 정면 9칸, 측면 4칸의 一자형 평면으로 된 비교적 규모가 큰 건물이다. 선원전의 넓은 내부 공간에는 모두 우물마루를 깐 후 양 내고주 사이에 조성된 내진공간에 건물의 기능상 꽃문양 교창과 낙양 등으로 화려하고 아름답게 꾸며진 주간마다 한분씩의 역대 군왕들의 어진御眞을 모시기 위한 여러개의 감실이 설치되었는데, 지금은 신 선원전으로 옮겨져 모두 비어 있는 상태이다.

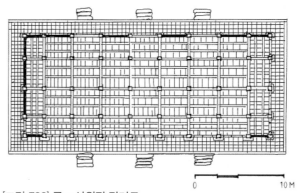

[그림 792] 구舊 선원전 평면도

그리고 선원전 좌단 앞마당에는 외벌대의 기단 위에 장초석을 놓고 제물을 준비하는 ㄱ자형의 진설청이, 우단 앞쪽에도 장초석 위에 정면 2칸, 측면 1칸의 제관이 머무는 내찰당이 각각 건립되었다.

[그림 793] 신 선원전의 감실 모습

[그림 794] 진설청

[그림 795] 내찰당

선원전의 창호는 정면 9칸중 중앙 7칸에는 모두 궁창널을 댄 사분합 띠살문을 달은 후 문 앞에 방형의 디딤돌을 놓아 모든 문에서 출입을 할 수 있도록 하였으며, 나머지 양단칸은 회벽으로 막음 처리하였고, 배면도 궁창널을 댄 사분합 문을 달고, 정칸 양쪽으로는 1칸씩 띠운 2개소에 사분합 정자살창을 달았다.

주간 간격은 정면 9칸 가운데 중앙 7칸은 3.35m의 등간격으로 잡았고, 양단칸도 2.20m로 같게 구획하였으며, 측면 4칸도 중앙 2칸은 3.10m, 양단칸은 2.20m로 같게 잡고 있다.

(3) 공 포

선원전의 공포는 초익공이 주두의 운두 부분과 엇물려서 창방과 十자 방향으로 직교하여 외부로 돌출되고 있다. 초익공 위에는 다시 사절 파련문으로 다듬은 주심두공頭工이 결구된 이익공이 놓이면서 주심부에 재주두를 놓아 대량을 받고 있는 전형적인 무출목 이익공 양식이다.

공포에 결구되어 있는 초익공과 이익공뿌리는 양 몸에 당초문으로 화려하게 초새김을 한 채 상부가 모두 수평으로 길게 돌출되다가 끝단에서 약간 아래로 휘어지는 수서형이다. 익공 아래면은 파련

[그림 796] 구 선원전 공포

문으로 다듬었고, 내부는 양봉으로 처리하여 대량의 단부를 받고 있는데, 대량의 보머리 상부에 마치 박공널이나 추녀 끝에 나선형의 게눈각 모양의 조각을 하고 있어 독특하다.

또한 창방으로 각간이 결구되어 있는 주간에는 통부재에 화반문양을 초각한 외소로형 장화반을 어칸과 협칸에는 3구씩, 양단칸에 1구씩 배치하여 주심도리 장혀를 구조적으로 받쳐주면서 건물의 정면을 장엄하고 화려하게 장식하고 있다.

(4) 가 구

선원전의 가구는 외진평주와 내진고주에 퇴량을 걸은 후 양 내진고주 사이에 대량과 종량을 걸고 있는 비교적 규모가 큰 2중량 7량가의 지붕틀 가구이다.

물익공 형태로 다듬은 초익공 양식의 보아지를 결구하고 있는 양 내진고주 상부에 대량을 걸었는데, 대량 상단에 걸쳐서 어진을 모시는 내진공간과 퇴칸 일부에 소란반자틀로 짠 화려한 우물천정을 가설하였다.

그리고 대량 상부 양측에 뜬장혀와 파련문의 보

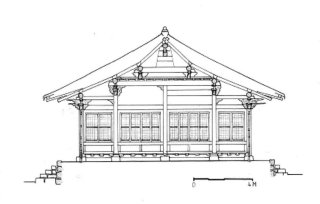

[그림 797] 구 선원전 지붕틀 가구

아지가 끼워진 간결한 포대공을 놓고 종량을 지지하도록 하였는데, 중도리 장혀와 뜬장혀 사이에 당초문을 새긴 화반을 배치하여 내진공간과 외진공간 사이에 단차이가 나는 양측면을 포벽처럼 장식하였다.

또한 종량 상부 중앙에는 뜬창방이 결구된 사다리꼴형의 높은 판대공을 설치하여 종도리와 함께 2중도리로 무거운 지붕하중을 받도록 하였으며, 종도리 장혀와 뜬창방 사이에도 소로를 간결하게 배치하였다.

[그림 798] 창덕궁 구 선원전 측면 지붕 장식

　지붕은 겹처마 팔작 기와지붕을 올리고, 용마루 양 옆과 내림마루 옆에는 궁궐건축의 특성인 양성 바름을 하였으며, 추녀마루 위에 삼장법사를 비롯한 잡상을 배치한 후 사래蛇羅 끝에 토수吐首를 끼웠다.

4) 창덕궁 주합루(보물 제1769호)

(1) 건립시기

[그림 799] 창덕궁 주합루 전경

[그림 800] 주합루와 부용정(동궐도, 고려대 박물관 소장)

[그림 801] 주합루 어수문 전경

창덕궁 후원에 연꽃을 의미하는 부용지芙蓉池를 중심으로 부용정과 영화당이 함께 일곽을 이루면서 건립되었다. 중층건물로 건립된 주합루는 영조대왕의 어제와 어필을 봉안하기 위하여 정조 원년(1776)에 건립되었으나 후에 1층은 왕실 도서를 보관하는 규장각으로 이용되고, 2층은 어제와 어필 등을 보관하는 어제각 용도로 사용되었다.

특히 태극문양과 아름다운 운형문을 조각한 소맷돌 계단 위에 다포양식의 우진각지붕으로 건립한 어수문은 조형성과 단청색이 한국 전통 건축미를 잘 표현하고 있을 뿐만 아니라 주합루 주변 환경과 앞쪽에 조성된 연못인 부용지와 부용정과도 조화를 잘 이루고 있는 우리나라의 대표적인 문 건축이다. 어수魚水란 수어지교水魚之交에서 딴 어원으로서 임금과 백성의 관계가 마치 물 없이는 살 수 없는 물고기에 비유한 뜻으로 알려지고 있는데, 중앙의 문은 군왕이, 그 양쪽의 낮은 문은 신하들이 주로 이용하였던 문이다.

(2) 평 면

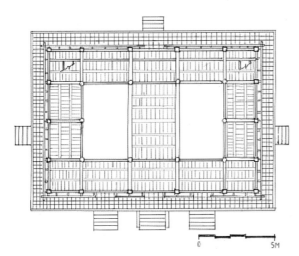

[그림 802] 주합루 1층 평면도

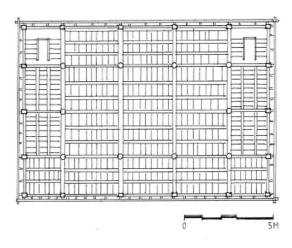

[그림 803] 주합루 2층 평면도

창덕궁 후원에 중층 누각식으로 건립된 주합루는 4벌대로 쌓은 잘 다듬은 장대석 기단 위에 전돌을 깐 후 방형초석을 놓고 외진공간에는 방형기둥을, 그리고 내진공간에는 원형기둥을 각각 세워 정면 5칸, 측면

4칸의 평면으로 구획하였다.

1층은 정면 5칸 중 내진공간인 중앙 3칸에 1칸의 누마루로 된 대청을 중심으로 양옆에 1칸씩의 온돌방을 대칭되게 만들어서 각 방사이에 칸막이가 없이 방과 대청를 한 공간에 만든 독특한 공간구성을 하고 있다. 외진공간인 양퇴칸에는 우물마루을 깐 누마루로 만들어 통로로 이용하고 있는데, 퇴칸 양 끝 배면에 2층으로 오르는 계단실을 두었다. 그리고 1층과 2층의 툇마루 끝에는 난간하엽 위에 돌란대를 댄 계자난간을 4면에 모두 돌려 중층 누각 건물의 외관을 한층 위엄스럽고 아름답게 보여지도록 하고 있다.

[그림 804] 주합루 정면 외관

창호는 내진공간인 온돌방과 외진공간인 툇마루 사이에 궁창널을 댄 4분합 띠살 들어열개 문을 모두 달아 필요할 때 연목에 달려 있는 들쇠에 걸어 1층 전체가 외부와 한 공간이 될 수 있도록 하는 공간의 효용성을 가지도록 하였다.

그리고 2층 역시 정면 5칸 중 내진공간인 중앙 3칸을 모두 우물마루를 깐 넓은 대청 누마루로 만들어서 외진공간인 툇마루 사이에 교창 아래에 궁창널을 댄 4분합 띠살 들어열개 문을 달아 이 분합문만 들어 올리면 2층 전체가 확 트인 누마루의 한 공간이 되도록 하여 아름다운 창덕궁 후원을 조망할 수 있도록 계획하고 있다.

주간 간격은 정면 5칸 가운데 중앙 3칸은 3.10m씩 등간격으로 구획한 후 양퇴칸을 2.15m로 잡았고, 측면 4칸은 중앙 2칸은 2.45m, 양퇴칸은 2.15m로 각각 잡았다.

(3) 공 포

주합루의 공포는 초익공이 주두의 운두 부분과 엇물려서 창방과 十자 방향으로 직교하여 외부로 돌출되고 있다. 초익공 상부에는 도리방향으로 다시 사절 파련문 곡선으로 다듬은 주심 두공이 결구된 이익공이 놓이면서 주심부에 재주두를 놓아 대량을 받고 있는 전형적인 무출목 이익공 양식이다.

공포에 결구되어 있는 초익공과 이익공뿌리는 양몸에 화려한 당초문으로 초새김을 한 채 상부가 수평으로 빠져 나가다가 끝 부분에서 약간 아래로 휘어지는 수서형이며, 익공 아래면에는 파련문으로 다듬고 있

[그림 805] 주합루 공포(문화재청, 창덕궁 주합루 정밀실측조사보고서)

다. 그리고 건물 내부로는 당초문이 초각된 양봉으로 처리하여 퇴량의 단부를 구조적으로 받쳐주고 있으며, 대량의 보머리에도 당초문이 초각된 운공형으로 잘 다듬어져 있다.

[그림 806] 창방 상부 외소로형 화반(문화재청, 창덕궁 주합루 정밀실측조사보고서)

창방으로 결구되어 있는 주간에는 당초문이 화려하게 초각된 외소로형 화반을 전,후면의 중앙 3칸에는 2구씩, 측면과 퇴칸에는 각각 1구씩을 배치하여 주심도리 장혀를 받쳐주면서 주합루 정면를 계자난간과 함께 화려하고 아름답게 꾸며주고 있다.

(4) 가 구

주합루의 가구는 외진 평주와 내진고주 사이에 퇴량과 대량을 걸고 있는 2중량 7량가의 지붕틀 가구이다. 1층 천장은 2층 바닥 우물마루 밑 귀틀에 소란반자 틀로 짠 우물천장을 하였다. 그리고 2층은 물익공 형태의 이익공 양식의 공포가 짜여져 있는 양 내진고주 상부에 걸려 있는 대량 상단에 걸쳐 짠 소란반자틀로 된 우물천장이 내진 공간에만 가설되어 있다.

[그림 807] **주합루 지붕틀 가구**

그리고 대량 상부 양측에 뜬장혀와 보아지가 결구된 간결한 포대공을 설치하여 종량을 지지하고 있는데, 종량 상부 중앙 뜬창방 밑에 첨차부재가 끼워져 있을 뿐만 아니라 양몸에는 화려한 당초문이 초각된 높은 파련대공을 세워 종도리와 함께 2중도리로 무거운 지붕하중을 받도록 하고 있다.

지붕은 겹처마 팔작 기와지붕을 올리고 있으며, 용마루 양 끝에 있는 용두와 함께 추녀마루 위에 건물의 안전을 위한 저팔계와 대당사부, 손행자 등의 잡상을 배치하였다. 지붕 용마루와 내림마루 양쪽으로 궁궐건축의 특징인 양성바름을 하였고, 2층 정면 처마 밑에 "주합루宙合樓" 현판이 걸려 있다.

[그림 808] **주합루**宙合樓 **현판**

5) 수원 화성행궁 낙남헌(사적 제478호)

(1) 건립시기

[그림 809] 화성 행궁 낙남헌 전경

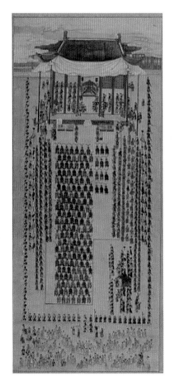

역대 국왕들이 지방으로 행차할 때 임시로 머무는 거처인 행궁行宮은 그 위치나 용도에 따라 성격을 조금씩 달리하면서 남한산성 내에 있는 광주행궁을 비롯해서 온양에 있는 온양행궁, 그리고 전주의 전주행궁과 수원의 화성행궁 등 전국 곳곳에 세워졌다.

그중 수원의 화성행궁은 정조대왕이 그의 아버지였던 사도세자의 능陵에 행차할 때 머물던 곳으로 정조 13년(1789)에 창건되었다가 정조 20년(1796)에 다시 옮겨 지어 오늘에 이르고 있다[4]. 그러다가 이 일대가 신풍초등학교가 들어서면서 낙남헌이 교실로 이용되면서 일부 변형이 있었으나 신풍초등학교가 옮겨가면서 화성행궁의 정비사업에 따라 1975년에 지금의 모습대로 복원되었다.

[그림 810] 정조대왕 능행도(경기도지정문화재 실측조사보고서)

(2) 평 면

낙남헌은 수원부의 팔달산 서쪽에 위치하고 있었던 화성행궁 내에 정면 5칸, 측면 4칸의 一자형 평면으로 건립되었는데, 우단 배면쪽에 정면 3칸, 측면 2칸의 노래당을 붙여지어 전체적으로 ㄱ자형 평면을 이루고 있다.

낙남헌에는 국왕이 능행하여 의식이나 연회를 베풀기 위한 넓은 대청마루 공간을 만들고, 노래당에는 1칸의 마루방과 숙식을 위하여 전면에 툇마루가 달린 3칸의 온돌방을 들였다.

건물의 정면을 북쪽편으로 잡은 낙남헌은 기단을 지대석 위에 가구식 기단의 탱주처럼 그 사이에 9단씩의 전돌을 쌓은 후 갑석을 놓는 독특한 기단 공법으로 축조하고 있다. 기단 상부에는 방전을 깔은 후 네모뿔형 장초석을 놓고 원형기둥을 세웠는데, 낙남헌 중앙 정칸 기단 앞에는 소맷돌에 태극문양과 구름 문양 등이 선명하게 조각된 계단을 두었다.

그리고 정면 5칸, 측면 4칸의 큰 대청마루 가운데 측면 4칸 중 전면 3칸은 통칸의 우물마루를 깔은 대청마루를 들여서 정조대왕 능행도와 같이 정조가 친히 노인들을 위한 연회 등을 베풀던 중요한 행사 장소로 사용하도록 하였다. 그러나 대청마루 전면은 모두 개방하

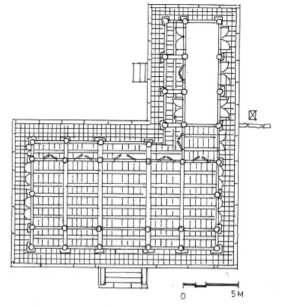

[그림 811] 낙남헌 평면도

[그림 812] 계단 소맷돌의 태극문양

[그림 813] 낙남헌 대청마루

였으나 대청과 배면 1칸의 툇마루 사이에는 궁창널을 둔 4분합 띠살문을 달고 있어서 배면 툇마루는 통행을 위하여 차단한 것으로 보이고 있다. 특히 차단된 툇마루 사이 중앙 1칸에는 머름중방 위에 사분합 띠살문을 달고 있어서 행사시 상석上席의 위계를 두기 위한 것이 아닌가 생각되고 있으며, 양측 중앙 2칸에 모두 머름중방 위에 궁창널을 댄 띠살문을 달고 있다.

주간 간격은 정면 5칸중 중앙 어칸은 3.50m, 나머지 4칸은 3.10m씩 각각 잡았으며, 측면 4칸은 중앙 2칸은 3.10m, 양퇴칸은 1.70m씩 같게 잡았다.

(3) 공포

[그림 814] 낙남헌 공포

[그림 815] 낙남헌 공포 내부 양봉

낙남헌의 공포는 초익공이 주두의 운두부분과 엇물려서 창방과 十자 방향으로 직교하여 외부로 돌출되고 있다. 초익공 상부에는 도리방향으로 양단에 소로를 놓아 사절 파련문의 조각을 한 주심 두공이 결구된 이익공이 놓이면서 재주두를 놓고 퇴량을 받고 있는 전형적인 무출목 이익공양식이다.

그리고 공포에 결구되어 있는 초익공과 이익공의 뿌리는 양몸에 당초문 등의 조각을 한 채 상부가 수평으로 되어 돌출되다가 끝부분에서 아래로 약간 꺽인 수서형이며, 내부로는 양봉으로 처리하여 퇴량의 단부를 받쳐주고 있다.

또한 낙남헌의 창방 상부 각간에는 운공이 결구되어 있는 외소로 화반을 3구씩 배치하여 구조적으로 주심도리 장혀를 받으면서 건물의 정면을 장식적으로 화려하게 꾸며주고 있는데, 주간폭이 좁은 양퇴칸 상부에 있는 창방에는 1구씩의 화반을 배치하였다.

[그림 816] 낙남헌 창방 상부 운공화반

(4) 가 구

전, 후 평주 사이에 양 내고주를 세워 정방형 형태의 퇴량과 대량을 걸은 후 종량을 걸고 있는 2중량 7량가의 지붕틀 가구이다.

중앙 3칸의 내진공간에는 익공뿌리를 둥글게 굴린 무출목 초익공 계통의 보아지로 짠 내고주에 대량을 걸고 그 상단에 걸쳐서 소란반자틀로 짠 화려한 우물천장을 가설하였으나 양측면 외진공간 퇴칸에는 충량 대신에 퇴량을 걸은 후 파련대공을 설치하여 종도리를 걸었으며, 전,후면 퇴칸에는 연등천장으로 간결하게 처리하였다.

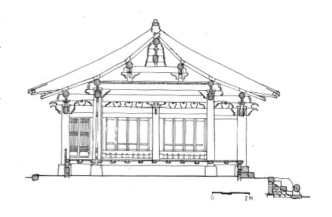

[그림 817] **낙남헌 지붕틀 가구**

[그림 818] **낙남헌 대청 상부 가구**

대량 상부 양측면에도 보아지를 결구한 종량을 걸고 뜬창방이 결구된 파련대공을 설치하여 종도리와 함께 무거운 지붕하중을 받도록 하였는데, 종도리와 뜬창방 사이에도 중앙에 소로가 끼워진 외소로형 화반을 3구씩 배치하고 있다.

지붕은 겹처마 팔작 기와지붕을 올렸으며, 취두가 설치된 용마루 양면에 궁궐건축의 상징인 하얀색의 양성바름을 하였다. 그러나 내림마루 양쪽 끝에는 취두를 놓았으나 추녀마루에는 잡상을 배치 않아 독특하며, 사래 끝에 토수를 끼워 놓았다.

[그림 819] **화성행궁 낙남헌 현판**

6) 창경궁 통명전(보물 제818호)

(1) 건립시기

[그림 820] **창경궁 통명전 전경**

창경궁은 경복궁과 창덕궁에 이어 세 번째로 지어진 궁궐로서 세조비였던 정희왕후와 예종비인 안순왕후, 그리고 덕종비 소혜황후 등 세분의 대비를 위하여 건립한 궁궐이다. 그중 창경궁 내의 침전건물로 지어진 통명전은 조선 성종 15년(1484)에 수강궁 자리에 창경궁을 영건營建하면서 창건되었으나 선조 25년(1592)에는 임진왜란으로 소실되었다가 광해 2년(1610)에 재건되었고, 인조 2년(1624)에는 이괄의 난으로 소실되었다가 인조 11년(1633)에 중수되었다.

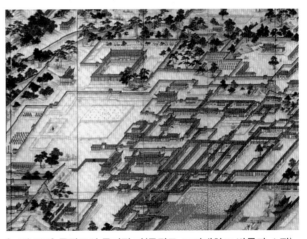

[그림 821] **동궐도의 통명정 터(동궐도, 고려대학교 박물관 소장)**

그 후 정조 14년(1790)에 소실된 후 다시 중건되지 못하였는데, 1820년대 후반에서 1830년대 초에 비단에 채색되어 그려진 동궐도에서도 통명정 터에 복원되지 못한 채 빈 자리로 남아 있는 것을 볼 수 있다.

이와 같이 소실燒失과 중건을 반복하던 지금의 통명전은 순조 33년(1833)에 다시 중건[5]된 건물로 알려지고 있으며, 통명전 우측편에는 병자호란 당시 인조가 환궁하여 머물렀던 건물인 정면 6칸, 측면 4칸의 평면에 단층 팔작지붕을 이루고 있는 양화당 건물이 나란히 건립되어 있다. 이 양화당은 성종 15년(1484)에 통명전과 함께 창건된 후 이괄의 난으로 통명전과 함께 소실되었다가 인조11년(1633)에 중창된 후 순조 33년 (1833)에 다시 중건된 건물이다.

[그림 822] 통명전 좌측편에 조성된 석연지石蓮池

[그림 823] 연지의 집수정(물확)과 배수로

특히 왕실 어른들인 대비들이 조용히 쉴 수 있도록 건립된 통명전의 좌측편에는 창덕궁으로 이어지는 석교石橋가 놓여진 석연지石蓮池를 조성하고 있다.

장방형 형태의 연지蓮池는 연봉과 보주를 정교하게 조각한 돌기둥 사이에 난간하엽 위에 팔각의 돌난간을 돌린 아름다운 연지로서, 후원에서 흘러 내리는 물을 돌을 깎아 만든 집수정과 배수로를 통해 연지로 모이도록 하고 있다. 연지 내에는 괴암괴석의 수석과 석조각들을 배치하였고, 연지 중앙에는 창덕궁으로 이어지는 약간 휘어진 2칸의 평석교를 만들어 한층 운치가 있는 분위기를 연출하고 있다.

(2) 배치 및 평면

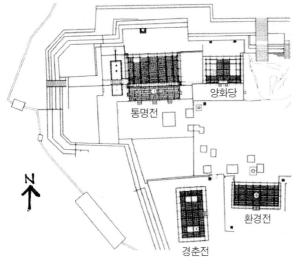

[그림 824] 창경궁 통명전 배치도

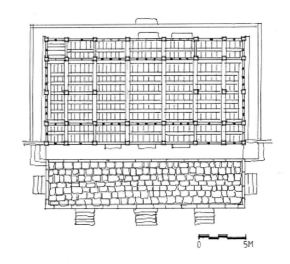

[그림 825] 통명전 평면도

    창경궁 내의 침전건물로 지어진 통명전 앞에는 침전건물로서는 보기 드물게 월대月臺를 놓아 건물의 위계를 한층 더 높여주고 있는데, 잘 다듬은 장대석으로 쌓은 3벌대의 월대 위에 박석포장을 하고 있다.

    그리고 월대 위에 다시 외벌대로 쌓은 낮은 장대석 기단을 놓고 강회다짐을 한 후 방형의 초석과 기둥을 세워 정면 7칸, 측면 4칸의 평면으로 구획하였는데, 내진공간에 우물마루를 깐 대청마루와 외진공간인 툇마루가 한 공간으로 구성되어 있다.

[그림 826] 통명전 월대에서 민속공연 모습

    그러나 내진공간의 경우 정면 중앙 3칸에 측면 중앙열 기둥이 배치되지 않고 있는 평면 형태와 창방위에 장화반의 배치 수법, 그리고 우물천장을 설치하고 있는 것을 볼 때 원래는 중앙 3칸에 넓은 대청을 만든 후 그 좌,우편으로 온돌방을 들였던 평면 구조였으나 후에 일부 변형이 있었던 것으로 보여지고 있다.

[그림 827] 통명전 대청마루에서 본 후원

창호는 외부로 면한 외진공간에는 전,후면 중앙 3칸을 제외하고는 모두 머름중방 위에 4분합 문 또는 쌍여닫이 정자살 들어열개 창을 달았다. 중앙 대청마루 전, 후면에는 궁창널을 댄 4분합 띠살 들어열개 문을 달아 들쇠에 걸도록 하였는데, 문 상부에 빗살의 교창이 달려 있다. 그리고 남측과 북측면 툇마루와 협칸과 퇴칸 사이에는 쌍여닫이 띠살문으로 연결하고, 양협칸과 북측 툇칸 사이에는 4분합 정자살 미서기문을 달았으며, 양측 협칸과 북측 툇칸에는 쌍여닫이 정자살 불발기 문을 각각 달고 있다.

주간柱間 간격은 정면 7칸 중 중앙 정칸은 4.00m, 양협칸 3.60m, 양퇴칸 3.00m, 양단칸 2.15m로 구획하여 중앙부에서 양쪽편으로 점점 주간 간격이 좁아지도록 하고 있어 독특하다. 또한 기둥간격에 따라서 창방 위에 배치되어 있는 화반의 수數도 4구, 3구, 2구, 1구로 점점 줄어 들고 있는데, 이는 통명전의 정면 외관에 많은 동적 변화를 부여하고 있는 수법으로서, 충남 부여 무량사 극락전의 정면 주간 간격에서도 볼 수 있다.

그리고 측면 주간 간격은 중앙 2칸은 3.40m로 같게 잡고 있으며, 양퇴칸도 2.15m로 잡고 있다.

(3) 공포

[그림 828] 통명전 공포

[그림 829] 통명전 공포 내부 양봉

통명전의 공포는 주두의 운두 부분과 엇물려서 창방과 十자 방향으로 직교하여 초익공이 돌출되고 있다. 초익공 위에는 양단에 소로를 놓고 사절 파련문을 한 주심두공이 결구된 이익공이 다시 놓이면서 주심부에 재주두를 놓고 대량을 받고 있는 전형적인 무출목 이익공 양식이다.

공포에 결구되어 외부로 빠져 나온 초익공과 이익공뿌리는 모두 상부가 수평으로 되어 외부로 돌출되다가 아래로 휘어 꺽이는 궁궐의 전각건축에서 많이 볼 수 있는 수서형이다. 또한 익공 아래면은 파련문으로 다듬었고 건물 내부로는 양봉으로 되어 대량의 단부를 받고 있는데, 익공의 양몸과 대량의 보머리에도 당초문으로 화려하게 초각을 하고 있다.

[그림 830] 통명전 창방 상부 장화반

그리고 창방으로 결구되어 있는 주간에는 당초문이 초각된 외소로형의 화반을 중앙 어칸에 4구, 양협칸 3구, 양퇴칸 2구, 양단칸 1구씩을 각각 배치하여 주간柱間 간격과 함께 중앙 어칸에서 협칸으로, 협칸에서 퇴칸으로, 퇴칸에서 단칸 방향으로 점점 좁아지는 동적動的인 변화를 볼 수 있다.

(4) 가 구

통명전의 가구는 외진 평주와 내진 고주 사이에 퇴량을 걸은 후 다시 양 내진고주 사이에 대량과 종량을 걸고 있는 2중량 7량가[6]의 지붕틀 가구이다.

물익공 형태의 초익공 공포와 창방이 결구되어 있는 내진고주 사이에 대량을 걸고 있는데, 대량 상부 양측에는 뜬장혀에 보아지가 끼워진 포를 놓고 종량을 지지하고 있으며, 대량 상단에 걸쳐서 소란반자틀

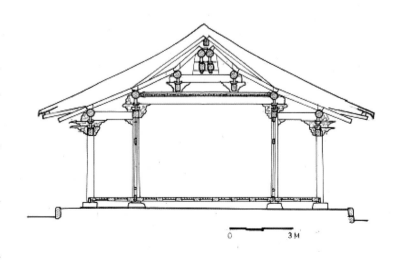

[그림 831] 통명전 지붕틀 가구

[그림 832] 통명전 퇴칸 상부 가구

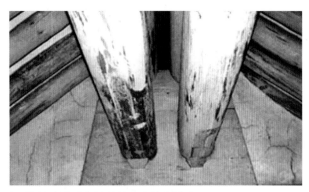

[그림 833] 통명전 쌍 종도리와 쌍 뜬창방
(문화재청, 『창경궁 통명전 실측조사보고서』)

로 짠 우물천장 판에 5섯잎으로 된 아름답고 화려한 단청색으로 그려진 연꽃잎을 그려 넣어 실내 분위기를 한층 돋보이게 하고 있다.

특히 종량 상부 중앙에는 사다리꼴 형태의 판대공에 쌍 종도리와 쌍 뜬창방을 결구하여 지붕하중을 받도록 하고 있는데, 이렇게 두 개씩의 도리를 걸어 지붕하중을 받도록 하고 있는 것은 우리나라 전통 목조건축에서는 보기 드문 수법으로서, 창덕궁의 희정당과 대조전 판대공에서도 볼 수 있어 독특하다.

그리고 대청마루 3칸은 소란반자틀로 짠 화려한 우물천장이고 온돌은 나무반자틀 위에 종이반자로 마감하였으며, 지붕은 중연과 단연 위에 걸쳐서 덧서까래를 걸쳐 지붕곡을 잡은 후 겹처마 팔작 기와 지붕을 올렸는데, 이는 용마루를 설치하지 않는 무량각 지붕 형태로 인한 것으로 보여지고 있다.

[그림 834] 통명전 측면 팔작지붕 용두 및 잡상

[그림 835] 내림마루의 용두 장식
(문화재청, 『창경궁 통명전 실측조사보고서』)

[그림 836] 무량각 용마루

또한 지붕 용마루에는 경복궁의 침전건물인 교태전의 지붕 형태와 같이 착고와 부고 등의 기와를 올리지 않고 곡曲기와를 설치하여 지붕의 전,후면을 연결한 무량각無梁閣 지붕으로 올렸다. 용마루 양측면과 내림마루 등에 궁궐건축의 특성인 양성바름과 내림마루에는 용두장식을, 추녀마루에는 건물의 안전과 주술적 성격을 가지는 대당사부와 비희,치문 등의 잡상을 배치하였다. 그리고 건물 내부 대청마루 배면 상부와 전면 어칸 처마 밑에 "통명전通明殿" 현판이 걸려 있다.

7) 경복궁 경회루(국보 제224호)

(1) 건립시기

[그림 837] 경복궁 경회루 전경

경복궁은 조선 왕조의 정궁正宮으로 태조 3년(1394)에 한양의 북악산 앞에 궁궐을 창건하기 시작하였다. 경회慶會는 "임금과 신하가 덕으로 즐겁게 만나는 곳"이라는 의미가 담긴 이 경회루는 외국에서 온 사신들의 접대 또는 왕실의 연회 장소로 사용할 목적으로 태종 12년(1412)에 건립되었다. 그러나 화재나 임진병란 등으로 소실되어 오래동안 그 터만 유지되어 오다가 고종 2년(1865)에 대왕대비인 신정왕후의 명으로 경복궁이 다시 중건되기 시작하면서 고종 4년(1867)에 대원군에 의해 다시 지어진 건물[7]이다.

(2) 평 면

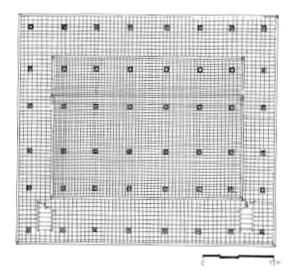

[그림 838] 경회루 1층 평면도

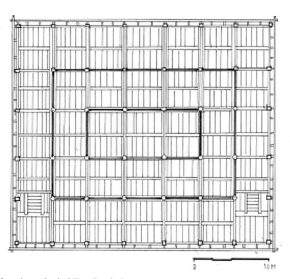

[그림 839] 경회루 2층 평면도

[그림 840] 경회루 진입 평석교

근정전 서북쪽에 왕실의 권위와 위엄을 상징하기 위하여 규모가 장대한 사각형의 큰 연못을 먼저 조성한 후 연못 내에 잘 다듬은 장대석으로 축대와 기단을 쌓은 상부에 경회루를 건립하였다.

경회루 주변 4면에는 난간하엽 위에 팔각의 돌란대를 댄 석난간을 돌려 세웠으며, 난간 위 돌란대가 꺾이는 곳에는 정교하게 조각된 각종 석수石獸가 외부를 향하여 세워져 있다. 그리고 연못 서쪽편에는 돌계단을 설치하여 배를 탈 수 있는 선착장을 만들었고, 동쪽편에는 3개소의 평석교를 가설하여 경회루를 통행하도록 하였는데, 이 석교 앞에는 자시문資始門, 함홍문含弘門, 이견문利見門 등 3동의 협문이 나란히 세워져 있다.

그리고 경회루 앞 연지 서편에는 장방형으로 된 2개의 만세산萬歲山을 조성하였고, 좌측 호안석에 걸쳐서는 육각정으로 된 하향정荷香亭이 후대에 세워져 경회루 주변 경관을 더욱 아름답게 꾸며 주고 있다.

경회루는 궁중 연회를 베풀거나 외국의 사신들을 접견하던 장소로 이용하기 위하여 외벌대의 낮은 장대석 기단 위에 정면 7칸, 측면 5칸의 규모가 큰 중층의 누각건물로 건립하였다.

[그림 841] 경회루 1층 석조 민흘림 기둥과 계자난간

　1층은 외진공간과 내진공간으로 구성한 후 바닥을 2단으로 조성하여 방형의 전돌을 깔았는데, 외진부에 세운 방형석주와 내진부에 세운 원형석주로 된 48개의 민흘림 기둥을 세워 2층을 지지하도록 하고 있다. 약 5m가 되는 높은 기둥은 누각의 장중함을 더해 주고 있으며, 기둥 간사이는 모두 개방하여 바람길을 만들어 연못으로 둘러 쌓인 경회루의 습기에 대비할 수 있도록 하고 있다. 1층 천장은 소란반자 틀로 짠 우물천장을 가설한 후 각종 꽃문양 속에 화려하고 아름다운 금단청을 하여 2층의 계자난간과 낙양 등과 조화를 이루도록 하였다. 특히 왕실에서 중요한 행사 때 연회장으로 사용하던 2층은 외진과 내진, 중궁 등 3중의 평면으로 구성되고 있는데, 이렇게 구성된 외진과 내진, 그리고 중궁의 3공간은 외진공간에서 중궁쪽이 점점 높아지도록 삼중의 단으로 구성하고 있다. 이는 주역의 원리[8]를 경회루에 적용한 것으로 1중은 중궁中宮으로 천天지地인人을 상징하고 있는 것으로 8개의 기둥을 세워 팔괘八卦와 천지만물을 상징하고, 2중은 12개의 공간을 두어 1년의 12개월을 상징하며, 3중의 24개 기둥은 24절기를 나타내고 있다.

　또한 2층 바닥을 3중으로 단 차이를 둔 각 공간 사이에는 창호가 설치되고 있는데, 외부공간과 접하고 있는 외진부인 툇칸에는 창호를 달지 않고 개방하여 자연과 직접 접할 수 있도록 한 후 기둥 간사이에 화려하고 아름다운 낙양을 장식적으로 부착하였다. 그리고 내진부에는 궁창널을 댄 사분합 띠살 들어열개 문 위에 만자형 고창과 양면에 장지를 바른 정자창이 설치되었다. 가장 높은 공간인 중궁에는 궁창판을 댄 6분합 아자창 미서기문을 달고 있는 상부에 만자형 고창과 양면에 장지를 바른 정자살창이 설치되어 있다.

　2층 천장은 1층 천장과 같이 소란반자 틀에 아름다운 꽃문양을 넣은 우물천장으로 마감하였으며, 2층 툇마루 앞으로는 난간하엽에 돌란대를 댄 계자난간을 4면에 설치하고 기둥 간사이에는 화려한 낙양을 부착하여 누각건축의 외관을 한층 돋보이게 하고 있다.

　경회루의 주간 간격은 정면 7칸 중 중앙 어칸 5.20m, 양협칸 4.90m, 양퇴칸 4.60m, 양단칸 4.70m로 각각 다르게 잡고 있으며, 측면 5칸도 중앙 어칸 6.10m, 양협칸 5.20m, 양퇴칸 5.80m로 다르게 잡고 있다.

(3) 공 포

[그림 842] 경회루 공포(문화재청, 경회루 실측조사 및 수리공사 보고서)

[그림 843] 경회루 공포 내부 양봉

경회루의 공포는 초익공이 주두의 운두 부분과 엇물려서 창방과 十자 방향으로 직교하여 외부로 돌출되고 있다. 초익공 위에는 도리방향으로 양단에 소로를 놓고 사절 쌍S자형 곡선으로 다듬은 주심두공이 결구되어 있는 이익공에 재주두를 놓고 퇴량을 받쳐주고 있는 전형적인 무출목 이익공 양식이다. 특히 이익공에 직교하여 끼워진 것처럼 보이는 두공은 독립된 부재가 아니고 장화반에 함께 새겨 놓고 있어[9] 그 수법이 독특하다.

공포에 결구되어 있는 초익공과 이익공뿌리는 양 몸에 화려한 당초문의 초새김을 한 채 상부가 수평으로 길게 빠져 나가다가 끝부분에서 아래로 약간 휘어지는 수서형으로 되어 있다. 이러한 모양의 쇠서 형태는 주로 궁궐이나 관아건축에서 많이 볼 수 있는데, 조선 중,후기적 특성으로 볼 수 있으며, 익공뿌리 아래면은 파련문으로 다듬었고 건물 내부로는 양봉으로 처리하여 퇴량의 단부를 받쳐주고 있다.

[그림 844] 창방 상부 운공 화반

그리고 창방으로 결구되어 있는 주간에는 화려한 초화문을 새긴 장화반과 직교하여 주심도리와 장혀를 감싸듯이 하며 결구된 운공雲工을 정면에는 3구 내지 4구씩, 측면에서는 4구 내지 6구씩 배치하여 경회루의 외관을 더욱 장엄하고 아름답게 장식을 하고 있다.

(4) 가 구

경회루의 가구는 외진의 방형평주와 내진의 원형고주 사이에 2중의 퇴량과 대량을 걸은 후 그 위에 다시 종량을 세운 2중량 11량가의 지붕틀 가구로서, 부석사 무량수전과 수덕사 대웅전과 함께 우리나라 전통목조 건축물에서 그 규모가 가장 큰 지붕틀 가구 중의 하나이다.

2층 누마루는 3중으로 된 공간 사이에 단段 차이를 두었는데, 툇칸의 외진 마루가 가장 낮고 외진과 중궁

사이에 있는 내진마루가 좀더 높고 중앙에 해당하는 중궁이 가장 높게 만들어 각 공간 간에 위계를 가지도록 마루 높이를 만들었다.

그리고 대량 상부 양측에 보아지가 끼워져 있는 높은 동자주를 세워 뜬창방이 결구되어 있는 높은 판대공을 세워 종도리와 함께 지붕하중을 받도록 하고 있다. 툇칸은 연등천장으로 내부 가구재가 노출되고 있으나 내진과 중궁에는 소란반자틀의 우물천장으로 짠 후 연꽃이나 모란 등의 각종 꽃이나 길상문자 등을 금단청으로 하여 각종 목부재에 그려진 단청색과 어울려 더욱 화려하고 아름다운 천장으로 만들고 있다.

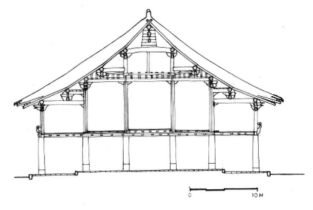

[그림 845] 경회루 지붕틀 가구

[그림 846] 경회루 후림지붕의 아름다움 모습

지붕은 겹처마 팔작 기와지붕을 올렸으며, 비교적 크게 만든 양측 합각 박공널에 있는 목기연 밑에는 처짐과 장식을 목적으로 하는 초엽을 끼우고 용마루와 추녀마루 옆면에 궁궐건축에서 많이 볼 수 있는 하얀색의 양성 바름을 하고 있다. 또한 용마루 양 끝에 취두로 장식하여 지붕을 한층 돋보이게 하고 있으며, 추녀마루 위에는 용두와 초도, 비희 등의 잡상을 배치하여 건물의 안전을 기원하고, 2층 중앙 어칸 처마 밑에 대형의 "경회루慶會樓" 현판이 걸려 있다.

특히 경회루는 사각형의 연지를 먼저 조성한 후 그 연못 안에 건립한 중층 누각건축으로 그 규모의 장중함과 함께 조선시대의 수준 높은 건축술을 보여 주고 있다. 특히 연지에 반영된 경회루의 모습은 마치 한폭의 동양화를 보는 듯 형용할 수 없는 아름다움으로 많은 찬사를 받고 있는 건물 중 하나로서, 한국 전통건축미의 정수精髓를 보여주고 있다.

8) 경복궁 자경전(보물 제809호)

(1) 건립시기

[그림 847] 경복궁 자경전 전경

[그림 848] 자경전 꽃담

[그림 849] 자경전 십장생 굴뚝

경복궁 자경전은 조선이 개국한 후 도성을 한양으로 옮길 당시에는 없었던 건물로서 고종 때 흥선대원군이 경복궁을 중창할 때 지어진 건물로 알려지고 있으며, 자경전은 침전건물로서 당호에 "전殿"이 들어가 있는 건물로 "자경慈慶"은 국왕의 어머니인 왕대비가 "복을 누린다"는 뜻으로 이름을 지었다고 한다.

경복궁의 대비전 건물로서, 조선 고종 2년(1865)에 대왕대비인 신정왕후를 위하여 건립된 후 고종 9년(1872)과 고종 13년(1876)에 발생된 화재로 두번 소실된 후 고종 25년(1888)에 다시 중건[10]되었다.

자경전을 감싸고 있는 담장 중 특히 서쪽 담장에는 강회로 만든 사각형 안에 꽃과 나비 문양이나 길상무늬 등 상서로운 기운과 장수를 상징하는 23개의 문양들이 부조浮彫된 아름다운 꽃담으로 둘려 쌓여져 있다. 특히 자경전 뒤편에 있는 굴뚝은 우리나라에서 가장 아름다운 굴뚝으로서 아래편에는 불가사리로 알려진 서수瑞獸를 양쪽편에 배치하고 중간에는 십장생을 표현하는 각종 부조浮彫가, 그 위에는 귀면문양 옆에 학을 배치하여 대왕대비의 만수무강을 기원하고 있다.

특히 자경전 대청마루 우측 기단 앞에는 화기火氣를 진압하는 동물을 상징한다는 석수石獸 한 마리가 웅크린 채 남쪽을 향해 응시하고 있는데, 이는 그동안 중창 후 2번씩이나 화재를 당한 자경전을 보호하기 위한 것이 아닌가 보여지고 있다.

(2) 평 면

경복궁 궐내의 침전건물인 자경전은 잘 다듬은 화강석의 장대석을 4벌대로 퇴물림 기법으로 축조한 기단위에 본채인 자경전과 침방인 복안당, 내루인 청연루, 그리고 부속건물인 협경당으로 구성되어 건립되었다. 그중 본채인 자경전은 정면 10칸, 측면 4칸의 一자형 평면으로 구획되고 있는데, 실

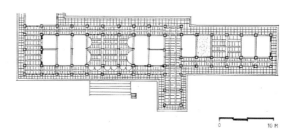

[그림 850] **자경전 평면도**

내를 내진공간과 외진공간으로 구분하여 각 실을 배치하고 있다.

[그림 851] **자경전 내부 대청마루**

자경전의 중심공간인 내진에는 중앙 3칸 통칸의 넓은 대청을 중심으로 좌측에는 3칸의 온돌방과 1칸의 누마루로 된 툇칸을, 그리고 우측에는 2칸의 온돌방과 1칸의 누마루로 된 툇칸을 대칭적으로 드렸는데, 외진공간 1칸은 내진공간을 감싸는 툇마루로서 각 실을 연결하는 통로로 이용하고 있다.

중앙 대청의 앞과 배면 창호는 사분합 띠살 들어열개문을 달았고, 툇마루 앞은 머름중방 위에 교창이 있는 사분합 띠살창을 달았으나 중앙 대청 앞 3칸에는 문을 달지 않고 개방하였다. 그리고 대청과 좌,우 온돌방 사이에는 팔분합 불발기와 완자 장지문의 2중으로 된 대형의 들어열개 문을 달았고, 좌,우 온돌방과 온돌방 사이에는 4분합 완자 장지문을 달았다.

주간柱間 간격은 정면 중앙 8칸은 2.75m씩 등간격으로 구획하고, 툇마루를 드린 양단칸은 3.06m로 조금 넓게 잡았으며, 측면 중앙칸은 2.70m로, 양단칸은 1.53m로 각각 잡았다.

(3) 공포

[그림 852] 자경전 공포

[그림 853] 자경전 공포 내부 양봉

자경전의 공포는 초익공이 주두의 운두 부분과 엇물려서 창방과 +자 방향으로 직교하여 외부로 돌출되고 있다. 초익공 위에는 양단부에 소로를 놓고 사절 연화문 곡선으로 다듬은 주심두공이 결구된 이익공이 다시 놓이면서 재주두를 놓고 퇴량을 받쳐주고 있는 전형적인 무출목 이익공 양식이다.

공포에 결구되어 있는 초익공과 이익공은 양몸에 당초문으로 화려하게 초새김을 한 채 상부가 수평으로 되어 주심에서 길게 빠져 나가는 수서형으로 되어 조선후기 궁궐이나 관아건축에서 많이 사용하던 익공뿌리의 특징을 잘 보여주고 있다. 익공의 아래면은 파련문으로 다듬었고 건물 내부 역시 초익공과 이익공의 몸에 파련문을 한 양봉으로 처리하여 퇴량을 단부에서 구조적으로 받쳐주고 있으며, 대량의 보머리도 당초문과 운공형으로 다듬었다.

또한 창방으로 결구되어 있는 주간에는 화려한 초화문을 새긴 장화반과 직교하여 주심도리와 주심도리 장혀를 감싸듯이 하며 결구된 운공雲工을 퇴칸에는 1구, 나머지 칸에는 모두 3구씩 배치하여 주심도리 장혀를 구조적으로 받치면서 궁궐의 침전인 자경전의 건물 정면을 더욱 화려하고 아름답게 장식하여 주고 있다.

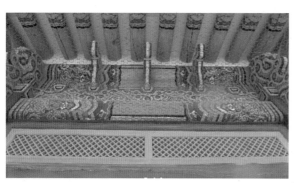

[그림 854] 창방 상부 운공이 결구된 장화반

(4) 가구

자경전의 가구는 외진평주와 내진고주 사이에 퇴량을 걸은 후 다시 양 내진고주 사이에 대량과 종량을 걸고 있는 2중량 7량가의 지붕틀 가구이다.

당초문을 새긴 물익공 형태의 보아지가 결구된 내진고주 사이에 대량을 걸고 있는데, 대량 상부 양측에도 같은 형식의 물익공 계통의 포동자를 세워 종량을 받고 있다.

그리고 종량 상부 중앙에는 4장의 판재를 중첩시켜 뜬창방을 결구한 높은 사다리꼴 형태의 판대공을 설치하여 종도리와 함께 이중도리로 무거운 지붕하중을 받도록 하고 있다.

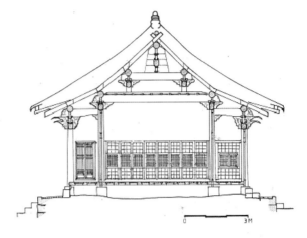

[그림 855] 자경전 지붕틀 가구

[그림 856] 자경전 대청 상부 소란반자

자경전 중앙 대청마루 상부에는 대량 상단면에 걸쳐서 소란반자틀로 짠 화려한 우물천장을 가설한 후 단청을 하고 있다. 특히 반자틀 내에는 바탕에 군청가칠을 하고 녹,황실을 둘러 주홍 풍혈을 만들고 하엽으로 쌍희문을 넣었으며, 반자 네모서리에 박쥐문을 넣어 장식을 하여 궁궐의 침전건물의 화려함을 보여주고 있다. 온돌방은 천장지를 바른 종이반자이고 누마루와 툇마루가 설치된 일부 전퇴칸 부분은 연등천장으로 마감하였다.

지붕은 겹처마 팔작 기와지붕을 올렸으며, 합각 옆 박공널에 끼워져 있는 목기연 밑에 처짐방지와, 그리고 장식적 목적의 초엽을 끼우고 있다. 또한 지붕 용마루에는 용두장식과 함께 궁궐건축의 특성인 양성 바름이 되어 있고, 추녀마루 위에 건물의 안전과 벽사辟邪의 주술적 성격을 갖는 일종의 장식기와로서 집을 잘 지킨다는 비희와 바라보기를 잘 한다는 치문을 비롯하여 취두 등의 잡상이 올려져 있다.

중앙 대청 앞 처마 밑에 "자경전慈慶殿" 현판이 걸려 있다.

[그림 857] 자경전慈慶殿 현판과 추녀마루 잡상

9) 창덕궁 희정당(보물 제815호)

(1) 건립시기

[그림 858] 창덕궁 희정당 전경

창덕궁의 내전건물로서, 원래는 침전 가까이 두어 평상시 왕이 학문을 닦는 장소로 이용되었던 수문당이었다. 그러나 연산군 2년(1495)에 "정치를 잘하면 백성이 즐겁다"라는 뜻을 가진 희정熙政의 희정당으로 당호가 바뀐 건물이다.

희정당의 창건 시기는 확실하지 않으나 동궐도[11]에 의하면 원래 평면은 정면 5칸, 측면 3칸의 중층의 누각식 형태로 건립된 것으로 보이나 창덕궁과 함께 건립된 이후 임진병화와 인조반정 등으로 여러번에 걸쳐서 화재가 반복되었다. 현재의 희정당은 1917년에 궁궐의 내전 건물과 함께 불에 탄 것을 1920년에 경복궁의 침전인 강녕전을 철거한 재목으로 다시 중건[12]한 것으로 알려지고 있다.

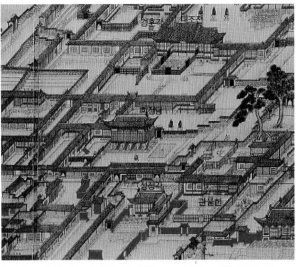

[그림 859] 동궐도의 희정당(동궐도, 고려대학교 박물관 소장)

(2) 평 면

창덕궁 희정당은 창건 이래 여러번의 화재를 거친 후 1920년에 침전인 대조전 앞에 현재의 평면 형태로 다시 중건되었다. 이때 희정당 남쪽에 중앙 현관과 함께 남행각과 그 좌,우편에 있는 동행각과 서행각을 "ㄷ자형"으로 붙여 지은 후 두 행각의 북측면을 희정당의 동, 서 퇴칸에 연결시키고 있다.

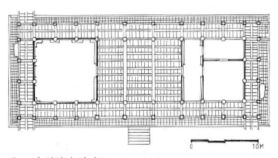

[그림 860] 희정당 평면도

[그림 861] 희정당 신관 남측 중앙 현관

희정당은 낮은 지대석 위에 잘 다듬은 장대석으로 네벌대 쌓기로 축조한 후 방전을 깐은 기단 위에 방형의 화강석 주초석을 놓고 외진평주는 방형기둥을, 내진고주는 원형기둥을 각각 세워 정면 11칸, 측면 5칸의 一자형 평면으로 구획된 규모가 큰 건물이다.

건물의 내부는 중앙 3칸 통칸에 우물마루를 깐은 넓은 대청 공간에 좌측에는 해금강도가, 우측에는 금강산도가 걸려있는 현대식 가구로 꾸민 응접실로 꾸몄는데, 좌측 3칸에는 회의실로, 그리고 우측 3칸에는 이발소 및 목욕탕 등의 편의시설로 만든 후 4면으로 돌아가면서 1칸의 복도용 툇마루를 들여 통로 역할을 하도록 하였다.

[그림 862] 희정당 내부 응접실과 창호

그리고 희정당의 창호는 정면 11칸 중 툇마루 앞 중앙 3칸은 궁창널을 댄 6분합 완자살 분합문을 달았고 그 좌,우 3칸에는 머름중방 위에 사분합 띠살 분합문을 각각 달았다. 또한 배면에는 중앙 어칸에만 궁창널을 댄 6분합 완자살의 분합문을 달고, 그 좌, 우 4칸씩에는 머름중방 위에 4분합 아자살문을, 그리고 양단칸에는 쌍여닫이 아자살 문을 달고 있다.

또한 주간 간격은 정면 11칸 중 중앙 3칸은 4.30m로, 그 좌우 3칸은 3.06m로, 양단칸은 2.15m로 구획하고 있으며, 측면 5칸 중 중앙 3칸은 3.07m씩 같게 잡고, 양단칸은 2.15m로 구획하고 있다.

(3) 공포

[그림 863] 희정당 공포

[그림 864] 희정당 공포 내부 양봉

희정당의 공포는 초익공이 주두의 운두 부분과 엇물려서 창방과 十자 방향으로 직교하여 외부로 돌출되고 있다. 초익공 상부에는 다시 양 마구리 상단에 소로가 놓이면서 사절 연화문형 곡선으로 다듬어져 있는 주심두공이 결구된 이익공이 놓이면서 주심부에 다시 재주두를 놓고 퇴량을 받고 있는 전형적인 무출목 이익공 양식이다.

[그림 865] 희정당 창방 상부 운공이 끼워진 장화반

공포에 결구되어 있는 초익공과 이익공뿌리 모두 상부가 수평으로 되어 외부로 길게 돌출되고 있는 조선 후기의 궁궐건축에서 흔히 볼 수 있는 전형적인 수서형이며, 익공 몸에는 당초문을 초새김 하였고 그 하부면은 파련문으로 다듬었다. 건물 내부로는 초익공과 이익공 양몸에 천장색과 어울리는 화려한 당초문으로 초각한 후 한몸의 양봉으로 처리하여 퇴량의 단부를 구조적으로 받쳐주고 있으며, 대량의 보머리도 당초문과 운공형으로 다듬어 결구시키고 있다.

창방으로 결구된 주간에는 통부재에 화반문양을 초각한 후 운공雲工을 끼운 화려한 외소로형 장화반을 중앙 3칸에는 모두 5구씩 배치하고 그 다음 3칸에는 3구씩, 그리고 양단칸에는 2구씩의 장화반을 배치하여 화려하게 채색된 금단청과 함께 궁궐의 내전건축을 더욱 돋보이게 하고 있다.

(4) 가구

희정당의 가구는 외진평주와 내진고주 간에 퇴량을 걸은 후 양 내진고주 사이에 대량과 종량을 걸고 있는 규모가 비교적 큰 2중량 7량가[13]의 지붕틀 가구이다.

특히 양 내진고주 사이에 걸고 있는 8본의 대량 가운데 좌단에 걸려있는 대량만이 한 부재로 된 대량이고, 나머지 7본의 대량은 두 부재를 그랭이질로 치목하여 겹쳐서 걸고 있는 합보 형태인데, 이 대량 상부 양측에 당초문이 새겨진 보아지와 뜬장혀가 결구되어 있는 동자주를 세워 종량을 지지하고 있다.

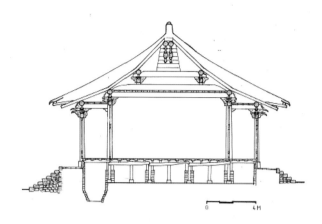

[그림 866] 희정당 지붕틀 가구

[그림 867] 희정당 쌍종도리와 쌍뜬창방
(문화재청, 창덕궁 희정당 수리보고서, 2002)

[그림 868] 쌍종도리 뺄목과 쌍뜬창방 뺄목

[그림 869] 퇴칸 상부 소란반자 우물천장

또한 종량 상부 중앙에 높은 사다리꼴형의 판대공을 세워 종도리를 받치도록 하였는데, 특히 이 판대공에는 우리나라의 전통 목조건물에서는 보기드문 쌍 종도리와 쌍 뜬창방이 함께 결구되고 있어 독특하다. 이러한 예는 창덕궁 대조전과 창경궁 통명전의 판대공에서도 볼 수 있으며, 종도리와 뜬창방 사이에도 건물 정면에 있는 창방 상부와 같은 형태이나 운공이 끼워져 있지 않은 외소로형 장화반을 같은 수로 배치하고 있다.

희정당 중앙 어칸의 천장과 퇴칸 일부 천장에는 대량 상단에 걸쳐서 화려한 소란반자로 된 우물천장이 설치되어 있는데, 단청색이 매우 아름다우며, 일부 온돌방에는 석고 우물반자에 현대식 장식 전등이 달려 있다.

그리고 지붕은 겹처마 팔작 기와지붕을 올렸는데, 궁궐건축의 특성인 용마루와 추녀마루 밑에 하얀색의 양성 바름을 하였으며, 합각 옆 박공널에 있는 목기연 밑에 처짐과 장식을 목적으로 하는 초엽草葉을 끼우고 있다. 또한 용마루 양단에는 취두가, 추녀마루 양 끝에는 건물의 안전을 기원하기 위한 대상사부와 저팔계 등 7구의 잡상이 배치되었고, 중앙 어칸 처마밑에 "희정당熙政堂" 현판이 걸려 있다.

[그림 870] 희정당 측면 지붕 양성바름 및 잡상

10) 장성 필암서원 사우(우동사)(사적 제242호)

(1) 건립시기

[그림 871] 장성 필암서원 우동사祐東祠 전경

[그림 872] 필암서원 "붓" 바위
(김희곤, 한국의 서원, 미술문화, 2019)

낮은 야산인 유민산을 배경으로 앞쪽에 넓은 들판이 펼쳐지는 평지에 세워진 필암서원은 원래 선조 23년(1590)년에 하서河西 김인후金麟厚(1510-1560)의 학문과 정신을 추모하기 위하여 기산 아래에 창건되었으나 임진왜란과 정유재란 등을 거치면서 병화로 소실된 후에 인조 24년(1624)에 증산으로 옮겨 지었다.

그러나 홍수로 인하여 현종 13년(1672)에 다시 필암리로 옮겨지은 서원으로서, 그 후에도 영조 20년(1744)에 "군자의 학문은 모든 것을 공정하게 대하는 마음을 배우는 것"이라는 의미를 담고 있는 중층 누각형식의 외삼문인 확연루를 중건하는 등 부분적인 보수가 있었던 것으로 알려지고 있으며, "필암筆巖"은 고향마을인 맥동마을 앞 붓처럼 생긴 바위에서 유래[14]되었다고 하며 병계 윤봉구가 쓴 "필암" 2자가 새겨져 있다.[15]

또한 필암서원은 호남지방 유학의 산실로서 서원의 재산과 운영 등에 관한 중요한 문서를 소장하고 있을 뿐만 아니라 조선시대 서원의 공간구성에서 다른 서원에서 볼 수 없는 또 다른 특성을 보여 주고 있어서 2019년에는 유네스코 세계문화유산으로 등재된 9개소의 서원 중 한 곳으로도 잘 알려져 있다.

(2) 배치 및 평면도

[그림 873] 필암서원 배치도

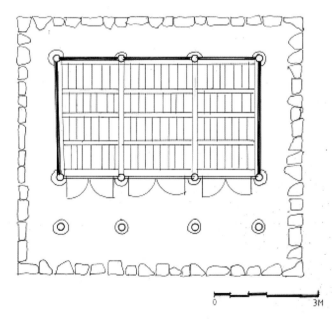

[그림 874] 사우(우동사)평면도

일반적으로 평지에 건립되는 서원이나 향교의 경우 공간 위계상 전면에 사우가 배치되고 배면에 강학공간인 강당이 배치되는 전묘후학前廟後學 형식과는 다르게 필암서원의 경우 평지에 건설된 서원임에도 전학후묘前學後廟의 배치방식을 따르고 있어 독특하다.

특히 필암서원의 경우 일반적으로 강학공간의 중심건물인 청절당을 서원의 입구쪽인 확연루를 바라보고 건립되어야 함에도 불구하고 배면에 있는 사우인 우동사祐東祠를 향하여 대청마루가 열려 있을 뿐만 아니라 동서양재인 진덕재와 숭의재도 강당건물 전면이 아닌 배면 양쪽에 대칭적으로 배치시키고 있는데, 이러한 특이한 배치는 성리학의 대가였던 하서 김인후의 위패가 모셔져 있는 우동사를 바라 보면서 도학과 절의정신을 항상 마음깊이 되새기면서 학문수련에 정진하라는 큰 뜻이 담겨져 있다고 한다.

그리고 경내 입구에 세워진 외삼문인 중층 누각식의 확연루를 지나 유생들의 강학공간에 세워지는 명륜당인 정면 5칸, 측면 3칸의 청절당 배면에 사우건물인 우동사가 남향하여 배치되고 있다. 우동사는 2벌대의 자연석으로 쌓은 낮은 기단 위에 전면에는 원형초석 위에 다시 팔각의 주형 장초석을, 그리고 배면은 덤벙주초석 위에 간단하게 원형주좌를 조출한 초석을 혼합하여 놓았다. 초

[그림 875] 필암서원 경내 입구 홍살문과 확연루

석 상부에는 민흘림이 있는 원형기둥을 세워 정면 3칸, 측면 2칸의 비교적 규모가 작은 평면으로 구획하였는데, 전면 1칸에 전툇칸을 둔 개방형 평면형으로 하여 참배공간을 마련하였다.

사우인 우동사 내부는 우물마루를 깐 통칸通間으로 하여 정칸 배면벽에 하서 김인후(1511-1560)의 위패를 주향으로 안치하고 동쪽벽에 양산보의 아들이자 김인후의 사위인 고암 양자징(1523-1594)을 추가로 배향하고 있다.

그리고 창호는 정면 3칸에 모두 머름중방 위에 2중의 궁창판을 댄 귀갑문양의 쌍여닫이 분합문을 각각 달았는데, 분합문 상부 포벽에도 2중의 머름을 짜서 장식을 하였다.

주간 간격은 정면 3칸중 중앙 정칸은 2.15m로 잡고 양협칸은 1.85m씩 같게 잡았으며, 측면 2칸은 배면칸 3.30m, 툇칸인 전면칸 1.40m로 구획하였다.

[그림 876] 사우(우동사) 내부(문화재청, 장성 필암서원 정밀실측조사보고서)

(3) 공 포

[그림 877] 사우(우동사)공포

[그림 878] 사우(우동사) 공포 내부 양봉

우동사의 공포는 초익공 부재가 주두의 운두 부분과 엇물려서 창방과 十자 방향으로 직교하여 돌출되고 있다. 초익공 위에는 다시 양단에 소로를 놓고 파련문으로 조각을 한 주심두공을 결구시킨 후 재주두를 놓고 퇴량의 단부를 받도록 한 무출목 이익공 양식이다.

공포에 결구되어 외부로 돌출되고 있는 초익공과 이익공의 뿌리가 초익공 뿌리는 앙서형으로, 이익공은

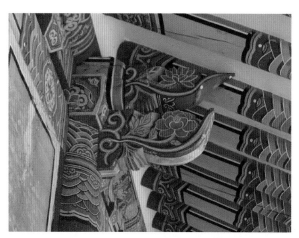

[그림 879] 사우(우동사) 배면 공포(무출목 초익공양식)

[그림 880] 창방 상부 화반

수서형으로 뻗고 있는데, 익공 상,하부에 연봉과 활짝 핀 연꽃을 조각하고 수직으로 절단시킨 보뺄목 외단에도 봉두가 부착되는 등 금모루 단청색과 함께 매우 장식화 된 공포 형식으로 되어 있으며, 익공의 내단에도 연꽃 장식과 함께 연봉오리 등 복잡한 파련문 조각을 하여 퇴량의 단부를 받쳐주고 있다. 이와같이 익공뿌리에 연꽃이나 연봉 등으로 화려하게 꽃새김하는 수법은 15세기~16세기 경인 조선 중기경에 서원이나 누정, 사찰의 전각 등에서 볼 수 있는 수법으로 볼 수 있다.

특히 사우인 우동사의 전,후면 공포를 서로 다르게 짜고 있어 독특한데, 배면의 공포는 전면과 다르게 무출목 초익공 양식으로 구성하고 있다. 이는 지붕틀 가구에서 대량의 단면과 퇴량의 단면이 서로 다른데 따른 건물 높이를 맞추기 위한 수법과 사우 전면의 외관을 간결한 무출목 초익공 양식보다는 장중하고 짜임새 있도록 할 수 있는 무출목 이익공양식으로 꾸미기 위해 의도적으로 퇴량의 단면을 대량보다 적게 한 것으로 보여지고 있다.

또한 창방 상부에도 사우의 전,후면 건물 높이 차이로 인하여 정면에서는 연꽃 등을 화려하게 초각한 외소로형 화반을 각간에 1구씩 배치하였으나 배면에서는 각간에 소로만을 놓고 주심도리 장혀를 받쳐주고 있다.

(4) 가 구

원래는 전면에 퇴간을 둘 경우 내고주를 세운 후 퇴량과 대량을 결구하여 지붕틀을 짜는 것이 일반적인 수법이다. 그러나 우동사의 가구는 내고주 대신에 평주를 세워 대량과 퇴량, 그리고 종량을 걸고 있는 2중량 5량가의 독특한 지붕틀 가구이다.

특히 퇴칸에는 대량보다 단면이 작은 퇴량을 맞보 형태로 걸은 후 그 높이 차이를 전면은 무출목 이익공 양식으로, 배면은 무출목 초익공 양식의 공포로 짜서 지붕 높이를 조절하는 수법을 사용하고 있다.

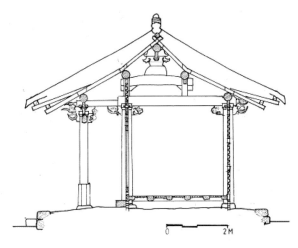

[그림 881] 우동사 지붕틀 가구

[그림 882] 사우(우동사) 내부 가구(문화재청, 장성 필암서원 정밀실측조사보고서)

대량 상부에는 종량 외단에 맞춰 직절시킨 간결한 보아지가 결구된 동자주를 양쪽에 세워 종량을 지지하고 있는데, 자연 곡재를 다듬은 종량 상부 중앙에 화려하게 초각을 한 독특한 형태의 파련대공을 설치하여 종도리와 함께 지붕하중을 받고 있으며, 대량과 종량, 대공, 연목등에 금모루 단청으로 화려하게 채색을 하고 있다.

[그림 883] **퇴칸 내고주 상부 가구와 산수화**

특히 사우 내, 외부의 벽 상부에는 많은 산수화가 그려져 있는데, 이러한 산수화는 내부벽 상부뿐만이 아니라 사우의 외부벽인 정면 3칸의 창호 상부 포벽과 사우 양측면과 배면벽 상부에도 아름다운 산수화 등이 돌아가면서 그려져 있다.

지붕은 겹처마 맞배 기와지붕을 이루고 박공면에 풍우風雨를

막기 위한 풍판을 달았으며, 중앙 정칸 처마밑에 "우동사祐東祠" 현판이 걸려 있다.

[그림 884] **우동사 측면 및 배면벽 상부 산수화**

11) 서산 개심사 명부전(충청남도 문화재자료 제194호)

(1) 건립시기

서산 개심사는 백제 의자왕 14년(654)에 혜감국사가 상왕산 남쪽에 개원사로 창건한 후 고려 충정왕 2년(1350)에 처능대사가 다시 중건하면서 개심사로 개명하였다고 전해지고 있다. 경내에는 1941년 대웅전 수

[그림 885] 서산 개심사 명부전 전경

리시 발견된 묵서명의 기록으로 조선 성종 15년(1484)인 조선초기에 건립된 건물로 밝혀진 보물 제143호로 지정된 대웅전 건물과 함께 기둥의 목부재가 대부분 자연목의 곡재를 사용하고 있는 사찰로 더욱 잘 알려져 있다.

명부전의 건립시기는 사적기에 의하면 광해군 5년(1613)에 인정仁定과 부익富益, 현오玄悟 등 세 대사大師에 의해 창건된 것으로 알려져 있다. 그러나 고종 26년(1889)에 죽포 김설제가 작성한 개심사 중창 중수기의 순치삼년명부전신설順治三年冥府殿新說에 의해 조선 인조 24년(1646)에 창건[16]된 건물로 보고 있다.

(2) 평 면

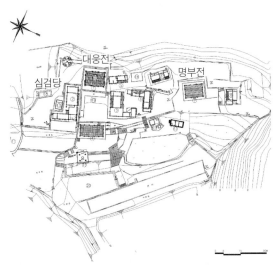

[그림 886] 서산 개심사 배치도
(문화재청, 개심사 대웅전 실측 조사보고서)

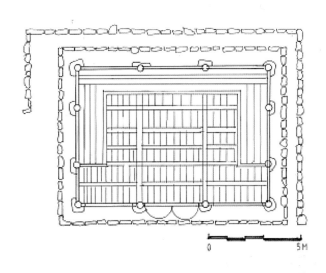

[그림 887] 명부전 평면도

명부전은 5층석탑이 있는 경내 중정을 중심으로 대웅전(보물 제143호)이 있는 중정 오른쪽 좌,우편에 심검당과 무량수각이, 그리고 전면에는 안양루가 전체적으로 튼 ㅁ자형으로 배치되어 있는 사찰 오른쪽 편에 치우쳐 위치하고 있다. "상왕산개심사象王山開心寺"라는 현판이 걸려있는 안양루 옆에 붙어있는 해탈문으로 들어가서 다시 우측편으로 꺽어 들어가면 주지실로 사용하고 있는 독선당과 우측에 경허당, 뒷편에 새로 지은 팔상전 및 보장전과 일곽을 이루면서 우리나라 토종 왕벚나무가 있는 작은 마당 옆에 남향하여 건립되었다.

지옥세계에서 중생을 구제하는 지장보살과 염라대왕 등 10대왕을 안치하고 있는 명부전은 2벌대로 쌓은 자연석 기단 위에 덤벙주초석을 놓고 원형기둥을 세워 정면 3칸, 측면 3칸의 一자형 평면으로 구획하였다.

[그림 888] 명부전 내부 불단

[그림 889] 명부전 내부 시왕상

명부전의 내부에는 기둥을 세우지 않고 우물마루를 깔은 넓은 통칸의 공간으로 조성하여 배면과 좌,우 측면에 불단을 조성한 후 중앙에 천불 지장보살 좌상과 도명존자와 무독귀왕를 협시挾侍로, 그리고 그 좌우에 시왕상十王像을 안치하고 있다.

그리고 창호는 정면 중앙 정칸에는 궁판을 댄 사분합 빗살문 들어열개문을 달았으나 양협칸에는 하방과 중방 사이에 판벽을 댄 위쪽에 대형의 빗살 들어열개창을 달아 환기와 채광을 하도록 하였으며, 배면과 측면은 모두 회벽으로 막음처리 하였다.

주간柱間 간격은 중앙 정칸을 3.60m로, 그리고 양협칸은 3.40m로 같게 구획하였으며, 측면은 중앙 정칸을 3.00m로 잡은 후 양협칸은 2.10m로 같게 구획하였다.

(3) 공 포

[그림 890] 명부전 공포

[그림 891] 명부전 공포 내부 양봉

[그림 892] **명부전 배면 공포**

공포는 초익공 부재가 주두의 운두 부분과 엇물려서 창방과 十자 방향으로 직교하여 외부로 돌출되고 그 위에 다시 도리방향으로 양단에 소로를 놓고 직절 교두형으로 다듬은 주심두공이 결구된 이익공 위에 재주두를 놓지 않고 직접 대량을 받고 있는 무출목 이익공양식이다.

공포에 결구되어 외부로 돌출되고 있는 초익공뿌리는 앙서형으로, 이익공뿌리는 수서형으로 뻗고 있는데, 앙서형의 초익공 상부에는 활짝 핀 연꽃을 조각하고 있다. 수서형의 이익공뿌리 하부에는 연봉오리를 조각하여 익공 몸 전체를 막 피어날 듯한 한폭의 연꽃줄기로 표현하고 있으며, 직절시킨 대량 외단에 봉두를 부착하여 더욱 화려한 외관을 형성하고 있다. 또한 명부전 건물 내부로는 초익공과 이익공을 한몸으로 하여 연꽃을 조각한 양봉으로 처리하여 대량의 단부를 구조 및 장식적으로 받쳐주고 있다.

그러나 명부전 배면의 공포는 화려한 전면 공포와는 다르게 간결한 구조로 구성하고 있는데, 초익공뿌리와 이익공뿌리를 물익공계로 모두 직절하였으며, 주심두공도 방형판재 양편에 소로를 놓고 주심도리 장혀를 받도록 하였다.

정면 화반

배면 화반

[그림 893] **창방 상부 화반**

그리고 창방 상부에 놓여지는 화반도 정면에는 방형 판재에 화려한 연꽃문양을 조각한 삼소로형 화반을 배치한 반면 배면은 조각을 하지 않은 역삼각형의 외소로형 화반을 배치하고 있는데, 이 역삼각형 형태는 같은 경내에 있는 심검당 화반에서도 볼 수 있다.

(4) 가구

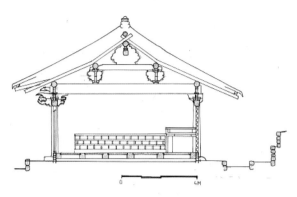

[그림 894] 명부전 지붕틀 가구

[그림 895] 종량 상부 가구 (문화재청, 개심사 대웅전 실측조사보고서)

　명부전의 가구는 전,후 평주 위에 단면이 큰 직선재로 된 대량을 걸은 후 대량 상부 양쪽편에 주두를 놓고 포대공을 설치하여 종량을 받고 있는 2중량 5량가의 지붕틀 가구이다.

　대량과 다르게 자연목의 곡재를 궁글려 걸고 있는 종량 상부 중앙에는 뜬창방이 결구되어 있는 높은 파련 대공을 설치하여 종도리와 함께 무거운 지붕하중을 받고 있으며, 천장은 모든 가구재가 노출되는 연등천장으로 설치하고 있다.

[그림 896] 대량 상부 포동자주

[그림 897] 명부전 현판

　지붕은 맞배기와 지붕을 올렸는데, 전면에는 겹처마로, 배면은 홑처마로 다르게 올려 비대칭적인 형태를 보여주고 있다. 측면 박공 부분에 풍판을 설치하였고, 중앙 정칸 처마 밑에 "명부전冥府殿" 현판이 걸려 있다.

12) 공주 감영청 선화당(충청남도 유형문화재 제92호)

(1) 건립시기

[그림 898] 공주 감영청 선화당 전경

공주 감영청 선화당宣化堂은 조선시대 충청지방의 청주목과 충주목, 홍주목, 그리고 공주목 등의 4목 가운데 하나였던 충주목에 태조 4년(1395)에 설치되었던 감영청을 선조 35년(1602)에 공주목으로 옮겨 온 충청도 관찰사가 공무를 집행하던 행정청으로서, 이때부터 충청도 전체를 관장하는 지방행정의 중심 역할을 담당하게 되었다.

여지도서에는 선화당을 비롯하여 50여 동의 많은 건물명과 칸수가 기록되어 있으나 지금은 선화당과 정문이었던 포정사 삼문만이 남아 있으며, 그 건립 시기는 선화당 현판이 조선 순조 33년(1833)에 조병현이 쓴 것으로 되어 있으나,[17] 여지도서에는 숙종 32년(1706)에 건립[18]한 것으로 기록되어 있다.

그러나 선화당은 1932년에 국립 공주박물관 앞마당으로 옮겨져 유물 전시공간으로 이용하여 오다가 충청 감영의 정문이었던 포정사 삼문과 함께 1992년에 현재의 장소인 국립 공주박물관 옆으로 옮겨 보존해 오고 있다.

(2) 평 면

선화당은 정면 8칸, 측면 4칸의 一자형 평면으로 구획되었는데, 원래 9칸이었으나 옮겨 지을 때 1칸을 줄여서 복원한 결과로 보여지고 있다.

내부는 통칸으로 하여 외진공간과 내진공간으로 구분한 후 내진공간에는 많은 칸막이를 하여 대청마루와 온돌방 등을 들여 관찰사의 업무공간 등으로 사용하고 외진공간은 4면으로 퇴칸을 만들어 통로로 사용되었

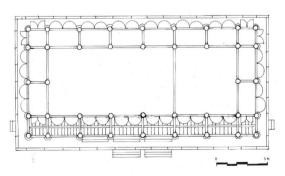

[그림 899] 선화당 평면도

을 것으로 생각되나 공주박물관의 전시실 등의 다른 용도로 사용하는 과정에서 많은 변형이 이루어진 것으로 보여지고 있다.[19]

주간柱間 간격은 정면 8칸 중 중앙 6칸은 3.10m의 등간격으로, 그리고 양단칸은 1.80m로 구획하였으며, 측면 4칸은 중앙 2칸은 3.15m, 양단칸은 1.85 m로 각각 잡았다.

(3) 공 포

공포는 초익공이 주두의 운두 부분과 엇물려서 창방과 十자 방향으로 직교하여 돌출되고 있다. 초익공 상부에는 양단에 소로를 놓고 사절 연화문곡선으로 다듬은 주심두공이 결구되어 있는 이익공 위에 재주두를 놓아 대량을 받쳐주고 있는 무출목 이익공 양식이다.

[그림 900] **선화당 공포**

공포에 결구되어 있는 초익공과 이익공은 양 몸에 당초문이 화려하게 초새김을 한 채 상부가 수평으로 길게 빠져 나가다가 끝단에서 아래로 살짝 휘어진 수서형이며, 익공의 하부면은 파련초각으로 다듬었고 내부로는 양봉으로 처리하여 퇴량의 단부를 받쳐주고 있다.

[그림 901] **창방 상부 운공이 결구된 화반**

그리고 창방으로 결구되어 있는 주간에는 초화문을 새긴 화반 상부에 운공을 결구시킨 외소로형 화반을 각간에 3구씩 배치하여 굴도리로 된 주심도리 장혀를 구조적으로 받쳐주면서 선화당 외관을 화려하고 장엄하게 꾸며주고 있다.

(4) 가 구

선화당의 가구는 외진평주와 내진고주 사이에 퇴량을 걸은 후 양 내고주 위에 대량과 종량을 걸고 있는 2 중량 7량가의 지붕틀 가구이다.

그리고 물익공 형태의 포가 결구되어 있는 내고주 상부에 걸고 있는 대량 상부 양측에 안쪽으로 간결한 보아지가 끼워져 있는 동자주를 세워 종량을 지지하고 있는데, 종량 상부 중앙에 뜬창방이 결구되어 있는 사다리꼴 형태의 높은 판대공을 설치하여 종도리와 함께 지붕하중을 받치고 있다.

또한 팔작지붕에서 생기는 합각 밑 처리는 충량을 걸쳐대고 그 위에 눈섭천장을 가설하여 가구재를 은폐하고 있다. 내진 공간에는 대량 하단에 우물천장을 가설하였으나 외진공간인 퇴칸에는 연등천장으로 되어 있다.

지붕은 겹처마 팔작 기와지붕을 올렸으며, 취두가 올려져 있는 용마루 양편과 내림마루 등에 궁궐건축에서 흔히 볼 수 있는 양성 바름이 되어 있다. 일반적으로 주간柱間에 걸고 있는 현판을 8칸의 짝수칸으로 옮겨 짓다보니 정면 중앙 처마 밑 기둥상부에 "임금이 덕을 베품으로서 백성을 교화한다"는 뜻을 가진"선화당宣化堂"현판이 걸려 있다.

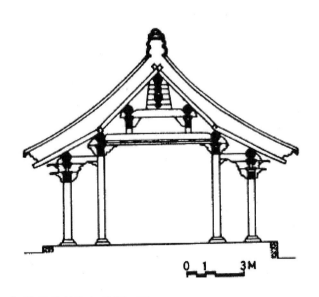

[그림 902] 선화당 지붕틀 가구

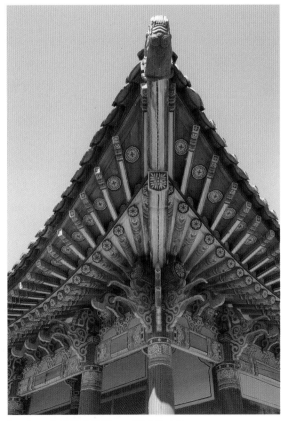

[그림 903] 선화당 우주隅柱 상부의 가구

6-1-4. 무출목 이익공양식의 정리整理

① 무출목 이익공양식의 발생 요인은 궁궐의 침전과 전각殿閣, 그리고 향교나 서원건축 등 건물의 다양성과 조선시대 양반사회에서 거주자居住者의 신분 상승에 따른 건물의 규모가 좀 더 커지게 되자 위계상 건물의 높이를 좀 더 높이면서 장식적인 면도 함께 화려하게 꾸밀 수 있는 새로운 건축양식의 요구에 따라 발생된 것으로 볼 수 있다.

② 무출목 이익공양식의 발생 및 정착定着과정은 1457년인 15세기 중반경에 건립된 안동 개목사 원통전의 공포에서 초기적인 무출목 초익공양식이 발생된 이후 해인사 수다라장(그림 904-①)이나 강릉 해운정 공포와 같은 전형적인 무출목 초익공양식을 거쳐서 무출목 이익공양식의 특징인 주심두공이 결구되어 있는 춘천 청평사 회전문과 의성 만취당, 안동 양진당, 그리고 안동 임청각 군자정과 같은 과도기적 양식(그림 904-②)을 거쳐 15세기 후반경에 건립된 강릉 오죽헌(그림 904-③)에서 전형적인 무출목 이익공양식

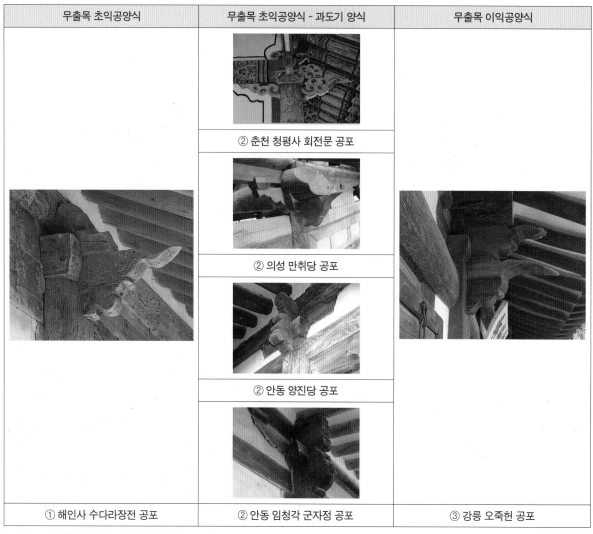

무출목 초익공양식	무출목 초익공양식 - 과도기 양식	무출목 이익공양식
	② 춘천 청평사 회전문 공포	
	② 의성 만취당 공포	
	② 안동 양진당 공포	
① 해인사 수다라장전 공포	② 안동 임청각 군자정 공포	③ 강릉 오죽헌 공포

[그림 904] 무출목 이익공양식의 발생 과정

으로 정착되고 있다.

③ 무출목 이익공양식의 공포 형상에
서 궁궐의 전각이나 침전, 그리고
지방 감영監營의 행정청이었던 선
화당 등의 건물인 경우에는 초익공
과 이익공 뿌리가 모두 수평으로 길
게 뻗어 나가다가 끝부분에서 아래
로 살짝 휘어 내리는 수서형을 이루
면서 그 하부면에 파련문의 조각을
하고 있는 전형적인 특징을 볼 수
있다. 그리고 건물 내부로는 초익

[그림 905] 창덕궁 구 선원전

공과 이익공을 한 몸으로 하여 당초문 등을 초각하는 양봉으로 만들어 퇴량 또는 대량의 단부를 구조적으
로 받쳐주고 있다.

그러나 17세기인 조선중기에 들어와서 공자를 비롯해서 선현들의 위패를 모시고 제사하는 서원의 사우祠
宇나 부처를 안치하고 예불禮佛하는 사찰의 전각殿閣 등은 건물의 성격상 대부분 익공뿌리가 초익공뿌리
는 앙서형으로, 이익공뿌리는 수서형으로 뻗으면서 익공뿌리 아래 위에 활짝 핀 연꽃이나 연봉오리 등으
로 화려하게 조각을 하는 장식적 경향이 일부 나타나기 시작하고 있으며, 건물 내부에서 대량의 단부를
구조적 또는 장식적으로 받쳐주고 있는 양봉의 조각도 아름다운 연꽃장식 등을 하고 있다.

[그림 906] 필암서원 사우(우동사)공포

[그림 907] 개심사 명부전 공포

④ 무출목 이익공양식에서는 창방 상부에 주심두공의 결구로 인하여 높아진 창방과 주심도리 사이에 다양
한 형태의 장화반이나 또는 화반을 배치하고 있는 특징을 볼 수 있다.

특히 궁궐 건물이나 지방 관아 등 권위적인 건물에서는 화반에 건물 내, 외 방향으로 초새김을 한 운공雲
工을 끼우거나 기둥 옆이나 창방 아래에 낙양 등을 부착하여 더욱 장엄하고 화려하게 건물의 정면을 꾸며
위계성을 한층 높혀 주고 있다.

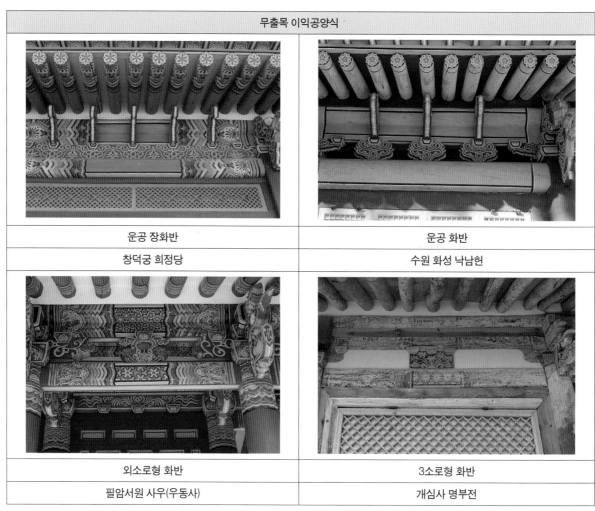

무출목 이익공양식	
운공 장화반	운공 화반
창덕궁 희정당	수원 화성 낙남헌
외소로형 화반	3소로형 화반
필암서원 사우(우동사)	개심사 명부전

[그림 908] 운공雲工화반과 화반花盤

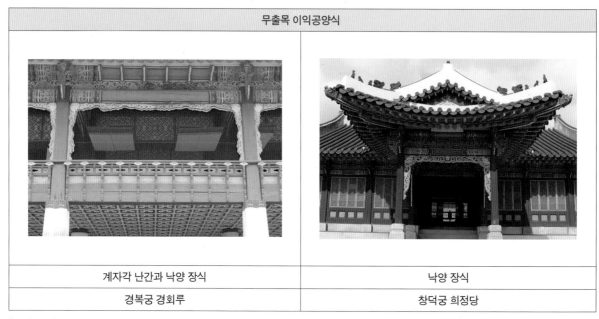

무출목 이익공양식	
계자각 난간과 낙양 장식	낙양 장식
경복궁 경회루	창덕궁 희정당

[그림 909] 계자각 난간과 낙양 장식

미주

1 文化財管理局,『文化財大觀』寶物篇(上卷), p.96

2 문화재청,『강릉 오죽헌 실측조사보고서』, 2000, p.47

3 윤장섭,『한국건축사』, 동명사, 1975, pp.465~467

   문화재청,『서울 문묘 실측조사보고서(상)』, 2006, p.214

4 경기도,『경기도지정문화재 실측조사보고서』, 1989, pp.47~51

5 문화재청,『창경궁 통명전 실측조사보고서』, 2001, pp.79~80

6 주5) 문화재청 앞의 보고서, p.108, 가구의 구성에서 통명전의 도리수를 판대공에 결구되어 있는 쌍종도리를 2개의 도리
   로 계산하여 8량가로 보고 있다.

7 문화재청,『경회루 실측조사 및 수리공사보고서』, 2000, pp.63~69

8 주7) 문화재청 앞의 책, pp. 90~91

9 주7) 문화재청 앞의 책, p. 140

10 문화재청,『경복궁 자경전 및 자경전 십장생굴뚝 실측조사보고서』, 2010, pp.67~89

11 창덕궁을 조감도 형식으로 1820년대 후반에서 1830년대 초에 그린 조선후기의 대표적인 동궐도(국보 제249호)에는 희
   정당이 중층 누각식으로 그려져 있다.

12 문화재청,『창덕궁 희정당 수리보고서』, 2002, pp.65~69

13 주12) 문화재청 앞의 보고서, pp.105~108, 목조가구의 구성에서 희정당의 도리수를 판대공에 결구되어 있는 쌍종도리
   를 2개의 도리로 계산하여 8량가의 지붕틀로 보고 있다.

14 김희곤,『한국의 서원』, 미술문화, 2019, p.249

15 문화재청,『장성 필암서원 정밀실측조사보고서』, 2014, pp. 55~59

16 문화재청,『개심사 대웅전 수리 및 실측 보고서』, 2007, pp.111~113

   忠淸南道, 忠南歷史文化硏究院,『忠淸南道 文化財大觀 3』, 2009, p.336

17 公州勝覽編纂委員會, IV『公州勝覽』, 1961

   忠淸南道,歷史文化硏究院,『忠淸南道 文化財大觀 2』, 2009, p.150

18 國史編纂委員會,『餘地圖書 (上)』, 探求堂, 1973

19 이달훈,「조선시대 관아건축물의 양식에 관한 연구」, 충주공대 학술논문집, 제15집 제1호, 1982

6-1-5. 무출목 삼익공양식의 건물

1) 경성읍성 남문(북한 소재)

(1) 건립시기

[그림 910] **경성읍성 남문 전경**(이기준, 『북한의 문화재와 문화유적』(조선시대 1건물편), 서울대학교 출판부, 2002)

함경북도 경성군에 위치하고 있는 경성읍성은 고려시대인 1107년에 처음에는 토성土城으로 쌓았으나 1437년에 토성의 일부 구간에 석성石城으로 축성한 후 1616년에 6년 6개월에 걸쳐 지금과 같은 요고형[1] 또는 홀형笏形[2]석성으로 다시 축성된 읍성이다.

무지개문인 홍예식虹霓式으로 쌓은 성문위에 중층의 누문식樓門式 문루로 건립된 경성읍성은 동, 서 방향으로 약 810m의 긴 장방형 평면을 이루고 있는 평지성으로 네모서리에는 치성雉城인 포루가 설치되어 있다. 읍성의 4면에는 남문인 수성문과 동문인 용성문, 서문인 호위문, 그리고 북문인 현무문을 각각 설치하였으나 정문이었던 남문만 남아있고 나머지 3문은 일제강점기에 파괴되었는데, 남문인 수성문은 1756년에 개축되었다가 1838년에 다시 보수한 건물로 알려지고 있다.[3]

(2) 평 면

경성읍성의 정문인 수성문은 성벽 좌,우로 연결된 성벽 위에 낮은 주초석을 놓고 원형기둥을 세워 정면 5칸, 측면 4칸의 평면으로 구획한 후 중앙 3칸에만 우물마루를 깔았고 누각 4면에 낮은 막돌담장을 두른 후 양쪽 담장에 성벽으로 나가는 협문을 각각 세웠다.

문루 2층은 우협칸 중앙부에 2층으로 올라가는 계단을 설치한 후 정면 3칸,측면 2칸의 평면으로 구획하였으나 중앙 정칸의 폭이 지나치게 넓어 중앙에 받침기둥을 하나 더 세워 상부의 하중에 대해 처짐을 방지하도록 하였다.

또한 문루 4면을 모두 외부로 개방하고 있으며, 문루 전면에 전투시 지휘할 수 있도록 홍예문 양쪽

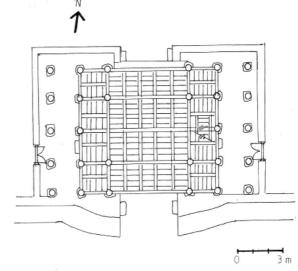

[그림 911] 경성읍성 수성문 평면도(이기준, 『북한의 문화재와 문화유적』(조선시대 1건물편), 서울대학교출판부)

성벽을 좀 높고 밖으로 내밀게 쌓아서 장수들의 지휘공간을 확보하도록 하고 있다.

(3) 공 포

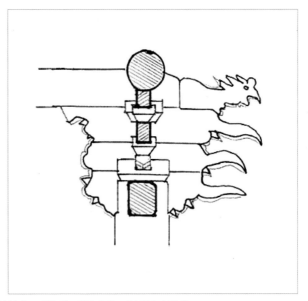

[그림 912] 수성문 공포(이기준, 『북한의 문화재와 문화유적』(조선시대 1건물편), 서울대학교출판부, 2002)

수성문의 공포는 초익공이 빗굽의 사절된 주두의 운두 부분과 엇물려서 창방과 十자 방향으로 직교하여 외부로 돌출되고 있다. 초익공 상부에는 도리방향으로 양마구리 상단에 소로가 놓이면서 사절 톱니바퀴 모양의 독특한 파련문으로 된 주심두공이 결구된 이익공의 주심부에 소로를 놓고 뜬장혀를 받쳐주고 있으며, 뜬장혀에 결구되어 있는 삼익공 위에 다시 재주두를 놓고 대량을 받고 있는 무출목 삼익공 양식이다.

공포에 결구되어 있는 익공뿌리는 모두 위에서 아래로 휘어지는 수서형태이기는 하나 끝단을 뽀쪽하게

깎아 날카로운 뿌리로 다듬었고, 건물 내부로는 파련문으로 된 양봉으로 처리하여 퇴량의 단부를 구조적으로 받쳐주고 있는데, 퇴량 외단에 화려하게 조각된 봉두鳳頭가 부착되어 있다.

특히 중층 누문식樓門式의 규모가 큰 경성읍성의 정문인 수성문의 공포를 건물의 규모로 볼 때 건축 구조상 1출목 이익공, 또는 2출목 삼익공 양식으로 더욱 짜임새 있고 견고한 공포로 구성되어야 할 필요가 있다. 그러나 우리나라 전통 건조물에서는 보기 드물게 1층은 무출목 삼익공 양식으로, 2층은 무출목 사익공 양식으로 공포를 짜고 있어서 건축구조상 독특한 양식으로 볼 수 있다.

창방으로 결구되어 있는 주간柱間에는 전쟁시 적들에게 심리적인 공포감을 주기 위하여 사나운 이빨을 드러내 놓고 눈을 부릅뜨고 있는 도깨비 문양으로 조각한 쌍소로형 화반을 중앙 정칸에는 3구를, 나머지 주간에는 1구씩을 각각 배치하고 뜬장혀 상부에는 소로를 주간에 2~4개씩 배치하고 있다.

(4) 가 구

수성문의 가구는 외진 평주와 내진 고주 사이에 퇴량만을 걸고 내진 고주사이에는 귀틀을 짜서 2층 마루를 깔은 후 내진 고주 상부에 대량을 결구하고 있는 2중량 7량가의 지붕틀 가구이다.

내진고주 상부에 무출목 사익공의 공포를 결구한 상부에 대량을 걸고 그 상부에 낮은 포대공을 짜서 종량을 지지하고 있다. 종량 상부 중앙에는 키가 높은 제형의 판대공을 세운 양 옆으로 연목 사이에 2중의 중도리를 결구하여 덧서까래를 올려 지붕의 구배를 맞춘 후 종도리와 함께 무거운 지붕 하중을 지지하고 있다.

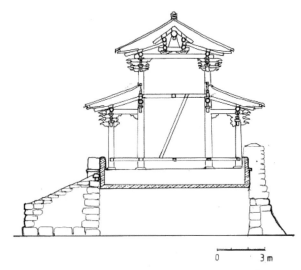

[그림 913] **수성문 지붕틀 가구**

[그림 914] **수성문 중층 가구**

천장은 가구재가 모두 노출되는 연등천장으로 꾸몄고, 문루에는 모로단청으로 채색을 하였고 지붕은 겹처마 팔작 기와지붕을 올렸는데, 용마루와 추녀마루 양 옆으로 궁궐건축에서 볼 수 있는 양성바름이 되어 있다.

2) 강릉 칠사당(보물 제2156호)

(1) 건립시기

[그림 915] **강릉 칠사당 전경**

강릉 대도호부 관아 내에서 조선시대 지방 수령이 정사政事를 보던 정청건물이었던 동헌 좌측편에 위치하고 있는 칠사당七事堂은 이조, 호조, 예조, 병조, 형조, 공조 등 6방 관헌들이 관장하던 호적,농사,병무,교육,세금,재판,풍속 등 7가지 정무政務를 보던 건물이다. 칠사당의 건립은 조선 인조 10년(1632)에 다시 중건된 뒤 고종 4년(1867)에 진위대鎭衛隊의 군영軍營으로 사용되다가 화재로 소실된 것을 강릉 부사 조명하가 다시 중건한 것으로 알려지고[4] 있다.

(2) 평 면

조선시대 지방 관아 내에서 7가지 중요 업무를 보던 건물인 칠사당은 소슬삼문형의 문간채 안에 정면 7칸, 측면 3칸의 一자형 평면에 우단 배면으로 1칸을 덧달아 내어 ㄱ자형의 평면을 이루고 있었다. 그 후 좌단 온돌방 앞으로 2층으로 된 2칸을 전면으로 달아 내서 1층은 온돌아궁이의 함실을 들이고 2층은 누마루로 사용하고 있다.

그리고 전면에는 외벌대로 쌓은 잘 다듬은 장대석 기단 위에 높이 60cm 정도의 원형초석을 놓은 뒤 원형

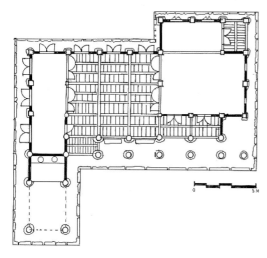

[그림 916] 칠사당 평면도

기둥을 세웠으나 배면으로는 자연석 기단 위에 덤벙주초석을 놓고 방형기둥을 세우고 있다. 특히 좌단에 달아 낸 2층 건물에는 높이 90cm의 장초석을 세워 누각형태의 작은 정자건물로 건립되었다.

전통 한옥의 사랑채와 같은 평면형태를 이루고 있는 칠사당의 내부는 중앙의 3칸통칸의 넓은 우물마루를 깔은 대청을 중심으로 좌측편에는 마치 안방과 웃방과 같은 1칸의 온돌방을 들였다. 그리고 대청 우측편에는 반칸의 툇마루가 달린 2칸의 건넌방과 1칸의 고방庫房을 각각 들였으며, 건넌방 윗편에도 이어서 반칸의 툇마루가 달린 1칸의 작은 온돌방을 더 들이고 있다.

[그림 917] 칠사당 대청마루

칠사당의 창호는 대청 좌,우편의 온돌방에는 3분합 띠살 여닫이문을 달아 필요할 때 온돌방과 대청공간을 한 공간으로 넓게 사용할 수 있도록 하고, 대청 북쪽편 외부와도 판장문을 설치하는 일반적인 문과는 다르게 쌍여닫이 띠살문을 각각 달고 있다.

또한 온돌방과 외부와는 모두 쌍여닫이 띠살문을 달고 있으며, 특히 좌측편 2층 누마루 3면에는 머름중방 위에 4분합 띠살 여닫이문을 달아 이 문을 열면 외부 조망과 함께 내, 외부 공간을 한 공간으로 만들어 자연과 직접 접할 수 있도록 하고 있다.

주간柱間 간격은 一자형으로 된 정면 7칸중 중앙 5칸은 2.45m로 같게 잡고 좌단칸은 2.75m, 우단칸은 1.85m로 구획하였으며, 측면 3칸은 중앙 정칸은 2.45m, 좌단칸은 3.15m, 우단칸은 2.40m로 잡았다. 그리고 우단칸 배면으로 덧달아 낸 1칸은 2.75m로 구획하였으며, 좌단칸에 전면으로 달아낸 2칸의 누마루는 정면 2.75m, 측면 2.15m, 3.05m로 각각 잡았다.

(3) 공 포

[그림 918] 칠사당 공포

[그림 919] 칠사당 공포 내부 양봉

칠사당의 공포는 초익공이 빗굽의 사절된 주두 아래에서 창방과 十자 방향으로 직교하여 외부로 돌출되고 있다. 초익공 상부에는 도리방향으로 양마구리 상단에 소로가 놓이면서 사절 파련문으로 된 주심 하두공이 결구된 이익공을 받고 있으며, 사절 교두형의 주심 상두공이 결구된 삼익공이 재주두를 생략시키고 퇴량을 직접 받고 있는 무출목 삼익공 양식이다.

공포의 구성에서 외부로 돌출되고 있는 익공뿌리는 초익공과 이익공은 양서형 위에 연봉 조각을, 그리고 수서형상의 삼익공은 하부에 연봉을 장식적으로 조각을 한 후 그 하부면을 모두 파련문으로 다듬었다. 건물 내부로는 파련문으로 조각된 한몸의 양봉으로 처리하여 퇴량의 단부를 구조적으로 받쳐주고 있으며, 퇴량의 외단을 직절시킨 후 봉두鳳頭을 장식적으로 부착하고 있다.

[그림 920] 칠사당 배면 공포

그러나 칠사당의 배면 공포는 전면과 다르게 무출목 초익공양식이나 익공뿌리를 대량 외단에 맞춰 직절시킨 물익공 형식이며, 내단은 파련문을 한 양봉으로 하여 대량의 내단을 받쳐주고 있다.

그리고 창방으로 결구되어 있는 주간에는 각간各間에 구조적, 또는 장식적으로 1구씩의 외소로형의 화반이 배치되어 주심도리 장혀를 받쳐주고 있는데, 화반의 받침에 잉어형태의 물고기 형상으로 초각을 하여 독특하다.

[그림 921] 칠사당 화반(잉어 형상의 화반 받침대)

이와 같이 화반에 물고기 형상을 조각하고 있는

[그림 922] 충남 부여 석성향교 대성전

예를 일출목 삼익공 양식으로 건립된 충남 부여에 있는 석성향교 대성전 건물의 창방 상부에 배치하고 있는 삼소로형 화반에서도 볼 수 있다.

정교하게 조각된 두 마리의 잉어 꼬리 위와 그 양쪽편에 화려하게 투각된 연꽃 위에 3개의 소로를 각각 받쳐주고 있는 아름다운 화반을 볼 수 있어서 장인들의 정성과 지혜, 그리고 예술성을 함께 볼 수 있다.

(4) 가 구

[그림 923] 칠사당 내부 가구

[그림 924] 칠사당 퇴칸 상부 가구

[그림 925] 칠사당 대량 상부 정칸 가구

칠사당의 가구는 전,후 평주 사이에 굵은 자연목으로 된 대량을 걸은 후 대량 상부 양측에 초익공 양식의 간결한 포를 결구한 동자주를 세워 종량을 지지하고 있는 2중량 5량가의 지붕틀 가구로 보이고 있다.

그리고 대량 상부 양쪽편에 세운 동자주 상부에는 포대공과 함께 도리방향으로 결구되어 있는 중도리 밑에 뜬장혀를 결구시키고 있으며, 중도리 장혀 사이에는 3개씩의 소로를 배치하고 있다. 그러나 종량 상단에 걸쳐 소란반자틀의 우물천장이 가설되어 있고, 대청 전면 퇴칸으로 6량가로 결구되어 있는데, 퇴칸도 평면 구조상 후대에 변형된 것으로 보이고 있어서 정밀 조사가 필요한 것으로 판단되고 있다.

천장은 종량 상단과 건넌방 툇마루 상부에 소란반자틀을 짜서 지붕속 가구재를 감추는 우물천장을 가

[그림 926] 소슬삼문형의 칠사당 문간채

설하고 있으나 중도리와 주심도리 사이에는 연등천장으로 하여 연목 등의 목부재가 모두 노출되고 있다. 지붕은 겹처마 팔작 기와지붕을 이루고 있으며, 칠사당 앞마당 입구쪽에 있는 소슬삼문형의 문간채 대문 위에 "칠사당七事堂" 현판이 걸려 있다.

6-1-6. 무출목 삼익공양식의 정리整理

① 무출목 삼익공양식은 건축 구조상 그 유래類例가 많지 않은 건축양식으로서, 현재로서는 17세기 초인 1616년에 건립된 경성읍성의 남문인 수성문과 1632년에 중건된 후 1867년에 다시 중건된 강릉의 칠사당 건물에서 볼 수 있다.

② 규모가 작은 별당別堂이나 또는 누樓, 정亭 등의 지붕하중이 작은 건물에서는 일부 적용이 가능한 건축양 식이나 사찰의 전각이나 성곽의 문루, 관아내의 주요 건물 등 지붕하중이 크게 작용하는 규모가 큰 건물 에서는 구조적으로 적용하기가 어려운 건축양식이다.

③ 출목 소로가 없이 3개의 익공부재만을 중첩해서 공포를 짜는 무출목 삼익공 양식(그림 927-①)의 경우 지 붕하중을 지탱하지 못하고 익공부재가 좌,우 방향으로 찌그러지거나 변형되기 쉬운 구조로 볼 수 있다. 이러한 원인 때문에 중첩된 3개의 익공부재 사이에 출목소로를 놓고 행공소첨과 행공대첨을 외줄로 결구 시키는 1출목 삼익공양식이 발생되는 요인이 된 것으로 볼 수 있다.

그러나 1출목 삼익공양식(그림 927-②)의 공포 구성도 일부 구조적 결함을 해소할 수는 있으나 노강서원 강당이나 돈암서원 응도당과 같은 규모가 큰 건물의 공포 구성 수법에서는 좌,우로 변형이 발생하는 구 조적 결함이 발생되고 있는 것을 볼 수 있다. 따라서 행공소첨과 행공대첨으로 구성되는 1출목 앞에 다시 출목소로를 놓고 행공첨차를 2줄로 짜서 상부 하중에 대한 공포의 지지점을 외부로 더 확장시켜 공포의 변형을 방지할 수 있는 2출목 삼익공 양식(그림 927-③)이 발생된 것으로 볼 수 있다.

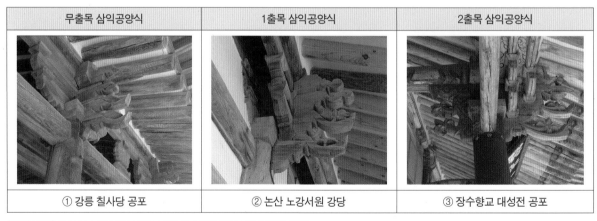

무출목 삼익공양식	1출목 삼익공양식	2출목 삼익공양식
① 강릉 칠사당 공포	② 논산 노강서원 강당	③ 장수향교 대성전 공포

[그림 927] 무출목 삼익공양식에서 2출목 삼익공양식으로 변천 과정

④ 익공양식의 분류를 『화성성역의궤』에 나와 있는 초익공과 이익공 2계통으로 크게 구분할 수 있으나 익공 의 단수段數에 따른 삼익공도 이미 일부 언급[5]되고 있어서 무출목 익공양식에 포함하기로 하였다. 그러나 무출목 사익공四翼工의 경우 경성읍성 2층 공포에 결구되어 있는 사례가 있으나 더 이상 발견되지 않아 일 단 익공양식의 분류에서 제외하기로 하였다.

미주

1 요고형은 성벽의 밑부분은 조금씩 안쪽으로 들여쌓고 중간부분은 곧게 올려 쌓았으며, 윗부분은 조금씩 내어 쌓아 성벽의 중간 부분이 안으로 휘어 들어가게 쌓아 적들이 성벽을 넘기 힘들게 쌓는 성(城)쌓기 형식이다.

2 (주)시공테크, 『한국의 문화유산 1』, 1999, P.73 석성(石城)쌓기 수법중 조선시대 선비들이 쓰던 홀과 비슷하여 홀형(笏形)이라 붙여진 명칭으로 성벽이 위로 올라 갈수록 안쪽으로 휘어지도록 쌓는 형식으로 설명하고 있다.

3 이기준, 『북한의 문화재와 문화유적』 (조선시대 1건물편), 서울대학교 출판부, 2002, pp.113~121

4 江原大學校 博物館, 『江陵의 歷史와 文化遺蹟』, 1995, p.455,

5 주남철, 개정판 『한국건축사』, 고려대학교출판부, 2000, p.497
  김도경, 『지혜로 지은 집, 한국건축』, 현암사, 2011, p.219

6-2. 출목 익공양식의 검토

민도리집 계통의 건축양식으로 건립되던 지방의 서민이나 중류주택에 이어서 조선시대 사회 신분제도에 따른 사대부가의 권위와 위상에 맞는 상류주택의 안채나 별당의 건립에 주로 이용할 수 있는 시대적 요구에 따라 무출목無出目 익공양식이 발생하게 되었다.

그러나 조선시대에 들어와서 궁궐이나 사찰, 향교, 서원, 누정 등 건물의 기능이 더욱 다양화해 지면서 건물의 규모가 점점 확대되기 시작하였으며, 이에 따른 건물의 구조적인 측면에서 지붕에 외목도리를 하나 더 결구하는 출목出目양식이라는 새로운 건축양식이 필요하게 되었다.

그중 지붕은 지역이나 기후에 따라 다양한 재료와 형태를 이루고 있는데, 기둥과 보, 도리, 연목 등으로 이루어지는 지붕틀의 기본 골격骨格 중 보와 직각 방향으로 걸어 연목을 받고 있는 수평재인 도리道里는 일반적으로 외목도리와 주심도리, 내목도리, 중도리, 종중도리, 그리고 종도리로 구성되고 있다.

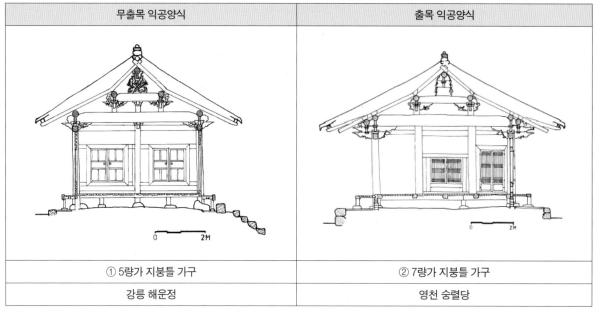

무출목 익공양식	출목 익공양식
① 5량가 지붕틀 가구	② 7량가 지붕틀 가구
강릉 해운정	영천 숭렬당

[그림 928] 5량가樑架와 7량가樑架의 도리道里 수數 산정

지붕틀 가구 구성에서 무출목 건축양식은 처마에 외목도리를 걸지 않기 때문에 주심도리 2개, 중도리 2개, 종도리 1개를 합하여 도리道里의 수가 모두 5개가 되어 5량가樑架(그림 928-①)의 지붕틀로 구성되고 있다. 그러나 규모가 큰 건물에서 우리나라 전통 목조건축 특성상 길게 나가는 처마의 처짐을 방지해 주기 위하여 구조적으로 처마 밑에 외목도리를 하나 더 걸고 있는데, 이 경우 지붕틀의 전,후에 각각 1개씩의 도리가 추가로 결구되어 외목도리 2개, 주심도리 2개, 중도리 2개와 종도리 1개를 합하여 모두 7개의 도리를 걸은 후 연목을 얹고 있어 7량가樑架(그림 928-②)의 지붕틀로 구성되고 있다.

또한 무출목 익공양식 중에서도 평면 구성을 외진공간과 내진공간으로 구분하여 건립하고 있는 창덕궁의 구舊 선원전과 창경궁의 통명전, 그리고 경복궁의 자경전과 희정당, 경회루 등의 궁궐건축의 전각이나 침전, 지방의 감영청이나 누,정 등에서 퇴칸에 내진고주와 외진평주 사이에 퇴량을 결구하고 있는 지붕틀의 경우에는 외목도리를 걸지 않했어도 7량가나 9량가, 그리고 11량가의 규모가 장대한 지붕틀 가구架構로 건립되고 있는 사례事例도 있다.

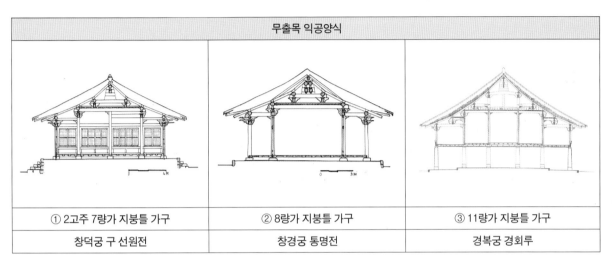

무출목 익공양식		
① 2고주 7량가 지붕틀 가구	② 8량가 지붕틀 가구	③ 11량가 지붕틀 가구
창덕궁 구 선원전	창경궁 통명전	경복궁 경회루

[그림 929] 헛첨차 외단부의 쇠서 발생 과정

그러나 전통 목조건물에 대한 도리 수의 산정算定 방법에 있어서는 현재 여러 종류의 분류 명칭을 볼 수 있는데, 7개의 도리가 결구되어 있는 영천 숭렬당(그림 928-②)의 지붕틀 가구를 외목도리를 포함시키지 않은 채 강릉 해운정(그림 928-①)과 똑같은 5량가로 분류하거나 또는 2고주 7량가(그림 929-①)인 창덕궁 구 선원전의 골격을 2고주 5량가[1]로, 구 선원전과 똑같은 가구架構형식인 자경전을 2고주 7량가[2]로, 쌍종도리를 결구하고 있는 통명전[3](그림 929-②)과 희정당은 8량가[4]로, 그리고 경회루는 11량가[5](그림 929-③)로 각각 산정하고 있는 예例도 있다.

특히 최근에 들어와서는 외목도리도 지붕틀 가구의 도리道理 수에 일부 포함시키는 예[6]도 있는데, 공포 발생의 목적이 외목도리를 하나 더 걸기 위해 발생되었고, 외목도리도 상부에서 내려오는 지붕 하중을 일정 부분 지지支持해 주고 있기 때문에 본『한국익공건축양식론』에서는 영천 숭렬당(그림 928-②)과 같이 외목도리가 결구되어 있는 경우 도리 수數에 모두 포함시켜서 7량가, 또는 9량가로 분류하기로 하였다.

6-2-1. 1출목 초익공양식의 건물

1) 평양 연광정(북한 소재)

(1) 건립시기

[그림 930] 평양 연광정 전경(이기준, 『북한의 문화재와 문화유적』(조선시대 Ⅰ건물편), 서울대학교출판부, 2002)

관서지방關西地方 8경 중의 하나인 연광정은 평양시 중구역 대동문동의 대동강가 높은 야산에 위치하고 있는 유서깊은 누정건물이다. 원래 평양성의 내성 동쪽 장대將臺로 6세기 중엽에 창건되었다가 1111년에 누정을 다시 짓고 산수정이라 하였으나 16세기 초에 누정을 고쳐지은 후 연광정[7]이라 이름을 고쳐 지었다.

그 후 몇차례의 보수가 있었으나 임진왜란으로 소실된 것을 1670년에 지은 누정이 현재의 건물로 알려지고 있는데, 임진왜란 당시에는 왜적들의 격멸을 논의 하던 장소로 사용되었고, 계월향이 김응서 장군으로 하여금 왜적 우두머리였던 소서비의 목을 베게하였다는 이야기가 전해지고 있다.

(2) 평면도

연광정練光亭은 대동강변 덕바위 암반 위에 잘 다듬은 석재로 축대를 높게 쌓은 후 2벌대의 기단을 축조하여 덤벙주초석과 주형柱形 장초석을 혼합하여 놓고 남쪽채에는 원형기둥을, 그리고 북쪽채에는 방형기둥을 세워 ㄱ자형의 평면으로 건립되었다. 원래는 정면 3칸, 측면 3칸의 일자형 평면 형태로 된 남쪽채만 있었던 것을 후에 정면 4칸, 측면 2칸의 북쪽채를 남쪽채에 잇대어 지어 지금과 같은 형태의 누정 건물이 된 것으로 알려지고 있다.

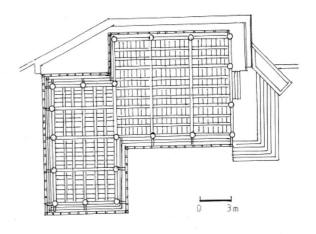

[그림 931] 연광정 평면도(이기준, 『북한의 문화재와 문화유적』, (조선시대 Ⅰ건물편), 서울대학교출판부, 2002)

ㄱ자형의 연광정 내부에는 우물마루를 모두 깔은 대청공간으로 만든 후 건물 외부로 난간하엽 위에 돌란대를 대고 계자각 사이의 머름청판에 풍혈 조각을 한 난간을 설치하였다. 대청마루는 4면四面을 모두 개방하여 대동강변의 풍광을 조망하면서 휴식공간으로 활용할 수 있도록 하였고 남쪽편에 대청 누마루로 올라 갈 수 있는 돌계단을 설치하였다.

(3) 공 포

 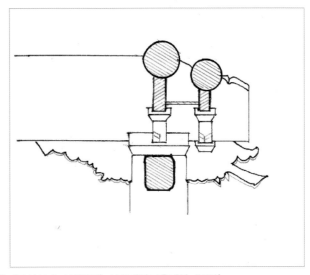

[그림 932] 평양 연광정 공포(이기준, 『북한의 문화재와 문화유적』, (조선시대 Ⅰ건물편), 서울대학교출판부, 2002)

공포는 빗굽의 사절된 주두의 운두부분과 엇물려서 창방과 十자 방향으로 직교하여 외부로 돌출된 초익공 상부에 1출목 소로를 놓고 그 위 대량에 결구되어 있는 외목도리를 받고 있는 1출목 초익공양식이다.

처마에 외목도리를 걸 경우 일반적으로 도리방향으로 행공첨차가 결구된 이익공을 결구하여 1출목 이익공양식으로 공포를 구성하여야 하나 연광정의 공포는 행공첨차를 이익공이 아닌 대량의 외단 하부면에 결구시켜 외목도리 장혀를 받쳐주고 있다. 이 수법은 지금까지 보지 못한 독특한 가구 수법이며, 주심부에도 1출목 이익공양식의 특징인 주심두공이 도리방향으로 결구되고 있다.

　　그러나 평양 연광정과 같은 1출목 초익공양식인 서울 사직단(그림 933-②)과 영천향교 대성전(그림 933-③)의 공포에서는 초익공 상부에 놓인 1출목 소로가 행공첨차가 없이 대량에 결구되어 있는 외목도리 장혀를 직접 받고 있으며, 주심두공도 결구하고 있지 않아 똑같은 1출목 초익공양식인 평양 연광정(그림 933-①)의 공포 구성과는 큰 차이점을 볼 수 있다.

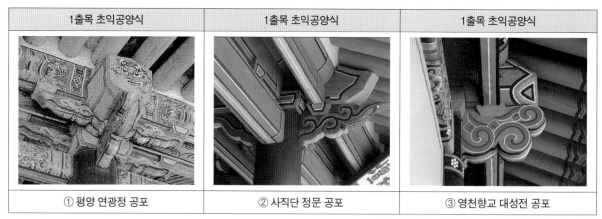

1출목 초익공양식	1출목 초익공양식	1출목 초익공양식
① 평양 연광정 공포	② 사직단 정문 공포	③ 영천향교 대성전 공포

[그림 933] 1출목 초익공양식의 공포 비교

주심포 제3양식	주심포 제3양식	1출목 초익공양식
① 송광사 국사전 공포	② 전주향교 대성전 공포	③ 평양 연광정 공포

[그림 934] 주심포 제3양식에서 1출목 초익공양식의 변천

　　특히 주심포 제3양식인 송광사 국사전(그림 934-①)과 같이 헛첨차 위에 1출목 소로를 놓고 도리방향으로 주심첨차와 행공첨차가 결구되어 있는 제1살미첨차가 대량을 받도록 하는 공포 구성 수법에서 같은 주심포 제3양식인 전주향교 대성전(그림 934-②) 공포에서는 제1살미첨차를 생략하고 헛첨차가 대량의 외단을 직접 받고 있다.

　　그리고 평양 연광정 공포(그림 934-③)에서도 전주향교 대성전 공포와 같이 제1살미첨차를 생략하고 헛첨차가 변천된 초익공 부재가 대량을 직접 받고 있다. 이와 같은 변화는 주심포 제3양식인 국사전과 전주향교와의 살미첨차 결구 유,무는 건축 부재의 간략화 측면의 변화로 볼 수도 있지만 전주향교와 연광정과의 변화는 건축양식 변천상 중요한 의미를 가지고 있다.

　　즉 전주향교 대성전 공포에서 대량을 받쳐주고 있는 부재는 공안을 갖고 있는 주심포양식의 헛첨차(그림 934-②)로 볼 수 있지만 연광정 공포에서 대량을 받쳐주고 있는 부재는 공안이 없는 초익공 부재(그림 934-③)로 볼 수 있다.

따라서 이 수법은 주심포 제3양식의 공포에서 1출목 초익공 양식으로 변천해 가는 과정을 볼 수 있는 중요한 유구로 해석할 수 있다.

그리고 창방으로 결구되어 있는 주간에 주심두공으로 인하여 높아진 포벽에 화려한 연꽃무늬 모양으로 조각을 한 외소로형 화반을 1구씩 배치하여 주심도리를 받쳐 주면서 건물의 정면을 아름답게 꾸며 주고 있다.

(4) 가구

연광정의 가구는 전,후 평주 사이에 대량과 종량을 걸고 있는 2중량 7량가의 지붕틀 가구이다.

대량 상부 양쪽편에 주두를 놓은 후 연봉오리 형태를 장식한 2단의 보아지를 결구한 후 종량을 받고 있다. 종량 상부 중앙에는 규모가 큰 판재에 화려한 연꽃과 다양한 꽃그림이 초각된 대형의 화반형 대공을 설치한 후 종도리와 함께 뜬창방의 이중도리가 결구되어 무거운 지붕하중을 받고 있으며, 뜬창방 밑에는 도리방향으로 첨차형 부재를 결구시키고 있다.

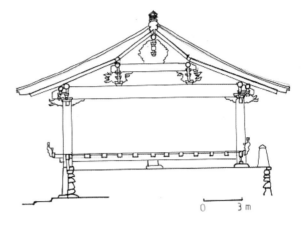

[그림 935] 연광정 지붕틀 가구(이기준, 『북한의 문화재와 문화유적』, (조선시대 Ⅰ건물편), 서울대학교출판부, 2002)

[그림 936] 평양 연광정 남쪽채 지붕틀 가구(이기준, 『북한의 문화재와 문화유적』, (조선시대 Ⅰ건물편), 서울대학교출판부, 2002)

그리고 팔작기와 지붕에서 생기는 합각부분 아래 부분을 남측면에 세워져 있는 기둥과 대량 위에 2개의 충량을 걸쳐된 후 대량 상부에 화려한 연꽃문양을 그린 소란반자틀로 눈섭천장을 짜서 은폐하였고, 나머지 천장은 연목 등 가구재가 모두 노출되는 연등천장으로 마감하였다.

지붕은 남쪽채와 북쪽채 누정 모두 겹처마 팔작기와 지붕을 올렸으며, 대량 상부에 천하제일강산天下第一江山의 현판이, 남쪽채 처마 밑에는 연광정練光亭의 현판이 걸려 있다. 그리고 동쪽채에는 만화루萬和樓, 북쪽채에는 제일루대第一樓臺의 현판이 함께 걸려 있다.

2) 서울 사직단 정문(보물 제177호)

(1)건립시기

[그림 937] 서울 사직단 정문

[그림 938] 정문 입구 향나무

종묘와 사직은 국가의 정신적 지주가 되는 가장 신성한 장소로서 좌묘우사左廟右社의 배치 원칙에 따라 조선의 건국과 함께 사직단은 궁궐宮闕의 서쪽에 건립되었다.

사직단은 2단으로 조성된 사각형 단 위에 천지음양의 조화를 이루도록 지붕을 설치하지 않고 토지의 신神인 사단社壇과 곡식의 신神인 직단稷壇을 만들어 하늘에 제사를 지내던 장소이다. 사직단의 정문은 조선 태조 3년(1394)에 사직단을 지을 때 함께 건립되었으나 임진왜란 때 소실되었다.

그 후 숙종 46년(1720)에 바람에 기운 것을 다시 세웠다는 조선왕조실록의 기록이 있으나 건축양식상 조선 중기 건물로 추정[8]하고 있으며, 현재의 건물은 1962년 도시계획에 따라 14m 뒤쪽으로 옮긴 건물[9]로 알려지고 있다.

사직단 정문 입구편 도로변에 수령 약 250여년이 넘은 향나무 한그루가 서 있다.

(2) 평 면

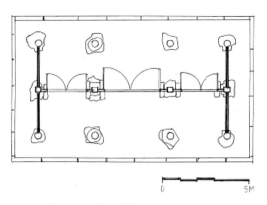

[그림 939] 사직단 정문 평면도

[그림 940] 정문 정칸 상부 홍살

조선시대 국가와 백성의 안녕을 빌고 풍년을 기원하면서 제사를 지내던 사직단의 정문으로서 평삼문 형식으로 건립되었다.

정문은 한 벌대로 쌓은 잘 다듬은 장대석 기단 위에 원형의 주좌가 있는 덤벙주초석과 원형기둥을 세워 정면 3칸, 측면 2칸의 평면으로 구획하였다. 측면 중앙열에는 방형의 주좌를 조출한 주초석 위에 방형기둥을 세운 후 양 옆에 신방목을 대고 쌍여닫이 판장문을 달아 출입하도록 하였다. 중앙 정칸의 문을 양협칸 문보다 더 큰 신문神門을 달았는데, 판문 상부에는 풍혈 조각이 있는 궁판 위에 홍살을 세웠다.

주간 간격은 정면 3칸 가운데 정칸 4.35m, 양협칸 3.30m로 하여 신문이 달린 중앙 정칸을 양협칸보다 넓게 잡았으며, 측면 2칸은 2.65m로 등분할하였다.

(3) 공 포

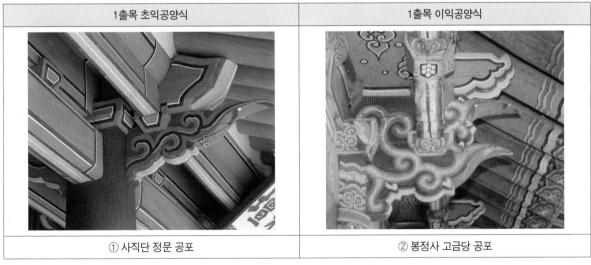

[그림 941] 1출목 초익공양식과 1출목 이익공양식의 비교

1출목 초익공양식	1출목 이익공양식
① 사직단 정문 공포	② 봉정사 고금당 공포

공포는 빗굽의 사절된 주두의 운두부분과 엇물려서 창방과 十자 방향으로 직교하여 외부로 돌출된 초익공 상부에 1출목 소로를 놓고 그 위 퇴량에 결구되어 있는 외목도리를 받고 있는 1출목 초익공양식[10]이다.

공포의 구성에서 외목도리를 둘 경우 봉정사 고금당 공포와(그림 941-②) 같이 도리방향으로 행공첨차가 결구된 이익공을 결구하여 1출목 이익공으로 공포를 짜는 것이 일반적인 수법으로 볼 수 있다. 그러나 사직단 정문(그림 941-①)에서는 예외적으로 빗굽의 사절된 주두의 운두 부분과 엇물려서 외부로 돌출된 초익공 위에 일출목 소로를 놓고 그 위에 이익공이 없이 대량 외단에 결구된 외목도리와 장혀를 직접 받치도록 하고 있다.

그리고 공포에 결구되어 있는 사직단의 초익공 뿌리는 상부가 수평으로 되어 외부로 길게 뻗고 있는 수서형이다. 익공 아래면은 파련문으로 다듬었고, 건물 내부로는 파련문으로 조각된 양봉으로 처리하여 보머리를 고식古式의 삼분두三分頭 형상으로 깎은 대량의 단부를 구조적으로 받쳐 주고 있다.

또한 창방으로 결구되어 있는 주간에도 1출목 이익공으로 짤 경우에는 화반을 배치하여 주심도리 장혀를 받쳐주어야 하나 1출목 초익공으로 공포를 구성하였기 때문에 창방과 주심도리 장혀 사이가 낮아져 초익공 수법인 소로를 정칸 4개, 양협칸 3개씩을 각각 배치하여 주심도리를 받쳐주면서 사직단 정면을 장식적으로 꾸며 주고 있다.

(4) 가구

가구는 전, 후 평주 사이에 사직단으로 출입을 하기 위한 판문板門을 달기 위하여 종량 하단까지 닿는 높은 방형의 고주를 세운 후 대량을 걸고 있는 2중량 7량가의 지붕틀 가구이다.

사직단의 대량은 정칸에서는 통부재를 걸고 있으나 양측면 대량은 합보형태로 걸고 있으며, 대량 상부 양측에 뜬장혀와 보아지가 끼워져 있는 간단한 포대공을 설치하여 종량을 지지하고 있다.

그리고 종량 상부 중앙에는 뜬창방이 결구되어 있는

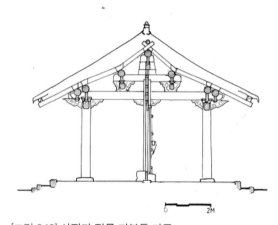

[그림 942] 사직단 정문 지붕틀 가구

사다리꼴 형태의 판대공을 세워 종도리와 함께 지붕하중을 받도록 하고 있다.

지붕은 홑처마 맞배 기와지붕을 올렸으며, 건물의 측면 박공면에 풍판을 달지 않아 가구재가 모두 노출되어 있고, 정면 중앙 정칸 처마 밑에 "사직단社稷壇" 현판이 걸려 있다.

3) 영천향교 대성전(보물 제616호)

(1) 건립시기

영천향교 대성전의 건립 시기는 세종 17년(1435)에 중국인 목수에 의해 처음 창건되었다고 전해지고 있으나 정확하지 않으며, 중종 12년(1517)에 군수 김흠조에 의해 고쳐 지은 후 임진병화로 소실되었다.

그 후 선조 34년(1601)에 중건한 대성전을 2001년 해체 수리공사 때 정칸 종도리 하부에서 발견된 "대성전중수상량문大成殿重修上樑文"으로 광해군 14년(1622)에 군수 황효의가 대성전을 다시 중건한 사실이 밝혀졌다.[11]

[그림 943] 영천향교 대성전 전경

(2) 배치 및 평면

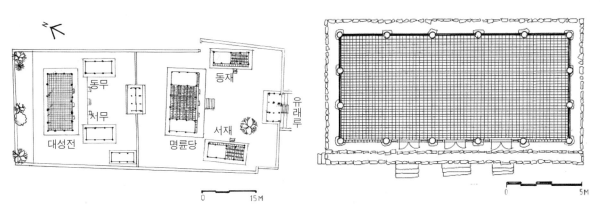

[그림 944] 영천향교 배치도

[그림 945] 대성전 평면도

향교 입구에 유래루扁來樓 현판이 걸려있는 중층의 외삼문 안에 건립된 영천향교는 조선시대 유생들의 강학공간인 정면 5칸, 측면 3칸으로 구획된 평면에 팔작 기와지붕을 올린 명륜당이 앞에 있고 사우공간인 대성전이 전학후묘前學後廟의 배치형식에 따라서 경내 뒤편에 동남향하여 위치하고 있다. 명륜당 앞 좌,우에는 정면 4칸, 측면 1칸씩의 동재와 서재가 대칭적으로 배치되어 있고, 대성전 앞에는 정면 3칸, 측면 1칸씩의 동무와 서무가 서로 마주보며 배치되어 있다.

대성전은 3벌대의 낮게 쌓은 월대형의 축대위에 다시 외벌대로 쌓은 자연석 기단 위에 덤벙주초석과 원형 기둥을 세워 정면 5칸, 측면 3칸의 비교적 큰 평면으로 구획하였다. 대성전의 평면형태는 전퇴칸을 두지 않은 폐쇄형 평면형으로 되어 있으나 동,서 양무 기단에 맞춰 대성전 전면에 폭 2.50m의 월대月臺를 조성하여 참배 의식을 위한 공간으로 이용하도록 하였고, 월대 앞에 3개소의 계단을 설치하였다.

[그림 946] 대성전 내부 공자 위패

대성전의 내부는 통칸으로 하여 전돌을 모두 깔은 후 중앙 정칸 배면에는 공자의 위패를 안치한 후 그 좌,우편에 안자, 증자, 자사자, 그리고 맹자의 위패와 함께 송조 2철과 동방 18현의 위패를 함께 봉안하고 있다.

창호는 중앙 3칸에는 위쪽에 정자살이 있는 쌍여닫이 판장문을 달았고, 양단칸 상부에 살창으로 된 광창을 달아 채광을 하고 있다.

주간柱間 간격은 정면 5칸 모두를 3.00m의 등간격으로 잡았으나 측면 3칸은 중앙칸 2.10m, 양협칸 2.30m로 잡아 중앙칸을 오히려 양협칸 보다 작게 구획하였다.

(3) 공 포

[그림 947] 대성전 공포

[그림 948] 대성전 공포 내부 양봉

공포는 빗굽의 사절된 주두의 운두부분과 엇물려서 창방과 十자 방향으로 직교하여 외부로 돌출된 초익공 상부에 1출목 소로를 놓고 대량에 결구되어 있는 외목도리를 받고 있는 1출목 초익공 양식이다.

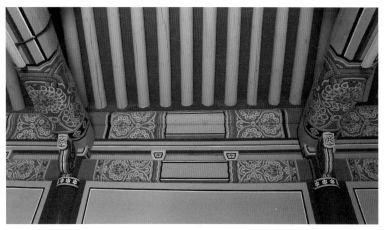

[그림 949] 창방 상부의 소로

공포 구성에서 외목도리를 둘 경우에는 도리방향으로 행공첨차가 결구된 이익공을 놓아 1출목 이익공 양식으로 공포를 짜는 것이 일반적인 수법이다. 그러나 영천향교 대성전 공포에서는 서울 사직단 정문 공포에서와 같이 주두의 운두 부분과 엇물려 외부로 돌출된 초익공 위에 1출목 소로를 놓고 그 위에 이익공이 없이 대량 외단과 결구된 외목도리를 직접 받치도록 하고 있어 독특하다.

특히 공포에 결구되어 있는 초익공뿌리가 대량의 외단에 맞춰 3단의 둥근 형태로 궁글려 있으며, 건물 내부로는 양봉으로 처리하여 대량의 단부를 받고 있다.

이와 같이 영천향교 대성전의 공포는 사직단 정문과 동일한 공포의 구성 수법으로 볼 수 있으나 사직단에 짜여져 있는 대량의 보머리는 고식의 삼분두 형상에 익공뿌리가 수서형으로 길게 빠져 나가고 있다. 그 반면 영천향교 대성전의 대량 보머리는 이분두 형상에 익공뿌리도 짧게 궁글려 놓은 물익공 형태로 다듬어져 있어 더욱 많은 변화를 보여주고 있다. 또한 창방으로 결구되어 있는 주간에도 1출목 이익공으로 공포를 짤 경우에는 화반을 배치하여 주심도리 장혀를 받쳐주어야 하나 사직단 정문과 같이 1출목 초익공으로 공포를 짠 결과 창방과 주심도리 장혀 사이가 낮아져 소로를 각간各間에 2개씩 배치하여 주심도리 장혀를 구조적으로 받쳐주고 있다.

(4) 가 구

대성전의 가구는 전,후 평주 위에 대량과 종량를 걸고 있는 2중량 7량가의 지붕틀 가구이다.

특히 구부러짐이 심한 자연목으로 된 대량 상부 양측에 낮은 동자주와 주두로 높이를 맞춘 후 보아지와 첨차로 짜여진 포대공을 놓고 종량을 지지하고 있는데, 2단으로 높게 짜여진 포대공에는 뜬장혀가 함께 결구되어 있다.

그리고 종량 상부에는 종량과 같은 형태의 작은 부재를 포개놓은 덧보 위에 3개의 판재에 뜬창방이 결구되면서 초새김을 한 파련대공을 설치하여 종도리와 함께 이중도리로 지붕하중을 받도록 하였다.

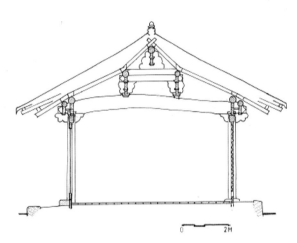

[그림 950] 대성전 지붕틀 가구

[그림 951] 대성전 내부 가구

대성전의 내부는 연등천장이며, 지붕은 겹처마 맞배 기와지붕을 올린 후 양측면 박공면에 풍판을 달았고, 중앙 정칸 처마 밑에 "대성전大成殿"현판이 걸려 있다.

4) 수원 화성 동장대(사적 제3호)

(1) 건립시기

[그림 952] **수원 화성 동장대 전경**

조선 정조 18년(1794)에 축성築城을 시작해서 1796년에 완성한 수원 화성은 4개의 성문을 비롯해서 망루望樓인 공심돈과 대포를 놓았던 포루, 누각인 각루, 그리고 장수의 지휘소인 장대將臺 등을 설치한 성곽건축으로 성안에는 행궁과 방화수류정 등을 건축하였다.

그중 서장대와 동장대 등 2개의 장대將臺중 한곳인 동장대東將臺는 정조 19년(1795)에 성곽 동쪽편 구릉에 건립된 군사 지휘소로서, 전시戰時에는 성곽 일대를 지키는 군사들을 장수가 지휘하던 중요한 장소로 사용하다가 평소에는 신병들이 무예를 연마하는 군사 훈련장으로도 사용되었던 곳이기도 하다.

(2) 평 면

수원 화성의 동쪽에 사방을 감시하기 좋은 언덕 위에 건설된 동장대는 경내 전체를 정교하게 다듬은 화강석으로 3~5단의 축대를 쌓아 3단으로 조성하였다. 첫째단에서 둘째단까지는 경사로를 만들어 장수가 말을 타고 오르도록 하였고, 둘째단에서 셋째단에는 3칸으로 잘 짜여진 계단을 설치한 후 중앙에 답도踏道가 있는 넓은 월대月臺를 조성하였다.

수원 화성을 지키는 지휘소이자 군사들의 무예 연마研磨을 위해 건설된 동장대는 잘 다듬은 한 벌대의 화강석으로 쌓은 장대석 기단 위에 방형 전돌을 깐 후 사각형태의 방형초석을 놓고 원형기둥을 세워 정면 5

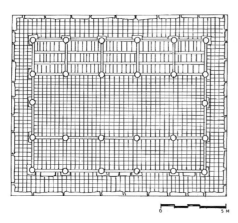

[그림 953] 화성 동장대 평면도

[그림 954] 동장대 내부 방형 전돌과 우물마루

칸, 측면 4칸의 평면으로 구획하였다.

특히 4면을 전부 개방하고 있는 동장대는 측면 4칸중 전면 1칸의 퇴칸에 방형 전돌을 깐 후 다시 한단 높여 중앙 2칸에도 방형 전돌을 깔고 있다. 그리고 나머지 배면 1칸의 양단칸도 전돌을 깐 앞쪽보다 다시 한단을 높인 후에 우물마루를 들였으며, 배면 중앙 3칸에도 양단칸 보다 정칸을 다시 한단을 더 높여 동장대 내부 바닥 높이를 전체적으로 4단으로 차이를 두는 특징을 가지고 있다. 이는 동장대의 내부 공간이 주로 군 지휘관들이 사용하는 곳으로서, 위계位階 공간을 조성한 것이 아닌가 보여지고 있다.

주간 간격은 정면 5칸중 중앙 3칸은 2.80m로 같게 잡았고, 양단칸은 2.50m로 구획하였으며, 측면 4칸중 중앙 2칸은 2.65m로, 양단칸은 2.55m로 각각 잡았다.

(3) 공 포

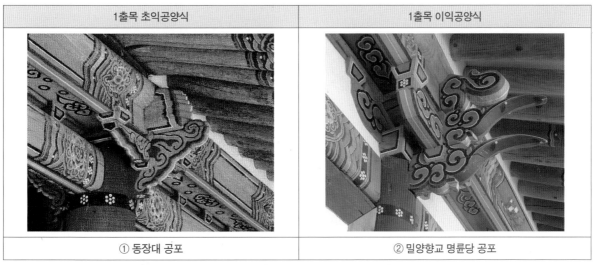

1출목 초익공양식	1출목 이익공양식
① 동장대 공포	② 밀양향교 명륜당 공포

[그림 955] 1출목 초익공양식과 1출목 이익공양식 비교

공포는 빗굽의 사절된 주두의 운두 부분과 엇물려서 창방과 十자 방향으로 직교하여 외부로 돌출된 초익 공에 1출목 소로와 도리방향으로 행공첨차를 걸고 대량에 결구되어 있는 외목도리를 받고 있는 1출목 초익 공 양식이다.

그러나 공포의 구성에서 일반적으로 외부로 돌출된 초익공 위에 있는 이익공에 결구하는 행공첨차(그림 955-②)를 초익공 상부 양단 위에 소로를 놓고 사절 파련문으로 다듬은 행공첨차(그림 955-①)를 결구하고 있어 독특하다.

그리고 동장대 공포에 결구되어 있는 초익공뿌리는 궁궐 전각殿閣 건축의 특징인 끝단이 둥글고 짧게 굴려져 있으며, 하부면은 파련문으로 다듬었다. 건물 내부로는 양봉으로 처리하여 퇴량의 단부를 구조적으로 받쳐 주고 있다.

창방으로 결구되어 있는 주간에는 원래 1출목 이익공양식의 공포를 결구하여 주심두공을 배치하여야 하나 1출목 초익공양식으로 공포를 짠 동장대는 각간에 소로를 4개씩 배치하여 외목도리 장혀를 받쳐주고 있으며, 주심도리와 외목도리 사이에는 순각판으로 막음처리 하였다.

(4) 가 구

전, 후 평주 사이에 양 내고주를 세운 후 퇴량과 대량을 걸은 후 종량을 걸고 있는 2중량 9량가의 지붕틀 가구이다.

대량 상부 양쪽편에 세운 동자주 상부에 보아지가 결구된 간결한 포를 짜서 종량을 지지하도록 하였는데, 종량 상부 중앙에는 뜬창방이 결구되어 있는 파련대공을 설치하여 종도리와 함께 이중도리로 무거운 지붕하중을 받도록 하고 있다.

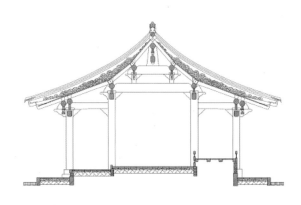

[그림 956] 동장대 지붕틀 가구(수원성곽 복원공사 도면)

[그림 957] 동장대 내부 가구

특히 정면 협칸과 단칸 사이에 있는 양 내고주 대량 밑에는 퇴량 높이에 보를 하나씩 더 걸어 마치 3중량처럼 가구하였는데, 보 상부에 외소로형 화반을 4구씩 배치하여 더욱 화려하고 장엄한 지붕틀 가구(그림 957)를 형성하고 있다.

[그림 958] 동장대 "연무대" 현판

천장은 가구재가 모두 노출되는 연등천장이며, 모든 가구재에 모로단청을 하여 더욱 더 밝고 아름다운 천장 모습을 보여주고 있다. 지붕은 겹처마 팔작 기와지붕을 이루고 있고, 정칸 처마 밑에 "연무대鍊武臺"현판이 걸려 있다.

6-2-2. 1출목 초익공양식의 정리整理

① 1출목 초익공양식의 발생 요인은 건물의 규모가 점점 커짐에 따라 길게 나간 처마를 받쳐주기 위하여 외 목도리를 하나 더 걸어야 할 경우에는 건축 구조상 1출목 이익공양식(959-①)으로 공포를 구성하여야 하나 기술적 요인이나 건축부재 간략화 등의 요인으로 1출목 초익공양식(959-②)이 발생한 것으로 볼 수 있다.

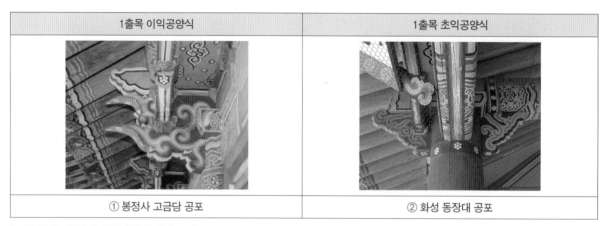

1출목 이익공양식	1출목 초익공양식
① 봉정사 고금당 공포	② 화성 동장대 공포

[그림 959] 1출목 초익공양식의 발생 요인

② 1출목 초익공양식의 발생은 주심포 후기양식에 속하고 있는 주심포 제3양식인 전주향교 대성전 공포(그림 960-①)에서 제1살미 첨차가 생략되고 헛첨차 상부에 1출목 소로를 놓고 대량에 결구되어 있는 외목도리를 직접 받고 있다. 그러나 사직단 정문 공포(그림 960-②)에서는 이익공을 생략하고 초익공 상부에 1출목 소로를 놓고 대량에 결구되어 있는 외목도리를 받고 있는데, 살미첨차와 이익공 부재를 생략하고 있는 이 공통점은 건축부재의 간략화 측면에서 건축양식 변천상 같은 계열에 속하고 있는 것으로 볼 수 있다.

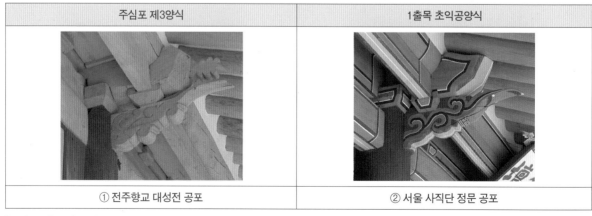

주심포 제3양식	1출목 초익공양식
① 전주향교 대성전 공포	② 서울 사직단 정문 공포

[그림 960] 주심포 제3양식에서 1출목 초익공 양식의 발생

③ 주심포양식의 후기적인 특성을 갖고 있는 주심포 제3양식의 전주향교의 공포(그림 961-①)구성에서 기술적 요인이나 건물의 소형화 및 부재의 간략화 현상 등에서 행공첨차를 생략하고 있는 사직단 정문(그림 961-②)과 영천향교 대성전(그림 961-②)에서 다시 행공첨차를 결구하고 있는 수원 화성 동장대(그림 961-③)와 평양 연광정(그림 961-③)의 과도기적 공포 형태를 거치면서 봉정사 고금당(그림 961-④)과 같은 전형적인 1출목 이익공양식으로 정착되는 것으로 볼 수 있다.

주심포 제3양식	1출목 초익공양식 (행공첨차 없음)	1출목 초익공양식 (행공첨차 결구)	1출목 이익공양식
	 ② 사직단 정문 공포	 ③ 수원화성 동장대 공포	
① 전주향교 대성전 공포	② 영천향교 대성전 공포	③ 평양 연광정 공포	④ 봉정사 고금당 공포

[그림 961] 1출목 이익공양식의 발생 및 정착

④ 주심포 후기양식에 속하고 있는 주심포 제3양식 중 맹씨행단이나 소수서원 문성공묘와 강학당은 무출목 익공양식의 발생에, 전주향교 대성전과 봉정사 화엄강당은 출목 익공양식에 영향을 일부 미친 것으로 볼 수 있다.

미주

1 문화재청,『창덕궁 구 선원전 실측조사보고서』, 1992, p.73

2 문화재청,『경복궁 자경전 및 십장생굴뚝 실측조사보고서』, 2010, p.151

3 문화재청,『창경궁 통명당 실측조사보고서』, 2001, p.126

4 문화재청,『창덕궁 희정당 수리보고서』, 2002, p.108

5 문화재청,『경회루 실측조사 및 수리공사보고서』, 2000, p.103

6 장기인,『한국건축사전』한국건축대계 Ⅳ, 보성각, 1991, p.72 지붕가구에서 내외출목도리가 있을 때는 이를 합쳐 계산하
기도 하고 내부 출목중도리만을 계산할 때도 있다. 하고 있다.
주남철,『한국건축사』, 고려대학교출판부, 2000, 앞의 책, p.365~368에서 개심사 대웅전과 봉정사 대웅전의 가구를 외출
목도리를 포함하여 산정하고 있다.

7 이기준,『북한의 문화재와 문화유적』, (조선시대 Ⅰ 건물편), 서울대출판부, 2002, pp.58~66

8 문화재관리국,『문화재대관 보물편 (상권)』p.100
정인국,『한국건축양식론』, 일지사, 1974, pp.120~123

9 문화재청,『사직단 정문 실측조사보고서』, 2005, p.99

10 주9) 문화재청 앞의 보고서 pp.98~100. 건축양식에서 공포는 초익공으로 짜여져 있고 부분적으로 주심포계 형식의 수
법이 일부 남아 있어 주심포식에서 익공식으로 변해 가는 과정을 보여주는 중요한 양식적 특징을 보여주고 있다. 라고
기술하고 있다.

11 문화재청,『영천향교 대성전 수리공사보고서』, 2001, pp.56~57

6-2-3. 1출목 이익공양식의 건물

1) 안동 개목사 원통전 배면(보물 제242호)

(1) 건립시기

[그림 962] 개목사 원통전 배면 전경(문화재청, 개목사 원통전 정밀실측조사보고서)

개목사의 본전건물인 원통전의 배면은 정면과 함께 창건 당시의 형태를 그대로 유지하고 있는 것으로 보이고 있다. 그러나 개목사 원통전의 건립연대가 조선초기, 또는 조선 중기 이후에 건립된 건물이라는 주장[1]이 있었으나 1969년 해체 복원 공사 때 발견된 상량문에 "천순원년天順元年"이라는 기록이 있어서 조선 세조 3년(1457)에 건립된 건물[2]로 밝혀졌다.

(2) 배치 및 평면도

천등산 동남쪽 평탄한 대지에 ㄴ자형의 문간채와 공양채, 그리고 산신각과 함께 남향하여 배치되어 있는 원통전은 자연석 위에 잘 다듬은 외벌대의 장대석으로 기단을 쌓은 후 덤벙주초석 위에 원형기둥을 세워 정면 3칸, 측면 2칸의 평면으로 구획한 원통전은 불전 내부를 통칸으로 하여 우물마루를 깔은 중앙 정칸 배면에 간단한 보개寶盖로 장식을 한 불단을 조성하여 목조 관음보살 좌상을 주불로 봉안하고 있다.

특히 불전 건물의 평면을 보통 전퇴칸을 두지 않는 폐쇄형의 평면형식으로 구획하는 것에 반하여 원통전

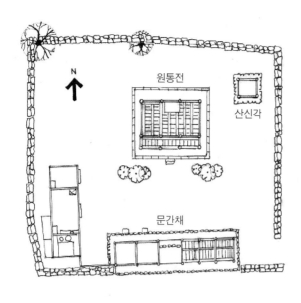

[그림 963] 안동 개목사 배치도

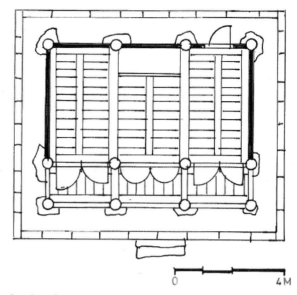

[그림 964] 원통전 평면도

은 마치 향교나 서원의 사당에서 의례나 참배 공간으로 이용하기 위하여 전면에 1칸통의 전퇴칸을 들이는 개방형 평면형식으로 구성하고 있어서 독특하다.

그리고 창호는 불전 정면 중앙 정칸에는 궁창판을 댄 4분합 정자살 들어열개문을 달아 필요할 때 들쇠에 걸도록 하고, 양협칸에는 궁창판을 댄 쌍여닫이 정자살문을 각각 달아 출입하도록 하고 있으며, 배면 좌측칸에 외여닫이 정자살문을 달고 있다.

주간 간격은 정면 3칸을 모두 2.45m의 등간격으로 잡았고, 측면 2칸중 퇴칸인 전면칸은 1.40m, 배면칸은 4.15m로 넓게 구획하였다.

(3) 공포

[그림 965] 원통전 배면 공포

[그림 966] 원통전 배면 공포 내부 양봉

원통전의 배면 공포는 빗굽의 사절된 주두의 운두 부분과 엇물려서 창방과 十자 방향으로 직교하여 외부로 돌출된 초익공 상부에 1출목 소로를 놓고 도리방향으로 직절 교두형의 행공첨차와 두공이 함께 결구된 이익공이 대량을 받쳐주고 있는 1출목 이익공양식이다.

공포에 결구되어 있는 초익공과 이익공의 뿌리는 주심포양식에서 볼 수 있는 쇠서처럼 짧고 힘차게 아래에서 위로 휘어져 외부로 뻗고 있다. 건물 내부로는 초익공의 내단이 마치 다포계 양식에서 볼 수 있는 주두와 창방을 함께 감싸 주는 안초공 형태로 되어 파련문으로 조각된 이익공의 내단과 함께 양봉으로 되어 대량의 단부를 구조적으로 받쳐 주고 있다.

특히 초익공의 하부면을 복잡한 파련문으로 조각을 하지 않고 수평으로 짜르듯이 하여 앞으로 길게 돌출시키고 있는 독특한 형태(그림 967-①)로 되어 있는데, 이러한 형태는 주심포 제2양식인 은해사 거조암 영산전 공포(그림 967-②)에서도 볼 수 있다. 그러나 개목사 원통전의 익공 하부면은 작은 각재로 보강하고 있으나 은해사 거조암 영산전의 헛첨차 하부면은 또다른 부재를 덧대어 마치 2중의 헛첨차가 결구된 것으로 보이고 있다.

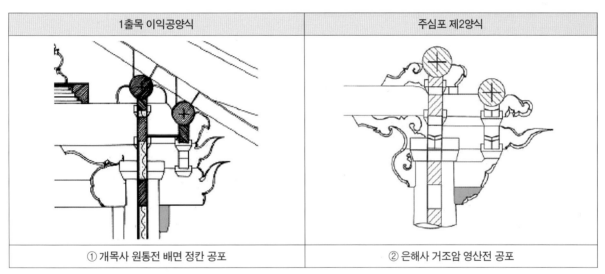

1출목 이익공양식	주심포 제2양식
① 개목사 원통전 배면 정칸 공포	② 은해사 거조암 영산전 공포

[그림 967] 개목사 원통전 배면 공포와 은해사 거조암 영산전 공포 비교

이는 개목사 원통전의 공포는 초익공과 이익공이 서로 맞닿아 있어서 구조적으로 비교적 안정감을 주고 있으나 은해사 거조암 영산전의 공포는 주두와 1출목 소로 사이에 있는 공안拱眼으로 인하여 헛첨차와 제1살미첨차 사이에 떠 있는 공간 때문에 처짐 등의 변형이 발생할 수 있거나 또는 시각적으로 불안감을 조성할 수 있다.

이와 같은 예로 개목사 원통전의 양 우주 상부에 결구되어 있는 귀공포에는 창방 뺄목 위에 출목 소로를 놓고 행공첨차를 받쳐주고 있는데, 창방부재와 뺄목 부재의 규격이 달라서 후에 보수된 것인지는 확인이 필요하나 뺄목에 처짐현상(그림 968)이 발생하고 있는 것을 볼 수 있다. 따라서 은해사 거조암 영산전 공포의 헛첨차 아래에 다른 부재를 2중二重³으로 덧댄 이유가 구조적 또는 시각적으로 불안감을 해소하기 위한 결과가 아닌가 생각되고

[그림 968] 원통전 배면 귀공포

[그림 969] 정칸 배면 좌,우 공포 받침 각재

있다.

그러나 원통전의 배면 정칸 좌,우 평주 상부에 결구되어 있는 1출목 이익공의 공포에서 초익공의 하부에 덧대고 있는 각재(그림 969)중 우측의 것은 각재가 초익공과 밀착되어 있어서 처짐을 방지하기 위한 것으로 볼 수 있으나 좌측의 것은 초익공과 각재 사이가 떠 있어서 후에 변형이 된 것인지 그 의도意圖를 확인할 수 없다.

특히 원통전의 배면 공포중 정칸에서 주심포 양식이 익공양식으로 변천되는 과정을 볼 수 있는데, 주심포 제3양식인 송광사 국사전(그림 970-①)은 빗굽의 사절된 주두 하단면과 일치하여 기둥 상단면에서 창방과 十자 방향으로 직교하여 헛첨차 부재가 외부로 빠져 나오는 것을 볼 수 있다. 그러나 원통전의 배면 기둥 정칸 상부에 결구되어 있는 공포(그림 970-②)를 보면 주심포 제3양식의 공포 구성과는 다르게 그동안 헛첨차로 부르던 부재가 빗굽의 사절된 주두의 운두부분에 엇물려서 외부로 돌출되고 있다.

주심포 제3양식	1출목 이익공양식
① 송광사 국사전 공포	② 개목사 배면 정칸 공포

[그림 970] 주심포 제3양식에서 1출목 이익공양식의 변화

이와 같이 주심포양식의 헛첨차 부재가 주두 하단면과 일치하여 기둥 상단면에서 빠져 나오는지 아니면 주두의 운두 부분과 엇물려서 외부로 빠져 나오는지가 전통 목조건축에서 주심포 양식인지 익공 양식인지를 구분할 수 있는 중요한 기준[4]이 될 수 있을 것으로 판단되고 있다.

따라서 개목사 원통전 공포를 주심포 양식으로 분류하고 있는 종전의 견해[5]에서 원통전의 배면의 정칸 공포는 1출목 이익공 양식으로 재 분류[6]되어야 할 것으로 생각된다.

(4) 가 구

원통전의 가구는 전, 후 평주 사이에 내고주 대신 내평주를 세워 전면에 있는 툇간사이에 퇴량과 대량을 걸고 있는 2중량 7량가의 지붕틀 가구이다.

이와 같이 전, 후 가구 형태가 다른 예는 초창시에 없었던 전퇴칸을 후세에 덧붙인 것으로 추정[7]되는 강화 정수사 법당에서도 볼 수 있다.

개목사 원통전도 1969년에 실시된 해체 보수 자료가 없어 확인할 수는 없지만 창건 당시에는 전퇴칸이 없었으나 후대에 증축되었을 가능성이 있는 것으로 보여지고 있다.

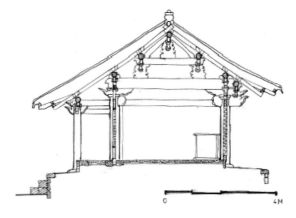

[그림 971] 원통전 지붕틀 가구

그러한 이유로는 개목사 원통전에서 전, 후면의 가구를 비교해 보면 전면 평주 상부에 초익공 위치에 퇴량이 결구되면서 외목도리가 생략되고 있는 차이만을 볼 수 있다. 따라서 전면에 퇴칸을 만들지 않고 전면 평주 상부에 배면 공포와 같이 1출목 이익공으로 공포를 짠 후 주심도리 앞에 외목도리를 걸쳐 7량집으로 가구를 구성하면 전퇴가 없는 불전건물의 일반적인 평면 형태를 만들 수 있고 지붕도 좌,우 대칭이 되게 할 수 있다. 그러나 그 경우 불전 내부 공간이 너무 협소해 지기 때문에 전면에 퇴칸을 덧달아 낸 것이 아닌가 보여지고 있다.

[그림 972] 원통전 전퇴칸 가구

2) 태안 흥주사 만세루(충청남도 유형문화재 제133호)

(1) 건립시기

[그림 973] 태안 흥주사 만세루 전경(충청남도, 충청남도역사문화연구원, 충청남도문화재대관 2)

태안 읍내의 뒷산인 백화산 동남편 산 중턱에 위치하고 있는 흥주사는 경내 대웅전 앞에 있는 3층석탑(충남 유형문화재 제28호)의 양식으로 보아 고려후기 경에 창건[8]한 고찰古刹로 알려지고 있다.

그러나 경내 입구에 위치하고 있는 만세루는 1993년 해체 복원시에 "海東朝鮮國湖右道泰安郡東嶺白華山 興桂寺萬歲樓開建嘉靖六年丁亥十二月 日…康熙三十年辛未十二月 日 重創, 二甲辛未 三重創, 至于嘉慶三年 午二月初一日四重創… 묵지에 쓴 상량문[9]이 발견된 바 있다.

만세루는 가정嘉靖 6년인 중종 22년(1527)에 개건된 이후 숙종 17년(1691)에 중창, 영조 27(1751)에 삼중창, 그리고 정조 22년(1798)에 사중창이 있었다는 사실과 함께 공사시 대시주명이나 대목, 대화주, 철물화주, 단청화주 등의 이름이 자세하게 기록되어 있다. 그리고 일제 강점기인 1944년에 만세루를 해체 복원한 바 있다.

(2) 배치 및 평면

흥주사 경내 입구에는 충청남도 기념물 제156호로 지정되어 있는 수령 약 900여년된 은행나무가 서 있는데, 흥주사를 지켜주는 사천왕四天王의 역할을 해 주고 있는 신비러운 노거수老巨樹로 알려져 있으며, 산신령이 나타나 부처님이 상주할 자리로 점지해 주면서 가지고 있던 지팡이를 꽂았는데, 이 지팡이에서 은행나무 잎이 피기 시작했다는 전설이 전해지고 있다.

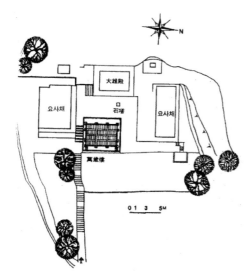

[그림 974] 흥주사 배치도

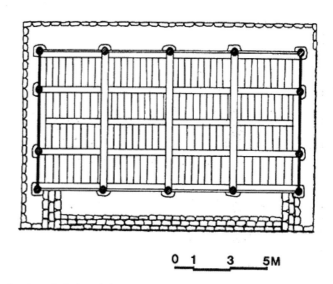

[그림 975] 만세루 평면도

흥주사 경내 중심에는 원래 원통전이 자리
잡고 있었으나 1985년에 대웅전 건물로 개건
改建 되었으며, 대웅전 앞에 있는 만세루는 가
람의 중심 축선상에서 좌측편으로 약 2.0m정
도 벗어나 배치되고 있다.

만세루는 안에서 밖으로 약 2.8m의 경사진
자연지세를 그대로 이용하여 건립하였기 때
문에 내부에서는 단층의 강당건물이지만 외
부에서는 중층건물로서, 마치 누하주식樓下柱
式으로 된 사찰의 정문처럼 보이고 있다. 만세
루 누마루 하부 전면을 화방벽으로 막았는데,
한때는 이곳을 승병들의 무기 저장소로 사용
되기도 하였다고 전해지고 있다.

만세루의 평면은 경내쪽으로 외벌대의 낮
은 자연석 기단 위에 덤벙주초석을 놓고 굵은

[그림 976] 흥주사 은행나무(충남기념물제156호)

원형기둥을 세워 정면 3칸, 측면 3칸으로 구획한 후 그 내부를 통칸으로 하여 우물마루를 깔아 누마루로 만
들었다.

창호는 전, 후면 3칸에 모두 창호를 달지 않고 개방하여 경내 쪽인 배면은 마당에서 누마루로 직접 출입을
할수 있도록 하였다. 그러나 외부쪽인 누마루 전면에는 정칸을 제외한 양협칸에 간결한 난간을 설치하여 앞
으로 넓게 트여져 있는 경내 입구쪽을 조망을 할 수 있도록 하였다. 만세루 양측면 중 경내 입구쪽인 좌측벽
은 양내고주 사이에 하방과 중방 등의 수평재를 댄 후 회벽으로 막음 처리하고 있으나 전면칸 하부에 난간 동
자주가 결구되어 있어 변형된 것으로 보이고, 우측벽에는 중앙 정칸과 전면칸에 작은 창문을 설치하고 있다.

주간간격은 정면 3칸을 3.42m의 비교적 넓은 등간격으로 잡았고, 양측면은 중앙칸 3.45m, 양협칸 1.96m
로 하여 중앙 정칸을 양협칸보다 넓게 잡았다.

(3) 공 포

[그림 977] 만세루 공포

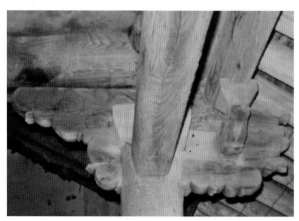

[그림 978] 만세루 공포 내부 양봉

만세루의 공포는 빗굽의 사절된 주두의 운두 부분과 엇물려서 창방과 十자 방향으로 직교하여 외부로 돌출된 초익공에 행공첨차를 직접 결구하여 이익공에 결구되어 있는 외목도리를 받고 있는 1출목 이익공양식이다.

그러나 1출목 이익공양식일 경우 초익공 상부에 1출목 소로를 놓고 이익공에 도리방향으로 행공첨차를 결구하여 외목도리를 받도록 하는 것이 일반적인 수법(그림 979-②)으로 볼 수 있는데, 행공첨차 밑의 소로가 생략되었고 또 행공첨차도 이익공과 짜여지지 않고 초익공과 함께 짜여져 있으며, 외목도리도 대량의 외단과 결구되지 않고 이익공 상단과 결구되어 있어 지금까지 볼 수 없는 톡특한 결구수법(그림 979-①)을 보여주고 있다.

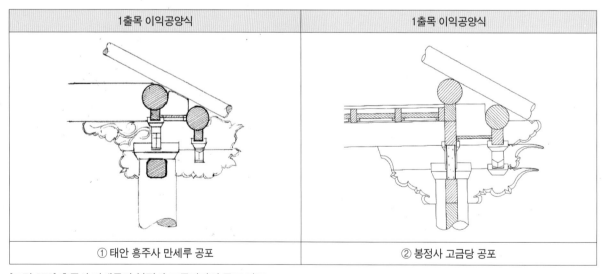

[그림 979] 흥주사 만세루와 봉정사 고금당과의 공포 비교

그리고 주심부에는 도리방향으로 양단에 소로를 놓고 복잡한 파련문으로 다듬은 주심두공을 결구하고 있으며, 초익공과 이익공의 뿌리는 수평으로 뻗어 나가다가 끝부분에서 짧은 수서형으로 되어 있으나 덜 다듬어진 듯 보이고 있으며, 건물 내부로는 초익공과 이익공이 한몸의 파련문으로 조각을 한 양봉으로 처리하여

[그림 980] 창방 상부 외소로형 화반

대량의 단부를 받쳐주고 있다.

특히 창방으로 결구되어 있는 주간에는 파련문을 한 외소로형의 화반을 1구씩 배치하여 주심도리 장혀를 받쳐주고 있다. 이와같이 주간 간격이 3.42m로 넓은 데도 불구하고 1구씩의 파련문으로 조각된 화반을 배치하는 수법은 익공양식의 초기적인 특징으로 보여지고 있으나 각간各間에 집중하중으로 인하여 창방 중앙부가 아래로 심하게 휘어지는 현상이 발생하고 있다.

(4) 가 구

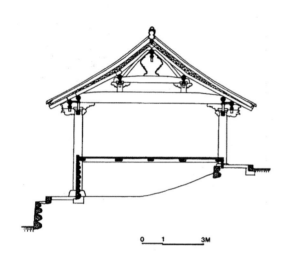

[그림 981] 만세루 지붕틀 가구

[그림 982] 만세루의 파련대공과 솟을합장

만세루의 가구는 내,외부 지면地面 차이로 내부는 평주로, 외부는 고주로 세워 굵고 긴 대량과 종량을 걸고 있는 2중량 7량가의 지붕틀 가구이다.

자연 곡재를 거칠게 궁글려 다듬은 대량 상부 양측에 초익공의 포동자주를 세워 종량을 받도록 하였다. 종량 상부 중앙에는 도리방향으로 양단에 소로를 놓은 첨차형 부재가 결구된 파련대공을 설치하여 종도리와 함께 지붕하중을 받도록 하였는데, 이 파련대공 양 몸에는 당초문의 초새김을 한 흔적이 남아 있다. 특히 이 파련대공 좌,우편에는 고려시대 일부 주심포 양식이나 익공양식에 결구되었던 외반된 솟을합장이 결구되어 종도리의 변형을 방지하고 있어 독특하다.

특히 솟을합장의 형상에 있어서도 봉정사 극락전과 같이 직선으로 되거나 또는 수덕사 대웅전이나 성불사 극락전, 강릉 객사문의 솟을합장은 안으로 휘어지는 내반된 곡선을 이루고 있다. 그러나 만세루의 측면 솟을합장은 외부로 휘어지는 외반된 부재를 걸고 종도리의 변형을 방지하고 있어서 구조적으로 더욱 안정감을 주고 있다. 이러한 형태의 솟을합장을 홍주사 인근에 있는 조선초기인 성종 15년(1484)에 건립된 보물 제143호인 서산 개심사 대웅전의 솟을합장에서도 볼 수 있어서 이 형상은 조선초기 솟을합장의 지역적인 한 특징[10]으로 볼 수 있다.

[그림 983] 만세루 내부 가구

3) 서울 종묘 정전(국보 제227호)

(1) 건립시기

[그림 984] 서울 종묘 정전 전경

조선왕조의 역대 국왕과 왕비들의 신위神位를 모시고 제사하는 곳으로, 종묘의 본전인 정전은 태조 4년 (1395)에 창건되었으나 임진왜란 때 소실되었다가 광해군 원년(1608)에 11칸이 중건된 이후 태실太室의 부족으로 여러번에 걸쳐서 증축된 것으로 알려지고 있다.

(2) 배치 및 평면

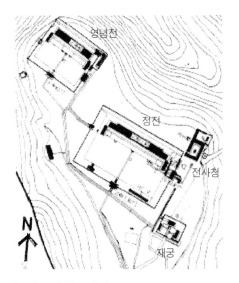

[그림 985] 종묘 배치도

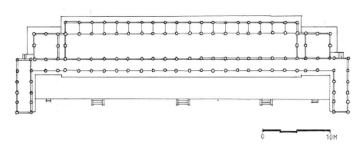

[그림 986] 종묘 정전 평면도

종묘는 도성都城 내 궁궐의 왼쪽인 동쪽에 종묘를, 오른쪽인 서쪽에 사직단을 배치하는 고대 중국의 도성 계획에 따라 경복궁의 동쪽에 건립되었다. 경내 중심부에 남서향하여 위치하고 있는 정전은 창건 당시에는 7칸이었으나 광해군 원년에 11칸으로 중건된 후 영조때 동편으로 4칸을 더 증설하여 15칸이 되고, 헌종 때 동편으로 4칸이 다시 증설되어 지금과 같은 19칸이 된 것으로 알려지고 있다. 또한 정전의 서쪽편에 담장으

[그림 987] 종묘 정전 내부 감실

[그림 988] 감실龕室 내 신위神位

로 구획된 일곽의 대지에 "왕실 조상과 자손이 함께 편안하다"는 영녕전이 나란히 배치되어 있다.

정전은 잘 다듬은 장대석 기단 위에 박석을 깔고 조성된 2단의 넓은 월대 위에 다시 한 벌대의 기단에 원형주좌가 있는 방형의 초석을 놓은 후 원형기둥을 세워 건립하였다. 정면 19칸, 측면 4칸의 태실 좌,우에 정면 3칸, 측면 1칸씩의 제기고祭器庫인 동익사와 서고西庫인 서익사를 두고, 다시 정면 5칸, 측면 1칸씩의 동, 서 월랑月廊이 대칭적으로 배치되어 전체적으로 "ㄷ자형" 평면으로 구성되고 있는데, 우리나라에서 가장 긴 목조건물로 알려지고 있다.

태실의 내부에는 후퇴칸 쪽에 감실龕室을 만들어 조선 역대 왕과 왕비들의 신위를 봉안하는 공간으로 만들었고, 전면 1칸에 회랑으로 이용하는 개방된 전퇴칸을 두었으나 태실과 퇴칸 사이에는 삼태극을 조각한 신방목 위에 쌍여닫이 판장문을 각각 달았다.

주간 간격은 정면 19칸은 3.70m의 등간격으로 구획하였고, 측면 4칸은 중앙 2칸은 3.66m로, 양단칸은 3.10m로 잡았다.

(3) 공 포

[그림 989] 정전 공포

[그림 990] 정전 공포 내부 양봉

종묘 정전의 공포는 빗굽의 사절된 주두의 운두 부분과 엇물려서 창방과 十자 방향으로 직교하여 외부로 돌출된 초익공 상부에 1출목 소로를 놓고 도리방향으로 파련문의 행공첨차와 주심부에 두공이 결구되어 있는 이익공과 재주두가 외목도리와 퇴량을 받쳐주고 있는 전형적인 1출목 이익공양식이다.

공포에 결구되어 있는 초익공과 이익공뿌리는 수평으로 뻗다가 끝단에서 아래로 휘어 내리는 궁궐건물에서 볼 수 있는 수서형이며, 그 아래면을 파련문으로 다듬고 있다. 건물 내부로는 파련문을 한 양봉으로 하여 퇴량의 단부를 장식적으로 받쳐주고 있으며, 퇴량의 보머리는 고식의 삼분두 형태로 다듬었다.

그리고 창방으로 결구되어 있는 주간에는 삼소로 화반에 사절 파련문으로 조각되어 있는 화반을 1구씩 배치하여 주심도리 장혀를 받고 있는데, 화반 양면에는 당초문의 초새김이 되어 있다.

[그림 991] 창방 상부 삼소로형 화반

(4) 가 구

정전 태실의 가구는 건물의 기능상 전, 후 평주 사이에 양 내고주를 세운 후 퇴량과 대량, 그리고 종량을 결구하고 있는 2중량 9량가의 지붕틀 가구이다.

초익공계통의 간결한 포를 결구한 양 내고주 상부에 대량을 걸고 있는데, 대량 상부 양측에도 초익공계의 공포를 결구한 높은 동자주를 세워 종량을 지지하고 있다.

그리고 종량 상부 중앙에는 뜬창방이 결구된 파련대공을 설치하여 종도리와 함께 무거운 지붕하중을 받쳐주고 있다.

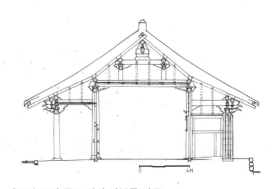

[그림 992] 종묘 정전 지붕틀 가구

[그림 993] 종묘 정전 내부 가구

정전 천장은 전면 퇴칸은 퇴량 하단에 우물천장을 설치하여 회랑으로 사용하고, 내진공간인 중앙에는 대량의 중간에 소란반자틀의 우물천장을 설치하여 종묘 제례시 의례공간으로 이용하고 있다. 그리고 배면벽을 전돌로 쌓은 감실 천장은 창방 하단에 맞춰 낮게 설치하여 신위를 모시는 공간으로 사용하고 있다.

[그림 994] 전퇴칸 회랑 가구

지붕은 솟을삼문형의 맞배 기와지붕을 올렸는데, 용마루 측면과 내림마루 등에 궁궐건물의 상징인 양성바름을 하였고, 내림마루 끝에 취두와 함께 건물의 안전을 위한 비희와 치문, 포뢰 등의 잡상을 배치하였다.

[그림 995] 종묘 정전의 지붕

4) 안동 봉정사 고금당(보물 제449호)

(1) 건립시기

[그림 996] 안동 봉정사 고금당 전경

고금당古金堂은 봉정사 극락전 앞 마당에서 고려시대에 건립된 것으로 추정되는 3층석탑 사이에 화엄강당과 서로 마주 바라보고 건립되어 있는데, 금당金堂이라는 건물의 당호堂號로 보아 원래는 불상을 모셨던 전각[11]이었을 것으로 보이나 현재는 요사채로 사용하고 있다.

고금당의 건립시기는 자세한 기록이 남아 있지 않아 확실하지는 않으나 1969년 해체복원 당시 발견된 상량문에 조선 광해군 8년(1616)에 건물을 중수한 사실을 기록하고 있어서 그 중건시기는 16세기경[12], 또는 건축양식상의 특성으로 보아 조선중기[13]나 조선후기 등 다양한 견해見解가 있는 건물로 알려져 있다.

(2) 배치 및 평면도

우리나라에서 가장 오래된 목조건물인 봉정사 극락전 앞 좌측편에 위치하고 있는 고금당은 자연석 기단 위에 잘 다듬은 장대석을 다시 올려 쌓은 기단에 덤벙주초석을 놓고 원형기둥을 세운 후 정면 3칸, 측면 2칸의 평면으로 구획하였다

고금당은 현재 작은 선방禪房으로 사용하고 있는데, 비록 규모는 작으나 요사채 건물에서는 보기 드물게 공포에 결구되어 있는 익공뿌리가 짧고 강직한 수서형을 이루고 있는 1출목 이익공양식으로서, 당호堂號와 같이 불상을 봉안하였던 금당金堂 건물이었던 것으로 보여지고 있다.

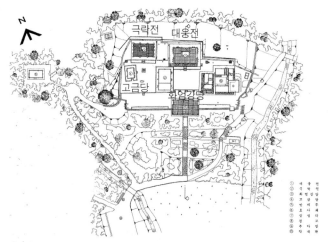

[그림 997] 봉정사 배치도(윤장섭, 한국건축사)

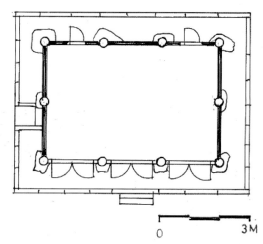

[그림 998] 고금당 평면도

[그림 999] 고금당 선방 내부

고금당의 내부는 통칸의 온돌방을 들여 스님들의 거처로 삼았는데, 정면 3칸에 궁창널을 댄 쌍닫이 띠살문을 모두 달았으나 중앙 정칸의 문은 문지방 없이 하방까지 닿아 있고, 배면 3칸에는 양협칸에만 궁창널을 댄 외여닫이 띠살문을 달았다.

주간 간격은 정면 3칸을 1.90m의 등간격으로 잡았고, 측면 2칸도 1.90m로 같게 잡았다.

(3) 공포

[그림 1000] 고금당 공포

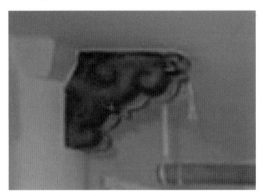

[그림 1001] 고금당 공포 내부 양봉

봉정사 고금당의 공포는 빗굽의 사절된 주두의 운두 부분과 엇물려서 창방과 十자 방향으로 직교하여 외부로 돌출된 초익공 상부에 1출목 소로와 이익공을 놓은 후 도리방향으로 사절 파련문의 행공첨차와 정칸의 직절 판재형과 귀포의 직절 파련문으로 된 주심두공을 결구시켜 외목도리와 대량을 받쳐주고 있는 1출목 이익공 양식이다.

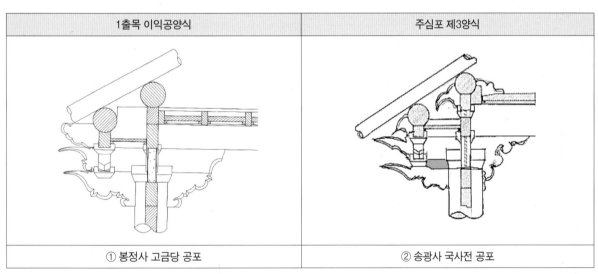

1출목 이익공양식	주심포 제3양식
① 봉정사 고금당 공포	② 송광사 국사전 공포

[그림 1002] 봉정사 고금당 공포와 송광사 국사전 공포 비교

공포에 결구되어 외부로 돌출되고 있는 초익공과 이익공뿌리는 아래에서 위로 휘어 오르는 짧고 강직한 수서형이다. 익공의 하부면은 파련문으로 다듬었고, 건물 내부로는 파련문으로 조각을 한 양봉으로 만들어 대량의 단부를 받쳐주고 있다. 대량의 보머리는 운공형으로 다듬었고 주심도리와 외목도리 사이를 순각판으로 막음처리 하였다.

특히 고금당의 건축양식을 주심포 중기양식[14],

[그림 1003] 고금당 창방 상부 포벽

또는 주심포계 건물에서 익공계 건물로 변천[15]하는 한 과정으로 보는 등 다양한 의견이 있다.

그러나 본고本稿에서는 봉정사 고금당의 공포와 송광사 국사전의 공포 비교를 통해 송광사 공포(그림 1002-②)에는 공안이 있으나 고금당의 공포(그림 1002-①)에는 공안이 없기 때문에 이를 근거로 1출목 이익공 양식에 포함시켜 분류하였다

그리고 창방 상부에도 화반을 배치하지 않고 포벽(그림 1003)으로 처리하여 초기적인 수법을 볼 수 있다.

(4) 가구

가구는 전, 후 평주 위에 대량과 종량을 걸고 있는 2중량 7량가의 지붕틀 가구이다.

대량 상부 양측에 비교적 높은 동자기둥만을 세워 종량을 지지한 후 종량 상부 중앙에도 간단한 동자주형 대공을 세워 종도리와 함께 지붕하중을 받고 있다. 이는 대량 상단에 맞춰서 소란반자 틀로 짠 우물천장을 가설하고 있어서 천장 속 가구재를 간결하게 처리한 것으로 보여지고 있다.

고금당의 지붕 전면은 겹처마, 배면은 홑처마로 된 맞배 기와지붕을 올렸으며, 박공면에 풍판을 달지 않았고, 정면 중앙 정칸 처마 밑에 "고금당古金堂" 현판이 걸려 있다.

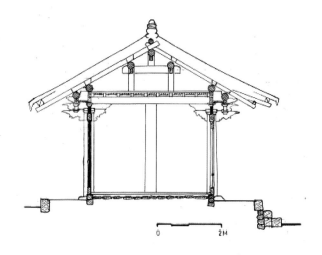

[그림 1004] **고금당 지붕틀 가구**

[그림 1005] **고금당 좌측면 가구**

5) 경산 환성사 심검당(경상북도 유형문화재 제84호)

(1) 건립시기

[그림 1006] 환성사 심검당 전경

팔공산 기슭에 위치하고 있는 환성사는 산의 형세가 마치 절을 둥그렇게 둘러싸고 있는 형세와 같다 하여 사명寺名 을 환성사라 하였다고 전해지고 있다.

사찰 입구에 원래 경내로 진입하는 첫번째 산문인 일주문의 기둥으로 사용되었던 것으로 보이는 4개의 돌기둥이 나란히 서 있었으나 최근에 이 돌기둥 위에 다포양식의 맞배 기와지붕으로 복원하였다.

[그림 1007] 일주문 돌기둥 모습

[그림 1008] 최근에 복원된 일주문 전경

보물 제562호로 지정되어 있는 환성사 대웅전의 좌측편에 건립되어 있는 심검당의 건립연대는 기록이 없어 확실하지는 않으나 조선초기로 보는 견해[16]가 있는데, 환성사 대웅전이 고려말에 화재를 당하여 조선 인조 13년(1635)에 신감대사神鑑大師가 중창 한 후 광무 원년(1897)에 긍월대사亘月大師가 삼창三創하였다고 하나 비교적 조선초기의 수법을 많이 간직하고 있어서 조선중기 이전의 건물[17]로 판단하고 있다.

또한 심검당의 종도리 장혀 하단에 "불기이천오백사십팔년(2004년)갑신정월이십사일오시중수상량"이라는 상량문이 묵서墨書되어 있는데, 이 상량문은 2004년에 보수한 후 기록한 것으로 보여지고 있다.

(2) 배치 및 평면

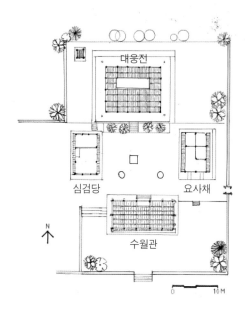

[그림 1009] 환성사 배치도

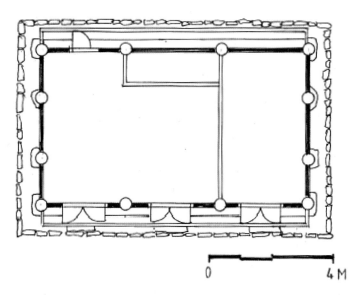

[그림 1010] 심검당 평면도

[그림 1011] 심검당 정칸 배면 불단

환성사 경내는 조선시대 성행하였던 다포양식으로 건립된 대웅전의 앞마당에 있는 3층석탑을 중심으로 전면에 누하주 형식의 중층 문루건물인 수월관과 요사채, 그리고 심검당이 전체적으로 튼ㅁ자형으로 배치되고 있다.

환성사 대웅전 앞마당 좌측편에 위치하고 있는 심검당은 자연석으로 쌓은 1벌대의 기단 위에 다시 장대석을 놓고 덤벙주초석과 원형기둥을 세워

정면 3칸, 측면 3칸의 평면으로 구획한 비교적 소규모의 요사채로 건립되었는데, 내부를 통칸通間으로 하여 승려들이 거처할 수 있는 온돌방을 드리고 있다.

그러나 지금은 정면 3칸중 우측 1칸에 칸막이 벽을 한 후 정칸 배면에 간결한 불단을 조성하고 있다. 그리고 심검당 전, 후면에 쪽마루를 설치한 후 정면 3칸에 궁창널을 댄 쌍여닫이 띠살문을 달았으며, 배면 양협칸에 외여닫이 띠살문을 각각 달아 출입하고 있다.

주간 간격은 정면 3칸 가운데 중앙 정칸은 3.20m로, 좌협칸은 2.90m로, 그리고 우협칸은 2.75m로 각각 구획하였으며, 측면 3칸은 정칸 1.90m, 양협칸 1.50m로 같게 분할하였다.

(3) 공포

[그림 1012] **심검당 공포**

[그림 1013] **심검당 공포 내부 양봉**

심검당의 공포는 빗굽의 사절된 주두의 운두 부분과 엇물려서 창방과 十자 방향으로 직교하여 외부로 돌출된 초익공 상부에 1출목 소로를 놓고, 도리방향으로 사절 파련문의 행공첨차와 주심부에 사절 교두형의 두공이 함께 결구되어 있는 이익공 위에 재주두가 대량을 받쳐주고 있는 전형적인 1출목 이익공 양식이다.

공포에 결구되어 있는 이익공의 뿌리는 아래에서 위로 휘어 올라가면서 힘차게 뻗고 있는 수서 형태이나 초익공 뿌리는 휘어져 앞으로 길게 빠져 나오고 있어 독특하며, 익공의 아래면은 복잡한 파련문으로 다듬고 있다. 그러나 대량의 보머리는 주심포 제3양식의 송광사 국사전이나 하사당의 보머리와 같이 짧게 숙이면서

[그림 1014] **심검당 창방 상부 포벽**

꺾여져 있는 듯한 고식의 형태로 다듬고 있다. 건물 내부로는 파련문으로 다듬은 양봉이 대량의 단부를 받고 있으며, 주심도리 장혀와 외목도리 장혀 사이를 순각판으로 막고 있다.

특히 창방으로 결구되어 있는 주간에는 화반을 배치하지 않고 포벽으로 막음 처리하여 초기적 특성을 보여주고 있다.

(4) 가 구

[그림 1015] **심검당 좌측면 가구**

[그림 1016] **종량 상부 대공과 솟을합장**

심검당 가구는 정칸 상부 가구와 양측면 가구를 서로 다르게 구성하고 있는 특징을 가지고 있다.

먼저 양측면의 가구는 중앙 정칸의 가구와 다르게 양 내고주를 세워 퇴량과 종량을 결구하고 있는 1중량 7량가의 지붕틀 가구이다. 특히 내고주 사이에 걸려 있는 종량 상부에는 주심포 제2양식인 은해사 거조암 영산전과 부석사 조사당의 종량 상부에 있는 사다리꼴 형태인 제형梯形의 대공과 함께 솟을합장이 함께 결구되어 있어서 심검당의 건립연대와 관련하여 건축양식상으로 중요한 의미를 갖고 있는 것으로 생각되고 있다.

[그림 1017] 심검당 정칸 상부 가구

그러나 심검당의 정칸 지붕틀 가구는 전, 후 평주 사이에 대량과 종량을 걸고 있는 2중량 7량가의 지붕틀 가구이다.

대량 상부 양측에 낮은 보아지형의 중대공을 놓고 종량을 지지하고 있다. 종량 상부 중앙에는 양측면과 같이 제형의 대공과 솟을합장이 결구되지 않고 파련대공만을 설치하여 종도리와 함께 지붕 하중을 받고 있다

천장은 가구재가 모두 노출되는 연등천장으로 꾸몄는데, 종도리 장혀 하단에 "불기이천오백사십팔년(2004년)갑신정월이십사일오시중수상량"이라는 상량문이 묵서墨書되어 있다.

[그림 1018] 종도리 장혀 하단 상량문 묵서墨書

지붕 전면은 겹처마로, 배면은 홑처마로 된 맞배 기와지붕을 올렸는데, 박공부분에 풍판을 달지 않았다. 그리고 정칸 처마 밑에 도광道光 4년(1824)에 쓴 "심검당" 현판이 걸려 있다.

6) 순천 송광사 응진당(전라남도 유형문화재 제254호)

(1) 건립시기

[그림 1019] 송광사 응진당 전경(문화재청, 송광사 중요목조건축물 실측정밀보고서(상))

송광사 경내에서 삼일암과 설법전 사이에 서향하여 건립된 보물 제1367호로 지정되어 있는 석가모니후불탱(1724년 제작)과 십육나한탱(1725년 제작)이 봉안되어 있는 응진당의 건립연대는 기록이 남아 있지 않아서 확실하지는 않으나 1842년 대화재에도 화禍를 면한 건물로 그 영험靈驗이 전해 내려오는 건물이기 때문에 1608년[18]에 중수된 건물로, 또는 조선 인조 원년인 1623년[19]에 건립된 건물로 추정하고 있다.

응진당 앞 마당에는 경내를 밝혔던 고풍스러운 등잔이 서 있었으나 지금은 남아 있지 않고 있다.

(2) 배치 및 평면

경사진 대지를 바른층 5벌대로 쌓은 자연석 기단 위에 장대석을 놓고 덤벙주초석과 민흘림이 있는 원형기둥을 세워 정면 3칸, 측면 3칸의 평면으로 구획하고 있다.

응진당은 내부를 통칸의 우물마루로 깔은 후 중앙 정칸 배면과 좌,우 측면에 불단을 조성하여 석가여래를 중심으로 좌,우에 16나한을 봉안하고 있으며, 불단 상부에는 운궁형의 닫집을 설치하였다. 창호는 건물 전면 3칸에 모두 궁창널을 댄 쌍여닫이 빗살문을 달았다.

주간 간격은 정면 3칸을 2.40m로 등분할 하였으나 측면 3칸은 중앙 정칸 1.95m, 양협칸을 1.40m로 각각 잡았다.

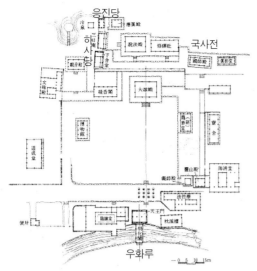

[그림 1020] 송광사 배치도(윤장섭, 한국건축사)

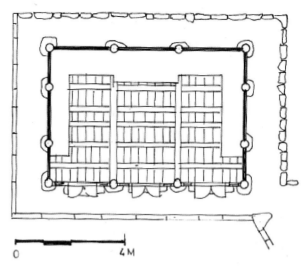

[그림 1021] 응진당 평면도

(3) 공 포

[그림 1022] 응진당 공포

[그림 1023] 응진당 공포 정면 행공첨차

응진당의 공포는 빗굽의 사절된 주두의 운두 부분과 엇물려서 창방과 十자 방향으로 직교하여 외부로 돌출된 초익공 상부에 1출목 소로를 놓고 도리방향으로 사절 파련문의 행공첨차와 사절 연화문 곡선의 주심두공이 결구되어 있는 이익공이 외목도리와 대량을 받쳐주고 있는 일출목 이익공양식[20]이다.

공포에 결구되어 외부로 뻗고 있는 초익공과 이익공뿌리는 짧게 위로 휘어 오르고 있는 수서형이나 익공의 몸이 두꺼워 둔중해 보이며, 익공몸 아래는 파련문으로 다듬었고 내부로는 양봉으로 되어 대량의 단부를 받고 있다.

그리고 대량의 보머리는 같은 경내에 있는 주심포 제3양식인 국사전과 하사당의 보머리와 같이 짧게 꺽여져 숙이고 있는 듯한 형상으로 다듬어져 있으며, 창방으로 결구되어 있는 주간에는 화반을 배치하지 않고 포벽으로 막음처리 하였다.

(4) 가 구

응진당의 가구는 전, 후 평주 위에 대량과 종량을 걸고 있는 2중량 7량가의 지붕틀 가구로서 대량 상부 양측에 첨차형 부재가 2중으로 끼워진 화반과 보아지가 끼워져 있는 포대공을 놓고 종량을 지지하고 있는데, 이 포대공에는 뜬장혀가 결구되어 있다.

특히 종량 상부 중앙에는 같은 경내에 있는 국사전이나 하사당 가구에서 볼 수 없는 화반형 대공과 함께 솟을합장이 세워져 있어 독특하다.

지붕 전면은 겹처마로, 배면은 홑처마로 올린 맞배 기와지붕이며, 박공 양쪽편에 풍우風雨를 막기 위한 풍판을 설치하였으며, 정면 정칸 처마 밑에 "응진당應眞堂" 현판이 걸려 있다.

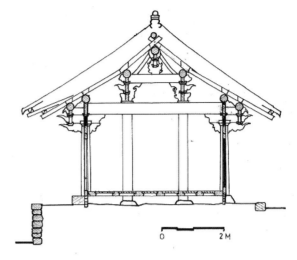

[그림 1024] 응진당 지붕틀 가구

7) 달성 도동서원 사당(보물 제350호)

(1) 건립시기

[그림 1025] 달성 도동서원 사당 전경(문화재청, 달성 도동서원 중정당·사당·담장 정밀 실측조사보고서)

달성 도동서원은 정여창, 조광조, 이언적, 이황과 함께 문묘에 배향된 문경공 한훤당 김굉필(1454~1504) 등 동방오현東方五賢을 제사하는 사당이다. 선조 원년(1568)에 현풍현 비슬산 기슭에 사우를 짓고 향사를 지내오다가 선조 원년(1568)에 쌍계서원으로 창건되었으나 임진왜란 때 소실된 후 조선 선조 38년(1605)에 다시 중건된 이후 1607년에 도동서원으로 다시 사액된 유서 깊은 서원이다.

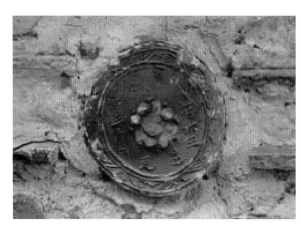

[그림 1026] 萬曆 三十三年 書院造瓦瓦當
(문화재청, 달성 도동서원 중정당·사당·담장 실측조사보고서)

[그림 1027] 戊申 四月 日 基壇

특히 사당 지붕 기와 중 수막새와 암막새에 "萬曆 33年 3月 日 書院造瓦"라는 명문이 있어 만력 33년(1605)에 기와를 만들은 사실이 밝혀졌으며, 사당 전면 좌단의 기단 면석에는 "戊申 4月 日"의 각서刻書가 있어서 무신戊申이 광해군 원년인 1608년에 해당되어 기단을 조성하면서 한편으로는 지붕에 올릴 기와를 제작한 것으로 보여지고 있다.[21] 이와 같이 도동서원은 선현의 학덕을 통한 유교의 예와 강학의 실천 장소로 조선시대 서원건축의 특성을 잘 보존하고 있는 서원으로 인정되어 2019년 유네스코 세계문화유산목록에 "한국의 서원"이라는 이름으로 등재된 우리나라 9개소의 서원 중 한 곳으로 잘 알려져 있다.

(2) 배치 및 평면

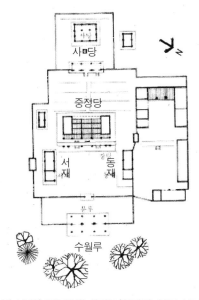

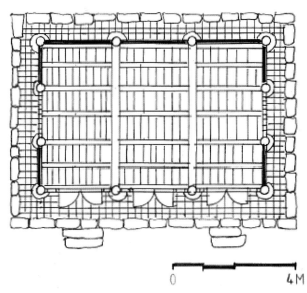

[그림 1028] 도동서원 배치도(윤장섭, 한국건축사)　　　[그림 1029] 사당 평면도

"도道가 동쪽으로 왔다"는 뜻의 도동서원은 한원당 김굉필의 학덕을 흠모하고 기리기 위하여 건립되었다. 대니산의 지맥이 낙동강 쪽으로 뻗으면서 산 좌,우 능선이 서원을 에워싸고 있는 형국의 경사진 일곽의 대지에 전체적으로 전통 와편담장과 토석담장(보물 제350호)으로 둘러쌓인 3단의 층을 만들어 공간과 공간 사이에 친근감을 느낄 수 있는 一자형의 자연석 계단을 거칠고 투박하게 설치하여 위계적으로 이어주고 있는 특징을 볼 수 있다.

먼저 서원 첫째단 앞으로는 낙동강이 흐르고 뒤로는 송림松林이 욱어진 주변 자연경관과 잘 어울리도록 진입공간에 자연석으로 화계를 조성한 후 외삼문인 중층 누문樓門 형식의 수월루를 배치하고 있다. 수월루를 지나 자연석 계단으로 이어지는 둘째단에는 사모지붕을 올린 작은 협문의 환주문 양쪽편으로 둘러쌓인 전통 담장 안에 강학공간의 중심인 중정당이, 그리고 다시 계단으로 이어지는 가장 높은 세째단에 내삼문을 거쳐 향사공간의 중심 건물인 사당을 서원의 중심축선상에 배치시키고 있다.

[그림 1030] 도동서원 전경 및 입구 은행나무

서원 진입로 입구 좌측편에는 조선 중기경 도동서원이 사액賜額된 것을 기념하기 위하여 한훤당 김굉필의 외증손이었던 한강 정구가 심었다는 약 400여년 된 대구 달성군 보호수로 지정되어 있는 은행나무가 노랗게 익은 은행잎과 함께 가지를 늘어트린 채 오랜 세월 도동서원을 지키며 서 있다.

[그림 1031] 중정당 대청마루에서 본 내삼문

[그림 1032] 내삼문 앞 계단 디딤돌 돌조각

[그림 1033] 두꺼비 돌 조각

중정당 배면에 낮은 축대를 3~4단 쌓은 후 화계花階를 조성한 중앙에 사당 내삼문으로 오르는 一자형의 계단을 설치하였다. 이 계단 끝 5째단 가운데에 두꺼비 형상의 돌조각을 놓아 특이한데, 눈을 크게 뜨고 입을 꾹 다물고 있는 두꺼비가 마치 "사당 내에서 엄숙하라"는 모습으로 보이고 있다. 계단 끝 자연석 기단위에 평삼문 형태의 내삼문 양 옆으로 쌓은 전통식 담장 안에 향사享祀 공간의 중심인 사당을 배치하고 있다.

이와 같이 경사진 야산의 가장 높은 곳에 전학후묘前學後廟 배치형식에 따라 경내 배면에 건립되어 있는 사당은 잘 다듬은 면석 위에 갑석을 놓고 기단을 조성하였는데, 전면 좌측 기단 면석에 "戊申四月 日"의 각서刻書가 음각되어 있다.

그리고 사당은 양협칸 앞으로 설치된 2단의 계단 위에 넓은 판석의 갑석과 방전方塼을 깔은 후 원형으로 다듬은 화강석 초석과 원형의 민흘림 기둥을 세워 정면 3칸, 측면 3칸의 평면으로 구획하였다.

사당 내부는 통칸의 우물마루를 깔은 후 중앙 정칸 배면에 향상香床을 놓고 한훤당 김굉필의 위패를 모시고, 서쪽 벽쪽으로는 한강 정구의 위패를 봉안하였는데, 서쪽벽에는 소나무가 그려진 벽화가, 동쪽벽에는 강변 풍경이 그려진 벽화가 각각 한폭씩 그려져 있다.

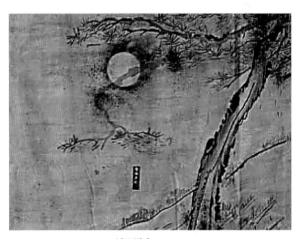

설로장송雪路長松

강심월일주江心月一舟

[그림 1034] 사당 내부 벽화(문화재청, 달성 도동서원 중정당·사당·담장 정밀 실측조사보고서)

사당 앞 마당에는 사당을 오르는 두 계단 사이 전면에 화사석火舍石 안에 불을 밝히는 석등을 세우고 있으며, 전면에는 정면 3칸, 측면 1칸의 내삼문이, 우측 담장 옆에는 향사 때 제사준비를 하는 정면 2칸, 측면 1칸의 작은 제기고인 중반소가 배치되어 있다.

사당의 창호는 정면 3칸에 모두 새발장식과 국화쇠 장식등을 하고 있는 독특한 쌍여닫이 판장문을 달았으며, 좌,우 측면 중앙칸 중방 상부에 정자살창을 설치하여 환기와 채광을 하고 있다.

주간 간격은 정면 3칸 모두를 2.50m의 등간격으로 구획하고, 측면 3칸은 중앙칸 1.80m, 양협칸 1.50m로 잡았다.

(3) 공 포

사당의 공포는 빗굽의 사절된 주두의 운두 부분과 엇물려서 창방과 十자 방향으로 직교하여 외부로 돌출된 초익공 상부에 1출목 소로를 놓고 도리 방향으로 사절 파련문의 행공첨차와 주심부에 두 공이 결구되고 있는 이익공이 외목도리와 대량을 받쳐주고 있는 1출목 이익공양식[22]이다.

[그림 1035] 사당 공포

공포에 결구되어 외부로 돌출되고 있는 초익공의 뿌리는 수서형, 또는 앙서형의 익공뿌리로 뻗는 것이 일반적인 수법인데, 마치 주심포 제2양식의 공포에 결구되어 있는 헛첨차의 외단부(그림 1036-②) 모양처럼 1출목 소로 끝단에 맞춰서 사절시킨 후 그 아래면을 파련문으로 다듬고 있으며, 이익공뿌리는 아래에서 위로 휘어 오르는 수서형으로 강직하게 뻗고 있다.

따라서 주심포양식의 연화문 곡선의 헛첨차가 더욱 장식화 된 파련문 형상의 익공부재이지만 일견一見해서 보면 도동서원 사당 공포(그림 1036-①)와 강릉문묘 대성전 공포(그림 1036-②)가 똑같은 건축양식으로 보일수도 있다. 그러나 주두의 운두 부분과 엇물려서 빠져 나오는 도동서원 공포 부재는 이익공과 맞닿아 있어서 1출목 소로 사이에 공안이 없어 초익공 부재이나 기둥 상단부에서 빠져 나오는 강릉문묘 대성전 공포의 부재는 1출목 소로 사이에 공안을 가지고 있어서 주심포양식의 헛첨차로 구분해서 보아야 한다.

1출목 이익공양식	주심포 제2양식
① 도동서원 사당 공포	② 강릉문묘 대성전 공포

[그림 1036] 익공부재와 헛첨차 부재와의 차이점

이와 같이 공포의 눈과 같은 공안栱眼의 유,무는 건축양식상 큰 차이점을 가지고 있는데, 도동서원 사당의 공포는 주심포 양식에서 익공양식으로 변천되어 가는 과정을 이해할 수 있는 좋은 사례로서, 도동서원 사당 공포는 1출목 이익공양식으로, 강릉문묘 대성전 공포는 주심포 제2양식으로 구분하여 분류하여야 될 것으로 판단되고 있다.

그리고 건물 내부로는 초익공과 이익공의 내단에 파련문을 한 양봉으로 만들어 대량의 단부를 받쳐주고

[그림 1037] 창방 상부 포벽의 화반 단청

있으며, 대량의 보머리는 운공형으로 다듬고 있다.

창방으로 결구되어 있는 주간柱間에는 화반을 배치하지 않고 포벽으로 처리한 후 마치 화병에 화려한 꽃을 꽂아 놓은 화반을 단청으로 그려 놓았는데, 이 화반도 주심두공과 함께 이익공양식의 큰 특징으로 볼 수 있다.

(4) 가구

사당의 가구는 전, 후 평주 위에 대량과 종량을 걸고 있는 2중량 7량가의 지붕틀 가구이다.

네귀를 모접기로 다듬은 대량 상부 양측에 종량 보머리 끝에 맞춰 직절한 간결한 물익공계의 보아지로 짜서 결구하고 있는 동자주를 세워 종량을 지지하고 있다. 동자주에는 소로가 배치된 뜬장혀가 결구되어 있으며, 종량 상부 중앙에는 화려한 초새김을 한 파련대공에 뜬창방을 결구하여 종도리와 함께 지붕하중을 받쳐주고 있으나 양 측벽 상부에는 제형梯形의 판대공 대공을 설치하였다.

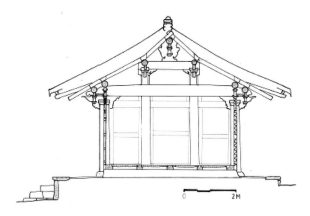

[그림 1038] 사당 지붕틀 가구

[그림 1039] 사당 내부 가구(문화재청, 『달성 도동서원 중정당·사당·담장 정밀실측조사보고서』)

천장은 가구재가 모두 노출되는 연등천장으로 꾸몄으며, 지붕은 겹처마 맞배 기와지붕을 올렸다. 박공 양쪽에 풍우風雨를 방지하기 위한 풍판을 달았으며, 사당 정면에 현판을 달고 있지 않은 유일한 건물로 알려지고 있다.

8) 달성 도동서원 중정당(보물 제350호)

(1) 건립시기

[그림 1040] 달성 도동서원 중정당 전경

도동서원은 조선시대 대학자였던 한훤당 김굉필(1454~1504)의 학문과 덕행을 기리기 위해 조선 선조 원년(1568)에 현풍현 비슬산 동북 기슭인 쌍계동에 사우를 짓고 향사享祀를 지내 오다가 1573년에 쌍계서원으로 창건되었다. 임진왜란 때 소실되어 선조 37년(1604)에 지방 여러 사림士林들에 의해 서원의 중건이 시작되어 선조 38년(1605)에 묘소 근처인 도동으로 옮겨 지은 후 보로동甫老洞서원으로 부르다가 1607년에 도동서원으로 다시 사액된 서원이다. 중정당은 서원의 전학후묘 배치형식에 따라 사당 앞에 건립된 강당건물로서, 유생들이 한원당 김굉필의 학문과 사상을 계승하면서 학문을 연마하던 강학講學공간이다.

(2) 배치 및 평면

도동서원의 상징인 은행나무가 서 있는 진입공간에서 자연석으로 쌓은 기단 중앙 앞에 불규칙하게 놓은 계단석을 따라 누하진입 형태의 중층 누문樓門건물인 수월루를 지나면 다시 중정당을 오르는 계단석이 설치되어 있다. 그리고 거칠게 다듬은 계단석이 오랜 세월동안 닳아서 마모磨耗된 이 계단을 오르면 강학공간의 중심인 중정당 마당에 이르게 되는데, 중정당 입구에는 2개의 기둥을 세운 일각대문에 쌍여닫이 판장문을 달고 사모지붕에 절병통을 올린 작고 아름다운 환주문이 서 있다.

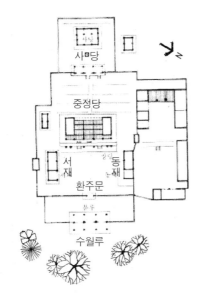
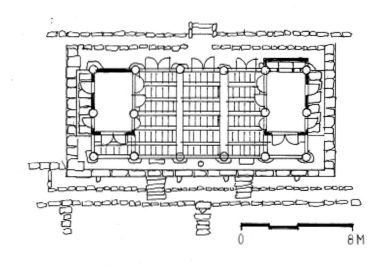

[그림 1041] 도동서원 배치도(윤장섭, 한국건축사)　　[그림 1042] 중정당 평면도

[그림 1043] 중정당 입구 환주문 외관

[그림 1044] 환주문 바닥 돌 조각

　환주喚主란 유생들이 수양할 때 자기 마음을 향하여 "주인 즉, 마음은 깨어 있는가?"을 자문자답自問自答하며 들어서는 환주문이며, 이 문門 박석 바닥 위에는 판장문의 여닫이 방지를 위한 사각형으로 다듬은 받침대 위에 타원형 형태의 활짝 핀 꽃봉오리 모양의 작은 돌조각이 있어 독특하다. 이 환주문 앞 양옆으로 맞대어서 자연석 축대 위에 막돌을 놓고 다시 암기와를 5단으로 나란히 쌓은 사이 사이에 막새 기와을 엇갈리게 넣

[그림 1045] 돌거북 형상의 돌조각

어 장식적으로 쌓은 보물 제350호로 지정되어 있는 흙담장 안에 강당인 중정당과 유생들이 기숙하며 휴식할 수 있는 거인재인 동재와 거의재인 서재가 대칭되게 배치되어 있다.

　그리고 환주문을 들어서면 중정당 중앙 기단석 끝까지 박석薄石이 쭉 깔려 있는데, 2벌대로 쌓은 자연석 기단 중앙에는 큰눈을 부릅뜨고 목을 길게 뻗고 있는 돌거북 형상의 조각이 환주문 쪽을 응시하며 새겨져 있다.

[그림 1046] 중정당 기단과 박석 앞 돌거북 형상

[그림 1047] 기학적 형상으로 그랭이질 하여 다듬은 기단면석

특히 중정당에서 가장 특색있는 건축 양식 중 하나는 다양한 크기와 색채를 가진 여러 가지 모양의 기단 면석을 그랭이질 공법으로 마치 기하학적 형태로 짜 맞춰놓은 듯이 정교하게 쌓은 후 기단 갑석을 놓아 매우 독창적이면서 독특한 모습을 보여주고 있다.

지대석과 면석, 그리고 갑석의 가구식 기단으로 쌓은 중정당의 기단 앞에는 2개소의 계단을 설치하고 있는데, 일곱단의 자연석 디딤돌을 놓아 조성된 우측 계단 옆에는 연화문의 꽃 한송이 옆에 위를 향하고 있는 다람쥐가 양각되어 있고, 좌측편 계단 옆에도 연화문 꽃 한송이 옆에 내려오는 다람쥐가 양각되어 있다. 이 다람쥐 조각은 동측에 있는 우측 계단으로 올라 갔다가 서쪽에 있는 좌측 계단으로 내려 오는 동입서출東入西出의 의미를 담고 있으며, 다람쥐 옆에는 크기와 모양이 서로 다른 한송이의 연꽃이 양각되어 있는데, 이는 음양의 이치를 담고 있는 것으로 볼 수 있다

[그림 1048] 동입서출東入西出의 다람쥐 조각

[그림 1049] 기단석에 돌출된 용두석

그리고 중정당의 기단 갑석 밑에는 모두 4마리의 용두석이 기단 면석에서 목을 길게 빼고 있는데, 좌, 우측 계단 사이에 2마리의 용두와 계단 바깥쪽에 각각 1마리씩의 용두가 돌출되고 있다. 큰 눈을 부릅뜨고 있

[그림 1050] 기단 정칸 앞 편액형 석재

는 이 4마리의 용두는 여의주와 물고기를 각각 물고 있는데, 물고기를 물고 있는 용두는 물의 신神인 용을 상징하는 것으로 화재 예방을 위한 비보裨補의 의미를 갖고 있다고 한다.

또한 기단 중앙부 갑석 아래에는 편액형의 테두리만 조각되어 있는 석판재(그림 1050)가 면석 사이에 끼워져 있는데, 용도는 알 수 없으나 그 위치로 보아 중요한 내용을 각자刻字 하기 위한 것이 아닌가 생각되고 있다.

유생들의 강학공간이었던 중정당은 여러 의미와 정성을 들여 조성한 기단 위에 덤벙주초석을 놓고 원형기둥을 세워 정면 5칸, 측면 2칸의 一자형 평면으로 구획하고 있다. 중정당 전면 원형기둥 상단부에 하얀 종이띠인 "상지"가 둘러져 있어 독특한데, 이는 동방오현東方五賢 가운데 김굉필이 가장 윗분으로서 예禮를 갖추라는 뜻으로 멀리서도 잘 보이도록 하기 위해 기둥 위에 하얀 종이를 둘렀다고 한다.

그리고 정면 5칸 가운데 중앙 3칸을 통칸通間으로 하여 우물마루의 넓은 대청마루로 만들어 유생들의 강학공간으로 이용하였는데, 이 대청마루 앞 기단에 글을 읽는 유생들을 위하여 밤에도 경내를 밝힐 수 있는 팔각형의 간석 위에 상석이 올려져 있는 정료대庭燎臺가 세워져 있다. 대청마루 좌,우 1칸에는 앞쪽으로 반칸의 툇마루가 달려있는 온돌방을 대칭적으로 들였으며, 온돌방 양 옆으로 쪽마루를 각각 들이고 있는데, 목재 대신 판석으로 기단을 쌓는 수법으로 설치하여 특이하다. 온돌방 앞 툇마루 밑에 함실아궁이를 설치하였고,

[그림 1051] **중정당 대청마루**

우측 온돌방에 들인 반침 배면에 화방벽을 쳤다.

중정당의 창호는 대청마루 전면 3칸에 창호를 달지 않아 앞마당에 있는 환주문과 수월루 지붕 너머로 보이는 먼 산능선이 한눈에 들어 오도록 개방되었고, 배면으로는 3칸에 머름중방 위에 쌍여닫이 판장문을 달아 사당으로 오르는 계단으로 시선이 이어지도록 하였다. 그리고 대청 좌,우편에 들인 온돌방 전면칸에는 대형의 맹장지 들어열개 문을 달았고, 배면칸에는 외여닫이와 쌍여닫이가 겹쳐지는 맹장지 들어열개 문을 달아 필요할 때 대청과 온돌방을 한 공간으로 이용할 수 있도록 하였다. 온돌방 앞은 쌍여닫이 띠살문과 용자살 문의 2중 문을 달았고, 온돌방 양 측면에는 석재로 설치한 쪽마루로 출입할 수 있도록 각간에 외여닫이

[그림 1052] **사당으로 오르는 계단에서 대청마루를 통해 바라 본 환주문과 수월루**

띠살문에 미닫이 판문을 덧달았다.

주간 간격은 대청 3칸을 모두 3.10m의 등간격으로 잡은 후 양단칸은 2.80m로 잡았으며, 측면 2칸은 3.10m로 같게 분할하였다.

(3) 공 포

중정당의 공포는 오현五賢중에 한훤당이 으뜸이라는 상징의 뜻으로 하얀 문종이가 둘려져 있는 기둥 상부에 빗굽의 사절된 주두의 운두 부분과 엇물려서 창방과 十자 방향으로 직교하여 초익공이 외부로 돌출되고 있다. 이 초익공 상부에 1출목 소로를 놓고 파련문의 행공첨차와 직절 교두형의 두공이 결구되어 있는 이익공이 외목도리와 대량을 받쳐주고 있는 1출목 이익공양식[23]이다.

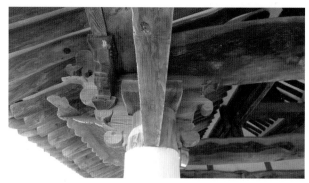

[그림 1053] 도동서원 중정당 공포

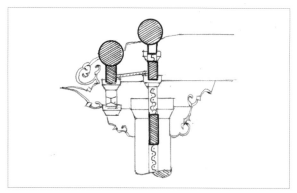

[그림 1054] 도동서원 사당 공포

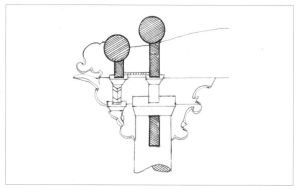

[그림 1055] 도동서원 중정당 공포

공포에 결구되어 있는 초익공의 외단은 뿌리로 돌출되지 않고 1출목 소로 끝단에 맞춰 사절 파련문 형상으로 초각한 사당(그림 1054)과 같이 중정당 초익공 외단도 1출목 소로 끝단에 맞춰 연꽃과 연꽃줄기 모양으로 형상화하여 아름답게 조각을 하고 있다. 이익공뿌리는 아래에서 위로 휘어 오르는 수서형으로 짧게 뻗도록 한 후 그 아래면을 파련문으로 다듬고 있는데, 공포 부재들의 초각이 매우 섬세하며 정교하다.

건물 내부로는 초익공과 이익공 내단을 한몸으로 한 후 파련문으로 다듬은 양봉으로 만들어 대량의 단부를 구조적 및 장식적으로 받쳐주고 있다. 주심도리와 외목도리를 걸고 있는 대량의 보머리도 독특한 형태의 운공 문양으로 조각을 하고 있으며, 주심도리와 외목도리 사이에는 순각판으로 막음처리 하였다.

창방으로 결구되어 있는 정면 주간에는 중앙 3칸에 당초문양의 초각에 정성을 들여 조각을 한 쌍소로 화반(그림 1056)을 1구씩 배치하였으나 양단칸에는 문양없이 간결하게 양면을 사절시킨 쌍소로 화반(그림 1057)을 1구씩 배치하였다. 그리고 배면 주간에는 중앙 3칸에 사절된 쌍소로 화반을 놓은 반면 양단칸에는 사각형의 쌍소로 화반을 배치하여 다양한 형태의 화반으로 주심도리 장혀를 각각 받쳐주고 있다.

[그림 1056] 중앙칸 창방 상부 화반(전면)

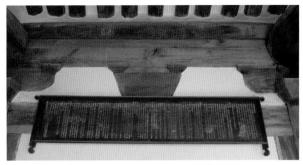

[그림 1057] 양단칸 창방 상부 화반(전면)

(4) 가구

중정당의 가구는 전, 후 평주 위에 대량과 종량을 걸고 있는 2중량 7량가의 지붕틀 가구이다.

자연목의 곡재曲材를 다듬은 굵은 대량 상부 양측에 종량 외단에 맞춰 직절된 물익공계의 포가 결구된 동자주를 세워 종량을 지지하고 있다. 동자주 상부에는 중도리 사이에 소로가 끼워져 있는 뜬장혀가 결구되어 있다.

대청마루에 걸쳐 있는 종량 상부 중앙에는 뜬창방이 결구된 파련대공을 설치하였으나 양측 벽 종

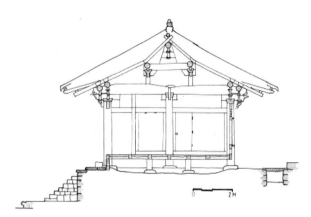

[그림 1058] 중정당 지붕틀 가구

량에는 사다리꼴 형태의 판대공을 설치하여 종도리와 함께 지붕하중을 받쳐주고 있다.

[그림 1059] 중정당 대청마루 상부 가구

대청 천장은 굵고 휘어진 대들보와 구불어진 연목 등의 목부재와 하얀 색칠로 된 천장 앙토가 조화를 잘 이루고 있는 연등천장으로 꾸몄으며, 온돌방과 툇마루에는 소란반자틀로 짠 우물천장이 가설되어 있다.

[그림 1060] 대청마루 정칸 상부 현판

　지붕은 겹처마 맞배 기와지붕이며, 양측 박공에 풍판을 달았다. 중정당 정칸 처마 밑에 걸려있는 "도동서원道東書院" 현판은 퇴계가 쓴 액자 중에서 도동서원이라는 네 글자를 본떠 새긴 현판이며, 대청마루 상부의 선조대왕의 친필로 알려지고"도동서원道東書院" 현판 밑에 "중정당中正堂" 현판이 함께 걸려 있다.

9) 영천 숭렬당(보물 제521호)

(1) 건립시기

[그림 1061] 영천 숭렬당 전경

숭렬당은 조선 세종 때 대마도와 여진족 정벌에 큰 공을 세워 후에 영중추원사領中樞院事에 오른 위양공 이순몽(1386~1449)장군의 사가私家로서 숭렬당기문崇烈堂記文을 근거로 숭렬당은 경상도 도절제사가 되기 전 세종 15년(1433)에 지어졌고 위양공이 별세한 세종 31년(1449)까지 기거를 하였다고 한다.

그 후 위양공실기威養公實記에 광해군 6년(1614)에 사림士林들이 향서당 뒤에 사당을 세우고 위패를 봉안하고 제사하였다 하며, 영조 35년(1759) 3월에 묘우廟宇을 중수하였는데 고종 5년(1868)에 서원 철폐령으로 인하여 묘우를 철거撤去하고 숭렬당 북쪽에 감실 한 칸을 마련하여 위패를 봉안하고 제사하였다고 한다.[24]

(2) 배치 및 평면도

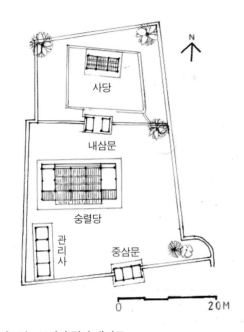

[그림 1062] **숭렬당 배치도**　　　　[그림 1063] **숭렬당 평면도**

숭렬당은 경내 입구쪽에 1993년에 건립한 소슬삼문형의 외삼문과 근래에 건립한 중삼문 안에 남향하여 숭렬당이 배치되어 있다. 숭렬당 앞 마당 좌측편에는 동향하여 정면 4칸, 측면 1칸의 맞배 기와지붕으로 건립된 관리사가 있다. 숭렬당 배면에는 다시 사당 입구에 소슬삼문형의 내삼문이 위치하고 있는데, 종도리에 "개국오백삼십팔년팔월십삼일 경진진시 상량開國 五百三十年八月十三日 庚辰辰時 上樑"의 상량문이 있다. 그리고 경내 제일 북단인 내삼문 안에는 자연석 기단 위에 정면 3칸, 측면 1칸의 평면에 맞배 기와지붕을 올리고 있는 규모가 작은 사당이 있다.

사우 앞에 남향하여 배치되어 있는 숭렬당은 2벌대의 자연석으로 쌓은 낮은 기단 위에 덤벙주초석을 놓고 원형기둥을 세워 정면 5칸, 측면 3칸의 비교적 규모가 큰 一자형 평면으로 구획하였다. 정면 5칸 가운데 중앙 3칸에 우물마루의 넓은 대청마루를 만들고 그 좌,우편에 온돌방을 대칭적으로 들였다. 온돌방 앞에는 1칸의 툇마루를 약간 높여 설치하였으며, 배면에는 반침을 두었다. 그리고 대청마루 전, 후면에 쪽마루를 놓아 대청을 오로도록 하였다.

숭렬당의 창호는 대청 앞은 모두 문을 달지 않고 개방하였으나 배면 중앙 3칸에는 쌍여닫이 판장문을 달았다. 대청과 양측 온돌방 사이에는 문지방이 있는 쌍여닫이 띠살문과 궁창널을 댄 쌍여닫이 띠살문을 각각

[그림 1064] 숭렬당 대청마루

달았고, 온돌방 앞에는 쌍여닫이 띠살문을 달아 출입을 하였다. 그리고 측면 3칸 가운데 퇴칸에는 쌍여닫이 판장문을, 중앙칸에는 정자살창을, 그리고 그 옆에는 외여닫이 띠살의 작은 지겟문을 달았다.

주간 간격은 정면 5칸 중 대청 3칸은 3.15m의 등간격으로 잡았고, 양단칸에 있는 온돌방은 2.80m로 구획하였으며, 측면 3칸은 중앙칸 2.50m, 양협칸 1.90m로 잡고 있다.

(3) 공 포

[그림 1065] 숭렬당 공포

[그림 1066] 숭렬당 용두 공포

숭렬당의 공포는 빗굽의 사절된 주두의 운두 부분과 엇물려서 창방과 十자 방향으로 직교하여 외부로 돌출된 초익공 상부에 1출목 소로를 놓고 도리방향으로 행공첨차와 주심부에 두공이 결구되어 있는 이익공이 외목도리와 대량을 받쳐주고 있는 1출목 이익공양식이다.

그리고 공포에 결구되어 있는 초익공과 이익공뿌리는 짧고 강직하게 외부로 뻗고 있으며, 그 아래면을 파련문으로 다듬고 있다. 그러나 양협칸 기둥 상부에 결구되어 있는 이익공뿌리는 정칸의 익공뿌리와 그 형상을 다르게 조각하고 있다. 주거건축에서는 보기 드물게 중방 빼목이 초익공이 되고 이익공은 퇴량의 보머리와 한몸으로 되어 부릅뜬 눈과 날카로운 이빨과 함께 여의주를 입에 문 독특한 용두형태로 조각을 하고 있다.

건물 내부로도 정칸의 공포는 초익공과 이익공이 한몸이 되어 파련문과 연봉오리가 조각되어 있는 양봉이 되어 대량의 단부를 받고 있으나 양협칸에 결구된 공포 내부는 초익공 내단은 중방이 되고 파련문과 연봉오리가 조각된 이익공 내단이 퇴량의 단부를 받쳐주고 있다.

① 우측 내부 중방 결구

② 좌측 내부 중방 결구

[그림 1067] 양협칸 공포 내단의 중방 결구 (문화재청; 『영천 숭렬당 실측조사보고서』, 2000)

그러나 양협칸에 결구되어 있는 퇴량 아래에 중방을 걸고 있는데, 숭렬당 우측(그림 1067-①)은 초익공 양봉 내단을, 좌측(그림 1067-②)은 초익공과 이익공 내단 양봉 일부을 절단하여 그 사이에 중방을 걸고 있어서 가구 결구에 변형이 일부 있었던 것으로 보여지고 있다.

숭렬당은 정면 3칸의 맞배지붕으로 된 몸채 양측면에 1칸씩의 온돌방을 들여 가적지붕을 올리고 있다. 이로 인하여 지붕 높이가 서로 달라 정면과 배면은 1출목 이익공양식으로, 양측면은 무출목 초익공양식으로 공포를 짜고 있다. 그리고 측면에 결구된 초익공 외단(그림 1068)은 익공뿌리로 하지 않고 갈고리 모양으로 짧게 휘어 올린 후 그 아래면은 파련문으로 다듬었고, 내부로는 정칸의 이익공 내단과 같이 파련문 밑에 연봉오리를 조각한 양봉으로 하여 퇴량을 받고 있다.

또한 대량 상부 주심도리 밑에는 도리가 구르는 것을 방지하기 위하여 고식의 건물에서 많이 볼 수 있는 승두를 끼우고 있다.

그리고 창방으로 각간이 결구되어 있는 주간에는

[그림 1068] 숭렬당 양 측면 공포

일출목 이익공의 공포가 결구되어 있는 대청마루 앞에 정교하게 조각된 외소로형의 화반이 1구씩 배치되어 숭렬당 정면을 아름답게 꾸며 주고 있다. 화반 상부 중앙에는 소로가 놓이고 그 양쪽편에는 소로대신 활짝 핀 연꽃이 주심도리 장혀를 장식적으로 받쳐 주고 있어서 더욱 화려하고 아름다운 화반 모습을 볼 수 있다. 그리고 무출목 초익공양식으로 결구되어 있는 측면 창방 상부는 간결한 소로가 1~2개씩 배치되어 주심도리 장혀를 각각 받쳐주고 있다.

[그림 1069] 창방 상부 외소로형 화반

(4) 가 구

전, 후 평주 위에 대량과 종량을 걸고 있는 2중량 7량가의 지붕틀 가구이다. 자연 곡재를 궁글린 대량 상부에 동자주를 세워 대청 옆 양측면의 기둥 상부에 있는 무출목 초익공 형태와 같은 포동자주를 세워 종량을 지지하고 있다. 그리고 동자주에는 도리방향으로 뜬장혀가 결구되어 중도리 장혀 사이에 소로를 배치하고 있다.

종량 상부 중앙에는 첨차형 부재가 결구된 파련대공 양쪽편에 4송이의 연봉오리가 마치 천장 위쪽을 향하여 타고 올라가는 듯한 정교하고 섬세하게

[그림 1070] 숭렬당 지붕틀 가구

조각이 된 아름다운 파련대공을 설치하여 종도리와 함께 지붕하중을 받쳐주고 있다.

[그림 1071] 숭렬당 대청마루 상부 가구

[그림 1072] 숭렬당 대청마루 정칸 상부 가구

　대청의 천장은 아름다운 가구재가 모두 노출되는 연등천장으로 꾸몄으며, 좌측 온돌방은 소란반자틀로
된 우물천장을 설치하였으나 우측 온돌방은 종이 천장지로 마감하였다.

　대청 상부쪽 지붕은 겹처마 맞배 기와지붕을 올리고 양쪽 온돌방 지붕은 후에 덧달아낸 듯한 가적지붕으
로 올려 특이하며, 중앙 정칸 처마 밑에 "숭렬당崇烈堂" 현판이 걸려 있다.

[그림 1073] 몸채 양측면 가적지붕의 가구(문화재청; 영천 숭렬당 실측조사보고서, 2000)

　그러나 특히 숭렬당 몸채 양측면에 결구되어 있는 가적지붕의 가구架構에 대한 자료[25]가 해체 보수와 병행
하여 작성되지 않아 추후 확인이 더욱 필요할 것으로 보이나 공포의 양식이나 조각 수법, 몸채인 대청과 양
측면에 덧붙여진 온돌방 가구의 결구, 그리고 지붕의 형태 등이 후대에 일부 변형이 있는 것으로 추측되고
있다. 따라서 조선 세종 15년(1433)에 이순몽 장군이 건립한 후 기거했던 살림집 보다는 평면형식과 공포 등
의 건축양식으로 보아 숭렬당은 17세기 경 사우祠宇 내에 건립되었던 강당건물, 또는 다른 용도로 건립된 건
물이 아닌가 보여지고 있다.

10) 밀양향교 명륜당(보물 제2095)

(1) 건립시기

[그림 1074] **밀양향교 명륜당 전경**

춘복산春福山 기슭 양지바른 곳에 배산임수의 형국으로 자리잡은 밀양향교는 원래 고려 숙종 때 부북면 용지리에 지어져 경주향교, 진주향교와 더불어 영남지방을 대표할 정도로 규모가 컸으나 임진왜란 때 소실된 후 1602년에 이곳에 다시 중건되었다.

명륜당의 건립시기는 임진왜란 때 소실된 것을 광해 10년(1618)에 다시 중건[26]된 건물로 알려지고 있다. 원래 중건 당시 지형상 다소 높은 경내 좌측편에 대성전을 두고 우측편 낮은 곳에 명륜당을 건립하여 좌묘우학左廟右學의 배치 형태였으나 광해군 9년(1617)에 대들보가 뿌러지는 변고로 인하여 대성전을 명륜당 오른쪽으로 옮겨 좌학우묘左學右廟 형식으로 바뀌었다. 그러나 순조 20년(1820)에 부사 이현시李玄始가 다시 중건 당시의 배치형태인 좌묘우학左廟右學 배치형태로 환원하여 옮겨 세웠다고 한다.[27]

(2) 배치 및 평면

밀양향교 경내 우측편에 정문인 중층의 풍화루와 동서양재, 그리고 명륜당이 중정을 중심으로 튼ㅁ자형을 이루고 있는 강학공간 좌측편에 대성전과 동,서 양무가 일곽을 이루면서 좌묘우학左廟右學형식으로 배치되어 있다.

명륜당의 입구에는 향교의 정문인 정면 3칸, 측면 2칸에 계자각 난간을 두른 중층 누각형식의 높은 풍화루가 서 있다. 원형의 주형柱形 장초석으로 된 이 누하주樓下柱를 들어서면 명륜당 앞마당 중앙에 깔은 답도형踏道形의 박석 끝단에 한벌대의 자연석을 놓고 화계를 조성하였다. 명륜당은 화계 중앙에 9단의 계단을 설치하

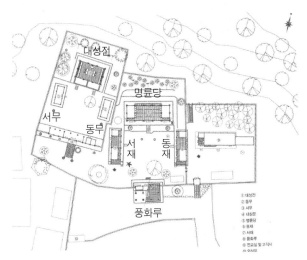

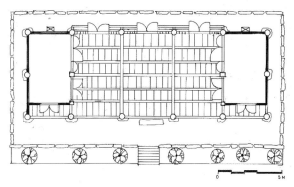

[그림 1075] 밀양향교 배치도(국립무형유산원, 『향교석전』, 2014)   [그림 1076] 명륜당 평면도

여 오르도록 하였는데, 기단 위에 덤벙주초석을 놓고 원형기둥을 세워 정면 5칸, 측면 2칸의 비교적 큰 규모
의 一자형 평면으로 구획하였다.

[그림 1077] 명륜당 대청마루

유생들의 강학공간인 명륜당은 정면 5칸 중 가운데 중앙 3칸 통칸에 우물마루를 깐 넓은 대청마루로 만
들어 글을 읽거나 모임의 장소로 만들었다. 그리고 대청 좌,우편에 유생들의 강학을 담당하는 교관들의 거
처 등으로 사용하기 위하여 앞에 반칸씩의 툇마루를 들인 온돌방을 대칭적으로 들였으며, 대청 배면 3칸에
쪽마루를 깔았다.

[그림 1078] 명륜당 대청마루에서 바라 본 중층의 풍화루

　창호는 명륜당 전면 5칸을 모두 개방하여 내부공간과 외부공간을 연결하여 자연과 접하도록 하였으며, 대청 배면 3칸에는 쌍여닫이 판장문을 달고 있다. 대청과 온돌방 사이에 있는 양쪽방 전면칸에는 쌍여닫이 정자살 불발기 문을 달고 배면칸에는 삼분합 정자살 불발기 들어열개 문을 달아 필요할 때 대청과 온돌방을 한 공간으로 사용할 수 있도록 하였다. 그리고 온돌방 앞 툇마루 쪽으로는 쌍여닫이 띠살문을 각각 달았다.

　주간 간격은 정면 5칸을 정칸 4.0m, 양협칸 3.90m, 양단칸 3.45m로 각각 다르게 잡았으며, 측면 2칸은 3.30m로 같게 잡았다.

(3) 공포

[그림 1079] 명륜당 공포

[그림 1080] 명륜당 공포 내부 양봉

명륜당의 공포는 빗굽의 사절된 주두의 운두 부분과 엇물려서 창방과 十자 방향으로 직교하여 밖으로 돌출된 초익공 상부에 1출목 소로를 놓고 사절 교두형으로 다듬은 행공첨차와 주심부에 두공이 결구되어 외목도리와 대량을 받쳐주고 있는 1출목 이익공양식이다.

원래 주두 위에 재주두가 놓여 이익공과 함께 대량를 받쳐주어야 하는데, 명륜당의 공포에는 재주두 대신 주심도리 장혀 밑에 소로가 3개씩 끼워져 있는 뜬장혀(그림 1079, 1081)를 다시 걸어 이익공과 함께 대량의 단부를 받쳐주고 있다.

공포에 결구되어 있는 초익공과 이익공 뿌리에는 연꽃이나 연봉 등의 장식은 없으나 아래에서 위로 휘어 오르는 듯한 수서형의 익공뿌리가 길게 돌출되고 있다. 대량의 보머리는 끝단을 둥글게 굴린 운공형의 형태로 다듬고 있으며, 건물 내부로는 초익공과 이익공이 한몸의 파련문으로 조각을 한 양봉으로 되어 대량의 단부를 구조적으로 받쳐주고 있다.

[그림 1081] **전면 창방 상부 화반**

[그림 1082] **배면 창방 상부 화반**

그리고 창방으로 결구되어 있는 주간柱間에 정면에서는 화려하게 파련문을 조각한 외소로형 화반을 배치하여 장식을 하고 있는 반면 배면의 화반은 방형의 판재로 된 간결한 외소로형 화반을 포벽 사이에 놓았고, 행공첨차의 아래면도 명륜당 정면에서는 파련문으로 다듬고 있으나 배면에서는 파련문이 아닌 교두형으로 다듬고 있어서 정면 가구에 더욱 많은 정성을 드리고 있는 모습을 볼 수 있다.

(4) 가 구

전, 후 평주 위에 굵은 자연목으로 된 대량을 걸은 후 대량 상부 양쪽에 도리방향으로 첨차형 부재가 결구되어 있는 판대공 보아지를 놓고 종량을 받쳐주고 있는 2중량 7량가 지붕틀 가구이다. 종량 상부 중앙에는 뜬창방이 결구되어 있는 파련대공을 설치하여 종도리와 함께 2중도리로 무거운 지붕하중을 받고 있다.

대청 천장은 가구재가 모두 노출되는 연등천장이나 우측편 중도리 장혀에 걸쳐서 소란반자틀에 화려한 꽃문양을 채색한 우물천장(그림 1084)을 설치하고 있어 독특한데, 이는 교육을 담당하는 교관이 앉는 자리인 상석上席 위에 상징적으로 설치한 천장이 아닌가 보여지고 있다. 지붕은 겹처마 맞배지붕으로 박공면에 풍판을 설치하였으며, 대청마루 정칸 배면벽 상부에 "명륜당明倫堂" 현판이 걸려 있다.

[그림 1083] 명륜당 대청마루 상부 가구

[그림 1084] 대청 우측 상부 우물천장

11) 남원 광한루(보물 281호)

(1) 건립시기

[그림 1085] 남원 광한루 전경

광한루원(사적 제303호)에는 원래 정승이었던 황희(1363~1452)가 남원에 유배되었을 때 건립한 작은 광통루廣通樓가 있었으나 남원 부사 민여공이 세종 16년(1434)에 그 규모를 늘려 다시 중건하였다. 세종 26년(1444)에는 정인지(1396~1478)가 달나라 선녀인 항아姮娥가 사는 월궁의 "광한청허부廣寒淸虛府"와 닮았다 하여 누각의 이름을 광한루라 고쳐지었다 하며, 그 후 선조 15년(1582)에는 정철이 광한루 앞에 다리를 만들고 그 위를 가로 질러 오작교라는 반월형 교각의 다리를 놓았다 한다.

광한루는 1597년 정유재란 때 소실된 것을 남원부사 신감에 의하여 인조 4년(1626)에 다시 중건[28]되었으며, 1795년에 부사 이만길이 익루翼樓를 증축하고 1879년에는 부사 이용준이 월랑月廊을 증축하였다.

밀양의 영남루는 평양의 부벽루, 진주 촉석루와 함께 우리나라 3대 누각樓閣건물 중 하나로서 춘향전의 배경이 된 곳으로도 유명하다.

(2) 배치 및 평면도

[그림 1086] 광한루원 배치도
(문화재청, 광한루 실측조사보고서)

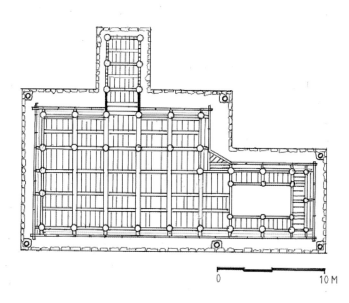

[그림 1087] 광한루 평면도

"호남제일루"라는 현판이 걸려 있는 광한루원의 북쪽편 호안가에 남향하여 중층 누각식으로 건립된 광한루는 본루本樓와 익루翼樓, 그리고 월랑月廊으로 구성되어 있다.

본루는 정면 5칸, 측면 4칸 규모의 평면으로 구획한 후 본루 오른편에 이어서 정면 3칸, 측면 2칸의 익루를 一자형으로 붙여 지어 온돌방을 들여 취침 등 휴식을 할 수 있는 공간을 마련하였다. 본루 배면 중앙 정칸에 정면 1칸, 측면 3칸의 월랑을 3단의 계단식으로 설치하여 본루로 오르는 출입구로 사용하고 있다.

[그림 1088] 광한루 익루

[그림 1089] 광한루 월랑

광한루는 한 벌대로 쌓은 낮은 기단위에 대체로 건물 전, 후면에는 키가 높은 방형에 모를 접어 다듬은 장초석을 놓았고, 내부쪽으로는 키가 좀 낮은 원형으로 다듬은 30여개의 누하주樓下柱를 세워 초석 상부에 장귀틀과 동귀틀을 결구하여 짠 귀틀 위에 중층의 누마루를 설치하였다.

[그림 1090] 광한루 내부 누마루

[그림 1091] 광한루 연지蓮池 앞 돌자라와 오작교

누마루의 4면으로는 난간하엽 위에 돌란대를 대고 풍혈을 댄 아름다운 계자난간을 설치하였는데, 동절기를 대비하여 기둥과 기둥사이에 교창이 달린 4분합 띠살 들어열개문을 달았다. 이 문은 대청 안쪽편의 연목에 달려 있는 들쇠에 얹어 놓은 채 누마루를 대부분 개방하여 넓게 조성된 연못과 아름다운 정자, 무지개 형태를 이루고 있는 오작교 등과 함께 계절에 따라 변화하는 풍광을 감상할 수 있도록 하였다. 특히 누樓 앞쪽에 조성된 연못에 투영된 광한루의 아름다운 모습은 한폭의 동양화를 보는 듯 우리나라 조경사에서 조원造園의 극치를 보여주고 있다.

[그림 1092] 연못에 투영된 광한루의 모습

그리고 본루와 연결되는 익루 앞에는 궁창판이 달린 사분합 띠살 들어열개를 달았으며, 남북 퇴칸에는 궁창판이 달린 외여닫이 띠살문을, 그리고 동측에는 사분합 띠살창을 머름 위에 설치하였다.

본루의 주간 간격은 정면 5칸 중 중앙 3칸은 3.20m로 구획하고, 양단칸은 2.90m로 잡았으며, 측면 3칸은 전면 2칸은 2.20m로, 배면 1칸은 3.20m로 기둥 간격을 구획하고 있다.

(3) 공 포

[그림 1093] 광한루 공포

[그림 1094] 광한루 공포 내부 양봉

[그림 1095] 광한루 월랑 공포

[그림 1096] 본루와 익루 화반

광한루 본루本樓의 공포는 빗굽의 사절된 주두의 운두부분과 엇물려서 창방과 十자방향으로 직교하여 외부로 돌출된 초익공 상부에 1출목 소로를 놓고 사절 파련문의 행공첨차와 주심부에 두공이 결구된 이익공이 외목도리와 대량을 받쳐주고 있는 1출목 이익공 양식[29]이다.

공포에 결구되어 외부로 뻗고 있는 초익공 뿌리와 이익공 뿌리는 아래에서 위로 휘어져 뻗고 있는 앙서형인데, 초익공뿌리 위에는 작은 연봉오리를, 이익공뿌리 아래에는 연줄기를 조각하여 장식적 경향이 일부 나타나기 시작하고 있다. 건물 내부로는 초익공과 이익공을 한몸으로 붙여 파련문을 조각한 양봉으로 처리하여 대량의 단부를 받고 있으며, 대량의 보머리는 운공형으로 마무리하였다.

그리고 익루의 공포는 무출목 초익공양식으로 짜여 졌는데, 익공뿌리를 두갈래로 하여 하부는 연꽃줄기로, 상부는 봉두로 만들어 부착하였고 내부로는 파련문과 연꽃줄기로 화려하게 조각한 양봉으로 만들어 퇴량의 단부를 받고 있다. 또한 월랑의 공포는 무출목 이익공양식으로 꾸몄는데, 초익공과 이익공뿌리 아래 위에 화려한 연봉과 연꽃으로 조각하고 대량의 외단에는 봉두를, 내단에는 연꽃과 연꽃줄기로 장식하였다.

그리고 창방으로 결구되어 있는 본루와 익루의 주간에는 삼소로형의 화반을 각간에 한구씩 배치하여 주심도리 장혀를 받쳐주고 있는데, 화반에는 화려한 당초문양이 새겨져 있고 소로는 활짝 핀 연꽃받침 위에 받쳐져 있다.

[그림 1097] 월랑 창방 상부 코끼리 화반

그리고 본루本樓로 오르는 3단의 계단식으로 된 월랑의 첫째단 화반에는 코끼리형 화반이, 셋째단에는 거북이 등에 토끼가 타고 있는 화반을 좌,우 창방 상부에 암,수 한쌍씩을 대칭되게 배치하고 있어서 특이한데, 토끼가 거북이를 속여 바다 속 용왕의 간을 구해 온다는 전설과 연관이 되어 있는 것 같아서 흥미롭다.

(4) 가 구

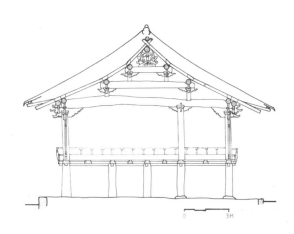

[그림 1098] 광한루 지붕틀 가구

[그림 1099] 광한루 본루 누하주

광한루의 가구는 내고주를 세우지 않고 주두와 보아지를 끼우고 도리방향으로 뜬장혀가 결구된 내진평주 위에 자연곡재로 된 대량과 퇴량을 맞보형태로 결구하고 있는 무고주 3중량 9량가의 가구로 짜고 있어 독특하다. 맞보 하부에는 평주를 세워 보강하고 있는데, 주두를 놓고 4면四面으로 보아지를 끼운 후 도리방향으로 뜬장혀를 결구하고 있다. 그리고 대량 상부에 사분변작법에 의한 4등분점에 무출목 초익공양식의 공포가 결구된 동자주를 양쪽에 세우고 종중량을 받도록 하고 있다.

종중량 상부 양쪽편에도 대량 상부와 같은 공포가 결구된 동자주를 세우고 종량을 지지하고 있는데, 종량 상부 중앙에는 뜬창방이 결구된 화반형의 받침이 있는 파련대공을 설치하여 무거운 지붕하중을 받쳐주고 있다.

특히 4단의 판재를 중첩하여 제작한 파련대공의 양쪽면에는 화려한 당초문양으로 음각하였는데, 뜬창방 상부 양쪽편으로 눈 형태의 조각과 입모양의 단청을 하여 마치 도깨비 형상을 하고 있는 것처럼 보이고 있다. 이러한 괴면 문양은 본루 2층으로 올라가는 계단인 월랑 전면 양측면 기둥 상부 귀한대 뺄목에서도 볼 수 있는데, 눈을 크게 부릅뜬 채 큰 이빨 사이에 여의주를 문 용머리 형상으로 만들고 있다.

[그림 1100] 광한루 본채 가구

[그림 1101] 광한루 중앙 정칸 상부와 충량 가구

그리고 팔작지붕 구조에서 생기는 양측 합각부분의 하부 처리는 본루 측면의 기둥과 대량사이에 만곡된 충량을 걸쳐대고 그 위에 눈썹천장을 가설하는 수법으로 막음처리하고 있다.

본루의 천장은 모든 가구재가 노출되는 연등천장이며, 익루에 들인 온돌방에도 우물천장으로 마감하였다. 그리고 본루와 익루를 연결하는 우물마루 상부에도 소란반자틀로 짠 우물천장을 설치하였는데, 반자틀을 본루에서 익루쪽으로 층단을 두어 높이를 맞추고 있다.

[그림 1102] 광한루와 호남제일루 현판

본루의 지붕은 겹처마 팔작지붕을 이루고 있으며, 익루와 월랑의 지붕은 외부로는 팔작지붕 형태이나 내부로는 본루와 맞대고 있어서 맞배지붕을 올리고 있다. 그리고 처마의 처짐을 방지하기 위하여 본루와 익루 추녀 밑에 원통형으로 다듬은 주초석을 놓고 활주를 세우고 있다.

본루 정면 중앙 정칸 처마 밑에 광한루廣寒樓의 현판이, 그리고 배면 좌측편에 호남제일루湖南第一樓현판이 걸려 있으며, 내부에는 기문이나 시 등이 담긴 수많은 편액과 함께 계관桂觀과 광한루廣寒樓현판이 함께 걸려 있다.

12) 수원 화서문(보물 제403호)

(1) 건립시기

[그림 1103] **수원 화서문 전경**

화서문은 정조 17년(1793)에 수원부의 명칭을 화성華城으로 바꾸고 유수부留守府로 승격시킨 후 축성한 화성 성곽의 서문으로서, 조선 정조 19년(1795년 7월)에 시작해서 정조 20년(1796)에 완성되었는데, 문루 앞에 있는 옹성甕城은 1796년 8월에 완성하였다.[30]

그리고 화서문의 서북쪽에 인접해 있는 치성雉城에 전시에 성곽을 방어하기 위하여 1796년 3월에 건설된 서북공심돈이 연결되어 있다.

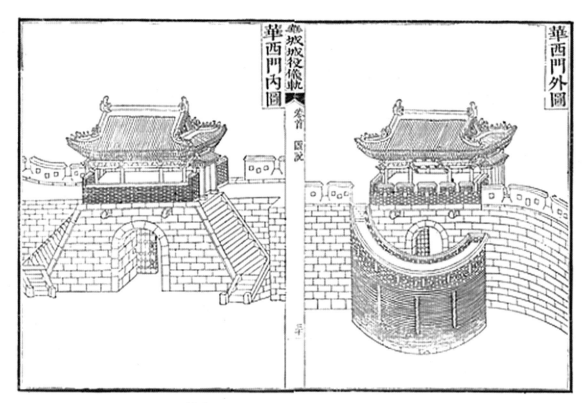

[그림 1104] 『화성성역의궤』의 화서문 내, 외도

(2) 배치 및 평면

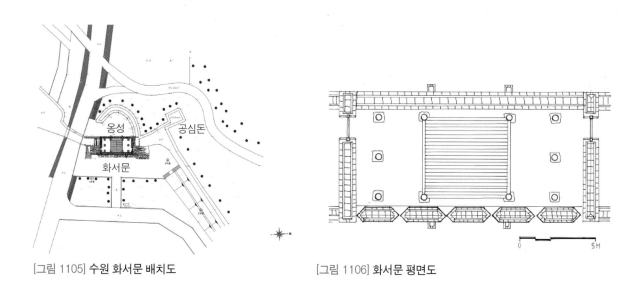

[그림 1105] 수원 화서문 배치도　　　　　　　　　[그림 1106] 화서문 평면도

　화서문은 성벽 좌,우로 연결하여 먼저 육축을 조성하여 그 중앙부에 잘 다듬은 홍예석으로 홍예을 튼 후 철엽문을 달아 성내로 통행할 수 있도록 하였다.

[그림 1107] 화서문의 옹성과 공심돈 원경

[그림 1108] 화서문 정면 육축부 전경

그리고 육축부에는 홍예문 좌,우편에 2개소의 석루조를 만들어 배수를 하였고 육축부 상부에 전벽돌을 쌓아서 중앙부에 총안을 뚫어 놓은 여장을 설치하였다.

또한 육축부 중앙에 낸 홍예문의 통로 상부 천장에는 쌍룡과 구름무늬가 화려하게 그려진 벌화가 그려져 있으며, 지대석 위에 12단의 무사석으로 견고하게 쌓은 육축부 상부에 정면 3칸, 측면 2칸의 문루인 화서문을 건립하고, 그 앞에 성문을 보호하기 위한 반원 형태의 옹성甕城을 전벽돌로 축성하였다.

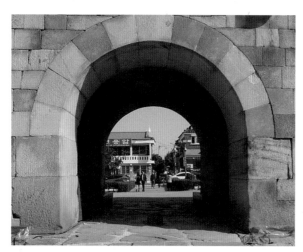

[그림 1109] 육축 통로 홍예문

[그림 1110] 육축 통로 상부 별화

문루 내부는 중앙 정칸에 장마루를 낮게 깔고 양협칸에는 강회다짐을 하였으며, 4면을 창호을 달지 않고 모두 개방하였는데, 전면에 전투시 공격과 방어를 목적으로 전벽돌로 쌓은 여장女墻이 설치되어 있고 배면과 양측면에는 전벽돌조의 담장이, 그리고 내부 측면에 협문이 세워져 있다.

주간 간격은 정면 3칸 가운데 중앙 정칸은 성 내,외를 통행할 수 있는 홍예문을 설치하기 위하여 5.70m로 넓게 잡았고, 양협칸은 3.00m로 잡았으며, 양측면 2칸은 2.60m로 같게 구획하였다.

(3) 공 포

화서문의 공포는 빗굽의 사절된 주두의 운두 부분과 엇물려서 창방과 十자 방향으로 직교하여 외부로 돌출된 초익공 상부에 1출목 소로를 놓고, 사절 파련문의 행공첨차와 주심부에 두공이 결구된 이익공이 외목도리와 대량을 받쳐주고 있는 전형적인 1출목 이익공 양식이다.

공포에 결구되어 있는 초익공과 이익공뿌리는 수평으로 길게 뻗다가 익공머리를 아래로 숙인 궁궐건축의 일반적인 수서형이나 다른 건물보다는 그 뿌리가 아래로 더 휘어져 있다. 익공의 아래면은 파련문으로 다듬

[그림 1111] 화서문 공포

[그림 1112] 화서문 화반

었고, 문루 내부로도 초익공과 이익공을 한 몸의 파련문의 조각을 한 양봉으로 만들어 대량의 단부를 받쳐주고 있다.

그리고 창방으로 결구되어 있는 주간에는 마치 다포양식의 주간포처럼 외소로에 양편으로 화려한 초새김을 한 화반을 중앙 정칸에는 5구씩을 배치하고, 나머지 칸에는 모두 2구씩의 화반를 배치하였다. 이 화반은 우주 상부 귀공포에 꽂혀 있는 귀한대와 지붕 용마루와 추녀마루에 얹여져 있는 용두와 취두 등과 함께 장중하고 화려한 성문의 외관을 장식하면서 그 위용을 자랑하고 있다.

(4) 가구

홍예문이 있는 육축부陸築部 위에 전, 후 평주 위에 대량과 종량을 걸고 있는 2중량 7량가의 지붕틀 가구이다.

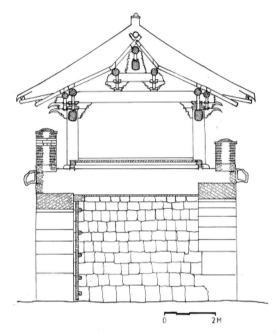

대량 상부 양측에 주두를 놓고 첨차와 보아지가 짜여진 견고한 포대공을 설치하여 종량을 걸고 있다. 그리고 종량 상부 중앙에는 뜬창방이 결구되어 있는 높은 파련대공을 설치하여 종도리와 함께 지붕하중을 받도록 하였다.

팔작지붕의 양측 합각 밑은 측면 중앙 기둥과 대량 사이에 걸쳐대는 만곡된 충량위에 첨차부재가 끼워진 파련대공을 놓고 그 위에 눈섭천장을 가설하여 가구재를 감추고 있다.

[그림 1113] 화서문 지붕틀 가구

[그림 1114] 화서문 내부 가구

[그림 1115] 충량 상부 눈썹천장

[그림 1116] 화서문 측면 지붕

지붕은 겹처마 팔작 기와지붕을 올리고 있는데, 용마루 측면과 내림마루 등에 궁궐이나 관청건물에서 흔히 볼 수 있는 양성바름을 하였다. 그리고 용마루에 양쪽에는 용두 장식을 얹고 내림마루와 추녀마루에는 취두를, 그리고 사래에는 토수를 걸어서 성문城門으로서 그 위용을 보여주고 있으며, 중앙 정칸 처마 밑에 "화서문華西門" 현판이 걸려 있다.

13) 밀양향교 대성전(보물 제2094호)

(1) 건립시기

[그림 1117] 밀양향교 대성전 전경

춘복산 기슭 양지바른 곳에 배산임수의 형국으로 자리잡은 밀양향교는 전통 한식담장으로 둘러 쌓인 경내 좌측편에 일곽을 이루고 있는 대성전의 창건 시기에 대한 기록이 없어 정확한 건립시기는 알 수 없다. 원래는 고려 숙종때 부북면 용지리에 건립되었으나 임진왜란 때 소실된 이후 선조 35년(1602)에 밀양부사 최기崔沂(1553~1616)에 의해서 대성전이 중건되어 공자孔子을 비롯한 4성四聖, 10철十哲 등 성현의 위패를 봉안하였다.

중건 당시 지형상 다소 높은 경내 좌측편에 대성전을 두고 우측편 낮은 곳에 명륜당을 건립하여 좌묘우학左廟右學의 배치 형태였으나 광해군 9년(1617)에 대들보가 뿌러지는 변고로 인하여 대성전을 명륜당 오른쪽으로 옮겨 좌학우묘左學右廟 형식으로 바뀌었다. 그러나 순조 20년(1820)에 부사 이현시李玄始가 다시 중건당시의 배치형태인 좌묘우학左廟右學 배치형태로 환원還元하여 옮겨 세웠다고 한다.[31]

(2) 배치 및 평면

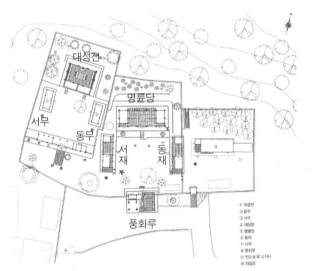

[그림 1118] 밀양향교 배치도(국립무형유산원, 향교석전, 나주향교,밀양향교,상주향교, 2014)

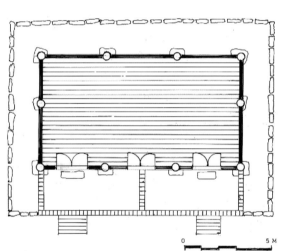

[그림 1119] 대성전 평면도

대성전은 향교의 정문인 고종 19년(1882)년에 부사 오장묵에 의해 중건된 중층 누각형식의 풍화루을 들어서서 명륜당 및 동서양재가 튼ㅁ자형을 이루고 있는 강학공간 좌측편에 좌묘우학 배치형식에 따라 남향하여 위치하고 있다.

명륜당 보다 한단 높은 대지에 솟을삼문형의 내삼문 안에 동서양무와 함께 일곽을 이루며 배치되고 있는 대성전은 지대석 위에 잘 다듬은 5단의 석재를 높게 쌓아 기단을 조성한 후 기단 양 옆에 대성전을 오를 수 있는 계단을 설치하였다.

대성전 전면 기단 위에는 주좌가 있는 방형초석을 놓았으나 측면과 배면에는 덤벙주초석을 놓고 원형기둥을 세워 전퇴칸이 없는 정면 3칸, 측면 2칸의 폐쇄형 평면으로 구획하였다. 이와 같이 전퇴칸이 없는 평면 구성으로 인하여 제향시 공간의 협소함을 대성전의 기단 전면 폭을 넓혀서 끝단에 1줄로 방전方塼을 깔고 월대처럼 만들어 의례와 참배공간으로 사용하도록 하였다.

[그림 1120] 대성전에 사용된 초석과 계단석

특히 대성전 전면에 사용된 초석에 다양한 주좌가 조출造出되어 있고, 마당에서 대성전으로 오르는 석계단에도 정교한 쇠시리가 있는 석탑 부재로 보이는 석재가 함께 사용되고 있어서 다른 건물에서 전용된 것이 아닌가 생각되고 있다.

[그림 1121] 대성전 내부 공자 초상

대성전의 내부는 통칸으로 하여 장마루를 깔은 후 중앙 정칸 배면에 제상祭床을 놓고 공자의 초상과 위패을 안치한 후 그 좌,우편에 성현들의 위패를 봉안하고 있다. 창호는 중앙 3칸에 모두 쌍여닫이 판장문을 각각 달아 출입하도록 하였으며, 양측면과 배면은 모두 회벽으로 막음 처리하였다.

주간 간격은 정면 3간중 정칸을 4.10m로, 양협간을 3.75m로 하여 중앙 정칸을 넓게 잡았으며, 측면은 3.55m로 같게 잡았다.

(3) 공포

[그림 1122] 대성전 전면 공포

[그림 1123] 대성전 배면 공포

대성전의 전면 공포는 빗굽의 사절된 주두의 운두 부분과 엇물려서 창방과 十자 방향으로 직교하여 외부로 돌출된 초익공 상부에 1출목 소로를 놓고 도리방향으로 사절 파련문으로 다듬은 행공첨차와 주심부에 두 공이 결구된 이익공이 외목도리와 대량을 받쳐주고 있는 1출목 이익공양식이다.

공포에 결구되어 있는 초익공 뿌리는 심하게 휘어진 앙서형의 뿌리 아래에 연봉오리를 조각한 후 상부에는 활짝 핀 연꽃을 조각하고 있다. 그리고 수서형으로 뻗은 이익공뿌리 아래 위에도 연봉오리를 조각하고 대량의 보머리에도 목을 길게 뺀 봉두 머리가 부착되어 있어서 공포 구성에 장식적 경향이 심하게 표현되고 있다.

[그림 1124] 대성전 공포 내부 양봉

그러나 대성전의 배면 공포는 전면 공포와는 다르게 수서형으로 뻗은 초익공과 이익공의 뿌리에 장식을 하지 않고 대량의 보머리도 운공형으로 간결하게 다듬고 있는 1출목 이익공 양식이다.

건물의 내부로는 초익공과 이익공이 한몸의 파련문 조각을 한 양봉으로 처리하여 대량의 내단을 구조적으로 받쳐주고 있으며, 외목도리 장혀 밑에 뜬 장혀를 결구한 후 순각판으로 막음처리 하였다.

이와 같이 전면 공포에는 후대의 특징인 익공뿌리 형상과 조각 장식이 심하게 되어 있는 반면에 배면의 공포는 16~17세기 초의 비교적 간결하면서도 장식을 하지 않는 수법으로 공포로 구성을 하고 있다. 이는 대성전이 1602년에 중건된 후 1820년에 창건 당시의 배치로 환원하는 과정에서 대성전의 전면 공포와 화반 등 일부 목부재에 변형이 이루어진 것으로 보여지고 있다.

| 전면 화반 | 배면 화반 |

[그림 1125] **창방 상부 화반 장식**

　대성전 전면 창방 상부 포벽 중앙에는 꽃병에 양쪽편으로 5송이씩의 화려한 연꽃과 연봉오리를 꽂아 늘어 트리면서 중앙에 꽃 한송이가 소로를 받쳐주고 있는 외소로형 화반을 배치하였으나 배면 창방에는 방형 판재 중앙에 소로를 놓은 간결한 화반을 배치하고 있다.

　특히 대성전 전면과 유사한 형태의 화반을 우리나라 3대 누정건축 중 하나로서 밀양향교 근처에 있는 영남루에서도 같은 형태의 조각을 한 화반을 볼 수 있고 공포의 익공뿌리에도 같은 형상의 연꽃이나 연봉오리 등의 장식을 볼 수 있어서 순조 20년(1820)에 대성전을 다시 옮겨 지을 때 건축양식상 서로 영향을 주고 받은 것으로 볼 수 있다.

(4) 가 구

[그림 1126] **대성전 내부 가구**

전, 후 평주 상부에 대량과 종량을 걸고 있는 2중량 7량가의 지붕틀 가구이다.

대량 상부 양쪽편에 도리방향으로 뜬장혀가 결구되어 있는 판재형 포대공을 놓아 종량을 받쳐주고 있는데, 중도리 장혀와 뜬장혀 사이에 소로를 배치하고 있다.

[그림 1127] 대성전 현판

그리고 종량 상부에는 뜬창방이 결구되어 있는 파련대공을 설치하여 무거운 지붕 하중을 받쳐주고 있으며, 연등천장으로 된 내부에 화려한 단청을 하고 있다.

지붕은 겹처마 맞배 기와지붕을 올렸는데 양측면 박공면에 풍우風雨를 막기 위하여 풍판을 댔으며, 중앙 정칸 처마 밑에 "대성전大成殿" 현판이 걸려 있다.

14) 제주 관덕정(보물 제322호)

(1) 건립시기

[그림 1128] 제주 관덕정 전경

관덕정은 원래 활쏘기 훈련장에 건립된 누정으로 조선 세종 30년(1448)에 안무사 신숙청이 군사들의 훈련청으로 창건하였다. 성종 11년(1480)에 제주 목사였던 양찬이 중건한 이래 1882년 방어사 박선양에 의하여 다시 중수할 때 까지 여러번에 걸쳐서 중수된 건물이다. 특히 1924년 일제강점기 때 실시된 중수 공사에서 15척尺 이상 내밀었던 처마를 2척尺정도 잘라 내는 등 훼손이 심했다. 그 후 도청 임시청사와 북제주 군청 등 다른 용도로 이용하는 과정에서도 일부 원형 변형이 있었으나 1969년과 2005년에 실시된 해체 보수공사를 통하여 지금과 같은 모습을 갖춘 건물[32]로 알려지고 있다.

(2) 평 면

관덕觀德이라는 당호의 이름을 "활을 쏘는 것은 훌륭한 덕을 쌓는 것"이라는 예기禮記의 구절에서 따왔다는 관덕정은 동남향 하여 건립하였다. 제주석을 잘 다듬어 2벌대로 쌓은 장대석 기단 앞에 기단 폭과 같은 월대를 조성한 후 원형초석과 원형기둥을 세워 정면 5칸, 측면 4칸의 평면을 외진주와 내진주 공간으로 나누어 구획하고 있다.

일반적인 누정건물의 경우 2층 또는 1층 밑에 누하주를 세워 마치 2층처럼 높게 건립하고 있으나 관덕정은 1층의 낮은 누정건물로 건립하고 있는데, 이는 바람이 많은 제주지방의 영향으로 보이고 있다.

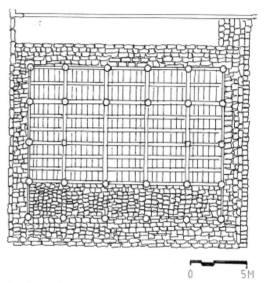

0   5M

[그림 1129] 관덕정 평면도

[그림 1130] 관덕정 내부 우물마루

관덕정의 내부는 측면 4칸 가운데 전면 1칸의 퇴칸에 판석을 깔아 전실처럼 꾸미고 나머지 배면 3칸은 통칸으로 하여 우물마루를 깔은 넓은 대청마루로 만들었다.

대청 누마루의 4면으로는 창호를 달지 않고 모두 개방하여 바다 등의 주변 풍광을 조망하면서 휴식과 행사를 위한 공간으로 만들고 있다. 그리고 관덕정 정면과 전실 좌, 우측 주간에는 기둥에 낙양을 부착하여 더욱 화려한 누정 건물로 만들었고 우물마루를 깔은 대청 누마루의 배면과 측면 양끝에 낮은 머름중방 형태의 난간을 설치하여 출입과 추락을 방지하도록 하였다.

주간 간격은 정면 5칸중 중앙 3칸은 3.75m의 등간격으로 분할하고, 양단칸도 3.00m로 같게 잡았으며, 측면 4칸은 중앙 2칸은 3.40m씩, 양단칸도 3.00m씩 같게 구획하였다.

(4) 공 포

관덕정의 공포는 빗굽의 사절된 주두의 운두 부분과 엇물려서 창방과 十자 방향으로 직교하여 외부로 돌출된 초익공 상부에 1출목 소로를 놓고 도리방향으로 사절 연화문형의 행공첨차와 주심부에 두공이 결구된 이익공이 외목도리와 대량을 받쳐주고 있는 전형적인 1출목 이익공 양식이다.

공포에 결구되어 있는 초익공과 이익공뿌리는 수평으로 길게 뻗고 있는 수서형이며, 익공 아래면을 파련문으로 다듬었다. 건물 내부로는 익공의 양 몸에 당초문양의 초새김을 한 양봉으로 만들어 퇴량의 단부를 받고 있으며, 퇴량의 보머리도 운궁형으로 초새김하였다. 특히 우주 상부에 있는 귀포에 귀한대를 결구하여 관아건물의 위계를 더욱 높여주고 있다.

그리고 창방으로 각간이 결구되어 있는 주간에는 초공형의 운공이 건물 내, 외 방향으로 끼워져 있는 외소로형 화반을 3구씩 배치하여 제주목 관아에 건립된 관덕정의 외관을 더욱 화려하면서도 장중하게 장식하고 있다.

[그림 1131] 관덕정 공포

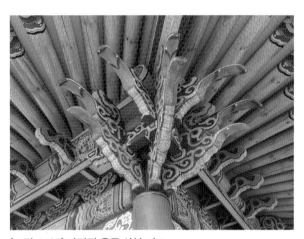

[그림 1132] 관덕정 우주 상부 귀포

(4) 가 구

관덕정의 가구는 외진평주와 내진고주 사이에 퇴량을 걸은 후 내진고주 위에 대량과 종량을 걸고 있는 2중량 9량가의 지붕틀 가구이다.

누정의 규모가 비교적 크고 장대한 관덕정은 무출목 이익공의 물익공계로 짠 내진고주 위에 대량을 걸고 있다.

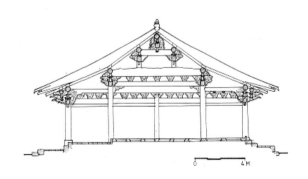

[그림 1133] 관덕정 지붕틀 가구

[그림 1134] 관덕정 내부 가구

[그림 1135] 관덕정 정칸 상부 가구

대량 상부 양측에는 다시 무출목 초익공계의 포동
자주를 세워 종량을 지지하고 있는데, 종량 상부 중앙
에는 화려한 당초문을 초새김한 파련대공에 뜬창방을
결구하여 종도리와 함께 지붕하중을 받도록 하였다.

특히 외진 평주와 내진 고주 상부 창방위에 화려
한 운공이 끼워져 있는 외소로형 화반을 정면에 3구,
측면에 5구씩 배치하고 있다. 주간 기둥 상부에도 낙
양으로 장식을 하고 가구재에 당초문 등의 초새김을

[그림 1136] 관덕정 전경

한 후 모로 단청을 하여 제주목 관아내 누정건물로서 더욱 위엄과 장관을 이루도록 하고 있다.

지붕은 겹처마 팔작 기와지붕을 올렸고, 용마루와 내림마루에 망와를 얹었으나 잡상은 배치하지 않고 있
으며, 용마루와 내림마루 옆에 관아건축의 특성인 양성바름으로 마감을 하고 있다.

건물 내부에는 "탐라형승耽羅形勝"과 그 위에 "호남제일정湖南第一亭"의 현판이, 그리고 중앙 정칸 처마 밑에
"관덕정觀德亭" 현판이 걸려 있다.

15) 제천 청풍 한벽루(보물 제528호)

(1) 건립시기

[그림 1137] 청풍 한벽루 전경

[그림 1138] 청풍 문화재단지 전경

누정건축의 대표적인 건물중 하나로 알려지고 있는 한벽루의 초창은 청풍의 현승이었던 청공이 왕사王師가 되자 청풍현이 군으로 승격, 이를 기념하기 위하여 고려 충숙왕 4년(1317)에 청풍 관아내의 객사 동쪽 남한강 강가에 창건된 것으로 추정하고 있다. 또한 호정 하륜의 기문에 "…崇禎甲戌郡守權儆己改刱…"이라는 기명記銘이 있어 조선 인조 12년(1634)에 군수 권경기에 의해 다시 중창된 건물로 알려지고 있다. 그 후 1870년에 부사 이직현이 중수한 후 1900년에 부사 현인

복이 보수한 누樓로 알려지고 있는데[33], 건축양식적으로 볼 때 조선후기 경에 건립된 누정건물[34]로 보여지고 있다.

한벽루는 1983년에 건설된 충주댐 건설로 인하여 수몰지역 내의 문화재를 한곳에 모아 보존하기 위하여 조성된 청풍 문화재단지로 옮겨 건립되었다.

(2) 배치 및 평면

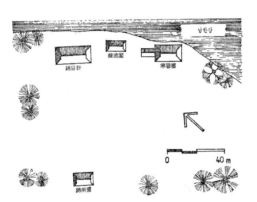

[그림 1139] 청풍 한벽루 배치도

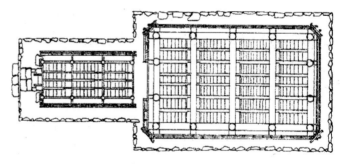

[그림 1140] 한벽루 평면도

[그림 1141] 한벽루 익루 입구

본루와 익루로 구성된 한벽루는 본루로 오르는 2단의 계단형으로 된 통로인 익루를 지나 다시 1단을 높여 누마루를 깔은 본루와 연결되고 있다. 본루는 한 벌대로 쌓은 낮은 자연석 기단 위에 큰 누정건물일 경우 장초석을 사용하는 것이 일반적이나 한벽루는 덤벙주초석 위에 원형기둥만을 세워 정면 4칸, 측면 3칸으로 구획한 중층의 누정건물이다.

그리고 본루 좌측편에 연결되어 있는 익루는 자연석 기단 위에 주형 장초석을 놓고 단면이 작은 팔각형으로 다듬은 기둥을 세워 정면 3칸, 측면 1칸의 계단형 평면으로 만들어 본루 2층 누마루로 오르도록 하였다.

[그림 1142] 한벽루 내부 대청마루

[그림 1143] 한벽루 대청마루에서 바라 본 남한강 풍광

그리고 본채와 익루 모두 내부를 통칸의 우물마루의 넓은 누마루로 만들고 4면에 창호를 달지 않아 남한강변의 풍광과 직접 접할 수 있는 개방감을 주고 있다. 누마루 4면으로 난간하엽에 돌란대를 대고 있는 계자난간을 세웠고, 익루 좌,우에도 계자난간을 설치하였다.

주간 간격에서 본루는 정면 4칸중 중앙 2칸은 2.73m, 양협칸은 2.57m이며, 측면 3칸은 정칸 2.44m, 양협칸 1.82m로 분할하였고, 익루는 정면 3칸중 정칸을 2.13m, 양협칸 1.99m, 그리고 측면 1칸은 2.44m로 구획하였다.

(3) 공 포

한벽루의 본루 공포는 빗굽의 사절된 주두의 운두 부분과 엇물려서 창방과 十자 방향으로 직교하여 외부로 돌출된 초익공 상부에 1출목 소로를 놓은 후 도리방향으로 행공첨차와 주심부에 두공을 결구하고 있는 이익공이 외목도리와 대량을 받쳐주고 있는 1출목 이익공 양식이다.

특히 공포에 결구되어 있는 초익공과 이익공뿌리의 형상에서 앙서형의 초익공뿌리 위에는 활짝 핀 연꽃

[그림 1144] 한벽루 공포

[그림 1145] 한벽루 공포 내부 양봉

[그림 1146] 한벽루 익루 공포

조각이, 수서형의 이익공뿌리 아래에는 연봉오리가, 그리고 대량의 보머리에는 봉두 장식을 부착하는 등 공포의 구성에 많은 변화를 볼 수 있다. 이와 같은 화려한 장식적 변화는 조선 중기에서 후기로 넘어가는 건축 양식적 특성 가운데 하나로 볼 수 있다.

그러나 익루의 공포는 초익공과 주두, 그리고 대량이 기둥 상부에서 함께 엇물려 결구되어 있는 무출목 초익공 양식으로 구성되었다. 익공뿌리는 외부로 길게 뻗고 있는 수서형이나 파련문으로 조각된 익공 아래에 연봉오리 조각과 함께 대량 보머리에 봉두 장식을 부착하고 있다.

정면과 측면 정칸 상부 화반

[그림 1147] 한벽루 창방 상부 화반

측면 양협칸 상부 화반

창방으로 결구되어 있는 본루 정면 주간에는 삼소로형의 화반에 화려한 당초문 조각을 한 화반을 1구씩 배치하여 주심도리 장혀를 받쳐주면서 한벽루의 정면을 아름답게 꾸며주고 있다. 그러나 측면 주간柱間 정칸에는 삼소로형의 화반을 놓았으나 양협칸에는 외소로형의 화반에 원형반으로 된 간결한 화반을 1구씩 배치하여 주심도리 장혀를 받쳐주고 있다.

(4) 가 구

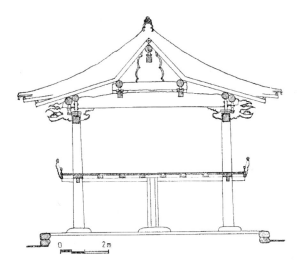

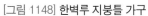

[그림 1148] 한벽루 지붕틀 가구

[그림 1149] 종량 상부 파련대공

가구는 전, 후 평주 위에 대량과 종량을 걸고 있는 2중량 7량가의 지붕틀 가구이다.

자연스럽게 휘어진 대량 상부 양측에 도리방향으로 걸고 있는 뜬장혀 위에 주두를 놓고 종량을 지지하고 있어 독특한데 대량과 종량이 거의 맞닿아 있는 모습이다.

[그림 1150] 한벽루 본루 내부 가구

[그림 1151] 소란반자틀로 짠 천장

대량의 단면을 일부 따 내고 걸은 뜬장혀와 중도리 장혀 사이에는 3개씩의 소로를 배치하고 있다. 자연 곡재曲材와 달리 직선재로 된 종량 상부 중앙에 받침대 위에 둥근 형태의 3단형으로 다듬은 대공에 뜬창방을 결구하여 종도리와 함께 무거운 지붕하중을 받도록 하고 있다.

또한 팔작지붕 밑의 합각처리는 양측면 2본의 기둥과 대량 상부에 만곡된 충량을 걸쳐 댄 후 눈섭천장을 설치하여 가구재를 감추는 것이 일반적이나 한벽루는 대량 상부를 충량 단면만큼 따낸 후 충량을 대량에 끼워 걸고 있다. 천장도 입구쪽에는 간단한 눈섭천장으로 가설하였으나 본루의 안쪽인 우측면 합각 밑 중앙 정칸 전체에 소란반자틀로 짠 우물천장을 화려하게 설치하여 연회나 행사시 상석上席의 위계를 보여주고 있다.

그리고 본루를 오르는 익루의 천장은 연등천정으로 하여 가구재가 모두 노출되고 있다. 본루의 지붕은 겹처마 팔작 기와지붕을, 익루는 홑처마 맞배 기와지붕을 올렸다. 본루 내부 창방 상부에 기문 등의 편액이 걸려 있고, 본루 정면과 배면에 "한벽루寒碧樓" 현판이 걸려 있 다.

16) 전주향교 명륜당(사적 제379호)

(1) 건립시기

[그림 1152] 전주향교 명륜당 전경

전주향교의 명륜당은 평지에 건립되는 향교의 일반적인 배치형식인 전묘후학前廟嵛學의 배치에 따라 대성전 배면에 위치하고 있다.

명륜당의 건립시기는 향전현감鄕前縣監 홍남립이 갑오(1654) 3월에 찬撰한 "명륜당중수상량문"에[35] 홀로 오직 명륜만을 갖추지 못하다가 현익玄黓에 이르러 비로소 건축함이라,…사십년 비바람에 흔들림으로 인하여 거의 기울어…라는 내용으로 현익玄黓[36]인 1612년에 현재의 명륜당을 건립했다고 추측하고 있다.

그러나 임술년(1802) 진사 박상일 기記의 "명륜당중수기"를 비롯해서 숭정후사기묘(1819) 한산 이형풍 기記. 숭정사임진崇禎四壬辰(1832) 추구월秋九月 생원 이형만, 숭정기원후사 임인(1842) 장의 박응수의 "명륜당중수기" 등 여러 중수 기문記文이 남아 있어서 여러번에 걸쳐서 명륜당의 중수가 있었던 것으로 보여지고 있다.

(2) 평 면

평지에 조성된 전주향교는 입구쪽에 외삼문인 정면 3칸, 측면 2칸의 중층 누각형식의 만화루와 내삼문인 정면 3칸, 측면 2칸의 소슬삼문형의 일월문이 향교의 중심축선상에 배치되고 있다. 이 내삼문을 들어서면 제향공간의 중심인 정면 3칸, 측면 3칸에 주심포양식으로 건립된 대성전이 있고, 그 앞에 3개의 답도踏道를 사이에 두고 정면 9칸, 측면 2칸의 동,서 양무가 대칭적으로 배치되고 있다. 대성전 배면에 전통담장으로

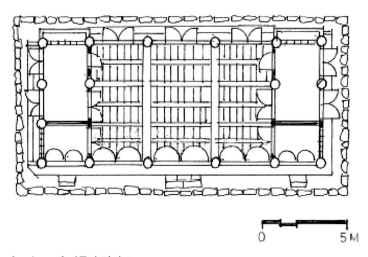

[그림 1153] **명륜당 평면도**

구획된 작은 협문사이에 약 400여년 된 은행나무와 함께 강학공간의 중심인 명륜당이 배치되고 그 양편에 정면 6칸, 측면 2칸의 동,서 양재가 배치되고 있다.

명륜당은 한 벌대의 낮은 자연석 기단 위에 덤벙주초석을 놓고 민흘림이 있는 원형기둥을 세워 정면 5칸, 측면 3칸의 평면으로 구획하였는데, 정면 5칸중 중앙 3칸 통칸에 우물마루의 넓은 대청을 들여 유생들의 강학공간으로 만들었다. 대청 좌,우편 1칸에는 후대에 덧붙인 것으로 알려진[37] 온돌방을 들이고 있는데, 보통 온돌방 앞에 반칸씩의 툇마루를 두고 있으나 툇마루 대신 4면에 쪽마루를 설치하였고, 온돌방 배면에 반침을 각각 드렸다.

창호는 대청 정면 5칸에 궁창널을 댄 4분합 빗살문 들어열개 문을 안쪽을 열도록 달았으며, 대청 배면 3칸에는 쌍여닫이 판장문을 달았다. 온돌방 앞은 머름중방 위에 쌍여닫이 띠살문을, 대청마루와 온돌방 사이에는 궁창널을 댄 외여닫이 또는 쌍여닫이 띠살문을 각각 달고 있다.

[그림 1154] 명륜당 내부 대청마루

　　주간 간격은 정면 5칸중 중앙 정칸 3.85m, 양협칸 3.50m, 양단칸 2.80m로 잡아 정칸을 중심으로 좌, 우 대청을 이루도록 하였고, 측면 3칸은 모두 2.30m의 등간격으로 구획하였다.

(3) 공 포

[그림 1155] 명륜당 공포

[그림 1156] 명륜당 공포 내부 양봉

　　명륜당의 공포는 빗굽의 사절된 주두의 운두 부분과 엇물려서 창방과 十자 방향으로 직교하여 외부로 돌출된 초익공 상부에 1출목 소로를 놓고 도리방향으로 사절 파련문으로 된 행공첨차와 주심부에 두공이 결구된 이익공이 외목도리와 대량을 받쳐주고 있는 1출목 이익공 양식[38]이다.

　　공포에 결구되어 있는 초익공뿌리는 앙서형으로 뻗은 초익공 위에 활짝 핀 연꽃 조각이 줄기와 함께 화려하게 조각되어 있으며, 수서형의 이익공뿌리 아래 위에도 줄기에 매달린 연봉오리가 조각되어 있다. 건물 내부로는 초익공과 이익공이 파련문으로 된 양봉으로 되어 대량의 단부를 받쳐주고 있고, 대량의 보머리에

[그림 1157] 창방 상부 외소로형 화반

도 봉두장식이 부착되어 있어서 장식화 되어 가는 조선후기 건축양식적 특징을 잘 보여주고 있다.

그리고 창방으로 결구된 전, 후 주간에 똑같은 형태의 장방형 판재로 된 외소로형의 화반을 놓아 독특하다. 장방형 판재에 테두리를 두른 중앙에 소로를 받쳐주고 있는 연꽃 양쪽으로 활짝 핀 연꽃 한 송이씩을, 아래로는 덜핀 연봉오리 한 송이씩을 양각^陽

刻한 아름다운 화반을 1구씩 배치하여 주심도리 장혀를 받쳐주고 있다.

(4) 가 구

가구는 전, 후 평주 위에 대량과 종량을 걸고 2중량 7량가의 지붕틀 가구이다.

구부러짐이 심한 목부재를 자연스럽게 치목한 대량 상부 양측에 직절된 보아지가 끼워진 동자주를 세워 종량을 지지하고 있다. 종량 상부 중앙에 뜬창방을 결구하고 화려하게 초새김을 한 파련대공을 설치하여 종도리와 함께 지붕하중을 받도록 하였다.

명륜당의 대청 상부는 단청을 하지 않아 자연목의 질감이 살아 있는 가구재가 모두 노출되는 연등천장으로 꾸몄으며, 대청 양측에 들인 온돌방은 종이반자로 마감을 하였다.

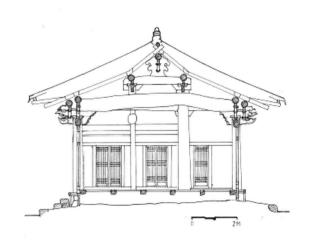

[그림 1158] 명륜당 지붕틀 가구

[그림 1159] 명륜당 대청마루 상부 가구

[그림 1160] **명륜당 측면 가적지붕**

지붕은 중앙 대청 3칸에는 겹처마 맞배 기와지붕으로 올렸다. 그러나 후대에 덧붙인 것으로 알려지고 있는 온돌방 상부 지붕을 가적(부섭, 눈섭, 영) 지붕으로 올려 일반 향교나 서원에서 볼 수 없는 명륜당의 지붕에서는 보기 드문 형태를 보여 주고 있다.

이와 같은 지붕형태는 조선 세종때의 명장으로서 남으로는 왜구의 근거지인 대마도를 정벌하고 북으로는 여진족을 정벌하여 그 명성이 잘 알려진 이순몽 장군이 살았던 건물로서, 세종 15년 (1433)에 건립된 영천의 숭렬당(보물 제521호) 건물과 유사하여 특이하다. (p.504 그림 1061 참조)

17) 순천 송광사 우화각(전라남도 유형문화재 제59호)

(1) 건립시기

[그림 1161] **송광사 우화각 전경**

삼보三寶사찰 중 승보僧寶사찰로 잘 알려진 송광사 경내 진입로 입구에 위치하고 있는 우화각은 당호인 우화羽化의 뜻이 "몸과 마음이 깃털처럼 가벼워져 하늘나라로 떠 올라 신선이 된다"는 의미를 담고 있으며, 건립시기는 1706년에 다시 중건[39]된 건물로 알려지고 있다.

(2) 배치 및 평면

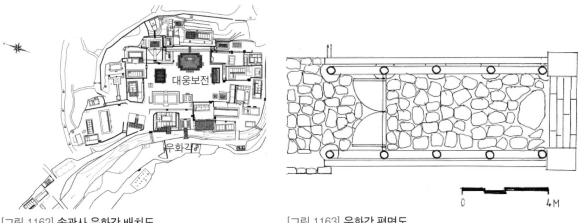

[그림 1162] 송광사 우화각 배치도   [그림 1163] 우화각 평면도

송광사 경내 입구에 있는 계류溪流에 무지개 형태인 홍예교로 조성된 삼청교 위에 누각처럼 건립된 우화각은 정면 4칸, 측면 1칸의 평면으로서, 입구를 우측면에 두고 이 우화각을 거쳐서 사찰 경내로 진입하는 통로로 이용하고 있다.

홍예교 상부에 있는 장대석 기단 위에 원형초석과 원형기둥를 세운 후 바닥은 박석으로 마감하였다. 기둥 사이는 계류쪽으로 면하여 걸터 앉아 쉴 수 있는 간단한 쪽마루의 난간을 설치한 후 모두 개방하고 있으나 내부 기둥 사이에 쌍여닫이 판장문을 달았다.

[그림 1164] 홍예교 상부 우화각

주간 간격은 정면 4칸을 모두 2.50m의 등간격으로 구획하였고, 측면 1칸은 3.80m으로 잡았다.

(3) 공 포

[그림 1165] 우화각 공포

[그림 1166] 우화각 공포 내부 양봉

우화각의 공포는 빗굽의 사절된 주두의 운두부분과 엇물려서 창방과 +자 방향으로 직교하여 외부로 돌출된 초익공 상부에 1출목 소로를 놓은 후 도리방향으로 사절 파련문의 행공첨차와 주심부에 사절 교두형의 두공을 첨차가 결구되어 있는 이익공이 외목도리와 대량을 받고 있는 1출목 이익공 양식이다.

공포에 결구되어 있는 초익공의 뿌리는 두갈래로 뻗고 있는데, 앙서형의 아래뿌리 위에는 연꽃이, 수서형의 윗뿌리는 연봉오리가 조각되어 있으며, 이익공뿌리도 아래에 연봉오리가 길게 새겨져 있는 수서형으로

[그림 1167] 창방 상부 화반 및 현판

돌출되고 있어서 마치 삼익공처럼 보이고 있다. 이와같이 화려한 연꽃 장식은 내부에서 대량의 단부를 받고 있는 양봉과 운공형으로 다듬은 대량의 보머리에서도 볼 수 있다.

특히 창방으로 결구되어 있는 주간에는 연꽃이나 코끼리 등 다양한 초각을 한 화반을 1구씩 배치하여 주심도리 장혀를 받쳐주고 있으며, 팔각형 단면으로 다듬은 주심도리와 외목도리 사이에는 순각판으로 막음처리 하였다.

(4) 가 구

가구는 전, 후 평주위에 대량과 종량을 걸고 있는 2중량 7량가의 지붕틀 가구이다.

대량 상부 양측에 도리방향으로 뜬장혀를 놓은 후 그 위에 직절된 보아지를 끼운 포대공을 놓고 종량을 지지하고 있다. 대량 상부 중앙부에는 도리방향으로 통로를 따라 내부쪽을 향해 용신龍身과 용두龍頭를 걸쳐 놓았고, 입구쪽 대량 상부 중앙에도 눈을 부릅뜨고 이빨을 드러 낸 용두(그림 1169) 위에 주간포를 배치하고 있다.

그리고 종량 상부 중앙에 판대공을 설치하여 종도리와 함께 지붕하중을 받쳐주고 있으며, 장연 아래에는 연등천장으로 한 후 종량 상단에 걸쳐서 우물천정을 가설하였다. 전면의 팔작지붕 합각밑은 충량 위에 달동자를 달은 우물천장을 가설하여 가구재를 감추고 있다.

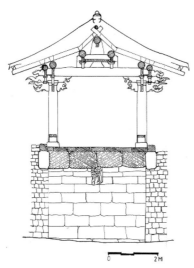

[그림 1168] 우화각 지붕틀 가구

[그림 1169] 대량 상부 용두 공포

[그림 1170] 우화각 내부 가구

[그림 1171] 우화각 입구 팔작지붕

특히 송광사 경내 앞으로 흐르는 계곡을 건너 넓은 경내로 진입하는 통로인 우화각의 지붕 형태가 특이한데, 입구쪽에는 추녀마루 양쪽에 활주를 세운 팔작지붕으로, 그 반대편인 출구쪽은 맞배지붕으로 올려 서로 다르게 구성하고 있다.

이는 입구쪽의 지붕을 웅장하게 보이기 위하여 대량 상부 중앙에 용머리 장식과 함께 팔작지붕으로 올린 반면 출구쪽은 인접해 있는 천왕문 지붕에 바짝 붙여지을 수 있도록 하기 위하여 추녀마루가 없는 맞배지붕으로 올린 것으로 보여지고 있다.

6-2-4. 1출목 이익공양식의 정리整理

① 1출목 이익공양식의 발생요인은 비교적 규모가 작은 3량가나 5량가의 지붕틀 가구에 주로 사용되었던 무출목 초익공 또는 무출목 이익공양식에서 건물의 기능에 따라 규모가 점점 확대되고, 또한 조선시대 양반 사회에서 신분상승에 따른 위계로 건물의 높이가 높아지게 되자 그와 비례하여 처마 길이도 외부로 길게 빠져 나오는 7량가 또는 9량가의 지붕틀 가구로 발전하게 되었다.

이에 비교적 짧은 처마를 받쳐 주던 무출목 초익공양식(그림 1172-①)에서, 외부로 길게 빠져 나간 처마의 처짐이나 변형을 방지를 하기 위하여 서까래의 지지점支持點을 외부로 더 연장하기 위한 목적으로 주심도리 밖에 외목도리를 하나 더 결구하는 1출목 이익공양식(그림 1172-②)이 발생되는 요인이 되었다.

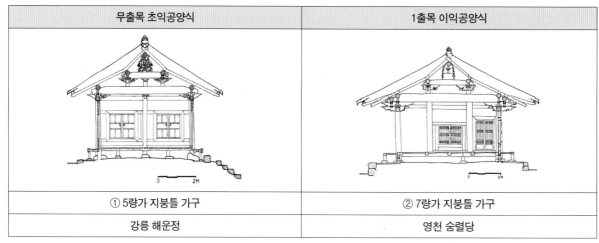

무출목 초익공양식	1출목 이익공양식
① 5량가 지붕틀 가구	② 7량가 지붕틀 가구
강릉 해운정	영천 숭렬당

[그림 1172] 1출목 이익공양식의 발생 요인

② 1출목 이익공양식은 도리방향으로 이익공에 결구되는 행공첨차와 주심두공이 대량이나 퇴량에 결구되는 외목도리를 받쳐주고 있는 형식으로서, 공포 외관상 헛첨차의 외단부가 쇠서 형상으로 돌출되고 있는 주심포 제3양식과 유사하게 보이고 있다.

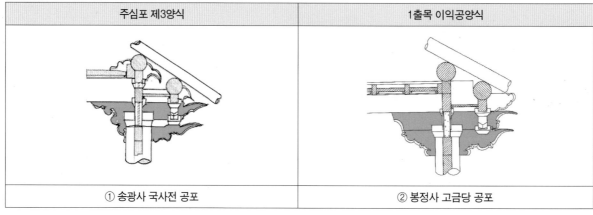

주심포 제3양식	1출목 이익공양식
① 송광사 국사전 공포	② 봉정사 고금당 공포

[그림 1173] 1출목 이익공양식의 발생 과정

그러나 헛첨차와 제1살미첨차 사이에 공안栱眼을 갖고 있는 주심포 제3양식의 공포(그림 1173-①)에서 보면 이 공안으로 인하여 헛첨차와 제1살미첨차 사이에 공간이 발생하고 있으나 1출목 이익공양식(그림 1173-②)은 이 공안이 생략되어 초익공과 이익공 부재가 서로 맞닿아 있어서 상부하중에 버틸 수 있는 지지력支持力이 커지고, 또한 시공이 용이容易해지는 등의 이유로 1출목 이익공양식의 공포가 발생된 것으로 볼 수 있다.

③ 1출목 이익공양식은 조선 세조 3년(1457)인 15세기 중반경에 건립된 개목사 원통전 배면 공포에서 처음[40]으로 볼 수 있다. 이 양식은 사찰건축의 전각이나 향교, 서원, 그리고 상류주택의 별당이나 누정 등 다양한 전통 목조건물에 적용되어 조선시대에 성행되었던 건축양식 중 하나로 자리잡고 있다.

④ 16세기인 1573년에 사액賜額된 후 1605년에 다시 중건된 도동서원 사당과 중정당 공포의 초익공 외단부가 뿌리 형태로 돌출하지 않고 사절斜切 형상 또는 1출목 소로를 받는 연꽃받침을 하고 있어서 주심포양식의 특징을 일부 유지하고 있다.

1출목 이익공양식

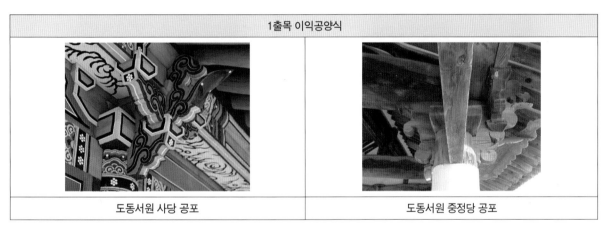

도동서원 사당 공포	도동서원 중정당 공포

[그림 1174] 1출목 이익공양식의 초기 익공뿌리 형상

⑤ 15세기 중반경에 익공부재로 변천된 공포의 외단부가 16세기경에 건립된 사찰건축의 전각殿閣건물에서 주심포양식의 헛첨차 부재의 외단 형상과 같이 대부분 수서형의 짧은 익공뿌리로 뻗고 있어서 일부 변화가 발생하기 시작하고 있다.

1출목 이익공양식

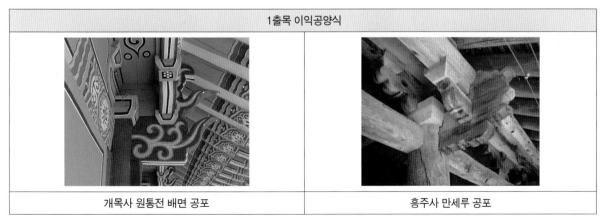

개목사 원통전 배면 공포	흥주사 만세루 공포

[그림 1175] 조선초기 사찰 전각의 익공뿌리 형상

⑥ 17세기 초기에 건립된 사찰 전각건축에서 초익공과 이익공뿌리가 아래에서 위로 휘어 오르는 짧고 강직한 수서형의 1출목 이익공양식의 공포형태로 정착되고 있으나 사우나 향교건축 명륜당의 익공뿌리가 수평으로 휘어지는 변화를 일부 보여주고 있다.

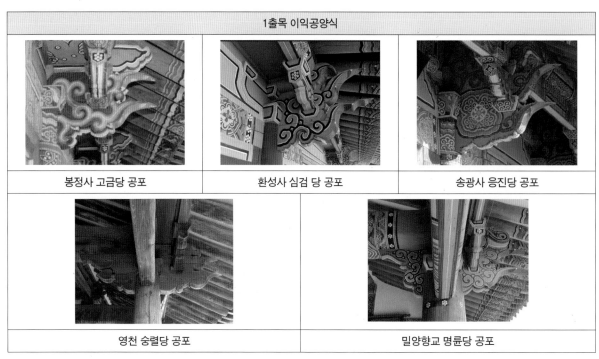

1출목 이익공양식		
봉정사 고금당 공포	환성사 심검 당 공포	송광사 응진당 공포
영천 숭렬당 공포		밀양향교 명륜당 공포

[그림 1176] 조선 중기 익공뿌리 형상 변화

⑦ 17세기에서 18세기경에 건립된 종묘 정전과 수원 화서문, 그리고 제주 관덕정과 같은 궁궐이나 관청 건물의 공포는 익공뿌리가 수평으로 길게 뻗어 나가다가 끝단에서 아래로 살짝 휘어지는 무출목 이익공양식의 전형적인 익공뿌리 형태를 그대로 유지하고 있다.

1출목 이익공양식		
서울 종묘 정전 공포	제주 관덕정 공포	수원 화서문 공포

[그림 1177] 궁궐과 관청건물의 익공뿌리 형상

⑧ 17세기 초, 중반경에 건립된 밀양향교 대성전과 남원 광한루, 18세기의 송광사 우화각과 19세기 청풍 한벽루와 전주향교 명륜당의 공포에는 처음으로 초익공 뿌리가 앙서형으로 돌출되면서 익공의 뿌리에는 연봉이나 연꽃 등으로 화려하게 장식을 하고 있으며, 대량의 외단에는 운공형으로 다듬거나 봉두 등을 부

착하고 있는 특징을 볼 수 있어서 조선시대 후기와 지방으로 갈수록 공포의 형상이 더욱 다양화되면서 장식적 경향으로 흐르고 있는 특징을 알 수 있다.

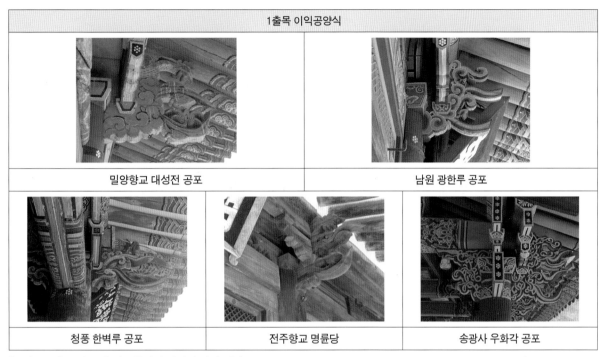

1출목 이익공양식	
밀양향교 대성전 공포	남원 광한루 공포
청풍 한벽루 공포	전주향교 명륜당	송광사 우화각 공포

[그림 1178] 조선 후기 익공뿌리의 장식화 형상 변화

⑨ 지붕틀 가구에서 종량 상부에서 종도리의 좌,우 변형을 방지하기 위하여 삼국시대와 고려시대를 거치면서 주심포 건축양식에서 성행되었던 솟을합장이 조선초기와 조선중기에 걸쳐서 건립된 무출목 초익공양식인 개목사 원통전과 해인사 수다라장전, 그리고 1출목 이익공 양식의 건물인 태안 흥주사 만세루와 환성사 심검당, 송광사 응진당 등의 사찰건축에 주로 솟을합장을 결구하고 있다.

특히 사찰건축 뿐만이 아니고 주심포 제3양식인 아산 맹씨행단과 함께 조선 상류주택의 별당으로 건립된 안동 소호헌에서도 솟을합장이 결구되고 있어서 지붕틀 가구 구성에 솟을합장을 거는 형식이 꾸준히 유지되어 오면서 독특한 지붕틀 가구 구성을 하고 있는 것을 볼 수 있다.

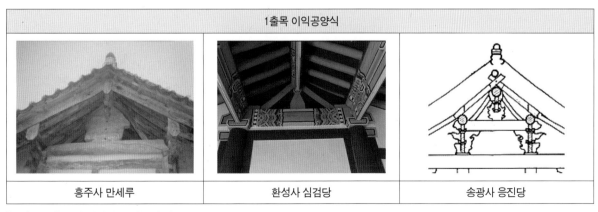

1출목 이익공양식		
흥주사 만세루	환성사 심검당	송광사 응진당

[그림 1179] 종량 상부 솟을합장의 결구

미주

1 정인국,『한국건축양식론』, 일지사, 1974, pp.64~67

2 문화재관리국,『한국의 고건축 제6호』1984, p.75

3 윤장섭,『한국건축사』, 동명사, 1975, p.293에서는 평주 위에 있는 주두 밑에는 헛첨차가 이중으로 놓여져 있어서 보강된 것은 매우 특이하며, 유일무이한 예라고 하고 있으며, 주1) 정인국 앞의 책, pp.252~254에서는 헛첨차는 창방 위치 밑으로 또한 부재가 첨가되어 특이한 구조를 가지고 있다 하면서 이는 구조적 측면에서 보강재로 설명하고 있다.

   문화재청,『개목사 원통전 정밀실측조사보고서』2007, p.117에서 시각적으로도 배면 귀기둥이 상당히 처져 있음을 확인할 수 있다. 하고 있다.

4 이달훈, 박만식,「익공계 건축양식의 발생 연구」, 대한건축학회학술발표논문집, 제9권 제1호, 1989, pp. 172~175,

5 주1) 정인국 앞의 책, pp. 64~67에서는 주심포 후기양식으로, 주3) 윤장섭 앞의 책, p.432에서도 조선초기 건축으로서 주심포 양식으로 분류하고 있다.

6 이달훈,「익공계 공포의 발생과 변천과정 연구」, 한국상고사학보 제5호, 1991, pp.198~199

7 강화군, 문화재청,『강화 정수사 법당』, 2004, p.76

8 忠淸南道『文化遺蹟總攬』(寺刹篇), 1990, pp.679~689

   충청남도, 충남역사문화연구원,『충청남도문화재대관』2, 2009, pp.216~217

9 이달훈,「태안 홍주사 만세루의 건축양식학적 고찰」, 대전대학교 산업기술연구소 논문집 제8 호, 1994, pp. 5~12

10 주9) 이달훈의 앞의 책 , p. 11

11 문화재관리국 문화재연구소,『한국의 고건축』제12호, 1990 p.130

12 문화재청,『봉정사 화엄강당·고금당 정밀실측조사보고서』상, 2010, p.109

13 문화재관리국,『문화재대관』-보물편-, 1968, p.32에서는 조선중기에 건립된 건물로 보고 있다.

14 주3) 윤장섭 앞의 책 p.394에서 17세기에 중건된 중기 주심포식 건축으로 보고 있다.

15 주1) 정인국 앞의 책, p.61에서 고금당의 건축양식을 이조후기 건물로 판정하면서 공포를 주심포집 계통의 구성이나 주심포계 건물에서 익공계 건물로 변천하는 한 과정으로서의 의의(意義)밖에 없는 건물로 보고 있다.

16 신영훈,「환성사 대웅전과 심검당」, 고고미술, 제1권~제100호 합집, 상권, 한국미술사학회, 1979, pp.558~559 상기 보고(報告)에는 심검당을 주심포계로 분류한 후 성화 13년(1477)에 중창된 서산 개심사 심검당과 송광사 국사전의 양식 비교로 조선초기로 추정하고 있다.

17 문화재관리국,『한국의 고건축』제10호, 1988, p.120

18 주1) 정인국 앞의 책, p.266

19 문화재청,『송광사 중요목조건축물 실측조사보고서』(상), 2007, p.222

20 주1) 정인국 앞의 책, p.264~267에서 응진전의 건축양식을 주심포 후기양식으로 보고 있다.

   주19) 문화재청 앞의 보고서, p. 223에서 응진당의 건축양식을 익공계양식으로 보고 있다.

21 문화재청,『달성 도동서원 중정당·사당·담장 정밀실측조사보고서』, 2012, pp. 97~98

22 주3) 윤장섭 앞의 책, p.394에서 도동서원 강당 사당을 조선시대 중기 주심포식으로 보고 있다.

   주남철,『개정판 한국건축사』, 고려대학교출판부, 2014, pp.330에서 도동서원 사묘의 건축양식을 외일출목의 주심포식 양식으로 보고 있다.

주21) 문화재청, 앞의 보고서, p.210 사당의 공포 설명에서는 출목이 하나 있는 이익공형식으로 짜여져 있다. 하고 있는데, 이는 아직까지 익공양식의 체계화가 이루어지지 않은 결과로 볼 수 있다.

23 주22)주남철 앞의 책, p.329에서 중정당의 건축양식을 주심포식 양식으로 보고 있다.

주21) 문화재청 앞의 책, p.298 중정당의 건축현황 및 특성에서 공포는 출목이 하나 있는 이익공 형식으로 짜여져 있다. 하고 있다.

24 문화재청,『숭렬당 실측조사보고서』, 2000, p.66

25 주24) 앞의 문화재청 보고서, 2000

26 국립무형유산원,『향교석전』(나주향교,밀양향교,상주향교), 2014, p.188

27 주26) 국립무형유산원 앞의 책, p.190

28 문화재청,『남원 광한루 실측조사보고서』, 2000. pp. 93~96

29 주1) 정인국 앞의 책, pp. 127~128에서는 조선시대 후기형식의 주심포계 건물로 보고 있으 나 주3) 윤장섭 앞의 책, p.503에서 광한루의 건축양식을 이익공식으로 보고 있다.

주28) 문화재청 앞의 보고서, p.150 에서는 본루의 공포는 주심포계 수법이 가미된 일출목 이익공형태이고 익루의 공포는 초익공계, 월랑의 공포는 이익공계이다. 라 하고 있다.

30 문화재청,『화서문 정밀실측조사보고서』, 2014, p.55

31 국립무형유산원,『향교석전』(나주향교,밀양향교,상주향교), 2014, pp.185~188

32 문화재청,『제주 관덕정 정밀실측조사보고서』, 2007, p. 79

33 문화재청,『제천 청풍 한벽루 실측조사보고서』, 2003, p.58

34 이달훈,「청풍관아의 건축양식학적 고찰」, 대전대학교 논문집 제6권 제2호, 1987, pp. 253~261

35 문화재청,『전주향교 정밀실측보고서』, 2014, pp. 52~53

36 주35) 문화재청 앞의 보고서, pp.71~72 현익이란 고갑자(古甲子)에서 천간의 아홉 번째 임(壬)을 가리키는 말로서, 전주향교를 이건한 이후 임년에 해당하는 것은 1612년, 1622년, 1632년 등 10년에 한번씩 돌아오는 해를 의미하는 것으로서, 명륜당을 지은 후 40여 년이 지나 건물을 중수하였다는 기록으로 1612년에 명륜당을 건립한 것으로 추측하고 있다.

37 주35) 문화재청 앞의 보고서, p.208 "명륜당중건상량문"내용중 "無加減於新舊 間對八楹"에서 영(楹)을 칸 보다는 기둥으로 해석하여 명륜당의 평면을 1904년 당시에는 대청만으로 구성되어 있는 대청형이었으나 1922년에 현재와 같은 대청·온돌혼합형으로 변경된 것으로 판단하고 있다.

38 주35) 문화재청 앞의 보고서, p.240 에서 명륜당의 공포를 주심포양식으로 설명하고 있다.

39 문화재관리국,『문화유적총람』하권, 1977, P.256

40 주4) 이달훈, 박만식 앞의 책, pp.172~175

6-2-5. 1출목 삼익공양식의 건물

1) 서산 개심사 심검당(충청남도 문화재자료 제358호)

(1) 건립시기

[그림 1180] 서산 개심사 심검당 전경

서산 개심사는 원래 백제 의자왕 14년에 혜감국사가 상왕산 남쪽 자락에 개원사開元寺로 창건하였으나 고려 충정왕 2년(1350)에 처능대사가 중건하면서 개심사로 개명하였다고 전하고 있다.

그러나 심검당의 초창시기는 자세히 알 수 없으나 1941년 대웅전 수리시 발견된 법당 묵서명 기록에 의하면 "朝鮮 成宗朝 成化二十年 甲辰(1484)六月"이라는 대웅전의 중창연대가 발견되어 심검당의 건립시기도 대웅전의 건립시기인 성종 15년(1484)인 조선초기에 함께 중창되었을 것으로 추정[1]하고 있다.

(2) 배치 및 평면

사찰내 건물의 기둥 일부를 자연목의 곡재로 세우고 있는 서산 개심사 경내에는 5층 석탑이 있는 중정을 중심으로 정면 3칸, 측면 3칸에 맞배기와 지붕을 올린 개심사 대웅전(보물 제143호)이 위치하고 있다. 대웅전 전면에는 "상왕산 개심사"라는 현판이 걸려 있는 정면 5칸, 측면 3칸의 강당인 안양루가, 우측편에는 요사채인 무량수각이, 그리고 좌측편에 심검당이 전체적으로 튼ㅁ자 형태로 배치되어 있다.

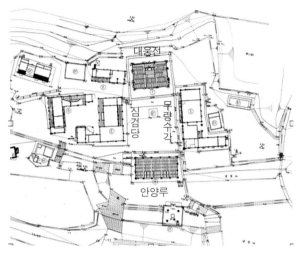

[그림 1181] 개심사 배치도

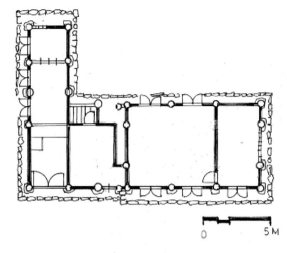

[그림 1182] 심검당 평면도

그리고 안양루 옆에 붙여지은 해탈문 오른쪽에 중층의 고방채와 함께 명부전과 팔상전, 보장전 등이 일곽을 이루며 배치되고 있는데, 명부전 옆 작은마당에 우리나라 토종 왕벗나무가 심어져 있어 방문객들의 눈길을 끌고 있다.

[그림 1183] 심검당 내부 가구

심검당은 후대에 쌓은 견치석 축대 위에 덤벙주초석을 놓고 원형기둥을 세워 정면 3칸, 측면 3칸의 평면으로 구획하고 있다. 정면 3칸중 심검당 현판이 걸려있는 좌측 2칸 통칸에는 온돌방을 들여 스님들이 거주하는 요사로 이용하다가 종무소로 사용하고 있으며, 설선당의 현판이 걸려 있는 우측 1칸에는 마치 웃방처럼 온돌방을 들여 주지실로 이용했으나 지금은 비어 있다.

심검당의 창호는 좌측 온돌방 앞쪽과 배면에 모두 쌍여닫이 띠살문을 달은 후 문 앞쪽에 쪽마루를 놓았다. 설선당 앞은 쪽마루 없이 디딤돌만을 놓고 쌍여닫이 띠살문을 달았는데, 우측 측면 중앙칸 하단에 창문을 설치하였다.

[그림 1184] **심검당 좌측 부속채의 자연목 곡재**谷材

개심사는 경내에 건립된 많은 전각에 사용된 목부재가 직선재보다는 심하게 구부러진 자연목의 곡재를 더 많이 사용하고 있어서 더욱 유명한 사찰로 알려지고 있다. 특히 심검당 좌측편에 붙여지은 고방과 부엌, 종무소 등의 공간으로 사용하고 있는 ㄴ자형 평면 형태의 부속채에도 기둥이나 대량 등에 사용된 목부재가 모두 자연목의 곡재를 그대로 사용하고 있어서 더욱 고풍스럽고 자연스러운 심검당의 외관을 형성하고 있다. 창호는 좌측 1칸에 쌍여닫이 판장문을 달았고, 우측 2칸에 화방벽 위에 작은 창을 설치하여 채광을 하고 있으며, 오른쪽으로 꺽이어서 3칸의 온돌방을 더 들여서 요사공간으로 이용하고 있다.

주간 간격은 정면 3칸 가운데 정칸은 3.60m로, 양협칸은 3.30m로 잡았고, 측면은 정칸 3.00m, 양협칸 1.65m로 각각 구획하였다.

(3) 공 포

심검당의 공포는 빗굽의 사절된 주두의 운두 부분과 엇물려서 창방과 十자 방향으로 직교하여 외부로 돌출된 초익공과 이익공 위에 1출목 소로를 놓고 도리방향으로 행공첨차가 결구된 삼익공이 다시 놓이면서 외목도리와 대량을 받쳐주고 있는 1출목 삼익공 양식[2]이다.

공포에 결구되어 있는 초익공의 외단은 익공뿌리로 뻗지 않고 이익공뿌리 하단 끝에 맞춰서 2단으로 둥그스럼하게 굴린 아래에 파련문의 조각으로 다듬고 있으며, 이익공과 삼익공의 뿌리는 수서형으로 길게 뻗고 있다.

[그림 1185] 심검당 공포

[그림 1186] 심검당 공포 내부 양봉

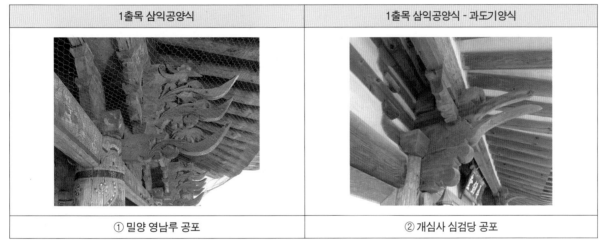

1출목 삼익공양식	1출목 삼익공양식 - 과도기양식
① 밀양 영남루 공포	② 개심사 심검당 공포

[그림 1187] 1출목 삼익공양식의 공포와 과도기양식의 공포

특히 1출목 삼익공양식(그림 1187-①)의 일반적인 경우 공포에 결구되어 있는 초익공과 이익공 사이에 1출목 소로를 놓고 이익공 몸과 삼익공 몸에 결구되는 행공소첨과 행공대첨이 결구되는 2중의 행공첨차가 길게 돌출되고 있는 처마를 받쳐주고 있는 외목도리를 구조적으로 받고 있다.

그러나 심검당의 공포(그림 1187-②)는 초익공 상부에 1출목 소로와 이익공 몸에 도리방향으로 결구되

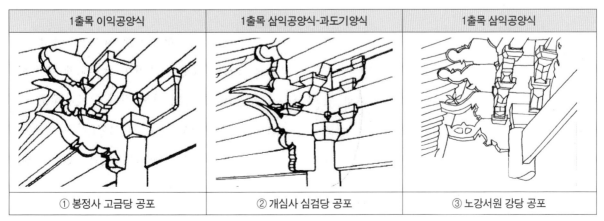

1출목 이익공양식	1출목 삼익공양식-과도기양식	1출목 삼익공양식
① 봉정사 고금당 공포	② 개심사 심검당 공포	③ 노강서원 강당 공포

[그림 1188] 1출목 삼익공양식의 발생 과정

는 행공소첨이 생략되고 삼익공 몸에 결구되어 있는 행공대첨만이 외목도리 장혀와 결구되어 외목도리를 받쳐주고 있다. 이와 같은 과도기적인 심검당의 독특한 공포 구성(그림 1188-②)은 1출목 이익공양식(그림 1188-①)에서 1출목 삼익공양식(그림 1188-③)으로 변천되어 가는 중요한 과도기 공포 구성 수법으로 볼 수 있다.

또한 주심부의 하두공과 상두공의 2중 두공은 공포 부재의 변형으로 그 위치에 따라 형태가 일정하지 않으나 직절 사절각의 하두공 양단 위에 소로를 놓고 고식古式의 건물에서 포벽에 결구되고 있는 뜬장혀를 받고 있다. 그리고 뜬장혀 위에 다시 소로를 놓고 상두공을 결구하였는데, 직절 사절각의 양단 위에 소로를 놓고 주심도리 장혀와 결구되어 대량에 결구된 주심도리를 받쳐주고 있다. (그림 1189, 1190)

[그림 1189] 심검당 외부 정면 공포

[그림 1190] 심검당 내부 정면 공포

그리고 건물 내부로는 초익공과 이익공, 그리고 삼익공이 한 몸으로 되어 뜬장혀의 결구로 인하여 높아진 포벽에 맞추어 파련문의 독특한 형태로 된 양봉(그림 1186)으로 만들어 보머리를 운공형으로 다듬은 대량의 단부를 구조적으로 받쳐주고 있으나 삼익공으로 짠 공포로 인하여 양봉의 높이가 과장될 정도로 너무 높게 되어 있다.

외소로형 화반 (외부쪽)

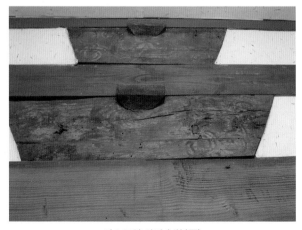

외소로형 화반 (내부쪽)

[그림 1191] 창방 상부에 배치된 2중의 화반

또한 창방 상부 포벽에 2중의 역사다리꼴 형태의 외소로형 화반이 뜬장혀 사이에 각각 배치되고 있다. 간

결한 판재로 된 이 화반은 심검당의 정면을 아름
답게 꾸며 주고 있는데, 화반 외부쪽 표면에는 변
색이 되어 나타나지 않고 있으나 내부쪽 화반에
는 연꽃과 당초문양 등이 채색된 흔적이 일부 남
아 있어 주목되고 있다.

[그림 1192] 채색된 그림의 흔적이 일부 남아 있는 화반

(4) 가구

심검당의 가구는 대량과 종량을 걸고 있는 2중
량 7량가의 지붕틀 가구(그림 1194, 심검당 정칸 내
부 가구 참조)이다.

굵은 자연목의 4면을 궁굴린 대량 상부 양측에 파
련문의 보아지를 놓고 여기에 도리방향으로 양단에
소로를 놓은 첨차형 부재가 뜬장혀를 받쳐주고 있는
포대공을 설치하여 종량을 받고 있다. 종량 상부 가
구는 현재 종량 중간에 걸쳐서 종이반자로 천장이 되
어 있어 확인이 어려운 상태이나 종량 하단과 주심도
리 장혀에 걸쳐서 빗반자가 설치되고 있다.

지붕은 전면에는 겹처마로, 배면은 홑처마로 올린

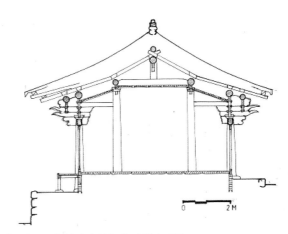

[그림 1193] 심검당 양측면 지붕틀 가구

[그림 1194] 심검당 정칸 내부 가구

맞배 기와지붕이며, 박공면에 풍판을 달지 않아 가구재가 모두 노출되어 있다. 정면 정칸 처마 밑에 "심검당
尋劍堂" 현판과 우협칸 처마 밑에 "설선당說禪堂" 현판이 함께 걸려 있다.

[그림 1195] **심검당 우측면 지붕틀 가구**

특히 조선초에 건립된 개심사 대웅전(보물 143호)이 위치하고 있는 경내 좌측편에 있는 심검당은 현재 충청남도 문화재자료 제358호로 지정되어 있으나 상량문에 3중창부터 6중창까지의 중창 기록과 함께 시주자와 "박시동"이라는 목수[3] 이름까지 알 수 있다.

또한 지붕틀 가구와 공포의 구성 수법이 독특하며, 포벽에 뜬장혀와 화반의 배치, 그리고 대량 상부의 포대공의 결구 수법 등에서 고식의 수법이 비교적 많이 남아 있어서 심검당에 대한 정밀 조사를 이른 시기에 실시하여 문화재적 가치를 재 평가하여야 할 것으로 판단되고 있다.

2) 통영 세병관(국보 제305호)

(1) 건립시기

[그림 1196] **통영 세병관 전경**

통영 삼도수군 통제영은 조선후기 충청, 전라, 경상 삼도의 수군을 통솔하던 해상 방어 총사령부로서, 최초의 통제영은 임진왜란 당시 전라좌수사였던 이순신의 한산 진영이었다. 현재의 통제영은 선조 36년(1603)에 제6대 수군통제사였던 이경준李慶濬이 창건한 후 선조 37년(1604) 통제영을 두룡포로 옮겨 오면서 고종 32년(1895)에 통제영이 폐영될 때 까지 약 290여년간 조선 수군의 본영本營이었다. 지금의 세병관은 인조 24년(1646)에 제35대 통제사 김응해가 건물의 규모를 확대하여 중건[4]한 건물로서, 통영이라는 지명은 조선시대 임진왜란을 겪으면서 설치되었던 통제영에서 비롯된 것으로 알려지고 있다.

또한 조선 영조대인 1757년부터 1765년에 이르기까지 각 읍에서 편찬한 읍지를 모아 펴낸『여지도서』에는 군영인 통제영 내에는 세병관을 비롯해서 아사衙舍와 제승당 등 많은 공해公廨시설이 건립되어 있었으나 지금은 당시의 많은 건물들이 대부분 소실 또는 멸실된 채 세병관과 정문인 지과문, 망일루, 그리고 수향루 등 일부 건물만이 남아 있다.

(2) 배치 및 평면

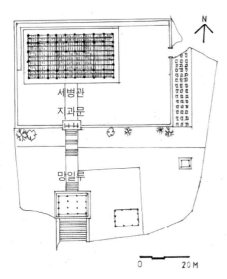

[그림 1197] 통영 세병관 배치도

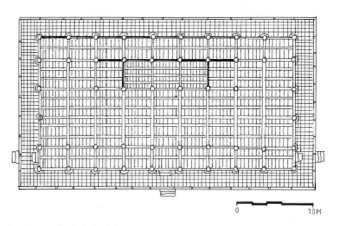

[그림 1198] 세병관 평면도

[그림 1199] 세병관에서 바라 본 지과문止戈門

세병관은 야산의 중턱 전망 좋은 곳에 남해안의 해상 방어를 위해 설치한 군영軍營으로서, 남해 바다를 향하여 건립되었다. 세병관 진입로 입구에는 22단의 높은 계단 위에 2000년에 복원된 정면 3칸, 측면 3칸의 중층 누문형식의 망일루가 있으며, 이 문을 지나 다시 높은 축대 위에 1964년에 복원한 소슬삼문형의 지과문止戈門이 있다.

정문인 지과문 안 경내 중심에 세병관이 건립되어 있으며, 앞마당에는 정조 10년(1786) 제142대 통제사 류진항이 영기와 장군기을 걸기 위해 세운 기삽석통旗揷石桶과 숙종 27년(1701)에 액막이로 만든 것으로 추측되는 석인石人 5기가 놓여져 있다.

통제영의 경내 중심건물인 세병관은 잘 다듬은 두 벌대로 쌓은 장대석 기단위에 방전을 깔은 후 원형초석과 굵은 원형기둥을 세워 정면 9칸, 측면 5칸의 비교적 규모가 장대한 평면으로서, 외진공간과 내진공간으로 구성하여 구획하였다.

그리고 건물 내부 전체가 우물마루를 깔고 있는 개방된 한 공간으로 되어 있으나 4면으로 1칸씩 둘려져 있는 외진공간인 퇴칸은 주로 통로로 이용하도록 하였다.

[그림 1200] 세병관 내부 대청마루

[그림 1201] 전패 안치 공간

[그림 1202] 전패 단상 상부의 소란반자

그러나 내진공간의 정면 7칸중 퇴칸 앞 배면 중앙에 고주를 6개 더 세운 후 그중 정면 3칸, 측면 1칸에 대청의 우물마루 바닥 보다 60cm정도 더 높여 머름중방 위에 우물마루를 깔은 단상壇上을 설치하여 전패殿牌를 안치하는 공간으로 만들었다.

이 전패공간인 단상 좌,우와 배면에 중방을 걸고 머름 위에 궁창널을 댄 삼분합 정자살 들어열개 문을 달아 이 문을 모두 닫으면 4면중 대청마루 쪽만 열려 있는 공간이 되도록 하였다. 또한 좌,우 기둥 중방 상부에 풍혈 청판을 끼운 머름 위에 2단의 홍살을 설치하였고 단상 배면으로는 중방과 창방 사이에 판벽을 세우고 출전하는 거북선과 병장기를 들고 행진하는 군사들, 말을 타고 지휘하는 장군들의 해전도 모습들이 담긴 벽화가 주간마다 3폭씩 병풍처럼 그려져 있다. 특히 단상 상부에만 소란반자틀로 짠 우물천장이 설치되었는데, 격자형의 반자틀 안에는 아름답고 화려한 꽃문양과 백조 등의 단청을 하여 전패공간으로서의 위계를 더욱 높여주고 있다.

세병관 창호는 정면과 좌,우측 대청마루 전면에 창호를 달지 않은 채 모두 개방하고 있으나 북쪽인 배면은 전패공간과 같이 궁창널을 댄 삼분합 정자살 들어열개 문을 달았다.

주간 간격은 정면 9칸은 모두 3.75m의 등간격으로 잡았고, 측면 4칸은 중앙 2칸은 3.75m로, 양퇴칸은 2.85m로 분할하였다.

(3) 공포

세병관의 공포는 빗굽의 사절된 주두의 운두 부분과 엇물려서 창방과 十자 방향으로 직교하여 외부로 돌출된 초익공 상부에 1출목 소로를 놓은 후 도리방향으로 행공첨차와 주심부에 두공이 결구되어 있는 이익공 위에 다시 1출목 소로를 놓고 삼익공을 받고 있는 1출목 삼익공양식[5]이다.

[그림 1203] **세병관 공포**

공포에 결구되어 있는 초익공은 아래에서 위로 휘어 오르는 양서형의 뿌리 상부에 활짝 핀 연꽃이 조각되어 있고, 이익공과 삼익공의 하부에는 연봉오리가 조각된 수서형의 뿌리로 뻗고 있어 장식화되어 가는 조선 중, 후기의 특징을 보여주고 있다.

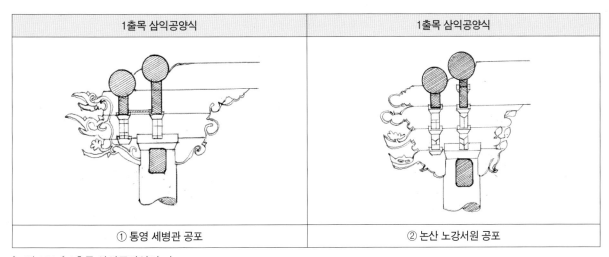

[그림 1204] **1출목 삼익공양식의 비교**

특히 1출목 삼익공양식의 공포 구성에서 노강서원(그림 1204-②)의 경우 도리방향으로 행공첨차가 결구되어 있는 이익공 위에 다시 출목소로를 놓고 삼익공 몸에 2중의 행공첨차를 결구하여 대량에 결구되어 있는 외목도리 장혀를 받쳐주고 있다.

그러나 세병관(그림 1204-①)의 공포는 행공첨차가 결구되어 있는 이익공 위에 출목소로를 놓고 삼익공에 2중의 행공대첨을 결구시키지 않고 삼익공 몸에 결구되어 있는 외목도리 장혀를 받쳐주고 있다.

또한 퇴량의 보머리도 외목도리 밖으로 돌출[6]하지 않고 굴도리로 된 외목도리에 맞춰 바심질[7]하여 서로 맞닿아 있다.

그 결과 1출목 삼익공의 경우 도리방향으로 2중의 행공첨차와 주심부에 하두공과 상두공의 2중 두공이 결구되어 외목도리와 대량에 결구되어 있는 주심도리를 받아야 하나 마치 1출목 이익공의 공포와 같이 단일單 一 행공첨차와 주심두공(그림 1205)이 결구되고 있다.

[그림 1205] 세병관의 단일 행공첨차와 두공첨차
(1출목 삼익공양식)

[그림 1206] 돈암서원 응도당의 이중 행공첨차와 두공첨차
(1출목 삼익공양식)

   이와 같은 공포의 결구 수법은 세병관 공포에서 볼 수 있는 독특한 공법으로도 볼 수 있지만 단일 행공첨차와 단일 주심두공이 결구되고 있는 1출목 이익공양식(그림 1207-①)에서 건물의 높이를 올리기 위한 1출목 삼익공양식(그림 1207-③)으로 변천되는 과정에서 오는 과도기적 현상(그림 1207-②)으로 보는 것이 타당할 것으로 판단되고 있다.

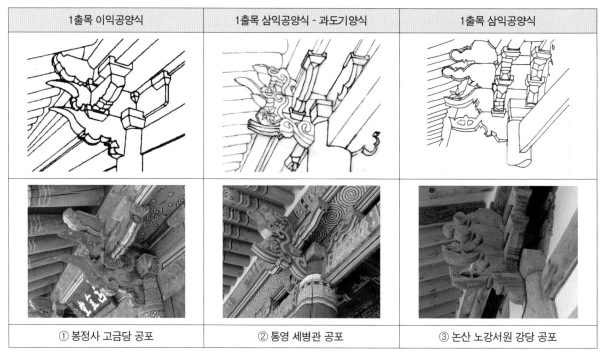

1출목 이익공양식	1출목 삼익공양식 - 과도기양식	1출목 삼익공양식
① 봉정사 고금당 공포	② 통영 세병관 공포	③ 논산 노강서원 강당 공포

[그림 1207] 1출목 이익공양식에서 1출목 삼익공양식 변화

   그리고 건물의 내부로는 초익공과 이익공, 그리고 삼익공의 내단이 파련문으로 다듬은 한 몸의 양봉(그림 1204-①)으로 되어 퇴량의 단부를 구조적 및 장식적으로 받쳐주고 있다.

   창방으로 결구되어 있는 모든 주간에는 쌍소로 화반 좌,우에 활짝 핀 연꽃이나 당초문 등으로 화려하게 파련문 초각을 하거나 투각을 한 다양한 화반을 1구씩 배치하여 주심도리와 중도리 장혀를 구조적으로 받쳐주면서 건물의 정면을 더욱 아름답고 장엄하게 장식(그림 1208)해 주고 있다.

[그림 1208] 창방 상부에 배치된 다양한 화반

(4) 가 구

세병관의 가구는 전, 후 평주 사이에 양 내고주을 세우고 퇴량과 대량 상부에 중종량과 종량을 걸고 있는 3중량 11량가의 지붕틀 가구로서, 그 규모가 매우 장대하다.

퇴량이 결구되어 있는 내고주 상부 위에 무출목 이익공으로 짠 공포 위에 대량을 걸었는데, 한단 높인 단상 앞에 긴 보아지를 끼운 고주를 세워 일부 통보通樑를 사용하지 않은 대량의 이음을 보강하고 있다. 대량 상부 양측에 주두를 놓고 포동자를 짜서 종중량을 지지하고 있으며, 종중량 상부 양측에 다시 2 중의 보아지와 첨차형 부재가 결구된 포동자을 설치하여 종량을 받고 있다.

특히 종량 상부 중앙에 4개의 판재를 포개어 연꽃이나 당초문등으로 화려하게 초각을 한 파련대공을 설치하여 도리방향으로 결구되어 있는 뜬창방과 종도리가 지붕하중을 함께 받도록 하고 있다.

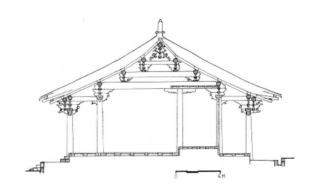

[그림 1209] 세병관 지붕틀 가구

[그림 1210] 내고주 상부 공포

[그림 1211] 세병관 내진공간 상부 가구

[그림 1212] 양측면 합각 밑 충량

그리고 팔작지붕에서 생기는 양측 합각 아래는 측
면 기둥과 충량머리 만큼 따낸 대량 상부에 만곡彎曲
된 충량을 걸쳐대고 그 위에 주두를 놓고 포대공을
설치하여 외기도리를 받고 있으며, 외기도리 사이에
좁은 눈썹천장을 가설하여 가구재를 감추고 있다.

[그림 1213] 세병관 좌측면(서쪽)

[그림 1214] 세병관 우측면(동쪽)

세병관의 좌, 우측면 주간에서 동쪽인 우측면에는 일반적인 가구수법으로 처리하였으나 서쪽인 좌측면에
는 중방을 걸고 창방 사이에 마치 머름중방과 같은 3장의 판재를 덧달아 내고 있어 독특한데, 여름철 서쪽에
서 대청마루로 깊게 들어오는 햇빛을 차단하기 위한 목적이 아닌가 보여지고 있다.

천장은 내부 대부분이 가구재가 노출되는 연등천장으로 꾸미고 있으나 전퇴공간에는 소란반자 틀로 짠

[그림 1215] 세병관 지붕과 현판

우물천장을 가설하였으며, 소란반자 틀에 아름답고 화려한 연꽃 문양 등을 그려 넣어 위계를 한층 더 높이고 있다.

그리고 지붕은 겹처마 팔작 기와지붕을 올리고 있으며, 용마루 측면과 내림마루 등에 양성바름을 하였다. 세병관 정면 중앙 처마 밑에 오랜 전쟁에서 평화를 바라는 마음으로 병장기를 씻어 거둔다는 뜻의 대형 "세병관洗兵館" 현판이 걸려 있는데, 이 현판은 조선 정조때 제136대 통제사였던 서유대가 세병관을 중수하면서 쓴 것으로 알려지고 있다. 세병관 내에는 괘궁정掛弓亭을 비롯해서 40여개의 많은 편액들이 함께 걸려 있다.

3) 부여 석성향교 대성전(충청남도 기념물 제126호)

(1) 건립시기

[그림 1216] 부여 석성향교 대성전 전경

백제시대 사비 도성의 남쪽 관문을 방어하기 위하여 축성된 사적 제89호인 부여 석성산성 주변에 위치하고 있는 석성향교의 정확한 창건시기는 알 수 없지만 명륜당에 걸려 있는 중수기에 의하면 임진왜란 때 병화로 소실된 것을 인조 원년(1623)에 다시 중건된 이후 몇차례 보수를 거쳐 오늘에 이르고 있는 향교로 알려지고 있다.

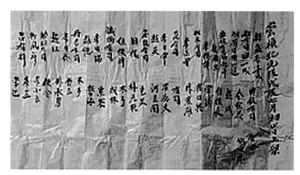

[그림 1217] 대성전 종도리 장혀 상량문

그러나 2021년 해체 복원 정비 때 중앙 정칸에 결구되어 있는 종도리의 기문장처記文藏處 속에서 "崇禎紀元後戊辰七月初四日上樑"과 "檀君紀元四千三百五年壬子十月二十七日上樑" 등 2장의 상량문이 함께 발견되었는데, 임진병화로 소실된 것을 인조 원년(1623)에 석성현감 윤겸선이 중건[8]한 후 조선 숙종 14년(1688)과 1972년에 다시 보수된 건물로 밝혀졌다.

(2) 배치 및 평면도

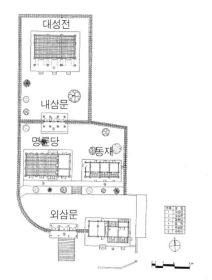

[그림 1218] 석성향교 배치도(충청남도, 충남의 향교, 1999)

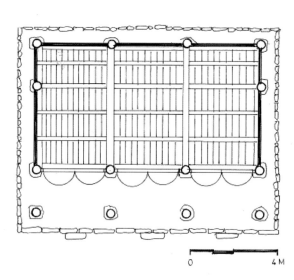

[그림 1219] 대성전 평면도

석성향교는 낮은 야산을 배경으로 전통 한식담장으로 둘러쳐진 경내의 가장 높은 일곽의 대지에 향사공간인 대성전이 위치하고 향교 입구쪽으로 면하여 유생들의 강학공간인 정면 4칸, 측면 3칸의 명륜당이 배치되는 전학후묘식으로 건립되었다.

명륜당 우측에는 정면 4칸, 측면 2칸의 동재가 나란히 배치되어 있고 그 앞쪽에 정면 4칸, 측면 2칸의 수직사가 있다. 특히 향교 입구나 경내에 은행나무를 많이 심고 있으나 석성향교 대성전 앞마당에는 노송老松이 한구루 심어져 있어 독특하였으나 최근에 고사枯死하였다.

대성전은 자연석을 다듬은 낮은 외벌대의 기단위에 덤벙주초석을 놓고 원형기둥을 세워 정면 3칸, 측면 3칸의 평면으로 구획한 후 전면 1칸통을 개방하여 참배 의식을 하기 위한 전퇴칸을 만든 개방형 평면형[9]을 이루고 있다.

건물의 내부는 통칸으로 하여 우물마루를 깔은 후 정칸 배면벽 쪽에 위패를 모실 수 있는 향상香床을 설치하여 공자를 중심으로 안자, 증자, 자사, 맹자 등 4성과 송조 2현, 그리고 국내 18현 등의 위패를 봉안하고 있다.

[그림 1220] 대성전 내부 공간 구성

창호는 정면 3칸 모두 4분합 띠살 들어열개 문을 달아 석존제 등 행사시에 연목에 걸려 있는 들쇠에 걸도록 한 후 문 상부에 교창을 설치하여 채광을 하도록 하고 있었으나 문인방 상부에 연귀맞춤을 했던 문설주 부재 일부가 남아 있어서 이를 근거로 2021년 보수 공사시 궁창판을 댄 쌍여닫이 정자살 문으로 교체하였다.

주간 간격은 정면 3칸중 중앙 정칸은 3.45m, 양협칸은 3.40m로 하여 중앙칸을 약간 넓게 잡았으며, 측면 3칸은 중앙 정칸은 3.75m, 전퇴칸은 1.80m, 후퇴칸은 1.90m로 각각 다르게 구획하였다.

(3) 공 포

[그림 1221] 대성전 공포

[그림 1222] 대성전 공포 내부 양봉

대성전의 전면 공포는 빗굽의 사절된 주두의 운두 부분과 엇물려서 창방과 十자 방향으로 직교直交하여 외부로 돌출된 초익공 상부에 1출목 소로를 놓고 도리방향으로 2중의 행공첨차와 주심부에 2중의 두공이 결구되어 있는 이익공과 삼익공이 외목도리와 대량에 결구되어 있는 주심도리를 받쳐주고 있는 전형적인 1출목 삼익공양식이다.

공포에 결구되어 있는 앙서형의 초익공 위에는 창방 상부 화반에 조각되어 있는 물고기 형태인 잉어를 정교하게 조각하고 있어 독특하다. 앙서형으로 힘차게 뻗고 있는 이익공 위에는 활짝 핀 연꽃 한송이를 조각하였고, 삼익공은 뿌리로 만들지 않고 연줄기 위에 아름다운 연꽃 한송이 형상으로 조각하고 있어서 섬세하면서도 창의성 넘치는 모습을 볼 수 있다.

[그림 1223] 대성전 행공소첨과 행공대첨

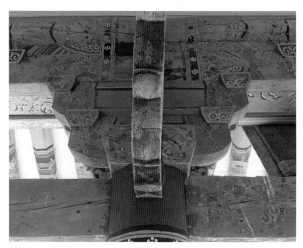

[그림 1224] 대성전 하두공과 상두공

그리고 이익공과 삼익공 몸에 도리방향으로 결구되어 있는 2중의 행공첨차 중 행공소첨은 파련문된 양단에 연꽃받침 위에 소로를 놓고 행공대첨을 받고 있으며, 행공대첨은 사절첨차 양단 위에 소로를 놓고 외목도리 장혀와 결구되어 외목도리를 받쳐주고 있다. 또한 주심부의 하두공과 상두공의 2중 두공은 직절 교두형 첨차 양단 위에 소로를 놓고 주심도리 장혀와 결구되어 퇴량에 결구된 주심도리를 받쳐주고 있다. 특히 퇴량의 보머리를 봉두鳳頭로 조각하였는데, 그 형상이 매우 정교하며, 건물의 내부로는 3개의 익공을 한 몸으로 겹처 놓고 파련문의 양봉으로 만들어 퇴량의 단부를 구조적으로 받쳐주고 있다.

[그림 1225] 대성전 배면 공포

[그림 1226] 대성전 배면 공포 내부 양봉

그러나 대성전의 배면 공포는 초익공과 주두, 그리고 대량 등 세 부재가 기둥 상부에 함께 엇물려서 결구되고 있는 무출목 초익공양식으로 구성하고 있다.

공포는 초익공 부재가 창방과 十자 방향으로 직교하여 굽단면이 사절되어 있는 주두의 운두 부분과 엇물려서 외부로 돌출되어 직절된 대량의 보머리를 받고 있다. 외부로 돌출되고 있는 초익공의 뿌리가 아래에서 위로 길게 휘어 오르는 수서형의 익공뿌리 위에 작은 연봉이 조각되어 있으며, 건물 내부로는 파련문의 양봉으로 처리하여 대량의 단부를 받고 있다.

[그림 1227] 창방 상부 화반

[그림 1228] 잉어와 연꽃이 투각된 화반

또한 창방으로 결구되어 있는 주간에는 정면 3칸 모두 1구씩의 화반을 배치하고 있는데, 창방 위에 당초문을 그린 받침대 위에 두 마리의 잉어가 아래로 향하고 그 꼬리는 중앙에 있는 소로를 받쳐주고 있는 삼소로형 화반이다. 그리고 잉어 양 옆으로 연줄기 위에 화려하게 핀 연꽃받침이 소로을 받쳐주고 있는데, 화반의 조각 구도構圖가 창의적이고 섬세하며, 정교하게 조각된 화반은 화려한 연꽃과 잉어가 조각되어 있는 공포와 함께 대성전의 정면을 더욱 아름답게 꾸며 주고 있다.

특히 정면 3칸에 1구씩 배치되었던 3구의 고풍스러운 화반 가운데 정칸에 걸려 있는 대성전 현판 뒤에 있었던 화반은 도난을 다행히 면하여 원형을 보존할 수 있었으나 양협칸의 창방 위에 배치되었던 화반은 도난을 당하여 정칸의 화반을 근거로 복원하여 배치하고 있다. 그리고 배면 창방 상부에는 각간에 3개씩의 소로가 주심도리 장혀와 결구되어 주심도리를 받쳐주고 있다.

(4) 가 구

대성전의 가구는 전, 후 평주 사이에 내고주를 세우고 퇴량과 대량을 결구한 후 종량을 걸고 있는 2중량 6량가의 지붕틀 가구이다.

내고주와 평주 사이에는 자연목으로 된 굵은 대량과 종량을 걸쳤고 퇴량에는 덧보를 맞보형태로 덧대어 보강하였다.

대량 상부에 동자주를 세워 내고주와 함께 종량을 걸고 있는데, 정교하고 화려하게 외관을 장식하였던

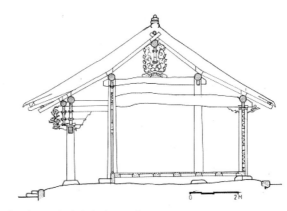

[그림 1229] 대성전 지붕틀 가구

[그림 1230] 대성전 내부 가구

[그림 1231] 종량 상부 파련대공

대성전의 외부와는 다르게 내부 가구재 구성을 간결하게 처리하고 있다

그러나 정칸의 종량 상부 중앙에는 대공받침 위에 화려한 당초문과 양쪽에 4송이씩의 아름다운 연봉오리가 조각된 파련대공이 설치되고 있으며, 여기에 도리방향으로 첨차형 부재와 함께 뜬창방이 결구되어 종도리와 함께 무거운 지붕하중을 받도록 하였다.

[그림 1232] 대성전 배면벽 횡부재

특히 배면과 양측 벽면을 모두 회벽으로 막음처리 하였는데, 횡부재를 여러단 결구하고 있어 독특하며, 대성전 내부는 연등천장으로 꾸며 단청이 된 가구재가 모두 노출되고 있다.

지붕 전면은 겹처마로, 배면은 홑처마로 된 맞배 기와지붕을 올렸고, ㅅ자형의 박공 밑부분에 풍판을 달았으며, 정칸 처마 밑에 "대성전大成殿" 현판이 걸려 있다.

4) 논산 돈암서원 응도당(보물 제1569호)

(1) 건립시기

[그림 1233] 논산 돈암서원 응도당 전경

사계 김장생(1548-1631)의 학통을 잇는 예학문화의 성지로 잘 알려진 돈암서원은 조선 인조 12년(1634)에 원래 연산면 하임리 숲말에 창건된 후 현종 원년(1660)에 "돈암"이라 사액되었다. 그러나 "도道가 머무른다"는 응도당의 건립시기는 지붕 귀면문양 암막새에 남아 있는 "숭정육년계유이월일서원崇禎六年癸酉二月日書院"의 명문을 통해 돈암서원 창건 때인 1634년에 함께 건립되었던 건물[10]로 알려지고 있다.

돈암遯巖이란 서원명은 숲말 산기슭에 있던 큰 바위를 돈암이라 부른데서 유래되었다고 전하며, 원래는 전학후묘前學後廟의 배치형식에 따라 강학공간으로 이용되었던 강당건물인 응도당은 사우 앞쪽에 건립되었다. 그러나 처음 지어진 서원 앞의 사계천이 큰 홍수로 범람하자 고종 17년(1880)에 현 위치로 옮겨 지으면서 지금과 같이 경내 좌측편에 북향하여 건립되었다.

특히 예학의 대가였던 사계 김장생이 저술하였다는 고대 중국의 예서에서 전하는 이상적인 전각을 그림과 함께 설명한 "가례집람"의 하옥전도廈屋全圖를 적용하여 건립된 건물로 알려지고 있으며, 2019년 유네스코 세계유산목록에 등재된 우리나라 9개의 서원 중 한곳이다.

(2) 배치 및 평면

[그림 1234] **돈암서원 배치도**

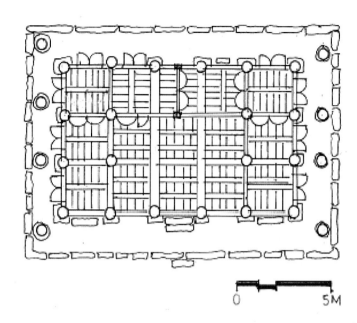

[그림 1235] **응도당 평면도**

서원의 입구에 2006년에 건립된 중층의 누문형식으로 된 산앙루 배면에 외삼문인 소슬삼문형의 입덕문이 있는데, 그 정칸에 "돈암서원"의 큰 현판이 걸려있다. 경내 중심 배면에는 김장생, 김집, 송준길, 송시열 등 4분의 위패를 안치하고 제향하고 있는 정면 3칸, 측면 3칸의 사우가 있고 그 앞쪽에 서원건물인 정면 5칸, 측면 2칸의 양성당이 장판각과 유생들의 휴식공간인 정회당과 함께 배치되어 있다. 양성당 앞 마당에는 돈암서원을 세운 배경과 서원의 구조 등을 기록한 1669년에 만들어진 원정비가 세워져 있고, 그 좌,우편에 동,서 양재와 강당인 응도당이 서원의 중심축선상에서 벗어나 경내 안쪽을 바라보면서 위치하고 있다.

그러나 돈암서원이 처음 임리에 창건될 때에는 사우 앞 서원 중심축선상에 강당인 응도당이 건립[11]되어 있었으나 1880년에 현재의 위치로 옮겨 지을 때 사당과는 축이 맞지 않은 서원 경내 입구 좌측편에 치우쳐서 북향하여 배치시키고 있다.

돈암서원 경내의 많은 건물들 중 유생들의 강학공간으로 이용되었던 응도당은 지형에 따라 잘 다듬은 1벌대 내지 두벌대로 쌓

[그림 1236] **돈암서원 원정비**院庭碑

은 낮은 기단 위에 원형의 낮은 장초석을 놓고 원형기둥을 세워 정면 5칸, 측면 3칸의 비교적 규모가 큰 평면으로 구획하였다. 응도당의 건물 내부는 배면 우단 1칸과 좌단 2칸 반에 온돌방을 들이고 나머지 공간에는 모두 우물마루를 깐 넓은 대청마루를 들여 유생들의 강학공간으로 활용할 수 있도록 하고 있다.

[그림 1237] 『가례집람』의 하옥전도

이러한 평면 구성이 1685년에 가례家禮를 증보하여 제작된 『가례집람도설家禮輯覽圖說』[12]의 전옥하옥제의 방실제에 따라 사대부의 건축형식인 동방서실제을 적용하여 구성되었으며, 방과 협실을 병렬로 배치하는 형태로 계획되었던 것으로 보고 있다.[13]

또한 유학의 가르침에 따라 소박하고 검소하게 건립하는 일반적인 서원의 강당건물 모습과는 다르게 충청 지방에서는 보기 드물게 그 규모가 웅장할 뿐만 아니라 화려한 건축양식으로 건립하고 있다.

[그림 1238] 응도당 내부 대청마루

[그림 1239] 응도당 좌,우 측면의 영欐지붕

창호는 우단과 좌단의 온돌방 앞은 궁창널을 댄 4분합 띠살 들어열개 문을 달았고, 온돌방과 대청사이에는 궁창널을 댄 쌍여닫이 또는 3분합 띠살 들어열개 문을 달아 필요할 때 문을 연목에 걸려 있는 들쇠에 걸어 대청마루를 모두 한 공간처럼 이용하도록 하고 있다. 그리고 응도당의 배면과 양측면에는 모두 쌍여닫이 띠살문을 각각 달은 후 쌍여닫이 문 중앙에 문설주를 세워 지지하도록 하였다.

특히 건물의 규모가 큰 응도당의 양측편 박공 풍

판 밑부분에 낸 창호를 풍우風雨로 부터 보호하기 위하여 영檐(눈섭지붕, 가적지붕)을 달아 내었다. 또한 영의 지붕을 받쳐주기 위하여 기단 상부에 낮은 원형초석을 놓고 팔각으로 다듬은 기둥 4개씩를 더 세운 후 초석 상단과 지붕 수평재 사이에 사재斜材를 덧대어서 지붕의 처짐을 받쳐주고 있다.

주간 간격은 정면 5칸과 측면 3칸 모두 2.55m의 등간격으로 분할하고 있다.

(3) 공 포

[그림 1240] 응도당 공포

[그림 1241] 응도당 공포 내부 양봉

응도당의 공포는 빗굽의 사절된 주두의 운두 부분과 엇물려서 창방과 十자 방향으로 직교하여 외부로 돌출된 초익공 상부에 1출목 소로를 놓고 도리방향으로 2중의 행공첨차와 주심부에 2중의 두공이 함께 결구되어 있는 이익공과 삼익공이 외목도리와 대량에 결구된 주심도리를 받쳐주고 있는 전형적인 1출목 삼익공 양식[14]이다.

공포에 결구되어 외부로 뻗고 있는 초익공과 이익공의 뿌리는 아래에서 위로 꺽인 듯이 휘어 올린 간결한 앙서형이나 삼익공 뿌리는 수서형으로 뻗기는 하였으나 뿌리 모양 보다는 연꽃을 형상화한 듯한 둥글 둥글한 운공형의 파련문으로 조각을 하여 거의 연목뿌리 끝까지 길게 뻗고 있어 독특하다.

[그림 1242] 응도당 2중 행공첨차(행공소첨과 행공대첨)

[그림 1243] 응도당 2중 두공(하두공과 상두공)

그러나 이익공과 삼익공 몸에 도리방향으로 짜여져 있는 2중의 행공첨차 중 행공소첨은 파련문으로 된 양단에 연줄기와 연꽃받침 위에 소로를 놓고 행공대첨을 받고 있으며, 행공대첨 양단에도 연줄기와 연꽃받침 위에

[그림 1244] 창방 상부 화반

소로를 놓고 외목도리 장혀와 결구되어 외목도리를 받쳐주고 있다. 그리고 주심부의 하두공과 상두공의 양단 위에도 연줄기 위에 연꽃을 정교하게 조각하여 주심도리 장혀와 결구하여 대량에 결구된 주심도리를 받쳐주고 있다. 건물의 내부로는 3개의 익공을 한 몸의 파련문으로 초각하여 대량의 내단을 받쳐주고 있으며, 대량의 보머리에는 봉두장식을 부착하고 있다.

또한 창방으로 결구되어 있는 주간에는 외소로 화반에 화려한 연꽃을 형상화 한 귀면 모양의 화반을 각간에 1구씩 배치하여 주심도리 장혀를 받으면서 응도당 정면을 아름답게 장식하고 있다.

(4) 가 구

응도당의 가구는 전, 후 평주 위에 대량과 종량을 걸고 있는 2중량 7량가의 지붕틀 가구이다. 자연스러운 곡을 이루면서 휘어진 굵은 대량 상부 양측에 보아지와 도리방향으로 첨차형 부재가 결구된 포대공이 짜여진 낮은 동자주를 세워 종량을 지지하고 있다.

종량 상부 중앙에는 4개의 판재를 중첩하여 놓고 상부에 도리방향으로 첨차부재를 결구시킨 후 화려하게 초각을 한 파련대공을 설치하여 종도리와 함께 무거운 지붕하중을 받도록 하였다.

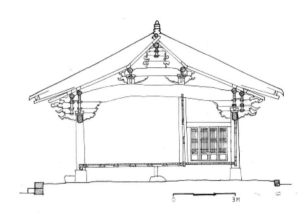
[그림 1245] 응도당 지붕틀 가구

[그림 1246] 응도당 대청 마루 상부 가구

[그림 1247] 응도당 정칸 상부 가구

　특히 응도당의 지붕은 겹처마 맞배 기와지붕을 올린 후 ㅅ자형의 박공과 풍판을 설치하였는데, 지네철로 결구된 박공 양 끝에 나선형의 게눈각을 조각하여 장식을 하였다. 응도당의 평면 구성이 가례집람의 방실제房室制를 따라 구획되었듯이 박공 양측 풍판 밑부분에 영榮을 덧달아 내어 측면에 낸 문이나 벽면을 보호하고 있는 것도 가례집람의 당우제堂宇制를 기본으로 하여 설치하고 있는 것으로 보이고 있다. 그러나 가례집람도설의 하옥전도에서는 동영東榮과 서영西榮이 설치되어 있고 이 영榮을 기둥이 받쳐주지 않고 5개의 까치발로만 받쳐주고 있다.

[그림 1248] 가례집람 하옥전도

[그림 1249] 응도당 측면 "동영東榮"

　그러나 응도당 양측면 영榮은 지붕 처짐을 방지하기 위하여 4개의 기둥을 세운 후 지붕받침 수평재 사이에 사재斜材를 덧대어서 영榮을 받치고 있어서 하옥전도와 일부 다르게 결구되어 있다.

[그림 1250] "응도당" 현판과 주련

그리고 건물 전면에 세워져 있는 기둥마다 주련을 걸고 있으며, 정칸 대청마루 배면 포벽에 "돈암서원" 현판과 편액이, 정면 정칸 처마 밑에 규모가 큰 "응도당凝道堂" 현판이 함께 걸려 있다.

5) 논산 노강서원 강당(보물 제1746호)

(1) 건립시기

[그림 1251] 노강서원 강당 전경

호서지역을 대표하는 서원 중 하나인 노강서원은 조선 숙종 원년(1675)에 건립된 후 숙종 8년(1682)에"노강魯岡"으로 사액된 서원이다. 현종 13년(1672)에 노강서원영건통문魯岡書院營建通文을 보낸 문곡 김수항의 발의로 팔송 윤황(1572~1639)과 노서 윤선거(1610~1669)의 학문과 덕행을 추모하기 위하여 건립[15]되었다.

노강서원은 정조 15년(1791)과 고종 15년(1878)에 다시 중수되었으나 대원군의 서원철폐령에서도 제외되어 창건 당시의 위치와 건축양식을 비교적 잘 보존하고 있으며, 2024년에 해체 복원되었다.

(2) 배치 및 평면

노강서원은 북쪽에서 남쪽편으로 뻗은 낮은 야산을 상,하 2단으로 정지한 후 높은 상단에는 선현들을 향사하는 정면 3칸, 측면 3칸의 사우祠宇을 배치하고 낮은 하단에는 강학공간인 강당講堂과 동서양재東西兩齊를

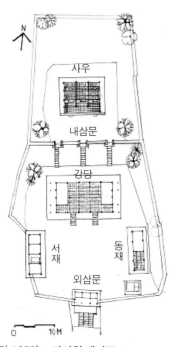

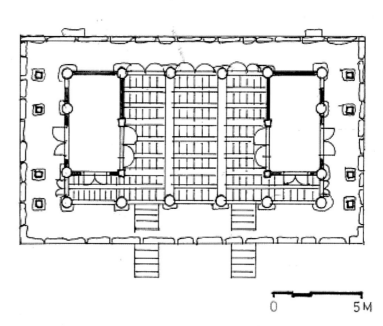

[그림 1252] 노강서원 배치도　　　　　[그림 1253] 강당 평면도

위계적으로 배치하고 있는 전학후묘前學後廟 형식의 서원이다.

　노강서원 경내에서 유생들이 학문을 연구하는 강학공간의 중심건물인 강당은 남향하여 배치되어 있는데, 잘 다듬은 화강석의 기단석을 퇴물림하여 3벌대로 쌓은 기단 위에 큰 할석의 덤벙주초석과 배흘림기둥을 세웠다. 정면 5칸, 측면 3칸의 평면으로 구획된 강당 건물은 인근에 위치하고 있는 돈암서원의 응도당과 함께 충청도 지방에 건립된 서원 내의 강당건물로서는 보기 드물게 큰 규모와 독특한 건축양식으로 건립되었다.

　강당 내부는 정면 5칸중 중앙 3칸 통칸에 우물마루를 깔은 넓은 대청마루로 꾸며 유생들의 강학이나 모임의 장소로 이용하도록 하였고, 그 좌,우 1칸씩에는 훈장들이 거처하는 공간 등으로 사용하기 위해 전면에 툇

[그림 1254] 강당 대청마루

마루가 달린 큰 온돌방을 대칭적으로 들였다.

창호는 정면 5칸에는 궁창널을 댄 4분합 띠살문을 달은 반면에 배면은 중앙 3칸에 머름중방 위에 궁창널을 댄 4분합 띠살 들어열개 문을 달았으나 2024년 해체 보수공사 때 전면에 달았던 문을 모두 해체한 후 원래의 모습대로 복원하였다. 그리고 대청마루와 온돌방 사이의 창호는 전면칸에는 대형의 2분합 맹장지 들어열개 문을 달아서 필요할 때 한 공간으로 이용할 수 있도록 하고 있다. 그러나 배면칸은 현재 회벽으로 막음 처리 되어 있으나 문얼굴이 그대로 남아있어 당초에는 전면칸과 같은 형태의 문이 달려 있었던 것으로 보여져 이 문도 전면칸과 같은 형태의 문으로 복원하였으며, 온돌방 앞과 측면에는 머름중방 위에 쌍여닫이 띠살문을 각각 달고 있다.

주간 간격은 정면 5칸중 중앙 3칸은 2.80m의 등간격으로 잡고, 양단칸은 3.10m로 하였으며, 측면 3칸은 중앙 정칸 3.70m, 양협칸 1.85m로 하여 중앙 정칸을 양협칸보다 넓게 분할하고 있다.

(3) 공 포

[그림 1255] 강당 공포

[그림 1256] 강당 공포 내부 양봉

노강서원의 공포는 빗굽의 사절된 주두의 운두 부분과 엇물려서 창방과 十자 방향으로 직교하여 외부로 돌출된 초익공 상부에 1출목 소로를 놓고 도리방향으로 2중의 행공첨차와 주심부에 2중의 두공이 함께 결구되어 있는 이익공과 삼익공이 외목도리와 대량에 결구된 주심도리를 받쳐주고 있는 전형적인 1출목 삼익공

[그림 1257] 강당의 행공소첨과 행공대첨

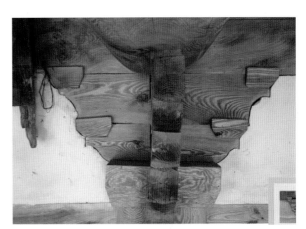

[그림 1258] 강당의 하두공과 상두공

양식[16]이다.

공포에 결구되어 외부로 뻗고 있는 초익공과 이익공의 뿌리는 아래에서 위로 휘어 올린 앙서형 위에 활짝 편 연꽃장식이 조각되어 있으며, 삼익공 뿌리도 앙서형으로 뻗기는 하였으나 뿌리 모양 보다는 연꽃을 형상 화한 듯한 둥글 둥글한 운공형으로 초각을 하여 길게 뻗고 있다.

그러나 이익공과 삼익공 몸에 도리방향으로 짜여져 있는 2중의 행공첨차(그림 1257) 중 행공소첨은 양단에 직절 파련문의 행공첨차 위에 소로를 놓고 행공대첨을 받고 있으나 행공대첨의 양단은 연줄기와 연꽃으로 조각하여 소로를 받쳐주어 외목도리 장혀와 결구되어 외목도리를 받도록 하고 있다. 그리고 주심부의 하두공과 상두공(그림 1258)의 2중 두공은 직절 파련문의 양단 위에 놓여지는 소로를 놓고 주심도리 장혀와 결구되어 대량에 결구된 주심도리를 받쳐주고 있다. 또한 건물의 내부로는 3개의 익공몸의 외단을 연봉으로 조각하여 마치 연봉오리를 타고 올라가는 듯한 양봉으로 만들어 대량의 내단을 받쳐주고 있으며, 대량의 보머리는 운공형으로 다듬었다.

[그림 1259] **전면 창방 상부 화반**

[그림 1260] **배면 창방 상부 화반**

창방으로 결구되어 있는 주간에는 외소로 화반형의 화반이 1구씩 배치되어 주심도리 장혀를 받으면서 건물의 정면을 화려하고 장중하게 꾸며주고 있는데, 정면에 배치된 화반은 연줄기에 달린 연꽃과 당초문양 등을 초각하거나 투각한 화반을, 그리고 배면의 화반은 판대공을 방형으로 포개어 놓은 간결한 화반을 배치하고 있다.

(4) 가 구

강당의 가구는 전, 후 평주 위에 대량과 종량을 걸고 있는 2중량 7량가의 지붕틀 가구이다. 자연스럽게 휘어진 굵고 장대한 대재大材로서 곡선의 아름다움이 잘 나타나고 있는 대량의 상부 양측에 직절된 보아지가 끼워진 상부에 뜬장혀가 결구된 동자주를 세우고 종량을 지지하고 있다.

[그림 1261] **강당 지붕틀 가구**

[그림 1262] 강당 대청마루 상부 가구

그리고 정칸 좌,우편에 결구되어 있는 종량 상부 중앙에는 4~5개의 판재를 중첩한 양쪽편에 연꽃과 연봉오리가 연꽃줄기와 함께 아름답게 초각된 높은 파련대공을 설치한 후 뜬창방을 결구하여 종도리와 함께 무거운 지붕하중을 받도록 하고 있는데, 그 조각이 매우 섬세하며 정교하다. 그러나 대청과 온돌방 사이에 결구되어 있는 대량 상부에는 사다리꼴 형태의 판대공으로 종도리를 받고 있다.

또한 대청마루의 천장을 자연목의 가구재가 모두 노출되는 연등천장으로 꾸며 대청 상부의 가구를 구성하고 있는 대량이나 종량의 웅장함을 볼 수 있으며, 하얀 바탕색의 앙토 위에 자연스럽게 걸쳐놓은 연목들이 이루고 있는 구성미, 그리고 목부재에서 만이 느낄 수 있는 질감들이 하나가 되어 옛 장인들의 정성을 볼 수 있다. 그리고 대청 양쪽편에 들인 온돌방은 정성스럽게 짠 소란반자 틀로 된 우물천장을 설치하였다.

[그림 1263] 온돌방 소란반자 천장

[그림 1264] 강당 정칸 상부 가구

[그림 1265] 노강서원 강당 영榮 지붕

[그림 1266] 돈암서원 응도당 영榮 지붕

[그림 1267] 강당 박공과 풍판 장식

강당의 지붕은 겹처마 맞배 기와지붕을 올린 후 측면에 ㅅ자형의 박공과 풍판을 설치하였다. 2단의 박공 띠쇠로 결구된 박공 양 끝 게눈각 밑에 판재에 연꽃으로 보이는 문양을 음각하여 만든 풍판장식을 덧붙여 놓았다.

그리고 박공벽 풍판 아래에 풍우風雨로부터 창호와 벽을 보호하기 위하여 영榮(눈썹지붕, 가적지붕)을 설치하고 있는데, 이 영의 지붕을 4개의 기둥을 세워 받쳐주고 있다.

특히 이와 같은 영을 인근에 있는 돈암서원의 강당인 응도당의 건물에도 동영東榮과 서영西榮이 설치되어 있어서 건축양식적인 측면에서 지역적인 특성과 연관성을 볼 수 있다.

강당의 정면 정칸 처마밑에 "노강서원魯岡書院" 현판이 걸려 있다.

[그림 1268] **노강서원 현판**

6) 밀양 영남루(보물 147호)

(1) 건립시기

[그림 1269] **밀양 영남루 전경**

밀양 영남루는 진주 촉석루와 평양 부벽루와 함께 우리나라 3대 누정 가운데 하나인 밀양객사에 부속된 누정건축으로 밀양강변 풍광 좋은 곳에 남향하여 위치하고 있다. 고려말인 공민왕 14년(1365)에 밀양군수 김주가 창건한 후 영남사嶺南寺의 절 이름을 따서 영남루라 칭하였다. 그후 세조 5년(1459)에 부사 강숙경이 영남루의 규모를 2칸 확장하여 중건하고 중종 37년(1542)에 부사 박세후가 본루를 전면 해체 복원하였으나

1592년 임진병화로 소실되었다.

16세기 중엽(1566~1580)의 이경홍이 그린 12폭의"금시당십이경도"가 밀양시립박물관에 소장되었는데, 이 그림(그림 1272)에서 그 당시 영남루가 비교적 세밀하게 표현되고 있어서 영남루의 건축형식을 이해하는데 많은 도움이 되고 있다.

그 뒤 인조 15년(1637)과 순조 34년(1834)에도 중건이 이루어 졌으나 지금의 건물은 밀양부사 이인재가 헌종 10년(1844)에 다시 중건[17]한 누정으로 알려지고 있다.

(2) 배치 및 평면

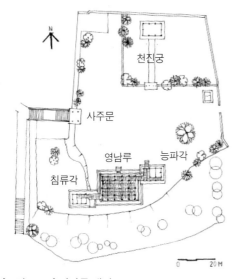

[그림 1270] 영남루 배치도

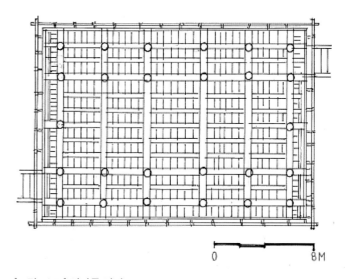

[그림 1271] 영남루 평면도

[그림 1272] 금시당십이경도(문화재청,
영남루실측조사 보고서)

남천강 높은 강안에 건립된 영남루는 정면 5칸, 측면 4칸 평면의 본루 좌,우편에 익루를 각각 배치하고 있다. 계자난간의 마루로 연결되어 있는 우측에는 정면 3칸, 측면 2칸에 단층 팔작 기와지붕의 능파각을, 3층의 계단각으로 연결되어 있는 좌측에는 정면 3칸, 측면 2칸에 역시 단층 팔작 기와지붕을 올린 침류각을 배치하고 있다.

침류각 앞쪽 진입로 입구에 정면 1칸, 측면 1칸에 팔작 기와지붕의 사주문이 있고 본루 앞쪽으로 만덕문 안에 단군의 영정과 위패를 봉안하고 있는 천진궁이 배치되어 있다. 본루 옆 두 건물에는 온돌방과 작은 대청을 들여 취침 등 휴식을 할 수 있도록 하였으며, 본루인 영남루는 중층의 높은 누정건물로 건립하여 아름다운 남천강을 조망할 수 있는 웅장한 모습으로 건립되었다.

본루인 영남루는 평기단 위에 누하주 바깥쪽으로 쌓은 낮은 자연석 배수로 옆에 원형으로 다듬은 외진주 초석과 내진주 쪽에 덤벙주초석을 혼합하여 놓은 후 그 위에 30개의 원형기둥의 누하주를 세워 장귀틀과 동귀틀을 결구하여 짠 귀틀 위에 중층의 누마루를 놓았다.

[그림 1273] 영남루 내부 대청마루

[그림 1274] 영남루 앞 남천강 전경

우물마루로 짠 누마루의 4면으로는 창호를 달지 않고 난간하엽 위에 돌란대를 댄 계자난간만을 돌려 아름다운 남천강 풍광을 비롯하여 4면을 조망할 수 있도록 개방하고 있다. 중층의 누마루 상부에는 원형기둥을 세워 외진공간과 내진공간으로 구분하고는 있으나 내부 전체를 우물마루를 깔은 넓은 통칸의 누마루 공간으로 조성하였다.

또한 중층 누마루로 오르는 계단을 배면인 북쪽편 중앙 정칸 지면地面에 설치한 5단의 석계단 위에 다시 7단의 목계단으로 된 一자형의 계단으로 만들어 본루本樓로 오를 수 있도록 하였다.

주간 간격은 정면 5칸중 중앙 정칸을 4.30m로 가장 넓게 잡았고, 나머지 양협칸과 양퇴칸은 3.50m의 등간격으로 구획하였으며, 측면 4칸은 중앙 2칸은 3.65m로, 양퇴칸은 2.45m로 각각 잡았다.

(3) 공포

[그림 1275] **영남루 공포**

[그림 1276] **영남루 공포 내부 양봉**

밀양 영남루의 공포는 빗굽의 사절된 주두의 운두부분과 엇물려서 창방과 十자 방향으로 직교하여 외부로 빠져나온 초익공 상부에 1출목 소로를 놓고 도리방향으로 2중의 행공첨차와 주심부에 2중의 두공이 결구되어 있는 이익공과 삼익공이 외목도리와 만곡된 부재에 용신龍身과 용두龍頭로 조각한 퇴량을 받쳐주고 있는 1출목 삼익공 양식[18]이다.

공포에 결구되어 있는 초익공과 이익공, 그리고 삼익공뿌리 모두 아래에서 위로 휘어 오르는 앙서형으로 돌출되고 있는데, 익공뿌리의 상,하부에는 연꽃줄기에 활짝 핀 연꽃과 연봉오리가 화병에 꽂여 있듯이 여러 갈래로 화려하게 조각되어 있다.

[그림 1277] **영남루 2중 행공첨차(행공소첨과 행공대첨)**

[그림 1278] **영남루 주심부 2중 두공(하두공과 상두공)**

[그림 1279] **영남루 우주 상부 귀포**

그리고 이익공과 삼익공 몸에 도리방향으로 결구되어 있는 2중의 행공첨차(그림 1277)는 연봉오리 모양의 파련문으로 된 양단 위에 소로를 놓고 외목도리 장혀와 함께 외목도리를 받쳐주고 있다. 또한 주심부의 하두공과 상두공의 2중 두공(그림 1278)은 직절直切 밑에 다시 사절된 첨차 양단 위에 소로를 놓고 주심도리 장혀와 결구되어 퇴량에 결구된 주심도리를 받쳐주고 있다. 퇴량의 보머리에는 봉두鳳頭를 부착하였고, 건물의 내부로는 3개의 익공을 한 몸으로 겹쳐 놓고 파련문의 양봉으로 만들어 퇴량의 단부를 구조적으로 받쳐주고 있다.

중층 네 우주隅柱 상부에는 귀포가 결구되었는데, 귀기둥 위에서 도리와 45° 방향으로 결구되고 있는 귀한대의 포살미에도 각종 연꽃장식 등으로 화려하게 장식을 한 귀공포를 배치하여 추녀와 사래, 연목, 그리고 부연등과 함께 웅장한 지붕 외관을 형성하고 있다.

그리고 창방 상부에서 주심도리를 받쳐주고 있는 화반의 형상이 마치 중앙에 있는 소로를 중심으로 양쪽으로 나비의 양날개를 펼쳐 논 듯한 화려하고 정교한 조각을 한 화반과 화병에 화려한 연꽃이나 연봉우리를 꽂아 놓은 화반 등 다양한 형태의 화반을 각간各間에 1구씩 배치하여 영남루 외관을 더욱 웅장하고 아름다운 모습으로 꾸며 주고 있다.

[그림 1280] **영남루의 다양한 화반 모습**

(4) 가구

영남루는 외진평주와 내진고주 사이에 퇴량을 걸은 후 양 내진 고주 사이에 대량과 종량을 걸고 있는 2중량 9량가의 지붕틀 가구이다.

특히 퇴량을 양 외진주와 내진 고주사이인 퇴칸에 만곡된 곡재로 된 용신龍身 형태의 퇴량을 걸고 있어 독특하다. 퇴량의 몸에는 용의 비늘 장식으로 조각을 하고 머리는 여의주를 물고 있는 용두장식을 하여 내진고주 위의 주두와 결구시키고, 꼬리부분은 외진 평주의 주심도리와 외목도리 사이를 막고 있는 순각판 안에 결구시켜 감추고 있는 독특한 형태로 만들었다.

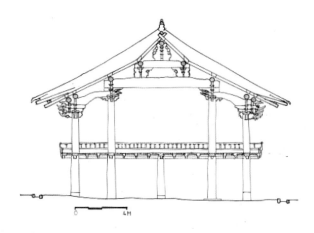

[그림 1281] 영남루 지붕틀 가구

[그림 1282] 외진 평주와 내진 고주 사이 용신龍身 퇴량

내진고주 상부에는 十자 방향으로 보아지를 끼운 주두 위에 퇴량의 용두머리와 뜬장혀가 결구되어 있는데, 여기에 다시 대량의 외단에 맞춰 직절된 보아지를 끼우고 대량을 지지하고 있다. 영남루의 내진공간은 대량 상부에 다른 부재를 덧보처럼 일부 붙여 만든 굵은 단면의 대량을 걸어 장관을 이루고 있는데, 4면을 궁글린 대량 상부 양측에 도리방향으로 뜬장혀가 결구된 화반형 포대공을 놓고 종량을 걸고 있다.

[그림 1283] 영남루 내부 가구

중앙부를 약간 둥글게 굴린 종량 상부 중앙에는 6개의 판재를 중첩시켜 양쪽편에 연꽃 등의 조각을 한 파련대공을 설치하여 종도리를 받쳐주고 있는데, 이 파련대공에는 종도리 장혀 밑에 도리방향으로 2중의 첨차 부재와 뜬창방이 함께 결구되어 지붕하중을 받도록 하고 있다.

그리고 내진고주 상부와 중도리 장혀, 대량 상부와 중종도리 사이에도 도리방향으로 뜬장혀을 결구시킨 후 아름답게 조각한 화반을 배치시키고 있어서 내진공간 상부를 더욱 화려하고 아름다운 공간으로 만들고 있다.

[그림 1284] 영남루 정칸 상부 가구

[그림 1285] 합각 밑 눈섭천장과 용신龍身

[그림 1286] 충량 내단內端의 용두 형상

특히 팔작지붕에서 생기는 합각 밑부분 처리를 외진주 양단에 서 있는 중앙 정칸의 기둥상부와 대량 상부에 충량을 걸쳐대고 외기반자를 걸어 눈섭천장을 가설하여 가구재를 숨기고 있다. 그러나 충량의 만곡된 형태를 퇴량 부재와는 반대로 아래에서 위로 심하게 휘어진 곡재曲材로 하여 충량의 몸을 용의 형태로 만들었는데, 용두로 장식한 충량의 보머리를 눈섭천장을 뚫고 나가 대량위에 걸쳐댔고, 용의 꼬리부분은 공포의 주심도리에 결구시키고 있어 마치 승천하는 용의 위용을 보여주는 장관壯觀을 이루고 있다.

지붕은 겹처마 팔작 기와지붕을 올렸으며, 합각 부분에 ㅅ자형의 박공널을 댄 후 상부에 지내철로 고정시킨 후 판재에 졸대를 댄 풍판을 설치하였다. 본루 외부 처마 밑에 "영남루"와 " 교남명루" "강좌웅부" 등의 현판이 걸려 있으며, 연등천장으로 된 내부에는 부사 이인재의 아들이 어렸을 때 썼다는 "영남제일루"을 비롯해서 수많은 시와 기문들의 편액이 걸려 있다.

[그림 1287] 용신龍身으로 조각한 충량을 눈섭천장 속 대량 상부에 걸쳐 댄 모습

밀양 영남루는 평양의 부벽루와 진주의 촉석루와 함께 조선 3대 명루名樓 중 하나로서 조선후기에 건립된 장중하면서도 아름다운 건축미를 보여주고 있는 훌륭한 누정건물이다.

6-2-6. 1출목 삼익공양식의 정리整理

① 1출목 삼익공양식의 발생은 조선 중,후기 경에 들어와서 서원의 강당건물이나 세병관과 영남루 등과 같은 규모가 거대한 누정건물의 등장으로 구조적 또는 기능적인 측면에서 더욱 높고 화려한 건축양식이 필요하게 되었다. 이에 건물의 높이를 증대하면서 풍부한 장식성을 갖출 수 있는 새로운 건축 공법이 요구되어 1출목 이익공에서 1출목 삼익공 양식이 발생되는 중요한 요인이 되고 있다.

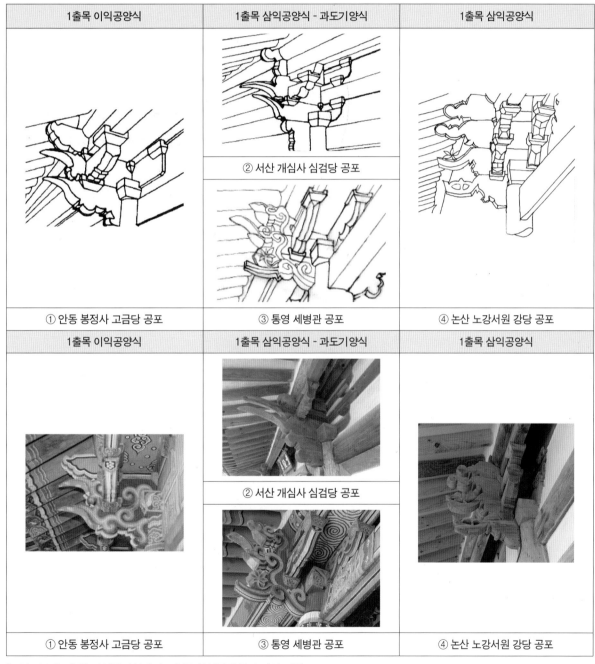

[그림 1288] 1출목 이익공양식에서 1출목 삼익공양식의 변천 과정

② 1출목 이익공양식(그림 1288-①)에서 다시 규모가 커지고 높이가 증대된 1출목 삼익공양식의 경우 초익공과 이익공, 그리고 삼익공을 서로 견고하게 붙잡아 주기 위해서는 구조적으로 2중의 행공첨차와 2중의 두공으로 공포를 구성하는 2출목 삼익공양식으로 공포를 짜야한다. 그러나 하나의 행공첨차만을 결구(그림 1288-②)하고 있거나 행공첨차와 두공 모두를 하나씩만 결구(그림 1288-③)하고 있는 과도기적 특성이 일부 혼용된 1출목 삼익공양식의 초기건물인 서산 개심사 심검당과 통영 세병관의 공포를 거쳐 논산의 돈암서원 응도당과 노강서원 강당(그림 1288-④), 부여 석성향교 대성전, 그리고 밀양의 영남루 등에서 그 규모성과 장식성, 그리고 창의성 등이 정착된 건축양식이다.

③ 규모가 장대壯大해진 누정건물이나 서원의 강당 건물의 기능상 화려한 외관을 필요로 하기 때문에 공포에 결구되는 익공뿌리 상,하부에 연봉오리나 연꽃 장식 등으로 화려하게 초각을 하면서 행공첨차와 주심두공의 외단에 놓이는 소로도 연줄기 위에 활짝 핀 연꽃으로 아름답게 조각을 하고 있다. 그리고 창방 상부에 배치하는 화반도 다양한 형태와 섬세한 문양으로 장식을 하여 외관을 꾸며주고 있고, 특히 용신龍身과 용두龍頭로 형상화하고 있는 충량은 마치 용이 승천昇天하는 듯한 모습으로 그 위용을 보여주고 있으며, 연등천장으로 꾸며지는 지붕틀 가구는 창의성 넘치는 1출목 삼익공양식의 특징을 잘 보여주고 있다.

④ 규모가 장대한 건물에 결구되는 공포의 구성은 행공첨차를 외줄로 결구시키는 1출목 삼익공양식의 공포보다는 길게 돌출되고 있는 처마하중을 받쳐주기 위하여 익공부재의 지지점支持點을 앞으로 더 연장하기 위하여 행공첨차를 두줄로 결구시키고 있는 2출목 삼익공양식으로 공포를 구성하여야 구조적으로 안정감을 더욱 얻을 수 있다. 그러나 구조적으로 불리한 1출목 삼익공 양식을 채택한 이유는 지방에 건립되는 건물로서 중앙과의 건축적 위계나 건축 기술의 한계, 또는 건설비용의 과다過多에 따른 부담 등이 그 원인이 아닌가 생각되고 있다.

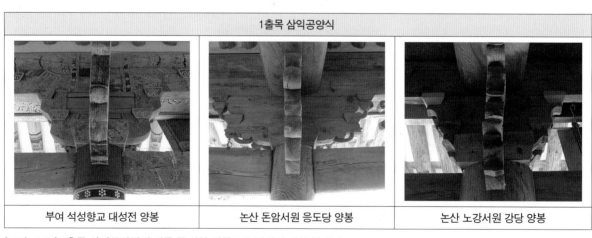

1출목 삼익공양식		
부여 석성향교 대성전 양봉	논산 돈암서원 응도당 양봉	논산 노강서원 강당 양봉

[그림 1289] 1출목 삼익공양식의 건물 중 상부 하중으로 변형된 양봉 부재

⑤ 특히 이러한 1출목 삼익공 양식의 구조적 결함(그림 1289)은 결과적으로 대규모의 건물에 구조적으로 안정감을 줄 수 있는 2출목 삼익공양식의 발생 요인이 된 것으로 보여지고 있다.

미주

1 충청남도, 충청남도역사문화연구원,『충청남도 문화재대관 3』, 2009, p.457

　韓國美術史學會,『考古美術』, 제1호~제100호 合集, (上卷), 林泉,「瑞山 開心寺 尋劍堂 上樑文」, p.331

2 주1) 충청남도 앞의 책, p.457에서는 심검당의 건축양식을 주심포계 건축양식으로 설명하고 있다.

　문화재청,『개심사 대웅전 수리실측 보고서』, 2007, pp.113 에서도 주심포계 양식으로 설명하고 있다.

　주1) 임 천 앞의 책 p.331, 상기 자료에는 이익공의 외목주삼포양식으로 보고 있다.

3 주2) 문화재청 앞의 보고서, p.114

4 문화재청,『통영 세병관 실측조사보고서』, 2002, p.101

5 정인국,『한국건축양식론』, 일지사, 1974, pp. 274~276에서 공포형식은 주심포형식이며, 주심포 후기형식의 대표적인 건물이라 하고 있다.

　윤장섭,『한국건축사』동명사, 2008, p.504에서 공포를 이익공식으로 분류하고 있다

　주4) 문화재청 앞의 보고서, p. 131에서 공포의 유형을 주삼포계열의 공포 구성으로 보고 있다.

　장기인,『한국건축사전』한국건축대계 Ⅳ, 보성각, 1995 p.117에서 주삼포는 1출목 이익공으로 꾸민 공포를 의미하고 있다.

6 주4)문화재청, 앞의 책 p.140 각주에서 이러한 보와 외목도리, 그리고 살미의 결구방식은 17,8세기 건축에서 많이 보이며, 18,19세기에는 외목도리가 보 위에 결구되고 보머리는 외목도리 바깥으로 돌출되는 현상이 많이 보인다. 하면서 현재까지 이 부분에 대한 연구가 이루어지지 않고 있어 앞으로 연구가 기대된다. 라고 기록하고 있다.

7 주5) 장기인 앞의 책, p.128에서 바심질을 목재를 깍고 다듬는 일 이라고 설명하고 있다.

8 충청남도,『충청남도 문화재대관 3』,2009, p.120

9 김영일, 이달훈,「조선시대 제례공간의 건축양식학적 고찰」대전대학교 산업기술연구소, 제19권제1호, 2008, 에서 충남지방에 소재하고 있는 38개소 향교 중 전면에 의례공간인 퇴칸을 둔 개방형 평면형식으로 된 대성전은 석성향교를 비롯해서 35개소이며, 퇴칸이 없는 폐쇄형 평면형식은 3개소이다. 또한 서원의 경우에도 18개소의 서원 중 사당의 평면형이 개방형을 이루고 있는 서원은 13개소이며, 5개소만이 폐쇄형 평면을 이루고 있다. 따라서 충남지방의 경우 향교의 제례공간인 대성전과 서원의 제례공간인 사당의 평면형식 모두 전퇴칸을 둔 개방형을 일반적인 평면형식으로 볼 수 있다.

10 문화재청,『논산 돈암서원 응도당 정밀실측조사보고서』, 2011, pp.49~51

11 돈암서원 건물배치를 우암 송시열이 찬한 원정비문(그림 1236)에 의하면 건물로는 사우가 있고 사우 앞에는 강당 오가(五架)를 건립하였는데, 모두 옛날 큰 집의 제도를 따랐다. 방과 마루와 행랑과 뜨락 온돌과 대청 창틀을 모두 갖추고 이름하여 응도당이라 하였다. 그리고 건물의 구조에 대해서는 응도당의 양쪽곁에는 두 재를 두었는데, 왼쪽의 것을 거경이라 하였고 오른쪽의 것을 정의라 하였다. 이는 주자의 매당 양쪽 협실의 의의를 따른 것이다. 또한 담장의 4면에 문을 달고 문의 좌우에 벽을 두어 소자들이 와서 배울 때 거처하게 하였다. 라고 하여 창건대에는 사우와 강당인 응도당이 서원의 중심축선상에 배치되고 대청 좌우에 거경과 정의 두 방이 있었음을 알 수 있다.

12 김장생,『가례집람도설』성균관, 2005

13 주10) 문화재청 앞의 보고서, pp.68~70에서 전옥하옥제(殿屋廈屋制)는 신분에 따른 묘침제 건축형식의 구분에 대한 규정으로서, 평면구성의 차이를 규정하는 방실제(房室制)와 지붕구성의 차이를 규정하는 당우제(堂宇制)로 구별된다고 하고 있다.

14 이달훈, 「서원의 건축양식에 관한 연구-돈암서원과 노강서원을 중심으로-」, 대전대학교 산업 기술연구소 논문집 제7권 제2호, 1996

15 문화재청, 『논산 노강서원 강당 정밀실측조사보고서』, 2014, pp. 39~41

16 주14) 이달훈 앞의 책, p. 13

17 문화재청, 『밀양 영남루 실측조사보고서』, 1999, p.85

18 주5) 윤장섭 앞의 책 p.502와 주5) 정인국 앞의 책 p.276에서는 주심포양식으로 보고 있으나 주17) 문화재청 앞의 보고서 p. 163에서 본루는 외1출목 3익공양식으로 보고 있으며, 장기인, 『목조』 pp.214~215 에서도 1출목 삼익공양식으로 분류하고 있다.

6-2-7. 2출목 삼익공양식의 건물

1) 강화 정수사 법당 전면 공포(보물 제161호)

(1) 건립시기

[그림 1290] **강화 정수사 법당 전경**

정수사 법당은 1957년 해체 공사시에 5중창 공사를 마치고 작성된 상량문의 발견으로 영락 21년인 세종 3년(1423)에 중창한 기록과 2002년 해체 공사시에는 숙종 15년(1689)에 있었던 6중창에 대한 상량문이 발견된 바 있어 초창된 이래 여러번에 걸쳐서 중창重創이 된 건물로 알려지고 있다.

특히 2중창 공사 때 까지는 법당 정면에 퇴칸이 없이 인자대공이나 솟을합장이 결구되어 있는 측면 3칸의 맞배지붕 건물이었으나 최근 들어 퇴량의 벌채시기와 종량의 재 활용 분석 근거로 1524년에 실시된 중창공사를 하면서 정면에 퇴칸을 덧달아 내고 인자대공을 생략하면서 지금과 같이 전면에 퇴칸이 있는 개방형 평면 형태가 된 것으로 추정하고 있다.[1]

(2) 평면 - 정수사 법당(p.109) 참조

(3) 공 포

[그림 1291] 정수사 법당 공포

[그림 1292] 정수사 법당 공포 내부 양봉

정수사 법당의 전면 퇴칸에 결구되어 있는 공포는 빗굽의 사절된 주두의 운두 부분과 엇물려서 창방과 ＋자 방향으로 직교하여 초익공이 외부로 돌출되고 있다. 초익공 위에 1출목 소로를 놓고 도리방향으로 이익공 몸에 결구되어 있는 행공소첨과 삼익공 몸에 결구된 행공대첨을 받고 있다. 행공대첨 외부로 다시 2출목 소로를 놓고 도리방향으로 삼익공 몸에 결구된 행공첨차가 외목도리 장혀와 결구되어 퇴량에 결구되어 있는 외목도리를 받쳐주고 있는 2출목 삼익공양식[2]이다.

주심부에는 사절 파련문의 하두공만이 결구되어 뜬장혀와 결구되었고, 상두공이 결구되어야 할 위치에

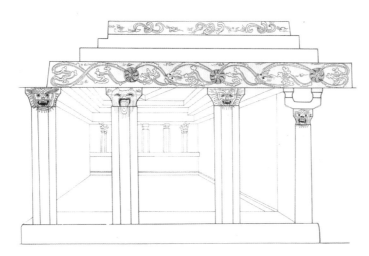

[그림 1293] 안악 3호분 무덤칸 귀면 공포

퇴량에 결구된 2중의 뜬장혀와 주심도리를 받쳐주고 있어 특이한데, 이 수법은 장수향교 전면 공포 구성에서도 볼 수 있다.

법당 퇴칸 상부 공포에 결구되어 있는 초익공과 이익공, 그리고 삼익공 모두가 아래에서 위로 휘어 오르는 수서형의 짧은 익공뿌리로 뻗고 있으며, 하부면은 파련문으로 조각되어 있다. 그리고 건물의 내부로는 3개의 익공부재가 한 몸으로 되어 당초문이 새겨진 양봉으로 만들어

퇴량의 단부를 구조적으로 받고 있는데, 퇴량의 보머리를 귀면鬼面으로 조각하고 있어서 독특하다. 이와 같이 귀면으로 조각한 예는 위치는 다르나 4세기 중엽 황해남도 안악군 오국리에 있는 안악 3호 벽화 무덤에서 기둥 상부에 있는 오목굽으로 된 주두에서도 볼 수 있다.

이와 같이 귀면을 건물에 새겨 넣는 것은 백제시대의 궁궐이나 불사건축에서 주술적으로 사용되었던 귀면문전이나 또는 달성의 도동서원 기단에 있는 용두장식, 그리고 지붕의 용마루 양쪽에 세우는 용두나 취두, 사래 끝에 끼웠던 토수 등에서 흔히 볼 수 있다.

[그림 1294] 영천 숭렬당 용두 공포

특히 전통 목조건축의 공포 부재에 귀면이나 용두 장식을 하고 있는 예는 영천 숭렬당의 용두 공포나 전시에 적게 공포감을 주기 위하여 우주 상부 공포에 결구되어 있는 귀한대와 익공뿌리, 화반 등에 용두나 도깨비 문양의 장식을 하고 있는 수법 등을 전주 풍남문 등에서도 볼 수 있다.

[그림 1295] 정수사 법당 화반

그리고 창방으로 결구되어 있는 주간에는 삼소로형 화반을 정칸에는 2구를 이어서 배치하고 양협칸에는 1구씩을 배치하여 꽃살문과 함께 법당 정면을 화려하게 꾸며 주고 있는데, 화반 상부에는 2중의 뜬장혀 사이에 소로를 놓고 주심도리를 받쳐주고 있다.

[그림 1296] 돈암서원 응도당 연꽃 소로받침

[그림 1297] 석성향교 대성전 연꽃 소로받침

특히 공포에 결구되어 있는 행공첨차나 두공의 소로 받침뿐만이 아니라 창방 상부에 놓여져 있는 화반의 소로에도 연줄기 위에 활짝 핀 형상으로 아름답게 조각을 하여 소로를 장식적으로 받쳐주고 있어 독특하다. 이러한 수법은 현종 2년(1663)에 초창된 후 고종 17년(1880)에 현재의 위치로 옮겨 지은 충남 논산의 돈암서원 응도당이나 노강서원 강당, 석성향교 대성전에서도 볼 수 있다.

2) 공주 마곡사 영산전(보물 제800호)

(1) 건립시기

[그림 1298] **공주 마곡사 영산전 전경**

차령산맥의 지맥支脈인 태화산 산자락에 위치하고 있는 마곡사는 7세기 후반에 선종사원으로 창건되었는 데, 마곡천을 사이에 두고 교화를 중심으로 하는 가람구역과 수행을 목적으로 하는 가람구역으로 크게 나누 어 건립되었다.

그중 석가모니가 많은 제자들을 모아 놓고 영취산靈鷲山에서 설법하는 모습을 상징하기 위하여 건립된 영 산전은 경내로 진입하는 입구편의 수행가람 구역에 위치하고 있다.

영산전의 건립시기에 대한 기록이 없어 확실하지는 않지만 공주 마곡사 영산전 앞 안내판에는 마곡사 경 내에 있는 건물 중 가장 오래된 것으로 임진왜란 때 불타 없어진 것을 효종 2년(1651)에 각순대사가 다시 세 웠다. 하고 있다. 그러나 "태화산마곡사천불전중수문"에 의하면 강희 21년(1682) 임술壬戌 여름에 건립된 후 도광道光 22년(1842) 임인壬寅 봄에 중수[3]된 건물로 알려지고 있다.

(2) 배치 및 평면

마곡사 경내 중심부로 흐르는 마곡천의 계곡을 사이에 두고 북쪽편에는 중층의 대웅보전과 대광보전, 그 리고 5층석탑과 심검당 등의 중요 불전등이 중심을 이루고 있는 교화의 가람구역으로, 그리고 남쪽편에는 영산전을 중심으로 명부전과 선방인 매화당 등과 함께 해탈문, 천왕문 등이 일곽을 이루고 있는 수행의 가람 구역으로 나누어 크게 두 공간으로 구성되고 있는데[4], 이 두 공간을 연결하는 계곡 사이에는 무지개 모양의 연화교를 두어 법계法界에 이르도록 하고 있다.

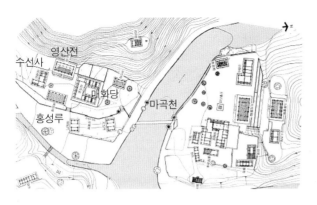

[그림 1299] 공주 마곡사 배치도
(문화재관리국, 마곡사실측조사보고서)

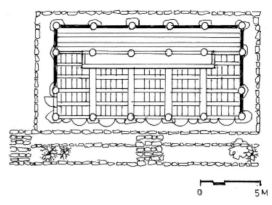

[그림 1300] 영산전 평면도

[그림 1301] 마곡사 경내 중심을 가로 지르는 마곡천과 연화교

　그중 마곡사 경내로 진입하는 입구 좌측편의 산 능선에 위치하여 건립된 영산전은 누각인 홍성루와 선방인 매화당, 그리고 수선사가 튼 ㅁ자형으로 남동향하여 일곽을 이루면서 배치되고 있다.

　영산전은 중앙에 계단을 설치한 양쪽편에 화계花階를 조성한 후 자연석 허튼층으로 높게 쌓은 기단위에 덤벙주초석을 놓고 원형기둥을 세워 정면 5칸, 측면 3칸의 一자형 평면으로 구획하고 있다.

　영산전 내부에는 우물마루를 깔은 후 불단을 조성하기 위하여 배면에 4개의 높은 고주를 세워 이 기둥에 덧대어 계단형의 수미단을 만들어서 전면 중앙에 주존불主尊佛인 석가모니불과 그 좌,우에 보처불補處佛인 3분씩의 여래불을 안치한 후 배면 퇴칸 불단에 작은 불상으로 된 천불千佛을 함께 봉안하였다.

　따라서 일명 천불전이라고도 불리우고 있는 이 영산전은 정면 5칸중 중앙 정칸에는 궁창널을 댄 3분합 빗살 들어열개 문을, 그리고 나머지 4칸에는 모두 궁창널을 댄 3분합 정자살 들어열개 문을 달아 필요할 때 연목에 달려있는 들쇠에 걸도록 하여 영산전 전면을 모두 개방할 수 있도록 하였다. 그리고 좌측 전면칸에 궁창널을 댄 외여닫이 띠살문을 달아 평소에 법당으로 출입하도록 하였다.

[그림 1302] 영산전 내부 수미단須彌壇

주간 간격은 정면 5칸을 3.10m의 등간격으로 잡았으며, 측면 3칸은 정칸을 3.10m, 양협칸을 2.10m로 잡았다.

(3) 공 포

[그림 1303] 영산전 공포

[그림 1304] 영산전 공포 내부 양봉

영산전의 공포는 빗굽의 사절된 주두의 운두 부분과 엇물려서 창방과 十자 방향으로 직교하여 초익공이 외부로 돌출되고 있다. 초익공 상부에 1출목 소로를 놓고 도리방향으로 양단兩端을 사절 파련문으로 다듬은 행공소첨과 삼익공 몸에 결구된 행공대첨을 받고 있다. 그리고 행공대첨 외부로 2출목 소로를 다시 놓고 도리방향으로 삼익공 몸에 결구된 행공첨차가 외목도리 장혀에 결구되어 퇴량에 결구된 외목도리를 받쳐주고

[그림 1305] 영산전 배면 공포

있는 2출목 삼익공양식[5]이다.

주심부에는 사절 교두형의 하두공과 상두공의 2중 두공 상부에 소로를 놓고 주심도리 장혀와 결구되어 대량에 결구된 주심도리를 받쳐주고 있다.

공포에 결구되어 외부로 뻗고 있는 초익공과 이익공뿌리 하부를 파련문으로 조각한 앙서형으로, 그리고 삼익공 뿌리는 수서형으로 뻗고 있는데, 익공뿌리 끝단이 마치 코끼리 코 형태로 둥글게 감겨져 있어 독특하다.

건물의 내부에는 3개의 익공을 한 몸으로 하여 활짝 핀 연꽃이나 연봉 등을 초각한 양봉으로 만들어 보머리를 익공뿌리와 같이 운공형으로 감겨 올려져 있는 대량의 단부를 구조적으로 받쳐주고 있다.

[그림 1306] 전면 창방 상부 화반

[그림 1307] 배면 창방 상부 화반

[그림 1308] 전면 창방 상부 화반 명문(영산전 내부)

그러나 영산전의 배면 공포는 2출목 삼익공 양식으로 구성되어 있으나 익공뿌리의 조각 수법이 전면 공포와 다르게 조각하고 있어 특이하다. 2중으로 결구되고 있는 행공첨차 양단과 초익공과 이익공뿌리 모두 사절 교두형으로 깎은 후 삼익공뿌리는 3분두 형상으로 다듬어 마치 다포양식의 공포 외관과 같은 모습으로 구성하고 있다.

그리고 창방으로 결구되어 있는 주간에는 화반 1구씩을 배치하여 주심도리 장혀를 구조적으로 받쳐주고 있다. 전면 화반의 형태는 화반대 위에 파련문으로 된 쌍소로형이나 배면의 화반은 역 사다리꼴 형상의 화반이다. 특히 전면 화반 몸에 고색 창연한 당초문과 연화문 문양과 함께 판독이 확실하지는 않으나 명문이 써 있어 독특하며, 전면 화반 사이 포벽에 보살상 등의 불화를 그려 넣어 건물의 정면을 더욱 화려하고 아름답게 꾸며 주고 있다

(4) 가 구

영산전의 가구는 전, 후 평주 사이에 내고주를 세워 대량과 퇴량을 걸은 후 종량을 다시 걸고 있는 2중량 7량가의 지붕틀 가구이다.

구부러짐이 심한 원목을 자연스러운 형태로 치목하여 걸고 있는 대량 상부에 직절된 보아지와 도리 방향을 뜬장혀가 결구되어 있는 동자주를 세워 내고주와 함께 종량을 지지하고 있다.

종량 상부 중앙에는 뜬창방이 결구되어 있는 4단의 판재를 중첩한 사다리꼴형의 판대공을 설치하여

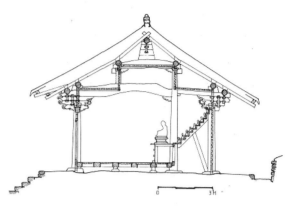

[그림 1309] **영산전 지붕틀 가구**

종도리를 받쳐주고 있으며, 주심도리의 변형을 방지하기 위하여 승두를 끼워 고정시키고 있다.

[그림 1310] **영산전 내부 천장 가구**

[그림 1311] 영산전 소란반자 천장

천장은 내진공간에는 종량 상단에 걸쳐 6엽의 아름다운 연꽃장식이 그려진 소란반자틀로 짠 우물천장을 가설하였고, 양 외진공간에는 대량과 퇴량 상단에 걸쳐서 방형 격자형으로 귀틀을 짠 우물천장을 설치하였

[그림 1312] 영산전 현판

는데, 퇴락되어 변색이 되었으나 판재에 단청이 된 고풍스러운 흔적이 남아 있다.

그리고 전면 지붕은 겹처마로, 배면은 홑처마로 된 맞배 기와지붕을 올렸으며, 양측면 박공면에 풍판을 설치하지 않아 가구재가 모두 노출되고 있다.

정면 정칸 처마밑에 조선 세조대왕이 1465년에 마곡사를 찾아와 하사한 어필로 전해지고 있는 "영산전靈山殿" 현판이 걸려 있으며, 세조는 자신이 타고 왔던 가마를 남겨 주었다고 한다.

2018년 7월 선사, 한국의 산지승원 세계문화유산으로 등재된 마곡사는 봉정사와 부석사, 통도사, 법주사, 선암사, 대흥사 등과 함께 7세기에서 9세기 경에 창건된 유서깊은 산사山寺로서 신앙과 수행, 그리고 일상생활을 중심으로 한국 불교의 역사적인 모습을 잘 보여주고 있다.

3) 장수향교 대성전(보물 제272호)

(1) 건립시기

장수향교는 조선 태종 7년(1407)에 장수읍 선창리인 당곡에 창건된 후 지반이 습하고 연약하여 숙종 7년(1681)에 유림의 건의로 현재의 위치로 터를 잡은 후 숙종 11년(1685)에 공사를 시작하여 숙종 12년(1686)에 대성전을 비롯한 명륜당과 동서양재 등을 창건 당시의 모습대로 옮겨 지은 것으로 알려지고 있다.[6]

[그림 1313] 장수향교 대성전 전경

[그림 1314] 정충복의 비碑와 비각

장수향교는 임진왜란 당시에도 병화를 입지 않은 조선시대 지방 교육기관으로서 조선전기 향교건축 양식의 특색을 잘 보여주고 있다. 특히 선조 30년 (1597) 정유재란 때에는 왜군이 향교를 불태우려 할 때 노비였던 정경손이 죽기로 나서서 향교를 지킨 공으로 그의 업적을 기리기 위하여 세운 정충복 비각과 비가 외삼문 오른쪽에 세워져 있다.

[그림 1315] 장수향교 배치도

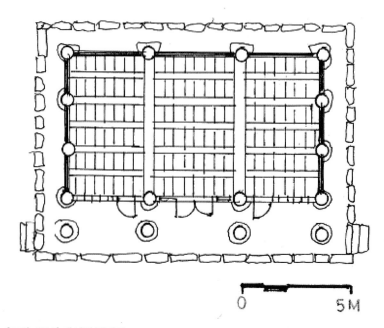

[그림 1316] 대성전 평면도

(2) 평 면

낮은 야산을 배경으로 평지에 전학후묘의 배치형식으로 건립된 장수향교는 소슬삼문형의 외삼문인 부강문 우측편에 정충복 비각이 있다. 유생들의 강학공간의 중심에는 정면 4칸, 측면 3칸에 팔작 기와지붕을 올리고 있는 명륜당이 있으며, 그 배면쪽에 정면 3칸, 측면 2칸의 동재인 경성재와 서재인 진덕재가 서로 마주보며 배치되어 있다.

[그림 1317] 대성전 내부 영정각과 위패

경내 배면에 서남향하여 건립된 대성전은 2벌대로 쌓은 잘 다듬은 장대석 기단 위에 전면에는 원형초석으로, 배면에는 덤벙주초석을 혼합하여 놓고 원형기둥을 세워 정면 3칸, 측면 4칸의 평면으로 구획하였는데, 전면 1칸을 참배나 의례공간으로 사용하기 위하여 툇칸을 들이고 있는 개방형 평면형이다.

대성전의 내부는 통칸으로 하여 우물마루를 깐 넓은 대청마루로 들여 중앙 정칸 배면벽에 영정각을 설치한 앞쪽에 공자의 위패를 중심으로 그 좌,우편에 안자와 자사, 증자, 그리고 맹자 등의 위패를 배향하여 음력 2월과 8월에 석전대제를 드리고 있다.

그리고 창호는 대성전 내부와 툇칸 사이에 정면 3칸중 정칸은 4단으로 구획된 판벽 사이에 태극문양이 그려진 궁창널을 댄 쌍여닫이 띠살문을 달았고, 양 협칸에는 2단으로 구획한 판벽위에 정자살 창을 달고 있는 옆에 정칸쪽으로 태극문양이 그려진 궁창널을 댄 외여닫이 띠살문을 각각 달고 있어 다른 향교 대성전에서는 보기 드문 창호 형태의 문을 달고 있다.

주간 간격은 정면 3칸 가운데 정칸은 4.25m로 잡고, 양협칸은 3.70m로 하여 정칸을 양협칸보다 넓게 구획하였고, 측면 4칸은 중앙 3칸은 2.20m로 같게 잡은 후 전퇴칸은 1.60m로 좁게 잡았다.

(3) 공 포

[그림 1318] 대성전 공포

[그림 1319] 대성전 배면 공포

[그림 1320] 우주 상부 까치발 받침

[그림 1321] 창방 상부 화반

공포는 빗굽의 사절된 주두의 운두 부분과 엇물려서 창방과 十자 방향으로 직교하여 초익공이 외부로 돌출되고 있다. 초익공 상부에 1출목 소로를 놓고 이익공 몸에 도리방향으로 결구된 행공소첨과 삼익공 몸에 결구된 행공대첨 등 2중의 행공첨차를 받고 있다. 행공대첨 외부로 다시 2출목 소로를 놓고 도리방향으로 삼익공 몸에 결구된 행공첨차가 외목도리 장혀와 결구되어 퇴량에 결구되어 있는 외목도리를 받고 있는 2출목 삼익공 양식[7]이다.

주심부에는 사절 파련문의 하두공만이 결구되어 뜬장혀와 결구되었고, 상두공이 결구되어야 할 위치에 퇴량에 결구된 2중의 뜬장혀와 주심도리를 받쳐주고 있어 특이한데 이 수법은 정수사 법당 전면 공포에서도 볼 수 있다.

공포에 결구되어 있는 아래에서 위로 휘어 오르면서 외부로 뻗고 있는 앙서형의 초익공과 이익공뿌리 상부에는 활짝 핀 화려한 연꽃장식이 조각되어 있다. 그리고 수서형의 삼익공 뿌리 아래에는 연봉오리가 조각되어 있으며, 퇴량의 보머리에도 봉두가 부착되어 있다.

건물의 내부에도 3개의 익공을 한 몸으로 하여 활짝 핀 연꽃과 연봉을 화려하게 조각한 양봉으로 처리하여 퇴량의 단부를 받쳐주고 있는데, 공포의 세부적인 조각 수법에서 장식화된 경향을 많이 볼 수 있다.

배면의 공포는 1출목 이익공 양식으로 서로 다르게 구성하고 있는데, 앙서형의 초익공 상부에는 만개한 연꽃을 조각하고, 수서형의 이익공 아래에는 연봉을, 그리고 대량의 외단에 는 봉두를 부착하여 장식적 특성이 강하게 표현되고 있다. 특히 대성전의 양 우주 상부 창방 뺄목에는 곡선형의 까치발을 걸어 창방과 도리뺄목의 처짐을 방지하여 주고 있다.

창방으로 결구되어 있는 주간에는 소로를 중심으로 양쪽으로 두갈래씩 초생달 모양으로 꽃잎을 늘어뜨려 초각을 하고 있는 외소로형 화반을 2구씩 배치하여 뜬장혀를 받고 있는데, 그 상부에는 3개의 소로를 다시 배치하여 주심도리 장혀를 받쳐주고 있다.

(4) 가 구

대성전의 가구는 전, 후 평주 사이에 내고주를 세워 퇴량과 대량을 걸은 후 그 위에 종중량과 종량을 다시 걸고 있는 3중량 9량가의 지붕틀 가구로서, 그 규모가 장대하다.

특히 심하게 굽은 자연스러운 원목을 그대로 걸고 있는 대량 상부에 포대공을 설치하여 내고주와 함께 역시 구부러짐이 심한 자연목의 종중량을 지지하고 있다. 종중량 상부 양측에 종량의 외단에 맞춰 직절된 보아지를 끼우고 도리방향으로 뜬장혀가 결구된 동자주를 놓고 종량을 받쳐주고 있다.

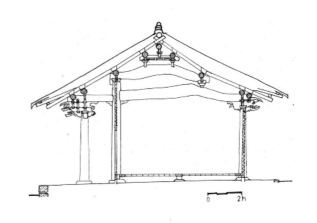

[그림 1322] 대성전 지붕틀 가구

[그림 1323] 대성전 내부 천장 가구

그리고 종량 상부에는 뜬창방이 결구된 종도리가 지붕하중을 받고 있는데, 종량 중간 부분에 걸쳐서 화려하게 꽃장식을 한 소란반자 틀로 짠 우물천장을 가설하여 대성전 천장에 단청색과 함께 아름다운 변화를 주고 있다.

[그림 1324] 장수향교 "대성전" 현판

특히 반듯한 목부재 하나 없이 심하게 구부러지고 휘어진 곡재를 생긴 그대로 대량과 종중량, 종량 부재로 사용한 후 뜬장혀가 결구되어 있는 포대공을 세워 몇 백년을 버틸 수 있도록 짜 맞춘 조선시대 옛 장인들의 지혜와 정성이 담겨져 있는 지붕틀 가구로서, 그들에게 찬사讚辭를 보내고 싶다.

지붕은 겹처마 맞배 기와지붕을 올리고, 박공에 풍우風雨을 막기 위해 풍판을 달았으며, 정면 중앙 정칸 처마 밑에 "대성전大成殿" 현판이 걸려 있다.

4) 전주 풍남문(보물 제308호)

(1) 건립시기

[그림 1325] 전주 풍남문 전경

전주부성府城의 사대문四大門 중 남문인 풍남문은 고려 우왕 14년(1388)에 전라도 관찰사 최유경에 의해서 처음 창건되었으나 선조 25년(1597) 정유재란으로 소실된 후 영조 10년(1734)에 관찰사 조현명이 육축陸築 내, 외에 홍예虹霓를 설치한 3층의 문루로 다시 중건한 후 명견루明見樓라 하였다.

조선 영조 43년(1767)에 호남제일성湖南第一城인 명견루가 대화재로 다시 불에 타자 다음 해인 영조 44년

(1768)에 관찰사 홍낙인에 의해서 3층 건물이 2층으로 개축한 후 이름도 풍남문[8]으로 고쳐 오늘에 이르고 있는 것으로 알려지고 있다.

1905년에는 조선통감부에 의해서 전주부성全州府城 동서남북에 건설되었던 4대문 중 동문과 서문 그리고 북문이 헐려졌으나 남문인 풍남문만이 남게 되었다. 또한 1983년에 육축과 옹성에 대한 발굴조사를 실시하여 옹성甕城과 함께 종각과 포루 등이 복원되었다.

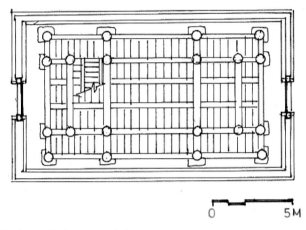

[그림 1326] 풍남문 1층 평면도

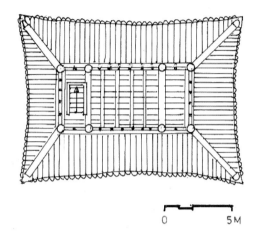

[그림 1327] 풍남문 2층 평면도

(2) 평 면

풍남문은 성벽 좌, 우로 정면 3칸, 측면 2칸에 팔작 기와지붕을 올린 종루와 포루를 나란히 연결하여 육축陸築을 축성한 후 그 중앙부에 잘 다듬은 홍예석虹霓石으로 홍예를 튼 안쪽에 철엽鐵葉을 광두정으로 고정시킨 견고한 성문을 달아 성내로 통행할 수 있도록 하였는데, 홍예 상부 개판에 운룡문이 그려져 있다.

그리고 지대석 위에 11단의 잘 다듬은 무사석을 쌓아 조성한 육축 상부에 중층의 문루건물이 장관을 이루도록 건립되었는데, 방형초석을 놓고 원형기둥을 세워 만든 1층 평면은 정면 3칸, 측면 3칸이고 2층 평면은 정면 3칸, 측면 1칸의 규모로 구획되어 있다. 특히 육축 앞에 성문을 보호하기 위하여 모서리가 둥근 독특한 방형 형태의 옹성甕城이 견고하게 축조되어 있다.

문루 4면에 전벽돌로 쌓은 여장 좌,우편에 협문을 만들어 출입하도록 되어 있는 1층의 건물 내부는 우물마루를 깔은 넓은 대청마루로 만들어 전시중에 지휘소로 이용하도록 하고 있으며, 좌,우 협칸에 기둥을 세운 후 좌협칸에 2층으로 오르는 계단을 만들었다.

문루 2층 내부 바닥도 우물마루로 깔고 내부쪽으로 들어 올리는 들문을 모두 달았는데, 옹성이 있는 남측 정칸에는 호로전안을 뚫어 놓은 7분합 판문과 협칸에 쌍여닫이 판문을 달고 있다. 그러나 배면에는 7분합 판문과 협칸에 쌍여닫이 판문을 달고, 양측면에는 5분합 판문을 각각 달고 있다.

주간 간격은 정면 3칸 가운데 중앙 정칸은 5.60m, 양협칸은 3.70m로 잡았고, 측면 3칸은 정칸 4.3m, 양협칸 1.55m로 잡아 정칸을 넓게 잡았다.

(3) 공포

풍남문의 공포는 빗굽의 사절된 주두의 운두 부분과 엇물려서 창방과 十자 방향으로 직교하여 초익공이 외부로 돌출되고 있다. 초익공 상부에 1출목 소로를 놓고 도리방향으로 이익공 몸에 결구된 행공소첨과 삼익공 몸에 결구된 행공대첨 등 2중으로 된 행공첨차를 받고 있다. 그리고 행공대첨 외부로 다시 2출목 소로를 놓고 도리방향으로 삼익공 몸에 결구된 행공첨차가 외목도리 장혀와 결구되어 퇴량에 결구된 외목도리를 받쳐주고 있는 2출목 삼익공양식[9]이다.

[그림 1328] 풍남문 공포

주심부에는 사절 교두형의 하두공과 상두공의 2중 두공 상부에 소로를 놓고 주심도리 장혀와 결구되어 대량에 결구된 주심도리를 받쳐주고 있다.

공포에 결구되어 있는 초익공과 이익공뿌리 모두 아래에서 위로 휘어 오르는 앙서형이나 초익공뿌리 상부에만 화려하게 만개滿開한 연꽃을 조각하고 있다. 삼익공뿌리도 위에서 아래로 휘어 내리는 수서형으로 뻗고 있는데, 뿌리 아래에 연봉오리가 조각되어 있어서 공포의 세부적인 조각 수법에서 장식화된 경향을 많이 볼 수 있다.

건물의 내부에도 3개의 익공을 한 몸으로 하여 연

[그림 1329] 풍남문 1층 용두 귀포

봉을 화려하게 조각한 파련문의 양봉으로 처리하여 보머리를 직절시킨 퇴량의 단부를 구조 및 장식적으로 받쳐주고 있다.

특히 우주 상부 귀포의 귀한대 머리와 1층의 전, 후면 공포에 짜여져 있는 초익공 뿌리에도 날카로운 이빨을 드러내면서 여의주를 입에 물고 있는 무서운 용두장식의 조각을 하고 있다. 이는 적들에게 최대한의 공포감을 줄 수 있도록 전시戰時를 대비한 성루城樓건축의 특성으로 볼 수 있다.

① 화반

② 화반

③ 화반

[그림 1330] 풍남문 창방 상부 화반(문화재청, 풍남문 실측조사보고서)

특히 창방으로 결구되어 있는 주간에도 도깨비 문양의 괴면상을 조각하거나 코끼리 모양의 짐승형태, 또는 화려한 연꽃바구니 형태의 다양한 화반을 각간에 배치하여 건물의 외관을 더욱 장중하고 화려하게 장식하고 있다.

(4) 가구

전, 후 평주 사이에 양 내고주를 세워 퇴량을 결구한 1층 천장에 귀틀을 걸고 우물마루를 깔은 후 2층에 대량과 종량을 걸고 있는 2중량 7량가의 지붕틀 가구이다.

특히 1층의 퇴량 상부에 있는 주심도리가 구르거나 변형되는 것을 방지하기 위하여 도리밑을 승두로 받치고 있는데, 이 승두의 형태를 짐승 모양으로 조각을 하고 있어 독특하다.

그리고 1층의 양 내고주를 2층 마루가 받도록 한 후 마루위에 기둥을 연결하여 2층 공포 구성도 2출목 삼익공양식의 공포를 결구하여 대량을 받쳐주고 있다. 대량 상부 양측에 직절 보아지와 도리방향으로 외기도리를 결구한 포대공을 설치하여 종량을 지지하고 있는데, 종량 상부에 걸쳐서 외기도리에 소란반자틀로 짠 우물천장을 가설하고 있다.

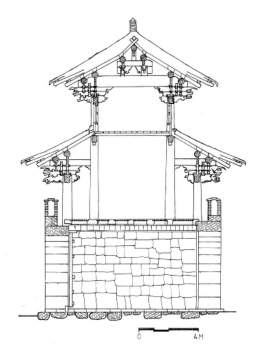

[그림 1331] 풍남문 지붕틀 가구

[그림 1332] 풍남문의 지붕 구조와 처마곡선

[그림 1333] 옹성甕城과 풍남문

   그리고 종량 상부 중앙에 동자주 대공을 세워 종도리와 함께 2층 지붕하중을 받도록 하였다.

   지붕은 겹처마 팔작 기와지붕을 이루면서 용마루 양끝에 치미가 얹어져 있고, 내림마루 끝에는 용두가 설치되어 있으며, 용마루와 내림마루 양측에 궁궐이나 지방 정부 관아의 특징인 흰색의 양성바름이 되어 있다. 2층 지붕 정면에 성 밖으로는 "풍남문豊南門" 현판이, 성 내부로는 "호남제일성湖南第一城"의 현판이 함께 걸려 있다.

   전주 읍성의 남문으로 1768년인 18세기 중엽에 건립된 풍남문은 중층누각의 성문건물로서 그 규모가 장대하며, 좌,우에 종각과 포루, 그리고 앞에 독특한 형태의 옹성으로 둘러 쌓여 있으며, 전시에 적들에게 공포감을 줄 수 있는 용두장식 등의 건축양식은 조선후기 읍성의 대표적인 문루건축으로 볼 수 있다.

6-2-8. 2출목 삼익공양식의 정리整理

① 2출목 삼익공양식의 발생 요인은 규모가 장대한 건물에서 무출목 삼익공양식이나 1출목 삼익공양식의 공포로 짤 경우 3개의 익공부재에 행공첨차를 결구시키지 않거나(그림 1334-①) 또는 2중으로 된 행공첨차를 외줄로 공포를 구성(그림 1334-②)하기 때문에 익공부재가 좌,우로 찌그러지거나 뒤틀림 현상이 발생하는 등 공포 부재에 변형이 생겨 구조적으로 건물의 안정성에 문제가 발생하고 있다. 따라서 대규모의 건물에서 구조적으로 더욱 안정감을 주면서 건물의 외관에 풍부한 장식적 효과를 극대화極大化 할 수 있는 2출목 삼익공양식의 공포(그림 1334-③)가 발생되는 요인이 된 것으로 볼 수 있다.

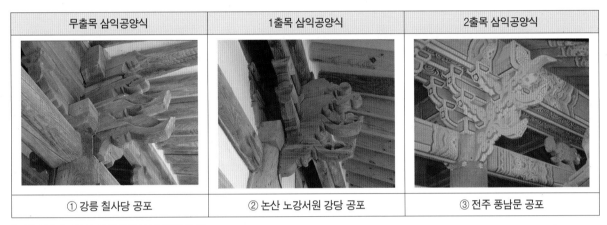

무출목 삼익공양식	1출목 삼익공양식	2출목 삼익공양식
① 강릉 칠사당 공포	② 논산 노강서원 강당 공포	③ 전주 풍남문 공포

[그림 1334] 2출목 삼익공양식의 발생 요인

② 2출목 삼익공 양식(1335-②)의 발생은 출목 소로와 행공첨차를 1줄로 중첩해서 짜는 기존의 1출목 삼익공양식(1335-①)에서 1출목 앞에 다시 2출목을 놓아 소로와 행공첨차를 2줄로 짜는 공포 구조법이다. 이는 길게 나간 처마의 지붕 하중에 대해서 익공부재의 지지점支持點을 전면으로 확장하여 하중을 분산시켜 익공 부재를 더욱 튼튼하고 짜임새 있게 결구할 수 있는 구조법으로, 특히 규모가 큰 건물에서 안정감을 줄 수 있는 건축양식으로 볼 수 있다.

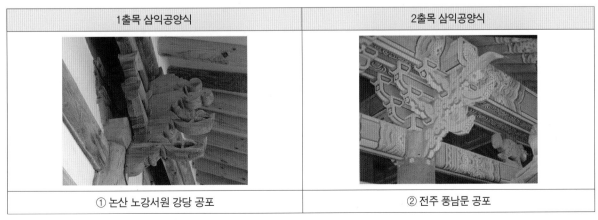

1출목 삼익공양식	2출목 삼익공양식
① 논산 노강서원 강당 공포	② 전주 풍남문 공포

[그림 1335] 2출목 삼익공양식의 발생

③ 공포 구성에서 익공뿌리 상,하부에 연꽃이나 연봉, 봉두 등의 화려한 장식적 요소가 더욱 풍부해지면서 다양한 문양과 초각으로 다듬은 화반 등을 건물 정면에 배치하여 장대한 건물을 더욱 화려하고 아름답게 꾸밀 수 있는 건축양식이다. 또한 창방 상부에 배치되는 화반 형태도 더욱 정교하고 화려한 장식으로 초각을 하여 건물의 특성과 지방적 특색을 잘 보여줄 수 있는 건축양식이다.

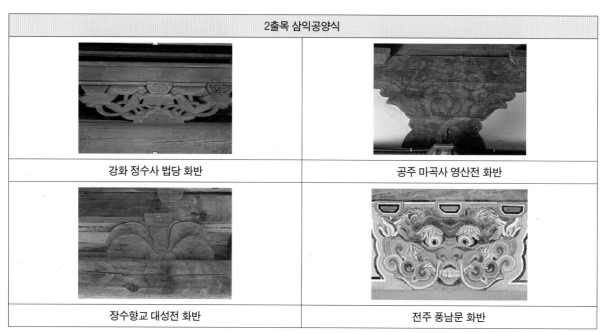

2출목 삼익공양식	
강화 정수사 법당 화반	공주 마곡사 영산전 화반
장수향교 대성전 화반	전주 풍남문 화반

[그림 1336] 2출목 삼익공양식의 화반

④ 16세기 초반에 중창공사를 하면서 퇴칸을 덧붙인 것으로 알려지고 있는 정수사 법당 전면 공포와 17세기 중, 후반경 건립된 공주 마곡사 영산전과 장수향교 대성전, 그리고 18세기에 건립된 전주 풍남문에 적용된 공포 구조법이다.

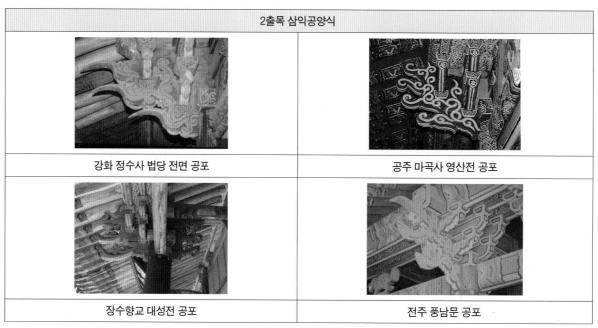

2출목 삼익공양식	
강화 정수사 법당 전면 공포	공주 마곡사 영산전 공포
장수향교 대성전 공포	전주 풍남문 공포

[그림 1337] 2출목 삼익공양식의 공포

미주

1 강화군, 문화재청,『정수사 법당 실측·수리보고서』, 2011, p.76

2 주1) 강화군, 문화재청 앞의 보고서 pp.197~198에서 법당 정면 공포를 주심포계라고 단정하기는 모호한 면이 있다. 하면서 아직 정리되지는 않았지만 헛첨차가 없고 출목이 2개이고 쇠서가 3개인 것을 고려하여 익공계 형식으로 볼 수 있으며, 또한 첨차의 명칭에서도 주심포계나 다포계의 경우 도리방향과 같은 공포 부재를 "첨차"라고 하나 익공에서는 "두공" 또는 "두공첨차"라 칭할 수 있다. 하고 있다.

3 문화공보부 문화재관리국,『마곡사 실측조사보고서』, 1989, p.31

4 주3) 문화재관리국 앞의 보고서 pp. 71~79

5 주3) 문화재청 앞의 보고서 p. 241에서 공포의 구성을 주심포계의 기법을 따르고는 있다 할 수 있으나 전체적으로는 다포식과 절충형식으로 보고 있다.

6 문화재청,『장수향교 대성전 실측조사보고서』, 2001, p.55

7 鄭寅國,『韓國建築樣式論』, 一志社, 1974, pp. 132~133에서 주심포식이라고 하나 짜임은 다포 짜임이고 2출목 구성이다. 윤장섭,『한국건축사』, 동명사, 2008, p.469에서 2출목 주심포식으로 설명하고 있다.

주6) 문화재청 앞의 보고서 p.113에서 장수향교의 건축양식을 주심포식으로 보고 있다.

8 문화재청,『풍남문 실측조사보고서』, 2004, pp. 71~73

9 주8) 문화재청 앞의 보고서 p. 115에서 기둥위에만 공포가 있는 주심포계이며, 짜임새는 다포집 계통을 따르고 있는 주심포와 다포집이 혼합된 양식으로 보고 있다.

주7) 정인국 앞의 책 pp.124~125 공포는 주심포계라고 하겠으나 그 짜임새는 다포집계를 따르고 있어 주심포계가 이조 후기에 이를수록 혼성되는 양상을 엿볼 수 있다. 하고 있다.

장기인,『목조』한국목조건축대계 V, 보성문화사, 1991, p.215에서 2출목 삼익공으로 분류하고 있다.

07

익공翼工 건축양식의
발생 및 변천

7-1. 익공翼工건축양식의 발생

7-1-1. 무출목 익공양식의 발생

주심포 제1양식	주심포 제2양식	주심포 제3양식
① 봉정사 극락전 공포	② 수덕사 대웅전 공포	③ 송광사 국사전 공포

[그림 1338] **주심포양식의 변천 과정**

오랜 기간동안 우리나라 전통 목조건축물의 건립 과정에서 그 건축양식상의 기법을 적용 유지하면서 지금까지 그 명맥을 꾸준히 이어 왔다는 것은 어려운 일이면서도 한편으로는 앞으로도 계속 이어져 가야 할 중요한 일이기도 하다.

특히 고려시대에서 조선시대에 걸쳐서 성행되었던 주심포 건축양식의 가장 큰 특징 가운데 하나인 헛첨차의 결구 유,무와 그 형상은 주심포양식인지 익공양식인지를 판단하는 중요한 기준이 되는 근거로써 우리나라 건축양식사에서 빼 놓을 수 없는 중요한 요소로 볼 수 있다.

그중 헛첨차가 결구되고 있지 않은 봉정사 극락전의 공포(그림 1338-①)에서 고려 충렬왕 23년(1308)인 고려후기에 건립된 수덕사 대웅전(그림 1338-②)을 비롯한 주심포 제2양식에 속하고 있는 건물들 대부분 공포에 헛첨차의 외단이 사절 연화문의 곡선 형태로 조각되었다. 그 이후 1450년 경인 조선초기에 건립된 송광사 국사전(그림 1338-③)이나 하사당과 같은 주심포 제3양식에 속하고 있는 건물들은 헛첨차 외단부가 쇠서牛舌형상으로 변하여 외부로 돌출되고 있으며, 그 아래면도 복잡한 파련문으로 조각되었다.

특히 15세기 후반경인 조선초, 중기에 들어와서는 건물의 소형화 및 간략화 현상으로 인하여 처마길이가 더욱 짧아지자 지붕틀 가구架構 구성에서 외목도리가 생략되는 큰 변화가 발생되고 있다. 이러한 가구 형태

주심포 제3양식	

① 해인사 동,서 사간판전 공포	② 아산 맹씨행단 공포

[그림 1339] 주심포양식의 변천

의 변화는 헛첨차 형상에도 큰 영향을 미치고 있는데, 1488년에 창건된 후 1622년에 다시 중건된 해인사 장경판전의 동,서 사간판전의 공포(그림 1339-①)에서는 더욱 많은 변화를 볼 수 있다.

이 변화는 외목도리가 생략되고 헛첨차가 기존 주심포양식의 결구 수법과 같이 기둥 상단부에서 외부로 빠져 나오고는 있으나 1출목 소로가 생략되면서 공안이 없어지고 오히려 공포 내단에 1출목 소로를 놓아 대량 아래에 공안이 만들어 지고 있다.

또한 고려말에 최영장군의 부친이 건축하여 고불 맹사성에게 거처하게 했던 별당건물이자 우리나라 주거건축 중 가장 오래된 건물로 알려져 있는 아산 맹씨행단의 공포 구성(그림1339-②) 역시 외목도리의 생략과 함께 헛첨차가 기둥 상단면에서 빠져나와 퇴량의 하단과 분리되어 외부로 돌출되고 있으며, 특히 헛첨차 내단을 파련문의 보아지로 만들어 퇴량의 하단부에 밀착시켜 구조적으로 퇴량의 단부端部을 받쳐주고 있는 변화를 볼 수 있다.

무출목 초익공양식
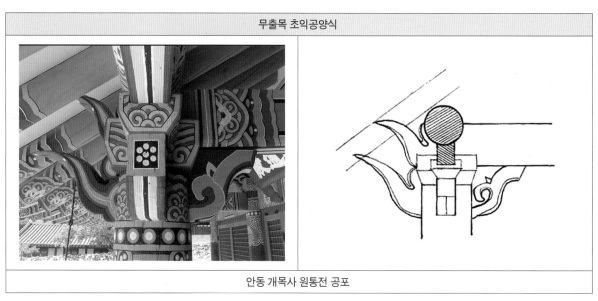
안동 개목사 원통전 공포

[그림 1340] 무출목 초익공양식의 발생

이와 같이 헛첨차의 외단부 형상이 사절斜切형태에서 쇠서牛舌형태로 변천되면서 출목 소로 사이에 공안이 유지되어 오다가 다시 헛첨차가 기둥 상단면에서 대량의 하단과 분리되어 외부로 빠져나와 공안栱眼이 없어지는 큰 변화를 거치는 과정에서 새로운 건축양식이 발생된 것으로 볼 수 있다.

결국 이러한 목구조의 결구 수법은 지금까지 기둥 상단면에서 창방과 十자 방향으로 빠져 나오던 주심포 제3양식의 헛첨차가 주두의 운두부분과 엇물려서 외부로 빠져 나오는 익공부재(그림 1340)로 변천된 것으로 볼 수 있으며, 15세기 중반경에 지금까지 우리나라 전통 목조건축물에서는 볼 수 없었던 익공건축 양식이라는 새로운 양식이 발생하고 있다.

새로 발생된 이 무출목 익공건축 양식은 조선 세조 3년(1457)인 15세기 중반경에 건립된 안동 개목사 원통전 공포(그림 1340)에서 처음 볼 수 있는 건축양식으로써, 이전以前에는 헛첨차가 기둥 상단부에서 빠져나오면서 1출목 소로 사이에 공안栱眼을 만들거나 또는 1출목을 생략하고 대량의 보머리 하단부와 떨어져 빠져 나오는 수법과는 전혀 다른 익공翼工이라는 새로운 부재가 주두의 운두雲頭부분과 엇물려서 외부로 돌출되고 있다.

이 새로운 건축부재인 익공은 빗굽의 사절된 주두의 운두 부분과 엇물려서 외부로 돌출되고 있으며, 그 외단도 아래에서 위로 휘어 올라가는 익공뿌리로 조각되고 건물 내부에서는 양봉樑奉[1]으로 조각되어 퇴량을 직접 받치고 있는 특징을 볼 수 있다.

주심포 제3양식	주심포 제3양식 - 과도기양식	주심포 제3양식 - 과도기양식	무출목 초익공양식
헛첨차 부재			익공부재
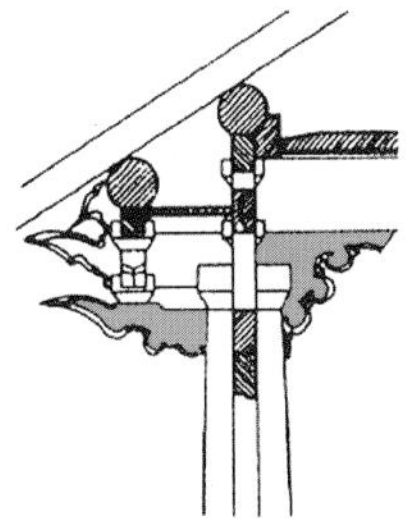 ① 송광사 국사전 공포	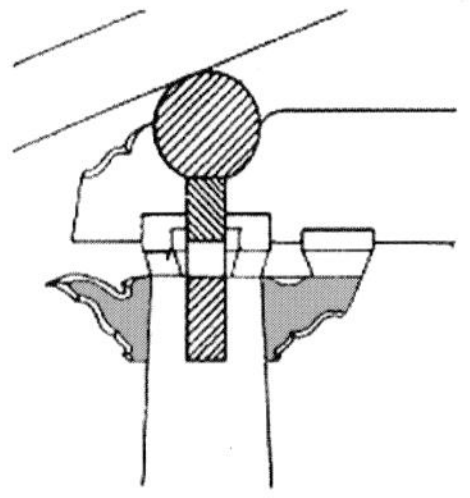 ② 해인사 동 사간판전 공포	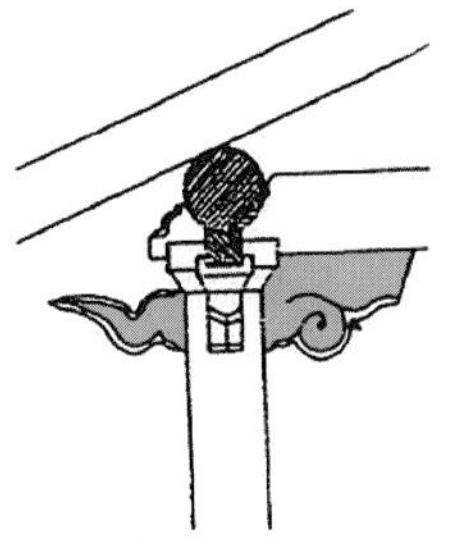 ③ 아산 맹씨행단 공포	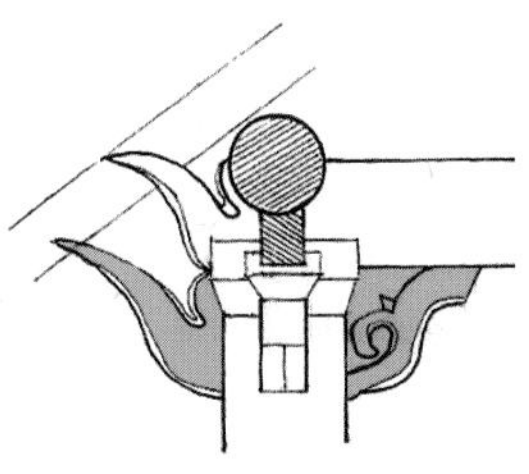 ④ 개목사 원통전 공포

[그림 1341] 익공양식 중 무출목양식의 발생과정

종합적으로, 익공양식 중 무출목식의 발생은 길게 나간 처마를 받쳐주기 위해 결구되었던 외목도리와 함께 짜여진 주심포 제2양식에서 헛첨차의 외단부가 쇠서 형태로 돌출되고 있는 송광사 국사전(그림 1341-①)과 같은 주심포 제3양식으로 변천되었고, 그 후 주심포 건축양식의 소형화 및 간략화 현상에 기인起因하여 헛첨차의 역할이 건물의 성격이나 기능상 그 규모가 점점 작아지면서 지붕 하중이 줄어들게 되자 처마를 받쳐주기 위해 발생되었던 헛첨차의 기능이 퇴화되기 시작하였다. 이에 외목도리와 1출목 소로가 생략되고 있는 해인사 장경판전 동,서 사간판전(그림 1341-②)과 헛첨차 내단이 양봉형태로 변화된 아산의 맹씨행단(그림 1341-③)을 거쳐 안동 개목사 원통전(그림 1341-④)의 전면 공포에서 처음으로 헛첨차가 변천된 익공부재와 양봉이 함께 결구되는 무출목 익공양식이 발생된 것으로 볼 수 있다.

7-1-2. 출목 익공양식의 발생

건물의 규모가 큰 사찰의 주불전主佛殿이나 궁궐의 중심건물인 전각殿閣 등의 건물 조영造營에는 그동안 주심포柱心包 건축양식이나 다포多包 건축양식 중 어느 한 양식으로 대부분 건립되어 왔다. 그러나 사찰의 요사채나 향교, 서원, 그리고 누정 등 그 규모가 크지 않은 건물에서는 15세기 중반경 부터 새로 발생된 익공翼工 양식으로 건립되기 시작하였다.

그중 외목도리를 걸고 있지 않은 3량가나 5량가의 규모가 작은 건물 조영造營에 주로 이용되었던 무출목 익공양식보다는 외목도리를 결구하고 있는 7량가나 또는 내목도리까지 결구하고 있는 9량가의 규모가 큰 향교의 대성전이나 서원의 사우, 그리고 누,정 등의 건물에서 건물의 성격이나 기능상 구조적이면서도 좀 더 장식적으로 화려한 출목出目 익공양식이 필요하게 되었다,

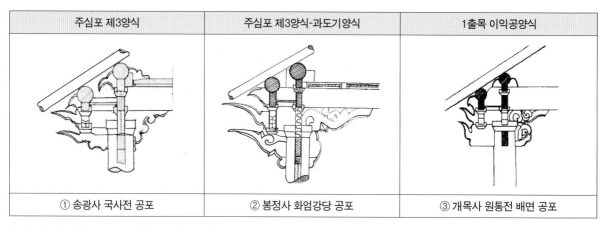

주심포 제3양식	주심포 제3양식-과도기양식	1출목 이익공양식
① 송광사 국사전 공포	② 봉정사 화엄강당 공포	③ 개목사 원통전 배면 공포

[그림 1342] 익공양식 중 출목양식의 발생과정

이와 같은 건물의 기능상 요구되는 출목 익공식의 발생은 주심포 제3양식의 송광사 국사전(그림 1342-①) 공포에서 주심포양식의 후기적 특성을 갖고 있는 안동 봉정사 화엄강당(그림 1342-②)의 공포에 결구되어 있는 헛첨차와 같이 기둥 상단면에서 외부로 빠져 나오면서 공안의 폭이 좁아지고 그 외단부가 마치 익공뿌리처럼 아래에서 위로 심하게 휘어 올라가게 조각되고 있어서 주심포양식에서는 보기 드문 쇠서 형태로 돌출되고 있다. 그리고 헛첨차 내부 보아지도 과장誇張되어 길게 장식화되면서 대량의 단부에서 발생되는 전단력을 구조적으로 받쳐주고 있는데, 이는 주두의 운두부분과 엇물려서 공안이 없이 외부로 돌출되고 있는 개목사 원통전 배면 공포(그림1342-③)의 출목 익공양식으로 변화되고 있다.

따라서 익공양식 가운데에서 출목식의 발생은 주심포 제3양식인 송광사 국사전의 공포에서 볼 수 있었던 공안이 봉정사 화엄강당의 공포를 거치면서 공안이 점점 줄어들다가 시공의 용이성과 구조적 측면에서 제1살미첨차와 헛첨차가 맞닿아 공안이 없어지면서 헛첨차 외단이 익공뿌리 형상으로 변화되는 과정에서 조선 세조 3년(1457)에 건립된 것으로 알려지고 있는 개목사 원통전 배면 공포 구성에서 15세기 중반경에 처음으로 출목 익공양식이 발생된 것으로 볼 수 있다.

7-2. 익공翼工건축 양식별 발생과 변천

우리나라 삼국시대부터 고려시대를 거쳐 조선시대에 이르기까지 성행되었던 우리나라의 대표적인 3대 건축양식은 주심포 건축양식과 다포 건축양식, 그리고 익공 건축양식으로 볼 수 있다. 그중 익공양식은 건물의 기능이나 구조적 측면에 충실했던 주심포 건축양식 중 주심포 제2양식에서 주심포 제3양식의 변천과정을 거치면서 발생된 새로운 건축양식으로 볼 수 있는데, 주심포의 후기적 특성을 많이 가지고 있는 주심포 제3양식의 건물에 결구되어 있는 공포가 건물의 성격에 따라 소형화 및 건축부재의 간략화, 그리고 시공의 용이성容易性 측면 과정에서 발생된 건축양식으로 볼 수 있다.

위와 같은 과정을 거쳐서 발생된 익공양식은 안동 개목사 원통전의 공포 이후 사찰의 이차적二次的인 전당殿堂 건물이나 요사채, 궁궐의 전각殿閣이나 침전건물, 향교나 서원, 누정, 그리고 상류주택의 별당건물 등 수많은 전통 목조건물에 익공양식이 적용되어 건립되었는데, 그 변천과정을 살펴보면 다음과 같다.

7-2-1. 무출목 초익공양식의 발생과 변천

무출목 초익공양식은 일반적으로 유교적 관념과 신념이 강했던 조선시대 선비들의 소박하면서도 절제된 정신과 잘 어울리는 누정건축 뿐만이 아니라 접객接客이나 교우交友를 위한 장소나 서재로서 가장家長인 남성들의 주 생활공간이었던 상류주택의 사랑채나 별당[2] 등의 건물 건립에 주로 많이 사용되었다.

무출목 초익공양식		
안동 개목사 원통전 공포	해인사 수다라장전 공포	강릉 해운정 공포

[그림 1343] 15세기~ 16세기 초경의 무출목 초익공양식 건물

조선 세조 3년(1457)인 15세기 중반경에 안동 개목사 원통전 전면 공포에서 처음으로 볼 수 있는 무출목 초익공양식은 15세기 후반경의 해인사 장경판전 수다라장전과 16세기 중반경의 강릉 해운정 공포에서 익공은 짧고 간결하면서도 강직한 형태의 뿌리로 돌출되어 무출목 초익공양식으로 정착되어 가는 시기로서 초익공과 주두, 그리고 대량 등 세 부재가 기둥 상부에서 함께 엇물려 결구되는 전형적인 무출목 초익공양식의 초기적인 공포 구성 수법을 보이고 있다.

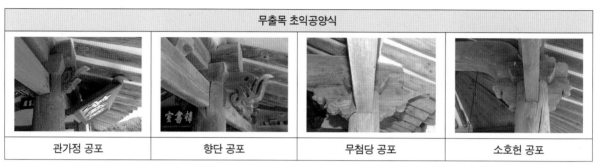

무출목 초익공양식			
관가정 공포	향단 공포	무첨당 공포	소호헌 공포

[그림 1344] 16세기 초, 중기경의 무출목 초익공양식 건물

특히 16세기 초에는 경주 양동마을이나 안동지방의 고택 내 별당건축의 건립에 무출목 초익공양식을 이용한 건물들이 많이 출현하고 있는데, 익공의 몸에 당초문 등의 다양한 문양을 직접 초새김을 하거나 또는 익공뿌리를 이중으로 돌출시키는 독특한 모양의 형태로 만드는 등 건축주의 취향이나 지방색이 뚜렷하게 반영되는 익공 부재의 특징을 볼 수 있다.

그중 경주 양동마을에 건립된 관가정과 무첨당 공포에 결구되어 있는 익공은 익공뿌리가 두갈래로 뻗고 있고 양 몸에 당초문의 초새김이 더욱 섬세하고 정교하게 음각되어 있으며, 향단은 전형적인 익공뿌리 형상을 유지하고 있다. 그러나 마을 앞으로 흐르는 아름다운 미천眉川쪽을 향하여 누하주樓下柱를 세워 중층 누각 형식으로 꾸민 소호헌의 공포는 천장에 걸쳐져 있는 충량衝樑의 보머리에 맞춰 물익공계로 익공뿌리를 짧게 돌출시키고 있어서 같은 마을에서도 건축주의 취향에 따라 다양한 공포 형태로 구성을 하고 있다.

무출목 초익공양식			
옥산서원 독락당 공포	안동 예안이씨 쌍수당 공포	달성 태고정 공포	예천권씨 종가별당 공포

[그림 1345] 16세기 중, 후반경의 무출목 초익공양식 건물

16세기 중, 후반경 경주 독락당의 익공은 그 뿌리가 주두의 굽과 엇물려 아래에서 위로 치켜 올라가는 앙서형으로 돌출되고 있으며, 예안이씨 충효당의 쌍수당과 달성 태고정은 수서형의 익공뿌리로 뻗고 있는 형태이나 익공 몸이 매우 두꺼워지면서 태고정의 익공 몸 아래에는 갈고리모양의 짧은 뿌리를 이중으로 덧달

아 내고 있다. 그리고 예천권씨 종가별당의 익공뿌리는 대량의 외단보다 오히려 짧은 물익공계로 되어 익공 형태에 일부 변화가 보이기 시작하고 있다.

무출목 초익공양식			
청평사 회전문 공포	의성 만취당 공포	안동 양진당 공포	안동 군자정 공포

[그림 1346] 무출목 초익공양식 중 무출목 이익공양식으로 변천되는 과도기양식

또한, 16세기 중,후반에서 17세기 초반경에 들어서면 청평사 회전문과 함께 의성 만취당은 익공뿌리가 수 서형으로 뻗고 있으나 안동 양진당과 군자정은 익공뿌리가 보머리에 맞춰서 돌출되고 있는 물익공계로 변 화하고 있다. 특히 이 시기의 익공은 모두 도리방향으로 주심두공을 결구시켜 무출목 초익공양식에서 무출 목 이익공양식으로 변천되는 과도기적 건축양식으로 변화를 보이고 있다.

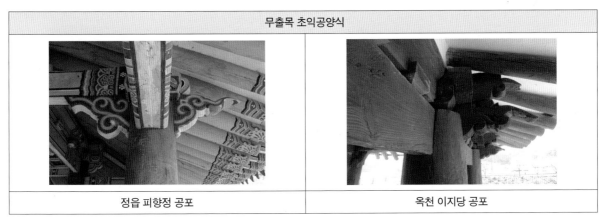

무출목 초익공양식	
정읍 피향정 공포	옥천 이지당 공포

[그림 1347] 17세기 중, 후반경의 무출목 초익공양식 건물

17세기에 들어서면 궁궐이나 지방 관아건물에서 많이 볼 수 있는 형태인 익공뿌리가 수평으로 길게 뻗으 면서 양 몸에 당초문양을 초각하고 있는 것을 정읍 피향정의 공포에서 볼 수 있으며, 옥천 이지당은 처음으로 초익공 상,하부에 연꽃을 초각하여 섬약해지면서 장식화되어 가는 조선후기의 지방적 특성을 볼 수 있다.

7-2-2. 무출목 이익공양식의 발생과 변천

15세기 중반경에 발생된 무출목 초익공양식은 조선시대에 들어와서 유교적 관념이 강했던 선비들의 소박하면서 절제된 생활과 잘 어울리는 전통가옥의 별당別堂이나 사랑채, 그리고 그 주변에 건립되는 누정건축 등에 주로 적용되어 건립되었다. 그러나 궁궐의 전각殿閣이나 침전건축과 함께 신분제도가 엄격했던 조선시대 사대부가士大夫家에서 거주자의 신분 상승에 맞춰 그 권위와 위계를 나타낼 수 있는 새로운 건축양식이 필요하게 됨에 따라 건물의 규모와 함께 건물의 높이도 한층 더 높게 올릴 수 있는 무출목 이익공양식이 발생할 수 있는 중요한 요인이 되었다.

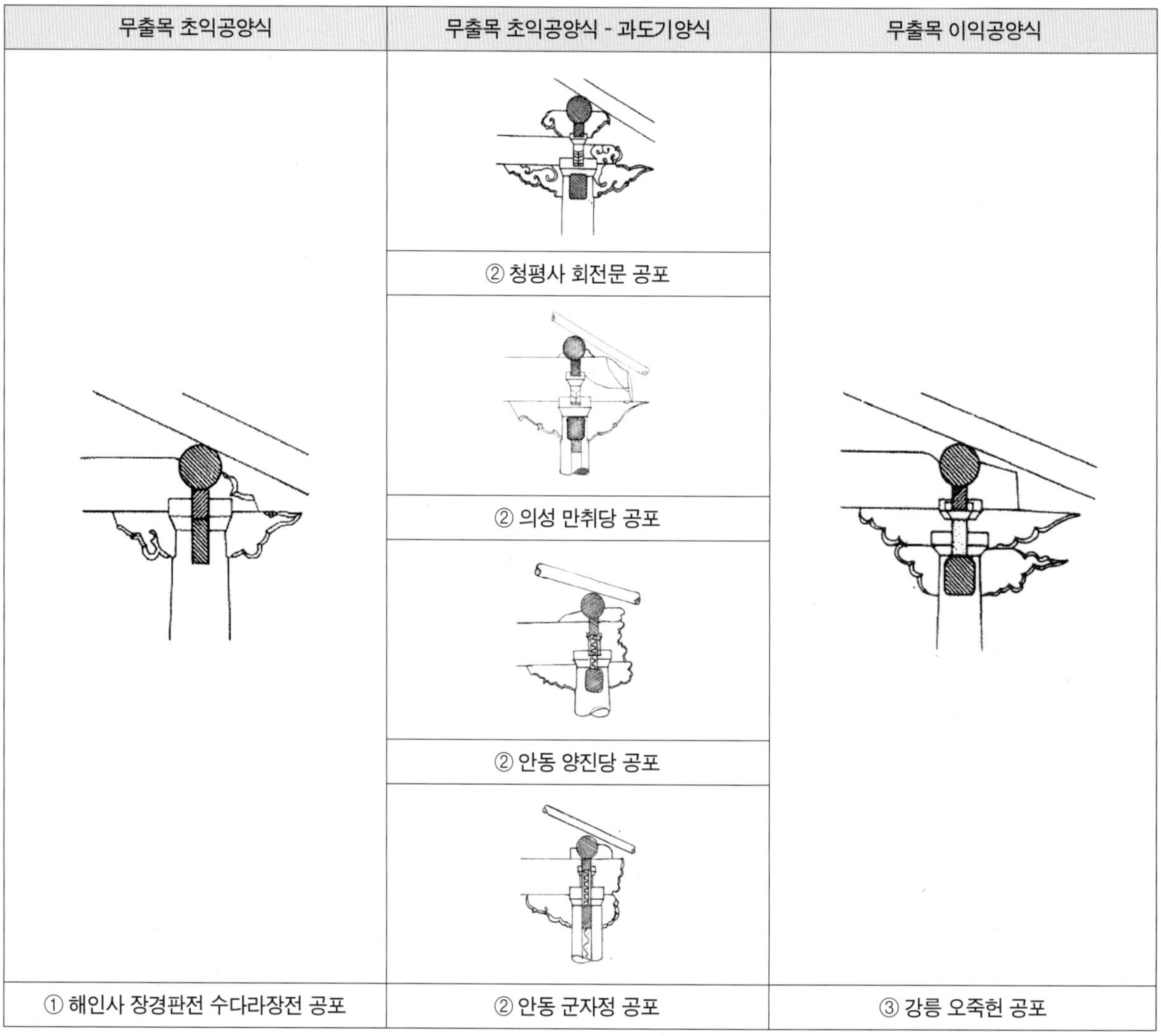

무출목 초익공양식	무출목 초익공양식 - 과도기양식	무출목 이익공양식
	② 청평사 회전문 공포	
	② 의성 만취당 공포	
	② 안동 양진당 공포	
	② 안동 군자정 공포	
① 해인사 장경판전 수다라장전 공포	② 안동 군자정 공포	③ 강릉 오죽헌 공포

[그림 1348] 무출목 초익공양식에서 무출목 이익공양식으로의 변천 과정

무출목 이익공양식은 무출목 초익공양식이 16세기 중, 후반에서 17세기 초경에 들어와서 창방 상부 포벽에 주심두공이 결구되는 무출목 이익공양식으로 변천되고 있는데, 무출목 이익공양식의 가장 큰 특징가운데 하나인 포벽에 도리방향으로 주심두공이 결구되면서 창방 상부에 화반을 배치하고 있는 청평사 회전문

과 의성의 만취당, 안동의 양진당, 그리고 임청각 군자정 등(그림 1348-②)의 공포구성을 볼 수 있으나 초익공 상부에 이익공 대신에 대량이 결구되어 있고 재주두도 생략하고 있어서 과도기적 특성을 가지고 있다.

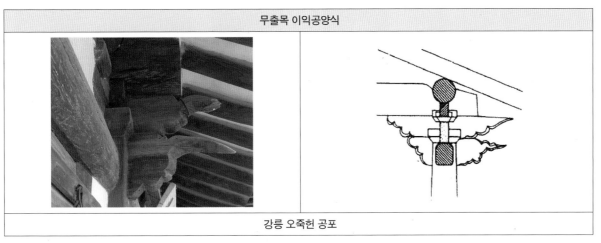

무출목 이익공양식

강릉 오죽헌 공포

[그림 1349] 15세기 후반~16세기 초의 무출목 이익공양식 건물

이와 같은 과도기적 과정을 거치면서 발생된 무출목 이익공양식은 15세기 후반경에서 16세기 초, 중반경에 건립된[3] 건물로 알려진 강릉 오죽헌(그림 1349)에 적용된 건축양식으로서 이 양식은 주두의 운두부분과 엇물려서 창방과 十자 방향으로 직교하여 외부로 빠져나온 초익공 위에 다시 이익공과 재주두가 놓이면서 포벽에 도리방향으로 양단에 소로를 놓은 주심두공을 결구시켜 대량에 결구되어 있는 굴도리로 된 주심도리를 받도록 하고 있는 전형적인 무출목 이익공양식으로 볼 수 있다.

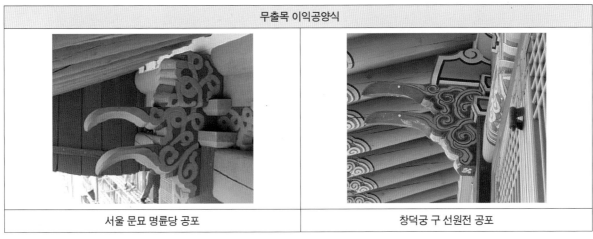

무출목 이익공양식

서울 문묘 명륜당 공포 | 창덕궁 구 선원전 공포

[그림 1350] 17세기 초, 중반경의 무출목 이익공양식 건물

17세기 초, 중반경의 서울 문묘 명륜당과 창덕궁 구 선원전은 초익공과 이익공뿌리가 수평으로 길게 뻗어 나가다가 끝부분에서 아래로 살짝 휘어내리는 수서형을 이루면서 익공의 양몸에 당초문 등의 화려한 장식을 하고 있다. 또한 이익공 상부에는 재주두가 놓여지면서 주심두공의 양단을 연화문형 곡선으로 다듬으면서 대량의 보머리에 게눈각 장식 수법으로 초각을 하고 있는데, 이와 같은 형태는 궁궐의 전각이나 침전건축에서 즐겨 사용하는 대표적인 공포 형태로 되고 있다.

무출목 이익공양식		
 창덕궁 주합루 공포	 수원 화성행궁 낙남헌 공포	 공주 감영청 선화당 공포

[그림 1351] 18세기 중, 후기경의 무출목 이익공양식의 건물

18세기에 들어와서도 창덕궁 주합루 등 궁궐 내 많은 전각과 정부에서 지방에 건립하는 수원 화성행궁인 낙남헌을 비롯하여 관민으로 부터 권위와 위엄의 상징이 되었던 지방 관아의 수령들이 집무를 보던 공주 감영청 선화당 등의 건물 공포에 연꽃이나 연봉 문양의 복잡한 장식 대신에 익공 몸이나 대량의 보머리에 화려한 당초문양으로 초각을 하여 건물의 위계를 더욱 높여주는 전형적인 무출목 이익공양식으로 건립되었다.

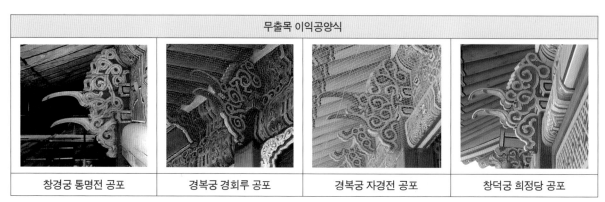

무출목 이익공양식			
창경궁 통명전 공포	경복궁 경회루 공포	경복궁 자경전 공포	창덕궁 희정당 공포

[그림 1352] 19세기 경의 무출목 이익공양식의 건물

19세기에 들어와서는 왕실의 중요한 행사나 외국사신들의 연회 장소로 사용하던 중층 누각건축인 경회루와 대궐의 안주인이었던 대비나 왕비들의 주 생활공간이었던 창경궁의 통명전과 경복궁의 자경전, 창덕궁의 희정당 등 화려하고 아름다운 궁궐 침전건물의 조영造營에 무출목 이익공양식이 사용되었다.

이 양식은 익공뿌리가 수평으로 더욱 길어지면서 익공의 양 몸에 화려한 당초문의 초각과 금단청을 한 후 기둥에는 낙양을 부착하여 더욱 화려한 장식을 하고, 창방 상부에 운공雲工이 끼워진 장화반들을 배치하여 화려하고 아름다운 궁궐건축 양식으로 정착하게 된다.

[그림 1353] 무출목 이익공양식의 창덕궁 희정당 중앙 현관 장식

또한 무출목 이익공양식은 관민으로부터 권위와 위엄의 상징이었던 지방 관아의 수령들이 집무를 보는 감영 내의 객사나 동헌, 그리고 지방 호족豪族들의 신분 상승에 따른 새로운 건축양식으로 자리잡게 되었다.

무출목 이익공양식	무출목 이익공양식
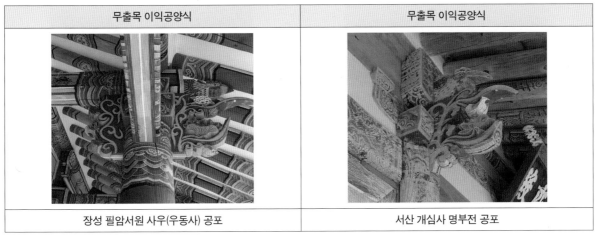	
장성 필암서원 사우(우동사) 공포	서산 개심사 명부전 공포

[그림 1354] 17세기경의 서원 사우와 사찰 전각 건물

특히 무출목 이익공양식의 경우 궁궐이나 지방 관청 등의 건물 건립에 주로 이용된 건축양식이었으나 서원의 사우祠宇나 사찰의 전각 등에도 일부 무출목 이익공양식으로 건립되고 있어서 조선시대에 이 양식이 여러 용도의 건물에 광범위하게 활용된 건축양식임을 알 수 있다.

그 중 17세기 초경에 건립된 장성 필암서원의 사우인 우동사와 서산 개심사 명부전의 공포는 건물의 기능이나 성격상 그 내부에 모시고 향사享祀하고 있는 위패나 부처님에 대한 존경과 경배의 의미로 익공의 몸과 뿌리에 활짝 핀 연꽃이나 연봉 등으로 더욱 화려하고 아름답게 초각을 하고 있으며, 대량의 보머리에도 봉두 등을 부착하여 장식을 하고 있다.

7-2-3. 무출목 삼익공양식의 발생과 변천

무출목 삼익공양식과 무출목 사익공양식은『화성성역의궤』에 기록과 관련된 내용에도 나와 있지 않은 독특한 건축양식으로서, 현재 우리나라에 남아 있는 목조건물 가운데 그 유례가 많지 않은 건축양식이다.

특히 조선시대 상류주택이나 규모가 비교적 작은 별당, 누정 등의 지붕하중이 적게 작용하는 건물에서는 이용이 가능할 수 있으나 사찰의 전각이나 성곽의 문루, 관아내의 주요 건물 등에는 적용하기가 구조적으로 어려운 건축양식으로 볼 수 있다.

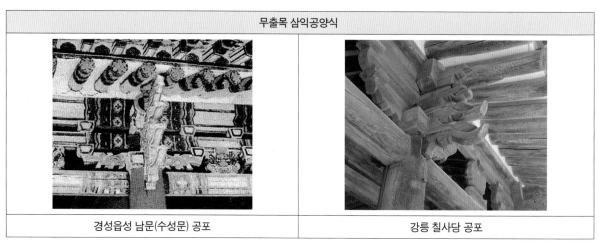

무출목 삼익공양식	
경성읍성 남문(수성문) 공포	강릉 칠사당 공포

[그림 1355] 17세기 초, 중반경의 무출목 삼익공양식 건물

현재 무출목 삼익공양식은 17세기 초인 1616년에 건립된 함경북도 경성군에 축성된 경성읍성의 남문인 수성문과 1632년에 창건된 후 1867년에 다시 중건된 강릉의 칠사당 건물에서 볼 수 있으며, 무출목 사익공양식[4]은 경성읍성 남문인 수성문 2층 공포에 결구되어 있다.

특히 삼익공으로 공포를 짤 경우에는 3개의 익공부재가 중첩되는 부재 사이에 소로와 행공첨차를 중첩하여 결구시켜서 익공 부재를 서로 붙잡아 주는 역할을 하도록 하고 있는 2출목 삼익공 양식(그림 1328)으로 공포를 구성하여야 구조적으로 안정감을 줄 수 있다. 그러나 출목 소로나 행공첨차가 없는 무출목 삼익공으로 짜여진 수성문과 칠사당의 공포는 익공부재가 좌,우 방향으로 비틀어지거나 변형이 되기 쉬운 구조적인 결함이 있는 건축양식으로 볼 수 있다.

또한 무출목 사익공四翼工양식도 경성읍성 남문인 수성문 2층 공포에 결구되어 있는 사례가 있기는 하나 더 이상 발견되지 않아 일단 무출목 익공양식에서 제외하기로 하였다.

이와 같이 무출목 초익공양식은 조선 상류주택의 별당이나 사랑채 등의 건립에, 무출목 이익공양식은 궁궐의 전각이나 침전건축의 건립에 구조적으로 가능한 건축양식으로 볼 수 있으나 무출목 삼익공양식은 구조적 결함 때문에 실제로 건물 조영造營에 적용이 많이 되지 못한 건축양식으로서, 특히 이러한 구조적 결함은 출목 익공양식의 발생에 큰 요인이 된 것으로 판단되고 있다.

7-2-4. 1출목 초익공양식의 발생과 변천

규모가 작은 3량가나 5량가의 전통 목조건물에서 그 규모와 위계가 점점 커짐에 따라 7량가 또는 9량가의 건물이 필요하게 되었다. 그러나 대형화된 건물의 공포 구성에서 출목 소로나 행공첨차가 결구되지 않은 무출목양식의 구조적인 결함으로 인하여 공포에 변형이 발생하는 문제점이 발생하게 되고, 이에 따라 건물의 규모에 맞춰 외부로 길게 돌출되는 처마를 안전하게 받쳐주기 위하여 주심도리 앞에 외목도리를 하나 더 걸어야 하는 출목양식의 지붕틀 가구가 발생하게 되었다.

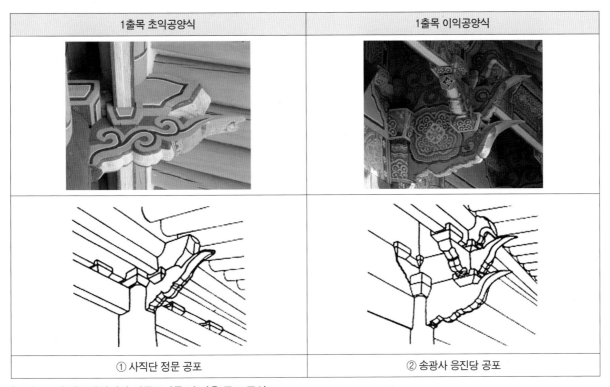

1출목 초익공양식	1출목 이익공양식
① 사직단 정문 공포	② 송광사 응진당 공포

[그림 1356] 익공양식에서 외목도리를 걸 경우 공포 구성

특히 건물의 하부 가구와 상부 가구를 중간에서 단단히 붙잡아 주기 위해 고안考案된 공포의 구조법에서 외목도리를 결구하는 경우, 초익공 위에 1출목 소로를 놓은 후 행공첨차가 결구되어 있는 이익공을 다시 놓고 대량 또는 퇴량을 받는 1출목 이익공양식(그림 1356-②)으로 공포를 짜는 것이 일반적인 수법이다.

그러나 사직단 정문에서는 기술적 요인이나 건축부재의 간략화 등의 여러 요인으로 빗굽의 사절된 주두의 운두 부분과 엇물려서 외부로 돌출된 초익공 상단면에 출목소로를 놓고 그 위에 이익공이 없이 대량 외단에 결구된 외목도리를 직접 받고 있는 1출목 초익공양식(그림 1356-①)으로 공포를 구성하고 있는 이형적異形的인 특징을 가지고 있다.

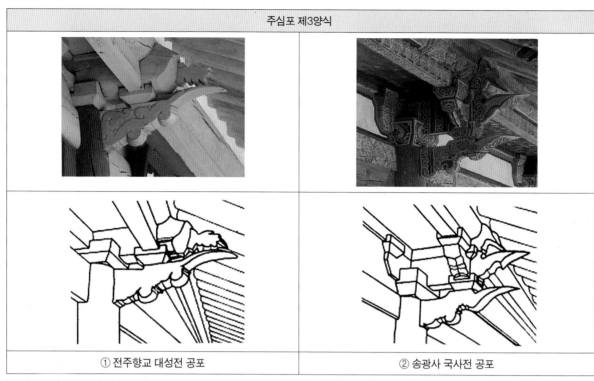

주심포 제3양식	
① 전주향교 대성전 공포	② 송광사 국사전 공포

[그림 1357] 주심포양식에서 외목도리를 걸 경우 공포 구성

이와 같은 이형적인 익공양식의 공포 구성에서 이익공과 행공첨차를 생략하고 있는 것과 같이 주심포양식에서도 헛첨차 상부면에 결구되어야 할 제1살미첨차와 행공첨차를 생략하고 있는 공포 구성(그림 1357-①)을 볼 수 있는데, 주심포 제3양식에서 외목도리를 거는 경우 송광사 국사전(그림 1357-②)과 같이 기둥 상단부에서 빠져나온 헛첨차 상부에 출목 소로를 놓은 후 도리방향으로 행공첨차가 결구되어 있는 제1살미첨차를 다시 놓고 대량 외단에 결구된 외목도리를 받도록 하는 주심포 제3양식으로 공포를 짜는 것이 일반적인 수법이다. 그러나 전주향교 대성전(그림 1357-①)의 공포에서는 헛첨차 상부에 소로를 놓고 대량 외단에 결구되어 있는 외목도리를 헛첨차가 직접 받도록 하고 있다.

이 수법은 익공양식에서 이익공을 생략한 후 초익공이 외목도리를 받고 있는 것과 같이 주심포양식에서 제1살미첨차를 생략한 후 헛첨차가 외목도리를 직접 받고 있는 형식과 일맥상통一脈相通하는 수법으로 볼 수 있다.

주심포 건축양식		익공 건축양식	
주심포 제3양식 - 전형적인 양식	주심포 제3양식 - 이형적인 양식	1출목 초익공양식 - 이형적인 양식	1출목 이익공양식 - 전형적인 양식
① 송광사 국사전 공포	② 전주향교 대성전 공포	③ 사직단 정문 공포	④ 송광사 응진당 공포

[그림 1358] 주심포 제3양식에서 1출목 이익공양식의 변화 과정

특히 주심포 제3양식의 후기적 특성을 갖고 있는 전주향교 대성전이나 1출목 초익공양식의 사직단 정문과 같은 건축양식은 임진왜란이라는 참혹한 전쟁을 거치면서 소실된 많은 건축물이 다시 복원되는 과정에서 건축 기간期間의 제약이나 기술의 한계, 또는 건축부재의 간략화 측면에서 이형적異形的인 건축양식이 발생된 것으로 볼 수 있다.

이는 송광사 국사전(그림 1358-①)과 같은 주심포양식의 전형적인 공포 구성이 부재의 간략화 현상에 의한 후기적 특징을 많이 갖고 있는 전주향교 대성전(그림 1358-②)의 공포 구성으로 변화되고 이 수법은 다시 익공양식으로 들어와 사직단 정문(그림 1358-③)의 이형적인 1출목 초익공양식에서 송광사 응진당(그림 1358-④)과 같은 전형적인 1출목 이익공양식으로 발전된 것으로 보여지고 있다.

이와 같은 이형적인 1출목 초익공양식은 사직단 정문 이외에도 영천향교 대성전과 평양 연광정, 수원 화성 동장대 공포에서도 볼 수 있는데, 이 4동의 건물이 건축양식상으로는 똑같은 1출목 초익공양식이지만 세부적인 측면에서는 다양한 형태의 공포 구성을 하고 있는 것을 볼 수 있다.

1출목 초익공양식
① 서울 사직단 정문 공포 / ② 영천향교 대성전 공포

[그림 1359] **1출목 초익공양식의 건물**

1392년 조선 개국開國과 함께 처음 창건된 후 다시 중건된 서울 사직단 정문의 공포(그림 1359-①) 구성에서는 이익공과 행공첨차, 그리고 주심두공을 생략하면서 외부로 길게 뻗고 있는 수서형의 초익공이 외목도리가 결구되어 있는 퇴량을 직접 받쳐주고 있다. 그리고 16세기 초에 창건된 후 17세기 초에 중건된 건물로 알려지고 있는 영천향교 대성전의 공포 (그림 1359-②)구성도 이익공과 행공첨차, 그리고 주심두공이 생략되고, 초익공 외단은 익공뿌리로 뻗지 않고 대량의 보머리에 맞춰 둥글게 3단으로 굴려서 마치 물익공 형상으로 조각하여 익공뿌리에 더 한층 변화를 주고 있다.

1출목 초익공양식	
 ① 평양 연광정 공포	 ② 수원 화성 동장대 공포

[그림 1360] 1출목 초익공양식의 변천

　그 후 17세기 중,후반에 건립된 평양 연광정의 공포(그림 1360-①)구성은 초익공 상부에 소로를 놓기는 했으나 이익공을 생략하고 오히려 행공첨차가 대량 외단에 결구되어 외목도리를 받쳐주고 있어 독특하며, 이는 주심두공이 결구된 1출목 이익공양식의 전 단계 양식으로 볼 수 있다.

　18세기 후반경에 건립된 수원 화성 동장대 공포(그림 1360-②)는 이익공과 주심두공을 생략하고 초익공 몸에 1출목 소로와 도리방향으로 행공첨차를 결구하여 퇴량에 결구된 외목도리를 받고 있으며, 익공뿌리 외단을 궁궐 전각건축의 특징인 둥글게 굴려져 있는 물익공계 형상으로 조각하고 있다.

1출목 초익공양식 - 과도기양식	1출목 이익공양식
① 수원 화성 동장대 공포	② 안동 봉정사 고금당 공포

[그림 1361] 1출목 초익공양식에서 1출목 이익공양식의 발생

　특히 화성 동장대 공포(그림 1361-①)에서 생략된 이익공 부재를 초익공 위에 결구시키면 전형적인 1출목 이익공양식(그림 1361-②)이 될 수 있어서 수원 화성 동장대 공포를 과도기적 건축양식으로 볼 수 있다.

7-2-5. 1출목 이익공양식의 발생과 변천

조선시대에 들어와서 사대부가土大夫家의 신분 상승에 따른 상류주택의 별당건축이나 누정, 궁궐의 전각이나 침전건축인 경우 대부분 5량가의 무출목 이익공양식으로 건립되는 것이 일반적인 수법이었다.

그러나 사찰의 전각이나 향교, 서원의 중심건물인 대성전과 사우 건물의 경우에는 건물의 규모와 함께 그 위계가 점점 커짐에 따라 7량가 또는 9량가의 지붕틀 가구가 필요하게 되었으며, 이와 같이 대형화된 건물의 공포 구성에서 출목 소로나 행공첨차가 결구되지 않은 무출목양식의 경우 구조적인 결함으로 인하여 공포에 변형이 발생하는 문제점이 발생하게 되었다. 이에 따라 건물의 높이를 증가시켜 주면서 외부로 길게 돌출되는 처마를 안전하게 받쳐 줄 수 있는 구조적인 문제을 해소할 수 있는 1출목 이익공양식이 발생하는 요인要因이 되었다.

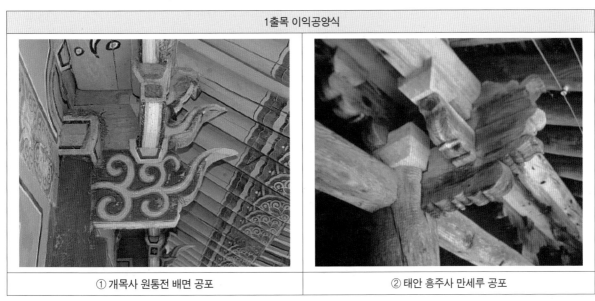

1출목 이익공양식	
① 개목사 원통전 배면 공포	② 태안 흥주사 만세루 공포

[그림 1362] 15~16세기경의 1출목 이익공양식의 초기적 건물

1출목 이익공양식은 우리나라 전통 목조건물을 건립하는 출목 익공양식 가운데에서 가장 많이 이용하고 있는 양식으로서 조선 세조 3년(1457)인 15세기 중반경에 건립된 안동 개목사 원통전 배면 공포(그림 1362-①)에서 처음으로 볼 수 있는 건축양식이다.

이와 같은 1출목 이익공양식은 조선 중종 22년(1527)인 16세기 중반에 개건改建된 이후 몇차례 중창 기록이 있는 태안 흥주사 만세루 공포(그림 1362-②)에서도 볼 수 있는데, 주간 간격이 넓은데도 불구하고 비어 있는 포벽 부분에 1구씩의 화반만을 배치하고 있어 독특하다. 그리고 종량 상부에는 조선초기 일부 건물에서만 볼 수 있는 솟을합장이 결구되고 있어서 건축양식상 초기적인 수법이 남아 있는 중요한 건물로 보여지고 있다.

1출목 이익공양식	
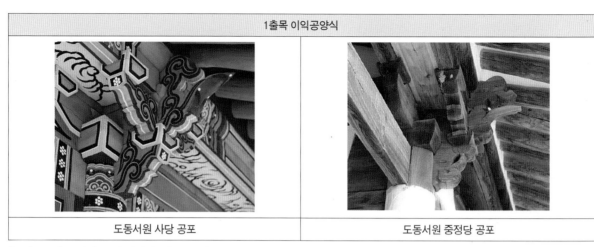	
도동서원 사당 공포	도동서원 중정당 공포

[그림 1363] 16세기 중, 후반경의 1출목 이익공양식의 건물

특히 16세기 중반경에 창건된 후 1605년에 다시 중건된 달성에 있는 도동서원 사당과 중정당의 공포는 독특한 형상으로 공포를 구성하고 있다. 그중 도동서원 사당의 공포는 초익공 외단부를 뿌리로 돌출시키지 않고 1출목 소로 끝단에 맞춰 사절한 후 그 아래면을 연화문형 문양이 아닌 파련문으로 조각을 하고 있기는 하나 수덕사 대웅전이나 강릉 객사문 공포와 같은 외관을 갖도록 하고 있어서 마치 주심포 제2양식과 같은 독특한 외형을 보여주고 있다. 또한 사당 앞에 있는 강당건물인 중정당 공포도 초익공의 외단을 익공뿌리로 돌출시키지 않고 1출목 소로 끝단 아래로 연꽃과 연꽃줄기로 아름답게 조각을 하고 있는데, 이는 초익공 외단을 수서형의 익공뿌리로 돌출시키는 전 단계의 양식 수법으로 볼 수 있다.

1출목 이익공양식		

봉정사 고금당 공포	환성사 심검당 공포	송광사 응진당 공포

[그림 1364] 17세기 초기경의 1출목 이익공양식의 건물

또한 1출목 이익공양식은 17세기 초경인 조선중기에 들어와서 사찰건축의 요사나 전각 건물에도 많이 이용되고 있는데, 그중 봉정사 고금당과 환성사 심검당, 그리고 송광사 응진당과 같은 비교적 규모가 작은 사찰 경내의 요사채 공포에서 빗굽의 사절된 주두의 운두부분과 엇물려 외부로 돌출되고 있는 익공뿌리가 아래에서 위로 짧게 휘어 오르면서 초익공 상부에 1출목 소로를 놓고 도리방향으로 행공첨차가 결구되어 있는 이익공을 다시 놓아 대량을 받고 있는 전형적인 익공양식을 보이고 있다.

1출목 이익공양식		

영천 숭렬당 공포(정칸)	영천 숭렬당 공포(귀포)	밀양 향교 명륜당 공포

[그림 1365] 17세기 초반경의 1출목 이익공양식의 건물

그리고 17세기에 들어와서 영천 숭렬당 정칸 공포와 영천향교 명륜당의 공포는 수서형태로 뻗고 있는 초익공과 이익공뿌리에 연꽃이나 연봉 등의 장식이 없이 비교적 창건대의 건축양식을 잘 유지하고 있다. 그러나 숭렬당의 귀포에 결구되어 있는 공포에는 이익공뿌리와 퇴량의 뺄목을 한 몸으로 하여 날카로운 이빨과 여의주를 문 용두龍頭 형태로 조각을 하고 있는데, 이는 성곽건축의 문루에 전쟁시 적군들로 하여금 공포심을 주기 위해 도깨비 문양이나 용두 조각을 새기고 있는 것처럼 무관武官이었던 이순봉 장군의 사가私家와 연관이 있는 것으로 보여지고 있다.

1출목 이익공양식		

종묘 정전 공포	수원 화서문 공포	제주 관덕정 공포

[그림 1366] 17세기 ~ 18세기의 1출목 이익공양식의 건물

17세기에서 18세기에 걸쳐 건립된 종묘 정전이나 수원 화성의 화서문, 그리고 제주 관덕정 공포와 같이 중앙 또는 지방정부와 관련이 있는 건물에서는 대체로 빗굽의 사절된 주두의 운두 부분과 엇물려서 외부로 돌출되고 있는 초익공과 이익공의 뿌리가 수평으로 길게 뻗어 나가면서 그 끝단이 아래로 약간 휘어 내리는 전형적인 수서형이며, 양 몸에 화려한 당초문을 초새김하고 있다. 이 형상은 장중하면서도 화려한 외관을 갖고 있는 궁궐건축의 대표적인 건축양식으로서 전각이나 침전건축에서 많이 볼 수 있는 공포 형식이다

1출목 이익공양식

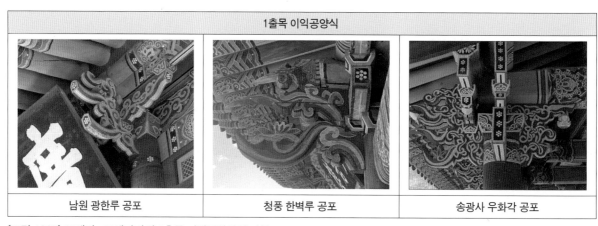

남원 광한루 공포	청풍 한벽루 공포	송광사 우화각 공포

[그림 1367] 18세기~19세기경의 1출목 이익공양식의 건물

조선시대 지방에 건립된 누정건물은 그 건물의 성격상 장식적 경향이 심하게 나타나고 있는데, 그중 남원 광한루와 청풍 한벽루, 그리고 송광사 우화각의 공포는 기본적으로 1출목 이익공 양식으로 구성되었지만 익공뿌리가 두갈래 또는 세갈래로 갈라지면서 앙서형으로 뻗은 초익공뿌리 상부에는 활짝 핀 연꽃 조각이, 그리고 수서형의 이익공뿌리 아래에는 연봉오리가 모두 조각되어 있다. 그리고 대량이나 퇴량의 외단에도 봉황의 머리가 부착되는 등 건물 외형에 더욱 화려한 장식을 하는 것을 볼 수 있다.

1출목 이익공양식

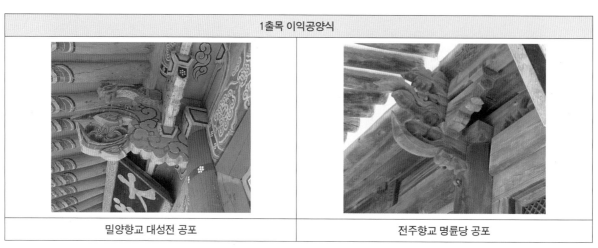

밀양향교 대성전 공포	전주향교 명륜당 공포

[그림 1368] 19세기 1출목 이익공양식의 건물

17세기 초에 건립된 후 19세기 경에 다시 옮겨 지은 밀양향교 대성전은 전주향교 명륜당과 같이 앙서형의 초익공 위에는 연꽃을, 수서형의 이익공 아래에는 연봉으로, 그리고 대량의 외단에는 봉두장식을 부착하고 있는데, 이와 같이 익공뿌리에 화려한 조각이나 장식을 하고 있는 것은 조선 후기경 지방에 건립되는 향교나 서원건물에서 볼 수 있는 한 특징으로 볼 수 있다.

7-2-6. 1출목 삼익공양식의 발생과 변천

조선 중, 후기경에 들어와 규모가 장대해진 건물의 등장으로 인하여 구조적 또는 기능적인 측면에서 더욱 높고 화려한 건축양식이 요구되었다. 이와 같이 건물의 높이를 높이면서 풍부한 장식성을 갖출 수 있는 새로운 건축 공법이 필요하여 발생된 1출목 삼익공양식은 1출목 이익공양식보다 약간 뒤지는 15세기 후반경에 발생된 건축양식이다.

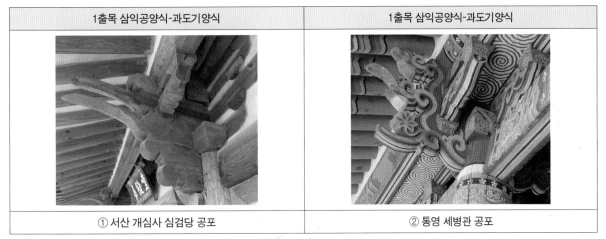

1출목 삼익공양식-과도기양식	1출목 삼익공양식-과도기양식
① 서산 개심사 심검당 공포	② 통영 세병관 공포

[그림 1369] 1출목 삼익공양식의 초기 건물

1출목 삼익공양식으로 건립된 개심사 심검당의 공포(그림 1369-①)는 빗굽의 사절된 주두의 운두부분과

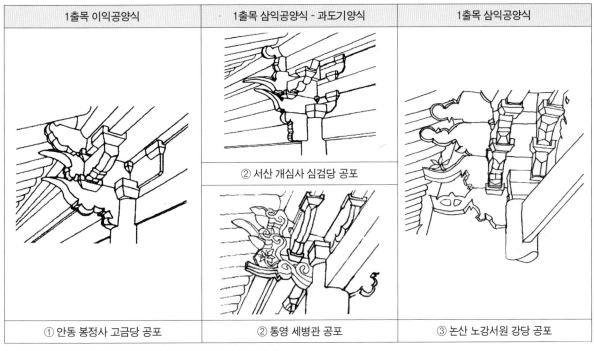

1출목 이익공양식	1출목 삼익공양식 - 과도기양식	1출목 삼익공양식
	② 서산 개심사 심검당 공포	
① 안동 봉정사 고금당 공포	② 통영 세병관 공포	③ 논산 노강서원 강당 공포

[그림 1370] 1출목 이익공양식에서 1출목 삼익공양식의 발생

엇물려서 외부로 돌출되고 있는 초익공 상부에 소로를 배치하지 않고 있으며, 초익공 외단부도 익공뿌리로 만들지 않고 2단의 둥그스럼한 형상으로 굴려 다듬고 있다. 그리고 이익공 몸에 행공소첨을 결구하지 않고 삼익공 몸에 행공소첨을 결구하고 있는 특징을 볼 수 있다.

또한 통영 세병관의 공포(그림 1369-②)구성도 행공소첨이 결구되어 있는 이익공 위에 다시 출목소로를 놓고 삼익공 몸에 행공대첨을 결구시켜야 하나 삼익공 몸에는 외목도리 장혀를 결구시켜 외목도리를 받쳐 주고 있다.

따라서 개심사 심검당과 통영 세병관의 이 두 양식(그림 1370-②)은 1출목 이익공양식의 공포(그림 1370-①)와 혼동하기 쉬울 뿐만 아니라 이익공과 삼익공에 2중의 행공첨차를 외줄로 결구시키는 17세기 초, 중반경 부여의 석성향교 대성전과 논산의 돈암서원 응도당, 그리고 노강서원 강당의 공포(그림 1370-③)로 변화하는 과도기적 양식으로 볼 수 있다.

1출목 삼익공양식		
부여 석성향교 대성전 공포	논산 돈암서원 응도당 공포	논산 노강서원 강당 공포

[그림 1371] 17세기 중, 후반경의 전형적인 1출목 삼익공양식 건물

이와 같이 1출목 이익공양식에서 개심사 심검당과 통영 세병관의 과도기적 양식을 거쳐 17세기 중, 후반경의 부여 석성향교 대성전과 논산의 돈암서원 응도당, 노강서원 강당의 1출목 삼익공 양식의 공포로 발전하고 있다.

이 공포의 변화는 초익공과 이익공 상부에 소로를 놓고 이익공과 삼익공 몸에 행공소첨과 행공대첨을 외줄로 놓고 외목도리를 받고 있다. 또한 초익공과 이익공 뿌리는 앙서형으로, 삼익공뿌리는 수서형으로 돌출 시킨 후 그 상부에 활짝 핀 연꽃이나 연봉오리 등을 장식적으로 조각하고 있는 특징을 볼 수 있는데, 그중 석성향교 초익공 상부에는 지금까지 볼수 없었던 물고기 장식을 하여 더욱 특이하다.

그리고 돈암서원의 공포 구성에서도 도리방향으로 결구되어 있는 주심두공과 행공첨차의 양 마구리

[그림 1372] 돈암서원 응도당의 행공첨차와 주심두공 외단의 연꽃 조각 받침

상부에 놓여지는 소로의 받침(그림 1372)을 아름다운 연꽃과 연꽃줄기로 조각하여 받치도록 한 솜씨는 전통 목조건축의 탁월한 창의성을 보여주고 있다고 할 수 있다

또한 고려말에 창건된 후 여러번 중수를 거듭하다가 19세기 중반에 다시 중건된 밀양 영남루 공포에서는 초익공과 이익공, 그리고 삼익공까지 모두 앙서형으로 돌출시켜 정교하면서도 섬세하게 조각된 연꽃이나 연봉오리들로 더욱 화려하면서도 복잡한 장식을 하고 있으며, 퇴량의 보머리에도 목을 길게 뺀 봉두장식을 직접 조각하고 있어서 건립시기가 후대로 흐를수록 공포 구성의 장식화 경향이 더욱 뚜렷해 지고 있는 경향을 볼 수 있다.

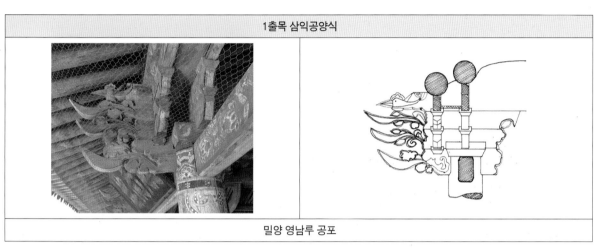

1출목 삼익공양식
밀양 영남루 공포

[그림 1373] 19세기 중반경의 건물

[그림 1374] 노강서원 강당의 변형된 공포 부재

그러나 1출목 삼익공으로 공포를 짤 경우 상부에서 내려오는 무거운 지붕처마의 하중에 대해서 분산 지지支持해 주고 있는 이익공과 삼익공 부재를 서로 단단하게 붙잡아 주어야 하는 2출목이 없이 3개의 소로와 2개의 행공첨차가 외줄로 결구되는 1출목 삼익공 양식의 경우 길게 뻗어 나간 처마의 처짐이나 부재의 변형 등에 대해서 구조적으로 대처하기가 미흡한 공포 구조로 보여지고 있다.

따라서 1출목 삼익공양식 중 석성향교 대성전과 같이 비교적 규모가 작은 건물에서는 구조적으로 가능한 건축양식으로 볼 수 있으나 건물의 규모가 장대함에도 불구하고 1출목 삼익공의 건축양식으로 건립한 논산의 돈암서원 응도당과 노강서원 강당(그림 1374)의 공포 구성의 경우 익공부재 간에 서로 뒤틀리거나 찌그러짐 현상이 발생되는 등 구조적으로 결함이 일부 발생되고 있다.

이러한 구조적 결함은 1출목 외부에 다시 행공첨차를 2줄로 결구하고 있는 2출목 삼익공양식의 발생 요인이 된 것으로 볼 수 있다.

7-2-7. 2출목 삼익공양식의 발생과 변천

1출목 삼익공양식은 건물의 규모에 비해서 길게 뻗어 나간 처마의 처짐으로 인한 공포 부재의 변형 등에 대해서 구조적으로 대처하기가 부족했던 양식이었으나 2출목 삼익공양식은 처마의 지지점을 앞으로 더 돌출시켜서 공포를 구성하기 때문에 구조적으로 짜임새가 있고 비교적 변형이 적어 건물에 안정감을 줄 수 있는 공포 구성 수법으로 볼 수 있다.

2출목 삼익공양식		
① 강화 정수사 법당 전면 공포	② 공주 마곡사 영산전 전면 공포	③ 공주 마곡사 영산전 배면 공포

[그림 1375] 16~17세기 후반경의 2출목 삼익공양식 건물

이러한 구조적 요인要因으로 발생된 2출목 삼익공 양식은 1524년에 중창공사를 하면서 퇴칸을 증축한 것으로 알려지고 있는 강화 정수사 법당의 공포(그림 1375-①)구성을 초익공과 이익공, 삼익공의 뿌리를 연꽃이나 연봉 등의 장식을 하지 않고 아래에서 위로 휘어 오르는 짧은 수서형으로 돌출시키고 있는데, 이 수법은 주심포 건물 앞에 덧붙인 공포로서 주심포양식의 쇠서牛舌의 영향을 일부 받은 것으로 볼 수 있다. 그리고 퇴량의 보머리에 조각된 용두 형상은 삼국시대의 궁궐이나 불사건축에서 주술적으로 사용되었던 귀면문양에서 볼 수 있으며, 행공소첨과 행공대첨 양단에 놓여진 소로받침을 연꽃을 조각하여 받쳐주고 있는 수법은 도동서원 중정당 공포와 돈암서원 응도당 공포에서도 볼 수 있는 17세기경의 장식적 특징으로 보여지고 있다.

그리고 17세기 중,후반경에 건립된 후 19세기에 들어와서 다시 중수된 건물로 알려지고 있는 마곡사 영산전의 공포(그림 1375-②)에서도 앙서형과 수서형으로 뻗은 초익공과 이익공, 그리고 삼익공의 익공뿌리 뿐만이 아니라 대량의 뺄목까지도 모두 코끼리 코 모양으로 조각을 하고 있는데, 이는 건물의 불교적 성격이나 기능에 맞춰 장식을 한 것이 아닌가 보여지고 있다.

그러나 영산전의 배면 공포(그림 1375-③)는 전면과 다르게 공포를 독특하게 구성하고 있는데, 2중으로 결구되어 있는 행공첨차와 익공뿌리를 모두 사절 교두형으로 깎어 마치 다포양식의 공포 외관과 같이 구성하여 특이하다.

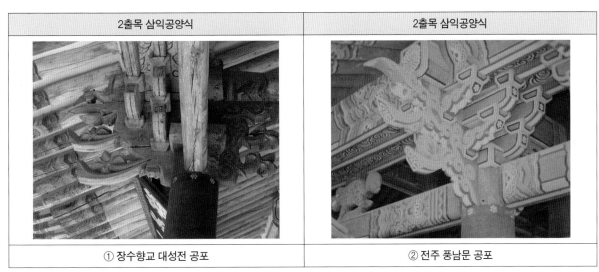

2출목 삼익공양식	2출목 삼익공양식
① 장수향교 대성전 공포	② 전주 풍남문 공포

[그림 1376] 18~19세기경의 2출목 삼익공양식의 건물

그리고 17세기 후반에 옮겨 지은 장수향교 대성전 공포(그림 1376-①)에 짜여져 외부로 뻗고 있는 익공뿌리에는 연꽃이나 연봉오리 등을 화려하게 초각하여 조선 중,후기경의 장식화되어 가는 경향을 볼 수 있으며, 18세기 중반에 대화재로 불이나 소실된 후 18세기 후반에 3층의 문루를 2층으로 다시 축소하여 개축한 전주 풍남문의 공포(그림 1376-②)도 앙서형으로 뻗은 초익공과 이익공 상부에도 활짝 핀 연꽃을, 수서형의 삼익공 아래에는 연봉오리를 조각하였으나 귀포에는 용두장식을 하여 성문城門으로서 전시戰時에 적으로부터 공포심을 느낄 수 있는 공포로 구성을 하고 있다.

특히 2출목 삼익공양식의 공포가 기둥 상부에만 배치되면서 주간포가 배치되지 않고 있으며, 건물 전면으로 향해 2출목으로 공포가 구성되기 때문에 일부 학자學者 중에는 주심포 건축양식으로 보는 견해도 있다.

그러나 주심포 건축양식에서는 주간柱間에 주간포를 배치하지 않고 있으나 익공양식에서는 주간柱間에 주심도리를 구조적으로 받쳐주면서 건물의 정면을 아름답게 꾸며주기 위한 화반이나 장화반을 배치하고 있는 특색을 볼 수 있으며, 주심포양식의 헛첨차는 주두 하단면에서 쇠서牛舌 형태로 빠져나와 공안栱眼을 만들고 있으나 익공양식의 익공은 주두의 운두부분과 엇물려서 빠져 나와 공안을 만들 수 없는 초익공 부재와는 그 위치와 형상이 확연히 다르다고 할 수 있다.

그리고 주심포양식에서는 조각 수법에 있어서도 오목굽 형태의 주두나 연화문 등의 곡선 조각을 비교적 많이 사용하고 있으나 익공양식에서는 빗굽의 주두와 복잡한 파련문 형상의 조각을 주로 많이 사용하고 있으며, 장식적인 측면에서도 주심포 양식의 공포 구성 부재에는 비교적 당초문 계열의 장식 문양을 즐겨 사용하는 반면에 익공양식의 구성 부재에는 연꽃이나 연봉오리, 그리고 봉두鳳頭 등의 복잡하고 번다繁多한 장식 문양이 주로 많이 사용되고 있다.

이와 같은 몇가지 측면에서 2출목 삼익공양식으로 건립된 정수사 법당과 마곡사 영산전,장수향교 대성전, 그리고 전주 풍남문의 건축양식을 주심포양식 보다는 익공양식으로 보는 것이 맞다 판단된다.

미주

1 주심포양식과 익공양식의 목부재 용어(用語)중에서 현재 같은 목부재를 보아지와 양봉으로 혼용하여 부르고 있다. 그러나 『화성성역의궤』의 목부재 용어 해설에는 초익공과 이익공의 그림과 함께 양봉(樑奉)으로 표기되어 있고, 또한 『화성성역의궤』에 수록되어 있는 익공양식으로 건립된 수원 화성의 동장대와 서장대 건립에 필요한 목부재 수량 산정에도 양봉으로 표기되어 있다. 이에 따라 익공양식에서는 양봉으로, 주심포양식은 별도의 자료가 없어 지금과 같이 보아지(甫兒只)로 표기하기로 하였다.

2 이달훈, 〈조선시대 별당건축의 양식에 관한 연구〉, 충남대학교 석사논문, 1980.

3 그러나 강릉 오죽헌의 건립시기에 대해서 정인국, 『한국건축양식론』, 일지사, 1974, p.416에서 조선 중종대로, 윤장섭, 『한국건축사』, 동명사, p.481에서는 1522~1566년 경인 조선 중종대로, 박언곤, 『한국건축사강론』, 1998, p.278에서 중종대인 16세기로 보고 있다.

또한 문화재청, 『강릉 오죽헌 실측조사보고서』, 2000, pp.47~51에서 오죽헌의 창건시기는 15세기 후반경으로 추정하고 있으나 중수(重修)는 오죽헌 중수기에 숭정갑신후칠십이계을미(崇禎甲申後七十二季乙未)(1716)년으로, 오죽헌 중수상량문 현판에는 숭정기원후삼병술(1766)로 기록하고 있다.

4 무출목 사익공양식은 경성읍성 남문 2층 공포에 결구되어 있기는 하나 더 이상 사례가 발견되지 않아 무출목 익공양식에서 제외하기로 하였다.

08

한국익공건축
양식론

8-1. 익공翼工건축양식

주심포柱心包 건축양식과 다포多包 건축양식을 비롯해서 한국 3대 목조건축 양식 가운데 하나인 익공翼工건축양식은 삼국시대을 거쳐 통일신라시대의 건축양식을 바탕으로 형성된 주심포양식의 공포구성에서 볼 수 있는 헛첨차 부재의 결구結構 형상이나 조각 변천 과정에서 발생된 우리나라 고유固有의 건축양식으로 볼 수 있다.

특히 목조건축을 주 가구재架構材로 하고 있는 동양 삼국三國 중 우리나라에서 볼 수 있는 특유特有한 건축양식인 이 익공양식은 조선 세조 3년(1457)에 건립된 안동 개목사 원통전의 전, 후면 공포 구성에서 처음으로 볼 수 있는데, 크게 무출목식無出目式과 출목식出目式으로 분류할 수 있다.

이 두 양식은 전통 목조건물에서 길게 돌출되고 있는 처마의 하중을 받쳐주기 위하여 고안考案되어 구조적, 또는 장식적으로 발전시켜 나간 공포栱包의 구성 과정에서 건물의 종류나 성격, 거주자의 경제적 여건과 취향, 지역적 특성과 시공의 용이성, 불교건축과 유교건축 등 여러 요인要因으로 인하여 다양화多樣化되고 더욱 다변화多變化되어 변천되어 오고 있다.

그 중 규모가 비교적 작은 3량가樑架나 5량가樑架의 건물에서 볼 수 있는 무출목식의 공포는 초익공과 이익공, 그리고 삼익공으로 그 양식이 다양화多樣化되고 있으며, 규모가 비교적 큰 7량가樑架나 9량가樑架의 건물에서 외목도리의 결구結構로 발생된 출목식 공포는 1출목과 2출목으로 구분되어 짜여진 후 1출목 초익공과 1출목 이익공, 1출목 삼익공, 그리고 2출목 삼익공양식으로 더욱 다변화多變化되어 건물에 적용되어 건립되고 있다.

그러나 유사有史 이래로 겪은 수많은 전쟁 중 특히 7년동안 이어진 임진병란으로 인하여 궁궐건축과 사찰건축을 비롯한 대부분의 전통 목조건축물이 파괴되고 소실燒失되는 큰 수난受難을 겪게 되면서 임진왜란을 전, 후로 하여 우리나라 건축양식사에도 큰 변화를 주고 있다.

또한 많은 조사보고서 등에서 이 때 소실燒失되고 없어진 수많은 전통 목조건축물 대부분이 임진왜란壬辰倭亂 이후인 16세기 전, 후경에 중앙 정부나 문중을 중심으로 중창이나 중수를 다시 한 것으로 기록하고 있어서 훌륭했던 우리나라의 전통 목조건물들이 전쟁으로 인한 전화戰禍없이 지금까지 모두 보존되었다면 더욱 확실한 근거를 토대土臺로 익공양식의 체계화體系化를 이룩할 수 있었을 것으로 판단되어 안타까움을 더 해 주고 있다.

특히 전쟁이 끝난 후 국가 재정이나 건축 자재, 그리고 집을 지을 수 있는 경제력이나 장인들이 부족한 가운데 충분한 자료나 근거를 갖추지 못한 채 서둘러 복원하는 과정에서 기능과 구조에 충실했던 우리나라 전통 목조건축물들을 건축양식이나 건물의 기능, 구조적 목적 보다는 외형상의 장식에 치중하여 복원이 이루어 졌으며, 그중 익공양식도 무출목 삼익공양식이나 1출목 초익공양식, 1출목 삼익공양식 등과 같이 일부 구조적 결함을 가지고 있는 과도기적 양식이나 또는 이형적異形的인 양식도 함께 발생된 것이 아닌가 보여지고 있다.

따라서 그 원인으로 국력國力이나 거주자의 경제력, 그리고 복구의 시급성과 장인匠人들의 시공 능력 등으로 볼 수도 있으나 결론적으로 이와 같이 다양화 된 익공양식 중 무출목식 가운데는 무출목 초익공양식과 무출목 이익공양식이, 그리고 출목식 중에는 1출목 이익공양식과 2출목 삼익공양식이 구조적으로 가장 안전하면서도 가장 전통적인 우리나라 익공건축 양식으로 볼 수 있다.

특히 "한국익공건축양식론"의 집필을 전국에 널리 산재散在되어 있는 전통 목조 건축물을 토대로 더욱 많은 조사 자료를 확보한 후 비교 분석한 결과를 중심으로 익공양식의 발생 및 변천과정, 그리고 양식에 대한 분류를 행하여야 하나 30동의 주심포양식 건물과 익공양식으로 건립된 62동의 건물을 대상으로 체계화體系化가 되어 있지 않은 한국 익공건축 양식에 대한 결론을 도출導出하기에는 부족한 면이 없지 않은 것으로 볼 수도 있다.

또한 익공양식의 분류나 변천 과정에서 창건創建된 이후 대부분의 건물들이 중창重創이나 여러번의 중수重修를 거치면서 건축양식의 변화에 대한 상세한 기록 등이 남아 있지 않고 있어서 이로 인해 양식의 적용 시기가 일부 서로 맞지 않고, 건축양식의 영향을 서로 주고 받을 수 있는 지역적 연관성이 부족한 면도 있을 수 있으며, 특히 도식圖式으로 도출導出한 과정을 거치면서 익공양식이 변천되었다고 볼 수 있는 근거도 확실하지 않은 측면도 없지 않다.

그러나 각종 연구 문헌이나 또는 교육을 하는 학자들의 견해에 따라서 판단하는 용어의 정의나 양식의 분류, 그리고 명칭의 혼용混用으로 인하여 전통건축을 연구하는 많은 후학後學들이나 현장에서 실무實務를 담당하는 분들의 혼란을 조금이라도 줄이기 위하여 익공건축양식의 분류나 명칭, 특히 주심포양식과 익공양식을 구분區分하는 하나의 기준 설정이 시급한 현재의 상황이 아닌가 생각되고 있다.

따라서 추후追後에 익공양식으로 건립된 더욱 많은 자료를 확보하여 "한국익공건축양식론"에서 공포의 발생이나 변천 과정, 그리고 기준 등에 대한 명쾌한 자료가 새로 발견될 경우 부분적인 수정修訂이 필요할 것으로 생각되며, 익공翼栱이라는 용어도 『화성성역의궤』에서 처음으로 찾아 볼 수 있지만 그보다 앞선 시기에 익공양식으로 건립된 건물과 부재의 명칭 등에 대해서도 문헌사적文獻史的 측면에서 규명하여 적용되어야 할 과제로 판단되고 있다.

건물명

1 안동 개목사 원통전	32 평양 연광정
2 합천 해인사 수다라장전	33 서울 사직단 정문
3 강릉 해운정	34 영천향교 대성전
4 경주 양동 관가정	35 수원 화성 동장대
5 경주 양동 향단	36 안동 개목사 원통전 (배면 공포)
6 안동 소호헌	37 태안 흥주사 만세루
7 경주 독락당	38 서울 종묘 정전
8 경주 양동 무첨당	39 안동 봉정사 고금당
9 안동 예안이씨 충효당(쌍수당)	40 경산 환성사 심검당
10 춘천 청평사 회전문	41 순천 송광사 응진당
11 의성 만취당	42 달성 도동서원 사당
12 예천권씨 종가 별당	43 달성 도동서원 중정당
13 달성 태고정	44 영천 숭렬당
14 정읍 피향정	45 밀양향교 명륜당
15 안동 양진당	46 남원 광한루
16 안동 임청각 군자정	47 수원 화서문
17 옥천 이지당	48 밀양향교 대성전
18 강릉 오죽헌	49 제주 관덕정
19 서울 문묘 명륜당 정당	50 제천 청풍 한벽루
20 창덕궁 구 선원전	51 전주향교 명륜당
21 창덕궁 주합루	52 순천 송광사 우화각
22 수원 화성행궁 낙남헌	53 서산 개심사 심검당
23 창경궁 통명전	54 통영 세병관
24 경복궁 경회루	55 부여 석성향교 대성전
25 경복궁 자경전	56 논산 돈암서원 응도당
26 창덕궁 희정당	57 논산 노강서원 강당
27 장성 필암서원 사우(우동사)	58 밀양 영남루
28 서산 개심사 명부전	59 강화 정수사 법당 (전면 공포)
29 공주 감영청 선화당	60 공주 마곡사 영산전
30 경성읍성 남문(수성문)	61 장수향교 대성전
31 강릉 칠사당	62 전주 풍남문

8-2. 익공翼工양식 건물의 변천

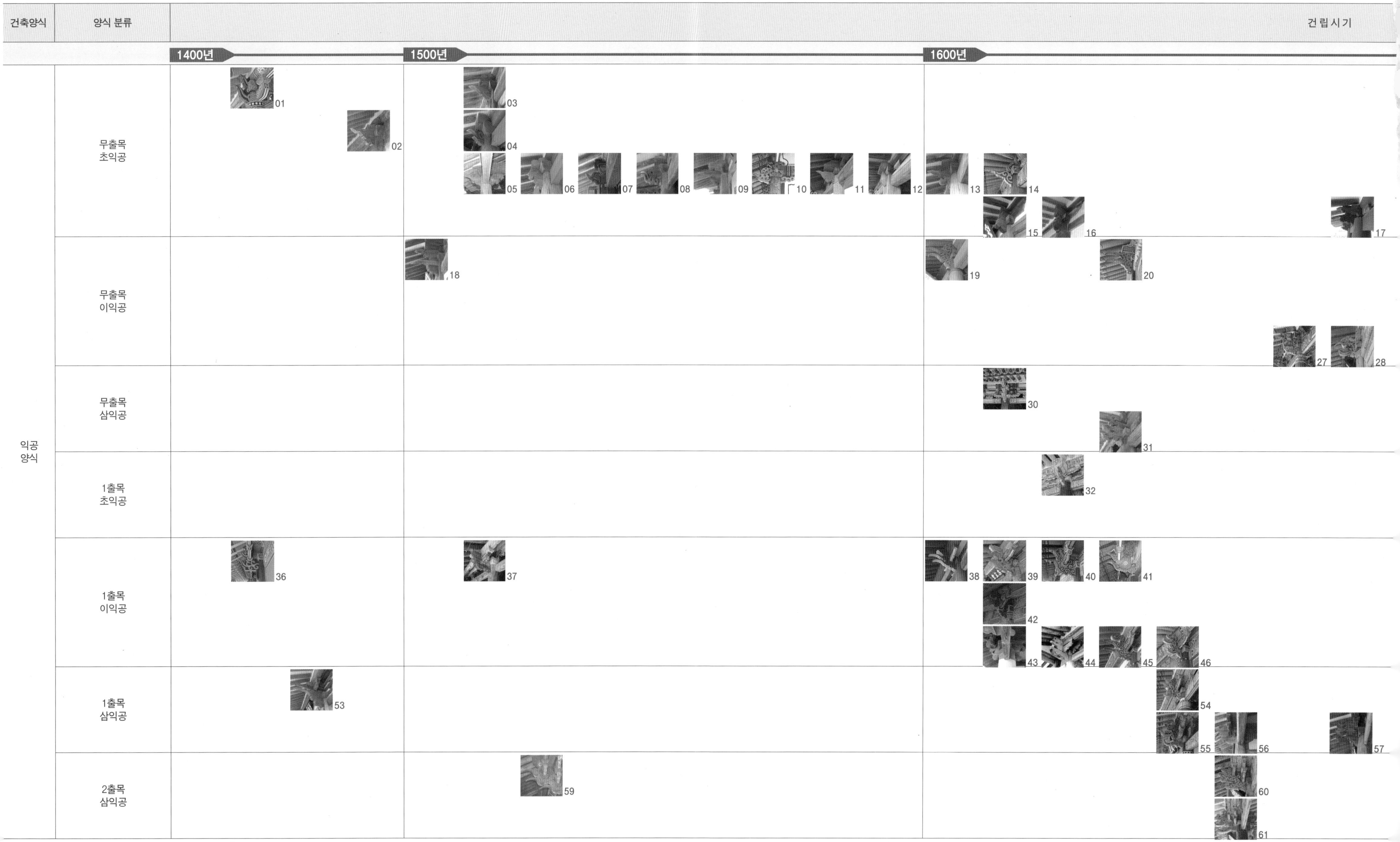
건축양식
양식 분류
건립시기
1400년
1500년
1600년
익공 양식
무출목 초익공
무출목 이익공
무출목 삼익공
1출목 초익공
1출목 이익공
1출목 삼익공
2출목 삼익공
01
02
03
04
05
06
07
08
09
10
11
12
13
14
15
16
17
18
19
20
27
28
30
31
32
36
37
38
39
40
41
42
43
44
45
46
53
54
55
56
57
59
60
61

[그림 1377] 익공양식 건물의 변천

8-3. 익공양식의 구조도

8-3-1. 무출목無出目 익공양식의 구조도

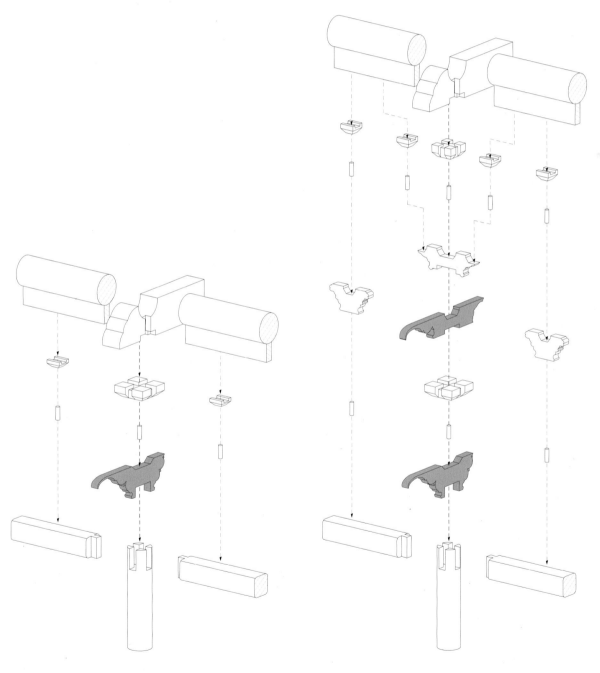

① 무출목 초익공양식 구조 분해도　　　　② 무출목 이익공양식 구조 분해도

[그림 1378] 무출목 익공건축 양식 구조 분해도

8-3-2. 출목出目 익공양식의 구조도

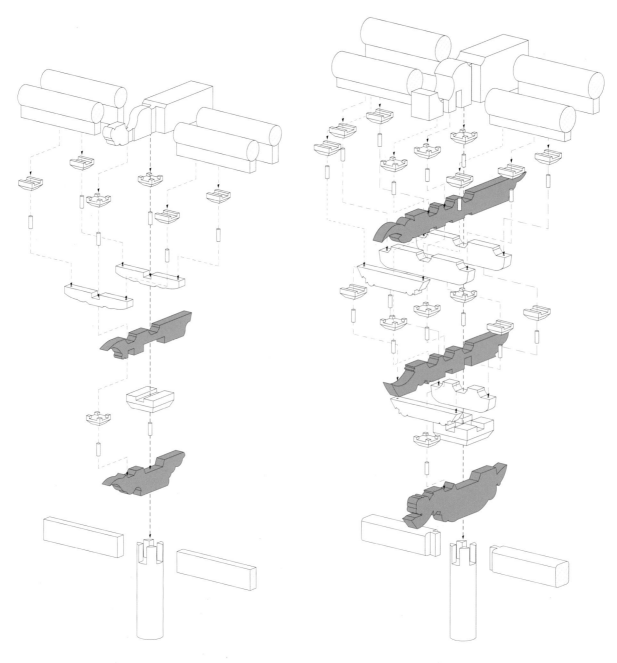

③ 1출목 이익공양식 구조 분해도

④ 2출목 삼익공양식 구조 분해도

[그림 1379] 출목 익공건축 양식 구조 분해도

참고문헌

金富軾, 李丙燾 譯,『三國史記』(下), 乙酉文化史

國史編纂委員會,『餘地圖書』(上), 探求堂, 1973

水原市文化財保存協會,『華城城役儀軌』, 1965

金長生,『家禮輯覽圖說』, 儒教學術院, 2005

文化財管理局,『昌德宮修理都監儀軌』

文化財管理局,『文化財大觀』國寶篇, 寶物篇, 1968

文化財管理局,『文化遺蹟總攬』(下卷), 1997

國立文化財研究所,『北韓文化財解說集 II (寺刹建築篇)』, 1998

국립부여문화재연구소 외,『치미- 하늘의 소리를 듣다』, 디자인공방, 2018

충청남도 외,『충청남도문화재대관』1, 2, 3, 도서출판 아디람, 2009

忠清南道,『忠南의 書院, 祠宇』, 大文社, 1999

忠清南道,『忠南의 鄕校』, 大文社, 1999

忠清南道,『文化遺蹟總攬』(寺刹篇), 協成文化社, 1990

대전광역시,『문화재대관』, 대문사, 1997

京畿道,『京畿道指定文化財』實測調査報告書, 1989

아산시,『아산맹씨행단 수리보고서』, 2013

안성시,『안성객사 해체 중건 공사보고서』, 2000

부여군,『부여문화재대관』, 2006

修德寺槿域聖寶館,『수덕사! 천년의 이름다움』, 수덕사 근역성보관, 2008

德崇叢林 修德寺,『修德寺 重修記』, 2002

국립부여박물관,『百濟瓦塼』, 2010

국립공주박물관,『우리문화에 피어난 연꽃』, 2004

국립진주박물관,『아름다운 우리문화재』, 열화당, 2001

大韓建築士協會,『韓屋의 建築陶藝와 무늬』, 1989

대한건축학회, 건축학전서 2,『한국건축사』, 기문당, 1996

이건복, (한국건축가협회),『한국건축개념사전』, 한국건축개념사전 기획위원회, 동녘, 2013

韓國文化財保存協會,『韓國文化財保存攷』, 日政期資料集成 1, 1992

안성향교지편찬위원회,『안성향교지』, 2007

한국전통문화대학원 연구보고서, 문화재수리기술학과『宮闕營建都監儀軌』(上) (下)

공주승람편찬위원회,『공주승람』, 1961

안성향교지편찬위원회,『안성향교지』, 2007

담양군,『담양군지』(하), 2002

옥천군지편찬위원회,『옥천군지』, 1993

江原大學校 博物館,『江陵의 歷史와 文化遺蹟』, 1995

국립무형유산원,『향교석전』(나주향교, 밀양향교, 상주향교), 2014

文化財管理局 文化財硏究所,『韓國의 古建築』韓國建築史硏究資料 第1~6號, 10~12號, 16~17號, 20號, 1974~1998

문화재청 - 봉정사극락전 수리·실측보고서, 2003

　　　　부석사 무량수전 실측조사보고서(본문), 2002

　　　　은해사 거조암 영산전 정밀실측조사보고서, 2004

　　　　개목사 원통전 정밀실측조사보고서, 2007

　　　　부석사 조사당 수리·실측조사보고서, 2005

　　　　안압지 발굴조사보고서, 1978

　　　　도갑사 해탈문 실측조사보고서, 2005

　　　　강릉 문묘 대성전 실측조사보고서, 2000

　　　　관룡사 약사전 실측조사보고서, 2001

　　　　삼척 죽서루 정밀실측조사보고서, 1999

　　　　나주향교 대성전 수리보고서, 2008

　　　　전주객사 수리정밀실측보고서, 1978

　　　　송광사 중요목조건축물 실측정밀보고서(상)(중), 2007

　　　　강화 정수사 법당 수리조사보고서, 2004

　　　　경주향교 대성전 정밀 실측 조사보고서, 2014

　　　　화엄강당 정밀실측조사보고서, 2014

　　　　전주향교 정밀실측조사보고서, 2014

　　　　해인사 장경판전 실측조사보고서, 1997

　　　　아산 맹씨행단 정밀실측조사보고서, 2012

　　　　소수서원 강학당 및 문성공묘 실측조사보고서, 2003

　　　　장경판전 실측조사보고서, 2002,

　　　　관가정 실측조사보고서(본문), 2001

　　　　향단 실측조사보고서, 1999

　　　　안동 소호헌 실측조사보고서, 2004

　　　　경주 독락당 실측조사보고서, 2002

　　　　경주 무첨당 실측조사보고서, 2000

　　　　예안이씨 충효당 실측조사보고서, 2003

　　　　춘천 청평사 회전문 실측수리보고서, 2002

　　　　의성 만취당 정밀실측조사보고서, 2014

　　　　예천권씨 종가 별당 실측조사보고서, 2001

　　　　태고정 실측조사보고서, 2001

　　　　정읍 피향정 실측조사보고서, 2001

안동 하회 양진당 실측조사보고서, 2000

안동 임청각 정침 군자정 실측조사보고서, 2001

강릉 오죽헌 실측조사보고서, 2000

서울 문묘 실측조사보고서(상), 2006

창경궁 통명전 실측조사보고서, 2001

경회루 실측조사 및 수리공사보고서, 2000

경복궁 자경전 및 자경전 십장생 굴뚝 실측조사보고서, 2010

창덕궁 희정당 수리보고서, 2002

장성 필암서원 정밀실측조사보고서, 2014

개심사 대웅전 수리 및 실측보고서, 2007

개심사 대웅전 실측조사보고서, 2001

사직단 정밀 실측조사보고서, 2005

영천향교 대성전 수리공사보고서, 2001

봉정사 화엄강당, 고금당 정밀실측조사보고서, 2010

달성 도동서원 중정당, 사당, 담장 정밀실측조사보고서, 2012

숭렬당 실측조사보고서, 2000

남원 광한루 실측조사보고서, 2000

화서문 정밀실측조사보고서, 2014

제주 관덕정 정밀실측조사보고서, 2007

제천 청풍 한벽루 실측조사보고서, 2003

통영 세병관 실측조사보고서, 2002

논산 돈암서원 응도당 정밀 실측조사보고서, 2011

논산 노강서원 강당 정밀 실측조사보고서, 2014

밀양 영남루 실측조사보고서, 1999

장수향교 대성전 실측조사보고서, 2001

풍남문 실측조사보고서, 2004

문화재청,『북한의 전통건축, 황해남도 2 』, 2007

이기준,『북한의 문화재와 문화유적 Ⅰ (고구려편)』, 서울대학교출판부, 2000

이기준,『북한의 문화재와 문화유적 Ⅱ (고구려편)』, 서울대학교출판부, 2000

이기준,『북한의 문화재와 문화유적 Ⅳ 고려편)』, 서울대학교 출판부, 2000

이기준,『북한의 문화재와 문화유적 (조선시대 건물편) Ⅰ』, 서울대학교출판부, 2002

이기준,『북한의 문화재와 문화유적 (조선시대 사찰편) Ⅱ』, 서울대학교출판부, 2002

방상훈,『集安 고구려 고분벽화』, 朝鮮日報社, 1993

정재훈 ·조유전 外 共著『북한의 문화유산』Ⅰ, Ⅱ , 고려원, 1990

鄭仁國,『韓國建築樣式論』, 一志社, 1974

尹張燮, 『韓國建築研究』, 東明社, 1975

尹張燮, 『韓國建築史』, 東明社, 2008

尹張燮 編著, 『韓國建築史論』, 技文堂, 1990

尹武炳, 『定林寺址發掘調査報告書』, 民族文化, 1981

尹武炳, 「道岬寺解脫門上樑文」, 『考古美術 上卷』, 韓國美術史學會』, 1979

尹武炳, 「江華 淨水寺法堂上樑文」, 『考古美術 제1號~제100號 合集』, 韓國美術史學會, 1979

최순우, 『배흘림기둥에 기대서서』, 도서출판 학고제, 1994

金正基, 韓國文化藝術大系 ⑨『韓國木造建築』, 一志社, 1980

金正基, 韓國美術全集 14, 『建築』, 同化出版公社, 1973

金正基, 『三國史記 屋舍條의 新研究, 新羅文化祭學術發表會論文集』, 第2集, 1981

張起仁, 韓國建築大系 Ⅳ『韓國建築辭典』, 普成閣, 1995

張起仁, 韓國建築大系 Ⅴ『木造』, 普成文化史, 1991

張慶浩, 『百濟寺刹建築』, 藝耕産業社, 1991

金東賢, 「中國 最高의 木造建築 南禪寺 大殿考」, 『考古美術129,130號』, 韓國美術史學會, 1976

金東賢, 『寺院建築』, 中央日報社, 1983

김동현, 「고구려 벽화고분의 공포성격」, 『三佛金元龍敎授停年退任紀念論叢』, 1987

김동현, 「한국목조건축 기법에 관한 연구」, 홍익대학교 석사논문, 1982

朱南哲, 『韓國建築美』, 一志社, 1980

朱南哲, 「三國史記 屋舍條의 新研究」, 三佛金元龍敎授停年退任紀念論叢, 1987

주남철, 『(개정판)한국건축사』, 고려대학교출판부, 2014

박언곤, 『한국건축사강론』, 문운당, 1998

박언곤, 『한국의 정자』, 대원사, 1989

김동욱, 『한국건축의 역사』, 技文堂, 2001

金東旭, 『韓國建築工匠史研究』, 技文堂, 1993

申榮勳, 『한국의 살림집(上)』, 悅話堂, 1983

朴萬植, 李達勳, 「百濟 伽藍址의 研究」, 大韓建築學會 學術誌, 第26卷 第6號, 1982

李達勳, 朴萬植, 「翼工系 建築樣式의 發生 研究」, 大韓建築學會 學術發表論文集, 第9卷 第 1號, 1989

이달훈, 「익공계 공포의 발생과 변천과정 연구」, 충남대학교 박사논문, 상고사학보 제5호, 1991

이달훈, 「조선시대 별당건축의 양식에 관한 연구」, 충남대학교 석사논문, 1980

이달훈, 「조선시대 관아건축물의 양식에 관한 연구」, 충주공대학술논문집, 제15집제1호, 1982

이달훈, 「아산 맹씨행단 고찰」, 충주공대학술논문집, 제13집1호, 1980

이달훈, 「태안 홍주사 만세루의 건축양식학적 고찰」, 대전대 산업기술연구소논문집 8호, 1994

이달훈, 「청풍관아의 건축양식학적 고찰」, 대전대 논문집, 제6권 제2호, 1987

이달훈, 「서원의 건축양식에 관한 연구」, 대전대학교산업기술연구소, 논문집 제7권 2호, 1996

조원섭, 이달훈, 「지형에 따른 향교건축의 배치 위계연구」, 한국교육시설학회 제10권 제5 호, (통권40호), 2003

전병일, 안준호, 이달훈, 「재실건축에 관한 연구」, 대한건축학회 학술발표논문집 제21권 제 2호, 2001

김영일, 이달훈,「조선시대 제례공간의 건축양식학적 고찰」, 대전대 산업기술연구소, 제19 권제1호, 2008

田鳳熙,「朝鮮時代 木造建築 栱包形式의 變遷에 關한 硏究」, 서울대학교 석사논문, 1987

田鳳熙,「朝鮮時代 木造建築 栱包形式의 變遷에 關한 硏究」, - 갖은 三包系를 中心으로 -『韓國建築史論』, 尹張燮 編著, 技文堂, 1990

張憲德,「木造建築物의人字形臺工 發生과 變遷에 대하어」, 昌山金正基博士華甲記念論叢, 1990

崔夢龍, 沈正輔,『百濟史의 理解』, 學硏文化社, 1991

李王基,「韓國 儒敎建築의 敬의 空間에 관한 硏究」, 大韓建築學會誌 論文集 第2卷 第15號, 1986

이동영,『화엄세계와 한국고전건축연구』, 정년기념논총간행위원회, 2015

이중근,『한국주거문화사』, 우정문고, 2014

박기석,『한국의 문화유산 1, 2』, (주)시공테크, 1999

김왕직, 알기쉬운『한국건축용어사전』, 동녘, 2007

김왕직, 김석순,『강화 정수사 법당』, (전통건축도면집), 동녘, 2011

안영배,『흐름과 더함의 공간』, 다른세상, 2008

서정호,『한옥의 美』, 경인문화사, 2010

김도경,『지혜로 지은 집』, 한국건축, 현암사, 2011

김희곤,『한국의 서원』, 미술문화, 2019

최완기,『한국의 서원』, 대원사, 1994

孟溫在,『古佛 孟思誠傳記』, 韓國學力開發社, 1977

조승원, 조영무,『韓國木造建築計劃原論』, 1981

金瑛德,「韓國 木造建築의 翼工樣式에 관한 硏究」, 弘益大學校 碩士論文, 1983

이응묵,『요사채』, 대원사, 2002

劉敦槙,『中國古代建築史 (第二版)』, 中國建築工北出版社, 1984

李潤海,『中國建築史論文選集(第一版)』, 明文書局, 中華民國 七十三年(1984)

楊鴻勛,『建築考古學論文集』, 文物出版社, 1987

羅哲文,『中國古代建築』, 上海古籍出版社, 1990

庸庚忠,『中國建築的中華民族』, 華南理工大學出版社, 1990

杉山信三,『高麗末朝鮮初の木造建築た關する研究』, 1959

池內宏, 梅原未治 共著,『通溝』, 卷下, 日滿文化協會, 昭和十五年(1940)

關野貞,『韓國建築調査報告』, 東京大, 昭和37(1962)年,

佐藤泰三,『日本の 美術, 第66號, 古代の 瓦』, 至文堂, 昭和46年 (1971)

傳統のディケール研究會, 日本建築の 詳細と技術の變遷,『傳統のディケール』, 影國社, 昭和47년(1972)

久野健 外, 秦弘燮 譯,『日本美術史』, 悅話堂 美術選書 11, 1978

國立飛鳥資料館,『小建築の世界』, 奈良國立文化財硏究所, 昭和59年(1984)

日本建築學會篇,『日本建築史圖集(新訂版)』, 影國社, 1999,

찾아보기

ㄱ

ㄱ자형 평면 398
가구식 구조(架構式構造) 19
가구식 기단(架構式基壇) 398, 499
가구재(架構材) 57, 75, 79, 131, 142, 146, 171, 286, 356, 456, 559, 649
가례집람도설(家禮輯覽圖說) 220, 221, 575, 578, 595
가묘(家廟) 260
가새 127, 128
가적지붕 221, 507, 509, 544, 576, 585
가칠단청 127, 183
각신서당(覺新書堂) 367, 368, 369
각저총(角抵塚) 16, 19, 87
간(間) 375
간송미술관 19
감실(龕室) 390, 477, 478, 480, 505
감영(監營) 431, 435, 449, 630, 631
감영청 선화당(宣化堂) 431, 630
갑석(甲石) 168, 172
갑석부연(甲石副緣) 168, 172
강당(講堂) 179, 579
강릉 객사문(客舍門) 80, 82, 84, 88, 122, 126, 152, 217, 231, 332, 638
강릉문묘(文廟) 대성전(大成殿) 31, 155, 495
강릉 오죽헌(烏竹軒) 260, 272, 377, 434, 437, 628, 629, 646
강릉 칠사당(七事堂) 273, 441, 446, 615, 632
강릉 해운정(海雲亭) 239, 293, 337, 338, 434, 448, 449, 626
강학공간(講學空間) 105, 172, 173, 197, 422, 457, 493, 497, 510, 527, 541, 568, 573, 579, 607
강회다짐 125, 185, 403, 524
갖은 삼포 263, 278
개목사 원통전(開目寺 圓通殿) 88, 165, 191, 195, 206, 239, 251, 281, 283, 284, 285, 286, 287, 372, 373, 434, 467, 469, 549, 551, 622, 623, 624, 626, 637, 649
개방형 평면(開放形平面) 105, 109, 139, 143, 194, 205, 282, 423, 468, 568, 597, 607
개심사 대웅전(大雄殿) 191, 229, 427, 475, 554
개심사 명부전(冥府殿) 426, 427, 435, 436, 631
개심사 심검당 278, 552, 554, 557, 593, 594, 641, 642
개원사 426, 554
개축(改築) 77
객사 80, 84, 88, 113, 119, 122, 132, 142, 145, 146, 217, 231, 248, 250, 332, 475, 536, 585, 631, 638
건넌방 320, 324, 363, 442, 445
건넌사랑방 305, 363
건축(建築) 15, 23, 79, 215
건축양식(建築樣式) 25, 63, 154, 207, 243, 277, 375, 617
게눈각 391, 578, 584, 629
결구(結構) 15, 23, 29, 649
겸창시대(鎌倉時代) 213
경복궁(景福宮) 401, 407, 412, 417, 449, 477, 630
경성읍성 남문(南門) 273, 438, 632, 646

경운산(慶雲山) 331
경주(慶州) 17, 22, 35, 36, 37, 152, 167, 171, 205, 299, 303, 313, 318, 626
경주향교 대성전(慶州鄕校大成殿) 167, 170, 205, 207
경주향교 명륜당(傾注鄕校明倫堂) 171, 172, 174, 175, 206
경춘전 258, 403
경포대(鏡浦臺) 293
경포호 293, 294
경화당 389
경회루(慶會樓) 407, 408, 409, 410, 411, 412, 436, 437, 449, 466, 630
계단 17, 45, 49, 61, 66, 81, 91, 101, 168, 222, 299, 319, 327, 331, 352, 370, 394, 398, 408, 586, 587, 601, 611
계단식 222, 223, 516, 519
계량(繫梁) 40, 42, 43, 55, 56, 59, 60, 75, 228, 247
계류 545
계자각(鷄子脚) 133, 217, 300, 342, 363, 436, 451, 510
계자난간(鷄子欄干) 64, 133, 299, 309, 313, 320, 326, 342, 353, 357, 363, 394, 395, 409, 517, 537, 586, 587
계정(溪亭) 314
고구려시대(高句麗時代) 221
고려시대(高麗時代) 19, 20, 21, 24, 29, 40, 42, 43, 50, 51, 58, 67, 72, 76, 79, 84, 88, 90, 164, 167, 191, 228, 229, 237, 247, 260, 261, 264, 438, 481, 551, 621, 625
고미반자 296, 324, 329, 340, 361, 383
고방(庫房) 177, 442
고분(古墳) 25
고산사 대웅전(大雄殿) 31, 155, 267
고삽 226, 244
고승(高僧) 65, 91, 92, 95, 100, 157, 158
고식(古式) 37, 39, 40, 43, 53, 72, 79, 88, 96, 124, 160, 162, 185, 247, 456, 558
고주(高柱) 33, 54, 71, 256
고택 187, 192, 304, 319, 334, 335, 357, 361, 377, 378, 626
골담초 92
공수각 314
공심돈(空心墩) 460, 521, 522, 523
공아(栱牙) 261, 277
공안(栱眼) 37, 53, 61, 72, 78, 86, 189, 202, 203, 204, 229, 249, 265, 267, 268, 269, 372, 495, 549, 623, 645
공양채 282, 467
공자(孔子) 527
공조(工曹) 441
공주(公州) 431, 432, 600, 601, 616, 630, 644
공주목(公州牧) 431
공포(栱包) 13, 15, 649
공해(公廨) 561
과도기양식(過渡期樣式) 140, 237, 238, 557, 564, 593, 623, 624, 627, 628, 636, 641
관가정(觀稼亭) 298, 299, 300, 301, 302, 303, 626
관동팔경(關東八景) 132, 293
관룡사 약사전(藥師殿) 41, 82, 94, 95, 120, 152, 231
관무량수경(觀無量壽經) 47, 75
관서지방(關西地方) 450
관세음보살(觀世音菩薩) 281
관아(官衙) 113, 251, 266, 410, 435, 441, 446, 533, 535, 536, 627, 630, 631, 632
관찰사(觀察使) 167, 293, 304, 431, 610, 611
광두정 611
광창(光窓) 46, 296, 458
광통루(廣通樓) 515
광한루(廣寒樓) 515, 517, 518, 520, 521, 550, 551, 640
괘불대(掛佛臺) 77
괴석(塊石) 402

교두형(翹頭形) 60, 122, 126, 134, 141, 159, 163, 170, 173, 214, 380, 443, 468, 487, 502, 513, 546, 570, 612, 644
교창(交窓) 105, 181, 294, 297, 390, 394, 404, 414, 517, 569
교태전(交泰殿) 407
구괴정(九槐亭) 187
구름무늬 221, 261, 523
구업사(具業寺) 97
구월산 97, 98
구조미(構造美) 71, 76, 97, 346
구품왕생(九品往生) 47, 58
구형단면(矩形斷面) 97
국가민속문화재(國家民俗文化財) 299
국사전(國師殿) 157, 158, 159, 161, 162, 163, 238, 284, 372, 470, 484, 621, 623, 624, 634, 635
굴도리 37, 40, 102, 186, 286, 322, 332, 563, 629
굴뚝 412, 413, 437, 466
굴림 82, 123
굽 16, 20, 38, 96, 119, 141, 161, 170, 178, 181, 211, 215, 235, 284, 301, 316, 332, 343, 358, 371, 443, 458, 461, 468, 478, 487, 490, 495, 524, 533, 542, 563, 571, 576, 598, 608, 612, 633, 641
굽받침 20, 39, 53, 54, 64, 72, 78, 82, 84, 102, 105, 111, 114, 116, 119, 123, 126, 127, 141, 149, 156, 211, 226, 233, 234, 235
궁궐(宮闕) 20, 107, 205, 386, 400, 526, 627, 628, 636, 649
궁륭삼각고임식 222
궁창널 34, 86, 177, 181, 195, 198, 300, 305, 310, 320, 321, 327, 337, 342, 349, 358, 378, 391, 394, 399, 404, 409, 418, 482, 486, 505, 541, 562, 575, 581, 601, 607
궁판 46, 81, 331, 428, 455
귀갑문양 423
귀공포 87, 88, 122, 135, 156, 162, 163, 469, 525, 589
귀마루 150
귀솟음 33, 57
귀틀 132, 308, 309, 311, 331, 336, 353, 363, 371, 396, 440, 516, 587, 605, 613
귀한대 519, 525, 533, 589, 599, 612
그랭이질 132, 420, 499
극락전(極樂殿) 21, 32, 37, 53, 56, 62, 63, 75, 77, 78, 79, 88, 102, 119, 151, 163, 177, 191, 204, 211, 247, 248, 249, 250, 266, 475, 621
극적루(克敵樓) 114, 155
근정전(勤政殿) 408
금강보탑(金剛寶塔) 67
금강산(金剛山) 120, 418
금단청(錦丹靑) 79, 409, 411, 419, 630
금당(金堂) 481
금동삼존불감 19, 20
금동소탑(金銅小塔) 20
금성산 20, 138
금시당십이경도 586
기단(基壇) 15, 68, 101, 121, 132, 164, 250, 336, 378, 428, 455, 478, 486, 492, 498, 511, 532, 545, 580, 601, 607
기단석(基壇石) 35, 45, 105, 125, 138, 139, 234, 256, 498, 500, 580
기둥(柱) 20, 60, 91, 116, 139, 168, 195, 218, 235, 270, 300, 321, 339, 354, 380, 423, 457, 494, 519, 545, 574, 607
기둥몸(柱身) 16
기문(記文) 541
기삽석통(旗揷石桶) 561
기와(蓋瓦) 19, 20, 99, 142, 186, 297, 356, 407, 453, 492, 540, 582
길림성 17, 19, 221, 222
길상문(吉祥紋) 304, 411

까치발 221, 387, 578, 608

ㄴ

나비장 125
나주향교 대성전(羅州鄕校大成殿) 31, 106, 127, 137, 138, 140, 141, 148, 153, 156, 201, 202, 205, 206, 238, 250
나한상(羅漢像) 86, 89
낙동강 363, 493
낙양 387, 390, 409, 435, 436, 533, 535, 630
난간 20, 23, 39, 40, 63, 64, 133, 299, 300, 309, 313, 320, 326, 336, 339, 342, 349, 353, 357, 363, 369, 394, 395, 402, 408, 409, 436, 451, 473, 510, 517, 533, 537, 545, 586, 587
난간하엽(欄干荷葉) 133, 320, 326, 353, 363, 394, 402, 408, 409, 451, 517, 537, 587
날개채 320, 323, 325
남선사 대전(大殿) 18, 35, 36, 37, 54, 63
남송(南宋) 211
남원 광한루(廣寒樓) 515, 550, 551, 553, 640
남한강(南漢江) 536, 537
납도리(角道里) 41, 42, 123, 214
내 1출목(內 1出目) 78, 82, 93, 94, 122, 185, 203, 214
내 2출목(內 2出目) 36, 53, 134
내고주(內高柱) 42, 54, 55, 56, 59, 60, 64, 72, 88, 89, 99, 106, 107, 127, 141, 145, 150, 163, 169, 170, 174, 191, 196, 227, 228, 229, 230, 237, 247, 248, 264, 286, 306, 354, 390, 400, 425, 426, 433, 462, 463, 471, 473, 479, 488, 519, 565, 571, 604, 609, 613
내림마루 48, 49, 307, 389, 392, 396, 400, 407, 433, 480, 526, 535, 567, 614
내목도리(內目道里) 41, 42, 43, 56, 75, 123, 145, 228, 247, 448, 624
내반 38, 53, 54, 55, 56, 72, 75, 78, 82, 84, 88, 90, 96, 103, 116, 118, 119, 186, 191, 214, 215, 286, 312, 475
내삼문(內三門) 114, 125, 138, 493, 494, 505, 527, 541, 568, 580, 606
내진고주(內陣高柱) 355, 391, 396, 405, 415, 418, 420, 433, 440, 449, 533, 590, 591
내진공간(內陣空間) 68, 88, 89, 352, 354, 356, 390, 391, 393, 394, 400, 403, 409, 413, 414, 431, 449, 480, 561, 562, 566, 587, 590, 591, 605
내찰당 390
넝쿨무늬 224
노강서원 강당(講堂) 276, 446, 557, 579, 584, 593, 594, 596, 599, 615, 641, 642, 643
노거수(老巨樹) 472
노래당 398
누각 52, 114, 132, 219, 300, 309, 310, 313, 320, 326, 336, 339, 342, 351, 353, 363, 393, 394, 408, 409, 411, 417, 422, 423, 437, 439, 442, 460, 510, 515, 516, 527, 541, 545, 601, 614, 626, 630
누각형식(樓閣形式) 309, 310, 313, 320, 422, 510, 527, 541, 626
누꼽문 188
누마루 132, 133, 137, 194, 300, 301, 309, 310, 311, 312, 313, 323, 326, 327, 336, 353, 369, 370, 394, 410, 414, 415, 441, 442, 451, 473, 516, 517, 532, 533, 536, 537, 587
누문식 438, 440
누정 114, 132, 133, 266, 271, 336, 352, 367, 369, 371, 376, 424, 448, 450, 451, 454, 530, 532, 533, 535, 536, 549, 585, 586, 592, 593, 594, 624, 625, 628, 632, 637, 640
누정건축(樓亭建築) 132, 376, 530, 536, 585, 625, 628
누하주(樓下柱) 52, 105, 132, 300, 301, 309, 311, 313, 320,

한국의궁궐건축양식론

323, 326, 335, 336, 339, 352, 353, 363, 369, 473, 486, 510, 516, 519, 532, 586, 587, 626
눈썹지붕 221, 361, 576, 585
능파각 586

ㄷ

다락방 177, 370
다보탑(多寶塔) 64
다포양식(多包樣式) 50, 52, 64, 88, 102, 109, 112, 121, 122, 134, 155, 170, 205, 229, 251, 259, 260, 267, 384, 393, 485, 486, 525, 603, 644
단(壇) 311
단연(短椽) 40, 154, 167, 256, 388, 406
단장혀(短長舌) 37, 43, 53, 63, 72, 82, 88, 208, 214, 375
단창방(短昌枋) 135, 189, 190, 191, 195, 198, 206, 208, 283, 285, 375
단청(丹靑) 79, 90, 91, 107, 120, 124, 127, 131, 159, 183, 339, 354, 356, 393, 406, 409, 411, 415, 419, 420, 424, 425
닫집(唐家) 33, 42, 68, 92, 95, 98, 109, 165, 283, 489
달동자 112, 296, 312, 329, 330, 339, 340, 346, 350, 355, 361, 366, 383, 546
달성 317, 346, 347, 491, 492, 496, 497, 552, 598, 626, 638
담장 114, 124, 128, 138, 293, 314, 315, 316, 326, 335, 362, 413, 439, 477, 493, 494, 496, 498, 524, 527, 541, 552, 568, 595
답도(踏道) 168, 180, 460, 510, 541
당간지주(幢竿支柱) 193
당초문양(唐草文樣) 102, 111, 285, 306, 322, 332, 386, 387, 388, 502, 519, 533, 559, 582, 627, 630
당호(堂號) 304, 307, 318, 325, 334, 357, 367, 413, 417, 481, 532, 544
대공 15, 16, 17, 43, 55, 56, 63, 72, 73, 75, 79, 83, 84, 89, 90, 96, 97, 99, 102, 103, 107, 111, 112, 113, 114, 116, 118, 123, 127, 131, 136, 141, 145, 146, 150, 154, 155, 156, 160, 163, 167, 170, 174, 178, 179, 182, 183, 186, 191
대당사부 389, 396, 407
대도호부(大都護府) 80, 104, 441
대두공(大頭工) 278
대량(大樑) 17, 218, 256, 272
대마도(對馬島) 505, 544
대불양식(大佛樣式) 212, 215
대성전(大成殿) 104, 124, 125, 137, 138, 153, 167, 179, 180, 201, 203, 384, 444, 456, 457, 510, 526, 567, 606, 608, 645
대안탑(大雁塔) 17, 35, 54
대웅전(大雄殿) 33, 41, 51, 56, 65, 69, 71, 76, 117, 159, 164, 176, 202, 211, 230, 233, 238, 250, 266, 482, 485, 554
대원군(大院君) 324, 408, 413, 579
대장전(大藏殿) 32
대접받침 344, 345
대조전(大造殿) 406, 417, 420
대첨(大檐) 37, 53, 99, 144, 156, 235, 276, 446, 557, 558, 563, 570, 576, 581, 582, 588, 598, 602, 608, 612, 642, 644
대첨차(大檐遮) 37, 53, 99, 156, 235
대청(大廳) 5, 50, 114, 129, 130, 133, 135, 137, 147, 150, 172
대청마루 172, 302, 336, 353, 389, 451, 512, 575
대흥사 32, 605
덤벙주초석 68, 77, 81, 86, 101, 105, 109, 121, 125, 129, 132, 143, 147, 158, 161, 177, 185, 187, 194, 198, 282, 299
덧서까래 43, 371, 406, 440
덧지붕 161, 164
도감(圖鑑) 5, 256, 258, 259, 273
도갑사 해탈문(解脫門) 31, 84, 94, 100, 153, 155, 163, 201, 202,

231, 332
도동서원 사당(祠堂) 491, 495, 549, 638
도동서원 중정당(中正堂) 105, 496, 497, 502, 549, 552, 638, 644
도리(道里) 256, 448
독락당(獨樂堂) 304, 313, 314, 315, 316, 317, 318, 350, 375, 376, 626
돈암서원 응도당 111, 446, 564, 573, 584, 594, 595, 599, 642, 643, 644
돌담 120, 187, 188, 282, 439
돌란대 20, 39, 133, 320, 326, 342, 353, 357, 363, 394, 408, 409, 451, 517, 537, 587
돌방무덤 224
동궐도(東闕圖) 389, 393, 401, 417, 437
동귀틀(童耳機) 132, 353, 363, 371, 516, 587
동대사 남대문(東大寺南大門) 215
동대사 대불전(東大寺大佛殿) 213
동루(東樓) 114
동무(東廡) 224, 457, 511, 527
동방사현(東方四賢) 304
동방서실제 575
동서양무(東西兩廡) 527
동서양재(東西兩齋) 423, 510, 527, 579, 605
동양화(東洋畵) 382, 412, 517
동영(東英) 221, 578, 585
동입서출(東入西出) 499
동자주형(童子柱形) 17, 292, 484
동장대(東將臺) 256, 257, 258, 263, 274, 460, 461, 462, 463, 464, 465, 635, 636, 646
동재(東齋) 124, 457, 492, 498, 511, 527, 568, 574, 580, 607
동적(動的) 71, 404, 405
동조용수전각문경(銅造龍水殿閣紋鏡) 19, 20
동춘당 293, 337, 375
동학서묘(東學西廟) 194, 198
동헌(東軒) 114, 441, 631
두공(頭工) 273, 276, 380, 391
두륜산 32
두벌대 101, 180, 293, 574
둥근무늬 221, 261
들쇠 34, 46, 68, 109, 181, 188, 198, 283, 294, 310, 320, 321, 337, 342, 349, 379, 394, 404, 468, 517, 569, 575, 601
들어열개 34, 68, 109, 110, 177, 181, 188, 198, 283, 294, 300, 320, 321, 327, 337, 342, 349, 363, 379, 394, 404, 409, 414, 428, 468, 501, 512, 517, 518, 541, 562, 569, 575, 581, 601
등간격(等間隔) 46, 70, 77, 86, 98, 101, 105, 115, 129, 133
뜬장혀(浮長舌) 17, 40, 53, 88, 117, 182, 236, 387, 459, 531, 610
뜬창방(浮昌枋) 43, 55, 75, 103, 118, 131, 141, 146, 170, 182, 257, 312, 354, 387, 388, 391, 396, 400, 406, 411, 415, 420, 430, 433, 453, 456, 459, 462, 479, 496, 503, 513, 519, 525, 531, 535, 540, 543, 565, 572, 583, 591, 604, 609
띠살문 92, 165, 294, 320, 486, 512, 555

ㄹ

루(樓) 50

ㅁ

ㅁ자형(ㅁ字形) 77, 85, 125, 289, 299, 314, 319, 326, 334, 335, 342, 357, 378, 428, 486, 510, 527, 601
마곡사 영산전(靈山殿) 600, 616, 644, 645

마구리(木口) 37, 43, 53, 60, 93, 99, 102, 116, 126, 130, 141
마니산 109
마루 15, 17, 20, 33, 34, 36, 45, 48, 49, 50, 57, 68
마루방 147, 198, 320, 325, 363, 398
막돌담장 439
만곡(彎曲) 43, 75, 83, 102, 150, 199, 296, 302, 323, 324, 329,
　　339, 346, 350, 355, 360, 371, 520, 525, 540, 566, 588,
　　590, 592
만년송(萬年松) 334, 335, 341
만세루(萬歲樓) 472, 473, 474, 475, 476, 549, 551, 552, 637
말사(末寺) 85, 98
망궐례(望闕禮) 114
망루(望樓) 218, 219, 220, 460
망와(望瓦) 535
맞배지붕 35, 48, 49, 51, 79, 119, 132, 142, 175, 192, 221, 307,
　　318, 340, 350, 351, 361, 507, 513, 521, 547, 597
맞보 150, 170, 174, 191, 196, 425, 519, 571
맞보형식 150, 170, 191, 196
맞춤 113, 154, 233, 234, 235, 382, 569
매화도(梅花圖) 122
맹씨행단 186, 187, 189, 190, 191, 192, 195, 203, 206, 239,
　　249, 252, 260, 265, 266, 284, 285, 291, 292, 316, 372,
　　373, 465, 551, 622, 623
맹장지 198, 300, 320, 321, 327, 358, 363, 501, 581
머름궁창 363
머름대 46, 68, 188
머름동자 294, 331, 349, 363
머름중방 68, 147, 300, 305, 310, 337, 379, 399, 404, 414, 418,
　　423, 442, 501, 533, 541, 562, 566, 581
면석(面石) 33, 45, 91, 492, 494, 499, 500
명당(明堂) 52, 220, 308, 466
명륜당(明倫堂) 105, 128, 129, 138, 171, 206, 259, 383, 423,
　　457, 510, 540, 605, 607, 640
명문 45, 114, 492, 573, 603, 604
명부전(冥府殿) 426, 427, 428, 429, 430, 435, 436, 555, 600,
　　631
모란꽃 109, 112
모로단청(毛老丹靑) 441, 463
모익공(母翼工) 263, 278
목(牧) 138
목공(木工) 61
목구조(木構造) 75, 195, 214, 623
목기연(木只緣) 411, 415, 421
목탑형식 39
몰익공 263
몽룡실(夢龍室) 377, 378, 379, 382, 383
무두익공식(無斗翼工式) 222, 261
무량각(無梁閣) 406, 407
무량수경(無量壽經) 47, 75
무량수전(無量壽殿) 31, 40, 42, 44, 45, 46, 47, 49, 50, 51, 52,
　　53, 54, 55, 56, 57, 58, 59, 60, 61, 62, 63, 64, 72, 75, 82,
　　90, 91, 96, 126, 154, 163, 170, 188, 191, 224, 227, 228,
　　229, 230, 234, 237, 247, 248, 250, 252, 264, 267, 333,
　　410
무리공(無里工) 256, 273
무사석(武砂石) 524, 611
무위사 극락전(極樂殿) 31, 237, 267
무익공(無翼工) 256, 260, 263, 273, 277, 278
무첨당(無忝堂) 318, 319, 320, 321, 322, 323, 324, 376, 626
무출목(無出目) 5, 135, 150, 203, 206, 265, 266, 270, 271, 301,
　　400, 507, 518, 538, 571, 615, 622, 623, 625, 626, 627,
　　628, 630, 632
무출목 삼익공양식 271, 273, 438, 446, 615, 632, 649
무출목 이익공양식 166, 271, 272, 273, 332, 333, 338, 359,

360, 364, 365, 373, 374, 377, 380, 399, 424, 429, 434,
　　435, 436, 518, 548, 550, 627, 628, 629, 630, 631, 632,
　　637, 650, 651
무출목 익공양식 203, 269, 270, 271, 281, 446, 448, 449, 465,
　　621, 623, 624, 632, 646
무출목 초익공양식 185, 189, 190, 191, 203, 204, 206, 239,
　　249, 251, 265, 266, 271, 272, 273, 274, 281, 284, 285,
　　287, 290, 291, 333, 337, 338, 359, 360, 364, 365, 372,
　　373, 374, 424, 434, 443, 507, 508, 518, 519, 548, 551,
　　571, 622, 623, 625, 626, 627, 628, 632, 650, 651
묵서명(墨書名) 32, 44, 66, 85, 91, 155, 187, 192, 427, 554
문묘(文廟) 31, 104, 105, 107, 138, 155, 194, 259, 383, 384,
　　437, 492, 495, 629
문미석 17, 35, 54
문설주 46, 69, 81, 101, 177, 315, 327, 337, 358, 569, 575
문수보살(文殊菩薩) 101, 165
문양(紋樣) 43, 53, 61, 76, 102, 109, 111, 118, 170, 178, 181,
　　183, 233, 285, 289, 301, 306, 320, 325, 354, 366, 387,
　　388, 390, 398, 409, 413, 419, 423, 429, 453, 502, 513,
　　519, 533, 562, 567, 573, 582, 584, 594, 599, 607, 616,
　　627, 630, 639, 644, 645
문얼굴 69, 581
물매(傾斜) 43
물봉골 318, 319
물익공(勿翼工) 130, 182, 195, 260, 262, 269, 274, 278, 301,
　　311, 328, 338, 344, 364, 365, 391, 396, 405, 415, 433,
　　443, 459, 496, 503, 533, 627, 635, 636
미륵사지(彌勒寺址) 22, 23
미천(眉川) 308, 309, 310, 626
민가(民家) 191, 339
민도리 23, 448
민흘림 16, 154, 301, 409, 423, 489, 494, 541
밀양 영남루(嶺南樓) 31, 263, 557, 585, 588, 592, 596, 643
밀양향교 대성전(大成殿) 526, 550, 551, 640
밀양향교 명륜당(明倫堂) 461, 510, 550

ㅂ

바심질 563, 595
박공(朴工) 66, 76, 79, 84, 127, 160, 167, 171, 175, 183, 196,
　　256, 287, 303, 307, 325, 361, 391, 411, 415, 421, 426
박석(薄石) 105, 403, 478, 498, 499, 510, 545
반우(反宇) 219, 220
반자(盤子) 155, 183, 339, 350, 391, 445, 540, 567, 605
반자틀 112, 137, 169, 171, 183, 296, 302, 312, 329, 339, 346,
　　350, 354, 355, 361, 366, 383, 391, 396, 400, 405, 406,
　　411, 415, 445, 453, 480, 503, 509, 513, 520, 540, 562,
　　605, 613
반턱맞춤 233
받을장 235
받침대 42, 56, 59, 73, 79, 112, 118, 228, 236, 247, 339, 443,
　　498, 540, 571
받침목 56, 60, 228, 371
방전(方塼) 45, 91, 158, 168, 180, 385, 390, 398, 418, 494,
　　527, 561
방형(方形) 34, 36, 69, 123, 160, 178, 218, 320, 348, 368, 409,
　　460, 530, 595
방화수류정 460
배면(背面) 22, 33, 40, 46, 47, 49, 68, 69, 77, 79, 86, 87, 88
배산임수(背山臨水) 308, 326, 335, 510, 527
배흘림 33, 39, 45, 49, 56, 57, 64, 68, 72, 75, 78, 81, 82, 86,
　　91, 122, 154, 580
배흘림기둥 49, 64, 81, 154, 580
백골집(白骨家) 90, 131

백두대간 48, 49, 50, 52, 58
백련당(白蓮堂) 66
백마산 341
백봉시대(白鳳時代) 212
백성관(百城館) 119
백원당(百源堂) 325, 330
백제시대(百濟時代) 17, 20, 21, 22, 65, 212, 567, 598
범어사 대웅전 229
범종루(梵鐘樓) 47, 48, 49, 50, 52, 58, 317
범천(梵天) 92
법고각(法鼓閣) 66
법당(法堂) 31, 32, 35, 63, 69, 86, 108, 109, 110, 111, 112,
　　113, 127, 155, 165, 190, 205, 207, 286, 471, 552, 554,
　　597, 598, 599, 601, 608, 616, 617, 644, 645
법륭사(法隆寺) 21, 63, 212, 213, 224
법보사찰(法寶寺刹) 184, 288
법보전(法寶殿) 184, 288, 289, 290, 291, 292
베개목 178
변위(變位) 217
별당(別堂) 5, 187, 266, 271, 274, 293, 294, 307, 318, 319,
　　325, 326, 334, 337, 339, 341, 348, 349, 362, 378, 379,
　　446, 448, 549, 551, 622, 625, 626, 627, 628, 632, 637,
　　646
별당건물(別堂建物) 191, 271, 313, 336, 337, 341, 375, 622,
　　625
보개(寶蓋) 92, 95, 158, 467
보개형 닫집(寶蓋形) 95
보빨목(梁頭) 116, 214, 424
보아지(梁奉) 36, 55, 72, 78, 84, 87, 88, 89, 93, 94, 101, 106,
　　107, 111, 116, 126, 129, 134, 140, 144, 148, 151, 152,
　　159, 160, 162, 167, 169, 174, 177, 181, 185, 189, 190,
　　195, 196, 199, 203, 217, 230, 231, 233, 236, 238, 239,
　　244, 259, 296
보장전 428, 555
보처불(補處佛) 601
보현보살(普賢菩薩) 101, 165
복련판(伏蓮板) 16, 17
복화반(覆花盤) 40, 43, 163
본루(本樓) 516, 518, 519, 520, 521, 536, 537, 538, 539, 540,
　　553, 585, 586, 587, 592, 596
봉두(鳳頭) 166, 332, 371, 424, 429, 440, 443, 518, 519, 529,
　　538, 543, 550, 570, 577, 589, 608, 616, 631, 640, 643,
　　645
봉안(奉安) 33, 47, 68, 86, 92, 97, 98, 101, 105, 109, 121, 125,
　　157, 158, 169, 171, 193, 194, 283, 346, 362, 384
봉정사 29, 31, 32, 33, 34, 35, 36, 37, 39, 43, 51, 53
봉정사 고금당(古金堂) 31, 204, 268, 455, 456, 464, 465, 474,
　　481, 483, 484, 548, 550, 557, 564, 593, 636, 638, 641
봉정사 극락전(極樂殿) 29, 31, 32, 34, 35, 36, 37, 39, 43, 51, 53,
　　54, 56, 59, 60, 61, 62, 63, 75, 102, 123, 151, 163, 176,
　　191, 204, 211, 228, 233, 234, 237, 247, 248, 249, 250,
　　252, 265, 266, 267, 268, 281, 475, 481, 621
봉정사 화엄강당(華嚴講堂) 31, 176, 179, 202, 204, 238, 251,
　　283, 465, 552, 624
봉황산 32, 45, 91
부고 407
부벽루 515, 585, 592
부석(浮石) 44
부석사 무량수전(浮石寺無量壽殿) 31, 40, 42, 44, 53, 54, 56, 58,
　　59, 60, 61, 62, 63, 64, 72, 75, 82, 90, 91, 96, 126, 154,
　　163, 170, 188, 191, 227, 228, 229, 230, 234, 237, 247,
　　248, 250, 252, 264, 267, 333, 410
부소산 17, 18
부엌 161, 163, 177, 299, 348, 351, 369, 370, 556

부연(副椽) 168, 172
부용정(芙蓉亭) 393
부용지(芙蓉池) 393
부재(部材) 5, 15, 20, 21, 22, 23, 29, 30, 42, 43, 54
부조(浮彫) 36, 413
부후(腐朽) 330
분합문(分閤門) 46, 294, 295, 375, 379, 394, 418, 423
불가사리 413
불감(佛龕) 19, 20
불광사 18
불교건축(佛教建築) 18, 75, 107, 649
불단(佛壇) 33, 40, 42, 46, 56, 68, 77, 86, 89, 92, 95, 98, 109,
　　112, 158, 165, 283, 428, 467, 486, 489, 601
불당(佛堂) 91
불발기 147, 172, 404, 414, 512
비각(碑閣) 606, 607
비대칭(非對稱) 111, 113, 167, 286, 430
비로전(毘盧殿) 66
비보(裨補) 500
빗굽 88, 96, 99, 102, 105, 111, 123, 126, 130, 134, 136, 141,
　　144, 149, 159, 161, 166, 170, 173, 178, 181, 198, 234,
　　284, 301, 305, 322, 327, 332, 338, 343, 354, 358, 364
빗반자 155, 559
빗살문 20, 68, 69, 98, 105, 177, 188, 428, 489, 541
빨목 53, 66, 82, 94, 96, 116, 122, 135, 152, 159, 171, 175,
　　196, 214, 217, 229, 231, 262, 290, 295, 322, 324, 325,
　　328, 330, 343, 371, 387, 420, 424, 469, 507, 519, 608,
　　639, 644

ㅅ

사간판전 184, 185, 186, 189, 202, 203, 204, 214, 238, 249,
　　252, 265, 266, 267, 288, 290, 291, 292, 373, 622, 623
사갈주두 233, 234
사개맞춤 154
사개통 233
사고(史庫) 81, 143, 146, 292
사고석(四塊石) 81
사당(祠堂) 30, 31, 40, 42, 59, 62, 63, 82, 87, 91, 92, 93, 94,
　　95, 96, 97, 102, 106, 117, 122, 152, 155, 160, 161, 162
사대부(士大夫) 448, 575, 628, 637
사랑건넌방 324, 363
사랑마당 319, 320, 321
사랑방(舍廊房) 188, 300, 302, 305, 320, 336, 337, 342, 343,
　　346, 357, 358, 361, 363, 366, 379
사랑채 260, 266, 298, 299, 300, 301, 303, 304, 305, 307, 308,
　　309, 310, 318, 319, 320, 321, 325, 326, 330, 342, 357,
　　378, 442, 625, 628, 632
사래(蛇羅) 44, 256, 392, 400, 526, 589, 598
사물(四物) 47
사분변작법(四分變作法) 519
사분합(四分閤) 198, 294, 310, 378, 390, 391, 399, 409, 414,
　　418, 428, 518
사액(賜額) 193, 197, 492, 493, 497, 549, 573, 579
사우(祠宇) 167, 180, 371, 421, 422, 423, 424, 425, 426, 435,
　　436, 457, 492, 497, 505, 509, 550, 573, 574, 579, 580,
　　595, 624, 631, 637
사우공간(祠宇空間) 180, 457
사원(寺院) 17, 334, 341, 600
사육신(死六臣) 346
사절(斜切) 23, 29, 53, 54, 60, 62, 65, 72, 78, 82, 84, 87, 88,
　　89, 93, 96, 99, 102, 105, 106, 110, 111, 116, 119, 122,
　　123, 126, 130, 134, 140, 141, 144, 145, 148, 149, 151
사주문(四柱門) 288, 299, 305, 319, 586

사직단(社稷壇) 275, 452, 454, 455, 456, 458, 459, 464, 465, 466, 477, 633, 634, 635
사찰(寺刹) 20, 44, 97, 98, 129, 157, 164, 165, 166, 184, 188, 193, 207, 251, 266, 271, 288, 331, 371, 424, 427, 428, 435, 446, 448, 473, 485, 544, 545, 549, 550, 551, 554, 556, 624, 625, 631, 632, 637, 638, 649
사천왕(四天王) 92, 101, 331, 472
사촌마을 334
산문(山門) 49, 58, 485
산성(山城) 5, 77, 397, 567
산수화(山水畵) 132, 426
산신각(山神閣) 282, 467, 468
산자(撒子) 259, 600
살림집 277, 509
살미(山彌) 61, 72, 78, 82, 88, 93, 94, 95, 96, 97, 99, 102, 105, 106, 110, 111, 114, 116, 117, 119, 122, 126, 130, 134
살미첨차(山彌檐遮) 72, 82, 88, 97, 110, 114, 116, 117, 119, 130, 134, 152, 166, 170, 181, 185, 189, 202, 204, 207, 211, 214, 217, 233, 234, 235, 236, 238, 239, 250, 262, 284, 452, 464, 469, 549, 624, 634
살창 34, 35, 69, 86, 92, 125, 139, 161, 177, 185, 289, 292, 316, 391, 409, 414, 458, 494, 506, 518
삼국시대(三國時代) 18, 22, 35, 39, 225, 229, 237, 247, 251, 252, 261, 264, 551, 625, 644, 649
삼두식 222
삼문(三門) 80, 81, 113, 114, 119, 125, 128, 138, 143, 146, 187, 293, 308, 314, 332, 335, 357, 385, 388, 422, 423, 431, 441, 445, 455, 457, 480, 493, 494, 505, 527, 541, 561, 568, 574, 580, 606, 607
삼배구품설(三輩九品說) 47, 58
삼배생상(三輩生想) 47
삼분두(三分頭) 96, 106, 134, 332, 456, 459, 479
삼분합(三分閤) 300, 321, 512, 562
삼소로형 429, 444, 479, 519, 538, 539, 571, 599
삼소로형 화반 429, 444, 479, 571, 599
삼실총(三室塚) 222, 244
삼익공(三翼工) 110, 111, 260, 263, 271, 273, 276, 438, 439, 440, 443, 444, 446, 546, 554, 556, 557, 558, 563, 564, 570, 576, 581, 582, 588, 589, 593, 594, 596, 597, 598, 602, 603, 608, 612, 613, 615, 616, 617, 632, 641, 642, 643, 644, 645, 649, 650, 652
삼익공양식(三翼工樣式) 111, 271, 273, 276, 438, 446, 554, 557, 558, 563, 564, 570, 593, 594, 596, 597, 598, 603, 612, 613, 615, 616, 632, 641, 642, 643, 644, 645, 649, 650, 652
삼장법사 392
삼지창(三枝槍) 115, 143
삼척 죽서루(竹西樓) 31, 131, 132, 156
삼포(三包) 263, 278, 595
삽공(揷栱) 219, 220, 221, 243
상량문(上樑文) 63, 76, 100, 108, 128, 131, 154, 155, 157, 161, 281, 288, 372, 456, 467, 472, 481, 486, 488, 505, 541, 553, 560, 568, 597, 646
상류주택 266, 271, 448, 549, 551, 625, 632, 637
상연지(上蓮池) 351, 353
상왕산(象王山) 426, 428, 554
샛기둥(間柱) 70, 71
서까래(椽木) 43, 244, 371, 406, 440, 548
서당(書堂) 367, 368, 369, 505
서무(西廡) 457, 511, 527
서수(瑞獸) 413
서영(西英) 221, 578, 585
서울 문묘 명륜당(明倫堂) 383, 384, 629
서울 사직단 정문(正門) 454, 458, 464, 635

서울 종묘 정전(正殿) 275, 476, 550
서원(書院) 31, 105, 111, 164, 190, 191, 193, 194, 197, 198, 200, 203, 206, 208, 221, 251, 266, 271, 276, 285, 291, 292, 304, 314, 316, 350, 371, 421, 422, 423, 424, 434
서원건축(書院建築) 434, 492
서재(西齊) 124, 307, 357, 358, 361, 457, 492, 498, 511, 527, 574, 580, 607, 625
서화천 367, 368, 369, 370
석가탄신일(釋迦誕辰日) 67, 205
석공(石工) 61
석교(石橋) 402, 408
석등 66, 67, 164, 494
석문(石門) 120
석성(石城) 438, 444, 447, 567, 568, 594, 595, 599, 642, 643
석성산성(石城山城) 567
석성향교 대성전(大成殿) 444, 567, 568, 594, 599, 642, 643
석수(石獸) 45, 408, 413
석연지(石蓮池) 402
석용 44
석인(石人) 561
석전제(釋奠祭) 105, 106, 180, 181, 205
석존제(釋尊祭) 105, 569
석축(石築) 128, 347
석탑(石塔) 39, 40, 66, 67, 77, 85, 89, 90, 91, 164, 428, 472, 481, 486, 528, 554, 600
선교장 293
선묘 44, 58, 91, 92
선비화 92
선원전(璿源殿) 389, 390, 391, 392, 435, 449, 466, 629
선자개판 256, 259
선자연(扇子椽) 256, 322, 380
선화당 431, 432, 433, 435, 630
성리학(性理學) 197, 304, 314, 318, 367, 423
성문(城門) 376, 438, 439, 440, 446, 460, 524, 525, 526, 611, 614, 617, 632, 645
성보박물관 19, 20, 67
성불사 극락전(極樂殿) 31, 76, 77, 78, 88, 119, 475
성주산 304, 305
세계문화유산(世界文化遺産) 33, 288, 299, 304, 422, 492, 605
세덕사(世德祠) 187
소급(溯及) 18, 119, 229, 260, 264
소두공(小頭工) 278
소란(小欄) 112, 137, 160, 169, 171, 174, 179, 183, 296, 302, 312, 329, 330, 339, 340, 346, 350, 354, 355, 361, 366
소란반자 112, 137, 160, 169, 171, 174, 179, 183, 296, 302, 312, 329, 330, 339, 340, 346, 350, 354, 355, 361, 366, 383, 391, 396, 400, 405, 406, 409, 411, 415, 420, 445, 453, 480, 484, 503, 509, 513, 520, 540, 562, 566, 567, 583, 605, 609, 613
소란반자틀 112, 137, 169, 171, 183, 296, 302, 312, 329, 339, 346, 350, 354, 355, 361, 366, 383, 391, 396, 400, 405, 406, 411, 415, 445, 453, 480, 503, 509, 513, 520, 540, 562, 605, 613
소로(小累) 96, 247, 256
소맷돌 45, 91, 101, 139, 385, 393, 398
소백산 32, 48, 50, 58
소수서원 강학당(講學堂) 197, 203, 208, 266, 291
소수서원 문성공묘 190, 191, 193, 203, 206, 208, 291, 465
소실(燒失) 47, 61, 98, 104, 138, 143, 167, 171, 180, 331, 346
소첨(小檐) 37, 53, 144, 156, 233, 234, 235, 276, 446, 557, 558, 570, 576, 581, 582, 588, 598, 602, 608, 612, 642, 644
소첨차(小檐遮) 37, 53, 156, 233, 234, 235
소호헌(蘇湖軒) 191, 274, 307, 308, 309, 310, 311, 313, 346,

365, 375, 551, 626

속리산 법주사 32
손행자 389, 396
솟을대문 307
솟을삼문 357, 480, 527
솟을합장 42, 43, 55, 56, 63, 75, 79, 84, 89, 90, 96, 97, 99,
        103, 112, 113, 118, 136, 154, 160, 163, 167, 178, 186,
        191, 192, 292, 333, 475, 487, 488, 491, 551, 597, 637
송광사 국사전(國師殿) 31, 157, 159, 162, 163, 166, 181, 201,
        202, 203, 204, 238, 248, 249, 250, 251, 252, 265, 266,
        268, 284, 372, 452, 470, 483, 484, 487, 548, 552, 621,
        623, 624, 634, 635
송광사 우화각(羽化閣) 544, 545, 550, 551, 640
송광사 응진당(應眞堂) 489, 550, 551, 633, 634, 635, 638
송광사 하사당(下舍堂) 30, 31, 160, 162, 163, 267
송림(松林) 33, 105, 194, 293, 493
송애당 293, 375
쇠서(牛舌) 23, 30, 37, 53, 54, 62, 64, 72, 78, 82, 87, 88, 93,
        99, 102, 106, 110, 111, 116, 122, 126, 130, 134, 140,
        141, 143, 144, 145, 149, 153, 157, 158, 159, 161, 162,
        165, 166, 169, 170, 173, 174, 177, 178, 181, 185, 189,
        195, 198, 201, 202, 204, 214, 235, 236, 237, 238, 248,
        249, 250, 251, 259, 261, 262, 263, 265, 267, 268, 269,
        277, 284, 371, 410, 449, 469, 548, 617, 621, 623, 624,
        644, 645
쇠서익공 262
쇠시리 528
수다라장 184, 185, 189, 202, 203, 204, 214, 238, 239, 249,
        251, 252, 259, 265, 284, 287, 288, 289, 290, 291, 292,
        332, 359, 364, 373, 434, 551, 625, 626, 628
수덕사 대웅전(大雄殿) 29, 31, 40, 41, 43, 51, 55, 56, 60, 62, 63,
        64, 65, 66, 67, 70, 71, 72, 75, 76, 78, 79, 82, 84, 87, 88,
        95, 102, 114, 116, 117, 118, 119, 123, 126, 140, 141
수미단(須彌壇) 68, 601, 602
수서(垂舌) 233
수원 화서문(華西門) 521, 522, 550, 639
수원 화성 동장대(東將臺) 274, 460, 465, 635, 636
수원 화성행궁 낙남헌(洛南軒) 397, 630
수평(水平) 42, 55, 56, 59, 61, 71, 75, 86, 88, 105, 110, 111
숙수사지 193
순각판(純角板) 95, 123, 159, 166, 178, 462, 483, 487, 502,
        529, 546, 590
승두(蠅頭) 41, 82, 88, 96, 106, 123, 136, 159, 163, 286, 333,
        339, 359, 365, 507, 604, 613
승방(僧房) 161, 164, 243
신도(神道) 225
신라시대(新羅時代) 33, 35, 36, 37, 39, 43, 59, 60, 61, 64, 91,
        97, 152, 193, 225, 237, 649
신문(神門) 455
신방목(信枋木) 46, 81, 169, 455, 478
신방석(信枋石) 46, 81, 169
십자맞춤 234, 235
십장생(十長生) 412, 413, 437, 466
쌍뜬창방 420
쌍봉사 38, 39
쌍소로형 440, 603
쌍수당(雙修堂) 325, 326, 327, 328, 329, 330, 626
쌍여닫이 20, 34, 46, 81, 92, 101, 105, 110, 115, 125, 129, 139
쌍영총(雙楹塚) 16, 87, 191
쌍종도리 420, 437, 449
쌍청당(雙淸堂) 293, 337, 375
쌍S자형 61, 410
쐐기 113

ㅇ

아금강역사상 101
아미산 341
아미타여래 33, 46, 47, 58, 121
안강평야(安康平野) 299, 300
안산(案山) 304
안성객사 정청(政廳) 113, 115, 117, 118, 119, 156
안쏠림 57
안압지 22, 23, 37, 39, 54, 60, 61, 93, 94, 96, 117, 152, 155,
        156, 231
안양루(安養樓) 49, 50, 51, 52, 58, 64, 428, 554, 555
안양문(安養門) 49, 51, 52, 58, 64
안채 294, 298, 299, 300, 301, 304, 305, 307, 314, 317, 319
안초공(按草栱) 155, 178, 217, 259, 469
안치(安置) 46, 77, 86, 89, 101, 105, 121, 139, 143, 169, 331
앙서(仰舌) 53, 62, 78, 261, 269, 316, 424, 429, 435, 443, 495,
        518, 529, 537, 542, 546, 550, 563, 570, 576, 582, 588,
        603, 608, 612, 626, 640, 642, 643, 644, 645
야산(野山) 85, 105, 124, 129, 185, 194, 223, 225, 247, 288
약봉태실 308
약사전(藥師殿) 31, 41, 82, 94, 95, 110, 120, 121, 122, 123,
        124, 152, 156, 217, 231, 268
양각(陽刻) 35, 36, 499, 543
양단(兩端) 17, 37, 46, 53, 60, 73, 86, 88, 102, 105, 111, 116
양동마을 298, 299, 303, 304, 318, 319, 626
양봉(樑奉) 111, 155, 190, 217, 236, 239, 249, 256, 259, 262,
        265, 278, 284, 285, 290, 295, 301, 305, 310, 311, 316,
        322, 328, 332, 337, 338, 343, 344, 349, 354, 358, 359,
        364, 370, 371, 375, 379, 380, 386, 391, 395, 399, 404,
        405, 410, 414, 419, 424, 428, 429, 432, 435, 440, 443,
        456, 458, 459, 462, 468, 469, 474, 478, 479, 483, 487,
        490, 495, 502, 507, 512, 513, 518, 525, 529, 533, 538,
        542, 546, 557, 558, 564, 569, 570, 571, 576, 581, 582,
        588, 589, 594, 598, 602, 603, 608, 612, 623, 646
양성 107, 334, 389, 392, 396, 400, 407, 411, 415, 421, 433,
        434, 441, 450, 480, 526, 535, 567, 574, 614
양성바름 389, 396, 400, 407, 421, 441, 480, 526, 535, 567,
        614
양식(樣式) 23, 25, 63, 154, 207, 212, 213, 243, 277, 278, 375,
        617, 660
양진당(養眞堂) 274, 356, 357, 358, 359, 360, 361, 373, 374,
        376, 434, 627, 628, 629
양협간(兩夾間) 69, 98, 161, 332, 528
양화당 401, 403
어서각 314
어제각 378, 393
어진(御眞) 23, 33, 47, 49, 71, 100, 105, 120, 132, 161, 167,
        193, 194, 221, 222, 257, 262, 285, 293, 323, 342, 347
업힐장 233, 235
엎을장 152
여닫이 20, 34, 46, 69, 81, 92, 101, 105, 110, 115, 125, 129,
        139, 143, 147, 158, 161, 165, 169, 172, 177, 188, 195
여장(女墻) 523, 524, 611
역계단식 222, 223
연귀맞춤 569
연꽃무늬 16, 224, 453
연도 38
연목(椽木) 15, 34, 40, 46, 68, 75, 79, 97, 109, 130, 167, 170,
        181, 182, 188, 198, 294, 302, 310, 320, 322, 328, 329,
        337, 342, 345, 346, 349, 350, 371, 379, 380, 394, 425
연무대(鍊武臺) 256, 463
연봉(蓮峯) 50, 127, 269, 283, 306, 371, 402, 424, 429, 435,
        443, 453, 507, 508, 513, 518, 519, 529, 530, 538, 542,

543, 546, 550, 563, 571, 572, 582, 583, 588, 589, 594, 603, 608, 612, 616, 630, 631, 639, 640, 642, 643, 644, 645

연화교(蓮花橋) 61, 250, 600, 601

연화두형 61

연화문형(蓮花紋形) 37, 43, 53, 54, 60, 61, 63, 72, 78, 82, 84, 87, 88, 89, 93, 99, 102, 105, 110, 111, 116, 117, 119, 122, 126, 140, 144, 145, 148, 149, 153, 156, 159, 162, 166, 178, 182, 185, 189, 190, 196, 201, 202, 232, 233, 234, 235, 238, 247, 248, 250, 292, 419, 533, 629, 638

연화총 222, 224, 225, 264

영(英) 25, 221, 660

영건(營建) 258, 259, 401, 579

영남루(嶺南樓) 31, 263, 515, 530, 557, 585, 586, 587, 588, 589, 590, 591, 592, 593, 594, 596, 643

영산전(靈山殿) 31, 40, 63, 85, 86, 87, 88, 89, 90, 110, 154, 163, 186, 469, 488, 600, 601, 602, 603, 604, 605, 616, 644, 645

영산회상도 86

영정각(影幀閣) 607

영조(營造) 47, 93, 176, 187, 228, 229, 230, 231, 334, 390, 393, 422, 472, 477, 505, 561, 610

영조법식(營造法式) 93, 228, 229, 230, 231

영조척(營造尺) 176

영천 숭렬당 270, 448, 449, 504, 507, 509, 548, 550, 599, 639

영천향교 대성전(大成殿) 274, 452, 456, 457, 458, 459, 465, 466, 635

영축산 통도사 32

영취산(靈鷲山) 600

영화당 393

예불공간(禮佛空間) 45, 165, 166, 167

예안이씨 충효당(忠孝堂)(쌍수당) 325, 326, 376, 626

예천권씨 종가(宗家) 별당(別堂) 274, 341, 342, 376, 626, 627

오대산 18, 35, 54

오목굽 38, 39, 53, 54, 72, 78, 82, 84, 88, 114, 116, 119, 126, 156, 214, 215, 234, 598, 645

오십천변(五十川邊) 132, 133

오작교 515, 517

옥개석(屋蓋石) 20

옥산서원(玉山書院) 304, 314, 350, 626

옥산정사(玉山精舍) 318

옥천(玉川) 367, 371, 376, 627

옥천 이지당(二止堂) 367, 371, 627

옥충주자(玉虫廚子) 21

온돌방(溫突房) 114, 129, 147, 161, 172, 174, 177, 179, 187

옹성(甕城) 521, 522, 523, 524, 611, 614

와가(瓦家) 76, 299

와당(瓦當) 35, 65, 66

와편담장 493

완자문(卍字門) 343

왕벗나무 428, 555

외 1출목(外 1出目) 110

외 2출목(外 2出目) 134

외기(外機) 150, 296, 312, 329, 330, 336, 339, 346, 350, 355, 361, 383, 566, 592, 613

외기도리 566, 613

외기반자 150, 296, 312, 329, 339, 346, 592

외목도리(外目道里) 37, 40, 53, 54, 63, 72, 78, 82, 88, 95, 96, 102, 106, 117, 119, 122, 123, 126, 130, 134, 141, 144, 152, 159, 162, 166, 167, 170, 173, 178, 182, 185, 202

외삼문(外三門) 128, 138, 314, 422, 423, 457, 493, 505, 541, 568, 574, 580, 606, 607

외소로형 40, 53, 127, 130, 141, 145, 149, 166, 170, 174, 182, 333, 338, 359, 360, 380, 381, 387, 391, 395, 400, 405,

419, 420, 425, 429, 433, 436, 443, 453, 463, 475, 508, 513, 530, 533, 535, 539, 543, 558, 608

외여닫이 69, 110, 125, 143, 158, 161, 177, 188, 283, 294, 300, 315, 327, 337, 363, 379, 468, 482, 486, 501, 506, 518, 541, 601, 607

외진공간(外陣空間) 68, 89, 352, 354, 391, 393, 394, 400, 403, 404, 409, 413, 414, 431, 433, 449, 561, 587, 605

외진평주(外陣平柱) 391, 415, 418, 420, 433, 449, 533, 590

외쪽지붕 361

외칸무덤 221, 222, 223

요고형 438, 447

요사(寮舍) 85, 164, 481, 486, 554, 555, 556, 624, 625, 638

요사채 85, 164, 481, 486, 554, 624, 625, 638

용두(龍頭) 22, 389, 396, 406, 407, 411, 415, 500, 506, 507

용두장식(龍頭裝飾) 407, 415, 590, 598, 599, 612, 614, 645

용마루 15, 17, 20, 36, 50, 107, 161, 163, 286, 307, 340, 389

용문전 19, 20

용신(龍身) 139, 546, 588, 590, 592, 594

용척 176

우물마루 33, 45, 68, 109, 129, 132, 139, 143, 147, 158, 165, 172, 180, 187, 194, 198, 283, 293, 300, 305, 309, 315, 320, 327, 331, 342, 348, 353, 357, 363, 368, 369, 371

우물천장 108, 112, 160, 169, 171, 174, 183, 339, 366, 396, 400, 403, 406, 409, 411, 415, 420, 433, 445, 480, 484, 503, 509, 513, 514, 520, 540, 546, 562, 567, 583, 605, 609, 613

우미량(牛尾樑) 43, 71, 72, 75, 83, 84, 102, 123, 145

우익헌(右翼軒) 114

우주(隅柱) 52, 88, 135, 156, 162, 214, 230, 231, 257, 301, 322, 325, 330, 380, 387, 433, 469, 525, 533, 589, 599, 608, 612

우진각지붕 16, 17, 393

운강석굴 15

운공(雲工) 113, 135, 155, 170, 174, 195, 217, 328, 330, 332, 354, 358, 359, 395, 399, 410, 414, 419, 420, 432, 433, 435, 436, 483, 496, 502, 513, 518, 529, 533, 535, 546, 550, 558, 576, 582, 603, 630

운공형 113, 135, 170, 174, 195, 328, 330, 332, 354, 358, 359, 395, 414, 419, 483, 496, 513, 518, 529, 546, 550, 558, 576, 582, 603

운두 37, 38, 53, 72, 78, 82, 88, 89, 93, 102, 105, 110, 111, 116, 122, 126, 130, 134, 135, 141, 144, 145, 149, 159, 161, 165, 166, 170, 173, 178, 181, 189, 199, 204, 214, 234, 237, 239, 249, 251, 268, 269, 270, 283, 284, 285, 506, 513, 518, 524, 529, 533, 537, 542, 546, 556, 563, 569, 571, 576, 581, 588, 598, 602, 608, 612, 623, 624, 629, 633, 638, 639, 641, 645

운룡문(雲龍門) 611

웃방 187, 300, 342, 442, 555

원지(園池) 132, 146

원찰(願刹) 164

원통전(圓通殿) 5, 25, 31, 87, 88, 154, 165, 191, 195, 206, 208, 239, 251, 252, 266, 281, 282, 283, 284, 285, 286, 287, 372, 373, 434, 467, 468, 469, 470, 471, 473, 549, 551, 552, 622, 623, 624, 625, 626, 637, 649

원형기둥 17, 33, 72, 78, 82, 86, 101, 105, 121, 122, 129, 139

원형반(圓形盤) 539

원형주좌(圓形柱座) 33, 68, 114, 143, 165, 172, 194, 320, 423, 478

원호곡선(圓弧曲線) 102, 214, 215, 285

원흥사 극락방 선실(元興寺 極樂坊 禪室) 214, 215

월대(月臺) 105, 138, 139, 180, 385, 388, 403, 457, 460, 478, 486, 527, 532

월랑(月廊) 478, 515, 516, 518, 519, 521, 553

월문(月門) 289, 541
월출산 100, 103
유교(儒敎) 107, 155, 156, 357, 384, 492, 625, 628, 649
유래루 457
유민산 422
육신사 346, 347
육축(陸築) 522, 523, 524, 525, 610, 611
윤회사상 331
은해사 거조암 영산전(靈山殿) 31, 40, 63, 85, 87, 88, 89, 90,
    110, 154, 163, 186, 469, 488
은행나무 124, 125, 187, 385, 472, 473, 493, 497, 541, 568
음각(陰刻) 101, 102, 301, 302, 322, 323, 344, 349, 494, 519,
    584, 626
응력(應力) 217
응진당(應眞堂) 489, 490, 491, 550, 551, 552, 633, 634, 635,
    638, 661
의병장(義兵將) 325, 367
의상대사 44, 58, 91, 92, 95
의성 만취당(晩翠堂) 332, 334, 337, 338, 346, 359, 373, 374,
    376, 434, 627, 628
이갈소로 234
이견문(利見門) 408
이두식 222, 259
이방(耳枋) 244
이음 233, 236, 382, 565
이익공(二翼工) 111, 150, 166, 170, 204, 207, 217, 256, 260,
    262, 263, 269, 271, 272, 273, 275, 276, 278, 283, 284,
    285, 287, 332, 333, 338, 359, 360, 364, 365, 373, 374,
    377, 380, 386, 391, 395, 396, 399, 404, 410, 414, 419,
    424, 425, 429, 432, 434, 435, 436, 439, 440, 443, 446,
    451, 455, 456, 458, 459, 461, 462, 464, 465, 467, 469,
    470, 471, 474, 478, 479, 481, 483, 484, 487, 490, 495
이중기단 212
이중도리 43, 131, 415, 453, 459, 462
이출목(二出目) 262
익공(翼工) 245, 253, 256, 259, 260, 262, 264, 268, 271, 279,
    619, 621, 623, 624, 625, 649, 653
익공뿌리 106, 111, 130, 141, 144, 149, 177, 202, 251, 260,
    268, 269, 270, 273, 278, 284, 290, 295, 301, 305, 316,
    322, 325, 327, 328, 330, 332, 338, 343, 344, 349, 354,
    358, 364, 371, 380, 386, 391, 395, 400, 404, 410, 414,
    419, 424, 429, 435, 439, 443, 459, 462, 479, 481, 483
익랑(翼廊) 368, 369
익루(翼樓) 515, 516, 518, 519, 520, 521, 536, 537, 538, 540,
    553, 586
익사(翼舍) 138, 335, 336, 338, 340, 385, 388, 478
인동문(忍冬紋) 72, 73, 79, 118, 230, 236, 269
인방(引枋) 120, 569
인자형대공 208
인정전 389
인조반정(仁祖反正) 417
일각대문(一脚大門) 497
일시루(一是樓) 346, 351
일주문(一柱門) 49, 58, 485
일출목 삼익공양식(一出目 三翼工樣式)
일출목 이익공양식(一出目 二翼工樣式) 490
일탑식 가람배치(一塔式 伽藍配置) 50
임경당 164
임영관(臨瀛館) 80, 81
임진왜란(壬辰倭亂) 61, 167, 171, 180, 260, 325, 346, 357, 361,
    401, 422, 450, 454, 477, 492, 497, 510, 527, 560, 561
입주(立柱) 91, 187

ㅈ

자계천 314, 315, 316, 317
자시문(資始門) 408
자연석(自然石) 77, 85, 91, 120, 121, 128, 129, 161, 164, 187,
    234, 282, 293, 299, 304, 308, 311, 314, 320, 326, 331
자은사 17
자혜사 대웅전(大雄殿) 164, 165, 166, 207
작채식 222
잡상 20, 389, 392, 396, 400, 406, 407, 411, 415, 416, 421,
    480, 535
잡석(雜石) 234
장경판고(藏經板庫) 259, 316
장대(將臺) 450, 460
장대석(長帶石) 45, 66, 68, 81, 98, 101, 109, 114, 125, 139,
    143, 147, 158, 164, 168, 172, 177, 180, 185, 194, 198
장방형(長方形) 34, 69, 86, 88, 160, 178, 225, 233, 289, 322,
    339, 371, 402, 408, 438, 543
장부구멍 331
장수향교 대성전(大成殿) 446, 605, 606, 616, 617, 645
장연(長椽) 40, 154, 167, 256, 546
장인(匠人) 48, 50, 58, 649
장지문 414
장축(長軸) 48, 56
장혀 17, 20, 37, 40, 42, 43, 53, 56, 63, 72, 78, 82, 88, 89, 91,
    95, 96, 99, 100, 102, 106, 107, 111, 112, 117, 119, 122,
    123, 126, 127, 128, 130, 131, 134, 135, 136, 141, 142,
    145, 149, 150, 154, 155, 159, 161, 162, 166, 167, 170,
    174, 178, 182, 187, 190, 191, 192, 195, 196, 205, 208
장화반(長花盤) 117, 127, 391, 403, 405, 410, 414, 419, 420,
    435, 436, 630, 645
재건(再建) 31, 104, 164, 213, 401
재주두(再柱頭) 166, 273, 275, 276, 332, 364, 380, 386, 391,
    395, 399, 404, 410, 414, 419, 424, 429, 432, 439, 443,
    478, 487, 513, 629
재창(再創) 120
저팔계 396, 421
적심(積心) 43, 114, 116, 118, 212, 213
전각(殿閣) 19, 20, 22, 205, 256, 271, 277, 331, 371, 404, 424,
    434, 435, 446, 449, 462, 481, 549, 550, 556, 573, 624
전각문전(殿閣紋塼) 22
전단력(剪斷力) 152, 155, 217, 228, 229, 230, 236, 247, 624
전당(殿堂) 17, 18, 228, 230, 625
전돌(塼石) 33, 35, 36, 45, 92, 105, 114, 139, 169, 172, 347,
    393, 398, 409, 458, 460, 461, 480
전주 풍패지관 서익헌 147, 153, 238
전주 풍패지관 정청 201, 206
전주향교 대성전(大成殿) 179, 180, 181, 202, 203, 205, 452,
    464, 465, 634, 635
전주향교 명륜당(明倫堂) 269, 540, 550, 551, 640
전탑(塼塔) 17, 39, 67
전탑형식(塼塔形式) 39
전통건축미(傳統建築美) 412
전퇴간(前退間) 105, 109, 194
전패(殿牌) 143, 562, 566
절병통(節瓶通) 497
절선형(折線形) 60, 93, 152, 231
접시소로(楪匙小累) 40, 53, 170
정당(正堂) 105, 138, 383, 384, 385, 386, 387, 388, 406, 416,
    417, 418, 419, 420, 421, 436, 437, 449, 466, 492, 493,
    494
정료대(庭燎臺) 500
정림사지(定林寺址) 5, 21, 212, 213
정면 16, 17, 19, 21, 33, 34, 35, 36, 40, 43, 45, 46, 47, 48, 52

정문(正門) 50, 80, 81, 84, 101, 289, 397, 431, 437, 438, 439

정방산 77

정방산성 77

정사(精舍) 66, 318

정수사 법당(法堂) 31, 108, 109, 110, 112, 113, 127, 155, 165, 190, 205, 207, 286, 471, 552, 597, 598, 599, 608, 616, 617, 644, 645

정유재란(丁酉再亂) 143, 422, 515, 606, 610

정읍 피향정 351, 352, 627

정자 46, 86, 105, 110, 122, 125, 147, 188, 283, 293, 301, 305, 310, 314, 323, 327, 351, 363, 368, 369, 370, 391, 404, 409, 442, 458, 468, 494, 506, 512, 517, 562, 569, 601, 607

정자살 46, 86, 105, 110, 122, 125, 147, 188, 283, 305, 310, 327, 363, 391, 404, 409, 458, 468, 494, 506, 512, 562, 569, 601, 607

정적(靜的) 71

정전 18, 220, 259, 275, 389, 408, 476, 477, 478, 479, 480, 550, 639

정토사 정토당(淨土寺 淨土堂) 213, 214, 215

제석천(帝釋天) 92

제월당 293, 375

제주 관덕정(觀德亭) 531, 550, 553, 639

제향공간(祭享空間) 105, 138, 193, 198, 541

제형대공(梯形臺工) 96

조각(彫刻) 140

조각수법(彫刻手法) 114, 119, 201, 345

조계산 선암사 32

조로 15, 19, 22, 39, 40, 70, 95, 105, 145, 155, 170, 177, 185, 186, 213, 219, 222, 223, 225, 251, 264, 309, 336, 429, 446, 643

조사당(祖師堂) 31, 40, 42, 59, 62, 63, 82, 87, 91, 92, 93, 94, 95, 96, 97, 102, 106, 117, 122, 152, 155, 214, 217, 231, 244, 488

조선시대(朝鮮時代) 5, 22, 24, 25, 29, 40, 49, 50, 58, 77, 88, 102, 119, 123, 134, 138, 165, 166, 187, 191, 205, 207

조인정사(祖印精舍) 66, 67

존무사(存撫使) 104

종대공(宗臺工) 90, 178, 179, 186

종도리(宗道里) 32, 43, 55, 63, 73, 75, 79, 84, 90, 91, 96, 99, 100, 103, 107, 108, 112, 118, 123, 127, 128, 131, 136, 141, 146, 150, 154, 156, 160, 163, 167, 170, 174, 178

종량 40, 43, 55, 56, 72, 73, 75, 79, 83, 84, 88, 89, 96, 97, 99, 102, 103, 106, 107, 111, 112, 113, 118, 123, 127, 128, 130, 131, 136, 141, 145, 146, 150, 155, 156, 160, 163

종묘(宗廟) 275, 454, 476, 477, 478, 479, 480, 550, 639

종무소(宗務所) 177, 555, 556

종이반자 306, 346, 406, 415, 543, 559

종중도리(宗中道里) 75, 247, 448

좌묘우학(左廟右學) 510, 527

좌익헌(左翼軒) 114

좌학우묘(左學右廟) 510, 527

주간(柱間) 17, 34, 40, 46, 69, 70, 71, 77, 92, 101, 105, 110, 125, 129, 137, 169, 190, 205, 236, 262, 283, 289, 300

주간간격 473

주간포(柱間包) 99, 170, 267, 525, 546, 645

주거(住居) 191, 192, 259, 304, 308, 312, 315, 344, 381, 507, 622

주두 16, 19, 22, 37, 38, 39, 53, 54, 61, 64, 72, 78, 82, 84, 88, 89, 93, 94, 96, 99, 102, 103, 105, 107, 110, 111, 114, 116, 119, 122, 126, 127, 130, 134, 135, 136, 141, 144

주두식(柱頭式) 222

주련(柱聯) 579

주목 17, 20, 35, 38, 42, 155, 182, 191, 212, 222, 244, 261, 278, 286, 338, 431, 533, 535, 559

주불전(主佛殿) 66, 77, 109, 164, 165, 287, 624

주삼포(柱三包) 263, 595

주신(柱身) 6

주심도리(柱心道里) 40, 41, 43, 66, 72, 75, 78, 82, 84, 88, 96, 102, 106, 107, 111, 112, 117, 123, 126, 127, 130, 135, 141, 145, 149, 159, 163, 166, 167, 170, 174, 178, 182

주심두공(柱心頭栱) 332, 333, 338, 359, 364, 365, 373, 380, 386, 387, 391, 404, 410, 414, 419, 424, 429, 432, 434, 435, 439, 451, 452, 453, 462, 474, 483, 490, 496, 548, 563, 564, 594, 627, 628, 629, 635, 636, 642

주심첨차(柱心檐遮) 43, 99, 102, 117, 126, 130, 134, 141, 145, 159, 162, 166, 167, 170, 178, 181, 182, 196, 214, 233, 234, 296, 339, 452

주심포 제1양식(柱心包 第1樣式) 29, 32, 36, 53, 54, 56, 59, 60, 61, 62, 63, 71, 151, 204, 211, 234, 237, 241, 247, 248, 249, 250, 252, 261, 265, 266, 267, 268, 621

주심포 제2양식(柱心包 第2樣式) 29, 54, 56, 59, 60, 61, 62, 65, 71, 72, 78, 82, 84, 86, 87, 88, 93, 94, 99, 101, 105, 110, 111, 115, 116, 119, 122, 126, 130, 134, 140, 143, 144, 145, 148, 149, 151, 152, 153, 159, 190, 201, 202, 204, 205, 206, 211, 214, 237, 238, 247, 248, 249, 250, 252, 265, 266, 267, 268, 286, 469, 488, 495, 621, 623, 625, 638

주심포 제3양식(柱心包 第3樣式) 30, 140, 145, 149, 153, 157, 158, 159, 161, 162, 163, 165, 166, 169, 173, 177, 181, 185, 189, 190, 191, 195, 198, 201, 202, 203, 204, 205, 206, 237, 238, 248, 249, 250, 251, 252, 261, 265, 266, 267, 268, 283, 284, 290, 291, 292, 316, 372, 373, 452, 453, 464, 465, 470, 483, 487, 490, 548, 549, 551, 621, 622, 623, 624, 625, 634, 635

주작 224

주좌(柱座) 33, 45, 68, 114, 139, 143, 165, 168, 172, 180, 194, 320, 385, 423, 455, 478, 527, 528

주초석(柱礎石) 16, 17, 33, 35, 45, 58, 68, 77, 81, 86, 91, 101, 105, 109, 121, 125, 129, 132, 139, 143, 147, 158, 161

주형도 16, 17, 18, 87, 96, 221, 224, 264

주형주목식 222

주형첨차식 222

죽서루(竹西樓) 31, 131, 132, 133, 134, 135, 136, 137, 156, 190, 191

죽서루도(竹西樓圖) 132

중대공(中臺工) 111, 167, 178, 179, 312, 488

중도리(中道里) 22, 41, 43, 63, 75, 84, 102, 107, 111, 112, 123, 127, 130, 131, 136, 154, 161, 192, 196, 228, 229, 247, 296, 322, 339, 344, 345, 383, 387, 391, 396, 415, 440

중류주택 299, 448

중문 299, 304, 319, 343

중반소 494

중방(中枋) 68, 115, 127, 147, 185, 300, 305, 310, 337, 342, 369, 379, 399, 404, 414, 418, 423, 428, 442, 473, 494, 501, 507, 533, 541, 562, 566, 581

중복이두식 222

중삼문(中三門) 505

중수기(重修記) 32, 120, 131, 137, 155, 164, 341, 361, 383, 427, 541, 567, 646

중연(中椽) 167, 406

중옥(重屋) 219, 220

중정(中庭) 35, 66, 67, 105, 177, 288, 428, 492, 493, 494, 496, 497, 498, 499, 500, 501, 502, 503, 504, 510, 549, 552, 553, 554, 638, 644

중정당 105, 492, 493, 494, 496, 497, 498, 499, 500, 501, 502, 503, 504, 549, 552, 553, 638, 644

중종도리(中宗道里) 591

중창(重創) 31, 44, 52, 61, 63, 100, 108, 109, 120, 132, 155,
 157, 201, 402, 413, 427, 472, 486, 536, 552, 554, 560,
 597, 616, 637, 644, 649, 650
중층기단(中層基壇) 101
증축(增築) 108, 109, 110, 112, 132, 135, 137, 146, 158, 190,
 334, 335, 376, 471, 477, 515, 644
지겟문 300, 327, 375, 506
지과문(止戈門) 561
지대석(地臺石) 398, 418, 499, 524, 527, 611
지렛대 22, 151, 217, 230
지면차(地面差) 105
지붕틀 17, 40, 41, 43, 55, 56, 60, 72, 73, 75, 79, 83, 88, 89,
 96, 99, 102, 106, 107, 111, 118, 123, 127, 130, 136
직교(直交) 37, 71, 72, 78, 82, 86, 93, 99, 101, 105, 110, 111
직절(直切) 37, 38, 43, 54, 60, 62, 102, 126, 152, 159, 173,
 214, 215, 250, 273, 322, 330, 332, 343, 344, 380, 425,
 429, 443, 468, 483, 496, 502, 503, 543, 546, 558, 570,
 571, 582, 589, 590, 604, 609, 612, 613
진산(鎭山) 138
진설청 390
진신사리(眞身舍利) 157
진영(眞影) 91, 157, 158, 560
집안현 19, 221, 222
쪽마루 198, 293, 309, 336, 339, 342, 363, 486, 500, 501, 505,
 511, 541, 545, 555

ㅊ

차양(遮陽) 212, 213, 224
착고(着固) 407
참배(參拜) 105, 106, 125, 138, 180, 194, 423, 457, 468, 527,
 568, 607
창경궁 통명전(通明殿) 401, 403, 406, 407, 420, 437, 449, 630
창녕 120
창덕궁 구 선원전(璿源殿) 389, 392, 435, 449, 466, 629
창덕궁수리도감(昌德宮修理都監) 256, 259, 273
창덕궁 주합루(宙合樓) 392, 630
창덕궁 희정당(熙政堂) 416, 417, 420, 436, 437, 466, 630, 631
창방(昌枋) 137, 205, 206, 268
창평향교 대성전(大成殿) 106, 124, 125, 126, 127, 205
창평향교 명륜당(明倫堂) 128
창호(窓戶) 20, 35, 46, 68, 69, 86, 92, 105, 109, 115, 122, 125
창호지(窓戶紙) 105, 327, 375
채광(採光) 34, 46, 86, 92, 105, 110, 125, 139, 177, 296, 428,
 458, 494, 556, 569
채색도방(彩色陶房) 211
처마곡선미 57
천등산 32, 43, 281, 282, 467
천불전(千佛殿) 600, 601
천왕문(天王門) 58, 331, 547, 600
천장 19, 43, 57, 75, 76, 79, 84, 97, 99, 103, 107, 108, 111
천진궁 586
천축양식(天竺樣式) 212, 213
철엽(鐵葉) 522, 611
철엽문(鐵葉門) 522
첨차 5, 19, 22, 23, 29, 30, 32, 36, 37, 38, 42, 43, 53, 54, 56,
 59, 60, 61, 62, 63, 64, 65, 71, 72, 73, 78, 79, 82, 84, 86,
 87, 88, 89, 93, 94, 95, 96, 97, 98, 99, 101, 102, 105
청당(廳堂) 164, 228, 230, 293, 337, 375
청련당(淸蓮堂) 66
청백리(淸白吏) 187, 298, 357
청절당 422, 423
청주목(淸州牧) 431
청판(廳板) 133, 283, 294, 295, 296, 300, 320, 326, 342, 349,

353, 357, 363, 451, 562
청평사 회전문(回轉門) 25, 31, 330, 332, 333, 359, 373, 374,
 376, 434, 627, 628
청풍 한벽루(寒碧樓) 535, 536, 550, 551, 553, 640
초가(草家) 19, 167, 197, 299
초각(草刻) 40, 72, 78, 84, 88, 99, 106, 107, 111, 112, 123,
 127, 141, 145, 146, 149, 159, 165, 174, 181, 190, 195,
 199, 205, 215, 233, 236, 238, 251, 259, 262, 263, 273,
 277, 278, 285, 296, 312, 332, 365, 386, 387, 391, 395
초각익공 262
초공(草栱) 55, 73, 75, 90, 96, 103, 114, 118, 119, 155, 163,
 178, 191, 217, 222, 236, 259, 260, 291, 292, 317, 324,
 333, 339, 344, 345, 469, 533
초도 411
초방(草枋) 117, 122, 123
초상화(肖像畵) 91, 92, 95, 158, 171, 180, 389
초새김 71, 79, 83, 88, 89, 102, 111, 116, 126, 130, 141, 145,
 149, 150, 170, 174, 178, 181, 199, 224, 235, 236, 260,
 269, 278, 296, 302, 306, 317, 322, 323, 324, 333, 344
초엽(草葉) 217, 220, 387, 411, 415, 421
초익공(初翼工) 5, 111, 135, 185, 189, 190, 191, 195, 203, 204,
 206, 217, 239, 249, 251, 252, 256, 260, 262, 263, 265,
 266, 269, 270, 271, 272, 273, 274, 275, 281, 283, 284,
 285, 287, 290, 291, 292, 295, 296, 301, 305, 310, 311,
 316, 322, 327, 328, 332, 333, 337, 338, 343, 349, 350,
 354, 358, 359, 360, 364, 365, 371, 372, 373, 374, 375
초제공(初提栱) 211, 217
초제사 금당(金堂) 54
초창(初創) 33, 63, 104, 132, 288, 351, 471, 536, 554, 597, 599
촉 94, 113, 152, 233, 234, 235, 515, 585, 592
촉구멍 94, 113, 234, 235
촉석루 515, 585, 592
총안(銃眼) 523
추녀(春舌) 20, 44, 57, 58, 99, 150, 179, 219, 256, 318, 322,
 324, 330, 340, 346, 361, 380, 383, 391, 392, 396, 400
춘복산(春福山) 510, 527
춘추(春秋) 105
춘휘전 389
출목식(出目式) 134, 170, 263, 271, 623, 624, 649, 650
출목 익공양식 63, 203, 204, 269, 270, 271, 281, 446, 448, 449,
 465, 621, 623, 624, 632, 637, 646
출첨 225, 244
충량(衝樑) 135, 137, 150, 190, 199, 200, 257, 296, 297, 311,
 312, 324, 329, 336, 339, 340, 344, 346, 350, 351, 355,
 360, 366, 383, 400, 433, 453, 520, 525, 526, 540, 546,
 566, 592, 594, 626
충주목(忠州牧) 431
충효당(忠孝堂) 325, 326, 330, 357, 376, 626
취두(鷲頭) 400, 411, 415, 421, 433, 480, 525, 526, 598
측면(側面) 5, 21, 24, 33, 34, 36, 41, 42, 43, 45, 46, 47, 48, 52
치목(治木) 96, 130, 420, 543, 604
치문 407, 415, 480
치미(鴟尾) 16, 17, 18, 20, 25, 36, 212, 614
치성(雉城) 438, 521
칠보교(七寶橋) 61, 250
칠성각(七星閣) 98
침류각 586

ㅌ

타원형(橢圓形) 117, 326, 357, 498
탑신석(塔身石) 38, 39
태고정(太古亭) 317, 346, 347, 348, 349, 350, 351, 360, 376,
 626

태극문(太極紋) 393, 398, 607
태실(胎室) 307, 308, 477, 478, 479
태안 흥주사 만세루(萬歲樓) 472, 474, 551, 552, 637
태화산 마곡사 32
탱주(撑柱) 398
탱화 33
토석담장 493
토수(吐首) 392, 400, 526, 598
토우 20
통간(通間) 45, 98, 143, 161, 315, 342, 368
통부재(通部材) 190, 285, 375, 391, 419, 456
통영 세병관(洗兵館) 31, 560, 561, 563, 564, 593, 594, 595, 641, 642
통일신라시대(統一新羅時代) 33, 35, 36, 37, 39, 43, 59, 60, 152, 193, 225, 237, 649
통제영 560, 561
퇴량(退樑) 53, 54, 55, 56, 59, 60, 62, 64, 71, 72, 73, 78, 79, 88, 89, 99, 106, 107, 109, 111, 113, 126, 127, 141, 145, 149, 150, 152, 155, 162, 163, 166, 167, 170, 173, 174, 181, 189, 191, 195, 196, 217, 227, 228, 230, 233, 235
퇴물림 390, 413, 580
툇마루 34, 79, 143, 147, 161, 172, 187, 188, 244, 282, 286, 300, 302, 305, 309, 327, 342, 378, 394, 398, 399, 403, 404, 409, 414, 415, 418, 442, 445, 500, 503, 505, 511, 512, 541, 580
튼ㅁ자형 77, 85, 125, 289, 319, 335, 378, 428, 486, 510, 527, 601

ㅍ

파련각(波蓮紋) 290
파련대공(波蓮臺工) 99, 107, 112, 123, 127, 131, 136, 141, 146, 150, 160, 167, 170, 174, 178, 182, 183, 191, 199, 285, 286, 296, 302, 306, 312, 323, 324, 333, 354, 360, 381, 387, 388, 396, 400, 425, 430, 459, 462, 475, 479, 488, 496, 503, 508, 513, 519, 525, 531, 535, 539, 543, 565, 572, 577, 583, 591
판관(判官) 104
판대공(板臺工) 84, 116, 118, 123, 156, 160, 174, 196, 285, 329, 350, 365, 381, 391, 406, 411, 415, 420, 433, 437, 440, 456, 496, 503, 513, 546, 582, 583, 604
판벽(板壁) 185, 296, 305, 349, 386, 428, 562, 607
판장문(板張門) 34, 46, 81, 101, 125, 129, 139, 143, 161, 169, 172, 177, 185, 188, 294, 300, 305, 310, 320, 321, 327
팔공산 85, 485
팔달산 398
팔만대장경(八萬大藏經) 157, 184, 288, 292
팔상전(八相殿) 428, 555
팔작지붕(八作屋蓋) 20, 35, 48, 51, 132, 137, 150, 175, 199, 296, 312, 313, 317, 318, 324, 329, 339, 346, 350, 355, 360, 366, 383, 401, 406, 433, 520, 521, 525, 540, 546, 547, 566, 592
패엽경(貝葉經) 97
패엽사 한산보전 97, 98
편액(扁額) 52, 88, 90, 131, 137, 143, 146, 200, 297, 302, 313, 341, 351, 356, 361, 389, 500, 521, 540, 567, 579, 592
평난간 133
평방(平枋) 98, 155, 208, 244, 267
평삼문(平三門) 80, 81, 138, 335, 455, 494
평석교(平石橋) 402, 408
평양 연광정 450, 451, 452, 453, 465, 635, 636
평주(平柱) 23, 29, 30, 32, 36, 40, 53, 54, 55, 56, 59, 60, 64, 65, 71, 72, 79, 83, 89, 96, 99, 102, 106, 111, 118, 119
평천장 112

포대공(包臺工) 43, 55, 56, 63, 72, 73, 79, 83, 96, 97, 99, 102, 103, 127, 136, 145, 170, 191, 192, 196, 199, 285, 291, 292, 306, 317, 339, 344, 350, 354, 360, 381, 387, 391, 396, 430, 440, 445, 456, 459, 491, 525, 531, 546, 559, 560, 566, 577, 590, 609, 610, 613
포동자주(包童子柱) 236, 290, 430, 475, 508, 535
포루(砲壘) 438, 460, 611, 614
포벽(包壁) 20, 40, 53, 72, 78, 88, 95, 96, 102, 117, 123, 124, 127, 130, 159, 166, 170, 174, 178, 182, 200, 205, 297
포살미 589
포작(包作) 15, 263, 278
포정사 431
풍남문(豊南門) 31, 263, 276, 599, 610, 611, 612, 613, 614, 615, 616, 617, 645
풍련(風蓮) 283
풍판(風板) 66, 76, 79, 84, 127, 160, 167, 171, 175, 196, 221, 229, 256, 287, 303, 307, 426, 430, 456, 460, 484, 488, 491, 497, 504, 513, 531, 559, 573, 575, 578, 584, 585, 592, 605, 610
풍판장식 584
풍혈(風穴) 133, 283, 294, 295, 296, 297, 300, 320, 326, 342, 353, 357, 363, 415, 451, 455, 517, 562
풍화루 510, 511, 512, 527
필암서원 사우(우동사) 421, 435, 436, 631

ㅎ

하방(下枋) 71, 115, 169, 185, 331, 428, 473, 482
하북망도명기(河北望都明器) 218
하앙(下昂) 20, 21, 22
하연지(下蓮池) 351, 352, 353
하엽(荷葉) 133, 217, 320, 326, 353, 357, 363, 394, 402, 408, 409, 415, 451, 517, 537, 587
하옥전도(廈屋全圖) 220, 221, 573, 575, 578
하층기단(下層基壇) 101, 212, 213
하향정(荷香亭) 408
하회마을 357
한국건축사전(韓國建築辭典) 211, 277, 466, 595
한대(限大) 217, 218, 244, 256, 519, 525, 533, 589, 599, 612
한산사(寒山寺) 98
한지(韓紙) 5, 164, 198
함벽루(涵碧樓) 351, 352, 353
함실(函室) 441, 500
함실아궁이 500
함홍문(含弘門) 408
합각(合閣) 137, 150, 199, 296, 297, 312, 313, 324, 329, 336, 339, 340, 346, 350, 355, 360, 366, 383, 411, 415, 421, 433, 453, 520, 525, 540, 546, 566, 592
합보형태 456
해인사 장경판전 동, 서 사간판전 189, 623
해인사 장경판전 수다라장전 239, 287, 332, 373, 626, 628
해청당 164
해탈문(解脫門) 31, 84, 94, 100, 101, 102, 103, 153, 155, 163, 201, 202, 231, 332, 428, 555, 600
행각(行閣) 332, 417
행공대첨(行工大檐) 144, 276, 446, 557, 558, 563, 570, 576, 581, 582, 588, 598, 602, 608, 612, 642, 644
행공소첨(行工小檐) 144, 276, 446, 557, 558, 570, 576, 581, 582, 588, 598, 602, 608, 612, 642, 644
행공첨차(行工檐遮) 37, 53, 54, 61, 63, 72, 73, 78, 82, 88, 95, 96, 99, 102, 106, 111, 116, 122, 126, 130, 134, 141, 144, 159, 162, 166, 170, 173, 178, 182, 214, 217, 235, 258, 270, 275, 276, 284, 446, 451, 452, 456, 458, 461, 462, 465, 468, 469, 474, 478, 483, 487, 490, 495, 502

행궁(行宮) 397, 398, 400, 460, 630
행랑(行廊) 299, 301, 307, 314, 357, 595
행랑채 299, 301, 307, 314, 357
향교(鄕校) 31, 104, 105, 106, 124, 125, 126, 127, 128, 129
향단(香壇) 303, 304, 305, 306, 307, 375, 626
향당(享堂) 220
향상(香床) 180, 194, 494, 568
헛첨차(虛檐遮) 5, 23, 29, 30, 32, 36, 42, 53, 54, 56, 59, 60, 61,
          62, 64, 65, 71, 72, 78, 82, 86, 87, 88, 89, 93, 94, 95,
          96, 98, 99, 101, 102, 105, 106, 110, 111, 115, 116, 119,
          122, 126, 127, 130, 134, 135, 140, 141, 143, 144, 145,
          148, 149, 151, 152, 153, 155, 156, 157, 158, 159, 161,
          162, 165, 169, 170, 173, 174, 177, 178, 181, 182, 185
현실(玄室) 226
현판(懸板) 43, 52, 57, 58, 64, 76, 79, 80, 89, 90, 97, 99, 103
협간(夾間) 69, 98, 161, 332, 528
협문(夾門) 304, 305, 307, 319, 408, 439, 493, 524, 541, 611
호서지역(湖西地域) 579
홀형 438, 447
홋까이도 215
홍금강역사상 101
홍살 81, 101, 115, 143, 332, 333, 423, 455, 562
홍살문 423
홍예교 545
홍예식 438
홍예초방 122, 123
홍주목(洪州牧) 431
홑처마 84, 90, 97, 107, 131, 160, 163, 167, 186, 192, 196
화계(花階) 293, 493, 494, 510, 601
화두아(花斗牙) 260, 264
화두자(華頭子) 316
화반(花盤) 40, 43, 53, 71, 72, 73, 75, 78, 79, 84, 103, 106,
          114, 116, 117, 118, 123, 126, 127, 130, 136, 141, 145,
          149, 154, 163, 166, 170, 174, 182, 190, 205, 206, 208
화반대공 84, 114, 116, 118, 154
화부산 104, 105
화사석 494
화성성역의궤(華城城役儀軌) 155, 216, 217, 255, 256, 257, 259,
          262, 271, 273, 375, 446, 522, 632, 646, 650
화암사 21, 22
화엄도량 44
화엄종(華嚴宗) 18
화염문양 43, 53, 170
화조화(花鳥畵) 122
화천강 357
확연루 422, 423
환기(換氣) 34, 46, 86, 110, 161, 163, 177, 185, 428, 494
환기구(換氣口) 161, 163
환문총(環紋塚) 221, 222, 261, 264
환성사 심검당 269, 485, 551, 638
환주문(喚主門) 493, 497, 498, 501
활개 244
활주 58, 66, 150, 171, 175, 183, 200, 318, 340, 346, 521, 547
활형 61, 185, 215, 238, 249, 267
황금비(黃金比) 70, 71, 154
황룡사(黃龍寺) 17, 18
황하정 66, 67
회랑(回廊) 17, 234, 478, 480
후림 411
후불벽(後佛壁) 68, 86, 109, 121, 165
후원(後苑) 188, 358, 389, 393, 394, 402, 404